예수가 제사장 역할을 인식했다고 말하는 것은 대단한 주장이 아니다. 하지만 제사장이 예수의 자기이해의 중심이자 근간이었다고 말하는 것은 대담한 선언이다. 히브리서가 아닌 복음서에 실린 예수의 말과 행동에서 제사장적 자기이해를 재구성하려는 이 대담한 기획에 니콜라스 페린은 풍성하고도 치밀한 논증으로 응답한다. 저자는 복음서 본문과 제2성전기 유대교 문헌을 면밀히 교차시키며, 예수가 자신을 종말론적 제사장으로 인식했을 가능성을 정교하게 논증한다. 우리에게 익숙했던 예수의 명칭, 기도, 침례/세례, 하나님 나라에 대한 비유와 가르침은 제사장이라는 양념이 추가되면서 전혀 새로운 요리로 탈바꿈된다. 이 책은 신학과 역사, 종말론과 윤리가 어떻게 서로를 비추며 예수의 자기인식을 구성해 가는지를 보여주는 보기 드문 역작이다. 복음서와 예수의 새로운 맛과 풍미를 원하는 자, tolle, comede!(집어 들어 읽고, 음미하시라!)

권영주 한국침례신학대학교 신약학 교수

예수는 어떤 분인가? 어쩌면 신약성서 각 권은 이 질문에 대한 각 저자 나름의 대답을 확장한 것이라고 할 수 있다. 그래서 신약신학의 주요 주제 중 하나는 신약성서 각 저자가 그리는 예수상에 관한 것이다. 그런데 신약성서가 기록되기 이전의 "역사적 예수"에 관한 질문은 신약학자들이 오랫동안 고민해 온 것이었다. 본서는 이 같은 질문에 대해 최신의, 그리고 새로운 답변을 제시한다. 저자는 예수의 본질을 제사장직에서 찾으려 한다. 매우 도발적인 주장이지만, 논거가 분명하여 "역사적 예수" 탐구자라면 누구나 그 주장의 신선함에 매료되어 본서에 푹 빠질 것이다. "역사적 예수" 문제를 처음 접하는 독자도 히브리서가 아니라 복음서를 바탕으로 예수를 제사장으로 볼 수 있다는 사실에 참신함을 느낄 것이다.

김동수 평택대학교 신약학 교수, 한국신약학회 회장 역임 본서는 "역사적 예수"의 정체성을 새롭게 규정하는 책으로 학술적인 논조로 쓰여 있으나 복음서를 자세히 읽는 독자들에게 새로운 통찰을 제공한다. 갈릴리의 나사렛 예수를 드러내는 고전적인 복음서 본문들(씨뿌리는 자의 비유, 산상수훈, 주기도 본문 등)에 대한 전통적 읽기에 맞서서 역사적 예수는 지혜자 현인이나 예언자가 아니라, 종말론적 대제사장이라고 주장한다. 페린은 예수의 대제사장직에 대한 이해야말로 하나님 나라에 대한 명확한 통찰을 제공한다고 믿는다. 페린은 자신의 주장을 뒷받침하기 위해 해당 신약성경 여러 본문에 대한 치밀한 주석을 제시할 뿐만 아니라, 구약과 신구약 중간기 문헌, 그리고 후기 유대교 문서들의 증언에도 광범위하게 기댄다. 저자에 따르면 예수는 정치적 해방을 추구한 것이 아니라 거룩한 공간, 성전의 온전한 회복을 추구하다가 스스로 희생당했다. 확실히 페린의 『대제사장 예수』는 그동안 예수의 대제사장직에 대한 개신교 학계의 무관심을 극복하는 데 도움이 된다. 다만 그의 『대제사장 예수』가 예수의 하나님 나라를 탈정치적으로 해석할 여지를 준다는 점은 다소 아쉽다. 이런 아쉬움에도 불구하고, 본서는 그동안 예수님의 희생을 정치적 사건으로 축소하고 구원을 정치적 해방으로 축소하려 했던 개신교의 또 다른 경향에 대해 균형을 잡아 주는 좋은 책이다. 예수님은 스스로 희생제물이 되어 단번에 자신을 속죄와 화목을 동시에 성취하신 대제사장이시다. 십자가에서 찢긴 그의 육체 가운데서 하나님께로 가는 산길이 열렸다. 확실히 이 책은 대제사장 예수의 숨결에 공감하며 복음서의 구원 스토리를 읽도록 도와준다.

김회권 숭실대학교 기독교학과 교수

지난 세기 중반까지 신약학계의 중요한 쟁점 중 하나였던 "역사적 예수 탐구" 물결을 기억해보자. 이와 함께 언급되는 두 인물, 알베르트 슈바이처와 루돌프 불트만을 떠올릴 수 있을 것이다. 그들은 예수의 가르침 안에 나타나는 종말론과 윤리의 관계에 대해 결이 다른 관점을 제시한 대표적인 학자들이었다. 현대의 복음주의 신약학자 니콜라스 페린 역시 "역사적 예수"를 연구하면서, "종말론과 윤리는 함께 갈 수 있는가?"라는 중요한 질문을 중심으로 논의를 전개한다. 페린은 이 질문을 통해 예수의 역사적 정체성을 탐구하며, 예수의 가르침과 종말론적 메시지가 어떻게 일관되게 연결될 수 있는지 설명하려고 한다.

이 책의 제목("대제사장 예수")을 보면 이 책이 히브리서와 어떤 식으로든 연관되리라 생각할 수 있을 것이다. 히브리서는 신약에서 명시적으로 예수를 제사장으로 언급한 유일한 책이기 때문이다. 하지만 그런 가정은 틀렸다. 페린은 복음서에 실린 예수의 가르침을 중심으로 "제사장으로서 예수의 자기 정체성"에 대해 새로운 시각을 제시한다. 그는 예수의 가르침을 종말론적 제사장의 관점에서 재조명하며, 예수의 정체성을 역사적 예수 연구라는 틀 안에서 심도 있게 탐구한다. 예를 들어 다양한 예수 전승들(주기도문, 세례, 씨뿌리는 자의 비유, 복에 관한 강화)과 예수에게 주어진 전통적 세 가지 호칭("하나님의 아들", "다윗의 자손", "인자")을 치밀하게 주석하면서 저자는 종말론적 제사장으로서 예수의 가르침 안에 종말론과 윤리 사이의 통일성을 재구성해 나간다. 특별히 예수의 제사장직을 통한 종말론과 윤리의 연결성을 다음과 같이 성경신학적으로 옹호하는 저자의 주장이 흥미롭다. 요컨대 출애굽기 서사가 고난을 통해 신적 아들 됨(양자), 제사장직으로 나아가는 과정(출 4장, 19장), 그리고 그에 기반을 둔 예수와 그의 제자들이 하나님 나라를 가져오기 위해 고난을 겪을 준비가 되어 있어야 한다는 주장이다.

때때로 논리적 비약이나 특정 본문에 대한 과도한 해석이 보이긴 하지만, 전체적으로 "제사장 예수"를 역사적 예수 연구라는 틀 안에서 효과적으로 제시한다. 특히 위로부터의 기독론과 아래로부터의 기독론을 중재하는 제3의 길인 "제사장 기독론"을 주석학적으로 제시한 점은 학문적으로 큰 가치를 지니며, 기독론 연구에 중요한 공헌이다.

이 책은 전문적인 논의가 담겨 있기 때문에, 신약학을 전공하거나 가르치는 신학생, 신학자들에게 큰 도움이 될 것이며 종말론과 윤리의 관계에 관심이 있는 목회자와 설교자들에게도 유익한 자료가 되리라 본다. 이 책을 통해 깊이 있는 학문적 탐구와 함께, 신학적 사유의 즐거움을 느낄 수 있을 것이다. 고단한 독서를 통해 배움의 즐거움이 찾아올 때까지 치밀하게 본서를 읽어보기를 권한다.

류호준 백석대학교 신학대학원 은퇴 교수, 현 다니엘의 샘 원장

본서는 예수의 사역을 제사장적 관점에서 조명함으로써 신약성서 연구에 새로운 안목을 제공한다. 저자는 복음서를 면밀하게 분석하여, 예수가 자신을 "이스라엘의 종말론적 대제사장"으로 인식했음을 설득력 있게 논증한다. 특히 예수가 가난한 자들을 돌보고, 병자를 고치며, 죄인들과 나눈 식탁 교제가 성전 됨을 구현하는 방식임을 강조한다. "주기도문", "씨뿌리는 자의 비유", "산상수훈" 등과 관련된 본문을 분석하며, "예수의 세례"와 "하나님 나라 선포"가 구약의 제사장 전통과 깊이 연결되어 있음을 밝힌다. 저자는 성전 개념과 제사장직이 통합된 예수의 사역이 단순한 종말론적 역할을 넘어 가난한 자와 소외된 자를 돌아보는 사회적이고 윤리적인 실천과 밀접하게 맞닿아 있다고 주장한다. 물론 저자의 해석이 지나치게 제사장 중심으로 편향되어 있다고 지적할 수도 있지만, 저자는 예수의 사역이 제왕적이고 예언자적인 기능까지 포괄함을 명확히 짚어 균형 잡힌 시각을 제시한다. 또한 저자는 알베르트 슈바이처의 종말론적 접근과 루돌프 불트만의 실존론적 해석을 비판적으로 검토하면서, 예수의 제사장직이 단순한 상징이나 추상적 개념이 아니라 하나님 나라 신학과 구체적인 윤리적 실천을 유기적으로 결합하는 핵심임을 논증한다. 이러한 통찰은 예수의 정체성과 사역에 대한 기존 패러다임을 확장하고, 독자들이 더 깊은 이해에 도달하도록 이끈다.

윤철원 서울신학대학교 신학대학원 신약학 교수

이 책은 예수의 정체성을 단순히 선지자나 왕으로만 이해해온 기존의 관점을 넘어, 제사장직과 성전 모형론의 시각에서 새롭게 조명한다. 저자 니콜라스 페린은 예수의 "직무"를 재정의하는 데서 그치지 않고, 예수의 기도와 세례, 하나님 나라, 다윗의 자손, 인자, 마지막 대결 등의 주제를 통해 성전과 제사장이 지니는 근본적인 의미를 다시 드러낸다. 특히 만인 제사장으로 부름을 받은 성도들에게 이 책은, 제사장직의 깊은 의미와 그 책임을 성찰하게 하는 울림 있는 신학적 안내서가 될 것이다.

이민규 한국성서대학교 신약학 교수

예수의 대표적 이미지로 예언자가 익숙한데 제사장이라니! 얼핏 다소 어색한 느낌이 든다. 제사장 예수의 이미지는 요한복음 17장의 중보기도나 히브리서의 멜기세덱 기독론의 관점에 비추어서야 자연스럽게 다가올 뿐 그리 보편적인 인식과 거리가 멀어 보이기 때문이다. 그런데 니콜라스 페린의 이 책은 "예수의 제사장 됨"이라는 테제를 담대하게 선언하고 그것을 복음서의 증거 자료 분석과 함께 정치하게 논증한다. 그런데, 놀라워라! 그 결과 주기도문, 세례 사건, 씨뿌리는 자의 비유와 소금 비유, 밀밭 논쟁 기사와 안식일 이해, 인자 호칭과 다윗의 자손 호칭 등에서 예수는 제사장적 신학의 배경을 깔고 거듭난다. 이러한 해석의 관점은 필경 이채롭고 이에 따른 재조명의 시도는 사뭇 참신하다. 예수의 제사장 됨이 기독론의 신학적 전개 과정에 덧붙여진 후대의 경건한 발상이 아니라 역사 속의 예수 자신이 그 가르침과 행적 가운데 제사장 신학을 성육화한 모습을 보여주었다는 논지를 세우고 있기 때문이다. 제사장과 예수를 최대한 밀착시키고자 한 이 책의 이러한 도전은 이즈음 구약성서와 유대교의 제의 신학이라는 배경 가운데 복음서와 예수, 신약성서를 읽어내고자 하는 보다 큰 흐름과 접맥되는 것일 테지만, 그 논점을 예수에 대한 신학과 예수의 역사 양면에서 논증해 간 이 책은 그 도전적 문제의식만으로도 읽어볼 가치가 있다. 신약성서 학도는 물론 예수를 충실히 사랑하는 모든 독자의 일독을 권한다.

차정식 한일장신대학교 신약학 교수

이 책은 니콜라스 페린의 삼부작, 『예수와 성전』(2010, 새물결플러스 역간), 『대제사장 예수』(2018), 『희생제물 예수』(근간)의 두 번째 책이다. 저자는 1세기 유대인들에게 이스라엘의 대제사장은 신의 성품에 참여한 인간으로 간주되었다고 확신하고 이를 전제한다. 제사장들은 신의 영역과 인간의 영역 모두에 발을 담고 있으며, 우리가 속한 "아래층(현상계)의 지붕 역할"과 동시에 "불가시적인 위층의 바다 역할"을 역동적으로 수행하고 있다는 것이다. 이러한 배경에서 예수는 자신을 이스라엘의 합법적인 종말론적 대제사장으로 간주했다고 논증한다. 하나님의 아들, 다윗의 자손, 인자라는 예수에게 주어졌던 세 가지 호칭을 제사장 직분과 관련지으며, 예수의 초상을 이루는 단편 조각들을 새로운 시각에서 다시 조립한다. 구약과 신약의 다양한 본문들이 대제사장 예수와 오묘하게 연결되고 수렴되는 과정이 놀랍고 신기하기도 하다.

차준희 한세대학교 구약학 교수, 한국구약학연구소 소장, 한국구약학회 회장 역임

『예수와 성전』에 이은 니콜라스 페린의 역작 『대제사장 예수』가 한국 독자에게도 손쉽게 다가왔다. 익숙한 주제를 다루는 또 하나의 시도로 보일 수 있다. 하지만 저자의 논증은 예상보다 더욱 도발적이고 통합적이다. 그럼에도 섬세하고 일관된 논지가 지속된다. "역사적 예수"가 자기 자신을 무엇보다 종말론적 제사장과 동일시했다는 선언이다. 1세기 성전을 거부하고 반대했던 예수의 활동(1부작)은 예수의 제사장적 자기이해 및 예수의 말씀(2부작)과 결을 같이하는 셈이다. 예수의 기도와 세례 및 하나님 나라 선포를 이 같은 관점에서 재조명하는 시도는 신선하면서도 모험적이다. (제왕적) 대제사장의 사명을 품은 "하나님의 아들" 예수 이미지가 어떻게 "인자"와 "다윗의 자손" 개념 안에서도 빛을 발하는지 분석하며 추적한다. 저자의 창의성이 돋보이는 대목이다. 1세기 이후 오늘까지 이어지는 "예수 공동체와 운동"에 주는 함의 역시 적지 않은 저자의 관심사로 주목될 필요가 있다. 저자의 프로젝트 마지막 3부작 『희생제물 예수』가 완성되면 그의 관심사가 우리들의 관심사로 가일층 이어질지 궁금해진다. 역사적 예수 탐구의 새 "불꽃"을 지피고자 하는 저자의 학문적 도전과 목양적 동기에 찬사를 보내고 싶다.

허주 아신대학교 신약학 교수

니콜라스 페린의 『대제사장 예수』는 오늘날 역사적 예수 탐구 학계가 드러내었던 공백을 메워준다. "메시아"라는 용어가 왕과 제사장 모두에게 적용될 수 있다는 점은 널리 알려진 사실이다. 그럼에도 역사적 예수와 이스라엘의 제사장 직분의 관계를 다룬 본격적인 연구가 나타나지 않았었는데, 페린의 저서는 이 같은 상황에 결정적인 변화를 가져다주었다. 그는 우리에게 친숙한 예수의 말씀과 행위에 내포된 제사장적 측면을 거듭거듭 밝혀주며, 결국 우리는 예수가 사실상 유대인의 종말론적 대제사장으로서 말하고 행동했다는 도발적인 주장을 접하게 된다. 예수와 유대교에 관심이 있는 독자라면 반드시 읽어야 할 책이다.

브랜트 피트리 노터데임 대학교 성서학 교수, 『예수와 최후의 만찬』 저자

니콜라스 페린이 내놓은 또 하나의 중요한 역작으로서, 창의적인 주해 작업을 통해 건설적인 신학을 구성해 내었다. 오늘날 대다수 그리스도인은 예수가 "제사장"이라고는 생각하지 않았을 것이다. 하지만 페린은 이것이 얼마나 중대한 결손인지 설명해주면서 복음서와 예수 자신에 대해 새로운 빛을 비춰준다.

N. T. 라이트 세인트앤드루스 대학교 신약학 및 초기 기독교학 교수

JESUS THE PRIEST

Nicholas Perrin

Text by Nicholas Perrin.
Original edition published in English under the title *Jesus the Priest* by SPCK, A wholly owned
subsidiary of The Society for Promoting Christian Knowledge, London, England, UK.
This edition copyright © 2018 SPCK.

This Korean edition is published by arrangement of The Society for Promoting Christian
Knowledge through rMaeng2, Seoul, Republic of Korea.

이 한국어판의 저작권은 알맹2를 통하여 영국 The Society for Promoting Christian Knowledge와
독점 계약한 새물결플러스에 있습니다. 신저작권법에 의하여 한국 내에서 보호받는 저작물이므로
무단 전재와 무단 복제를 금합니다.

대제사장 예수

니콜라스 페린 지음
왕희광 옮김

새물결플러스

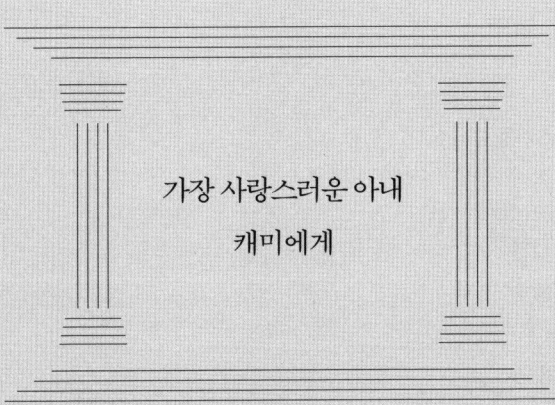

가장 사랑스러운 아내
캐미에게

목차

서문 18
약어 24

서론　31

1. 고철 더미에서 건진 보물　33
2. 두 명의 예수 학자 이야기: 슈바이처와 불트만　34
3. 슈바이처와 불트만 다시 보기　42
4. 몇 가지 부연 설명　46
5. 논증의 전개 방법　53

1장 예수의 기도　61

1. 서론　63
2. "아버지"의 의미: 역사비평의 난제　70
3. 야웨를 "아버지"로 묘사한 초기 기독교와 유대교 전통　86
　1) 야웨를 "아버지"로 묘사한 초기 기독교 전통　87
　2) 야웨를 "아버지"로 묘사한 유대교 전통　92
　3) 종합　101
4. "야웨 아버지" 개념의 배경이 되는 출애굽 내러티브　102
5. 주기도: 시종일관 종말론적인 기도　106
　1) 첫 번째 간구: "[당신의] 이름이 거룩히 여김을 받으소서"(Q 11:2b)　107
　2) 다양한 제사장적 주제들: 두 번째 간구에서 일곱 번째 간구까지　118
6. 요약　133

2장　예수의 세례　139

1. 서론　141
2. 요한의 세례　145
3. 역사로서의 세례와 신현　150
   1) 자료에 대한 검토　150
   2) 신현을 둘러싼 질문들　156
   3) 다시 신현으로　159
4. 마가복음 1:11과 병행 구절에서 예수의 세례가 갖는 의미　167
   1) 성서 인용의 출처(막 1:11과 병행 구절)　168
   2) 마가복음 1:11에 인용된 구약성서 구절들이 제2성전기에 수용되어온 방식　174
   3) 종합　186
5. 공관복음 내러티브에서 예수의 세례를 이해하는 방식　188
   1) 마가복음　189
   2) 마태복음　196
   3) 누가복음　202
   4) 종합　210
6. 요약　212

3장　예수의 왕국　217

1. 왕국의 묵시적 구조: 씨뿌리는 자의 비유(막 4:4-9)　222
   1) 씨뿌리는 자의 비유 해석: 첫 단계　224
   2) 씨뿌리는 자의 비유에 선행하는 세 개의 "씨앗 텍스트"에 나타나는 종말론적 기대의 유형　233
   3) 씨뿌리는 자의 비유 재조명　243
   4) 씨뿌리는 자의 비유와 역사적 예수　254
2. 왕국의 미래에 대한 구상: 소금의 비유(마 5:13//막 9:50//눅 14:34-35)　258
   1) 마태복음에서 소금의 비유(마 5:13)　262
   2) 누가복음에서 소금의 비유(눅 14:34-35)　273
   3) 마가복음에서 소금의 비유(막 9:50)　282
   4) 소금의 비유와 역사적 예수　287
3. 하나님 나라의 현재 윤곽: "복에 관한 강화"(Q 6:20-21)　290
   1) 복에 관한 강화의 의미　296
   2) "가난한 자"와 역사적 예수　306
   3) 복에 관한 강화와 역사적 예수　310
4. 요약　313

4장 다윗의 자손 예수 　　　　　　　　　317

1. "다윗의 자손" 예수　　　　　　　　　　　　　321
　1) 초기 기독교 전통에서 바라본 다윗의 자손 예수　　322
　2) 다윗의 자손과 역사적 예수　　　　　　　328
2. 제사장적 인물로서의 다윗과 "다윗의 자손"　　338
　1) 다윗과 솔로몬이 제사장으로서 수행한 일들　　339
　2) 다윗과 솔로몬의 이례적인 제사장 지위를 어떻게 설명할 것인가?　347
3. 제사장적 "다윗의 자손" 예수　　　　　　359
4. 요약　　　　　　　　　　　　　　361

5장 인자 　　　　　　　　　　　　　　363

1. 다니엘서에서 인자는 누구인가?　　　　　368
　1) 다니엘서의 제의적 성격　　　　　　　368
　2) 다니엘서에서 "인자"라는 호칭의 배경　　　372
　3) "성도들"은 누구인가?　　　　　　　390
　4) 종합　　　　　　　　　　　　　393
2. 역사적 예수와 다니엘서의 인자　　　　　395
　1) 예비적 고찰　　　　　　　　　　395
　2) 중풍병자의 치유(막 2:1-10과 병행 구절)　　399
3. 요약　　　　　　　　　　　　　　407

6장 예수의 제사장 직분 재조명 　　　　　409

1. 안식일 준수: 밀밭 논쟁(막 2:23-28과 병행 구절)　　413
　1) 마가복음의 밀밭 논쟁 기사　　　　　　416
　2) 역사적 예수와 밀밭 논쟁　　　　　　430
　3) 요약　　　　　　　　　　　　　443
2. 제사장 직분에 대한 서로 다른 접근법: 예루살렘의 유력자들과 예수의 추종자들
　(Q 9:58 = 마 8:20//눅 9:58)　　　　　　　444
　1) 머리 둘 곳이 없는 인자　　　　　　　445
　2) 대안적 윤리: 하나님 사랑과 이웃 사랑에 관한 계명(막 12:28-34과 병행 구절)　464
　3) 종합　　　　　　　　　　　　　470

3. 모두 함께하는 식사: 장터에 앉은 아이들의 비유(Q 7:31-35 = 마 11:16-19//눅 7:31-35)　472
   1) 전승들 배후에 감춰진 예수의 목소리 듣기　476
   2) 지혜가 행하는 일들(마 11:16-19)　478
   3) 지혜와 그의 자녀(눅 7:31-35)　487
   4) 종합　493
4. 요약　497

7장　마지막 대결　503

1. 서론　505
2. 카이사르에게 바치는 세금(막 13:13-17과 병행 구절)　507
   1) 마가복음 12:13-17에 대한 표준적인 해석의 문제점　509
   2) "형상"과 "글"의 의미　513
   3) 다니엘서에서 "하나님의 일"　522
   4) 바울 서신에서 "하나님의 일"(고전 2:1-14)　530
   5) 마가복음에서 하나님의 일　536
   6) 예수의 관점에서 "하나님의 것"　545
3. 예수의 재판(막 14:53-65과 병행 구절)　547
   1) 마가복음이 제시하는 재판 내러티브　548
   2) 재판에 관련된 역사적 문제　556
   3) 재판에서 진행된 대화　562
   4) 예수에게 씌워진 신성모독죄의 본질(막 14:62)　569
4. 요약　583

결론　585

참고문헌　602
고대 자료 및 성구 색인　641

서문

성서 해석의 역사에서 가장 역설적인 사실 중 하나는 예수에게 돌려지던 수많은 담화와 행위들이 돌연히 의문시되기 시작했던 지성사의 특정 시점에 오히려 역사적 예수에 대한 탐구가 활기를 띠기 시작했다는 점이다. 결국 다양한 "진정성의 기준들"이 제안되는 원인을 제공한 것은 "복음서 저자들이 기록으로 남긴 비범한 사건들"과 사실을 허구로부터 비판적으로 구별해내기 위한 "계몽주의자들의 헌신" 사이에 존재하는 긴장이었다. 계몽주의 운동이 아니었다면 학자들은 예수가 말씀하거나 행했다고 보고된 사건들의 역사적 신빙성을 판단하기 위한 규칙들을 결코 발전시키지 않았을 것이다. 그런 점에서 오늘날까지 여전히 역사적 예수 탐구를 지배해온 역사적 방법론에 대한 논의는 이러한 지성적 혁명에서 비롯된 지워지지 않는 유전자 정보를 물려받았다. 이것은 우리의 연구에 긍정적인 영향을 미칠 수도 있고 그 반대일 수도 있는데, 아마도 어느 정도는 둘 다일 것이다.

물론 계몽주의가 그 자체의 고유한 의제와 일련의 전제들을 가지고서 역사적으로 자리 잡은 지성 운동이라는 점은 굳이 언급할 필요도 없을 것이다. 이 같은 사실을 염두에 두고서 많은 학자들은 실재의 본성에 대한 계몽주의의 전제들이 교회가 고대로부터 채택해온 신학적 입장과는 애초부터 양립할 수 없는 것이라고 여기면서 이에 반대해왔다. 이처럼 신학적인 동기를 가진 반대자들은 계속해서 다음과 같은 질문을 던졌다. "하지만 만일 예수가 진짜로 하나님인 동시에 사람이라면, 역사 지향적인 역사적 예수 탐구는 우리에게 위로부터의 기독론에 반대되는 아래로부터의 기독론을 구축하도록 요구함으로써 첫 단추부터 잘못 끼우게 만든 것은 아닐까?" 물론 이와 같은 질문도 어떤 측면에서는 유효한 것이지만, 나는 이 문제를 "위로부터의 기독론"이나 "아래로부터의 기독론"과 같은 범주를 사용하여 틀에 가두는 것이 그 자체로 본질을 상당히 왜곡하는 것은 아닌지, 그리고 그것이 예수 운동이 발발했던 1세기의 정황보다는 서구의 이원론을 반영하는 것은 아닌지 의심스럽다. 보다 구체적으로 표현하자면, 예수의 자리를 형이상학적 사변이라는 위층에 둠으로써 아래층에 자리한 경험주의적 역사의 기만적인 공격으로부터 예수를 보호하고자 하는 신학자들의 시도 자체가 본의 아니게 문제를 악화시키는 것은 아닌가? 예수에 관한 논의를 규정하는 위층-아래층이라는 틀의 배후에 자리 잡은 이원론이 예수의 자기 이해와 목적을 밝히는 일에 장애가 되는 것은 아닌가?

내가 본서를 저술하도록 동기를 부여한 다양한 요인들이 있는데, 그중 하나는 비록 1세기 유대교가 창조주와 피조물 간의 엄격한 구분을 견지했음에도 불구하고 그 시대 이스라엘의 대제사장이 자신을—올바른 조건하에서는—신의 성품에 참여한 인간으로 간주했다는 것이 전혀 개연성 없는 이야기는 아니라는 확신이다. 이것은 그리 놀랄 만한 일은 아닌데, 이스라엘의 제사장들은 그들이 봉사하는 성전과 마찬가지로 신의 영역과 인간의 영역을 분리하는 경계 공간 역할을 했다. 따라서 그들은 두 영역 모두에 발을 담그고서 어떤 모순도 없이 계몽주의 이후를 살아가는 우리가 속한 아래층(현상계)의 지붕 역할을 하는 동시에 불가시적인 "위층"의 바닥 역할을 역동적으로 수행하고 있다는 것이다.

    만일 대제사장이 인성과 신성을 통합하는 제3의 범주라고 할 수 있고, 예수 역시 자신을 이스라엘의 합법적인 종말론적 대제사장으로 간주했다는 점을 고려한다면, 우리의 기독론이 더 이상 "위로부터의" 혹은 "아래로부터의"라는 고정된 범주에 의해 규정될 필요가 없다는 것은 자명한 사실이다. 본서는 대체로 위의 두 가지 조건 중에 전자, 다시 말해 제사장 직분이 신과 유사한(quasi-divine) 성격을 지닌다는 점을 증명하려 하기보다는 (어느 정도의 근거를 가지고) 그것을 전제 조건으로 삼을 것이다. 하지만 이 책의 주된 관심사는 두 번째 항목, 다시 말해 제사장으로서 예수의 자기 정체성이다. 이어지는 장들에서 확인할 수 있는 것처럼, 예수의 역할을 제사장 직책으로 자리매김할 때 우리는 복음서 텍스트 가운데 다른 방식으로는 설명하기 어려운 구절들뿐만 아니라 역사적 예수의 신분 자체에 대해서도 보다 나은 이해를 얻을 수 있다. 만일 내가 주장하는 것과 같은 의미에서 예수가 자신을 제사장으로 여겼다면, 그것은 오늘날 수많은 역사적 예수 연구에서 제공되는 두 가지 광범위한 선택지, 다시 말해 아리우스의 "단지 인간에 불과할 뿐인" 예수와, 그보다는 대중적이고 어느 정도는 가현설적인 아폴리나리스의 "신-인의 인성이 물리적인 인체에까지 확장되지는 않는" 예수 사이에 제3의 경로를 열어줄 가능성을 지니고 있다. 그렇다고 해서 본서의 연구가 특정한 신학적 방향성에 의해 주도되는 것은 아니며, 다만 나는 우리가 역사를 제대로 다룸으로써 부수적인 유익으로 좀 더 나은 신학을 접할 수 있기를 기대할 뿐이다.

    이 책은 본질적으로 역사가들과 역사학도들을 위해 쓰인 역사 연구서다. 아래에서 내가 채택한 역사적 방법론을 보다 자세히 밝히겠지만, 여기서는 역사가 중요한 만큼 예수의 역사를 다루는 것도 중요하다는 점을 지적하는 것으로 만족하겠다. 물론 나는 예수의 전기를 처음 기록한 자들이 그들의 주인공에 대해 상당히 놀랄 만한 주장들을 표명하고자 했다는 점을 충분히 인지하고 있다. 더불어 나는 바로 그런 의제가 때로는 1세기 초의 갈릴리와 예루살렘 주변에 "역사가 침범해서는 안 되는 선 – 건너지 마시오"라고 적혀 있는 기다란 폴리스라인을 두르는 것을 정당화해주는 것으로 여겨진다는 점도 알고 있다. (하지만 역설적이게도, 바로 그 동일한 폴리스라인을 설치하는 자들 가운데 일부는 소위 Q 문서 공동체나 에베소서 텍스트의 상세한 배경 읽기에 관해 고도로 사변적인 사회학적 재구성을 제안하는 데 조금의 망설임도 없는 자들이다.) 내가 우려하는 것은 북미 대륙에서 어느 정도는 복음서에 대해 지나치게 단순화된 근본주의적 해석에 대한 반동으로 일어난 이와 같은 해석학적 경향이 그 자체로 또 다른 형태의 근본주의라는 비난에 직면하게 되는 것은 아닌가 하는 점이다.

    역사도 삶과 마찬가지로 복잡다단하고 혼란스러운 것이다. 이 같은 혼란에 직면해서 우리는 시작도 하기 전에 미리 두 손을 들고 포기를 선언할 수도 있고(어쨌거나 우리는 복음서의 "텍스트 이면"을 파헤치려는 의도를 품지는 않았다는 생각으로 스스로를 위로하면서), 아니면 비록 우리의 재구성 가운데 일부는 잠정적이거나 심지어 완전히 틀릴 수도 있지만 그럼에도 만일 그것이 일관적이고 설득력 있는 패러다임으로 이루어져 있다면 우리의 전반적인 재구성이 각 부분의 단순한 총합보다 훨씬 무게감 있는 증거로서의 가치를 지닐 수 있다는 희망을 잃지 않고서 복음서의 역사에 대한 통전적인 그림을 구성해보고자 시도할 수도 있다. 역사적 예수 학계라는 숲에서 복음서 텍스트의 덤불 사이로 나 있는 이 길이 사람들에게 외면당하는 길인지 아니면 많은 사람이 지나다니는 길인지 나는 알지 못한다. 나는 특정 학설의 지지자들을 세어보는 일에는 관심이 없다. 하지만 나는 예수의 생애 가운데 일어난 사건들이나 혹은 그 동일한 사건들에 대한 복음서 저자들의 해석들도 예수가 지향했던 목표를 재구성하는 일에 지금까지 사람들이 그렇게 여겨왔던 것처럼 큰 도움이 되지는 않을 것이라고 확신한다. 역사적 예수를 다룬 수많은 책과는 달리 본서는 복음서 저자들이 전달하고자 했던 바가 무엇인지를 파악하는 일에 상당한 분량을 할애할 것이며 그렇게 함으로써 예수가 의도했던 바가 무엇인지를 밝혀내는 최종 목표에 다가가려고 시도할 것이다. 내가 보기에 "텍스트의 배후에 놓인" 이야기 속으로 침투하는 일은 문서로 기록된 "텍스트 내에서" 진행되고 있는 일들에 대한 어느 정도의 이해 없이는 성취되기가 거의 불가능한데, 이 같은 나의 견해는 고전적인 양식비평가들의 주장과 첨예하게 대립하는 것이다. 당연히 이 같은 견해는 역사적 예수 탐구 학계뿐 아니라 극단적인 내러티브비평가들에게도 달갑지 않은 주장일 것이다. 나는 이 점에 대해 유감을 표하지만 그렇다고 내 주장을 철회하겠다는 말은 아니다. 어쨌거나 그리스도와 관련된 모든 것들을 인위적으로 합성해버리는 일로 인해 깊은 절망에 잠겨 있는 자들에게는 이것이 "기운을 내시라"라는 격려의 말을 전해주는 책 가운데 하나가 될지도 모른다.

    이 책은 많은 사람의 도움이 아니었다면 세상에 나올 수 없었을 것이다. 무엇보다도 먼저 나는 이 책의 작업에 관여한 나의 박사 과정 학생들과 다른 몇몇 학생들에게 감사한다. 그들은 참고문헌을 정리하는 일부터 편집에 관한 사려 깊은 조언에 이르기까지 많은 도움을 주었다. 여기서는 니콜라스 표트로브스키, 데이비드 브라우튼, 레트 오스틴, 그레그 텔만, 제레미 오텐, 수전 리스케, 피터 그린, 재레트 반 틴, 칼레브 프리데만, 나탄 리마히우, 그리고 타이런 로즈의 이름을 언급하고자 한다.

    나의 절친한 벗이자 함께 순례의 길을 가는 브라이언 에클룬드에게 감사하고 싶다. 그는 기꺼이 원고를 읽은 후에 대단히 유익한 논평들을 해주었다. 이와 더불어 촉박한 시간에도 나의 대화 요청에 기꺼이 응해준 릭 리처드슨, 댄 트라이어, 존 파월, 데이비드 빈슨, 조앤 브라운, 그리고 더그 케닉스버그의 이름도 빠뜨릴 수 없다. 다음으로는 지난 5년 동안 나의 행정 조교로 일했던 발레리 오스틴과 제시카 테이트를 언급하고자 한다. 그들은 명예박사 학위를 수여해도 좋을 만큼 본서의 작업 과정에 깊이 관여하였다.

또한 나는 동료 교수들의 격려와 조언에도 감사를 표한다. 사이먼 킹스턴(SPCK), 지닌 브라운, 그레그 비일, 웬디 코터, 에드몬도 루피에리, 데이비드 모피트, 엘리자베스 쉬블리, 마크 앨런 파월, 나다니엘 페린, 마이클 바버, 리로이 호이징가, 스코트 한, 벤 글래드, 마크 스트라우스, 존 페닝턴, 그리고 워렌 카터의 이름을 언급하는 것으로 마무리할 것인데, 아마도 내가 기억하지 못하여서 빠뜨린 이름들도 있을 것이다.

톰 라이트와 브랜트 피트리에게 특별한 감사를 돌릴 필요가 있는데, 그 두 학자는 본서를 저술하는 내내 커다란 격려와 힘이 되어주었다. 크리스핀 플레처-루이스는 친절하게도 본서 전반부의 초고를 읽고 논평해주었으며, 나는 그의 허락을 받고 본문 각주에서도 그의 이름을 수시로 거론한다. 필립 로는 본서의 원고가 마감 기한을 수차례나 넘겼음에도 인내하고 용납해주었다.

마지막으로 나의 가족들에게 진심에서 우러나오는 감사의 말을 전하고 싶다. 두 아들 나다니엘과 루크는 나에게 가장 큰 자랑거리다. 나의 아내 캐미는 25년의 결혼생활 내내 변함없이 나를 사랑하고 지지해주었다. 또 다른 책을 마무리할 때까지 지치지 않고 나를 격려해주기를 기대하며 아내에게 본서를 바친다.

일리노이주 휘튼

약어

성서를 제외한 고대 자료 제목의 약어는 세계성서학회(SBL) 관례를 따른다.

AB	Anchor Bible
ABRL	Anchor Bible Reference Library
AGJU	Arbeiten zur Geschichte des antiken Judentums und des Urchristentums
AnBib	Analecta biblica
AnOr	Analecta orientalia
ANRW	*Aufstieg und Niedergang der römischen Welt*
AOTC	Apollos Old Testament Commentary
ASNU	Acta Seminarii Neotestamentici Upsaliensis
AThR	*Anglican Theological Review*
AYBRL	Anchor Yale Bible Reference Library
BAR	*Biblical Archaeology Review*
BASOR	*Bulletin of the American Schools of Oriental Research*
BBR	*Bulletin of Biblical Research*
BBRSup	Bulletin for Biblical Research Supplements
BECNT	Baker Exegetical Commentary on the New Testament
BETL	Bibliotheca ephemeridum theologicarum lovaniensium
Bib	*Biblica*
BibInt	*Biblical Interpretation*
BibS(N)	Biblische Studien (Neukirchen, 1951)
BIS	Biblical Interpretation Series
BJS	Brown Judaic Studies

BN	*Biblische Notizen*
BTS	Biblical Tools and Studies
BTZ	*Berliner Theologische Zeitschrift*
BU	Biblische Untersuchungen
BW	The Bible in Its World
BWANT	Beiträge zur Wissenschaft vom Alten und Neuen Testament
BZAW	Beihefte zur Zeitschrift für die alttestamentliche Wissenschaft
BZNW	Beihefte zur Zeitschrift für die neutestamentliche Wissenschaft
CBQ	*Catholic Biblical Quarterly*
CBR	*Currents in Biblical Research*
CGTC	Cambridge Greek Testament Commentaries
CH	*Church History*
CHANE	Culture and History of the Ancient Near East
ConBOT	Coniectanea biblica: Old Testament Series
CRHP	Cahiers de la Revue d'histoire et de philosophie religieuses
CSCD	Cambridge Studies in Christian Doctrine
DSD	*Dead Sea Discoveries*
Ebib	Études bibliques
EJL	Early Judaism and Its Literature
EKKNT	Evangelisch-katholischer Kommentar zum Neuen Testament
EncJud	*Encyclopaedia Judaica* (1971)
ETL	Ephemerides theologicae lovanienses
EvQ	*Evangelical Quarterly*
ExAud	*Ex auditu*
ExpTim	*Expository Times*
FAT	Forschungen zum Alten Testament
FoiVie	*Foi et vie*
FRLANT	Forschungen zur Religion und Literatur des Alten und Neuen Testaments
HBT	*Horizons in Biblical Theology*

HeyJ	*Heythrop Journal*
HSCP	*Harvard Studies in Classical Philology*
HSS	Harvard Semitic Studies
HTKAT	Herders theologischer Kommentar zum Alten Testament
HTKNT	Herders theologischer Kommentar zum Neuen Testament
HTR	*Harvard Theological Review*
HTS	*Harvard Theological Studies*
HUCA	*Hebrew Union College Annual*
HvTSt	*Hervormde teologiese studies*
IBC	Interpretation: A Bible Commentary for Teaching and Preaching
ICC	International Critical Commentary
Int	*Interpretation*
ISFCJ	International Studies in Formative Christianity and Judaism
JAAR	*Journal of the American Academy of Religion*
JAJSup	Journal of Ancient Judaism Supplement
JANER	*Journal of Ancient Near East Religions*
JBL	*Journal of Biblical Literature*
JBTh	*Jahrbuch für biblische Theologie*
JETS	*Journal of the Evangelical Theological Society*
JGRChJ	*Journal of Greco-Roman Christianity and Judaism*
JJS	*Journal of Jewish Studies*
JSHJ	*Journal for the Study of the Historical Jesus*
JSJ	*Journal for the Study of Judaism in the Persian, Hellenistic, and Roman Periods*
JSJSup	Supplements to the Journal for the Study of Judaism
JSNT	*Journal for the Study of the New Testament*
JSNTSup	Journal for the Study of the New Testament: Supplement Series
JSOT	*Journal for the Study of the Old Testament*
JSOTSup	Journal for the Study of the Old Testament: Supplement Series
JSP	*Journal for the Study of the Pseudepigrapha*

JSPSup	Journal for the Study of the Pseudepigrapha: Supplement Series
JTS	*Journal of Theological Studies*
JudAnc	*Judaïsme Ancien*
LBS	Library of Hebrew Bible/Old Testament Studies
LD	Lectio divina
LNTS	Library of New Testament Studies
LSTS	Library of Second Temple Studies
LtSp	*Letter & Spirit*
MSU	Mitteilungen des Septuaginta-Unternehmens
NAC	New American Commentary
NedTT	*Nederlands theologisch tijdschrift*
NICNT	New International Commentary on the New Testament
NICOT	New International Commentary on the Old Testament
NIGTC	New International Greek Testament Commentary
NovT	*Novum Testamentum*
NovTSup	Supplements to Novum Testamentum
NSBT	New Studies in Biblical Theology
NTAbh	Neutestamentliche Abhandlungen
NTL	New Testament Library
NTM	New Testament Monographs
NTS	*New Testament Studies*
NTTS	New Testament Tools and Studies
OBO	Orbis biblicus et orientalis
OTL	Old Testament Library
PNTC	Pillar New Testament Commentary Series
PrTMS	Princeton Theological Monograph Series
PTMS	Pittsburgh Theological Monograph Series
RB	*Revue biblique*
RelSRev	*Religious Studies Review*

RevExp	*Review and Expositor*
RivB	*Rivista biblica italiana*
RSPT	*Revue des sciences philosophiques et théologiques*
SBEC	Studies in the Bible and Early Christianity
SBG	Studies in Biblical Greek
SBL	Studies in Biblical Literature
SBLDS	Society of Biblical Literature Dissertation Series
SBLEJL	Society of Biblical Literature Early Judaism and Its Literature
SBLMS	Society of Biblical Literature Monograph Series
SBLSP	Society of Biblical Literature Seminar Papers
SBS	Stuttgarter Bibelstudien
SBT	Studies in Biblical Theology
ScEs	*Science et esprit*
SCS	Septuagint Commentary Series
SHJ	Studying the Historical Jesus
SJ	Studia judaica
SJCA	Studies in Judaism and Christianity in Antiquity
SJLA	Studies in Judaism in Late Antiquity
SNTSMS	Society for New Testament Studies Monograph Series
SOTSMS	Society for Old Testament Studies Monograph Series
SPAW	Sitzungsberichte der preussischen Akademie der Wissenschaften
SPB	Studia post-biblica
SR	*Studies in Religion*
STDJ	Studies on the Texts of the Desert of Judah
Str-B	Strack, Hermann L., and Paul Billerbeck, *Kommentar zum Neuen Testament aus Talmud und Midrasch*. 6 vols. Munich: C. H. Beck, 1922-61
StudBL	Studies in Biblical Literature
SUNT	Studien zur Umwelt des Neuen Testaments
SVTP	Studia in Veteris Testamenti pseudepigraphica

SWBAnt	Social World of Biblical Antiquity (second series)
TANZ	Texte und Arbeiten zum neutestamentlichen Zeitalter
TB	Theologische Bücherei: Neudrucke und Berichte aus dem 20. Jahrhundert
TBei	*Theologische Beiträge*
TBN	Themes in Biblical Narrative
THKNT	Theologischer Handkommentar zum Neuen Testament
TRu	*Theologische Rundschau*
TSAJ	Texte und Studien zum antiken Judentum
TynBul	*Tyndale Bulletin*
TZ	*Theologische Zeitschrift*
VT	*Vetus Testamentum*
VTSup	Supplements to Vetus Testamentum
WBC	Word Biblical Commentary
WMANT	Wissenschaftliche Monographien zum Alten und Neuen Testament
WTJ	*Westminster Theological Journal*
WUNT	Wissenschaftliche Untersuchungen zum Neuen Testament
ZAW	*Zeitschrift für die alttestamentliche Wissenschaft*
ZNW	*Zeitschrift für die neutestamentliche Wissenschaft und die Kunde der älteren Kirche*
ZTK	*Zeitschrift für Theologie und Kirche*

서론

1. 고철 더미에서 건진 보물

〈잭슨 폴록은 *$&% 누구인가?〉(*Who the *$&% Is Jackson Pollock?*)라는 도발적인 제목을 달았던 2006년 다큐멘터리에서 우리는 인생 말년에 갑작스럽게 대단히 흥미진진한 전환기를 맞이한 73세의 은퇴한 트럭 기사 테리 호튼의 이야기를 접하게 된다. 호튼이 하루는 캘리포니아 한 지역의 중고품 가게에서 상품을 둘러보다가 밝은 색조를 띤 커다란 그림 하나를 5달러에 샀다. 그녀는 그것으로 실의에 빠진 친구의 기분을 띄워주고자 했었다. 그런데 친구의 이동식 주택에는 그림을 놓을 곳이 없었고 그녀는 그림을 집으로 가져와서 앞마당에 세워두고 몇 달러에라도 되팔리기를 바랐다. 하루가 다 가도록 그림은 팔리지 않았는데, 어떤 미술 교사가 지나가면서 이 그림은 추상표현주의 화가인 잭슨 폴록의 작품일지도 모른다고 중얼거렸다. 그 때까지만 해도 테리는 잭슨 폴록이 누구인지 전혀 알지 못했지만, 미술 교사의 제안에 따라 그림에 대해 조사해보기로 했다. 요점만 말하자면, 일군의 미술품 감정사들이 분석한 결과는 미술 교사의 추측이 옳았음을 증명해주었다. 그 그림은 잭슨 폴록의 손에서 나온 진품이었다는—그리고 여전히 진품이라는—것이다. 호튼이 5달러에 구매한 "쓰레기"는 이제 9백만 달러를 호가하는 값비싼 작품이 된 것이다. 여기서 다음과 같은 경구를 떠올릴 수 있다. "누군가의 쓰레기가 다른 사람에게는 보물일 수 있다."

테리 호튼의 이야기는 이 책을 저술한 목적을 소개하는 일에 하나의 비유로 사용될 수 있을 것이다. "역사 서술의 왕국은 어떤 모습이며, 우리는 그것을 어디에 비유할 수 있을까?"라는 질문에 대해 다음과 같이 대답할 수도 있을 것이다. "그것은 마치 중고품 가게에서 미술품을 구매한 여인과 같으니, 그녀는 그것이 무가치하다고 생각했으나 결국 그것이 보물이라는 사실이 밝혀졌다." 비록 예수의 비유들만큼 기억할 만한 가치가 있는 것은 아니지만, 위에서 제시한 비유는 역사 연구라는 분야가 새로운 자료의 신선한 발견을 통해 진보해가는 것이라기보다는 이제까지 방치되어 왔던 자료들을 새롭게 재평가함으로써 발전해간다는 진리를 보여준다.

2. 두 명의 예수 학자 이야기: 슈바이처와 불트만

위에서 제시한 원리는 알베르트 슈바이처가 1906년에 저술한 『역사적 예수 탐구』(*The Quest of the Historical Jesus*)라는 고전적인 작품에 나오는 기억할 만한 문구에도 확실히 적용될 수 있을 것이다. 여기서 슈바이처는 구자유주의자들과의 대화 가운데 알브레히트 리츨 학파를 다루면서 그의 대화 상대자들이 수난 예언과 관련된 예수 전승을 경시했던 점에 대해 그들을 질책한다. 유감스럽게도 구자유주의자들에게 "수난 예언은 재림(*parousia*)에 대한 예언과 달리 객관적 역사와는 거의 관계가 없다."[1] 하지만 슈바이처에 따르면 수난 자료의 비진정성(inauthenticity)에 대한 보편적인 가정은, 수난에 대한 예수의 예견이 구자유주의자들의 표준적인 재구성에 잘 들어맞지

---

1   Schweitzer 2001 (1906): 329.

않는다는 사실과 밀접하게 연결되어 있다.

결과적으로 바이세(Weisse)에서 오스카 홀츠만(Oskar Holtzmann)에 이르기까지 자연 심리학의 노선을 따른 예수의 생애에 관한 연구는 이에 대해 주목할 만한 해답을 제시하지 못했다. 그들은 수난 예언을 무시하거나 아니면 그것을 예수의 생애 말기의 "우울한 시대"로 옮겨놓았으며, 그것을 이해 불가능한 예견으로 간주하거나 아니면 "공동체 신학"에 관한 기사로 전락시켰는데, 공동체 신학이라는 개념은 그들이 "예수의 역사적 생애"에서 적절한 위치를 찾을 수 없었던 모든 사건을 내다 버리는 쓰레기 더미의 역할을 했다.[2]

슈바이처는 문제의 본질을 꿰뚫는 "쓰레기 더미"라는 강력하고 신랄한 비유를 통해 19세기의 예수 생애 연구자들이 "예수 이야기"에서 수난을 제거해버린 이유와 방법을 설명한다. 20세기에 들어서면서 슈바이처는 역사적 예수를 둘러싼 논의가 부당하게 칸트의 관념주의에 속박당할 것을 예견했는데, 관념주의는 불길한 예감과 우울한 경험들로 가득하며 실물보다 큰 것처럼 보이는 예수의 초상을 용납할 수 없었다. 설령 리츨의 후계자들이 복음서라는 캔버스에 그려진 이런 불길한 흔적들의 진정성을 마음속으로 용인했다 하더라도 그들은 그것들을 어떻게 설명해야 할지 알 수 없었을 것이다. 시대정신에 물들어 있던 이 같은 사상가들은 예수의 경험과 수난에 대한 예견이 사실상 그의 정신 이상을 표현하는 방법이었을 가능성을 허용하는 범주조차도 가지고 있지 않았다.

슈바이처는 예수가 참으로 우주의 임박한 변화를 고대하고 있었다고

---

2 Schweitzer 2001 (1906): 329.

주장하면서 구자유주의자들과 결별했던 것처럼 바로 이 지점에서 그의 대화 상대자들과 결별했는데, 그는 "대환난"(Great Tribulation)의 유대적 배경이 갖는 중요성을 상당 부분 인정했다. 슈바이처는 여기서 예언된 사건, 다시 말해 메시아의 시대로 이어지는 배교와 수난의 시나리오야말로 예수가 "예루살렘으로 향하기로" 결심하고 그를 기다리는 암울한 운명을 기꺼이 받아들이기로 마음먹은 이유를 설명해주는 것이라고 믿었다. 하지만 슈바이처의 재구성에 따르면 예수는 결국 사건들에 대한 그의 기대와 실제 드러나는 현실 사이에서 인지부조화를 경험하게 될 것이다. 예수는 십자가 위에서 숨을 거두면서 그가 간절히 고대했던 대환난의 날이 그가 기대했던 방식으로 정점에 도달한 것은 아니라는 점을 깨닫게 된다. 하나님은 그를 구하러 오지도 않았고 하나님 나라를 이곳에 가져오지도 않았으며, 예수가 실망 가운데 죽어가도록 내버려 두었다.

그런데 만일 예수에 관한 슈바이처의 주장이 옳다면 어떻게 되는가? 예수가 참으로 하나님이 위기의 순간에 새로운 우주 질서를 수립할 것으로 기대했다면 어찌 되는가? 우리는 이것을 그의 윤리적인 가르침과 어떻게 조화시켜야 한다는 말인가? 그의 윤리적인 가르침들 자체는 지속적인 타당성을 지니는 것처럼 보이는데 말이다. 이 지점에서 어떤 이는 아마도 예수의 종말론에 대한 슈바이처의 독특한 이해를 바탕으로 그가 복음서의 윤리 단락들을 후대 편집의 결과로 여길 것이라고 기대할지도 모른다. 하지만 그는 대담하게도 이러한 가르침들이 "잠정 윤리", 다시 말해 기존 세계 질서의 종말을 대비하기 위해 일시적으로 주어진 일종의 임시방편적인 기준이라고 주장한다. 그는 역사적 난제를 이런 식으로 해결했다. 하지만 이 같은 재구성은 다른 형태의 난제를 초래한다. 말하자면 슈바이처의 시나리오에서 "잠정적"이라는 말은 기껏해야 몇 개월에 불과한 것이기 때문에 우리는 이 같은 임시변통적인 규범들이 그 시대의—우리 시대는 말할 것도 없고—중대한 도덕적 문제들에 대해 의미 있는 역할을 감당했으리라고 기대할 수는 없다는 점이다. 슈바이처의 해석에 따르면 예수는 말끔하게 정돈된 도덕적 가르침을 전달하는 일보다는 그의 종말론적 비전을 선포하는 일에 훨씬 더 관심을 보이고 있으며, 결과적으로 예수의 윤리적 자료들은 오래 지나지 않아 신학적 의미를 상실해버린다.

셰익스피어의 『햄릿』에 등장하는 "무작정 거부하기만 하는" 여왕의 경우처럼, 『역사적 예수 탐구』에 대한 최초의 반응은 압도적으로 부정적이었다. 슈바이처의 책에 대한 서평에서 그의 방법론과 결론들은 비판의 대상이 되었다. 오늘날 100년이 넘는 세월이 흐른 시점에도 우리는 여전히 최초의 비판들 가운데 상당수가 여전히 유효하다는 점에 동의할 수밖에 없다. 하지만 동일한 맥락에서 슈바이처가 그 시대의 "악동"(*enfant terrible*)으로 여겨졌던 주된 이유는 그가 예수를 묘사한 전통적인 초상화에 아주 전통적이지 않은 방식으로 덧칠을 했기 때문이라는 점이 시간의 전개에 따라 분명하게 드러나게 되었다. 덧칠의 결과로 남겨진 초상화는 예수의 신학적 타당성에 심각한 질문을 불러일으킨다. (한 역사적 인물이 가지고 있던 핵심적인 신념이 완전히 잘못되었다면 그가 무슨 타당성을 주장할 수 있겠는가?) 슈바이처가 예수를 (변덕스러운 인물은 아니라 할지라도) 불확정적인 위기 및 박해와 수난에 둘러싸인 거친 인물로 제시한다는 점도 그에 못지않게 골칫거리다. 양식 있는 사람들이나 칸트를 따르는 관념주의자들도 이런 것들을 용납해줄 인내심을 지니고 있지 않다.

『역사적 예수 탐구』가 초래한 격랑에도 불구하고 고대의 유대 묵시문학에 비추어 수난에 대한 예수의 비전을 설명하는 슈바이처의 방식은 역사적으로 지속적인 타당성을 지니고 있었다. 그의 설명은 90년의 세월이 흐른 뒤에 20세기 예수 연구의 양대 산맥 중 하나인 N. T. 라이트가 "슈바이처 거리"(*Schweitzerstrasse*)는 여전히 열려 있고 상당히 많은 사람이 그 길로 다니고 있다고 공언할 정도로 적실성을 지닌 것으로 입증되었다. 하지만 만일 슈바이처가 예수의 수난 사건을 역사의 쓰레기 더미에서 되찾아오지 않았다면 소위 "슈바이처 거리"는 가시덤불로 뒤덮인 오솔길에 불과했을 것이다. 오늘날 슈바이처를 비판하는 자들은 테리 호튼이 소유한 잭슨 폴록 그림이 진품인지 의심하는 일부 미술 비평가들처럼 슈바이처가 발견한 조각의 진정성에 대해 지속적으로 의구심을 표하지만, 그것은 중요하지 않다. 이것은 이미 제안된 사안이며, 여전히 논의 중이고 이후에도 더욱 심도 있는 논의가 이루어져야 할 것이다. 상당수의 예수 학자가 수난이 예수의 자의식에서 중요한 부분을 차지하고 있었다는 점에는 동의하지만, 우리는 아직도 왜 그래야만 했는가에 대해서는 충분히 살펴보지 못했다.

　루돌프 불트만이라는 저명한 학자도 슈바이처의 뒤를 잇는 세대에 속해 있었기 때문에 그의 논제에 직간접적으로 관여할 수밖에 없었다. 슈바이처의 방대한 저서가 출간되고 두 차례의 세계대전과 함께 반세기가 흐른 뒤에 불트만은 『신약성서 신학』을 세상에 내놓았는데, 그는 원칙적으로 예수와 묵시문학의 연관성에 대해 확신하고 있었음에도 여기서는 전면적인 묵시주의를 표방했던 그의 선임자들과는 달리 보다 신중하게 예수의 비전이 사실상 기존 질서의 종결이나 새로운 정치체제의 도입과는 무관하다는 점을 명시했다. 그의 재구성에 따르면 예수는 묵시의 순간을 결단에 대한 요청으로 치환함으로써 각 사람에게 하나님 앞에 절대적인 의존과 철저한 순종의 자세로 설 것을 요구했다. 불트만은 이런 접근법을 취하면서 크게 두 가지 노선과 거리를 유지하고자 시도했다. 그는 한편으로 하나님 나라가 대체로 인격 형성과 관련된 문제라고 여겼던 아돌프 폰 하르나크나 하나님 나라가 갱신된 사회정치적 질서라고 여겼던 월터 라우셴부시 같은 인물들로 대변되는 구자유주의가 제시하는 예수상을 거부했는데, 불트만은 역사적 예수의 메시지가 묵시문학의 특징을 보인다는 점을 누누이 강조했다. 다른 한편으로는 예수의 묵시주의를 강조했던 슈바이처 같은 학자들과도 거리를 두고자 했다. 그는 윤리적인 사안들에 대해 예수가 보여준 랍비적 관심사에 대한 공관복음의 보도들이 예수를 부활하신 그리스도로 선포하는 교회와 조화되기 어렵다는 분명한 입장을 견지했다.

하지만 불트만 역시 슈바이처와 마찬가지로 역사적 예수에 대해 호소력을 지닌 최종적이고 유일한 기사는 그의 종말론과 그의 윤리를 근원적으로 통합하는 것이어야 한다고 믿었다. 그는 예수의 모든 윤리적인 가르침이 개개인을 향한 하나님의 무시간적인 요구에 의해 지지받는다면 윤리 역시 종말론적일 수 있다는 점에서 양자 간의 통합이 머지않아 도래할 것이라고 강변한다. 따라서 불트만은 실존적 위기가 여전히 탁월한 중요성을 지닌다고 여겼다. "하나님의 임박한 통치를 마주한 인생들이 취할 수 있는 대비책은 오직 이것뿐이다. 그에 대해 만반의 준비 태세를 갖추고 그것을 유지하라. 결정의 순간이 다가왔으며, 예수의 부르심은 결정을 향한 부르심이다."[3]

비록 불트만이 결국에는 그의 친구이자 마르부르크 동료였던 마르틴 하이데거와도 결별하고 말았지만, 개인의 결정에 대한 불트만의 강조는 하이데거로부터 상당한 영향을 받은 것이었다. 두 차례의 세계대전 사이에 사회경제와 정치 분야의 압도적인 세력들 내부에서 소외의식이 양산됨에 따라 인간의 자유를 철학적으로 확증해줄 필요성이 대두되었는데, 하이데

---

3   Bultmann 1951: 9.

거의 실존철학이 바로 이것을 제공해줄 수 있는 사상 체제였다. 불트만은 제2차 세계대전 이후에 출간된 그의『신약성서 신학』에서 이와 동일한 실존주의적 준거 틀을 예수에게도 적용하고자 했다. 이것은 언뜻 보기에 그럴싸한 시도였는데, 왜냐하면 그가 지적하는 것처럼 복음서에는 예수가 청중에게 끊임없이 **결정하라고** 촉구하는 장면들이 가득하기 때문이다. 더욱이 비록 구자유주의자들이 예수와 관련하여 주장했던 도덕적 설득 논리에서도 윤리적 결정이라는 요소가 완전히 배제된 것은 아니지만, 예수에 관한 자료들에 만연해 있던 임박한 위기에 대한 의식을 설명하는 데 있어서 그들의 논리는 불트만의 설명만큼 탁월하지 못하다. 불트만 역시 그의 선임자였던 슈바이처와 마찬가지로 공관복음 전승의 광범위한 영역(묵시문학 및 지혜문학 자료를 함께 아우르는)을 공정하게 다루는 안목이 그 자체로 설득력을 지니고 있다는 점을 인정하지 않을 수 없었다. 하지만 그와 같은 안목을 갖추기 위해서는 역사의 쓰레기 더미에서 예수의 수난에 대한 자료를 찾을 것이 아니라 "결정을 향한 촉구"에 관한 자료들을 건져 내야 할 것이다. 다시 한번 말하지만, 어떤 예수 학자에게 쓰레기였던 것이 또 다른 예수 학자에게는 보물일 수 있다.

슈바이처와 불트만은 예수 전승에 대한 각자의 통합이론을 제시하면서 그들이 역사적 예수 연구의 핵심 문제라고 여겼던 것을 해소하기 위해 각자의 방법들을 나름대로 적용했다. 우리는 이것을 현자(보편적인 진리의 선포자)로서의 예수와 종말론적 예언자(다가올 파괴적인 사건들에 대한 예보자)로서의 예수 사이에 존재하는 긴장이라고 정리할 수 있다. 우리가 문제를 되풀이해서 진술할 필요는 별로 없다. 만일 역사적 예수의 주요 관심사가 윤리 문제였다면, 어떻게 해서 도덕에 관한 그의 가르침이 시공간의 연속선상에서 마지막 때에 이르러서야 알려진 것으로 간주될 수 있었을까(예수가 어렴풋이 드러나는 종말론적 실재들이 단지 미미한 중요성만을 지닌 것으로 여겼다는 말도 안 되는 논리를 펼치지 않는다면 말이다)? 반대로, 만일 예수의 주된 관심사가 묵시에 있는 것이라면, 도덕적 고려사항들은 어떻게 영속적인 의미를 지닐 수 있을 것인가? 슈바이처와 불트만이 활동했던 시기를 전후하여 이와 같은 딜레마를 해소하기 위해 제안된 보편적인 전략 가운데 하나는 공관복음 전승의 형성사에서 묵시 자료와 지혜 자료가 서로 다른 발전 단계에 속한다고 주장하는 것이었다. 하지만 그들은 이와 같은 노선을 따르지 않는다. (그들은 아마도 이와 같은 불가피한 순환 논리가 전승사 논쟁에서 특정 패러다임이 반론에 직면할 때마다 위기를 모면하기 위해 손쉽게 사용하곤 했던 비상구라는 점을 인지했을 것이다.) 이와 같은 딜레마에 대한 슈바이처의 해법은 예수의 윤리적 메시지를 임박한 종말론적 위기의 부산물로서의 분화구로 재구성하는 것이었다. 임박한 종말론적 위기는 결국 위대한 "비-사건"(non-event)이었음이 드러날 것이다. 이와는 대조적으로 불트만의 해법은 종말론적 순간을 영원히 현존하는 순간으로 재정의하는(탈신화화하는) 것이었는데, 이는 도덕적 성찰을 시공간의 연속선상에서 각자가 차지하는 자리로부터 단절시키는 결과를 낳게 된다. 비록 슈바이처와 불트만은 예수의 사역이 본성상 어떤 특징을 지녔는지에 대해 극단적으로 다른 결론에 도달하기는 했지만, 그들은 본능적으로 예수의 윤리와 종말론이 제기하는 문제에 대한 해법이 그 둘을 효과적으로 통합하는 것임을 인지하고 있었다.

3. 슈바이처와 불트만 다시 보기

본서는 한마디로 슈바이처와 불트만이 시도했던 통합 프로젝트를 재연하려는 시도다. 그 과정에서 나는 그들의 재구성 가운데 오늘날의 예수 학자들이 쓰레기 더미에 갖다 버린 것처럼 보이기는 하지만 그럼에도 여전히 진지하게 숙고해볼 가치가 있는 특정 요소들을 재고해볼 것을 제안한다. 이 프로젝트의 목적을 달성하기 위하여 나는 그들의 사상 가운데 몇 가지 측면을 살펴보고자 한다. 첫째, 슈바이처와 관련하여 나는 역사적 예수의 자기 이해에서 환난이 가지는 결정적인 중요성을 진지하게 다루고자 한다. 둘째, 또다시 슈바이처와 관련하여 나는 예수가 보편적인(여기서 "보편적"이라는 말은 모든 시대, 모든 사람, 모든 상황에 적용될 수 있다는 의미다) 규범을 반포하는 일에 관심을 가지기보다는, 일차적으로 환난과 관련된 특정 상황들에 적용하도록 의도된(결국은 서로 다른 방향으로 적용되고 규범화되겠지만 말이다) 윤리적 메시지를 담아내는 일에 관심을 가졌을 가능성을 타진해보려 한다. 예수의 가르침은 당대의 종말론적 위기 가운데서 현존하는 시련들을 해명하기 위한 지침으로 주어진 것으로서 본성상 종말론적인 성격을 지니고 있었다. 셋째, 불트만과 관련하여 나는 예수의 메시지가 청중들을 선택의 갈림길에 세우는 한편 즉각적인 응답을 요청한다는 주장에 동의한다. 그의 가르침이 암묵적으로 제기하는 도전은 청중들이 냉담하게 반응하거나 그들 앞에 놓인 장애물을 무시해버릴 여지를 허용하지 않는다. 마지막으로 또다시 불트만과 관련하여, 나는 예수가 요청한 이와 같은 결정이 총체적이고 자기 참여적인 성격을 지닌다고 말하고자 한다. 예수의 가르침은 그저 하나의 제안에 불과한 충고 따위가 아니라, 전폭적으로 자신을 복종시키라는 요구다. 그런데 이러한 자기 복종(self-surrender)을 수행해야 할 유일한 무대는 이제 막 예수의 주변에서 모습을 갖추어가던 논란 많고 심지어 사회적으로 문제시되는 공동체였다.

이처럼 내가 슈바이처와 불트만에게 동의를 표하는 많은 지점이 있는 것은 사실이지만, 한편으로는 그들의 견해에 동의할 수 없는 중대한 요소들도 존재한다. 첫째로, 대환난에 관한 슈바이처의 해명은 예수의 정신세계 내에서 적절히 작용하기에는 지나치게 거칠고 다듬어지지 않은 해법이다. 본서에서 이 주제에 관하여 슈바이처의 논지에 대해 포괄적인 비평을 제시할 수는 없지만, 고대 유대교에서 대환난과 신적 개입을 슈바이처의 예수가 그리했던 것처럼 연대기적으로 밀접하게 연결 지었다는 증거가 없다는 점은 지적하고 넘어갈 필요가 있을 것이다.[4] 이어서 두 번째 반론을 제기하자면, "잠정 윤리"에 관한 슈바이처의 이론이 비록 독창적이기는 하지만 실상은 전혀 불필요한 것으로 드러난다. 물론 나는 "잠정 윤리"라는 표현이 예수의 윤리적 가르침들을 묘사하기에 적절하다는 점에는 동의한다. 물론 여기서 우리는 "잠정적"이라는 용어가 암시하는 기간에 대해 유연성을 가질 필요가 있는 것으로 보이며, 예수에게도 이것은 확정되지 않은 기간이었다. 셋째로, 무엇을 선택할 것인지 결정하라는 예수의 요청이 중대한 역할을 한다는 불트만의 주장에는 동의하지만, 이 결정의 본질이 무엇인지에 대해서는 동의할 수 없다. 예수의 요청과 그에 대한 응답이 역사적 맥락으로부터 쉽사리 분리될 수 있는 개별적인 거래관계라고 믿었던 마르부르크 신학자와는 달리, 나는 결정에 대한 예수의 요청이 그의 공동체에 동참하여 그 독특한 사고방식과 행동 패턴을 따르라는 권유의 성격을 지닌다고 주장한다. 물론 예수의 초청이 개개인에게 주어진 것은 사실이지

---

4 예수와 대환난 문제를 다룬 결정판은 여전히 Pitre 2005다.

만, 그의 초청에 응하기 위해서는 먼저 예수 운동이라는 특정한 사회집단과의 개인적인 결속이 요구되었다. 넷째로, 위와 연관된 이야기인데, 비록 불트만의 예수가 개인의 수평적 헌신보다는 수직적 헌신에 대하여 훨씬 더 강조하는 것은 사실이지만, 나는 예수가 요청하는 절대적 순종 개념이 수직적인 동시에 수평적인 측면을 가지고 있으며, 하나님을 향한 자기 부인이 공동체를 향한 자기 부인을 통해 표현되는 동시에 공동체를 향한 자기 부인이 하나님을 향한 자기 부인을 통해 표현되도록 요구한다고 믿는다. 수직적 순종과 수평적 순종이라는 두 축 간의 개념적 교집합이 바로 예수가 부과하는 소명이다.

슈바이처와 불트만이 제안했던 상당히 유망한 통찰을 토대로 나는 종말론과 윤리를 통합하고자 했던 그들의 기획을 갱신하고자 한다. 이러한 통합의 열쇠는 예수를 **제사장적 관점**에서 묘사하는 것으로 출발한다. 물론 내가 예수에 대해 "제사장적"이라는 수식어를 사용한다고 해서 그가 스스로에 대해 공식적으로 인정된 레위 지파나 사독 계열, 혹은 하스몬 계열 제사장 직분을 주장했다고 말하려는 것은 아니며, 다만 그가 비록 통상적인 의미에서 제사장의 권한을 가지지는 않았음에도 특정한 제사장적 기능을 수행하는 것으로 자신을 표현한다고 주장하는 바다. 이러한 기능들은 예수가 종말론적 대제사장이 되어가는 과정의 출발점을 보여준다. 이 과정은 하나님이 주도하는 것이며 어떤 의미에서 그는 이미 그 과정을 마치고 종말론적 제사장이 되었다고 볼 수도 있다.

나는 예수가 자신을 제사장으로 이해했을 것이라고 주장하는 동시에 그가 자신을 예언자나 메시아 왕으로 여겼을 가능성도 배제하지 않는다. 물론 이 문제와 관련하여 포괄적인 논증을 제시하지는 않을 것이지만, 내가 보기에 예수가 자신을 예언자와 메시아 왕으로 여겼을 가능성은 대단히 높으며, 이는 앞으로 명백히 드러날 것이다. 본서에서는 특히 메시아 범주에 대해 상대적으로 관심을 덜 기울였는데, 그렇다고 해서 예수가 이 주제를 상대적으로 덜 중요하게 여겼다는 뜻은 아니다. 어쨌거나 나는 하나의 특별한 문제를 제기하기 위해 이 책을 저술했다. 학자들은 흔히 "메시아" 혹은 "메시아적" 같은 용어들을 던져놓고는 별다른 의식 없이 "왕" 혹은 "제왕적" 같이 얼핏 호환 가능해 보이는 다른 주제들로 이동해버리는데, 사실 우리는 아직도 어떻게 유대교의 메시아 개념이 다양한 방식으로 **제왕적 측면과 제사장적 측면을 통합하는지** 해명하는 작업을 거의 시작조차 하지 못했다.

내가 확신하기로 1세기 유대인들에게 다윗 왕권의 회복에 관한 약속의 중요성은 정치적 자율성과 관련된 것이 아니라, 종교적인 문제와 연결되어 있었다(물론 자율성도 중요하지만 말이다). 특히 그들이 로마의 지배하에 놓이게 되면서 이것은 절박한 문제였으며, 성전이 더럽혀지는 뼈 아픈 사건이 이를 더욱 심화시켰을 것이다. 이런 맥락에서 1세기의 경건한 유대인에게 그들이 고대해왔던 메시아가 해결해주어야 할 가장 중요한 문제는 이스라엘의 정치적인 대적들을 물리치는 것이 아니라 성전이라는 공간을 회복하는 일이었다(물론 대적들을 물리치는 것도 중요한 일이라는 점은 분명하다). 이것은 전혀 예외적이라고 할 수 없는 주장이다. 설령 내가 예수 시대의 유대인들이 예루살렘 거리로 몰려나와서 "자유, 평등, 박애!"라는 구호를 아람어로 외치지는 **않았을** 것이라고 주장한다 해도 그것은 전혀 충격적인 발언이 아닐 것이다. 마찬가지로 나는 고대 이스라엘인들이 결코 정치적 자율성 자체를 윤리적 목표로 삼지는 않았을 것이라고 누군가가 주장한다 해도 심각한 논란을 초래하지는 않을 것이라고 말하고 싶다. 이스라엘인들에게 중요한 것은 정치적 자율성 자체가 아니라 그 자율성이 가져다줄 수 있는

서론 45

하나의 중대한 부수적 효과였다. 바로 이방 신들의 권위나 이데올로기의 영향을 벗어나서 정치적으로 통합된 신정체제(theocracy)를 확립하는 것이 그들의 목표라는 것이다. 이것은 성전이 최종적으로 제 역할을 하기 위해서는 꼭 필요한 선결과제였다. 예수의 메시아 왕권이라는 측면도 물론 중요하지만, 우리는 다양한 증거를 통해 그가 자신의 제왕적 정체성보다 제사장으로서의 주된 정체성을 더욱 부각하고 있음을 확인할 수 있다. 예수는 신정정치 체제를 확립하기보다는 이스라엘의 하나님이 주관하시는 "제사장정치 체제"(hierocracy)를 실현하고자 했다.

4. 몇 가지 부연 설명

역사적 예수에 관한 현대의 탐구와 친숙한 이들은 내가 여기서 제안하는 주장들이 약간은 생소하게 느껴질 것이다("대제사장 예수"라는 본서의 제목도 마찬가지다). 어쨌거나 예수의 메시아 직분에 대한 자의식은 강조되기도 하고 거부되기도 하는데, 이를 수용하는 자들이나 거부하는 자들 모두 일반적으로 예수의 정체성을 제사장적 관점에서 이해하려고 하지는 않는다. "제사장 예수"라는 개념은 히브리서를 공부하는 학생들에게는 진부한 것이지만, 역사적 예수 연구 분야에서는 익숙한 개념이 아니다. 그런 이유로 나는 이 책을 쓰면서 약간은 아레오바고로 향하는 바울과 같은 심경을 느끼고 있음을 고백한다(행 17장). 어느 정도 회의적인 일부 독자들은 이 책을 집어 들고서 "도대체 이 말쟁이가 무슨 말을 하려는 것일까?" 하고 속삭일지도 모르며, 그런가 하면 다른 일부 독자들은 비판적으로 열린 마음을 가지고서 "네가 말하는 이 새로운 가르침이 무엇인지 우리가 알아보겠다"라는 자세로 나의 기본적인 주장을 곱씹어볼 것이라는 기대를 품고 있다. 하지만 예수가 제사장이라는 논지를 전개하는 일은 완전히 새로운 주장을 펼치는 것이라기보다는 지금까지 어떤 이유에서든 마땅한 관심을 받지 못했던 주장을 다시금 되풀이하는 것이라고 말할 수 있다.

이런 점을 염두에 둔다면 본서의 직접적인 맥락을 넘어 오늘날의 특정한 사회사적 맥락까지도 고려하는 것이 위에 말한 "어떤 이유"를 보다 잘 이해하는 데 도움이 될 것이다. 본서는 내가 계획하고 있는 3부작 가운데 두 번째 책이 될 것이다. 향후 출간될 세 번째 책인 『희생제물 예수』(*Jesus the Sacrifice*)에서는 예수의 죽음과 예수가 그 죽음에 부여한 의미를 탐구할 것인데, 나는 이미 이 주제에 대해서도 내 의견을 밝힌 바 있다. 내가 이런 계획을 미리 언급하는 일은 일종의 단서 조항의 의미가 있는데, 말하자면 내가 본서에서 종종 "속죄"(atonement)와 같은 단어를 충분한 설명 없이 사용하는 데 대해 실망하는 독자들이 인내심을 가지고 그러한 주제를 광범위하게 다룰 세 번째 책을 기다려주기를 희망하기 때문이다. 앞서 출간한 『예수와 성전』(*Jesus the Temple*, 2010, 새물결플러스 역간)에서는 본서와 유사하면서도 동일하지는 않은 문제를 다뤘었다. 요약하자면, 나는 삼부작의 첫 번째 책에서 예수 운동이 "성전 반대 운동"이었으며 소위 성전 정화 사건이 이 운동을 가장 잘 규정해준다고 주장했다. 또한 나는 그러한 전통에서 특징적으로 예수에게 돌리는 다양한 활동들, 예컨대 축귀, 치유, 무리를 먹이신 사건 등은 "성전 반대 운동"으로 해석할 때 가장 잘 설명된다고 덧붙였다. 본서는 『예수와 성전』에서 시작된 프로젝트의 연속이지만, 본서에서 펼치는 논지들은 이전 저작의 자료들에 의존하지 않는다. 본서는 전작에 대한 의존도를 최소한으로 유지하면서 전작과는 다른 증거 자료들을 기반으로 그와는 다른 논지를 펼칠 것이다. 『예수와 성전』의 독자들은 본서가 전작과는 조금 다른 논지와 방법론을 채택하고 있다는 점을 상당히 명확하게 간파할 수 있을 것이다. 자료의 범위에서도 차이가 있는데, 전작은 주로 예수의 활동에 초점을 맞추었다면, 본서는 예수의 말씀에 더 큰 비중을 두고 있다(예수의 세례 장면을 다룬 2장은 예외라고 할 수 있는데, 거기서 우리는 하늘에서 들려온 것으로 추정되는 목소리를 다루고 있다). 또한『예수와 성전』에서는 예수가 거룩한 장소의 갱신을 요청했다는 사실에 초점을 맞추었던 반면, 본서에서는 예수와 그의 추종자들이 어떤 방식으로 그러한 요청에 발맞추어 제사장을 예시해주는 역할을 자의식적으로 수행했는지에 초점을 맞추고 있다. 나는 이 두 권의 책이 상보적인 관계에 있으며, 어느 정도 중복되는 부분이 없지 않으나 결코 무의미한 반복은 아니라고 믿는다.

나는『예수와 성전』에 제시한 주요 논지에 대해 다양한 반론이 제기되었다는 사실 자체가 본서의 기본 전제에 대한 일차적인 보증이 된다고 믿는다. 하지만 이미 앞에서 언급했던 것처럼 이 분야에서 이와 같은 논지를 전개한 학자가 나 한 사람뿐이었던 것은 절대 아니다. 다른 학자들도 이 주제에 대해 설득력 있는 주장들을 펼쳐왔다. 그중 일부 학자의 주장과 결론은 나의 논지와 어느 정도 결이 다른 양상을 보여주는 반면, 어떤 학자들의 논지는 나와 겹치기도 하고 상당히 밀접하기도 하다.[5]

이미 다른 학자들도 이 주제를 다루는 연구서들을 저술했으며, 나는 그들의 주장 가운데 많은 부분에 동의한다. 지나가던 한 미술 교사의 말에

5　각주를 통해 이런 점이 분명하게 드러날 것이다. 여기서는 Friedrich 1956; Sanders 1985; Meyer 1992; 2002(1979); Chilton 1992; 1996; Wright 1996; Fletcher-Louis 1997b; 2000; 2006; 2007b; Tan 1997; Bryan 2002; Pitre 2005; 2008; 2015; Klawans 2006; Barber 2013b 을 참조하라. 위의 목록은 구약성서에서 성전의 중심성이라는 주제를 다룬 점증하는 문헌 가운데 극히 일부에 불과하다. 특히 Morales 2014의 목록을 보라.

용기를 얻었던 테리 호튼처럼 나도 내가 보았던 것과 똑같은 것들을 보고 있는 동료 학자들의 발언에 용기를 얻는지도 모르겠다. 전작에서와 마찬가지로 나는 이 책을 통해 (다수의 독자에게는) 새롭고 (일부 독자에게는) 일반적이지 않은 비범한 예수상을 제시해주기를 기대한다. 이 주제에 관심이 있는 일반 독자뿐 아니라 학계에 종사하는 사람들에게도 말이다.

어쨌거나 내가 탐구하는 특정 관점이 어떤 의미에서 "새로운" 것이라고 말하는지에 대해 한두 마디 설명을 덧붙일 필요가 있을 듯하다. 내가 보기에 여기에는 서로 복잡하게 얽힌 다양한 이유가 존재하지만, 여기서는 그중 몇 가지만 거론해보겠다. 첫째로 나는 E. P. 샌더스의 『바울과 팔레스타인 유대교』(*Paul and Palestinian Judaism*, 알맹e 역간)와 "바울에 관한 새 관점"을 둘러싸고 지속되어온 논의들로 말미암아 촉발된 유대교에 대한 (한참 전에 행해졌어야 할) 재평가가 여전히 역사적 예수 연구에 지대한 영향력을 행사하고 있다고 믿는다.[6] 만일 샌더스가 20세기의 바울 연구가 고대 유대교에 대해 부정확하고 근본적으로 반유대주의적인 관점에 의존함으로써 왜곡되어 왔다고 주장한 것이라면, 이는 곧 바울 연구에 속하는 모든 하위 분과에 대해 암시적으로 지금까지의 잘못을 시인하라고 요구하는 일이 될 것이다. 최근에 역사적 예수 연구 분야에서 이와 비슷한 문제가 제기되었을 때도 그것은 율법 폐기론, 다시 말해 대체 신학의 형태를 띠고 나타나는 것을 볼 수 있는데, 대체 신학이란 교회를 이스라엘의 대체물로 간주하는 일종의 재구성이라고 할 수 있다.

『예수와 성전』을 출간하고서 적어도 한 사람의 논평가로부터 내가 율법 폐기론을 강요하고 있다는 비난을 들었을 때(아마도 이 책에 대해서도 똑같

---

6   Sanders 1977.

은 비난이 가해질 것으로 예상한다) 나는 그런 비난에 대해 반박했는데, 그러면 서도 내가 여기서 전개하려고 하는 논제에 대해 오랜 세월 동안 걸림돌이 되어 왔던 것이 바로 20세기 학계에 뿌리 깊게 자리 잡은 반유대주의 경향이라는 사실에 담긴 아이러니를 발견하게 되었다. 멀리 갈 것도 없이 위에서 논의했던 불트만의 『신약성서 신학』을 언급하는 것으로 충분할 것이다. 여기서 그는 다음과 같은 전형적인 주장을 펼친다.

> 예수의 말씀 가운데 성전 제의에 반대하는 발언은 단 한마디도 없다. 그리고 사실상 예수 시대에 그런 발언은 근본적으로 아무런 의미가 없었을 것이다. 왜냐하면 유대교가 더는 제의 종교가 아니라 계율의 종교로 탈바꿈하였기 때문이다.[7]

물론 불트만이 "계율의 종교"라는 비난조의 문구를 사용한 것은 유대교가 무의미한 형식주의로 전락했음을 지적하기 위함이었다. 이에 따라 매일 반복되는 제의 행위와 성전 생활은 구태의연한 규정과 형식에 지나지 않게 되었고, 따라서 그것은 비난받을 이유가 없었던 경건한 유대인들에게뿐 아니라 (전형적인 신칸트주의자였던) 예수 자신에게도 사실상 무의미한 것으로 받아들여졌으리라는 것이다. 불트만이 느꼈던 감정은 샌더스가 형식주의로 전락한 유대교를 싸잡아서 통렬하게 비난했을 때 마음에 품었던 생각과 정확히 같은 것이었다. 한편으로 그와 같은 감정들은 어째서 예수 학자의 상당수가 역사적 예수를 재구성할 때 성전 문제를 도외시하는지 그 이유를 설명해준다. 문헌들을 살펴볼 때 제2성전기 유대교가 성전에 궁극적인 의

---

7 Bultmann 1951: 17.

미를 부여한다는 명백한 증거들이 있는데도 불구하고 말이다. 우리가 여기서 오늘날의 예수 연구가 이스라엘의 제의를 무시하는 일이 적어도 간접적으로라도 불트만에게서 예시되었던 반(反)유대주의적이고 반(反)제의적인 패러다임과 관련된 것일 수도 있다고 제안하는 것은 지나친 처사일까? 나는 그렇지 않다고 생각한다. 나는 개인적으로 본서가 선배 학자들의 반유대주의에서 벗어나서 예수를 그 시대에 전형적이었던 한 사람의 완전한 유대인으로 대하고자 하는 학계 전반에 걸친 노력의 정점에 근접해 있다고 믿으며, 또 그렇게 되기를 희망한다.

반유대주의 사고가 신약 학계의 배후에 자리 잡고 있던 수치스러운 잔재 가운데 하나라고 한다면, 그 나머지 잔재—필립 젠킨스는 이것을 "절대로 용납될 수 없는 편견"이라고 표현했다—는 개신교 학자들이 학계를 주도해왔던 지난 200년간의 반가톨릭 정서라고 할 수 있다.[8] 내가 생각하기에 이러한 정서는 굳이 증명할 필요가 없을 만큼 충분히 일상화되어 있다.[9] 개신교 학자의 한 사람으로서 나는 제의에 대한 예수의 관심을 둘러싼 타성에 젖은 평가들이 이 주제에 대해 개신교 신학자들이 전형적으로 보여주는 무관심과 어느 정도 관련이 있는 것은 아닌가 하는 생각을 떨쳐버릴 수가 없다. 그리고 나 혼자만 이러한 의혹을 제기하는 것이 아니다. 발레리 A. 스타인은 『기독교 성서 해석과 반제의적 신학』(*Anti-Cultic Theology in Christian Biblical Interpretation: A Study of Isaiah 66:1-4 and Its Reception*)이라는 책에서 이러한 점을 지적하고 있다.

---

8   Jenkins 2003.
9   19세기 문화와 사상의 반가톨릭 정서를 연구한 문헌들의 개요로는 Drury 2001을 보라.

개신교의 반(反)제의적 신학이 이사야 66:1-4에 대한 현대의 해석에 반영되어 있다는 점은 명백한데, 이는 역사비평 학계에서도 마찬가지다. 이와 같은 반제의적 성향은 마르틴 루터의 신학에 기원을 두고 있다. 개신교 신학자들은 오늘날에도 여전히 성서학계를 주도하고 있는데, 특히 19세기 말과 20세기 초의 독일 신학계가 정점을 이루었으며, 그들의 영향력이 오늘에까지 미치고 있다. 독일을 주축으로 하는 개신교 신학계에는 제의에 대한 혐오가 만연해 있었다. 이러한 태도가 때로는 (유대교와 동일시되는) 제사장 문서보다는 (기독교와 친밀한 관계에 있는 것으로 여겨지곤 했던) 예언 문학이나 신명기 자료를 선호하는 형태로 나타나기도 하였다.[10]

이사야 66장의 수용사에 관한 스타인의 논평은 약간의 수정만 가한다면 오늘날의 역사적 예수 탐구에도 그대로 적용될 수 있을 것이다. 개신교가 주도해온 지난 200년간의 역사적 예수 연구가 표면적으로는 학문적인 객관성을 표방하면서도 실제적으로는 부지중에 그러나 조직적으로 예수의 제사장적 측면을 무시해왔다고 주장하는 것은 지나친 상상력의 산물일까? 그렇지 않을 것이다. 기업의 채용 관계자들이 자신들과 비슷한 후보들만을 계속해서 선발하는 경향이 있는 것처럼, 개신교 예수 학자들도 무의식적으로 아주 개신교적인 예수상에 계속해서 끌리는 경향을 보이는 것이다.

독자인 우리도 우리 자신의 사회적 배경을 완전히 배제할 수는 없지만, 조금만 주의를 기울인다면 적어도 우리의 학문적 입장과 문화적 편견 사이에 어느 정도 비판적인 거리를 둘 수는 있다. 마치 우리 자신이 가진 아직 이론화되지 않은 전제들을 자기 비판적으로 성찰할 수 있는 것처럼 말

---

10   Stein 2006: 4.

이다. 내가 너무 순진하다고 비판할 수도 있을 것이다. 하지만 나는 충분히 근대적이어서 학문적 정직성이라는 기준에 비추어 독단주의를 탈피하는 일이 가능하다고 믿는다. 우리가 책임 있는 독자로서 역사를 대한다면 우리는 자신의 논지를 근거로 삼아 자신의 진실성을 주장하는 악순환의 고리에서 벗어나는 일이 전혀 불가능하지는 않다. 본서를 저술하면서 내가 품었던 희망은 다른 모든 저자들의 희망과 다르지 않다. 나는 독자들이 (반가톨릭주의나 반유대주의를 포함하여) 모든 강압적인 편견들을 제쳐놓고 본서에서 전개되는 논증의 무게를 종합적으로 고려하여 판단하기를 바란다.

5. 논증의 전개 방법

오늘날 다수의 학자는 역사적 예수 탐구가 막다른 골목에 도달했으며 머지않아 우리는 방향을 전환하여 다른 경로를 모색하도록 요구받게 될 것이라고 내다보고 있다. 우리 앞에 닥친 곤경은 방법론적인 동시에 본질적이며, 기준들과 해석적 판단들에 관해 해결되지 않는 난제들로 가득하고, "어떻게 알 수 있는가?" 혹은 "무엇을 알 수 있는가?" 같은 논쟁적인 질문들로 가로막혀 있다. 비평학계에서 한때 유효한 것으로 여겨졌던 도구들에 대한 확신도 점점 미약해져 가는 추세다. 오래된 교각이 감리사의 연례 점검을 통과하지 못하는 것처럼, 전통적인 방법론들도 더는 예전처럼 증거의 무게를 견뎌낼 것이라는 신뢰를 얻지 못하고 있다.[11] 일부 학자에게는 이와 같

---

11 특히 Sanders 1998; Holmén 2002; Rodríguez 2009; Wedderburn 2010: 161-82; Allison 2010: 3-30; Keith and Le Donne 2012.

은 발전이 마치 역사적 예수 학계에 울리는 마지막 경종처럼 들릴 수도 있지만, 나는 그렇게 생각하지 않는다. 나사렛 예수가 역사의 어느 시점에 특정 공간에 존재했다는 점에 우리가 동의한다면, 우리는 그 역사적 인물에 접근하기 위해 서로 합의된 수단들을 도출하려고 지속적으로 노력해야 할 것이다. 과거의 실증주의 접근법이 더 이상 유효하지 않다는 점은 명백하다. 하지만 분명한 것은 역사적 예수에 관해 의미 있는 사실들을 발견할 가능성에 대한 극단적인 회의주의 역시 해묵은 실증주의의 잔영이라는 점이다. 그런가 하면 정경 텍스트에 신학적으로 과도하게 몰두하는 일부 진영에서는 정경 텍스트의 배후에 놓인 맥락을 재구성하려고 시도하는 역사적 예수 탐구에 반대한다. 내가 보기에 그들의 입장은 설득력이 없다. 역사적 예수에 대한 의미 있는 성찰의 가능성을 원칙적으로 거부하는 것은 사실상 그들 스스로 새로운 형태의 가현설을 표방하는 것이나 마찬가지다.

어쨌거나 나는 우리가 언젠가는 양편 진영 모두에서 새로운 선택지를 요청할 것이라는 확신을 지니고 있으며, 본서에서 예수에 관한 미시역사(microhistory)를 제시함으로써 새로운 방향으로 나아가고자 한다. 이를 위해 나는 의도적으로 극히 제한된 숫자의 텍스트 자료만을 다룰 것인데, 이것들은 실제로 예수의 역사적 배경을 반영하는 것으로 널리 인정받는 텍스트인 동시에 찰스 조이너의 표현대로 "적은 말로 많은 질문을 던지는"[12] 텍스트들이다. 이러한 선택에는 고유한 장점들이 있다. 첫째, 이미 비판적인 합의를 통해 예수의 실제 배경을 반영하는 것으로 여겨지는 자료들에 의존함으로써 나는 여러 입장을 가진 독자들—복음서에서 예수에게 돌려지는 자료들을 실제 예수의 말씀으로 인정하기를 상당히 주저하는 독자들을 포

---

12   Joyner 1999: 1.

함하여—을 설득하는 일에 보다 나은 기회를 가질 수 있다. 따라서 나는 복음서의 다양한 인용구들의 진정성을 다룰 때 학문적 선택지라는 트럼프 카드 중에서 대개는 비교적 승산이 높은 패를 고를 수가 있다. 4장에서처럼 논란의 여지가 있는 전통에 의지하는 극소수의 경우에 나는 일반적인 게임의 법칙에 따라 논의를 진행할 것이다. 따라서 나는 내가 제시하는 논지가, 일부 학자들이 자료비평적 관점이나 양식비평적 관점에서 의심스럽다고 여길 만한 일련의 증거들을 제시하지 않고서도, 정통적인 예수 전승으로 인정되는 소위 "임계 최소치"에 속하는 자료들에 기반한 것이라고 믿는다. 아레오바고의 단상에 오른 사도 바울이 아주 보편적으로 수용되는 소수의 자료를 바탕으로 그의 논지를 제시하고자 했던 것처럼, 나도 자료의 범위를 상당히 제한하여 예수 전승을 다룬 본문 가운데 10여 개만을 바탕으로 삼을 것이다. 이러한 접근법이 가져다주는 추가적인 장점은 우리의 연구가 방법론적 수렁에 빠지지 않도록 막아준다는 것인데, 때로는 전문적인 예수 학자들도 이런 수렁에서 벗어나기 위해 인내심을 발휘해야만 한다. 나는 역사적 예수 연구에 대한 이와 같은 접근법이 옳다고 믿으며, 루드비히 미스 판 데어 로에의 다음과 같은 유명한 경구가 참이라는 것을 보여주기를 희망한다. "간결할수록 더 풍성하다."

둘째, 고려할 텍스트의 수를 제한함으로써 우리는 독립적인 텍스트(인용구, 단락 등)들을 성급하게 무대 위에 올려놓고 그것들을 "표준적"(그러나 때로는 잘못된) 해석이라는 합창의 한 성부로 꿰맞추려고 하는 너무도 흔한 잘못을 피할 수 있을 것이다. 그와 같은 행위는 해석학적으로 결코 정당화될 수 없다. 그런 이유에서 본서는 유사한 주제를 다루는 다른 많은 책과 비교할 때 성서 텍스트에 대해 상대적으로 심도 있는 해석을 제공할 것이다. 이를 위해서는 구성비평, 편집비평, 사회사적 배경, 그리고 히브리 성서 연구를 망라하는 다방면의 통찰을 종합할 필요가 있다. 물론 이처럼 다양한 분야들의 상관관계 속에서 합의점을 찾는 것은 충분히 복잡한 작업일 것인데, 나는 특별히 공관복음의 다양성 뒤에 숨겨진 핵심 주제로서의 예수의 목소리를 추적하는 일에 관심을 기울이고자 하며, 또한 예수의 실제 말씀과 그 말씀을 토대로 한 성서 전승 간의 대화를 재구성하는 일에도 지면을 할애할 것이다. 우리가 만일 예수가 동시대 유대인들처럼 이런 성서 구절들로부터 상당히 일관성 있는 내러티브를 추출했을 가능성을 인정한다면—이것이 슈바이처가 말하는 "교의적 역사"(dogmatic history)의 주된 논점이다—우리는 예수가 무엇을 목표로 삼았는지를 바로 그 내러티브를 통해 해석해낼 수 있는 여지를 갖게 된다. 물론 나는 이런 접근법이 나의 일부 대화 상대자들로부터 "메타내러티브"(포스트모던의 도깨비방망이), 또는 "맥시멀리스트 해석"이라는 비판을 듣게 될 것이라는 점을 잘 알고 있다. 하지만 이러한 비판을 가하는 학자들은 너무나도 자주 그들 자신만의 건설적인 해석을 전개하는 일은 거부한 채(아마도 이런 의미에서 그들은 지독하게 일관성 있는 미니멀리스트라고 불릴 수는 있겠지만, 주어진 논의에 아무런 긍정적인 기여도 하지 못한다), 또 다른 측면에서의 불가피한 맥시멀리스트 해석, 예컨대 고도로 정밀한 예수의 사회적 의제에 대한 논의나 "Q 공동체"에 관한 세밀한 묘사, 혹은 그와 유사한 주제들로 꼬리를 감추곤 한다. 나의 논지에 대한 근본적인 변론과 전제는 다음과 같다. 예수는 히브리 성서를 대단히 진지하게 받아들였으며, 역사적 예수에 관한 동시대의 기사들은 이런 점을 신중하게 고려하는 데 실패했기 때문에 더더욱 논점을 벗어날 수밖에 없었다는 것이다. 따라서 나는 우리가 예수의 목적을 이해하기 위해서는 성서를 깊이 있게, 그리고 전문적인 역사 해석방법에 따라 읽어야 한다고 믿는다.

나의 논의는 두 가지 차원에서 동시에 진행될 것이다. 그중 하나는 누적적(cumulative)이고 다른 하나는 직선적(linear)이다. 누적적인 논의의 단계에서 나는 예수 전승 가운데 앞서 언급했던 텍스트들의 특정한(종종 부수인 것으로 여겨졌던) 세부사항들에 관심을 집중함으로써 새로운 해석을 제공할 것인데, 이런 세부사항들은 아마도 예수의 구두 진술을 반영하는 것으로 추측된다. 먼저 주기도문과 그에 따른 하위 텍스트들에 초점을 맞추어서 나는 예수가 자신의 운동을 제사장 운동으로 간주했으며 에스겔 36장에서 약속한 제의 공간의 갱신을 이끄는 역할을 자처했다는 작업가설을 제시할 것이다(1장). 이어지는 장들에서는 예수의 다른 텍스트들을 참조하여 이러한 가설의 진위를 가려볼 것이다. 텍스트의 지엽적인 세부사항에서 시작하여 총괄적인 조망으로 진행하는 나의 논의는 시종일관 귀납적인 방법을 유지할 것이다. 그런 과정에서 발견되는 새로운 실마리들은 새로운 질문들을 불러일으킬 것이며, 이는 또 다른 실마리들을 발견하도록 유도함으로써 새로운 일단의 질문들로 이어지고, 이러한 과정이 여러 장에 걸쳐 진행될 것이다. 바라기는 이런 모든 과정이 나의 종합적인 논지를 지지해주기를 희망한다.

원칙적으로 이러한 접근법은 이탈리아의 미시역사가 카를로 긴즈부르그가 채택한 것과 크게 다르지 않다. 그는 자신의 방법론을 다음과 같이 정당화한다.

역사가들은 불가피하게 (명시적으로나 혹은 암묵적으로라도) 과거에 발생했던 일련의 현상들을 돌이켜볼 수밖에 없다. 그러나 그들이 새로운 무언가를 발견해내기 위해 취하는 전략은 기본적으로 개별적인 사례들을 살펴보는 것이다. 그것이 개인에 관한 것이든, 사회집단에 관한 것이든 혹은 사회 전체에 관련된 것이든 간에 말이다. 이런 점에서 역사는 특정 환자의 구체적인 질병을 분석하기 위해 질병 분류표를 참조하는 의학과 유사하다. 그리하여 **역사가의 지식은** 의사의 지식과 마찬가지로 **간접적이며, 지표들과 단편적인 증거들에 의존할 수밖에 없고, 추론적이다.**[13]

외과 의사나 미스터리 살인사건을 수사하는 탐정들의 경우와 마찬가지로 기독교의 기원을 탐구하는 역사가에게도 새로운 발견에 도달하는 가장 확실한 지름길은 거창한 이론에서 출발하는 대신 이야기 전체를 한데 엮어 줄 실마리를 발견하고자 기대하면서 서로 독립적인 각각의 사례들을 하나씩 주의 깊게 살펴보는 것이다. 이와 마찬가지로 예수 전승에 관하여 텍스트 기반의 미시역사를 탐구하는 작업에서도 나는 일관성이 없어 보이는 몇몇 세부사항들이 결국은 역사적 예수의 제의적 관심사에 대해 우리가 간과할 수 없는 몇 가지 중대한 질문을 던진다고 믿는다. "이와 같은 미미한 통찰들을 조직적으로 규합"하기 위하여(18세기의 위대한 미술사가 J. J. 빙켈만을 인용한 긴즈부르그를 재인용함), 나는 일반적으로 단순히 예수의 말씀만 아니라 그의 맥박 자체를 전달한다고 여겨지는 구절들을 살펴봄으로써 독립적인 텍스트 현상이라는 모세혈관으로부터 예수의 목표라는 대동맥과 그가 일으킨 운동이라는 심장판막으로 연결되는 일련의 노선을—때로는 우회로를 선택하는 일을 감수하면서—추적하고자 한다.[14] 이런 접근법의 배경이 되는 가설은 다음과 같다. 지나간 세대의 사상 세계를 간파하는 일에 가장 유용한 것으로 입증된 자료들은 남겨진 텍스트 내에 기록된 문장들 자체가 아니라 텍스트 배후에 놓인 암묵적인 전제들이라는 것이다. 물론 예

---

13 Ginzburg 1980: 16; 강조는 덧붙인 것임.
14 Ginzburg 1989: 105.

수에 대한 미시역사적 접근법은 잠재적으로 문제가 될 수도 있는 취사선택이라는 이슈와 무관하지 않다(어떤 이유에서 저 말씀이나 에피소드 대신 이 말씀과 에피소드만을 다루는가?). 하지만 특정 자료에 우선권을 부여하고 다른 자료를 도태시키는 일(모든 역사 연구에서 불가피한 일이기는 한데)에 관한 문제의식은 일단 텍스트 자체의 실마리들이 제 목소리를 내기 시작하면 어느 정도는 완화될 것이라고 본다. 우리가 공인된 전승에 포함된 제의 메타포나 내러티브를 적절하게 조율하면 예수가 제사장으로서의 자기의식을 지니고 있었다는 주장은 상당히 설득력 있게 다가올 것이다.

나의 논의를 구성하는 두 가지 영역 가운데 직선적인 차원 역시 1장에서 시작한다. 나는 예수가 하나님을 "아버지"로 인식했다는 전통적인 설명에는 증거가 빈약하다는 사실을 지적하는 데서 출발할 것이다. 예수가 주로 내면적이고 개인적인 경험이나 감정을 바탕으로 하나님께 나아갔다는 일반적인 가설에 반하여 나는 예수가 하나님께 부여한 독특한 호칭은 박해받는 그의 제자들과 파라오의 압제하에서 박해받던 출애굽 세대를 동일시하는 구속사적 유비(예수 자신에 의해 실현될)에서 비롯되었다고 제안한다. 출애굽의 시련들(*peirasmoi*)이 하나님의 아들(출 4:22-23)인 이스라엘이 "제사장 나라"(출 19:6)로 선택받은 민족으로서 자기 역할을 실현하게 해주는 수단이 되었던 것처럼, 예수의 추종자들도 수난을 통하여 아들과 제사장으로서 자기 역할을 실현하는 것이다. 이와 같은 견해가 2장의 근간이 되는데, 나는 여기서 예수가 세례 시에 "하나님의 아들"로 인정되었을 때 그에게 주어진 호칭은 머지않아 그가 수행하게 될 대제사장의 역할을 시사할 목적으로 사용되었다는 증거를 제시할 것이다. 3장과 이를 확장한 4-6장에서는 아들로서의 예수의 신분이 어떻게 그에게 주어진 "인자"라는 호칭뿐만 아니라 "다윗의 자손"이라는 호칭과도 연결되는가 하는 문제를 다룰 것이다. 여기서 나는 이러한 호칭들이 제사장적 기능을 암시한다는 점을 논증할 것인데, 이런 주장은 여태까지 거의 다루어지지 않은 것이다. 마지막으로 7장에서는 예수가 자신을 인자와 동일시한 것이 대결(confrontation)의 성격을 지니고 있음을 역사적으로 증명할 것이다.

본서는 앞서 제안했던 역사적, 신학적 주장에 담긴 가장 중요한 함의들을 반복하는 것으로 마무리된다. 나는 순수하게 역사적인 관심에서 본서를 택한 독자들이 본서에서 예수를 이해하는 일에 호기심을 자극할 만한 새로운 출발점을 발견했기를 희망한다. 또한 신학적인 문제에 주로 관심을 가진 독자들도 본서에서 진행되는 논의를 통해 몇 가지 적실성 있는 논점들을 발견하게 되리라고 믿는다. 다양한 접점들을 신학자의 시각에서 연결하려는 노력과 함께 말이다. 나는 또한 역사적인 관심과 신학적인 관심을 두루 가진 독자들이 두 분야 모두에서 유익한 내용을 발견할 수 있기를 희망하고 또 그러리라 믿는다. 만일 예수가 제사장이며 그의 지상에서의 삶에서도 그러했다면, 이런 사실이 역사적으로나 신학적으로 미치는 파장은 참으로 광범위할 것이다. 이러한 논제를 얼마나 성공적으로 제시했는지는 독자들의 판단에 맡긴다.

1장

예수의 기도

1. 서론

일반적으로 소수의 신봉자와 짧은 역사를 지닌 신흥 종교 전통이 그들 스스로를 규정해주는 고유한 예전들을 갖출 필요가 있다는 주장은 일종의 진리처럼 받아들여지고 있다. 초기 교회도 예외는 아니었다. 현존하는 자료를 근거로 판단하자면, 이와 같은 예전 가운데 가장 핵심이 되는 것은 세례와 성만찬이었다. 하지만 이 두 가지 요소만큼이나 초기 교회의 삶에서 떼어놓을 수 없는 또 하나의 전례가 있었는데, 그것은 바로 주기도문(*Pater Noster*)이었다. 1세기 말엽의 자료인「디다케」는 주기도문을 하루에 세 번 암송할 것을 요구한다(*Did.* 8.2). 2세기 교부 테르툴리아누스는 주기도문에 포함된 간구를 "복음서 전체의 축약본"이라고 불렀으며, 신자들에게 주기도문으로 개인 기도를 시작하라고 권면했다(*Or.* 1). 3세기 카르타고 감독이었던 키프리아누스는 주기도문을 가리켜 "천상의 교리 모음집"이라고 불렀다(*Dom. or.* 9). 마지막으로 4세기 후반의 법령집인『사도헌장』(*Apostolic Constitutions*)에서는 주기도문을 암송할 때 기립해야 한다고 규정했다(7.44). 마치 유대인들이 수 세기 동안 "18기도문"(*Amidah*)을 일어서서 암송했던 것처럼 말이다. 비록 정경 문헌에는 초기 교회가 주기도문을 암송했다는 기록이 없지만, 사도 교부 시대 이후에는 주기도문의 문구들이 교회의 제의 생활에서 하나의 관습으로 굳어졌다.

초기 교회에서 주기도문이 광범위하게 지속적으로 수용되었다는 사실은 역사적 예수의 삶에서 이 기도가 차지하는 중요성을 평가하는 데 적절한 출발점을 제공한다. 마태와 누가 중에 누구의 자료가 Q 자료에 담긴 간구의 내용을 더 정확하게 전달한 것인지, 혹은 (이것이 좀 더 개연적인 추론이긴 한데) 양자 모두 공통적인 구두 전승에 의존한 것이든지 간에, 우리가 주목해야 할 사실은 이것이 예수가 그의 제자들에게 가르쳤다고 기록된 유일한 기도문이라는 점이다. 결과적으로 이 같은 사실은 주기도문이 초기 교회의 삶에서 신학적으로나 예전적으로 탁월한 지위를 점유했던 이유에 대해 최선의 설명을 제공한다. 주기도문을 예수로부터 직접 받아서 그 말씀을 규칙적으로 성실하게 되풀이하는 일에 헌신했던 제자들은 그러한 전통을 후대 교회가 실천해야 할 하나의 표준으로 정착시킨 것이다. 이후에도 주기도문은 교회 내에서 규칙적이고 공동체적인 반복을 통해 기억의 한 부분으로 자리 잡았고 그런 전통은 심지어 오늘날에까지 이어져 내려오고 있다. 물론 그렇다고 해서 예수가 처음 아람어로 제자들에게 가르쳤던 기도의 내용 전부를 축자적으로 정확하게 재구성하는 작업이 간단하다는 말은 결코 아니다(간간이 발견되는 그리스어 난해 구문 및 마태와 누가의 기록이 보여주는 명백한 차이점들로 인해 원문을 재구성하는 작업은 많은 문제를 내포하고 있다). 그럼에도 우리에게는 복음서 기록의 핵심 문구들이 역사적 예수에게서 직접 유래한 것이라고 믿을 만한 충분한 이유가 있으므로 원문을 재구성하는 일은 어느 정도 가능한 일이라고 할 수 있다.[1] 이것은 거의 논란의 여지가

---

1   고전적인 제안은 Burney 1925: 113을 보라. 산상수훈 전체에 대해 극도로 사변적이고 자료 비평적인 설명을 제공하는 Betz and Collins 1995: 375은 이 기도를 재구성하는 과제에 대해서는 원칙적으로 회의적인 태도를 보인다. 나는 이 기도의 범위가 누가에 의해 가장 잘 제시되었다는 전통적인 관점을 따른다(두 개의 간구에 대한 짧은 언급은 일반적으로 마태

없는 견해이며, 심지어 가장 회의적인 역사적 예수 학자들도 이에 동의하리라 믿는다.[2]

하지만 우리의 논의를 위해서는 주기도문이 초기부터 광범위하게 암송되어 왔다는 사실을 지적하는 것으로는 충분하지 않다. 주기도문이 복음서 전체에 대한 간편한 개요로 여겨져 왔다는 사실에도 상당히 의미심장한 측면이 있다. 물론 초기 교부들이 주기도문에 부여했던 총괄적인 기능이 마태복음 6:9-13이나 누가복음 11:2-4에 대해 그들이 보여준 고도의 해석학적 관심과 무관하지 않을 것이라는 점에는 의심의 여지가 없다. 오늘날에는 많은 사람이 주기도문을 예배 시간 막바지에 기계적으로 무감각하게 암송하는 일종의 "끝내기" 공식 정도로 간주하지만, 초기 교회에서는 주기도문을 그런 식으로 대하지 않았다. 실제로 적어도 몇몇 영향력 있는 사상가들이 주기도문을 기독교의 핵심 교리들과 연결 지었다는 증거가 있다. 이 같은 관심들이 한데 어우러져 신학적 개요로서의 주기도문의 기능을 공고히 하는 데 도움을 주었다.

이러한 흐름을 주도한 추동력이 무엇이었는지 생각해볼 필요가 있다. 이론상으로는 사도 교부 시대에 주기도문에 지속적으로 새로운 역할이 부여된 것은 다른 무엇보다도 교부들의 신학적 창의성에 기인한다고 말할 수 있다. 그들은 공교회의 예전에서 중심적인 자리를 차지하는 주기도문과 같은 요소를 이론적으로 지지하는 데 도움이 되는 것이라면 무엇이든 제공할

의 것으로 간주된다). Carruth and Garsky 1996을 보라.

2 Mell(1994)의 견해와는 반대된다. 예수 세미나(Funk and Hoover 1993: 148-9)는 첫째, 둘째, 넷째, 다섯째 간구를 예수에게 돌린다. 여섯째 간구("우리를 시험에 빠지지 않게 하소서")는 어느 정도 불명확하게 여겨지며, 셋째 간구("당신의 나라가 오게 하소서")와 일곱째 간구("우리를 악에서 구하소서")에 대해서는 완전히 회의적이다.

준비가 되어 있었다. 하지만 그보다 매력적인 또 다른 선택지는, 모든 기도를 아우르는 기도의 모범―문자적으로나 상징적으로나 그리스도인의 모든 기도를 능가하는 기도―으로서의 주기도문이라는 널리 수용되어온 개념이 그 기도를 처음 받았던 제자들에게까지 거슬러 올라간다는 가설이다. 물론 이것은 베드로나 요한 같은 제자들이 주기도문을 「디다케」의 저자나 테르툴리아누스와 완전히 같은 방식으로 해석했을 것이라는 뜻은 아니며(확실히 그들은 그렇게 하지 않았다), 다만 2세기 초의 해석자들이 주기도문에 그토록 특별한 지위를 부여했던 경향이 이전 세대로부터 이어져 내려온 것이라는 의미다. 결국 주기도문이 지닌 비중은 역사적 예수 자신에게로 거슬러 올라간다. 역사적으로 성서는 예수가 오직 하나의 기도만을 가르쳤다고 기록하기 때문에, 성서가 그 기도를 예수의 공생애 사역 전체에 대한 일종의 개요로서 신중하게 구성한 것은 아마도 당연한 일이었을 것이다. 실제로 나는 그것이 이 기도에 대한 올바른 이해라고 믿는다. 본 장에서는 주기도문을 여는 부름("아버지여")과 그에 뒤따르는 간구들을 다룰 것인데, 만일 우리가 적절한 렌즈를 동원하여 주기도문을 바라본다면 거기서 우리는 지금까지 인지하지 못했던 많은 내용을 새롭게 발견하게 되리라고 믿는다.

마태복음(6:9b)과 누가복음(11:2b)에 실린 주기도문의 첫 줄을 비교해 보면 우리는 누가복음의 텍스트가 "우리"와 "하늘에 계신"이라는 수식어를 생략했다는 사실을 발견할 수 있다. 이러한 차이는 아마도 반복적인 시연을 통해 형성되어온 전통에 기인하거나(성만찬의 "제정"에 대해 최초의 증인들이 남긴 기록들이 얼마나 다채로운지 비교해보라), 혹은 단순히 편집 단계에서 가해진 변형 때문일 수도 있다. 말하자면 마태가 자신의 신학과 문체에 맞게 문구들을 추가하기로 선택했으리라는 것이다. 후자의 경우가 사실이라면 누가의 텍스트가 원본의 문구를 더욱 정확하게 반영하고 있다는 말이

된다. 하지만 그런 사안들은 이 구절에서 중요하게 다루어야 할 초점, 요컨대 예수가 신적 존재를 "아버지"라고 부르고 그의 제자들에게도 똑같이 하라고 권면하였다는 흥미로운 사실에 비하면 사소한 문제들이다.

예수가 주기도문과 다른 본문들에서 하나님을 "아버지"라고 불렀다는 점에는 거의 의심의 여지가 없다.[3] 단순히 복음서 전통이 얼마나 자주 예수가 그런 용어를 사용한 것으로 묘사하는지만 보더라도 우리는 이에 대해 상당한 확신을 가질 수 있다. 예수는 하나님에 대해 언급할 때 압도적인 비율로 "아버지"라는 용어를 사용한다.[4] 예수의 기도들에서도 "아버지"를 포함하는 관용구들이 표준처럼 사용된다. 유일한 예외는 십자가상에서 "나의 하나님, 나의 하나님, 어찌하여 나를 버리셨나이까"라고 외치는 장면인데(막 15:34//마 27:46), 이것은 오히려 "아버지" 용어의 사용이 보편적임을 보여주는 예외라고 할 수 있다.[5] 예수가 그의 공동체를 부를 때도 습관적으로 가족 용어를 사용했다는 사실은 우리가 받은 인상을 확증해준다. 역사적 예수가 하나님을 부를 때 즐겨 사용한 호칭은 "아버지"였다.[6]

물론 고대 세계에서 신들을 "아버지"와 비교하는 일이 전혀 생소한 것은 아니었는데, 이것이 그리 놀랄 만한 일도 아닐 것이다. 우주 생성에 관한

---

3   D'Angelo(1992a; 1992b)는 이에 반대한다.
4   이를 증명하는 충분한 사례가 있다. "아버지"(마 11:25-27; 24:36; 28:19; 막 13:32; 14:36; 눅 10:21-22; 22:42; 23:34, 46; 요 4:23; 5:19, 20 등); "나의 [하늘] 아버지"(마. 6:21, 32-33; 11:27; 12:50; 15:13; 16:17; 눅 10:22; 22:29; 24:29; 요 5:17; 6:32, 40; 8:19 등); "너의 [하늘] 아버지"(마 5:16, 45, 48; 6:1, 4, 6, 8; 막 11:25; 눅 6:36; 12:30; 요 20:17 등). 물론 복음서 저자의 편집 작업이 예수에게 돌려지는 정확한 문구에 적지 않은 영향을 미쳤겠지만, 중요한 점은 변형들이 단순히 일관된 주제 내에서의 변형이라는 점이다.
5   마 11:25, 26, 27과 병행 구절; 막 14:36과 병행 구절; 눅 22:34, 46; 요 11:41; 12:28; 17:1, 5, 11, 21, 24, 25.
6   특히 막 3:31-35과 병행 구절을 보라.

고대의 사고 체계에는 인격적 창조자 개념도 포함되었으며, 이러한 인격적 신들을 아버지나 어머니로 묘사하는 것은 자연스러운 일이었을 것이고, 실제로도 그러했다. 고대 근동이나 그리스-로마 문화에서 인류를 창조한 존재는 흔히 "아버지"나 "인류의 아버지" 혹은 그와 유사한 이름으로 불렸으며, 이러한 호칭은 인류 전체와의 관계에서 사용되기도 하고 때로는 개인과의 관계에 적용되기도 했다.[7] 이런 측면에서 예수는 1세기 세속 세계와 손발을 맞추었다고 말할 수 있다.

하지만 이와 같은 단순 비교에서 그치는 것은 지나치게 근시안적인 행태다. 예수가 하나님을 "아버지"라고 부른 방식은 주변 문화와 구별되는 독특한 것이었는데 특히 적어도 세 가지 점에서 그러하다. 첫째, 앞에서 언급했던 것처럼 예수가 "아버지"라는 호칭을 사용한 빈도가 괄목할 만하다. 고대 세계의 다른 텍스트들이나 인물들이 신을 가리켜 아버지라고 부르는 경우가 여기저기서 가끔 목격되기는 하지만, 예수만큼 자주 그리고 변함없이 아버지 호칭을 사용한 예는 이전 세대나 동시대에서도 찾아볼 수 없다. 이것은 단순히 예수에게 돌려지는 말씀 목록의 단순한 규모에 관한 문제가 아니며, 예수 전승의 청중들에게 "아버지"라는 용어는 뚜렷하게 되풀이되는 모티프였다. 둘째, 예수는 하나님을 부를 때 "아버지"라는 용어만을 거의 배타적으로 사용하였다. 하나님의 "아버지 되심"을 강조하는 다른 텍스트들에서는 신을 지칭하기 위해 다른 용어들도 빈번하게 사용하지만, 예수의 경우에는 전혀 그렇지 않다. 예수는 하나님을 가리킬 때마다 변함없이 "아버지"라는 용어를 반복해서 사용한다. 셋째, 초기 교회의 증거를 살펴볼 때 우리는 최초의 그리스도인들이 예수가 사용했던 가족 언어를 채택하

---

7 Fensham: 1971: 129; Marchel 1963: 134. 이 문헌들은 Susan Rieske가 소개해준 것들이다.

여 상당히 자의식적으로 그것을 사용하고 있다는 인상을 강하게 받는다.[8] 아래에서 이 문제를 좀 더 자세히 다룰 것인데, 여기서는 다만 초기 기독교가 "하나님의 아버지 되심"이라는 개념을 일종의 고유한 기독교적 상징으로 여긴 듯하다는 점을 지적하는 것으로 만족하겠다. 초기 기독교가 아버지라는 용어를 자의식적으로 사용했던 이유를 설명하기 위해서는 예수 자신이 이 용어를 빈번하게 그리고 거의 배타적으로 사용했다는 사실을 되짚어보아야 할 것이다. 물론 다른 이유도 있었겠지만, 초기 교회는 그들이 하나님과의 관계에서 "아버지"라는 호칭을 입으로 말할 때마다 그들 자신이 예수의 뒤를 따른다는 느낌을 받았을 것이 분명하다. 일부 현대 학자들은 예수가 사용한 아버지라는 용어가 정말로 독특한 의미를 지닌 것이었는지 의심스러워하지만, 초기 교회의 견해는 그렇지 않았다. 예수는 아무 의미 없이 하나님을 "아버지"라고 부른 것이 아니라 의도적으로 뚜렷한 목적을 가지고 그리하였다는 것이다.

예수가 사용한 어휘 가운데 "아버지"라는 용어가 차지하는 비중을 고려해보면 우리는 주기도문이나 보다 광범위한 예수 전승에서 이 용어가 어떤 의미로 사용되었는지를 밝힘으로써 예수의 주된 관심사가 무엇이었는지에 대해 상당한 통찰을 얻을 것으로 기대하는 것은 당연하다.

역사적 예수가 "하나님 나라"를 재건축한 집과 같은 것으로 여겼다면, 그에게 "아버지"는 그 집의 토대와 같은 의미를 지닌다고 할 수 있다. 또한 그런 이유에서 우리의 과제는 아주 막중한 것이라고 말할 수밖에 없다. 우리가 어떤 관점에서 이 문제를 대하든 간에, "아버지"라는 부름에 대한 우

---

[8] 롬 1:7; 6:4; 8:15; 15:6; 고전 1:3; 엡 1:3; 딤후 1:2; 히 2:11; 약 1:17; 벧전 1:2-3; 벧후 1:17; 요일 1:2; 계 1:6; *1 Clem.* 8.3; Ign. *Eph.* 4.2.

리의 해석은 예수의 메시지의 요점을 이해하는 우리의 방식을 규정하며, 역으로 우리가 그 메시지의 요점을 이해하는 방식은 "아버지"라는 부름에 대한 우리의 해석을 규정한다. 이 주제에 접근하는 방식이 다양하다는 사실만 보더라도 "아버지" 개념의 중요성을 파악하는 일이 말처럼 쉽지 않다는 점이 분명해진다.

2. "아버지"의 의미: 역사비평의 난제

그렇다면 예수가 하나님을 가리켜 "아버지"라고 부른 것은 무슨 의미에서였을까? 이것은 그리스-로마 문화에서 신들에게 이름을 부여하던 관행의 연속선상에서 이루어진 일일까? 아니면 보다 직접적으로 유대교 배경과 관련된 것이었을까? 그리고 만약 유대교 배경과 관련된 것이라면, 그것은 과거의 신학 전통으로부터 실질적으로 이탈한 것인가 아니면 내용상으로는 동일한 전통에 속하는 것인가? 질문을 달리해보자. 만일 예수가 하나님의 이름을 부르는 그의 독특한 방식을 따르도록 다른 사람들을 초청한 것이라면, 그는 과연 신학적으로 심오한 의미 없이, 다시 말해 이스라엘의 하나님에 대한 당대의 신념들을 교정하려는 의도 없이 그리한 것인가? 모든 질문을 요약하자면, 예수가 하나님을 "아버지"라고 부른 관행이 그의 종교적 배경과 어떤 방식으로 연속성을 유지할 수 있을 것인가? 아니, 연속성을 유지할 여지가 있는 것인가?

위의 마지막 질문에 대하여 몇 가지 표준적인 답변들이 주어져 왔다. 19세기 말과 20세기 초반에는 상당수의 학자가 하나님에 관한 예수의 발언과 동시대 유대인들의 발언 간에 근본적인 불연속성이 존재하며, 바로 이 같은 불연속성이 그의 메시지를 특별하게 만든다고 주장했다. 일례로 빌헬름 부세는 다음과 같이 말했다. "우리가 예수의 설교에서 만날 수 있는 가장 독창적이고 참으로 창의적인 측면은 그가 하나님을 하늘에 계신 아버지라고 선포했다는 점이다."[9] 부세를 계승한 종교사학파는 그의 전례를 따랐다.[10] 그들의 학문적 노선에 따르면 예수가 하나님의 아버지 되심을 강조한 것은 유대교에 대한 그의 저항운동에서 핵심적인 요소였다. 그의 저항이 유대교의 국수주의에 대한 것이든지(Heitmüller), 혹은 소위 율법주의적 족쇄에 대한 것이든지(Bosworth, Warschauer) 간에 말이다.[11] 여기서 우리는 예수의 아버지 언어가 하나님과의 개인적인 친밀한 교제로부터 흘러나온 것이라는 순환론적 진술을 발견할 수 있다. 요컨대 그가 주기도문이나 다른 담화에서 하나님을 "아버지"라고 부르라고 제자들에게 요청한 것은 그 자신이 하나님의 아버지 같은 임재와 돌보심을 경험한 데서 비롯되었다는 말이다.[12]

물론 이러한 유형의 해석은 오늘날에도 여전히 상당한 영향력을 유지하고 있으며, 이와 같은 현상은 부분적으로 요아힘 예레미아스의 대단히 영향력 있는 저작들로 말미암은 것이다. "아바"(아버지)라는 아람어 표현을 집중적으로 분석한 예레미아스는 예수의 기도와 동시대 유대인들의 기도 사이에 근본적인 불연속성이 존재한다고 강조하면서, 예수 이전에는 "하

---

9   Bousset 1892: 41(Thompson 2000: 14에서 재인용한 것이다).
10 가장 유명한 후계자인 Bultmann은 예수의 아버지-언어가 근본적으로 유대교에 뿌리를 두고 있다는 점을 인정하면서도(Bultmann 1958[1934]: 191-94) 예수의 기도에 등장하는 "극도로 단순한 아버지" 묘사는 유대교 기도 관행에서 볼 수 있는 과도한 형태와 대비된다고 주장한다(Bultmann 1951: 23).
11 Heitmüller 1913; Bosworth 1924; Warschauer 1927: 172-73.
12 Manson 1951 (1931): 102-8; McKnight 1999: 61-62; Dunn 2003: 717-18; Keener 2009: 271-72.

나님을 이처럼 친밀한 용어로 부르는 일이 불경스러운 행위로 여겨졌을 것이며, 따라서 있을 법하지 않은 일이었을 것"이라고 주장한다.[13] 한 걸음 더 나아가 그는 이렇게 말한다.

> 우리는 이때까지 알려지지 않은 새로운 무언가를 대면하고 있는데, 그것은 유대교의 경계를 무너뜨릴 만한 것이다. 우리는 여기서 역사적 예수가 어떤 인물인지 보고 있다. 그는 하나님을 "아바"라고 부를 수 있는 능력을 지녔으며, 죄인들과 세리들에게도 하나님을 "아바"(친애하는 아버지)라고 부를 수 있는 권한을 부여함으로써 그들을 하나님 나라의 명부에 가입시킨다.[14]

괴팅엔 학파는 예수가 기존의 종교적 관행을 비웃으면서 하나님을 그처럼 친근한 용어를 사용하여 불렀던 점이야말로 그에게서 찾아볼 수 있는 가장 독특한 요소라고 주장한다. 예수와 그의 운동을 규정하는 요소는 하나님을 "아바"라고 부르면서 어린아이가 아버지에 대해 갖는 신뢰라는 의미를 부여한 것이었다. 그를 1세기 유대교 전체와 구분 지은 것도 바로 "아바"라는 용어의 사용이었다. 예레미아스는 "아바"라는 용어가 슐라이어마허 이후의 자유주의 전통에서 그토록 찾고자 했던 예수의 내면적인 삶을 들여다볼 수 있는 창을 제공한다고 믿었다.

물론 위와 같은 주장에는 몇 가지 심각한 문제점이 있다.[15] 첫째, 복음서나 기타 1세기 환경에서 "아바"라는 용어가 지극히 드물게 발견된다는 점에 비추어 우리는 예레미아스가 주장했던 것처럼 과연 그 용어가 예수

---

13 Jeremias 1965: 21.
14 Jeremias 1965: 30.
15 특히 Thompson 2000: 25-34을 보라.

운동을 규정하는 캐치프레이즈라고 말할 수 있는가라는 의혹을 제기할 권리가 있다. 예수 전승 내에서 이 용어는 단 한 번 등장할 뿐이며(막 14:36), 예수 이전에 사용된 용례는 확인되지 않았다. 물론 복음서 전승에서 그리스어로 "아버지"(patēr)라고 기록된 사례들에서 예수가 실제로는 "아바"라고 말씀했을 가능성이 없는 것은 아니지만 이것은 어디까지나 추측일 뿐이다. 예수가 히브리어의 호격(vocatives)을 포함하여 다른 어구를 사용했을 가능성도 배제할 수는 없다(히브리어는 예수 시대의 많은 유대인이 기도할 때 표준적으로 사용하던 언어였다). 내가 보기에 예수가 적어도 한 번은 "아바"라는 용어를 사용했으리라는 점은 어느 정도 개연성이 있다. 그러나 예수가 야웨를 가리키는 호칭으로 언제 어디서나 "아바"를 사용했으리라는 점을 증명하기는 쉽지 않아 보인다.

둘째, 제임스 바가 그의 유명한 논문 제목("*Abba* does not mean 'Daddy'")에서 지적한 것처럼 "아바는 '아빠'가 아니다."[16] 아바는 철부지 어린아이들만 사용하는 표현도 아니며, 더욱이 미성년 자녀들에게 국한되는 고유한 표현도 아니다. 예레미아스의 논증 가운데 이에 관한 설명은 단순한 착오일 뿐이며, 예레미아스 자신도 나중에 이 점을 인정했다.[17] 물론 그렇다고 해서 "아바"라는 호칭이 친밀감을 전달하기 위해 사용되었을 가능성이 완전히 배제되는 것은 아니나, 이 용어가 그리스어 대응어인 "파테르"와 비교할 때 더욱 강렬하거나 혹은 미약한 친밀감을 전달하는 것으로 여길 근거는 전혀 없다. "아바"라는 아람어 호칭은 예레미아스가 부과한 언어학적 무게를 감당할 위치에 있지 않으며, 이것을 토대로 예수의 하나님 관념을

---

16 Barr 1988.
17 Jeremias 1971: 67.

구축하려 시도하는 것은 무너지기 쉬운 건물을 짓는 셈이다.

셋째, 아마도 이것이 가장 문제시되는 요소일 텐데, 예레미아스는 디아스포라에서 유래한 자료들은 배제한 채 그의 탐구 범위를 팔레스타인 유대교에서 통용되는 어휘상의 증거들로 제한했다. 예레미아스의 논제와 관련하여 이러한 그의 방침은 "아버지"를 언급하는 자료 가운데 자칫 그의 논증을 위험에 빠뜨릴 수도 있었을 용례들을 효과적으로 격리하는 것이 가능하다는 이점을 지니고 있었다. 예레미아스가 그의 이론을 처음 제기했던 1960년대에는 그와 같은 방침이 정당한 것으로 여겨졌는데, 왜냐하면 그 당시 학계에서는 디아스포라 유대교와 팔레스타인 유대교가 서로 완전히 분리된 별개의 사상 체계로 여겨졌기 때문이다. 그러나 지난 반세기 동안 학자들의 견해에 변화가 있었으며, 팔레스타인 유대인들을 디아스포라 동료들로부터 구분 지었던 봉인이 예전만큼 견고하지는 않다. 하나님에 대해 아버지 심상을 적용하는 일이 디아스포라에서 용인될 수 있다면, 그것은 예루살렘에서도 용인되었으리라는 점이 거의 확실하다. 그렇다면 예레미아스가 그의 논의에서 디아스포라 텍스트를 배제한 것은 부당한 처사다.

예레미아스의 접근법과는 달리 실제 1세기의 유대교 성서 전통은 이미 "아버지 야웨"라는 개념에 상당히 익숙해져 있었다는 점을 우리는 기억해야만 할 것이다. 우리가 살펴볼 다음 텍스트들은 예수의 생애 이전 수백 년에 걸쳐 기록된 기독교 이전 저작들이다.

내 생명의 **아버지**시며 주인이신 주여, 나의 입과 혀가 농간을 부리지 못하게 하시고 그로 인해서 화를 입지 않게 하소서. 누가 내 생각을 채찍질하고 내 마음에 지혜를 가르쳐주겠는가? 스스로의 잘못을 그냥 넘기지 말고 자기의 죄를 묵인하지 말아라. 그러면 나는 잘못을 거듭하지 않고, 죄를 또다시 짓지 않으리니, 내 반대자 앞에서 넘어지지 않을 것이며, 내 원수가 기뻐하지 못할 것이다. 내 생명의 **아버지**시며 하느님이신 주여, 나의 눈이 분수를 지키게 하시고(공동번역).[18]

그러나 그 배를 조종하는 것은 **아버지**이신 주님의 섭리이다. 주님은 바다에 길을 트시고 파도를 헤쳐서 안전한 항로를 마련해 주셨다(공동번역).[19]

거기에서 당신의 위대하심을 너희에게 드러내셨다. 살아 있는 모든 것 앞에서 주님을 높이 받들어라. 그분은 우리 **아버지**시며, 영원한 하느님이시다(공동번역).[20]

하나님을 기꺼이 "아버지"라고 부르고자 하는 모습은 좀 더 이른 시기에 기록된 히브리 성서에서도 발견되며(사 63:16; 64:8; 대상 29:10), 더 나아가 이러한 경향은 기원후 1세기를 거쳐 이후로도 지속되어 왔다. 1세기 힐렐 학파의 요하난 벤 자카이 혹은 랍비 아키바와 관련된 기록들(m. Soṭah 9.15; m. Yoma 8.9)이 어느 정도 정확하다면, 예수의 동시대인들도 기꺼이 아버지 호칭을 수용했을 것이라고 말할 수 있다.[21]

  이 같은 사실이 함의하는 바는 명백하다. 예수가 사용한 "아버지 언어"와 관련하여 예레미아스가 우리에게 제시했던 것보다 훨씬 풍부한 선

---

18 집회서 23.1-4.
19 지혜서 14:3.
20 토비트 13:4.
21 "우리는 누구 위에서 우리 자신으로 머물러 있을 수 있는가? 하늘에 계신 우리 아버지 위에서다."

례가 존재한다는 점을 고려해볼 때 결과적으로 그의 해석학적 접근법은 예수가 히브리 전통을 벗어나기보다는 그 전통 안에서 활동했을 가능성을 고려하는 데 실패한 것이다. 더 나아가 이러한 증거는 예수가 "아버지"라는 호칭을 사용한 동기가 그의 개인적이고 종교적인 경험이었을 것이라고 설명하고자 하는 어떤 시도에 대해서도 심각한 장애물이 된다. 왜냐하면 일단 아버지로서의 하나님 개념이 예수 시대 이전이나 이후에도 유대교 내에 이미 자리 잡고 있었으며 이 개념이 아버지 하나님에 대한 주관적인 경험과 뚜렷한 관련성이 없다는 점을 인정하게 될 때, 하나님을 아버지라고 부른 예수의 화법이 **그의** 주관적인 경험에서 비롯된 독특한 표현이라는 보편화된 설명이 갑자기 근거를 잃게 되기 때문이다. 모든 자료를 종합해볼 때 우리는 소위 "주관적 경험 관점"을 더는 지지할 수 없다.

  이 같은 막다른 골목을 벗어나는 한 가지(그리고 내가 보기에 유일한) 방법은 예수의 의식 세계에 대한 통찰로부터 약간의 도움을 얻는 것이다. 그러나 문제는 이것이 바로 우리가 결코 얻을 수 없는 도움이라는 점이다. 마리앤 메이 톰슨은 이 문제를 다음과 같이 간단명료하게 진술한다.

    물론 문제는 복음서가 예수의 개인적 "경험"이나 "주관적 의식"에 관한 "기사"로 간주할 만한 내용을 전혀 언급하지 않는다는 점이다. 우리는 예수가 "하나님 아버지"라는 개념을 그의 내적 경험의 관점에서 이해했는지, 다시 말해 그가 하나님을 아버지로 "경험했는지" 알 수 없다. 왜냐하면 그에 관한 증거가 우리에게는 전혀 없기 때문이다. 복음서 어디에서도 예수는 하나님을 이렇게 부르는 전통이 어디서 유래했는지 설명하지 않는다. 그것이 그의 개인적이고 내면적인 경험에서 유래했을 가능성이 없는 것은 아니지만, 그의 개인적인 경험이 이 같은 호칭의 기원이라고 미리 결정하고 나서 예수가 아버지라는 용어를 사용했다는 사실로 말미암아 우리가 그의 하나님 경험에 곧바로 접근할 수 있다고 주장하는 것은 단지 순환논법일 뿐이다.²²

참으로 예수가 하나님을 아버지라고 부르게 된 동기가 그의 개인적인 경험이라는 주장은 복음서 전승 자체에서 추론할 수 있는 요점은 결코 아니다. 하나님에 관한 예수의 의식에 관한 가설들은 입증될 수 없는 전제들에 불과하며 논증으로부터 도출된 논리적인 결론은 아니다.

사실을 말하자면, 우리가 예수의 기도에 대한 증언들을 살펴봄으로써 그의 의식에 가까이 다가가면 다가갈수록 우리는 정반대의 결론을 마주하게 된다. 왜냐하면 예수가 아버지의 아들로서 "사적으로" 기도할 때마다 그는 언제나 독특한 의미에서의 아들로서 기도하면서 아무도 대신할 수 없는 각별한 역할을 감당했기 때문이다. 어떤 이는 아마도 예컨대 마태복음과 누가복음에 보전된 기도를 떠올릴 것이다. 마태복음은 다음과 같이 말한다.

> 그때에 예수께서 대답하여 이르시되 "천지의 주재이신 아버지여, 이것을 지혜롭고 슬기 있는 자들에게는 숨기시고 어린아이들에게는 나타내심을 감사하나이다. 옳소이다! 이렇게 된 것이 아버지의 뜻이니이다. 내 아버지께서 모든 것을 내게 주셨으니 아버지 외에는 아들을 아는 자가 없고 아들과 또 아들의 소원대로 계시를 받는 자 외에는 아버지를 아는 자가 없느니라."²³

---

22 Thompson 2000: 31.
23 마 11:25-27.

위의 구절이 진짜로 예수가 했던 말씀인지에 대해 학자들의 견해가 양분되지만, 적어도 우리가 여기서 Q라고 불리는 자료에까지 소급되는 예수에 관한 집합적인 기억을 담은 초창기의 명백한 표현을 발견할 수 있다는 점에는 모두가 동의할 것이다. 27절은 예수가 자신의 신분을 독특한 의미에서의 "아들"로 인식하고 있었음을 보여준다. 오직 그만이 다름 아닌 "아들"로서 "모든 것"을 위임받았다. 이 경우에 아들 됨에 관한 예수의 의식은 계시의 배타적인 수령자와 매개자로서의 자신의 역할에 대한 이해와 밀접하게 연결되어 있다. 적어도 이러한 맥락에서 예수가 하나님을 "아버지"라고 부르는 독특한 방식은 그의 제자들과 공유할 수 없는 것이며 심지어 그들이 이해할 수 있게 설명할 수도 없는 것이다.[24]

일부 학자들은 마태복음 11:25-27과 병행 구절에 나타난 예수의 아들 됨에 관한 해석은 그가 의도한 바에 대한 부활 이후의—따라서 신학적으로 경도된—오해라고 주장하겠지만, 우리는 예수가 아버지-아들 용어를 배타적인 의미에서 사용했음이 분명한 다른 사례들을 제시할 수 있다. 일례로 요한복음 5장에서도 이와 관련된 구절을 발견할 수 있다.

> 그러므로 안식일에 이러한 일을 행하신다 하여 유대인들이 예수를 박해하게 된지라. 예수께서 그들에게 이르시되 "내 아버지께서 이제까지 일하시니 나도 일한다" 하시매 유대인들이 이로 말미암아 더욱 예수를 죽이고자 하니 이는 안식일을 범할 뿐만 아니라 하나님을 자기의 친 아버지라 하여 자기를 하나님과 동등으로 삼으심이러라.[25]

---

24 "하나님과 그의 유일한 대리자는 서로 밀접하게 연결되어 있다"(Hagner 1993: 321).
25 요 5:16-18.

여기 기록된 사건이 실제로 일어났는가(혹은 복음서 저자가 묘사한 그대로 일어났는가)라는 질문은 논점을 벗어난 것이다. 또한 이 사건이 실제 역사에 토대를 두고 있다 하더라도, 우리에게는 각각의 당파의 동기에 대한 복음서 저자의 해석에 대해 왈가왈부할 이유가 전혀 없다. 요한복음 저자가 1세기 말엽에 복음서를 기록했으며 그가 각 지역의 신자 공동체들과 인근 회당들에 속한 비방자들 간에 점증해가는 긴장 상황에 대해 목회적인 관심을 지니고 있었다고 가정한다면, 우리는 유대인들의 적대감에 대한 저자의 묘사가 어느 정도는 현실을 반영하리라고 추측할 수 있다. 물론 복음서 저자가 예수를 대적하는 자들을 부정적인 관점에서 묘사하는 일에 관심을 가졌으리라는 점은 부인할 수 없지만, 그렇다고 해서 그가 메시아 공동체와 회당 간에 끊임없는 논쟁을 초래하는 발화점이 되었던 사건들을 전적으로 창작해 냈을 것이라고 말할 수는 없다. 오히려 정반대로, 만일 복음서 저자가 예수의 아들 됨에 관해 대적자들이 제기한 의혹에 대한 답변으로 그 자신이 제시했던 해명(요 5:19-47)을 전적으로 파기해버리려는 의도를 지녔던 것이 아니라면, 요한복음 5:16-18의 진술은 아마도 그 당시 유대교에서 하나님과 관련하여 허용될 수 있는 발언들과 그렇지 않은 발언들이 무엇인지 너무도 잘 알고 있었을 청중의 감성을 반영하는 것이라고 보아야 할 것이다.[26]

요한에 따르면 예수가 하나님을 "아버지"라고 불렀다는 사실이 어떤 이들에게는 그가 하나님과 동등함을 의미하는 것으로 이해되었다. 하지만 토비트나 벤 시라 같은 저자들이 하나님에 대해 부성을 암시하는 호칭

---

[26] 마찬가지로 빌 2:6에서의 바울의 선언("그는 근본 하나님의 본체시나 하나님과 동등됨을 취할 것으로 여기지 아니하시고")도 만일 예수가 하나님과 자신의 동등성을 논쟁적으로 주장했다면(사도 자신은 그렇게 설득되지 않았다) 터무니없는 표현이 되어 버린다.

을 사용했다고 해서 그들이 하나님과의 동등성을 주장하는 것으로 받아들여지지는 않았다는 점에 비춰볼 때, 우리는 예수가 배척당한 것이 단순히 그가 하나님을 "아버지"라고 불렀기 때문이라기보다는 그가 자신을 고유한 의미에서의 "아들"(the Son)이라고 주장했기 때문이라고 말할 수 있다. 요한복음 5:18까지 이어지는 내러티브에서 예수에 대해 의심하는 자들이 신학적으로 품고 있었던 염려는 그들이 예수가 "아들"(a son)이라는 호칭에 고유한 신학적 의미를 담아서 사용한 것이 아니라고 확신하게 된다면 쉽사리 해소될 수도 있었을 것이다. 하지만 놀랍게도 요한복음 5장의 나머지 부분에서 요한이 묘사하는 예수는 아들로서의 자신의 지위를 경시하는 것이 아니라, 오히려 일반적으로 야웨에게 돌려지는 두 가지 책무인 죽은 자를 살리는 일과 최후의 심판을 집행하는 일을 자신에게 돌림으로써(요 5:20-30) 긴장을 격화시킨다. 현대의 독자들은 죽은 자를 살리는 일과 심판을 집행하는 일이 예수가 자신을 하나님과 동등하게 여기는 일과 무슨 관련이 있는지 의아해할 수도 있는데(5:18), 우리는 여기서 예수와 그의 대적자들 모두 "하나님과의 동등성"이라는 개념을 형이상학적 관점이 아니라 주로 기능적 관점에서 이해했으리라는 점을 염두에 둘 필요가 있다. 따라서 핵심적인 질문은 예수가 신성의 본체 혹은 본질을 소유했느냐가 아니라(이것은 후대에 니케아 신조를 형성한 교부들이 중점적으로 다뤘던 문제다), 요한복음의 예수가 과연 야웨의 대리인으로서 일할 권위를 지녔느냐 하는 것이었다. 이런 측면에서 요한복음 저자는 공관복음 전승과 매우 유사하게 예수의 "아들 됨"과 다른 제자들이 주장하는 "아들 됨"을 원칙적으로 구별한다.

결과적으로 우리는 복음서 전승 내에서 하나의 역설과 마주하게 된다. 한편으로 예수는 우리에게 야웨를 "너희의 아버지"라고 소개하면서 "[우리] 아버지여"라고 기도하라고 초청한다. 그리고 다른 한편으로 같은 복음서에서 예수는 자신에 대해 아들로서의 고유한 정체성을 주장한다. 신학적인 용어를 사용하여 표현하자면, 예수의 "아들 됨"(Sonship/sonship)에는 공유적 측면과 비공유적 측면이 공존한다. 이 두 가지 측면이 어떻게, 그리고 무엇을 토대로 서로 연관되는가 하는 점은 비단 칼케돈 공의회 이후 신학자들만의 문제는 아니다. 역사적 예수 탐구에 헌신한 자들도 이 문제를 다룰 수밖에 없다. 이것은 적어도 일정 수준의 해법을 허용하고서 돌파구를 찾아가야 할 문제다.

하나의 경로는 과거 자유주의자들이 걸었던 길을 답습하면서 우선은 예수와 그의 제자들을 구분했던 장벽을 허물어버리고 그다음은 예수와 그의 제자들 사이에 놓인 모든 범주적 구분이 최종 단계에 이르러서야 복음서 전승에 유입되었다고 제안하는 것이다. 이런 맥락에서 볼 때 역사적 예수가 보여준 독창적인 측면은 그가 사람들을 초청하여 창조주 하나님을 서로가 공유하는 아버지로 부르게 했다는 점과 그와 함께한 사람들을 인류라는 대가족을 구성하는 형제자매로 여겼다는 점이다. 그렇다면 우리는 예수의 메시지가 지닌 요점을 독일 낭만주의 시인 실러의 언어로 요약할 수 있을 것인데, 그의 시구는 베토벤 교향곡 제9번 마지막 악장의 합창을 통해 영원히 기억될 것이다.

서로 껴안아라, 만민이여!	Seid umschlungen, Millionen!
이것은 전 세계를 위한 입맞춤이다!	Diesen Kuß der ganzen Welt!
형제여, 별이 빛나는 하늘 저편에	Brüder, überm Sternenzelt
사랑하는 아버지가 살아 계실 것이다!	Muß ein lieber Vater wohnen!

이론상으로는 이런 경로가 불가능한 것은 아니다. 하지만 만일 우리가 예

수의 독보적인 아들 됨에 관한 복음서의 표지들을 부활 이후에 생성된 교회가 남겨놓은 흔적으로 치부해버릴 의도가 아니라면 우리는 그 경로를 하나의 포괄적인 모델로 받아들일 수는 없을 것이다. 이러한 관점에 대한 보다 심각한 반론은, 예수가 "아버지" 호칭을 사용한 것이 완전히 독창적인 관행이었는지(이것은 위에서 언급한 유대교 자료들을 통해 사실이 아님이 밝혀졌다), 아니면 예수의 진정한 독창성은 그가 하나님을 인식하는 방식이었는지(이것은 해명 불가능한 논제인데, 왜냐하면 예수의 의식에 접근하는 일이 근본적으로 불가능하기 때문이다) 판단하는 문제가 여러 단편적인 증거들을 거슬러서 여전히 해명되어야 한다는 점과 관련이 있다. 이 주제와 관련하여 구자유주의 학파가 제시하는 견해는 역사적 예수에 대해 말하기보다는 낭만주의 시대의 감성을 더욱 진하게 담고 있는 것으로 보인다.

여기서 파생되는 또 다른 가능성은 예수가 아버지라는 호칭을 사용한 동기가 그의 내적 경건이라고 주장하는 동시에 예수가 독창적이고 상당히 배타적인 의미에서 자신이 "아들"(the Son)이라고 선포했다고 주장하는 것이다. 말하자면 예수가 비록 제자들에게도 다른 토대에서 좀 더 대중적인 의미로 하나님을 아버지라고 부르도록 권면하기는 했으나 그 자신은 전적으로 배타적인 의미에서 하나님을 아버지라고 불렀다고 가정하자는 것이다. 이러한 해법이 가져다주는 이점은 이전 접근법이 초래하는 부담, 요컨대 오래되고 빛바랜 여러 겹의 벽지와 같은 잡다한 기독론적 연결고리들을 제거하는 짐스러운 일을 피할 수 있다는 것이다. 하지만 장점이 있으면 단점도 있게 마련이다. 예를 들자면 우선 예수의 (대문자로 표현되는) "아들 됨"(Sonship)이 제자들의 일반적인 "아들 됨"(sonship)과 어떻게 연결되는지 설명하기가 애매하다. 만일 예수가 "아들"로서의 객관적인 역할을 유지하면서도 이에 수반되는 일단의 주관적인 "아들 같은" 경험들에도 관여하고 있는 것이라면, 그중에서 제자들에게도 허용되는 것은 주관적인 경험뿐이라는 말인가? 이 경우에 우리는 배타적인 의미에서의 "아들"이라는 예수의 정체성이 그가 사람들과 공유하는 아들로서의 경험과는 논리적 연관 관계가 없으며, 따라서 그의 객관적 정체성과 주관적 경험이 하나의 같은 단어로 묘사된 것은 단순히 우연의 일치일 뿐이라고 가정해야 하는가? 이런 접근법은 그처럼 만족스럽지 못한 논리를 내포하고 있을 뿐 아니라 구자유주의 학파의 방법론에 내재한 근본적인 취약성을 공유한다. 한마디로 이런 접근법은 출발점을 어디로 설정해야 할지를 미지의 영역으로 만들어 버린다. 예수가 사용한 아버지라는 호칭의 기원을 탐구한다고 하면서 우리가 접근할 수 있는 배경, 다시 말해 초기 기독교와 기독교 이전 유대교에서 하나님을 "아버지"라고 불렀다는 사실은 배제한 채 우리가 접근할 수 없는 배경, 다시 말해 예수의 내면에서 일어난 종교적 감흥에서 출발한다는 것은 어불성설이다.

    기독교와 유대교 전통을 살펴보기에 앞서 우리는 예레미아스의 논증이 여러 가지 약점들을 지니고 있음에도 최소한 두 가지 점에서는 칭찬받아 마땅하고 공감을 얻을 만하다는 점을 지적하고자 한다. 첫째, 예레미아스의 주장대로 예수는 적어도 한 번은 "아바"라는 호칭을 사용하였다. 비록 마가복음 14:36에서의 "아바" 사용이 고립적인 경우이기는 하지만 그렇다고 해서 겟세마네 사건(이것이 역사적인 사건이라고 가정할 때)에서의 한 장면—혹은 이런 호칭을 유발했을 또 다른 장면—에서 사용된 이 용어의 진정성을 의심할 이유는 전혀 없다.[27] 물론 이것이 그리 대단하지 않은 성

---

27 Pesch 1976-80: 2.391; Grassi 1982; Gnilka 1997: 262; Dunn 2003: 716. D'Angelo(1992b: 160)와 Collins(2007: 678)는 이에 반대한다.

과인 것처럼 보이기는 하지만, 역사적 예수 연구라는 복잡다단한 영역에서는 이처럼 미미한 성취도 감사하게 여겨야 한다.

둘째, 예수가 사용한 "아바"라는 호칭이 차별화된 성격을 지녔다는 예레미아스의 주장 역시 옳은 것이었다. 물론 이것은 빈약하기 그지없는 현존하는 팔레스타인 아람어 텍스트들에 대한 어휘상의 증거들을 통해 얻어낸 결론이 아니라 초기 기독교 자체 내의 신학적 성찰을 통해 얻은 결론이다. 사도 바울은 기원후 50년대에 서신들을 저술하면서 하나님을 "**아바** 아버지"라고 부를 수 있는 것은 오직 성령을 소유한 자들, 다시 말해 그리스도를 믿는 자들에게만 주어지는 종말론적 특권이라고 지적했다(롬 8:15; 갈 4:6). 마가가 예수의 기도(막 14:36)에 사용된 아람어 표현을 보존하기로 결정했다는 사실은 기독교 공동체 내에서 "아바 아버지"라는 호칭이 지니는 차별화된 성격을 확증해준다. 바울과 마가의 증거를 종합해볼 때 "아바"라는 아람어 표현이 반드시 기독교 신자들에 의해서만 배타적으로 사용된 것은 아니더라도 최소한 그것이 전형적인 기독교의 기도 용어였다고 말할 수는 있을 것이다. 그리고 만일 "아바"에게 기도하는 것이 초기 예수 운동의 특징적인 관행이었다면 그것은 또한 거의 확실하게 예수의 기도를 특징 짓는 요소이기도 할 것이다. 어쨌거나 하나님을 "아바"라고 부르고자 했던 예수의 의도가 굳이 당대의 유대교 전통과 충돌하는 것이라고 이해할 필요는 없다 하더라도, 초기 기독교가 어떻게, 그리고 어떤 이유에서 그들을 둘러싼 유대교에 대항하여 굳이 이런 점에서 예수를 모방함으로써 자신의 정체성을 규정하려 했는가에 대해서는 약간의 역사적인 설명이 필요할 것이다. 야웨를 "아버지"라고 부르던 유대교의 전통이 초기 기독교에서 "**아바 아버지**"라는 외침으로 전환된 사건은 적어도 어떤 방식으로든 역사적 예수와 관련되어 있다. 그런데 어떤 식으로 관련되었다는 말인가?

여기서 내가 관심을 기울여 다루고자 하는 문제가 무엇이었는지 다시 한번 진술할 필요가 있을 것 같다. 이번 장에서 나는 예수가 "아버지"라는 호칭을 사용한 것이 단순히 아버지로서의 하나님에 대한 그의 개인적인 경험에서 비롯된 것이며 이 모든 것이 그가 이해했던 유대교에 대한 반작용이었다는 보편화된 논증에 이의를 제기하고자 했다. 내가 보기에 그와 같은 보편화된 접근법에는 두 가지 근본적인 약점이 있다. 첫째, 예수가 야웨를 "아버지"라고 부른 것은 우리가 흔히 믿어왔던 것처럼 대단히 독창적인 사건은 아니기 때문에 그의 이 같은 행동이 하나님과의 관계를 규정하는 하나의 획기적인 방식이었다고 말하기가 어렵다는 점이다. 기껏해야 우리는 예수가 하나님의 "아버지" 되심에 대해 동시대의 유대인들보다는 조금 더 강조했다고 주장할 수 있을 뿐인데, 어쨌거나 이것은 단순한 정도의 차이일 뿐이다. 둘째, 소위 예수의 의식에 대한 통찰이라는 것을 근거로 "아버지로서의 하나님" 경험에 관한 논증을 전개하는 일은 용납될 수 없다. 예수의 마음속에서 일어나는 내면적인 활동은 우리에게 접근 불가능할 뿐만 아니라 만일 우리가 그의 마음속을 살짝 훔쳐본다면 우리는 그의 추종자들은 전혀 기대할 수 없는 방식으로 자신을 "아들"로 여기는 한 인물을 발견하게 될 것이다.

여기서 우리는 몇 가지 질문을 던질 수 있다. 첫째, 예수가 자신을 독특한 의미에서의 "아들"(*the* Son)로 여겼다면, 이 같은 인식이 그가 제자들에게 아들과 딸이라는 이름을 부여한 사실과 어떻게 조화될 수 있을 것인가? 둘째, 예수와 초기 교회가 사용한 "아버지" 칭호에 뭔가 구별되는 점이 있다고 인정할 때, 그렇다면 과연 우리는 그 구별성을 어떤 방식으로 묘사해야 할 것인가? 첫 번째 질문은 상당히 모호한 것이기 때문에 다음에 살펴보기로 하고, 이번 장의 나머지 부분에서는 두 번째 질문에 집중하고자 한다.

3. 야웨를 "아버지"로 묘사한 초기 기독교와 유대교 전통

우리에게 주어진 증거에 반하여 "아바"라는 호칭이 하나님에 대한 예수의 외적 경험에서 비롯되었다고 주장하기보다는 차라리 "아바"와 "아버지로서의 하나님"을 지칭하는 표현이 등장하는 문맥들을 분해하는 작업에서 시작하는 것이 좀 더 유망한 접근법이라고 믿는다. "예레미아스 모델"에서는 예수가 기도할 때 하나님을 아버지라고 부른 것은 사실상 전례 없는 일이었으며, 따라서 유대교로부터의 근본적인 단절을 의미한다고 해석한다. 하지만 내가 보기에 현존하는 기독교 시대 이전의 기도문들 가운데 하나님을 "아버지"로 지칭한 증거들이 존재한다는 사실은 이와 같은 결론을 반박한다. 이 지점에서 나는 만일 우리가 예수 이전과 이후의 관련 텍스트들을 공정하게 다룬다면 우리는 유대교에 속한 예수의 선조들과 그를 추종한 초기 기독교 신자들이 공유할 수 있는 보편적인 신학적 원리를 발견하게 될 것이라고 제안한다. 이 문제를 좀 더 예리하게 표현해보자. 구 자유주의 학파에서는 예수가 하나님을 "아버지"라고 지칭했던 관례가 하나님에 대한 그의 새로운 판단("하나님은 아버지 같은 분이시다")에서 비롯되었다고 추정하지만, 나는 오히려 이러한 호칭이 예수와 그의 추종자들이 종말론적 시나리오 속에서 특별한 역할, 다시 말해 출애굽이라는 탁월한 구속 이야기를 통해 이미 예견되었던 역할을 감당하도록 부름을 받았다는 확신과 관련되어 있다고 주장한다. 이 점을 증명하기 위해서 우리는 역사적 예수에 관한 논의에서 출발할 것이 아니라, 한편으로는 초기 기독교에 관한 논의와 다른 한편으로는 제2성전기 유대교에 관한 논의에서 출발해야만 한다. 만일 초기 그리스도인들의 마음속에 "아바"라는 호칭이 자리할 특별한 공간이 마련되어 있었고(우리는 그렇다고 말할 수 있다) 이것이 유대교 내에서 이 호칭을 사용한 방식과 개념적 연관성을 지니고 있다면, 우리는 예수가 "아버지"라는 용어를 사용하고자 했던 성향이 초기 기독교 및 유대교 모두와 연속성을 지닌 것이라고 기대할 수 있을 것이다.

1) 야웨를 "아버지"로 묘사한 초기 기독교 전통

"아바"라는 호칭을 담고 있는 신약성서의 세 본문(롬 8:15; 갈 4:6; 막 14:36)을 비교해보면 상당히 충격적인 공통점이 발견된다. 각각의 경우에 "아바"라는 호칭은 수난, 그중에서도 특히 박해와 관련되어 나타나는데, 그것은 종말론적인 틀 안에서 해석되고 출애굽 내러티브를 연상시키는 언어들로 묘사된다. "어법"이라는 관점에서 바라볼 때, "아바"라는 단어는 제한적으로라도 출애굽과 연결될 뿐만 아니라 출애굽의 성취를 대체하는 지속적인 시련의 경험을 전제한다.

종교개혁 이후의 해석학적 범주에서는 바울의 로마서가 통상적으로 고난을 집중적으로 다루는 텍스트로 여겨지지 않지만, 로마서의 절정이라고 할 수 있는 8장 내에서도 15절에 이어지는 문맥은 바울 사도가 자신의 서신을 그들과는 다른 시각에서 바라보았을 것이라는 점을 보여준다.

> 너희는 다시 무서워하는 종의 영을 받지 아니하고 양자의 영을 받았으므로 우리가 "아빠[아바] 아버지"라고 부르짖느니라. 성령이 친히 우리의 영과 더불어 우리가 하나님의 자녀인 것을 증언하시나니 자녀이면 또한 상속자 곧 하나님의 상속자요 그리스도와 함께 한 상속자니 우리가 그와 함께 영광을 받기 위하여 고난도 함께 받아야 할 것이니라. 생각하건대 현재의 고난은 장

차 우리에게 나타날 영광과 비교할 수 없도다."[28]

내가 다른 곳에서 밝혔던 것처럼 바울이 여기서 "상속"이라는 표현을 사용한 것은 출애굽과 가나안 정복을 염두에 둔 것이다.[29] 사도 바울은 출애굽과 같은 상속의 증거가 머지않아 신자들이 성령을 체험함으로써 드러날 것이라고 믿었다. 보다 구체적으로 말하자면 성령으로 말미암아 신자들이 고난 중에 "아바"라고 부르짖는(*krazō*) 것이 바로 그들이 상속자라는 증거다(롬 8:15).[30] 신자들이 비록 현세에서는 박해를 경험하나(롬 8:35-36) 그 같은 고난의 반대편에서 그들은 모든 것을 물려받게 될 것인데, 사도 바울에게는 그들이 "아들들"로서 누리게 될 당연한 권리인 완전한 상속을 고대하게 되리라는 익숙한 이야기를 한마디로 압축한 것이 바로 "아바"라는 외침이었다. 이런 맥락에서 "아바"는 로마의 그리스도인들에게 그들이 세상 죄를 짊어진 아들의 경험에 동참할 뿐만 아니라(롬 8:3), 장차 그들에게 주어질 "상속"에 대한 확고한 소망 가운데 (위와 동일한 제의적 관점에서) 출애굽의 시련을 재연하고 있음을 각인시켜주는 표어와 같은 역할을 한다. "아바"는 우리에게 친숙한 음조인 동시에 멀리 보이는 공연장에서 흘러나오는 음악의 첫 소절이기도 하다.

갈라디아서 4장의 텍스트 배후에서 환난에 관한 암시를 감지하는 일

28　롬 8:15-18.
29　De la Potterie 1976: 219-28, 특히 225; Wright 2013: 2.659. Keesmaat(1999: 55-77)의 광범위한 논의를 참조하라.
30　Wu(2015: 108-9)가 주목한 것처럼 "*krazō*"는 "시편에서 종종 고통에 직면하여 타는 듯한 열정으로 기도하는 자를 묘사하기 위해 사용된다(예. 21:3, 6, 25; 106:6, 13, 19, 28 LXX)." 더욱 적절한 설명은 이 같은 부르짖음이 대적들로부터의 구원을 탄원하는 의로운 수난자들을 특징짓는다는 것이다(참조. 출 5:8).

은 그리 어렵지 않다.³¹ 바울은 하나님이 때가 차매 성령을 보내서 "아바 아버지"라고 부르게 하였다는 사실을 상기시킨 후에(갈 4:6) 그가 갈라디아 성도들을 위해 해산의 수고를 겪었음을 넌지시 언급한다(19절). 주석가들이 흔히 지적하는 것처럼 해산의 수고라는 은유는 유대교에서 국가적 환난을 묘사할 때 표준적으로 사용해온 수사학적 표현이었다.³² 위의 경우에서 바울의 수고는 단순히 개인적 경험이라기보다는 종말론적 성격을 지닌 것이었다.³³ 할례를 주장하는 무리의 반대편에 서는 일에 바울과 뜻을 같이했던 자들은 그가 당하는 박해에도 동참했는데(1:7; 4:29; 5:11), 바울은 그들이 당하는 일이 "이 악한 세대"(1:4), 곧 환난의 시대를 규정하는 핵심적인 부분이라고 해석했다. 같은 맥락에서 "아바"라는 부르짖음은 신자들이 시련 당할 때 바로 그 시련을 통하여 그들의 믿음을 지탱해주며 그들이 물려받을 유업을 확증해준다(3:29-4:7). 바울 서신에서 "아바"라는 부르짖음이 등장하는 두 사례는 모두 박해 한가운데서 붙들어야 할 종말론적 희망과 관련되어 있으며, 하나같이 출애굽 사건을 상기시키는 어휘들로 짜여 있다.

마가복음 14:32-42에 나오는 "아바"의 용례에서도 똑같은 패턴을 발견할 수 있다. 앞선 내러티브에서 야고보와 요한은 예수께 다가와서 그가 메시아의 영광 가운데 임할 때 그들을 그의 좌우편에 앉게 해달라고 청원한다(10:37). 말하자면 그들은 이스라엘이 물려받을 종말론적 왕국에서 중책을 맡게 해달라고 요청한 것이다. 예수는 그들이 지금 무슨 말을 하고 있

---

31 갈라디아 성도들의 수난이 바울에게 중심 주제였음을 보여주는 유익한 논의로는 Dunne 2013을 보라.
32 아래 3장을 보라.
33 Gaventa 1990; Eastman 2007: 89-126.

는지 알지 못한다는 사실을 지적한 후에 과연 그들이 그의 잔을 마실 수 있는지 물었고, 그러고 나서야 그들이 참으로 그의 잔을 마시게 될 것이라고 약속한다(10:38-39). 이후에 예수는 겟세마네 동산에서 야고보와 요한을 (베드로와 함께) 따로 불러서 또다시 "잔"이라는 주제를 언급한다(14:36). 예수가 거부하기를 원했던 "잔"은 그것만큼이나 혐오스러운 "때"(14:35)와 병행을 이룬다는 점에서 둘 중 하나만 보편적인 의미에서의 수난과 관련된다고 보기는 어렵다. 어쨌거나 마가복음에서 예수가 "이때"를 언급한 것은 다니엘서에서 등장하는 "때"를 염두에 둔 것인데, 여기서 때는 다름 아니라 성도들이 사악한 자들의 손에 넘겨지는 환난의 때를 가리킨다.[34] 이것은 우리가 오래도록 예견해왔던 **바로 그** 환난이며, 모두가 고대하는 새벽에 도달하기 위해서 반드시 통과하도록 하나님이 예정한 흑암의 시간이다.[35] 마가복음 14:32-42의 문맥이 구속(redemption)에 대해 명시적으로 언급하지 않는 것은 사실이지만, 앞서 야고보와 요한이 그들의 종말론적 미래에 대해 질문했다는 점과 이후에 복음서 저자가 부활에 대해 언급한다는 점을 종합해보면(16:1-8), 겟세마네의 어두운 그림자는 어쨌거나 새 창조의 밝은 희망을 간직하고 있음이 분명하다. 주목할 만한 사실은 여기서 "아바 아버지"라는 부름이 등장하는 자리(14:36)가 마가복음에서 예수가 환난을 예견하는 장면을 기록한 몇 안 되는 구절 가운데 하나라는 점이다. 이러한 사실은 십자가를 예견하고 있었던 예수에게 환난은 이미 진행 중인 사

---

34 Pitre(2005: 482-85)가 올바르게 지적했다. 참조. 단 8:19; 7:25; 11:6, 35, 40, 45; 12:1, 4.
35 예수가 "시험에 들지 않게 깨어 있어 기도하라. 마음에는 원이로되 육신이 약하도다"라고 권면했을 때 제자들이 관심을 가지기를 기대했던 것은 동일한 환난이었다(38절). 물론 예수의 경고에도 불구하고 마가의 기사에 따르면 박해가 찾아왔을 때 제자들은 일시적으로라도 배교했었다(14:66-72).

건이었음을 보여준다. 마가는 바울과 동일한 패턴을 보여준다. 마가에게도 "아바"라는 부르짖음은 하나님이 예정한 환난과 밀접하게 관련되어 있으며, 구속을 향해 나아가기 위해서는 지나칠 수 없는 디딤돌과 같은 존재다.

우리는 겟세마네 장면을 다룬 마가복음의 기록에도 출애굽의 이미지가 투영되어 있음을 확인할 수 있다. 첫째, 마가복음에서 예수는 제자들에게 밤이 지나갈 때까지 "깨어 있으라"라고 되풀이해서 교훈하는데(14:34, 37, 38), 출애굽 기사에서도 유월절은 "밤을 지새우는 일"(night of vigil)로 묘사되었다. 둘째, 마가복음에서 예수는 제자들에게 시험(peirasmos)의 압박에 굴복하지 말라고 권고하면서(막 14:38) 출애굽 때의 재앙(신 4:34; 7:19; 29:2 LXX), 특히 한밤중에 장자를 친 재앙에 적용된 것과 정확히 일치하는 용어를 사용한다(출 12:29).³⁶ 마가복음에 나타난 이 같은 호소는 그가 제시하는 기독론의 요지와 일맥상통한다. 마가가 바라보는 예수는 스가랴서의 상처 입은 목자이기만 한 것이 아니라(막 14:27) 한밤중에 불어닥칠 시련의 바람을 잠재울 "하나님의 맏아들"이기도 하다(1:1; 3:11; 5:7; 15:39). 결국 제자들에게도 환난의 "잔"을 마실 차례가 돌아올 것이며(10:34-35; 13:1-32), 우리가 기대하기로는 마가복음의 독자들 역시 마찬가지일 것이다. 예수는 이처럼 엄중한 현실을 대면하고서 이때가 "자기에게서 지나가기를"(parelthē ap'autou) 구했는데(14:35), 여기 사용된 동사는 야훼가 그의 명령에 순종한 이스라엘 백성들이 거하는 집 문설주와 인방에 칠해진 피를 "넘어가셨다"(parechomai, LXX)라고 말할 때 사용했던 것과 같은 동사다.³⁷ 이것은 또한 최후의 만찬 석상에서 예수가 제공한 "언약의 피"(14:24)를 예견하는 것이

---

36   이 점과 관련하여 특히 Gray 2008: 167을 보라.
37   Evans 2001: 411.

기도 한데, 우리는 이 말씀도 모세가 피 뿌림을 통해 언약을 비준하는 장면과 연결 지음으로써 분명하게 이해할 수 있다(출 24:8).

신약성서에서 "아바"라는 호칭을 사용한 세 구절의 문맥을 살펴볼 때 우리는 이 아람어 어휘가 초기 그리스도인들 사이에서 일종의 전문용어로 사용되었다고 결론지을 수밖에 없다. 이 어휘는 환난의 상황을 암시하는데, 예수는 이미 십자가상에서 그것을 맛보았으며, 그의 추종자들도 그의 증인으로서 이 같은 환난을 경험할 것으로 기대된다. 초기 그리스도인들은 "**아바** 아버지"라는 부르짖음을 통해 환난의 저편에서 종말론적 유업이 그들을 기다린다는 사실을 하나님에게만 아니라 그들 자신에게도 각인시키고자 했었다. 위의 모든 구절에서 "아바"라는 부르짖음은 단순히 겁에 질려서 필사적으로 매달리는 행동이 아니라, 그들에게 주어진 출애굽의 소명과 미래의 유업을 고대하면서 신실함을 굳게 지키겠다는 헌신의 표현이었다. 비록 이러한 패턴이 제한된 자료를 토대로 취해진 것이기는 하지만, 적어도 제한된 범위 내에서는 예외 없이 적용된다.[38]

2) 야웨를 "아버지"로 묘사한 유대교 전통

제2성전기의 문헌 가운데 "아버지"라는 용어가 사용된 기도문들에서도 이와 유사한 패턴이 발견된다. 예를 들어 (기원전 2세기 외경 문헌인) 토비트에서는 야웨가 "우리 아버지" 또는 "영원한…우리 하나님"이라고 불리지만

---

38 정확히 동일한 용어는 사용되지 않았으나 그럼에도 박해를 통하여 "하나님의 자손"이 되는 과정에 대해 말하는 다른 구절들에서도 동일한 암시를 볼 수 있다. 예컨대 마 5:44-45("너희 원수를 사랑하며 너희를 박해하는 자를 위하여 기도하라. 이같이 한즉 하늘에 계신 너희 아버지의 아들이 되리니"); 히 5:8("그가 아들이시면서도 받으신 고난으로 순종함을 배워서").

(토비트 13:4), 이때는 유배 생활 중에도 신실하게 고난을 극복해가는 맥락에서 그 같은 호칭들이 사용되었다(13:1-5).[39] 토비트의 저자는 전심으로 야웨에게 돌아와 참되게 살아가는 것이 "그의 권능과 위대하심을 이방의 죄인들에게 드러내"는 길이라고 믿었다(13:6). 반면에 출애굽 사건에서는 열 가지 재앙을 통해 이집트를 탈출하는 일이 바로 이집트 사람들에게 야웨의 "권능을 보여주는" 방법이라고 여겨졌다.[40] 확실히 토비트 13장은 신명기 32장(야웨의 아버지 되심에 대해 말하는 6절을 포함하여)에 특별한 관심을 보이지만, 사실 토비트의 찬미는 유배로부터의 귀환을 설명하기 위한 하나의 수단으로 출애굽 사건을 재연하는 신명기의 문맥 전체를 소환한다.[41] 고대의 수많은 유대교 문헌들(특히 신 32장)에서 그러했던 것처럼 토비트에서도 유배로부터의 귀환은 제2의 출애굽 사건으로 여겨졌다.

같은 세기에 집회서 저자는 박해로 말미암은 "모욕"과 "피 흘림"(집회서 22:24)에 대한 응답으로 "아버지" 하나님께 기도한다(23:1, 4). 집회서의 끝부분에서 벤 시라는 이렇게 기도한다. "주님, 당신은 나의 아버지이십니다. 내가 시련 가운데 있을 때나 오만한 자들 앞에서 어찌할 바를 모를 때 나를 버리지 마십시오."(51:10).[42] 여기서 "오만한" 자들은 단순히 거만하게 행동하는 자들을 가리키는 것이 아니며, 이 구절은 일종의 불의와 박해의 상황을 염두에 두고 기록된 것이다. 벤 시라는 "아버지" 하나님께 호소하는 것이야말로 이방 민족에게 박해받는 상황에서 보여야 할 합당한 반응이

---

39 그리스어 번역본들에서만 발견된다. 아람어와 히브리어 텍스트에서는 이 구절이 비어 있다.
40 출 9:16; 참조. 신 4:34, 37; 26:8; 34:12.
41 신 32장과의 평행관계에 대해서는 Weitzman 1996을 보라. 신명기에 관한 광범위한 언급은 Schüngel-Straumann 2000: 167-68, 169-70을 보라.
42 그리스어 역본에는 "내 주의 아버지"라고 되어 있다.

라고 여겼다.[43]

「마카베오3서」(기원후 1세기)는 이와 관련된 다수의 사례를 제공한다. 첫째, 저자는 프톨레마이오스 4세가 신실한 성도들의 저항에도 불구하고 지성소에 들어가려 했던 사건을 회상하면서 대제사장 시므온의 기도와 그에 뒤따른 "위로부터의" 개입에 대해 기록한다. "바로 그때 만사를 주관하시는 하나님, 모든 이의 '**원부**'(原父, *propatēr*), 거룩한 자들 가운데서도 거룩하신 그분이 [대제사장의] 정당한 간구를 들으시고서 오만하고 무례하게 자신을 높인 그[프톨레마이오스]를 책망하셨다(*emastixen*)"(「마카베오3서」 2.21). 5장에서 유대인들은 다시 한번 하늘에 계시는 "자비로우신 하나님 아버지"께 기도를 올려드리면서 "영광중에 임재하셔서 그들을 해치려 하는 사악한 음모에 대해 복수로 갚아주시고, 그들 앞에 예비된 파멸로부터 그들을 구원해주시기를" 간구한다(5.8). 이어 6장에서 유대인들은 또다시 이방인의 손에 멸망할 위기에 처해 있는 자신들을 발견하는데, 이때 대제사장 엘레아자르는 이렇게 기도한다. "아브라함의 자손을 돌아보소서, 오 **아버지**시여, 덕망 높은 야곱의 자녀를, 이방인의 땅에서 이방인 가운데 한 사람으로 멸망해가는 당신의 구별된 백성을 돌아보소서"(6.3). 이어서 엘레아자르는 그들 자신의 절망적인 상황과 출애굽 시대의 이스라엘이 처한 상황을 비교하면서(다니엘과 요나의 상황도 포함하여) 이렇게 회상한다. "아버지여, 당신은 [그가] 해를 입지 않도록 지키시고 그의 가족에게로 되돌려

---

43 J. Corley(2002: 36-38)는 아버지를 향한 벤 시라의 기도와 야웨의 자비 간의 연관관계에 주목하면서도 성서 내러티브에 호소하기보다는 하나님의 성품에 대한 신학적 묘사를 시도한다. 내가 보기에 이런 접근은 자비를 구하는 이교도 기도들과의 냉담하고 무익한 비교로 이어질 우려가 있다.

보내셨습니다"(6.8).⁴⁴ 헬레니즘 시대의 이와 같은 문서들에서 "아버지"를 향한 호소는 이방인의 박해로 말미암은 임박한 위험과 구원에 대한 소망이 결부된 맥락에서 행해진 것이 분명하다.

물론 내가 위에서 묘사해온 패턴이 즉각적으로 분명하게 드러나지 않는 사례들도 있다. 하지만 그런 사례들에서도 텍스트를 좀 더 면밀하게 들여다보면 위와 유사한 구조가 발견되기도 한다. 예컨대 「희년서」(기원전 2세기)에서 주님은 모세에게 장차 도래할 날에 대해 말씀한다.

> 나는 그들 마음에 덮인 양피를 베어낼 것이며 그들의 자손들 마음에 덮인 양피도 베어낼 것이다. 또한 그들을 위하여 성결한 영을 창조할 것이며, 그날 이후로 영원토록 나를 따르는 길에서 뒤돌아서지 않도록 그들을 정결케 만들 것이다. 그리고 그들의 영혼은 나와 나의 모든 계명에 굳게 붙어 있을 것이다. 나는 그들의 **아버지**가 되고 그들은 나의 아들들이 될 것이다. 그리고 그들은 "살아 계신 하나님의 아들들"이라고 불릴 것이다.⁴⁵

「희년서」 저자는 회복에 관한 성서 텍스트들을 바탕으로(신 32장; 렘 31:9; 호 1:1) 택함을 입은 자들에게 자녀로서의 권세가 주어지는 근거를 그들의 예기적(proleptic) 순종과 결부시킨다. 하지만 좀 더 광범위한 문맥에서 살펴보자면, 야웨가 선포한 이 같은 소식은 하나님의 백성이 유배로부터 풀려나기를 기원하는 모세의 기도에 대한 응답으로 주어진 것이었다.

---

44 Croy(2006: 99)는 이를 적절하게 요약한다: "엘레아자르의 탄원은 오만한 이방인의 전형인 파라오에서 시작하여 이스라엘의 구속사에서 두드러진 사건들을 나열하며", 이처럼 "저자는 현재의 위기와 이스라엘의 과거를 명시적으로 연결한다."

45 *Jub* 1.23b-25.

당신의 백성과 당신의 유업을 물려받을 자들이 그릇된 마음을 가지고 행하도록 버려두지 마소서. 또한 그들을 대적하는 이방인들의 손에 그들을 넘겨주지 마소서. 대적들이 당신의 백성을 압제하여 그들이 당신에게 죄를 범하도록 만들까 두렵습니다(「희년서」 1.19).

한마디로 자녀 됨의 약속은 폭압적인 이방인들로부터 풀려나게 해주기를 구하는 신실한 성도들의 기도에 대한 직접적인 응답으로 주어진 것이다. 「희년서」의 저자는 유배 생활로 말미암은 압제가 다름 아니라 바로 출애굽 세대가 경험했던 압제를 재연한 것이라고 해석한다.

「열두 족장의 유언」 역시 우리가 다루는 주제와 관련되는 것으로 보이는데, 정확히 어떤 맥락에서의 관련성인지는 그리 명확하지 않다. 왜냐하면 일반적으로 이 문헌은 후대 기독교에 의해 삽입된 자료를 포함하고 있을 가능성이 크다는 이유에서 상당히 미심쩍은 것으로 여겨지기 때문이다.[46] 여기서 족장 가운데 하나인 레위는 포로 시대가 도래할 것이며 그에 따라 극적인 배교가 일어날 것이라고 예견한다. "일곱째 주에 제사장들이 올 것인데, [그들은] 우상숭배자, 간음하는 자, 물신숭배자, 거만한 자, 불법자, 주색을 탐하는 자, 남색하는 자, 짐승과 행음하는 자들이다"(「레위의 유언」 17.11). 이에 대한 응답으로 야웨는 옛 제사장의 직분을 대체할 "새로운 제사장"을 보내실 것이다(18.1-2). 바로 그때 하늘이 열리고 "영광스러운

---

46 오래전에 Jonge(1960; 1962; 1980)는 이 문서에 기독교의 가필이 이루어졌다고 열정적으로 강조했는데, Philonenko(1960), Braun(1960), Kee(1983: 777) 그리고 가장 최근에는 deSilva(2013)가 이에 반대했다. 본서의 논의를 위해 나는 이것이 기본적으로 기독교 문서라고 전제한다. 아람어판 「레위의 유언」에 대한 Davila의 서론은 Bauckham, Davila and Panayotov 2013: 121-41에 실려 있다.

성전으로부터 아버지의 목소리와 함께 그들 위로 거룩함(sanctification)이 임할 것이다. 아브라함이 이삭을 바칠 때처럼 말이다"(18.6).[47] 이 일 후에 제사장은 진리 안에서 영원히 주님의 자녀가 된 자들에게 그의 위엄을 보여줄 것이다(18.8). 성서에서 하나님의 "위엄"은 하나님의 임재를 상징하는 구름 기둥의 모습으로 나타나기도 하고(출 16:10; 24:16), 혹은 야웨가 출애굽에서 그의 원수들에게 베푸는 최후의 심판이라는 형태로 표현되기도 한다(출 15:7). 「레위의 유언」 저자에 따르면 이스라엘의 배교와 환난에 대한 하나님의 즉각적인 응답은 제사장 역할을 맡을 인물 하나를 일으키는 것인데, 하나님은 그를 소개할 때 부자 관계를 지칭하는 용어들을 사용할 것이다. 이와 유사한 종류의 예언이 「유다의 유언」 24.1-6에서도 소개되는데, 그 예언에 따르면 선택받은 자들은 유배지인 이방 땅에서의 노예 생활을 마친 후에는(23.1-5) "진리 안에서 얻은 아들들"이라고 불릴 것이다(24.3). 비록 우리가 현재 마주하고 있는 「레위의 유언」이 기독교 필사가에 의해 개정된 것이라 해도, 이 문서가 "진리 안에서 얻은 아들들"이라는 문구를 「유다의 유언」과 공유한다는 점과 두 문서 모두 갈등의 맥락에서 기록되었다는 점은 의미심장하다.

성서 자료의 범위를 벗어나서 방대한 쿰란 문헌을 뒤져보아도 우리는 야웨를 아버지로 묘사하는 사례를 하나밖에 찾을 수 없다. 이것은 1QH에 실린 탄식의 기도에 등장하는데, 시인은 압제자들의 손안에서 고통당하는 자신에 대해 성찰한다.

---

47 이것은 명백하게 이삭의 결박(창 22장)을 암시한다. 이 사건에 대해서는 2장에서 좀 더 자세하게 다룰 것이다.

나는 나를 집어삼키려 하는 자에게 답할 것이며, 나를 넘어뜨리려 하는 자를 책망할 것입니다. 나는 나 자신이 내린 판결은 불의하나 당신의 판단은 의롭다고 선포하였습니다. 왜냐하면 나는 당신이 진리이심을 알기 때문입니다. 나는 나를 향한 판결을 받아들이고 내가 당하는 역경을 기꺼이 감내하면서 당신의 자비를 고대합니다.[48]

이어서 시인은 하나님이 그의 편에 설 것이라는 확신을 다음과 같이 표현한다.

[당신은] 내가 노년에 이르기까지 나를 돌보실 것입니다. 내 아비는 나를 알지 못하고 내 어미는 나를 버렸으나, 당신은 당신이 진리로 낳으신 [아들]들의 아버지이십니다. 마치 어미가 그의 아이를 사랑하는 것처럼 당신은 그들을 기뻐하실 것이고, 유모처럼 당신의 모든 피조물을 (당신의) 무릎에 누이실 것입니다.[49]

여기서 야웨와 아버지 간의 대조를 지나치게 확대해서 해석할 필요는 없다. 아버지 은유는 시편 27:10에서 가져온 것으로 보이는데, 시인은 말하기를 육신의 부모는 그를 버렸으나 야웨는 부모를 대신하여 그에게 선을 베푸실 것이라고 노래한다. 그렇다면 쿰란 감사 시편(1QH)의 저자에게 아버지 은유는 단순히 야웨의 섭리를 묘사하는 방편이었을 것이다. 그와 동시에 쿰란 시편의 저자가 언약을 신실하게 지키는 동료들을 "당신이 진리

---

48 1QH^a 17.8-10.
49 1QH^a 17.34-36.

로 낳으신 아들들"이라고 규정하고 나머지 사람들을 수양아들로 묘사한다는 사실은 공동체의 구성원들이 자신들에게 하나님의 자녀로서의 권세가 구체적이고 독특한 의미에서 주어졌다고 믿었음을 보여준다. 시인이 자신의 자녀 됨을 몸소 체험하고 야웨를 "아버지"라고 부르게 되었던 것은 그가 사면초가의 상황에 처해 있었던 점과 무관하지 않을 것이다. 이런 측면에서 쿰란 감사 시편의 용례도 우리가 위에서 다루어왔던 사례들과 일관된 모습을 보인다고 할 수 있다.

신구약 중간기에 저술된 기독교 이전 시대의 마지막 문헌은 지혜서(기원전 1세기)인데 여기에는 흥미로운 몇 가지 구절들이 포함되어 있다. 그중 첫 번째 구절에서는 사악한 자들이 의인들을 넘어뜨리기 위해 분한 마음으로 웅크리고 기다리면서 마음에 품었을 법한 생각들을 나열한다.

> 그는 우리를 비천한 물건처럼 여기고 우리가 걷는 길이 부정하다고 여기고서 비껴간다. 그는 의로운 자들의 마지막이 행복하다고 말하며, 하나님이 자기 **아버지**라고 자랑한다. 그의 말이 진실한지 지켜보자. 그리고 그의 인생 막바지에 무슨 일이 일어나는지 시험해 보자. 만일 의로운 자가 진정 하나님의 자녀라면 하나님은 그를 도우시고 대적들의 손아귀에서 구원해주실 것이다. 이제 모욕과 고문으로 그들을 시험해 보자. 그러면 그가 얼마나 온유한지 알 수 있을 것이며, 그의 인내심이 어느 정도인지 확인할 수 있을 것이다. 그에게 수치스러운 죽음을 안겨주자. 그의 말에 따르면 그는 도움을 얻을 것이라고 했으니 말이다.[50]

---

50   지혜서 2:16-20.

여기서 "하나님의 자녀"라는 표현은 감상적인 생각이나 주관적인 경험과는 무관하며, 다만 신자들이 환난 가운데 하나님의 구원을 고대하는 상황을 반영하는 것일 뿐이다. 의로운 자들은 하나님이 그들을 구원하기 위하여 행동하는 것을 그들이 하나님의 자녀라는 증거로 받아들인다. 하지만 지금까지 논의해온 패턴과는 다른 예외로 여겨지는 사례가 등장하는데, 여기서 하나님을 "아버지"로 여기는 근거는 그가 섭리 가운데 배를 조종하는 기술을 보여준다는 점이다.

> 이윤을 얻으려는 욕망이 배를 고안해냈고, 장인의 지혜가 그것을 만들어냈다. 하지만 그것을 조종하는 일은 **아버지**의 섭리로 이루어지는 것이다. 주님은 바다에 길을 내시고 파도가 몰아치는 가운데도 안전한 항로를 보여주신다.[51]

야웨를 아버지로 묘사하는 것은 온 우주에 대한 하나님의 통치를 강조하려는 의도에서일 수도 있지만, 이 말을 기록한 저자가 솔로몬이라는 사실과도 무관하지 않을 것이다. 어쨌거나 솔로몬은 특별한 의미에서 "하나님의 아들"이었으니 말이다. 둘 중 어느 것이 더 타당한 이유인지 결정하기는 쉽지 않다.

그래도 여전히 우리는 위의 모든 사례에서 하나의 주도적인 패턴을 발견할 수 있다. 요컨대 하나님을 아버지로 인식하는(혹은 성도가 기도할 때 자신을 야웨의 아들 혹은 자녀로 인식하는) 일은 일반적으로 압제에서의 구원이라는 맥락과 관련된다는 것이다. 유일한 예외가 마지막에 다루었던 지혜서 14:3인데, 이것 역시 해명이 가능한 예외라고 할 수 있다. 예수 시대 이전

51　지혜서 14:2-3.

의 자료들을 토대로 판단해 볼 때, 탄원자가 각자의 시각에서 하나님의 아버지 되심을 경험하는 때는 그가 자녀들을 (어떤 형태로든) 구원할 때라고 말할 수 있다는 것이다. 마찬가지로 경건한 성도가 자신이 하나님의 자녀임을 깨닫게 되는 일도 그의 충직한 인내를 통해서만 가능하다고 말할 수 있다. 여기서 반복적으로 등장하는 배경은 여전히 출애굽 사건이다.[52]

3) 종합

초기 기독교 문헌이나 기독교 이전 유대교 문헌에서 하나님을 "아버지"라고 지칭한 사례가 많지는 않다. 하지만 그런 사례들은 불가피하게 고난의 경험과 구원에 대한 기대라는 맥락과 필연적으로 관련되어 있으며, 하나같이 출애굽 사건의 용어들을 모범으로 삼는다. 하지만 내가 보기에 이 같은 환난이 출애굽 때의 상황과 단순히 **비슷하다**고 말하는 것은 고대인의 시각에서 볼 때 충분하지 않은 설명이었을 것이다. 고대 유대교가 의인이 당하는 환난에 부여했던 구원사적 중요성에 비추어볼 때 우리는 경건한 성도가 그들이 당하는 압제를 어떤 의미에서는 출애굽의 재연이나 성취로 여겼으리라고 짐작할 수 있다. 위에서 다룬 자료의 저자들은 당대의 특수한 수난 사례를 이스라엘 역사의 토대가 되는 사건(출애굽)의 맥락과 연결함으로써 그들 자신의 경험에 심오한 신학적 의미를 부여한다. 요점은 다음과 같다.

---

52 이 같은 패턴이 랍비 문학에서 (일관성이 없기는 하지만) 유지되고 있는데, 랍비 문학은 "아버지"라는 호칭을 하나님을 가리키는 데 사용하는 경우가 상당히 드물다. 예를 들어 랍비 나탄은 순결을 지키기 위해 그가 견뎌냈던 고문과 처분들에 대해 이렇게 논평한다: "이러한 상처들은 내가 하늘에 계시는 아버지께 사랑을 입도록 만들어 주었다"(*Mek.* 20.6). 랍비 엘리에제르는 메시아의 귀환으로 이어질 환난에 대해 말하면서 이스라엘이 오직 "하늘에 계신 우리 아버지께" 머물기를 소망해야 한다고 반복하여 경고한다(*Soṭah* 9.15). *Exod. Rab.* 34.1도 참조하라.

의인이 당하는 압제가 어떤 형태로 나타나든지 간에 그들의 고난은 구원을 완성하기 위한 하나의 과정으로 여겨져야 한다는 것이다. 하나님을 아버지라고 부르는 유대인들의 기도는 희망을 담은 기도이며, 환난이라는 암울한 현실만을 바라보던 그들의 마음 눈을 돌이켜 기나긴 터널 끝에서 밝게 빛나는 종말의 빛으로 향하게 만든다.

4. "야웨 아버지" 개념의 배경이 되는 출애굽 내러티브

출애굽 사건이 근본적으로 고난을 통해 정체성과 소명을 발견하는 이야기였기 때문에 초기 기독교와 제2성전기 유대교는 되풀이하여 이스라엘의 토대가 되는 구원 이야기에 호소할 수밖에 없었을 것이다. 또한 그들의 정체성과 소명은 예배에 중점을 두고 있었다. 그런 점을 고려하여 우리는 모세에게 야웨의 소명이 주어지는 장면에서 논의를 시작하고자 한다.

> 여호와께서 모세에게 이르시되 "네가 애굽으로 돌아가거든 내가 네 손에 준 이적을 바로 앞에서 다 행하라. 그러나 내가 그의 마음을 완악하게 한즉 그가 백성을 보내 주지 아니하리니, 너는 바로에게 이르기를 여호와의 말씀에 이스라엘은 내 아들 내 장자라. 내가 네게 이르기를 내 아들을 보내 주어 나를 섬기게 하라[wěyaʻabdēnî]."[53]

이스라엘은 야웨의 아들이었으며, 따라서 백성들은 집합적으로 그들의 주

53　출 4:21-23.

군을 경배하거나 혹은 섬기도록('*bd*) 요청되었다. 이것이 이스라엘의 존재 이유였다. 따라서 출애굽의 가장 중요한 목표는 단순히 (특히 서구적인 의미에서의) 자유를 위한 자유의 쟁취에 있는 것이 아니라, 이스라엘 백성들에게 창조주 하나님 야웨를 경배해야 하는 그들의 각별한 사명을 깨우쳐 주는 데 있었다. 이와 같은 아들 개념이 서로 분리될 수 없는 관계적이고 기능적인 측면들을 공유하고 있기 때문에, 이스라엘이 완전한 의미에서 하나님의 아들이 되는 일은 그들이 야웨 경배라는 소명을 수행함으로써만 가능해진다. 제사장적 기능과 정체성의 이 같은 융합을 암시하는 또 다른 예는 이스라엘을 가리켜 "제사장 나라"(출 19:6)와 "소유"(*sĕgullâ*, 출 19:5)라고 부르는 야웨의 선언이다. 유대교의 언약 사상에서 이스라엘이 야웨에게 합당한 경배를 드리지 않고서 야웨의 "소유"가 된다는 것은 상상할 수 없는 일이다. 그와 마찬가지로 이스라엘이 그들에게 주어진 제사장적 책임을 신실하게 완수하지 않고서 하나님의 아들이 된다는 것 역시 상상할 수 없는 일이었다.[54]

출애굽기 19:6의 히브리어 텍스트에서 "제사장 나라"(*mmlkht khnym*)가 구체적으로 무엇을 의미하는가에 대해서는 여전히 논쟁이 진행 중이다. 하지만 우리가 70인역의 그리스어 문구인 "바실레이온 히에라테우마"(*basileion hierateuma*)를 염두에 둔다면 해석의 폭은 좀 더 좁혀질 수 있으며, 우리는 불가피하게 "제왕적 제사장 제도"라는 개념에 도달할 수밖에 없다.[55] 70인역에서 "히에라테우마"(*hierateuma*, 출 19:6; 23:33; 마카베오하

---

54 포로 시대 이후 예언자인 말라기도 이것을 다르지 않게 이해했다. "나는 내가 정한 날에 그들[의인들]을 나의 **특별한 소유**[*sĕgullâ*]로 삼을 것이요, 또 사람이 자기를 섬기는 아들[*bĕnô*]을 아낌같이 내가 그들을 아끼리니"(말 3:17).
55 Kooij 2007: 258; Wevers 1992: 246.

2:17)라는 용어는 제사장의 직무를 가리킨다. 따라서 제2성전기 유대교에서 "제왕적 제사장 제도"라는 개념은 제왕적 지위를 지닌 제사장들에 의해 다스려지는 통치체제를 의미했다. 아마도 출애굽기 19:6에서 제시하는 이와 같은 이념이 역사가 디오도로스 시켈리오테스가 증언하는 것처럼 200명이 넘는 유대인 지도자들이 기원전 1세기에 로마의 폼페이우스 장군에게 그들의 나라는 왕이 아니라 대제사장에 의해 다스려진다고 주장했던 배경이 되었을 것이다.[56] 예수 역시 유대인들의 이와 같은 사고방식을 공유했다고 가정할 때, 우리는 새로운 출애굽에 대한 그의 비전이 거룩한 나라를 새롭게 만들어가는 신성한 임무를 맡은 새로운 제사장 계급까지 포함하고 있을 것이라고 기대할 수 있다.

신성한 직무를 수행하기 위해서는 신성한 장소가 필요하다. 이스라엘의 제사장적 직무를 위해 정해진 장소는 "유업으로 받은 땅", 다시 말해 출애굽 내러티브 전체가 지향하는 지리학상의 "목적지"(*telos*)였다. 이스라엘이 그들에게 맡겨진 제의적 역할과 무관하게 하나님의 아들로 여겨질 수 없었던 것과 마찬가지로, 그들은 또한 적합한 무대, 다시 말해 "하나님의 아들" 이스라엘이라는 개념에 논리적으로 뒤따라오는 "유업"으로서의 땅이 있어야만 했다.[57] 이스라엘 백성에게 땅은 단순히 정착을 위한 장소이기 이전에 무엇보다도 그곳은 신성한 공간이었다. 그 신성한 공간의 중심은 물론 성전이며, 그곳에서 야웨는 "그들을 주의 기업의 산에" 심을 것이며 그곳은 또한 "주의 처소를 삼으시려고 예비하신" 곳이었다(출 15:17).[58] 신

---

56 *Bib. hist.* 40.2; 보다 자세한 논의는 Kooij 2007을 보라.
57 유업은 장자의 권리가 될 것이라고 기대되었다. Stuart 2006: 146, 150을 보라.
58 구약성서 전승은 "거룩한 산"을 시온과 동일시했다(사 11:9; 27:13; 56:7; 시 74:2; 겔 17:22-23). 특히 "유업"과 "성전" 간의 평행관계에 주목하라. 예를 들어 시 79:1("하나님이

성한 공간이 제사장의 직무와 불가분리의 관계에 있는 것처럼, 유업은 아들 됨의 필수적인 요소다.

물론 고대 유대인들은 하나님의 백성과 하나님을 위한 공간을 구별하여 세우는 일이 출애굽으로 귀결되는 일련의 환난 없이는 결단코 발생하지 않으리라는 점을 잘 알고 있었다. 이스라엘의 신실한 후손들은 해마다 첫 번째 유월절 사건을 기념하면서(출 13:14-16) 그들의 조상들이 이집트에서 겪었던 두려운 환난들—파라오의 되풀이되는 완악함과 장자들의 죽음을 포함하여—이 허무한 결말을 맞지 않았다는 사실을 마음에 새겼을 것이다. 돌이켜보면 그러한 환난들은 이스라엘이 모든 나라들에 대해 공동체적으로 "제사장" 역할을 맡게 되는 기폭제가 되었을 뿐만 아니라, 또한 그들의 환난은 야웨가 이스라엘의 제사장 계급을 조직하기 위해—출애굽기 24장에서 어린양의 피로 성별 예식을 거행한 것과 아울러—채택한 수단이기도 했다.[59] 아이러니하게도 야웨의 아들이 당하는 압제가 이스라엘의 "아들 됨"이 충만하게 실현되는 결정적인 계기가 되었다. 이에 대해 존 데이비스는 다음과 같이 적절하게 지적한다.

> 히브리 성서에서 이스라엘에 대해 야웨의 아들이라는 호칭을 사용하는 경우는 주로 시내산과 출애굽 사건을 다루는 문맥이나, 혹은 출애굽 기사를 반향하는 것으로 보이는 포로귀환에 관한 텍스트들에서다(렘 3:19; 31:9, 20; 호 11:1).…이스라엘의 독특한 지위를 표현하는 이 같은 선언은 보다 포괄적인 계획을 시사하는 역할을 하며, 그러한 선언에 현저한 주요성이 부여된다는 사

여, 이방 나라들이 주의 **기업**의 땅에 들어와서 주의 **성전**을 더럽히고 예루살렘이 돌무더기가 되게 하였나이다")을 보라.
59 Levenson 1993: 43-48.

실을 통해 우리는 출애굽에 임한 재앙들에 하나님이 개입한 목적 가운데 하나가 이집트인들에 대해 야웨의 "아들"이 갖는 특권적인 위치를 보여주기 위한 것이라고 생각할 수 있다.[60]

그런데 이러한 "특권적인 위치"가 갖는 차별성은 제사장 직분과 수난이 서로 수렴한다는 점이다. 데이비스가 간파했던 것처럼, "기독교 해석자가 제사장 직분에 대해 주로 선교 사역의 관점에서 접근하는 경향이 있다면, 전형적인 유대교적 해석은 제사장 직분을 수난의 관점에서 접근한다."[61] 고대 유대교의 사상 세계에서 야웨를 위해 수난당하는 일은 제사장의 지위를 받아들이는 것으로 여겨졌다. 마찬가지로 이스라엘과 이스라엘의 장자들은 유월절에 이집트에 임한 환난 가운데서 각자에게 맡겨진 역할을 충실하게 감당함으로써 아들의 지위와 상속자의 지위를 스스로 증명했다. 이것이 바로 초기 기독교와 제2성전기 유대교에서 하나님의 아들이라는 용어를 사용하는 관습이 뚜렷하게 등장하게 된 배경이다.

5. 주기도: 시종일관 종말론적인 기도

유대교 문헌에서 이처럼 반복되는 패턴을 고려할 때, 우리는 예수가 주기도에서 "아버지"라는 호칭을 사용한 것도 그와 유사한 종말론적 사고방식의 연장선상에서 이해해야 하는 것인지 질문해볼 필요가 있다. 달리 표현

---

60   Davies 2004: 108.
61   Davies 2004: 96.

하자면, 과연 우리는 주기도문에서 예수가 그 자신과 그의 제자들을 "제사장들"로 이해했으며 그들이 당하는 수난을 구원사적 목적을 달성하기 위한 수단으로 여겼다는 증거를 발견할 수 있는가 하는 점이다. 이 질문에 대답하기 위해서는 먼저 주기도문의 나머지 부분들을 면밀히 살펴보아야만 한다. 아마도 차례차례 하나씩 살펴보는 것이 가장 바람직한 방법일 것이다. 만일 첫 번째 간구가 제사장적 취지를 지닌 것으로 밝혀진다면, 이는 내가 주장하는 것처럼 "아버지"라는 호칭이 아주 유대적이고 전통에 얽매인 예수의 입술에서 나온 것이라는 해석을 지지하는 훌륭한 근거가 될 것이다. 그런 점에서 첫 번째 간구는 일종의 판례 역할을 할 것이다.

1) 첫 번째 간구: "[당신의] 이름이 거룩히 여김을 받으소서"(Q 11:2b)

표면적으로 볼 때 "[당신의] 이름이 거룩히 여김을 받으소서"라는 간구는 제사장적 문구다. 왜냐하면 "거룩히 여김을 받는 일"(*hagiazō*)은 보편적으로 제사장들의 직무를 통해 수행되기 때문이다.[62] 물론 야웨 자신도 성결케 하는 일을 수행하며, 모든 거룩한 것들의 궁극적인 원천이 된다.[63] Q 11:2에 나오는 "하기아스테토"(*hagiasthētō*)라는 동사가 신적 수동태(divine passive)인지 아니면 인간의 주도적인 책임을 허용하는 단순한 수동태인지를 밝히는 일은 여전히 해결되지 않은 해석학적 난제다. 유대교의 용례는 우리에게

---

62 모세는 시내산 자락에서 백성들을 성결하게 하고(출 19:10, 14; 참조. 시 99:6) 후에 성막의 기구들을 성별함으로써(출 40:1-11) 제사장 역할을 수행했다. 이와 마찬가지로 솔로몬도 제사장-왕으로서(Davies 2011: 47-49을 보라) 성전을 거룩히 구별했다(왕상 8:64; 9:3). 그가 제사장이 아니었다면 그 같은 과업은 아론 자손 제사장들에게 배정되었어야 하는 일이었다. "아론은 그 자손들과 함께 구별되어 몸을 성결하게 하여 영원토록 심히 거룩한 자가 되어 여호와 앞에 분향하고 섬기며 영원토록 그 이름으로 축복하게 되었느니라"(대상 23:13).
63 출 31:13; 레 11:44.

양방향 모두의 가능성을 보여주며, 해석의 역사도 두 갈래의 길로 나누어져 있다.[64]

일부 주석가는 "하기아스테토"(hagiasthētō)라는 동사가 주기도문 내의 다른 동사들과 병행을 이루어 부정과거 시상으로 표현되었다는 사실로 말미암아 이 동사를 신적 수동태로 해석하는 방향으로 저울추가 기울기도 한다.[65] 이러한 접근법을 취하는 학자들은 여기서 부정과거 시제가 특정한 시간에 취해진 행동을 암시하는 것으로 이해하며, 따라서 위의 구절에서 거룩하게 하는 일은 점진적인 과정이 아니라 유일회적(once-for-all) 사건을 의미한다고 주장한다. 만일 이러한 해석이 유효하다면, 그것은 한편으로 예수가 주기도문의 첫 번째 간구에서 신실한 성도들에게 하나님의 거룩하심을 위해 지속적으로 기도하도록 초청한다는 보편적으로 수용되는 해석에 도전하는 것이며, 다른 한편으로 우리가 이곳에서 신적 개입이 발생하는 찰나적인 순간을 발견하게 된다는 해석을 지지하는 역할을 하게 된다. 논의가 시작되는 이 지점에서 우리가 내리는 해석학적 결정은 결국 주기도문의 나머지 부분에 대한 우리의 해석에 영향을 미치게 된다. 예수가 첫 번째 간구를 통해 최우선으로 의도했던 것이 성도들이 하루하루의 삶에서 순종할 힘을 달라고 하나님께 요청하는 것이었다는 주장과, 예수가 의도했던 것이 하나님이 일어나서 극적이고 종말론적인 방식으로 개입하기를 요청하는 것이었다는 주장은 서로 전혀 다른 것이다.[66] 나는 아래에서 제시할 요인들을 근거로 "극적이고 종말론적인 개입에 대한 요청"이라는 후자의

64　Luz 1989-2005: 1.316-17.
65　Brown 2010(1961): 292-93.
66　다음 학자들이 후자의 종말론적 해석을 선호한다. Brown 2010 (1961); Dupont and Bonnard 1966; Jeremias 1971: 193-203; Davies and Allison 1988-97: 1.593-94.

견해를 선호해야 한다고 생각하지만, 우리는 그리스어 동사의 시상에 지나친 증거의 무게를 실어주는 일을 경계해야 한다. 특히 이번 경우처럼 배후에 놓인 아람어 원본 텍스트를 염두에 두어야 하는 상황에서는 더욱 그러하다.[67]

좀 더 신뢰할 만한 접근법은 예수가 성서를 배경으로 주기도문을 구성했다고 가정하는 것인데, 달리 표현하자면, 예수가 주기도문에 성서의 표현들을 사용했다는 말이다. 히브리 성서에서 야웨의 "이름"을 거룩하게 한다는 개념이 등장하는 곳은 이사야 29:23과 에스겔 36:23이다.[68] 전자의 문맥(사 29:22-24)은 야곱이 경험하게 될 세 가지 변화 가운데 세 번째와 관련된 것인데, 주어진 시나리오에서 이스라엘 백성은 이스라엘의 하나님 야웨를 합당하게 경외하도록 회복될 것이다. 에스겔 36:23도 예배의 회복에 대하여 언급하는데, 이사야서에 비해 더욱 명시적이고 포괄적인 방식으로, 그리고 유배에서의 귀환이라는 맥락에서 이 주제를 다루고 있다. 에스겔서의 문맥은 다음과 같이 전개된다.

"여러 나라 가운데에서 더럽혀진 이름 곧 너희가 그들 가운데에서 더럽힌 **나의 큰 이름을 내가 거룩하게 할지라**. 내가 그들의 눈 앞에서 너희로 말미암아 나의 거룩함을 나타내리니 내가 여호와인 줄을 여러 나라 사람이 알리라." 주

---

67 Campbell(2008: 84)이 주장한 것처럼 부정과거 시제 부정 명령형(Q 11:4의 유사한 간구에서도 발견된다)이 단순히 "특정 상황에 행동을 취하는 특정 행위자"를 시사한다고 해도, 이것은 그 간구가 구체적인 사건을 염두에 둔다고 말하는 것은 아니다. 다른 한편으로 이것은 예수의 기도가 상황을 특정하여 드려지는 기도라는 개념을 지지하는데, 이것은 종말론적 해석이 주장하고자 하는 바다.
68 야웨의 "인격"이 거룩해진다고 말하는 구절로는 레 10:3; 겔 38:23이 있다. 겔 39:7, 레 22:32에서는 그의 이름이 더럽혀진다고 말한다.

여호와의 말씀이니라. "내가 너희를 여러 나라 가운데에서 인도하여 내고 여러 민족 가운데에서 모아 데리고 고국 땅에 들어가서 맑은 물을 너희에게 뿌려서 너희로 정결하게 하되 곧 너희 모든 더러운 것에서와 모든 우상 숭배에서 너희를 정결하게 할 것이며, 또 새 영을 너희 속에 두고 새 마음을 너희에게 주되 너희 육신에서 굳은 마음을 제거하고 부드러운 마음을 줄 것이며, 또 내 영을 너희 속에 두어 너희로 내 율례를 행하게 하리니 너희가 내 규례를 지켜 행할지라. 내가 너희 조상들에게 준 땅에서 너희가 거주하면서 내 백성이 되고 나는 너희 하나님이 되리라."[69]

주석가들은 대체로 "[당신의] 이름이 거룩히 여김을 받으소서"(Q 11:2b)라는 구절과 "나의 큰 이름을 내가 거룩하게 할지라"(겔 36:23)라는 구절 사이의 평행관계를 받아들이지만, 그럼에도 우리는 예수의 기도가 에스겔서 구절보다는 그 구절을 모델로 삼은 1세기의 기도문에서 직접적으로 영감을 받았을 가능성도 배제할 수는 없다. 후자의 대표적인 예가 "카디쉬"(Qaddish)인데, 이 기도문은 주기도문과 마찬가지로 이스라엘의 하나님 (의 이름)을 거룩하게 하는 일을 왕국의 도래와 연결 짓고 있다.[70] 내가 보기에 예수가 자신이 구상했던 것과 유사한 기도문들도 염두에 두었을 수 있겠지만, 몇 가지 이유에서 예수가 조금 더 직접적으로 성서 구절들을 배경으로 삼았을 것이라는 설명이 더욱 타당하게 여겨진다. 첫 번째 이유는 G.

---

69 겔 36:23-28.
70 기도문의 한 형태는 다음과 같다. "그의 위대한 이름이 위대하고 거룩히 여김을 받으소서. 아멘. 그가 창조하신 세상에서 그의 뜻에 따라 그의 왕국이 당신의 생애에 당신의 날들에 임할 것입니다(Lehnardt 2002: 21의 히브리어 텍스트에 대한 저자의 번역). 이와 유사한 카디쉬 기도문들이 겔 36:23과 38:23에 의존한다는 사실은 명백하다(Lehnardt 2002: 41, 256-59).

클라인이 백여 년 전에 최초로 밝혔던 것처럼 첫 번째 간구를 포함하여 주기도문 전체에 사용된 많은 단어와 개념들이 에스겔 36:23-29의 다양한 요소들과 내용상으로 일치한다는 점인데, 더욱이 순서상으로도 개략적으로 동일한 전개를 따르고 있다.[71] 비록 둘 사이에 제안된 병행 요소들이 모두 동일하게 설득력이 있는 것은 아니지만, 상당한 개연성을 갖는 누적된 병행 요소들을 종합해보면 텍스트 상호 간의 호응 관계를 결정하는 "분량과 재현"(volume and recurrence)이라는 표준적인 기준을 충족할 수 있을 것으로 보인다.[72] 둘째로, 우리가 다수의 학자들을 따라 역사적 예수가 이스라엘의 회복에 중점적으로 관심을 두었으며 또한 이 주제에 대한 에스겔 36:23(그리고 이 구절의 문맥을 이루는 34-37장)의 반향이 일련의 정형화된 간구들 가운데 선구자적인 역할을 하는 것으로 받아들인다면, 우리는 예수가 직접적으로, 그리고 창의적이고 실질적인 방식으로 예언서 텍스트를 다루고 있다고 추정할 수 있을 것이다. 달리 말해 예수가 이 기도를 그가 주도하는 운동을 특징짓는 독창적인 기도로 제시하고 있다는 점에서 그가 순전히 형식적인 차원에서 동시대의 회당에서 드려지던 기도를 단순히 모방했을 것으로 보이지는 않는다. 그보다는 예수가 당시에 친숙하게 여겨지던 표준

71　Klein 1906: 45-46; Friedlander 1969 (1911): 163-65; Swetnam 1972. 병행 구절들은 다음과 같다. (1) "[당신의] 이름이 거룩히 여김을 받으소서"(마 6:9c//눅 11:2b) 〉 "나의 큰 이름을 내가 거룩하게 할지라"(겔 36:23); (2) "[당신의] 나라가 임하소서"(마 6:10a//눅 11:2c) 〉 "내가 너희를…데리고 고국 땅에 들어가서"(겔 36:24); (3) "[당신의 뜻이…땅에서도[epi gēs] 이루어질 것입니다"(마 6:10b) 〉 "땅에서[epi tēs gēs] 너희가 거주하면서"(겔 36:28); (4) "오늘 우리에게 일용할 양식을 주소서"(마 6:11//눅 11:3) 〉 "곡식이 풍성하게 하여 기근이 너희에게 닥치지 아니하게 할 것이며"(겔 36:29); (5) "우리 죄도 사하여 주소서"(마 6:12//눅 11:4a) 〉 "내가 너희를 모든 죄악에서 정결하게 하는 날에"(겔 36:33); (6) "우리를 악[한 자]에게서 구하소서"(마 6:13//눅 11:4b) 〉 "내가 너희를 모든 더러운 데에서 구원하고"(겔 36:29).

72　Hays 1989: 30.

적인 기도형식을 틀로 삼아 핵심적인 구약 텍스트에 대해 신선한 해석을 제공했을 것이라는 주장이 더욱 그럴듯하다. 셋째로, 만일 예수의 기도가 환난 가운데서 야웨의 아버지 되심을 주장했던 유대교의 다른 기도들과 유사한 맥락에서 이해되어야 하는 것이라면, 예수는 그의 기도 문구를 에스겔 36장에 대한 긍정으로 시작하는 것이 최선이었을 것이다. 이방인들의 압제하에 신음하던 유대인들의 귀환에 관해 잘 알려진 환상에 호소하면서 "아버지"를 부르는 것은 이번 장에서 전개되는 유형의 기도들과 완벽한 조화를 이룬다. 예수가 그의 기도에 에스겔 36장의 틀을 적용한 것은 어떤 측면에서 보더라도 다분히 의도적인 일이었다.

예수가 "[당신의] 이름이 거룩히 여김을 받으소서"라는 문구를 통해 정확히 무엇을 의도했는가 하는 점은 또 다른 문제다. 이 문제를 다루는 데 있어서 더할 나위 없이 적절한 출발점은 에스겔 36장이 주기도문에 정확히 어떻게 사용되었는지를 살펴보는 것이다. 여기서는 에스겔서 텍스트에서 잠재적으로 연관성이 있는 네 가지 측면을 관찰하는 것으로 논의를 제한하고자 한다. 에스겔 36장에서 무엇보다도 충격적인 요소는 에덴동산을 연상시키는 정황 및 상속과 관련된 표현들이다. 예언자 에스겔은 그 땅이 풍성한 열매를 제공할 것이라는 점을 역설하는데(겔 36:8), 그 땅은 이스라엘이 미래에 "수가 많고 번성하게"(겔 36:11) 될 새로운 무대를 제공함으로써 "생육하고 번성하라"(창 1:28)라는 에덴동산에서의 명령을 갱신한다.[73] 더욱이 야웨가 그 땅에 대해 "내가 사람을 너희 위에 다니게 하리니 그들은 내 백성 이스라엘이라. 그들은 너를 얻고 너는 그 기업이 되어 다시는 그

---

73 35절에서 에덴동산과의 비교는 명시적이다. "사람이 이르기를 '이 땅이 황폐하더니 이제는 에덴 동산같이 되었고 황량하고 적막하고 무너진 성읍들에 성벽과 주민이 있다' 하리니."

들이 자식들을 잃어버리지 않게 하리라"(겔 36:12)라고 했던 말씀은 정복의 시대를 염두에 둔 것임이 분명하다. 회복된 땅에 대한 에스겔의 묘사에서 에덴동산의 이미지와 (아직 더럽혀지지 않은) 땅의 이미지를 대비시킨 것은 이 둘의 배경을 하나로 이어주는 "공통분모"(*tertium comparationis*)에 우리의 이목을 집중시키는데, 두 땅은 제의를 위해 정화된 공간이라는 지위를 공유하고 있다.[74]

둘째로, 에스겔의 환상에서 야웨는 "맑은 물을 너희에게 뿌려서 너희로 정결하게"(겔 36:25) 하리라고 약속한다. 물을 뿌리는 일은 일반적인 의미에서의 단순한 세정을 의미하는 것이 아니라 레위 지파의 제사장들이 그들의 신성한 소명을 받아들이기 위한 준비과정으로서 수행하는 위임식의 첫 단계를 되풀이하는 의미를 지니고 있다.[75] 에스겔은 사실상 이전 시대에 선택받은 제사장 계급에만 허락되었던 제사장적 직무가 모든 백성에게로 확대될 것이라고 약속한 셈이다. 에스겔은 범민족적인 차원에서의 정결 의식이 이루어질 것을 예견하고서 종말의 시대에 재현될 제사장적 역할을 다루는 예언적 증언을 선포한다.[76]

셋째로, 같은 절에서 에스겔은 정결하게 하는 물이 이스라엘 백성을 그들이 행하던 우상숭배로부터도 정결하게 만들어주는 부수적인 효과를 가져올 것이라는 확신을 표현하고 있다(겔 36:25). 이러한 확신은 위에서 지적했던 두 가지 측면과도 조화를 이룬다. 설령 그 땅이 이전과 같은 제의적

---

74 Block 1997: 334.
75 민 8:5-13, 특히 7절. 마찬가지로 Zimmerli et al. 1979: 2.248-49. "여기서 맑은 물을 뿌린다는 언급을 통해…우리는 이 이미지 배후에 제의적 정결을 위한 물 뿌림의 의식행위가 있음을 발견할 수 있어야 한다."
76 사 25장; 렘 31:31-37; 욜 2:28.

상황으로 회복되고 이스라엘 백성이 광범위한 정결 의식을 통과한다고 해도, 만일 이스라엘이 그들을 유배에 이르게 했던 가장 중대한 요인, 다시 말해 우상들을 실제로 제거하지 않는다면 그들이 행하는 모든 일들은 별다른 효과를 거두지 못할 것이다. 이스라엘 백성이 드리는 예배의 핵심이 참되신 한 분 하나님께 충성을 바치는 것으로 정착될 때, 하나님을 향한 충성과 경쟁하던 모든 불순한 요소들은 자연스럽게 근절될 것이다.[77]

네 번째이자 마지막 측면인데, 에스겔은 여호와가 새 영을 부어줌으로써 이스라엘 나라가 야웨의 율례를 지키도록 만들 것이라고 약속한다(겔 36:26-27). 영을 부어준다는 약속은 이스라엘 백성이 고대해왔던 새 언약의 핵심적인 요소로 이해되었다.[78] 이스라엘이 비록 과거에는 실패했으나, 에스겔을 포함하여 광범위한 예언자 전통에서는 새 영을 부어주는 일을 미래의 소망에 대한 확고한 토대로 받아들였다. 이스라엘이 새로운 제사장적 소명에 충실하기 위해서는 그 땅의 남은 자들이 야웨가 약속한 새 마음과 새 영을 위한 자리를 그들 가운데 마련해두어야만 했다.

요약하자면 이스라엘의 회복에 관한 에스겔의 환상은 최소한 네 가지 실재를 예견하는 것이었다. (1) 그 땅의 갱신, (2) 백성들을 우상숭배로부터 정결하게 하는 일, (3) 새로운 제사장 계급을 구별하여 세움, 그리고 마지막으로 (4) 새 영이 그들 가운데 거하는 일이다. 이들 중 어느 것도 예상하기 어려운 놀라운 요소가 아니며 네 가지 모두 유배 중이던 이스라엘 백성들이 포로귀환 이후에 실현하고자 기대하고 상상해왔던 중요하고 핵심적인 요소들이었다. 우리는 이 모든 요소가 유배 상황으로부터의 회복을 위

---

77 Block 1997: 344-45.
78 사 59:21; 61:1; 겔 37:14; 39:29; 참조. 렘 31:31-37.

한 필요충분조건이라고 말할 수도 있다.[79] 흥미롭게도 에스겔은 포로귀환이 갖는 "정치적" 중요성은 간접적일 뿐이며 야웨 경배의 갱신이라는 제의적 함의가 일차적이고 직접적인 중요성을 지닌다고 여겼다.

에스겔의 신학에 대한 논의는 이쯤에서 마무리하고 다음과 같은 질문을 던져보자. 만일 예수가 그의 기도를 시작하면서 에스겔 36:23을 염두에 두었다고 가정한다면, 과연 주기도문의 첫 번째 간구에 에스겔 36:23의 사상이 어느 정도나 반영되었다고 볼 수 있을 것인가? 이것은 대답하기 쉽지 않은 문제인데, 후에 나는 이 문제에 대해 나름의 해법을 제시할 것이다.[80] 하지만 현 단계에서 가능한 해답을 찾기 위해서는 예수가 두 개의 중요한 내러티브를 여기에 연결하고 있다는 점에 주목할 필요가 있다. 하나는 "아버지여"(Q 11:2a)라는 호칭에 담고 있는 출애굽 이야기이고, 다른 하나는 "[당신의] 이름이 거룩히 여김을 받으소서"(Q 11:2b)라는 구절에 녹아들어 있는 회복에 관한 에스겔의 환상이다. 앞에서 이미 논증했던 것처럼, 예수와 그의 제자들은 하나님을 "아버지"라고 부름으로써 하나님이 출애굽 때 이집트에 행했던 일, 다시 말해 사악한 자들의 간사한 계획이 이스라엘의 구원으로 귀결되도록 전환하는 일을 수행하도록 야웨에게 요청한 것이다. 따라서 예수와 그의 제자들은 바로 이러한 기도를 드림으로써 그들에게 예비된 수난을 받아들이고 그렇게 함으로써 새롭게 획득한 제사장 직분을 받아들이겠다는 태도를 하나님 앞에서 공식적으로 표명한 셈이다. 이어서 예수는 그의 제자들에게 "[당신의] 이름이 거룩히 여김을 받으소서"라고 구

---

79 이름을 거룩하게 한다는 말이 하나님의 임재를 위한 선행 단계로서 성전을 (재)정화하는 일을 가리킨다는 주장도 일리가 있는데, 왜냐하면 "하나님의 이름을"을 두는 장소가 성전이었기 때문이다(왕상 9:3, 7; 참조. 대하 7:16, 20).

80 아래 3장을 보라.

하도록 요청함으로써 에스겔 36장의 논리에 따라 종말론적 형세의 도래, 다시 말해 신성한 공간이 새롭게 구별되고 하나님의 백성이 회복되었음을 알리는 일에 동참하도록 독려하였다. 새로이 위임받은 제사장 계층의 주도하에 이스라엘의 남은 자들은 그들이 섬기던 우상들을 버리고 새 영을 받아들일 것이며, 더 나아가 다시 야웨를 경배하기 위해 마음가짐을 새롭게 할 것이다. 결국 유배에서의 귀환은 통상적인 의미에서 일상으로의 회복을 의미하는 것이 아니며, 이제껏 경험해보지 못한 하나님의 임재로 특징지어지는 새로운 출발을 의미하는 것이다.

따라서 예수와 그의 제자들이 "아버지여, [당신의] 이름이 거룩히 여김을 받으소서"라고 기도했을 때, 그들은 장기간에 걸친 순종의 결과로 주어질 하나님의 은혜를 요청했다기보다는 야웨가 그들의 삶의 한가운데서 이스라엘의 제사장적 직무와 제의적 공간을 종말론적으로 회복시켜주기를 구한 것이었다. 예수의 기도는 이처럼 뚜렷하게 자기중심적인 취지를 지닌다는 점에서 유대교의 "카디쉬" 기도문과 구별된다. 예수는 그가 주도한 운동이 제자들이 당면한 현실에서 ("아버지여"라는 외침이 보여주듯이) 하나님에 의해 예정된 박해를 통해 구속사에 특정한 방식으로 관여하는 것을 보면서 그것이 바로 에스겔 36장의 환상이 현실에서 성취되는 것이라고 이해했다. 이것은 단순히 야웨가 미래의 어느 한 시점에 그들의 삶에 잠시 관여하였다가 곧바로 떠나버리는 상황을 염두에 둔 것이 아니다. 사실을 말하자면 하나님은 이미 이처럼 갱신된 제사장 제도를 통해 그들 가운데서 일하고 있다.

이와 관련하여 유대교 자료에서 야웨의 이름을 거룩하게 하는 일이 일반적인 의미에서 인간의 도덕적인 노력만을 가리키는 것이 아니라, 보다 구체적으로 순교의 맥락에까지 적용되어 왔다는 사실은 결코 우연의 일치가 아니다.[81] 거룩하게 하는 일과 순교 사이에 연관성이 존재한다는 점은 상당히 명백하다. 희생제물의 피가 죄를 대속하고 성전에서 사용되는 기구들을 정화하는 능력을 발휘할 수 있다면, 의인이 흘리는 피는 그와 같은 목적에 사용되기에 더욱 적합하리라는 것이 그들의 생각이었다. 그렇다면 여기서 우리는 다음과 같은 질문을 던질 수 있을 것이다. "[당신의] 이름이 거룩히 여김을 받으소서"라는 예수의 기도가 과연 문자적으로 실제적인 순교 행위를 염두에 둔 것으로 이해될 수 있을까? 몇 가지 요인을 종합해볼 때 이에 대해 상당히 긍정적으로 답할 수 있을 것이다. 첫째, 우리가 첫 번째 간구를 순교라는 관점에서 해석할 때, 우리는 예수가 그의 죽음을 예견하고 있었으며 자연스럽게 그의 죽음을 순교라는 관점에서 해석했을 것이라고 이해할 수 있는 상당한 근거를 이 간구에서 발견하게 된다.[82]

둘째, 예수가 순교를 이스라엘의 회복에 반드시 필요한 하나의 단계로 간주했으리라는 것은 상당히 일리 있는 주장인데, 왜냐하면 그 시대에 이미 그러한 개념이 실증적으로 여러 사건을 통해 보편화되어 있었기 때문이다.[83] 셋째, 뒤따라 나오는 "시험"(환난)에 대한 언급(Q 11:4)은 예수가 이 기도를 처음 가르쳤을 당시에 이미 극심한 환난의 날이 임박한 상황이었다는 점을 보여준다. 넷째, 요한복음에서 예수는 자신의 죽음을 통해 "아버지의 이름을 영광스럽게" 만들게 해달라고 하나님께 간구한다. "영화롭게 됨"(glorification)이라는 표현이 대체로 "거룩하게 됨"(sanctification)을 가리키는 것으로 이해될 수 있다면(레 10:3), 우리는 요한복음의 예수가 그의

---

81 참조. Str-B 1.411-18; Ben-Sasson 1972.
82 막 9:31; 10:45; 눅 22:35. 예수가 그의 죽음을 예견했다고 주장하는 연구들에 대한 탁월한 개요로는 McKnight 2005: 47-75을 보라.
83 마카베오하 7장, 신 32:36에 대한 7.6의 탄원을 보라. *T. Moses* 9-10.

죽음이 아버지의 이름을 거룩하게 하며 결과적으로 에스겔 36장의 목적을 완수하는 것으로 여겼으리라고 추정할 수 있다(참조. 요 17:1-3).[84] 요한복음 저자의 이와 같은 감성이 역사적 예수에게로 소급될 수 있는지는 확실하지 않지만, 내가 지적하고자 하는 점은 예수의 일대기를 기록한 최초의 저자 중 한 사람이 예수의 죽음을 그가 에스겔 36장의 약속을 확증하기 위해 수행했던 결정적인 행위로 해석했다는 사실이다. 만일 예수가 주기도문의 첫 번째 간구를 처음부터 순교를 염두에 두고서 작성했던 것이라면, 그는 죽음을 얼마 앞두고 마지막으로 가야바 앞에 서게 되었을 때도 심각하게 놀랄 이유가 없었을 것이다. 이 문제에 대해서는 나중에 다시 다룰 것이며, 여기서는 다만 "아버지여"라는 부름과 "이름이 거룩히 여김을 받으소서"라는 탄원이 짝을 이루어서 예수와 그가 주도한 운동을 하나님의 구원 사역과 연결 짓는다는 점을 지적하고자 한다.

2) 다양한 제사장적 주제들: 두 번째 간구에서 일곱 번째 간구까지

나는 내가 몇 안 되는 단어들을 조합하여 지나치게 원대한 결론들을 도출하는 것으로 보이리라는 점을 잘 알고 있다. 물론 만일 주기도문이 오늘날의 "비전 선언문"처럼 사실상 예수의 전반적인 의제를 간결한 용어로 표현한 개요라고 이해될 수 있다면, 우리는 당연히 그처럼 압축적인 언어를 확장하고 해석하는 작업을 예견할 수밖에 없을 것이다.[85] 어쨌거나 만일 주기

---

84 Carson 1991: 440-41은 다음과 같이 말한다. "에스겔 36장이 이미 요한복음 3:5에서 암시되었기 때문에, 여기서도 에스겔 36:22, 32을 염두에 두었으며, 따라서 그리스도의 구속 사역 전체와 언약의 출범을 그의 이름을 영화롭게 하리라는 하나님의 준엄한 맹세 아래 포섭하고자 했던 것이라고 생각할 수도 있을 것이다." Meier 1991: 361-66 n. 36도 보라.

85 Lohmeyer(1965: 78)는 다음과 같이 표현한다 "주기도문은 너무 짧고 절제되어 있어서 송영으로서 미사여구와 관용구들을 포용할 여지가 거의 없다."

도문의 나머지 간구들이 위에서 내가 제시한 모델을 지지한다는 점이 확인되다면 나의 주장은 상당히 강화될 수 있을 것인데, 내가 믿기로는 실제로 여기서 그런 일이 벌어지고 있다. 주기도문의 나머지 간구를 간략하게만 살펴보더라도 그 간구들은 다양한 각도에서 내가 제안한 요점을 지지해주는 것을 확인할 수 있다. 요컨대 주기도문은 예수가 속한 삶의 정황(*Sitz im Leben Jesu*)에서 자기 역할을 감당하는 종말론적 제사장 계층을 위해 고안된 기도다.

두 번째 간구: "[당신의] 나라가 임하소서"(Q 11:2c)

제2성전기와 랍비 시대 유대교에서 야웨가 그의 왕국을 건설하기를 구하는 기도는 상당히 보편화되어 있었다.[86] 하지만 예수가 그의 제자들에게 하나님 나라의 도래를 위해 기도하라고 명령했을 때 그는 확실히 그의 추종자들에게 장차 펼쳐질 것이라고 예견되는 종말론적 사건들에 대비하여 자신의 위치를 지키도록 그들을 소환한 것이었다.[87] 만일 "아버지여"라는 부르짖음이 예수 공동체를 향해 가해지기 시작한 환난을 반영하는 것이고 그에 뒤따르는 "[당신의] 이름이 거룩히 여김을 받으소서"라는 간구가 바로 그러한 환난 가운데서 야웨의 거룩한 공간이 새롭게 구별되기를 소망하는 것이라면, "[당신의] 나라가 임하소서"라는 간구는 순서상으로 그다음에

---

86 *Sib. Or.* 3.47; *Ass. Mos.* 10.1; *Pss. Sol.* 17.1-4, 21-23; *1 En.* 1.3-9; 1QM 6.6, 12.7; *Tg. Zech.* 14.9. 랍비 자료는 다음을 참조하라. Dalman and Kay 1902: 96-101.
87 예수의 하나님 나라 선포에 관한 문헌들은 헤아릴 수 없이 많다. Dodd 1961; Ridderbos 1962; Norman Perrin 1963; 1976; Schnackenburg 1963; Brandon 1967; Jeremias 1972; Ladd 1974; Chilton 1979; 1984; 1996; Camponovo 1984; Allison 1985; Beasley-Murray 1986; Chilton and McDonald 1987; Collins 1987; Willis 1987; Selman 1989; Hengel and Schwemer 1991; Harrisville 1993; Mays 1993; O'Neill 1993; Rowe 2002; Horsley 2003; Beavis 2006; Smith 2009; Wright 2012.

나타날 단계, 다시 말해 야웨가 새로운 성전에 임재하는 장면을 그려보는 것이라고 말할 수 있다. 하나님 나라가 임하는 일은 환난과 그에 뒤따르는 정화의 과정 없이는 거의 실현될 수 없는 일이다. 거룩한 공간을 준비하는 정화의 과정은 하나님이 실제로 그 공간에 임하지 않는다면 아무런 의미도 갖지 못한다.

고대 유대교에서 하나님의 통치는 근본적으로 창조주로서 하나님의 정체성에 기반한 것이었다. 따라서 우리가 "야웨는 왕이시다"(*yhwh mālāk*)와 같은 구절을 발견하게 되는 문맥들은 불가피하게 야웨가 나라들을 합법적으로 통치하고 나라들이 그에게 복종과 경배로 반응하는 모습을 다루는 종말론적 비전과 관련되어 있다.[88] 물론 야웨의 대리통치자인 이스라엘이 유배 상황에 처해 있었을 때는 이러한 비전이 우스꽝스럽게 받아들여질 수밖에 없었을 것이다. 그런 관점에서 왕국의 도래라는 개념은 지정학적인 의미를 지닌 것이기도 했다. 그와 동시에 야웨가 창조주로서 그의 통치권을 합법적으로 행사하는 일이 오직 제의적 맥락에서만 이해될 수 있으며 그러한 맥락은 또한 이스라엘이 그 땅과 올바른 관계를 유지하는 것을 전제한다는 점은 아무리 강조해도 지나치지 않다. 포로귀환이라는 사건은 그 자체로 종결된 것이 아니고 보다 고차원적인 제의적 목적을 위한 하나의 수단으로 작용한다.

여기서 말하는 "목적"이란 야웨가 다시금 성전에 거하면서 지성소 내부의 그룹들 사이에 자리한 보좌에 오르는 일을 의미한다.[89] 확실히 고대 유대인들에게는 하나님이 보좌에 앉는다는 표현이 어느 정도는 비유적인

---

88 예컨대 대상 16:31; 시 10:16; 93:1; 96:10; 97:1; 99:1.
89 삼상 4:4; 왕하 19:15; 대상 13:6; 시 80:1; 99:1; 사 37:16 등.

의미를 지닌 것이었지만, 그렇다고 해서 그들이 야웨가 성전에 거한다는 점을 모든 실재의 토대로 여겼다는 사실이 변하는 것은 아니다. 또한 야웨의 통치는 전 우주를 포괄하는 것이었지만, 고대 유대교는 야웨의 통치가 성전이라는 테두리 내에서 수행되는 것으로 이해했었다. 따라서 가장 신성한 공간은 하늘과 땅을 이어주는 지점이었다.

결국 왕국의 도래를 위한 예수의 기도와 하나님 나라에 관한 그의 선포는 단순히 하나님이 주도하는 현실에 대한 기대에 머무는 것이 아니라 다양한 차원의 사건들이 수렴하는 시점을 염두에 둔 것이었다. 왕국에 관한 예수의 기도와 선포는 최소한 이스라엘의 포로귀환, 정치적 자치 체제의 재건, 그리고 모든 신들보다 뛰어난 야웨의 탁월성에 대한 이스라엘의 인정과 같은 요소들을 포함할 것이다. 위에서 언급한 이스라엘의 역사적 순간들은 창조주 하나님이 정결함을 되찾은 성전 안에서 그에게 합당한 장소를 지목하는 보다 위대한 절정의 순간에 비하면 부차적인 성격을 지닐 뿐이다. 하나님의 임재는 이스라엘이 예배를 통해 그들의 제사장적 직임을 수행함으로써 그들의 소명을 실현할 수 있는 배경이 된다. 하늘과 땅의 조화는 그로 말미암아 영원에 이르기까지 방해받지 않고 지속될 수 있으며, 바로 그때 이스라엘은 로버트 브라우닝이 표현한 것처럼 "하나님은 하늘에 계시는 것처럼 땅에도 계시며, 그리하여 세상의 모든 것은 제자리를 찾는다"라고 말할 수 있을 것이다. 학자들은 예수가 하나님 나라의 도래를 어떤 관점에서 이해했는지에 대해 오랜 기간 합의점에 도달하지 못하고 있지만, 분명한 사실은 제2성전기 유대교에서 "나라가 임하소서"라는 문구가 성전 터를 무대로 하는 종말론적 드라마를 배제하고서는 결코 이해될 수 없다는 점이다. 만일 예수가 왕국의 도래에 관한 표현을 사용하면서 종말론적 성전과는 무관한 전혀 다른 무언가를 염두에 두었던 것이라면, 그는

차라리 다른 용어를 사용하는 편이 훨씬 나았을 것이다.[90]

따라서 1세기의 청중들은 "[당신의] 나라가 임하소서"라는 간구와 "[당신의] 이름이 거룩히 여김을 받으소서"라는 간구가 동일한 회복의 시나리오를 토대로 주어진 것이라고 이해했을 것이다. 하지만 예수가 제자들에게 "나라가 임하소서"라고 기도하라고 말하면서 단순히 포로 시대 이전 상황으로의 회귀만을 염두에 두었던 것은 결코 아닐 것이다. 아마도 예수는 최종적이고 종말론적인 성전에 대한 야웨의 약속을 염두에 두고서, 땅 위에서 수행되던 제의의 원형이 되는 하늘 보좌에서의 우주적인 통치가 사람의 손으로 만들어진 성전을 대체하게 될 결정적인 순간을 시사하고 있었을 것이다(단 2:34).[91] 따라서 레이몬드 브라운이 두 번째 간구에 대해 "여기서 그리스도인들은 하나님의 다스리심이 그들의 마음속에 임하기를 구하기에 앞서…근본적으로 하나님의 우주적인 통치가 세계의 역사 전체가 지향하는 운명의 순간을 향해 세워져 가기를 구하는 것이다"[92]라고 언급한 것은 올바른 지적이었다. 아마도 예수의 추종자들은 그의 기도를 되풀이하면서 마음속으로는 하나님 나라가 새롭고 대체 불가능한 성전 제의를 통해 세워져 가는 미래를 구체적이고 현실감 있게 그리고 있었을 것이다.

세 번째 간구: "[당신의] 뜻이 하늘에서 이루어진 것 같이 땅에서도 이루어지이다"(마 6:10bc)

누가복음 11장의 주기도에는 세 번째 간구가 빠져 있다. 이로 말미암아 다수의 학자가 이것을 역사적 예수에게 기원을 둔 것으로 인정하지 않기 때문에 본서의 논의에서도 이 구절을 집중적으로 다루지는 않을 것이다. 하

---

90 Chilton(1984; 1996)이 이에 대해 적절하게 지적하고 있다.
91 Nicholas Perrin 2010: 11, 102.
92 Brown 2010 (1961): 299.

지만 이 구절 역시 내가 제안하는 종말론적 해석을 거의 훼손하지 않는다는 점은 지적하고 넘어가겠다. "대부분의 현대 학자들은 이 구절이 근본적으로 하나님 나라가 종말론적으로 지상에 실현되는 모습을 가리키는 것으로 받아들인다. 하나님의 뜻이 이루어지는 때는 다름 아니라 은혜의 승리를 통해 그가 목표한 구원이 완전히 성취될 때다."[93] 마태의 관점에서 하나님의 뜻이 이루어지는 때는 아마도 종말론적 성전이 지상의 성전을 대신할 때일 것이다.

네 번째 간구: "우리에게 날마다 일용할 양식을 주소서"(Q 11:3)

마태복음 6:11에서는 "**오늘** 우리에게 일용할 양식을 주소서"라고 말하는데 반해 누가복음의 병행 구절에서는 "우리에게 **날마다** 일용할 양식을 주소서"(눅 11:3)라고 말한다. 두 복음서 저자가 보여주는 차이점은 히브리 언어의 보편적 정서와의 관계에서 설명되어야 할 것이다.[94] 어쨌거나 전통적으로 "일용할"이라고 번역되어온 그리스어 용어인 "에피우시온"(*epiousion*)은 정확한 의미를 밝히기가 상당히 난해하기로 유명한데, 그리스어로 기록된 문헌들에서 이와 유사하게 사용된 예를 거의 찾아볼 수 없다. 일반적으로 수용되는 한 가지 해석은 적어도 히에로니무스가 인용했던 「히브리인의 복음서」 텍스트에까지 거슬러 올라가는데, 여기서는 "에피우시온"이 "다가오다"라는 뜻을 지닌 "에피에나이"(*epienai*)라는 동사에서 파생되었다는 점을 근거로 "톤 아르톤…톤 에피우시온"이 "내일의 떡"을 뜻하는 것으로 이해했다.[95] 이 같은 이해는 결과적으로 종말론적 해석을 위한 가능성을

---

[93] Davies and Allison 1988-97: 1.605. 이에 관한 포괄적인 논의는 Lohfink 1989을 보라.
[94] Grelot 1978-9.
[95] 예컨대 Black 1967: 204(제한적으로만); Brown 2010 (1961): 304-10; Lohmeyer 1965:

열어주는데, 이것이 바로 가장 초기의 증인들이 이 구절을 이해한 방식이었다.[96]

여기서 예수는 사람들이 오랫동안 고대해왔던 메시아의 연회를 위한 떡을 염두에 두었을 수도 있고, 아니면 종말론적 안식의 시대에 새로이 부어질 것으로 기대되는 만나를 염두에 두었을 수도 있다. 전자는 예수 전승(마 8:11-12; 22:1-14; 25:1-13; 눅 12:35-37; 13:28-29)이 지지하고 있으며 후자는 출애굽기 16장을 본보기로 삼은 것이다.[97] 물론 이 두 가지 해석을 동시에 고려하는 일도 불가능하지는 않다. 말하자면 메시아의 연회에 하늘로부터 내려온 만나가 공급되는 것으로 가정할 수도 있다는 뜻이다. 이 두 가지 설명은 각기 나름대로 위에서 제시한 종말론적 해석을 지지하는 것으로 여겨진다. 이사야 25장의 예언을 근거로 살펴보자면, 메시아의 연회는 의심의 여지 없이 왕국의 도래를 축하하는 제사장적 식사로 이해될 수 있다.[98]

하지만 설령 예수의 기도가 연회 자체보다는 종말론적 만나에, 달리 표현하자면 무대보다는 주로 메뉴에 초점을 맞춘 것이라 해도, 그러한 사실이 나의 논지에 걸림돌이 되지는 않는다. 우리는 출애굽 내러티브에서

134-59; Jeremias 1971: 200; Marshall 1978: 460; Davies and Allison 1988-97: 1.608-10; Green 1997: 443. Dennis(2013: 93)가 관찰한 대로 그중에서 많은 학자들이 (올바르게) 종말론적 해석은 일상적 해석("우리에게 오늘을 위한 빵을 주소서")을 포괄한다고 지적한다. 왜냐하면 장엄한 종말론적 식사는 하나님의 후원하에 땅에서 예기적으로 행해지는 "전채 요리"를 포함할 것이기 때문이다(참조. Nicholas Perrin 2014). 초기 해석가들은 네 번째 간구를 이처럼 다양한 차원에서 해석하면서도 불편함을 느끼지 않았다. Dewailly 1980: 565-88을 보라.

96 「히브리인의 복음서」와 함께 마르키온과 고대 시리아어 번역(Curetonian)도 참조하라.
97 메시아의 대연회에 관한 보편적인 암시로는 슥 8:12; 참조. 사 25:6-8; *1 En*. 62.13-16; *2 Bar*. 29.5; 1QSa 2.17-22; 1QS 6.4-6. 메시아의 대연회에서 만나가 잔치 음식으로 사용되는 사례로는 *b. Hagigah* 12b; *2 Bar*. 29.9; *Sib. Or*. 7.149; 2 Macc. 2.4-7을 보라.
98 Nicholas Perrin 2010: 174-79.

야웨가 모세 언약을 비준하는 절차 가운데 하나로 이스라엘의 장로들을 그의 앞으로 소환하여 제의적 음식을 먹게 했으며(출 24:11), 후대에는 그 일을 기념하여 제사장들이 안식일마다 지난 주간의 떡을 소진하고 새로운 진설병을 차려놓았다는 사실을 상기할 필요가 있다.[99] 하나님이 제공하는 안식일의 진설병을 오직 제사장들만이 제의적으로 소진했던 일은 출애굽기 12장의 유월절 식사를 상기시키는 거룩한 식사의 재현이었다. 이집트를 빠져나온 이스라엘이 시내산에 머물렀던 기간에 진설병은 전날에 하늘로부터 내려온 만나를 거두어서 만들어졌을 것이기 때문에(출 16:5) 그것은 당연히 "내일의 떡"일 수밖에 없었을 것이다. 그러므로 예수가 언급한 "내일의 떡"은 일반적인 의미에서의 종말론적인 떡을 가리킬 뿐만 아니라 종말론적 제사장들을 위해 보존된 진설병을 의미하기도 하는데,[100] 이 점에 대해서는 6장에서 보다 자세히 다룰 것이다. 여기서 말하는 미래의 떡도 하나님의 말씀을 전달하는 것으로 여겨졌던 만나와 마찬가지로 어느 정도는 초자연적인 요소를 담고 있으리라고 추정할 수 있다.[101] 주기도문의 네

---

99 출 24:11의 식사는 자신들이 섬기는 신에게 빵을 제공할 책임이 있는 이교도 제사장들과의 대조를 위한 것이다(참조. Davies 2004: 135). 진설병은 근본적인 차원에서 야웨의 떡이다. 그 식사의 제의적이고 언약적인 측면에 관해서는 Morales 2012: 240 n. 252을 보라.

100 Lohmeyer(1965: 143)가 지적하는 것처럼 고대 시리아어 역본과 고딕 역본, 아르메니아어 역본은 "[주기도문의] '우리의 떡'과 구약성서의 제사용 떡 간의 유비를" 전제한다. 민 4:7의 LXX 텍스트는 이것을 "지속되는 떡"(*hoi artoi hoi dia pantos*)이라고 부르는데, 이는 「레위의 유언」에서 레위에게 계시된 종말론적 비전과 유사하다. "너와 너의 자손에게 이스라엘이 사모하는 모든 것이 주어질 것이고, 너는 보기에 매혹적인 모든 것을 먹게 될 것이며, 너의 후손은 야웨의 식탁을 서로 나눌 것이다. 그들에게서 제사장들이 나올 것이고…그들의 말에 의해 성소가 통제될 것이다"(*T. Levi* 8.16-18). Barker 2003: 101-2을 보라.

101 Kratz(1992: 22)는 네 번째 간구가 예루살렘의 회복과 흩어진 "아들들"의 귀환을 암시한다고 주장하면서(시 147편), 이 떡이 유배로부터의 귀환에 대한 이사야의 약속이 실현될 것을 예시한다고 적절하게 언급하는데, 이때는 "아들들이 재건된 예루살렘에 모여서 더는 떡으로만 살지 않고 하나님의 말씀, 곧 예언자들이 시온을 위하여 선포했던 구원의 말씀으로

번째 간구에서 예수는 제자들에게 하나님이 그 떡을 지금 이곳에 내려주기를 구하라고 초청한다.

다섯 번째 간구: "우리가 우리에게 죄 지은 모든 사람을 용서하오니 우리 죄도 사하여 주소서"
(Q 11:4ab)

표면적으로 예수의 다섯 번째 간구에는 특별히 두드러지는 점이 전혀 없는 것처럼 보인다. 왜냐하면 주기도문에서뿐만 아니라 1세기 유대교에서도 하나님의 종말론적 사죄가 다른 사람을 용서하는 개인의 능력에 근거하는 것으로 여겼음을 보여주는 증거가 적지 않기 때문이다.[102] 하지만 내가 앞에서 제안한 배경을 염두에 두고 이해하자면 "우리의 죄를/빚을 사하여 주소서"(이 간구의 아람어 문구에 사용되었을 것으로 추정되는 "호바"[*hôbā*]라는 용어는 "죄"와 "빚"을 모두 가리킬 수 있다)라는 요청은 분명히 제사장적인 의미를 내포하고 있다. 예수가 Q 11:4a-b에서 사용한 구절의 배경이 되었을 아람어 구문을 면밀히 분석해보면 이런 점이 좀 더 분명해질 것이다.

요아힘 예레미아스는 주기도문의 아람어 원문을 재구성하면서 마태복음에 사용된 "아페카멘"(*aphēkamen*, "우리가 용서하였습니다")이라는 부정과거 시제 동사와 누가복음에 사용된 "아피오멘"(*aphiomen*, "우리가 용서합니다")이라는 현재 시제 동사가 "셰바크난"(*šebāqnān*)이라는 아람어 동사로 수렴하며, 이 동사는 "우리가 우리에게 빚진 자들을 용서하**는 것처럼**"이라고

살아갈 것이다."
102 집회서 28.2-5; *T. Zeb.* 5.3; 8.1-2; *T. Jos.* 18.2; *b. Šabb.* 151b; *m. Yoma* 8.9; *t. B. Qam* 9.29; *b. Meg.* 28a. 위의 사례들에서는 개인의 용서가 반드시 하나님의 용서를 보장한다는 암시가 없다.

번역될 수 있는 구성적 완료 시상으로 이해될 수 있다고 주장한다.[103] 이러한 해석에 따르면 제자들은 원수들의 악행을 용서하는 일에 헌신하는 공동체가 되기로 하나님과 사람 앞에서 이미 말과 행동으로 선언한 자들이었으므로 마땅히 하나님의 사죄를 기대할 수 있었다. 이런 해석이 옳다면 여기서 말하는 악행은 추상적이고 미래적인 이론상의 과오가 아니라 예수 운동을 반대하는 자들이 가했던 구체적인 박해를 의미했을 것이다. 그렇다면 종말론적 사죄에 관한 기도는 출애굽 이스라엘을 박해했던 파라오처럼 예수 운동을 방해하는 자들에게까지 용서의 영역을 확장할 수 있도록 영적이고 심리적인 능력을 배양하게 해달라는 의미를 지녔을 것이다. 이처럼 다섯 번째 간구가 본래는 공동체 **내부에서** 상호 간의 용서를 요청하는 수단이기 이전에(마 18:21-35; 막 11:25; 눅 17:3-4), 하나님을 의지하는 가운데 **외부에서** 가해지는 통렬한 공격에 대해 친절로 보답하겠다는 공동체적 선언이었다.

비록 그러한 용서가 구체적으로 어떻게 실현될 것인지—그것이 외부의 관찰자들에게 정확히 어떻게 비칠지—는 상당 부분 추측의 영역에 속한 것이지만, 누가복음 저자가 다섯 번째 간구의 함의를 어떤 방식으로 이해했는지를 살펴보는 일은 흥미롭다. 우리는 예수가 십자가상에서 사용했던 용서의 언어("아버지, 저들을 사하여 주옵소서. 자기들이 하는 것을 알지 못함이니이다", 눅 23:34)와 스데반이 순교하는 자리에서 사용했던 용서의 언어("주여, 이 죄를 그들에게 돌리지 마옵소서", 행 7:60)에 대한 누가의 기록을 통해 그의 생각을 유추해볼 수 있다.[104] 분명한 것은 예수와 스데반이 복음서 저자 자

---

103 Jeremias 1971: 201.
104 눅 23:34에 실린 예수의 기도는 텍스트상으로 의심스러운 부분이 있다. 그러나 이 구절이 진정한 누가의 기록이라고 볼만한 충분한 근거가 있다. Marshall(1978: 867-68)의 분별력

신의 시대에 예수 운동을 박해하는 자들에 대해 예수의 추종자들이 어떻게 대응해야 할지를 예시해주는 본보기로 제시되었다는 점이다. 일종의 모델로서 그들은 그들의 대적들을 용서하는 일보다는 그들의 사죄를 위해 중보하는 일에 강조점을 두었는데, 이것은 구약에서 중보기도의 전형으로 여겨지는 창세기 18:22-33이나 출애굽기 32:7-14을 연상시킨다. 누가는 "우리에게 죄 지은 모든 사람을 용서"하는 최고의 표현을 신자들이 그들을 대적하는 원수들을 위해 하나님께 드리는 중보기도에서 발견한다. 초기 기독교 공동체 내에서 누가복음을 접했던 구성원들에게 누가복음/Q 11:4의 말씀에 순종하는 일은 한마디로 제사장적 역할을 수용하는 것이었다.[105]

역사적 예수 자신이 이러한 해석을 공유했을 뿐만 아니라 널리 선포했다는 점을 입증하는 일은 어렵지 않다. 마태복음 5:44("나는 너희에게 이르노니 너희 원수를 사랑하며 너희를 박해하는 자를 위하여 기도하라")이 예수의 발언이라는 점에는 반박의 여지가 없는데, 여기서 예수는 그의 추종자들이 지녀야 할 독특한 표지 가운데 하나는 그들의 공동체를 향하여 명백한 악의를 지닌 자들을 위해 함께 기도하는 일이라는 점을 분명하게 밝힌다. 또한 이것은 마지못해 드리는 기도가 아니라 사랑과 동정심에서 우러나오는 기도여야 한다. 물론 예수의 추종자들이 이러한 명령에 일관된 태도로 단호하게 순종하지는 못했으며, 우리에게 전해지는 기록에 따르면 그들은 오히려 정반대의 모습을 보여주었다.[106] 그럼에도 불구하고 이 기도는 예수 운동

있는 논평을 참조하라. 그는 또한 11:4과 행 7:60이 자연스럽게 연결된다고 언급한다.
105 마 6:12를 마 18:18에서 예수가 제자들에게 주었던 교훈("진실로 너희에게 이르노니 무엇이든지 너희가 땅에서 매면 하늘에서도 매일 것이요, 무엇이든지 땅에서 풀면 하늘에서도 풀리리라")에 비추어서 읽는다면, 6:12에서 말하는 용서도 궁극적으로는 공동체와 하나님 간의 중재를 통한 용서로 이해할 수 있다.
106 눅 9:52-56; 마 26:50-52//눅 22:49-51//요 18:10-11.

을 전개하는 방식에서 핵심이 되는 이상적인 모습을 보여준다. 예수는 그의 제자들에게 Q 11:4ab에 기록된 말씀을 전할 때 그 간구가 단순히 사죄를 위한 촉구에 그치는 것이 아니라 일상적인 중보기도, 다시 말해 보편적으로 제사장들이 감당했던 기능을 수행할 것으로 기대했었다.

이러한 측면에서 예수가 제시했던 윤리적 비전은 당대에 활동했던 다른 분파들, 특히 현존하는 제사장들을 하나님의 심판을 위한 도구로 여겼던 분파들의 윤리 개념과는 중대한 차이점을 지니고 있었다.[107] 그 시대의 일반적인 기대는 야웨의 제사장들이 하나님의 원수들에게 정의를 구현하는 것이었는데, 때로는 정의가 폭력을 수반할 수도 있었다. 그러나 예수는 전혀 다른 경로를 통해 종말론적 제사장 제도를 수립하고자 했기 때문에 그를 따르는 제자들의 자기 이해를 그에 걸맞게 재형성할 필요가 있음을 알고 있었다. 그런 의미에서 다섯 번째 간구는 단순한 기도가 아니라 제자들이 그들의 원수들과 어떤 관계를 유지해야 할지를 알려주는 양해각서와도 같은 존재였다. 예수가 의도했던 것은 장차 수립될 종말론적 제사장 제도하에서 야웨가 전통적인 의미에서의 전사로 묘사되기보다는 신적 자기 계시를 통해 자비롭고 관대한 분으로 드러나는 것이었다.

여섯 번째 간구: "우리를 시험에 들게 하지 마소서"(Q 11:4c)

만일 예수가 하나님을 "아버지"라고 불렀던 것이 그 자신의 경험과 그를 따르는 자들의 경험 가운데 출애굽을 재현하고자 하는 일이었다면, "페이라스모스"(*peirasmos*, "시험", "유혹")에서의 구원을 요청하는 여섯 번째 간구

---

107 대표적으로 「전쟁 두루마리」, 「동물 묵시록」(*1 Enoch* 89-90), *T. Levi* 3.3, 5.6; *T. Dan.* 6.1-3 등이 있다. 마카베오상하에서는 당대 이스라엘의 해방을 위해 싸우는 전사들이 제사장과 같은 지위를 지닌다고 보았다. Angel 2010: 196-202; Fletcher-Louis 2013: 698.

도 하나님에 대해 그처럼 독특한 호칭을 사용했던 것과 동일한 맥락에서 이해될 수 있을 것이다. 유월절 밤에 발생한 열 번째 재앙을 포함하여 출애굽 이전에 이집트에 내려졌던 모든 재앙은 아브라함이 모리아산에서 이삭을 제물로 바친 사건처럼 일종의 본보기로서 주어진 "시험"(*peirasmos*)이었다.[108] 돌이켜보면 이스라엘이 하나님의 진정한 아들로 인정되고 거룩하게 구별될 수 있었던 것은 결국 이러한 "시험"을 통해서였다. 구약 역사와 여섯 번째 간구 사이에는 이처럼 분명한 유비 관계가 존재한다. 예수가 그의 제자들에게 "시험"으로부터의 구원을 요청하라고 권면했을 때 그는 단순히 죄악을 피하는 일만을 염두에 둔 것이 아니며, 보다 직접적으로 그가 의도했던 것은 인생들을 넘어지게 할 것이 분명한 수난의 경험이 불가피하게 예견되는 상황에서 안전한 길로 인도해주기를 탄원하라는 것이었다.[109] 이것은 아무 의미 없는 수난이 아니라 야웨가 진정한 제사장적 아들을 규명하기 위하여 지정한 필연적인 수단이었다. 성서에서 시련과 시험은 "하나님을 두려워하는 일"과 깊이 관련되어 있다. 시련과 시험이 주어지는 이유는 백성들의 순종을 고취하기 위함이다.[110]

적어도 마태복음과 누가복음에서는 시험에 관한 간구를 이런 식으로 해석하는 것으로 보인다. 마가복음에서 예수는 "시험"이 찾아올 것을 예견하고서 제자들에게 "시험(*peirasmos*)에 들지 않게 깨어 있어 기도하라"(막 14:38)고 당부한다. 마태복음과 누가복음의 병행 구절에서도 이 같은 권면

---

108 신 7:19; 29:2-3. 이삭의 결박(Aqedah)을 "시험"으로 보는 마카베오상 2:52과 Andrews 1942도 참조하라.
109 Lohmeyer 1965: 204-8; Jeremias 1971: 202; Schürmann 1981: 114-18. 대환난에 관하여는 Schweitzer 2001 (1906): 315-54; Allison 1985; Dunn 2003: 824; Pate and Kennard 2003; Pitre 2005; McKnight 2005: 145; Nicholas Perrin 2010: 108-16.
110 Moberly 2000: 78-107.

을 되풀이하는데, 여기서 우리는 주기도문에서 말하는 "시험"(마 6:13//눅 11:4b)과 겟세마네 동산에서의 "시험"(마 26:41//눅 22:46) 간의 연결고리가 과연 서로를 규정하는 성격을 지닌 것인지 질문할 수 있을 것이다.[111] 물론 마태와 누가가 마태복음 6:13//누가복음 11:4b에서는 "시험"을 특정한 방식으로 해석하고 마태복음 26:41//누가복음 22:46에서는 동일한 용어를 다른 방식으로 해석하려고 의도했을 가능성이 전혀 없는 것은 아니겠지만 이것이 최선의 설명은 아니다. 내가 보기에 마태복음과 누가복음 저자들은 겟세마네 동산에서의 "시험", 다시 말해 예수의 수난과 예수가 체포됨으로써 그의 제자들에게 찾아올 위험이 주기도문에서 예견하는 시험과 크게 다르지 않다고 이해했던 것 같다. 이와 관련하여 장 카르미냑(J. Carmignac)을 위시한 몇몇 학자는 예수가 "우리를 그 시험에 빠지지 않게 하소서"라고 말한 적이 결코 없으며 다만 정관사 없이 일반적인 의미에서의 "유혹"에 대해서만 언급했다고 주장한다.[112] 하지만 "시험"(*peirasmos*)이라는 용어의 의미가 제유를 통해 확장될 여지가 있으며, 결과적으로 개개인의 "시험들"이 하나님에 의해 부과된 가장 중요한 "시험"에 비추어 해석될 수 있다는 점을 고려한다면 그와 같은 반대는 금세 사그라들고 말 것이다.[113] 복음서 저자들의 관점에서 그 "환난/시험"의 범위에는 신자들이 인간 세계와 영적 세계의 대적들과 치르는 다수의 개별적인 갈등 상황들이 포함되었을 것이고, 결과적으로 부분적인 "시험"과 전체로서의 "그 시험" 사이에는 어

---

111 주기도문과 겟세마네 기사 간의 어휘적 평행관계는 대체로 인정되고 있다. Grelot 1984: 540-1; Davies and Allison 1988-97: 3.497; Luz 1989-2005: 3.394.
112 Carmignac 1969: 340-41.
113 Jeremy Otten이 상기시켜준 것처럼 전치사의 목적어는 (구체적인 대상을 가리키는 경우에도) 대개 정관사를 동반하지 않는다.

느 정도 유동성이 존재했을 것이다.¹¹⁴

예수의 기도를 담고 있는 가장 이른 시기의 두 텍스트는 이처럼 여섯 번째 간구를 내가 "예수의 삶의 정황"(*Sitz im Leben Jesu*)이라고 묘사한 맥락 속에서 이해했다.¹¹⁵ 복음서 저자들은 예수와 제자들이 특정한 상황에서 각각 경험하게 될 "시험들"(*peirasmoi*) 사이에 명백한 차이점이 있음에도 불구하고 예수의 시험과 제자들의 시험에는 근본적인 공통분모가 존재하는 것으로 이해했다. 이러한 해석이 올바른 방향을 가리키고 있다면, 예수가 여기서 말하고자 하는 요점은 다음과 같은 것이다. 야웨의 존전에서 아들과 제사장의 지위를 인정받고자 하는 자들은 하나님이 계획하고 마귀가 사주하는 박해의 혹독한 시험을 신실하게 통과해야만 한다. 유월절과의 관계에서 유추해볼 때, 역사적 예수는 아마도 "시험"에 대해 말할 때 출애굽기에서 제사장 직분을 거룩하게 구별하기 위해 지정된 수단을 염두에 두었을 것이다(출 13:1).¹¹⁶

일곱 번째 간구: "다만 악에서 구하소서"(마 6:13b)

세 번째 간구와 마찬가지로 일곱 번째 간구도 종종 마태의 창의력에 따른 부산물로 여겨졌으며 그에 따라 논의에서 제외되곤 했었다. 하지만 일곱 번째 간구가 주님의 말씀에 기원을 둔 것이 확실하다면 이 간구 역시 나의 논지를 강화하는 데 일조할 것이다. 말하자면 예수는 그와 그의 추종자들

---

114 관사를 동반하지 않은 "페이라스모스"(*peirasmos*)가 일련의 시험이나 갈등을 가리키는 포괄적 용어로 사용된 사례에 관해서는 Andrews 1942: 233-36, 238-40을 보라.
115 요한계시록의 저자가 이 단어를 이해한 방식이 그러할 것이다. "네가 나의 인내의 말씀을 지켰은즉 내가 또한 너를 지켜 시험의 때를[*hōras tou peirasmou*] 면하게 하리니 이는 장차 온 세상에 임하여 땅에 거하는 자들을 시험할 때라"(계 3:10).
116 이 주제는 2장에서 자세히 다룰 것이다.

이 마귀의 사주로 말미암은 박해에서 구원받기를 기도하였다는 것이다.[117]

6. 요약

이번 장에서는 주기도문에 대한 포괄적인 해석을 제공하고자 시도했다. 나의 해석에 따르면 예수가 그의 기도를 시작하면서 불렀던 "아버지"라는 외침은 그의 첫 번째 간구("[당신의] 이름이 거룩히 여김을 받으소서")와 일맥상통한다. 이처럼 아버지라는 부름과 첫 번째 간구는 이어지는 간구들을 위한 기틀을 제공하기 때문에 나머지 간구들도 동일한 맥락에서 이해되어야 한다. 각각의 간구에서 예수는 하나의 종말론적 실재가 갖는 서로 다른 측면들을 암시하는데, 이 모든 간구는 새롭게 구별된 제사장 직분과 신성한 공간에 초점을 맞추고 있다. 이처럼 통전적인 해석이 선사하는 한 가지 장점은 주기도문을 전체적으로 이해하는 데 필요한 응집력 있는 틀을 제공해준다는 점이다.[118] 이와 반대로 주기도문에 대한 소위 "전통적 해석"(적절한 표현을 찾지 못해서 불가피하게 이런 표현을 사용한다)이 지닌 취약점은 주기도문에 포함된 다양한 간구를 설득력 있게 연결해줄 수 있는 접합점을 제공하지 못한다는 점이다.[119]

그렇다고 해서 "전통적 해석"이 주기도문 텍스트에 대한 "옳지 않은

---

117 Popkes(1990)는 마지막 간구가 주기도 전체와 (특히 이전 간구의 환난과) 어떻게 연결될 수 있는지 탁월하게 논증했다.
118 Davies and Allison(1988-97: 1.594)이 논증한 것처럼 말이다.
119 편의상 "전통적 해석"이라는 표현을 사용했는데, 종말론적 해석은 적어도 테르툴리아누스에게까지 거슬러 올라가는 오랜 역사를 지니고 있다.

해석"이라는 의미는 아니다. 말하자면 주기도문에서 개인적인 경건, 일상의 필요들과 관련하여 하나님을 의지하는 일, 그리고 유혹에 올바르게 대처하는 일의 중요성과 같은 요소들을 지적하는 일이 모두 텍스트에 대한 잘못된 신학적 추론이라고 일축할 수는 없다는 말이다. 그런 것은 결코 아니다. 그러나 우리가 여기서 다루는 문제는 주기도문의 간구들이 어디에 기원을 둔 것인가 하는 점이다. 만일 역사적 예수가 박해자들로부터의 위험이 가득한 출애굽과 같은 고통스러운 경험 가운데 하나님의 구원을 소망하면서 이 기도를 가르친 것이라면, 그가 여기서 단순히 인간이 상상할 수 있는 모든 필요에 관한 보편적이고 추상적인 목록으로서 이러한 간구들을 제시하는 것으로 만족했으리라는 주장은 전혀 그럴듯하지 않다. 오히려 예수가 주도했던 운동과 그에 대한 저항의 역사적 독특성을 고려할 때 주기도문에 포함된 다양한 요청들은 환난의 시기를 견뎌 내기 위해 참조해야 하는 일종의 청사진으로 주어졌다는 주장이 설득력이 있다. 이런 방향에서 접근해보면 주기도문은 예수의 소명 의식을 압축해서 담은 텍스트로 우리에게 전수된 것이며, 여기서 예수와 그의 제자들은 자신들을 머지않아 분명하게 드러날 임무를 위해 부름을 받은 자들로 여겼다고 이해할 수 있다.

그들에게 맡겨질 잠재적인 임무는 크게 두 가지였다. 첫째, 주기도문에 내재하는 에스겔서의 배경을 충분히 고려할 때, 예수와 그가 주도한 운동에 주어진 임무는 종말론적 왕국을 소개하는 것이었는데, 이 왕국은 유배로부터의 귀환, 새롭게 단장한 성전에 야웨의 영이 임재하는 일, 그리고 우상숭배를 배제한 지속적인 유일신 경배와 같은 요소들로 특징지어진다. 종말론적 왕국이라는 시나리오에 따르면, 예수와 그의 추종자들은 특히 그들의 운동을 대적하는 자들에 관한 간구까지도 포함하는 기도를 드리면서 자신들이야말로 새로운 신적 실재를 창출하는 자들이라고 여겼을 것이다.

만일 어떤 무리가 자신들이 에스겔서의 비전, 다시 말해 땅을 새롭게 성별하고, 새로운 제사장들을 세우고, 우상숭배를 제거하고, 하나님의 영을 받아들이는 비전을 갱신하는 임무를 맡았다고 공개적으로 선포한다면 그것은 상당히 의미심장한 선언이 아닐 수 없다. 또한 그것은 근본적으로 제사장적 선언이기도 하다. 이때 그들이 품은 열망에 감명받은 자들은 이처럼 흥미진진하고 자극적인 운동에 합류할 것인지 심사숙고하게 될 것이다. 하지만 그들의 주장에 설득되지 않은 자들은 자연스럽게 이것을 불법적이고 궁극적으로는 위험한 제사장 직분을 주장하는 운동으로 여기게 될 것이다. 또한 정치적으로 힘을 가진 회의론자들은 당연히 그들에 대해 사회적, 경제적, 종교적, 혹은 정치적 차원에서 보복을 가할 기회를 엿볼 것인데, 그들이 목표로 삼을 대상은 결국 예수 자신일 것이다.

여기서 우리는 자연스럽게 예수와 예수 운동의 두 번째 임무, 말하자면 수난에 직면해서도 야웨를 향한 신실함을 유지하는 임무에 대한 논의로 이동하게 된다(나의 주장대로 예수가 출애굽 사건을 염두에 두고 주기도문을 작성한 것이라면 말이다). 넓게는 출애굽의 맥락과 좁게는 여섯 번째 간구가 암시하는 것처럼, 예수는 그가 전개하는 운동이 권력자들에 의한 박해를 경험하리라는 점을 예견하고 있었으며 또한 이것을 신실하게 감당해내기만 한다면 이러한 박해가 오히려 구원에 유익을 가져다주는 요소가 되리라는 점도 인지하고 있었다. 이러한 해석에 따르면 예수는 하나님을 "아버지"라고 부르면서 그의 제자들에게도 동일하게 행하라고 초청함으로써 그의 운동이 제사장적 의미에서 "아들"의 지위를 지니고 있다고 선언한 셈이다. 물론 이 같은 선언은 예수 자신이나 그의 제자들의 의식 세계에서 발생하는 어떤 내적 경험에 근거한 것이 아니라 출애굽이라는 역사적 사건에 직접적인 근거를 둔 것이었다. 이스라엘이 하나님의 장자였으며 또한 이스라엘 백성 가운데서 장자들이 "시험"(*peirasmos*)을 통해 제사장으로 인정되고 구별되었던 것처럼, 이제는 야웨가 새로운 "시험"(*peirasmos*)을 통해 새로운 출애굽을 가져오고 새로운 제사장 직분을 세울 것이다. 예수와 그의 제자들은 하나님의 아들이자 제사장이었으며, 그들은 그들을 박해하는 자들에 대해 복수하기보다는 기도하기로 결정함으로써 그들의 제사장 직분을 표현한다. 시험에 직면해서도 신실함을 버리지 않은 하나님의 아들들로서 예수와 그의 제자들은 가장 진실하고 완전한 의미에서 제사장들이 되고자 했다. 물론 여기서 가장 진실하고 완전한 의미에서 제사장이 된다는 말이 무엇을 의미하는지는 아직 분명하게 밝혀지지 않았다.

주기도문에 대한 나의 해석이 올바른 것이라면, 예수의 기도는 단순한 기도로 그치는 것이 아니라 그가 그의 동료들과 추종자들에게 기대하고 꿈꿔왔던 모든 것을 집약한 탁월한 개요라고 할 수 있다. 요점만을 간추리자면, 우리가 가진 주기도문은 본래 역사적 예수의 사명 선언문으로 주어진 것이었다. 이것은 새로운 제사장 직분을 선포하는 헌장이며, 이 새로운 직분은 계보 상의 후손에게 주어지는 것이 아니라 예수의 부름을 받은 자들에게 주어지는 직분이다. 이처럼 새로운 제사장 제도하에서 그들에게 주어진 직분을 확증하고자 하는 자들은 오직 공동체 내에서 단호하게 이 기도를 드림으로써만 그들의 목표를 달성할 수 있다. 이것은 가장 포괄적인 동시에 가장 배타적인 기도다.

주기도문에 대한 이런 해석이 설명력을 갖게 하기 위해서는 추가적인 논의를 통하여 보강증거를 제시할 필요가 있을 것이다. 또한 이번 장에서 제기된 문제 가운데 마무리하지 못한 것이 하나 있는데, 바로 예수의 "아들 됨"(Sonship)과 제자들의 "아들 됨"(sonship)을 어떻게 구별할 것인가 하는 문제였다. 만일 예수와 그의 제자들이 동등한 제사장적 소명을 공유하고 있었다면 우리는 적어도 예수 전승의 가장 이른 층위에서라도 "기울어지지 않은 운동장"(level playing field)에 대한 암시를 반영하는 용어를 발견할 것으로 기대할 수 있었을 것이다. 하지만 우리가 가진 모든 자료에서 발견할 수 있는 것은 "기울어진 운동장"인 것으로 드러났으며 예수의 "아들 됨"은 질적으로 탁월하고 독특한 것으로 차별화되었다. 결국 주기도문에 대한 나의 해석이 지속성을 유지하기 위해서는 예수의 독특한 "아들 됨"을 어떻게 해명할 것인가 하는 난해한 문제가 해결되어야만 할 것이다. 이 문제에 대한 논의는 다음 장에서 시작할 것이다.

2장

예수의 세례

1. 서론

대제사장 가야바의 가문은 오래전부터 예루살렘에 자리를 잡고 있었다. 가야바 가문이 이루어놓은 왕조가 물론 오랜 전통을 자랑했지만, 제사장 제도 자체는 더욱 유구한 역사를 지닌 것이었다. 대제사장은 야웨가 이스라엘을 통치하기 위하여 (그리고 더 나아가 온 세상을 통치하기 위하여) 합법적으로 지명하여 세운 하나님의 대리자였다. 적어도 이것은 대제사장과 그의 가족이 지니고 있던 사고방식이었다. 또한 이것은 성전을 중심으로 하는 조직을 떠받치는 이론이 되기도 했는데, 로마인들은 그들의 정치적 편의를 위해 성전의 위계질서를 유지하는 방향으로 입장을 정할 때 이러한 이론에 편승하기도 했었다. 하지만 예수와 그의 제자들이 제사장 제도를 바라보는 관점은 이런 것이 **아니었다**. 앞에서 주장했던 것처럼, 예수는 이스라엘 가운데서 무언가 새롭고 색다른 일, 하나님으로부터 말미암은 어떤 일이 진행 중이라고 여겼었다. 물론 이스라엘의 대제사장에 대해 가장 강력한 비난의 목소리를 내던 자들도 그의 직분 자체가 지니는 권위를 부인하지는 않았다는 점은 분명하지만, 기원후 1세기 초반 이스라엘의 고위 성직자들 자신은 심각한 타락상을 보여주고 있었다.[1] 따라서 뭔가 새로운 일이 발생

---

1 Nicholas Perrin 2010: 21-45, 92-9.

해야만 했다. 예수가 활동했던 시대의 성직자들 가운데 오직 대제사장만 타락했던 것은 아니었다. 해를 거듭할수록 제사장의 직무는 점점 와해되어 가고 있었다. 이스라엘 제사장 제도의 파란만장한 역사는 기원전 2세기 초반의 셀레우코스 왕조 시대에까지 거슬러 올라간다. 그러나 예수가 이해하기로 이제는 하나님의 인내심도 한계에 도달했다. 하나님의 구속 역사에서 한 시대가 마감하고 있으며, 따라서 이제는 하나님이 뭔가 거창하고 혁명적인 일을 시작할 때가 되었다.

그렇다면 얼마나 혁명적이어야 하는가? 예수의 시각에서 보자면 하나님의 시간표에서 가장 시급하게 요청되는 일은 성전 경제의 변화였다. 예수를 따르는 갈릴리 사람들은 야웨가 예루살렘 성전과의 유대관계를 끊고 새로운 제의 공간에 새로운 제사장 제도를 이식하려 한다고 믿었다. 그 새로운 제의 공간은 땅 위에 세워질 종말론적 성전이자 하나님 나라의 도래를 상징하는 기관이었고, 그 성전의 제사장 직분은 예수의 추종자들에게 돌아갈 것이었다. 예수의 제자들이 현재 예루살렘에서 군림하고 있는 제사장들의 저항을 견뎌내는 일이 사실상 그들의 제사장적 소명에서 핵심적인 요소였다. 더 나아가 예수 운동은 바로 그러한 반발을 견디어 냄으로써 하나님에 의해 부여된 소명을 이행할 수 있었다.

앞 장에서 나는 역사적 예수가 그의 제자들에게 "아버지"이신 하나님께 기도하라고 격려하면서도 제자들과 공유할 수 없는 "아들"로서의 자신의 고유한 지위를 부인하지는 않았다는 사실을 어떻게 이해해야 할 것인가라는 질문을 제기했었다. 구자유주의 학파의 예수 해석에서는 그와 같은 이름짓기의 관행을 하나님에 대한 내적 경험과 동일시하면서 (비록 예수가 다른 사람들에 비해 상대적으로 아들의 지위를 더욱 확고하게 유지하고 있었다고 여기기는 했지만) 예수의 "아들 됨"과 기타 모든 사람의 "아들 됨"을 명확하게 구

분하지는 않았다

하지만 이런 해석은 예수가 그의 제자들을 (소문자로 표현되는) "아들들"(sons)로 간주했던 반면에 자기 자신은 (대문자로 표현되는) "아들"(Son)로 여겼던 것처럼 보인다는 명백한 사실로 인해 힘을 잃고 만다(더 나은 표현을 찾지 못해서 대문자, 소문자라는 표현을 사용할 수밖에 없었다). 이런 상황에 직면하여 우리는 기존의 설명을 좀 더 정교하게 수정하든지, 아니면 완전히 새로운 설명을 제시할 수밖에 없다.

이번 장과 4-6장에서는 예수의 아들 됨에 관한 논의를 몇 단계 더 진전시키고자 한다. 특히 4-6장에서는 예수가 자신의 제사장적 지위를 표시하기 위해 "다윗의 아들"이나 "인자"와 같은 용어를 사용했음을 밝힐 것이다. 한편 이번 장에서는 논의의 범위를 제한하여 예수 전승에서 "하나님의 아들"이라는 용어의 기원이 되었던 것으로 여겨지는 예수의 세례 장면을 다룰 것이다. 여기서 나는 크게 두 가지 질문을 던질 것이다. 첫째, 예수는 (대문자로 표현되는) "아들"(Son)이라고 불리는 것을 어떤 의미로 받아들였는가? 둘째, 이것은 예수의 제자들이 지닌 (소문자로 표현되는) "아들들"(sons)로서의 지위와 어떻게 연결되는가? 이 두 가지는 대답할 가치가 있는 중요한 질문들이다.

첫 번째 질문에 대한 가장 통상적인 대답은 예수가 자신의 메시아 정체성을 표명하기 위해 "아들"이라는 표현을 자신에게 적용했다는 것이다.[2]

---

[2] 일부 학자는 역사적 예수가 자신이 메시아임을 의식하고 그의 사역을 추진했다는 주장을 거부하는데(Bultmann 1951: 26-32; Vermes, 1973: 141-3; Crossan 1991: 422-6; Dunn 2003: 652-4), 다른 학자들은 좀 더 낙관적인 견해를 보여준다(Manson 1953; Stuhlmacher 1993; Sanders 1985: 307-8[조건부로]; Wright 1996: 477-539; Keener 2009: 256-67; Bird 2009).

이러한 가설은 확실히 몇 가지 점에서 매력적이다. 첫째, 이 가설은 예수 자신이 넓은 의미에서 "메시아적"이라고 해석될 여지가 있는 수많은 행동들을 직접 수행했다는 사실과 일맥상통한다.³ 둘째, 예수가 자신을 메시아적 아들로 규정했던 것은 성서에서 메시아적 아들을 표상하는 "다윗의 자손"이나 "인자"와 같은 인물이 두드러지게 등장하는 전승들에 어떤 식으로든 빚을 지고 있는 것으로 보인다. 셋째, 위의 가설은 역사적으로도 개연성을 지닌다. "하나님의 아들"이라는 개념은 1세기에 이르러 이미 "메시아"를 가리키는 표현으로 정착되어 있었다는 점에서, 예수가 자신을 "아들"로 규정한 것이 메시아적 자의식의 표현이었으리라고 추정하는 것은 전혀 무리가 아니다. 예수가 자신을 메시아로 여겼다면, 그가 "아들"이라는 호칭을 자신에게 적용했던 것도 이러한 자기 이해와 모순되지 않는다.

하지만 보다 진전된 논의 없이 단순히 "아들"(Son)을 "메시아"와 동일시하거나 혹은 "메시아"를 "아들"과 동일시하는 것은 우리의 논의에 별다른 유익을 가져다주지 못한다. 우리가 1세기 팔레스타인에서 메시아에 관한 획일화된 기대를 발견할 수 있는지 확신할 수 없다는 점에서 위와 같은 동일시는 확고한 토대를 지니지 못한 것이다. 설령 "아들"(Son)이라는 용어가 "메시아"라는 용어와 교차적으로 사용될 수 있고 "메시아"라는 용어가 선한 사람의 승리를 보장해주는 종말론적 인물을 총칭하는 표현이라 해도 "아들"이라고 불리는 것이 실제로 어떤 의미인지에 대한 우리의 이해에는 별다른 진전이 없다. "아들"을 "메시아"와 동일시하는 접근법은 내가 앞에서 제기했던 문제, 다시 말해 예수가 지닌 "아들"의 지위와 제자들에게 주어진 "아들"의 지위 간의 부조화라는 문제를 해소하는 데도 도움이 되

---

3   특히 Wright 1996: 475-539을 보라.

지 않는다. 우리는 또다시 양자택일의 상황에 놓이게 되었다. 첫 번째 선택지는 예수의 아들 됨은 근본적으로 메시아적 성격을 지니지만 표면상으로는 그것이 제자들의 "아들 됨"이라는 개념과는 아무런 관련성도 없다고 결론짓는 것인데, 이것은 상당히 어색한 설명이 아닐 수 없다. 두 번째이자 좀 더 설득력 있는 선택지는 예수와 제자들의 "아들 됨" 간에 공유적 요소가 있음을 인정하면서도 그것이 발현되는 방식에는 어느 정도 차별성이 있음을 허용하는 설명모델을 채택하는 것인데, 이 선택지는 전통적으로 사람들이 예수와 제자들을 일관되게 구분해왔던 방식과도 충돌하지 않는다.

이러한 모델 가운데 하나는 예수의 "아들 됨"(Sonship)과 제자들의 "아들 됨"(sonship) 간의 공통분모가 **제사장 직분**일 가능성을 제기한다. 앞 장에서 나는 제자들이 "아들들"로서 신분을 지녔음을 암시하는 주기도문의 간구가 그들의 제사장적 소명과 역할을 암시하는 것임을 증명하고자 했었는데, 본 장에서는 "아들 됨"이라는 개념이 논리적으로 (그리고 시간상으로도) 예수의 세례 사건에서 출발한다는 점을 밝히고자 할 것이다. 왜냐하면 예수는 그의 세례 장면에서 대제사장으로서 자신의 소명을 바로 "하나님의 아들"이라는 관점에서 이해했기 때문이다. 비록 예수가 그의 측근들 역시 그들의 제사장적 소명을 받아들임으로써 이 같은 "아들 됨"에 간접적으로라도 참여하도록 허용하기는 했지만 말이다.

2. 요한의 세례

1세기 초반에 팔레스타인에서 세례 요한이 지녔던 위상을 고려할 때 그에 관한 이야기가 전설적인 요소들을 포함하고 있으리라는 점은 납득할 수 있다. 하지만 그와 동시에 우리가 실제로 요한과 그의 세례에 관해 실제로 많은 것들을 알고 있다는 사실 역시 부인하기 어렵다. 첫째로, 그는 유대 광야에 거하면서 요단강에서 세례를 베풀었던 인물이다.[4] 광야라는 장소가 사람들이 접근하기에 용이하지 않으며, 특히 대규모의 청중을 끌어모으는 일에 관심을 지닌 대중적 인물에게 적합하지 않다는 점을 고려할 때, 요한이 그 장소를 선택한 이유는 실용적 가치보다는 상징적인 가치를 중시했기 때문이었을 것이다. 유대교에서 광야는 이스라엘 국가가 출범하는 중요한 사건들이 발생했던 장소로 여겨진다. 세례 요한은 그러한 장소에 정착함으로써 성전 관계자들에 대해 소극적이고 간접적인 저항을 표시하는 한편 그가 주도하는 운동이 일종의 새로운 이스라엘을 처음부터 다시 세우는 일이라는 점을 시각적으로 표현하고자 했었다.[5]

나는 요한을 "운동의 지도자"로 규정하는 일이 논쟁을 초래해왔다는 점을 알고 있지만,[6] 그 같은 반론은 온당하지 않은 것이다. 어쨌거나 요한이 사람들에게 개혁을 요구했지만 어떤 운동을 이끌어간 것은 아니라고 주장하는 것은 설득력이 없다.[7] 요한 개인의 정체성이 그가 베푼 세례나 그의 주위에 모여들었던 사람들에 대해 부수적인 성격을 지닌 것에 불과했다면, 초기 기독교에서 **요한의** 세례"라는 문구가 보편적인 관용어구로 정착할 수는 없었을 것이다.[8] 더욱이 우리는 요한복음 3:26에서 예수의 이름으

---

4 마 3:6//막 1:5. 요한복음은 세례 요한이 "요단강 건너편 베다니"에 있었다고 기록한다 (1:28).
5 Nicholas Perrin 2010: 17-45; Webb 1991: 197-205; Wright 1996: 160-2; Dapaah 2005: 77.
6 일례로 Taylor(1997: 2932)는 세례 요한이 "운동보다는 감성을" 대변하고자 했다고 주장한다(32). Kraeling 1951: 199-200; Ernst 1989: 349; Chilton 1994: 20-6.
7 세례 요한을 운동의 지도자로 여기는 견해로는 Webb 1991: 377-8을 보라.
8 마 21:25; 막 11:30; 눅 20:4; 행 1:22; 18:25.

로 행해지는 세례가 세례 요한의 추종자들을 수적으로 압도하기 시작했을 때 요한의 제자들이 이에 저항했다고 보고한다는 점을 알고 있는데, 이것은 요한이 "운동의 지도자"였음을 보여주는 상당히 신뢰할 만한 증거 자료다. 요한의 제자들이 이처럼 "누가 들어오고 누가 나갔는지"에 대해 예민한 반응을 보였다는 사실은 "요한 공동체"라고 인식되는 집단이라는 경계가 "안"과 "밖"을 가르는 기준이 되는 상황에서만 설명될 수 있다. 여기서 "안"에 있는 자들은 자연스럽게 자신들을 요한의 제자들로 인지하는 한편 요한을 자기들의 지도자로 여겼을 것이다. 그들은 또한 아직 "밖"에 있는 자들도 언젠가는 빛을 보고 깨달음을 얻으리라고 기대하고 있었다. 이러한 관찰을 통해 우리는 상식적으로 다음과 같이 결론지을 수밖에 없다. 요한과 그를 둘러싼 무리의 행태가 사람들에게 일종의 운동처럼 보이고, 그들이 벌이는 사업이 일종의 운동처럼 보이고, 그들이 외부에 대해 저항의 목소리를 내는 것이 일종의 운동처럼 보인다면 우리는 그것을 하나의 운동이라고 불러야 할 것이다.

그렇다고 해서 요한에게 세례를 받은 모든 사람이 동일한 방식으로 자신을 요한의 추종자로 여기도록 강요받았다는 뜻은 아니다. 세례 요한은 유대 땅에서 대단히 인기 있는 인물이었으며 다양한 계층에서 폭넓은 지지자를 모으고 있었다. 요한을 지지한 사람들 가운데는 모든 친족관계까지 포기하고 "상근직으로" 요한과 함께 머물기로 선택한 자들도 일부 있었을 것이지만, 세례받은 사람들 대다수는 다시 그들의 일상으로 돌아갔을 것이다. 쿰란 공동체와 예수 운동에 참여한 자들 사이에서도 헌신의 정도에는 다양성이 존재했던 것으로 보이는데, 엄밀하게 말하자면 그들의 헌신을 표현하는 방식이 다양했다고 해야 할 것이다. 요한에게 세례받은 자들은 아마도 그에게 세례받은 것이 바람직한 일이었다고 믿었을 것이며, 따라서 요한의 운동을 지지했을 것이다.

요한의 운동은 전적으로 종말론적인 방향을 지향하고 있었다. 그는 사람들에게 "나보다 능력이 많으신 이"가 머지않아 도래할 것이며, 그는 물 대신 "성령과 불로" 세례를 베풀 것이라고 선포했다.[9] 따라서 장차 오는 이는 회복하는 자인 동시에 심판하는 자일 것이다. 이 같은 선포를 통해 유추해보면, 요한은 자신의 역할이 장차 도래할 종말의 날을 고대하면서 "남은 자"들을 준비시키는 것이라고 여겼음을 알 수 있다. 요한의 설교를 긍정적으로 받아들이고 그에게 세례를 받은 자들은 자신들을 구별하여 "남은 자"의 무리에 참여하고자 했을 것이다. 이러한 설명은 복음서 저자가 요한의 사역을 이사야 40장과 연결한다는 사실과도 조화를 이루는데, 거기서 예언자는 죄 사함을 얻은 남은 자들이 포로에서 귀환할 것이라고 선포한다. 세례 요한의 운동에 동참한 자들 역시 쿰란 공동체와 마찬가지로 자신들을 포로귀환에 관한 이사야의 예언을 성취한 자들로 여겼기 때문에, 자연스럽게 그 운동에 동참한 자들도 포로귀환의 유익이자 선결 조건으로 약속되었던 동일한 사죄의 은총을 받은 자들이라고 여겼다.[10]

이런 이유에서 요한은 "죄 사함을 받게 하는 회개의 세례"를 전파했던 것이었다.[11] 세례는 더욱 탁월한 경건을 추구하는 자들을 위한 의례라기보다는 이스라엘에 속한 모든 개인이 동참해야 하는 국가적인 행사였으며,

---

9 마 3:11//막 1:8//눅 3:16.
10 사 40:1-3. 쿰란 공동체에서 이 구절을 사용한 방식과 관련해서는 1QS 8.13-16; 9.19-20; Brownlee 1992 (1955)을 보라.
11 막 1:4//눅 3:3; 참조. 마 3:6. 요세푸스는 회개라는 단어를 생략하면서 요한이 유대인들에게 "와서 세례를 받으라"라고 촉구했다고 묘사한다(*Ant.* 18.5.2 §117). 하지만 요세푸스가 로마인들의 감성을 고려하여 유대 영웅들을 탈종말화 해왔던 경향은 역사가로서 그의 유용성을 제한한다. Mason 1992: 179을 보라.

개인적인 회개에 대한 반응이라기보다는 새롭게 수립될 회개 공동체인 이스라엘의 일원이 되었다는 것을 인증해주는 공식적인 의식이었다.[12] 세례는 이처럼 고도로 상징적인 입문 예식으로서 죄 용서의 표지인 동시에 이 예식에 참여한 자가 이사야서에서 말하는 남은 자 공동체의 일원으로서 최후의 심판 때에 의롭다고 인정받을 자들임을 보증하는 역할을 했다. 궁극적으로 회개, 세례, 그리고 사죄는 서로 분리될 수 없는 개념이며, 요한이 베푼 세례는 본질적으로 하나님의 사죄 선포와 다르지 않은 것이었다.

세례 요한의 이러한 제안은 자연스럽게 예루살렘 성전을 중심으로 한 제사장 계급과 긴장을 초래할 수밖에 없었다. 왜냐하면 제사장들은 군중들이 성전 조직과 그들이 지정해준 제사 제도를 떠나서 사죄를 얻을 수 있는 다른 길을 찾아 나서기를 바라지는 않았기 때문이다. 이처럼 요한은 군중들에게 사죄를 선포하고 그에 따라 새롭게 조직된 이스라엘의 문지기가 되기로 자처함으로써 이미 제사장의 역할을 감당하고 있었다.[13] 한편으로 요한이 제사장 역할을 자처한 것은 누가복음 1:5-25에 제시된 그의 혈통을 고려할 때 전혀 부당한 일은 아니었다고 말할 수도 있다. 하지만 다른 한편으로 그는 예루살렘의 성전 경계를 벗어나 독자적으로 제사장 사역을 수행한 셈인데, 예루살렘에서 활동하는 유력자들의 눈에는 요한 역시 기원전 2세기 중반에 레온토폴리스로 피신하여 그곳에 자신만의 신전을 세웠던 제사장 오니아스 3세와 유사한 노선을 따르는 변절자로 여겨졌을 것이다. 요컨대 나를 비롯하여 많은 학자가 상세하게 논증했던 것처럼, 요한의 운

---

12 Meyer 2002 (1979): 122-8; Webb 1991: 167. 이와 동시에 주관적/개인적 요소보다 객관적/국가적 요소를 강조하거나 혹은 그 반대의 경향을 보이는 태도는 비판받을 여지가 있다. Beasley-Murray 1962: 34-5의 현명한 논평을 참조하라.
13 사죄에서 제사장이 수행하는 중심적인 역할에 대해서는 레 5:5-10을 보라.

동은 새롭게 형성되어가는 "성전 반대 운동"(counter-temple movement)이었다.[14]

3. 역사로서의 세례와 신현

예수가 그의 사역 초기에 세례 요한에게 세례를 받았다는 점은 이론의 여지가 없는 사실로서 확정되어 있다.[15] 이 같은 판단의 근거가 무엇인지는 상당히 분명하다. 첫째, 초기 기독교는 때때로 세례 요한에게 필요 이상의 영예가 돌려지는 현상을 완화하기 위해 (일종의 "초기 대세례자론"[Early High Baptist-ology]을 미연에 방지하기 위한 노력의 일환으로) 분투해야만 했는데, 그런 상황에서 요한이 예수보다 탁월한 위치에서 예수에게 세례를 베풀었다는 이야기를 지어냈다면 상황을 더욱 악화시켰을 것이다. 이것은 초기 교회가 만들어내리라고 기대되는 것과는 정반대의 이야기라는 점에서 역사적 예수 학계는 일반적으로 요한의 세례를 역사적인 사건으로 받아들인다.

1) 자료에 대한 검토

여기 언급된 역사적 사건에서 **정확히** 어떤 일이 발생했는가에 대해서는 좀 더 면밀한 조사가 필요하다. 공관복음 가운데 가장 간략한 언어로 이 사건을 전해주는 것은 마가복음이다.

---

14   포괄적인 논의와 참고문헌은 Nicholas Perrin 2010: 17-45을 보라.
15   Kraeling 1951: 131; Bultmann 1968 (1921): 47; Sanders 1985: 11; Taylor 1997: 4. 세례 요한과 예수가 서로 연결된 적이 없다는 Enslin(1975)의 주장에 대해서는 Webb 1994: 214-99; Webb 2009: 106-8을 보라.

그때에 예수께서 갈릴리 나사렛으로부터 와서 요단강에서 요한에게 세례를 받으시고 곧 물에서 올라오실새 하늘이 갈라짐과 성령이 비둘기같이 자기에게 내려오심을 보시더니 하늘로부터 소리가 나기를 "너는 내 사랑하는 아들이라. 내가 너를 기뻐하노라" 하시니라.[16]

마가는 예수가 세례를 받고 나서 "곧바로"(*euthys*) "하늘이 갈라졌다"(*schizomenous tous ouranous*)고 보도하는데, 이것은 의심의 여지 없이 내러티브의 뒷부분에서 예수의 십자가 처형 이후 성전 휘장이 위로부터 아래까지 "찢어졌"(*eschisthē*)던 순간을 예견하는 것이었다(막 1:10a; 15:38). 이어서 마가는 성령이 예수에게 내려왔다고 말하는데, 여기서 그는 기독교 초창기부터 주석가들을 혼란스럽게 만들었던 "비둘기같이"(1:10b)라는 구절을 덧붙인다.[17] 마지막으로 이 장면의 절정은 하늘로부터 "너는 내 사랑하는 아들이라. 내가 너를 기뻐하노라"(1:11)라는 소리가 들려온 것인데, 이것은 구약성서의 여러 구절을 조합한 것이다.

마태복음이 제시하는 세례 기사는 마가복음에 비해 훨씬 자세한데, 실제로 마태복음 3장 전체를 차지하고 있다. 마가복음에서는 이스라엘의 종교 지도자들이 요한을 만나기 위해 광야까지 찾아왔다는 사실이나 타작마당에 관한 비유에 대해 전혀 언급하지 않는 반면 마태복음에는 이 두 가지가 모두 포함되어 있다(마 3:7-10, 12). 게다가 마태는 예수와 세례 요한 사이에 오갔던 간략한 대화를 덧붙이는데, 여기서 요한은 그의 친족이었던 예수에게 세례를 베풀기를 주저하는 것으로 나타난다. 하지만 예수는 그

---

16 막 1:9-11.
17 "비둘기같이"라는 문구를 해석하는 다양한 가능성에 대해서는 Keck 1970; Gero 1976을 보라. "헬라 교부들의 해석"과 관련해서는 Dixon 2009를 보라.

의 반대에도 불구하고 "모든 의를 이루기 위하여"(마 3:15) 그에게 세례를 받아야 하겠다고 강하게 요청하였다. 마태복음도 마가복음과 마찬가지로 하늘로부터 나는 소리에 대해 보도하는데, 마가복음이 이인칭을 사용하여 "너는 내 사랑하는 아들이라"라고 표현한 데 반해 마태복음은 삼인칭을 사용하여 "이는 내 사랑하는 아들이요"라고 표현하였다.[18] 마가복음과 마태복음 모두 일관성 있는 기사를 제공하는데, 그중에서도 마태가 좀 더 납득할 수 있는 방식으로 세례 사건에 자신의 신학적 의제를 반영하여 예수의 세례와 그에 뒤따르는 "의"에 대한 요구 간의 관계를 언급하는 동시에 세례 사건과 마태복음 4장의 시험 내러티브를 통합하고 있다.[19]

누가복음의 세례 기사는 마가복음보다는 마태복음과 더 가까운데, 그러면서도 두 기사 모두와 일관성을 유지한다. 마태복음에서는 요한이 일방적인 연설로서 회개를 선포하는 반면 누가복음에서는 그가 사람들의 대화 가운데서 윤리적인 가르침을 전달하는 것으로 묘사된다(눅 3:10-14). 누가복음에서도 메시아에 대한 기대가 세례 사건에까지 연장된다는 점은 아주 분명하다(15절). 더 나아가 누가는 요한의 체포에 대한 마가복음의 언급(막 1:14a)을 보다 상세하게 확장하여 예수의 세례 장면 바로 앞에 삽입한다(눅 3:19-20). 예수의 세례에 관한 누가의 기사는 마태복음과 마가복음에서 사용되었던 특정한 단어들을 공유하면서도 그 사건의 무대를 수많은 무리가 운집해 있는 장소로 조심스럽게 옮겨놓는다(21절). 한편 누가복음은 하늘로부터 들려온 소리를 기록할 때 마가복음의 기사를 따라 이인칭 대명사를

---

18 마 3:17//막 1:11.
19 마태복음에서 "의"의 용례와 관련해서는 마 5:6, 20; 6:33; 21:32; Przybylski 1980을 보라. 예수의 첫 두 시험에서 "네가 만일 하나님의 아들이어든"(4:3, 6)이라는 구절이 반복된 것은 명백히 3:17에 대한 반향일 것이다.

사용하여 "너는 내 사랑하는 아들이라"라고 표현한다.

복음서들을 대조하여 마태복음과 누가복음에 실린 세례 기사의 배후에 놓인 단일한 출처(그것이 마가복음이든 혹은 Q 자료이든)를 찾아내려는 노력은 우리를 절망에 빠뜨리고 만다.[20] 마태복음과 누가복음이 일치하면서 마가복음과는 다른 부분들이 있는가 하면,[21] 누가복음과 마가복음이 일치하면서 마태복음과는 명백하게 다른 부분들도 분명히 있고, 마태복음과 마가복음이 일치하면서 누가복음과만 확실한 차이를 보이는 부분도 있다.[22] 이처럼 일치하는 부분들과 불일치하는 부분들이 교차적으로 혼재하는 현상은 두 자료 이론 전반에 대한 반증으로 이해될 수도 있고, 한편으로는 두 자료 이론이 유효하다는 전제하에 Q 자료 역시 세례 장면을 포함하고 있었다는 증거로 받아들여질 수도 있다. 일부 학자들이 Q 자료에서 세례 사건을

---

20 그런 절망감으로 인해 Q와 마가복음의 경계를 벗어나서 생각하려는 창의적인 시도가 시작되었다. 일례로 Lupieri(1988)는 내가 여기서 요약한 사소한 일치점들을 제시한 후에(1988: 16-19), 궁극적으로는 마가-마태 전승과 누가 전승이 존재한다고 주장한다. 어느 쪽이든지 세례 요한에 관한 전승은 불가피하게 복합적인 성격을 지니고 있다.

21 마가복음과 달리 누가복음과 마태복음은 (1) "요한"과 "요단"을 생략했으며(막 1:9), (2) 세례 장면에서 예수의 이름을 언급하고(마 3:16//눅 3:21), (3) 마가복음에 나오는 "*ebaptisthē*"("그가 세례받았다", 막 1:9)라는 정동사를 수동분사 형태로 변경했으며(마 3:16//눅 3:21), (4) "스키조"(*schizō*)라는 동사 대신 "아노이고"(*anoigō*)의 수동형을 사용하고(마 3:16//눅 3:21); (5) "*eis auton*"("그에게") 대신 "*ep' auton*"("그의 위에")를 사용한다(마 3:16//눅 3:22).

22 마태복음과 달리 마가복음과 누가복음은 (1) "*egeneto*"라는 비인칭 동사를 사용하고(막 1:9/눅 3:21), (2) 세례 장면에 관한 묘사 앞에 "*kai*"(그리고)라는 접속사를 삽입했으며(막 1:10/눅 3:22), (3) "*hutos estin*"("이것은…이다", 마 3:17) 대신 "*sy ei*"("너는…이다", 막 1:11/눅 3.22)를 사용한다(이에 상응하여 마가복음과 누가복음에서는 "*soi*"라는 대명사가, 마태복음에서는 "*hō*"라는 대명사가 등장한다). 누가복음과 달리 마태복음과 마가복음에서는 (1) "*apo tēs Galilaias*"("갈릴리로부터", 마 3:13//막 1:9)라는 부사구와 (2) "*euthys*"("즉시", 마 3:16//막 1:10)라는 부사가 등장하고, (3) 소유격 구문 "*tou hydatos*" 다음에 "*anabainō*"라는 동사 형태가 뒤따르며(마 3:16//막 1:10), (4) "하늘"이라는 단수형 대신 복수형이 두 번 사용된다(마 3:16, 17//막 1:10, 11).

배제하는 것이 사실이지만, 보다 광범위한 문맥에서 바라보면 크게 두 가지 이유에서 Q 자료의 구성에 세례 사건이 포함될 필요가 있다는 사실을 깨닫게 된다. 첫째, Q 4:3, 9에서 사탄의 시험 장면에 반복적으로 등장하는 조건문("네가 만일 하나님의 아들이어든")은 Q 3:21-22에서 예수의 아들 됨에 관한 선언이 이미 주어졌었다고 전제할 때만 의미를 지닐 수 있다. 둘째, Q 자료 전승에서 세례 사건(Q 3:20-21)을 배제하게 되면 우리는 Q 3:7-9에 요한의 설교가 소개되는 이유를 설명하기가 곤란해진다. 세례 사건이 없다면 그 설교의 내용은 논점을 벗어난 상당히 기이하고 불가해한 것으로 여겨질 수밖에 없다. 반면에 세례 요한의 존재가 Q 자료의 문맥에서 우리에게 예수에 대해 무언가 유익한 점들을 가르치는 데 도움이 된다는 점에서 예수의 세례 장면은 본문 내에서 나름의 역할을 감당하고 있는 셈이다.[23]

요한복음에서는 예수의 세례 장면을 생략한 대신 그 사건을 전제하는 내러티브 하나를 소개한다. 세례가 지니는 의미에 대한 세례 요한의 성찰은 초기 기독교에 대한 독특한 관점을 제공한다.

이튿날 요한이 예수께서 자기에게 나아오심을 보고 이르되, "보라! 세상 죄를 지고 가는 하나님의 어린 양이로다. 내가 전에 말하기를 내 뒤에 오는 사람이 있는데 나보다 앞선 것은 그가 나보다 먼저 계심이라 한 것이 이 사람을 가리킴이라. 나도 그를 알지 못하였으나 내가 와서 물로 세례를 베푸는 것은 그를

---

23 이 두 가지 사안과 관련해서는 Kloppenborg(2000: 93), Fleddermann(2005: 233-35)과 다른 견해를 보이는 Webb(2009: 98-99)을 참조하라. 그는 국제 Q 프로젝트의 지지를 받는다. 흥미롭게도 Fleddermann(2012: 52)은 예수의 시험 장면(Q 4.2b-13)이 (명백하게 Q 내러티브의 범위를 벗어나는) 십자가 처형 장면의 전조(flash forward)라고 생각하는데, 그는 어떤 이유에선지 동일한 내러티브비평 논리를 적용하여 동일한 시험 장면이 (아마도 Q에 포함되었을) 세례 장면의 재현(flashback)이라고 설명하지는 않는다.

이스라엘에 나타내려 함이라" 하니라. 요한이 또 증언하여 이르되 "내가 보매 성령이 비둘기 같이 하늘로부터 내려와서 그의 위에 머물렀더라. 나도 그를 알지 못하였으나 나를 보내어 물로 세례를 베풀라 하신 그이가 나에게 말씀하시되 '성령이 내려서 누구 위에든지 머무는 것을 보거든 그가 곧 성령으로 세례를 베푸는 이인 줄 알라' 하셨기에 내가 보고 그가 하나님의 아들이심을 증언하였노라" 하니라.[24]

여기서 공관복음 전승과 요한복음 전승 간에 드러나는 일관성이 상당히 인상적이다. 두 전승에서 성령은 비둘기 같은 형상으로 내려왔으며, 세례 사건 전체는 예수가 "하나님의 아들"이라는 선언으로 마무리된다. 물론 양자 간에는 차이점도 있다.[25] 마가복음에서는 예수가 성령을 보았다는 사실에 초점을 맞추었던 반면 요한복음에서는 성령을 보았던 것이 예수가 아니라 세례 요한이라고 말한다. 이것은 결의론적으로 마가복음과 누가복음 간에 어떤 기록이 옳은지를 다투어야 하는 문제가 아니라, 다만 적어도 초기 기독교 전통에서는 예수의 세례가 상호 주관적인(inter-subjective) 경험으로서 그 당시에 그 장소에 있었던 사람들 가운데 적어도 두 사람(예수와 세례 요한)에게 감지되었던 것으로 여겼음을 보여줄 뿐이다. 이 같은 전통에 따르면 예수의 세례만 공적인 사건이었던 것이 아니라 그에 뒤따라 드러난 천상의 놀라운 광경 역시 공적인 사건이었다.[26] 이것은 대단히 중요한 주제이

---

24 요 1:29-34.
25 복음서들은 시간이 흐를수록 점점 더 요한과 예수의 위상을 뚜렷하게 대비하는 방향으로 나아간다. Bammel 1971-2.
26 마가는 이 환상이 오직 예수에게만 감지되는 것으로 묘사하고자 의도했겠지만, 그는 변용 장면에서처럼 목소리는 대중들에게도 들렸을 것이라고 여긴다. Ernst(1989: 17)는 이런 해석에 반대한다.

며 뒤에서 다시 다룰 것이다.

2) 신현을 둘러싼 질문들

우리가 무시할 수 없는 자료들에 따르면, 예수의 세례 장면에서 사람들이 귀로 듣고 눈으로 볼 수 있는 **어떤 일들이** 발생했다. 위의 자료들은 그것이 극히 이례적인 사건들이었다고 묘사하는데, 여기에는 성령이 "비둘기같이" 내려오고 하늘로부터 소리가 들려와서 성서 구절들을 인용하면서 예수가 "나의 아들"이라고 확증하는 사건들이 포함되었다. 만일 우리가 "다수 증언"(multiple attestation)의 기준을 적용한다면 우리는 이 장면에서 신현(theophany)에 관한 확고한 역사적 증거를 확보한 셈이다.

하지만 역사는 그렇게 단순하지 않다. 신현이라는 개념 자체가 지닌 불가해한 성격이 수많은 역사 기술적 문제들을 초래하는 데다가, 이와 관련하여 몇 가지 다른 문제들도 제기할 수 있다. 첫째, 하늘이 "갈라졌다"(schizomenous)라는 마가복음 1:10의 표현이 후에 십자가 처형 장면에서 성전 휘장이 "찢어진"(eschisthē) 일에 대한 전조가 된다는 사실, 그리고 예수가 하나님의 아들이라는 마가복음 1:11의 선언과 십자가 처형 장면에서 백부장이 했던 유사한 고백(15:39) 사이에서 발견되는 뚜렷한 평행관계를 근거로 마가복음 학자들은 종종 1장에서 묘사하는 신현이 마가복음 텍스트 전체에 인클루지오를 제공하기 위해 정교하게 구성된 시적 허구라고 주장한다. 둘째, 어떤 이들은 하늘로부터 들려온 목소리에 관한 이야기가 세례 사건이 발생한 지 한참 후에 특정 공동체나 편집자가 예수의 신분을 공고히 하기 위해 지어낸 것이라고 믿는데, 그들은 이 이야기가 성서 구절들을 토대로 한다는 점을 근거로 이런 주장을 펼친다.²⁷ 셋째, 상당수의 학자는 "하나님의 아들"이라는 칭호가 예수의 생애와 관련된 것이라기보다는 부활 사건 이후에 신학적 성찰을 통해 역투사된 것이라고 성급하게 결론을 내린다. 한마디로 예수가 요한에게서 세례를 받았다는 점은 다수에 의해 명백한 사실로 받아들여지는 반면 신현에 관한 주장은 여전히 공격의 대상이 되고 있다.²⁸

신현의 역사성을 거부하는 누적된 주장들의 무게가 상당해 보이는 것은 사실이지만, 앞에서 제시한 주장들을 하나하나 살펴보면 애초에 예상했던 것만큼 설득력이 있는 것은 아니다. 첫째, 신현 장면이 역사적 사실보다는 마가의 창의성을 보여준다는 주장은 오도된 것인데, 왜냐하면 그것은 역사와 신학을 대립시키는 "이것이냐, 저것이냐?"식의 동일한 오류를 단순히 반복하는 일이기 때문이다.²⁹ 마가가 의도적으로 마가복음 1장의 신현 장면과 15장의 십자가 처형 장면이 평행관계를 이루도록 세심하게 공을 들였다는 점에는 의심의 여지가 없다. 하지만 그렇다고 해서 신현 장면이 전적으로 마가의 신학적 상상력의 산물에 불과하다고 결론짓는 것은 말이 되지 않는다. 마가를 비롯하여 모든 복음서 저자들에게 예수의 생애란 단순하게 일련의 이질적인 사건들을 엮어놓은 것이 아니라 문학적이고 신학적인 목적을 달성하기 위해 세심하게 구성된 내러티브였다. 신현 사건

---

27 가장 포괄적인 논의로는 다음을 보라. Meier 1980; Meier 1994: 106-8.
28 신현의 역사성을 부인하는 학자들은 다음과 같다. Vögtle 1972: 105-39; Meier 1994: 106-7; Tatum 1994: 148-51.
29 Maurice Goguel(1933[1932]: 270)이 하나의 예를 보여준다. "예수가 요한에게 세례를 받았다는 것은 기정사실이지만, 그 사건에 관한 복음서의 기록들은 역사적인 것으로 해석될 수 없다. 그것들은 신학적인 설명들이다." Le Donne(2009)은 이 같은 분리에 대해 인상적인 비판을 제공한다.

이 복음서 저자들의 이야기 속에 정교하게 들어맞는다는 사실은 이러한 일치가 전적으로 인위적인 것은 아닌가 하는 합리적인 의심을 불러일으킨다. 하지만 이 같은 일치가 인위적인 조작이 아니라 역사적 사실에 대한 정확한 보도에 충실하면서도 그것을 문학적으로 표현할 수 있는 재능을 가진 언어의 장인에 의해 성취된 것일 가능성도 배제할 수는 없다.

신현의 역사성을 부정하는 두 번째 논지, 다시 말해 성서에 대한 미드라시가 본성상 파생적 성격을 지니기 때문에 성서 구절들에 대한 미드라시라고 할 수 있는 신현 기사도 파생적이라는 주장 역시 크게 설득력이 없다. 우리는 세례 사건에 참여한 등장인물이 역사적 요한과 역사적 예수 단 두 사람밖에 없다는 점에서 이 두 사람이 그 사건에 대한 최초의 해석자가 될 것이라고 기대해야 한다. 더욱이 그들은 거룩하게 구별된 인물들로서 자신들이 하나님의 명령을 수행할 책임을 안고 있으며 이스라엘의 하나님과 하나님의 말씀에 매여 있는 것으로 여겼음이 분명하다. 이런 점을 고려할 때 세례 사건과 성서 구절들을 처음 연결한 인물은 복음서 저자들이나 복음서 전승을 전달한 자들이 아니라, 아마도 그 사건에 참여했던 두 역사적 인물이었을 것이다. 우리가 만일 요한과 예수가 어느 날 요단강에서 특별한 종교적 경험을 했었다는 주장에 동의할 수 있다면, 우리는 그와 동시에 그들에게는 그러한 경험을 사람들에게 이해시킬 수 있는 틀이 필요했을 것이라는 점에도 동의해야만 할 것인데, 성서가 이를 위한 틀이 되어서는 안 될 이유가 있는가?

신현의 역사성에 관한 세 번째 반론은 예수가 하나님의 아들이라는 주장이 교회의 창작물이라는 것인데, 그들은 이처럼 고도로 기독론적인 주장은 부활 사건 이후의 맥락에 더 잘 들어맞는다는 점을 근거로 제시한다. 하지만 이러한 주장은 "하나님의 아들"이 일차적으로 기독교적인 호칭이 아니라 기독교 이전에 유대교가 사용하던 표현이라는 사실로 인해—기독교 이전에 로마인들이 자주 사용했던 표현이라는 점은 굳이 언급할 필요도 없을 것이고—심각하게 약화될 수밖에 없다. 게다가 고대에 "하나님의 아들"이라는 개념이 광범위하게 사용되어 왔다는 사실은 1세기에 어떤 인물이 신앙고백서에 나열된 속성들과 무관하게 "하나님의 아들"이라고 불릴 수도 있었을 가능성을 열어준다. "하나님의 아들"이라는 표현을 기독교적인 관점에서 편협하게 접근하게 되면 우리는 이 문구를 시대착오적으로 해석할 수밖에 없다.

3) 다시 신현으로

여기서 우리는 예수의 세례 사건에 포함된 신현 장면이 교회의 창작물이라는 주장을 논파하기에 앞서 잠깐 숨을 고를 필요가 있을 것 같다. 왜냐하면 신현의 파생적 성격을 옹호하는 표준적인 논증을 피상적으로 대한다면 문제의 핵심을 간파하지 못할 우려가 있기 때문이다. 우리는 세례 사건에서의 신현 장면에 완전히 새로운 시각에서 접근할 필요가 있다. 과연 그날 요단강에서는 신현이나 혹은 신현과 유사한 사건이 발생했는가? 만일 그렇다면 우리는 그 같은 사건에 대한 논의를 어떤 식으로 시작해야 할 것인가?

이 질문에 대답하기에 앞서 먼저 예수의 세례와 신현에 관한 최초의 기사들이 일관되게 하나님이 그때 그 장면에 눈에 띄게 관여하였다는 점을 강조함으로써 세례 사건에 예수의 "아들 됨"을 비준하고 그의 사역을 정당화하는 역할을 부여했다는 사실을 언급할 필요가 있다. 결과적으로 그 사건은 불가피하게 신학적인 성격을 지닐 수밖에 없다. 하지만 앞서 논의했던 것처럼 세례 사건이 신학적인 성격을 지닌다고 해서 그것이 반드시 신비적인 사건으로, 다시 말해 예수의 의식 내에서 일어났거나 일어났다고 말해지는 사건으로 축소되는 것은 아니다. 정반대로 최초의 전승은 예수의 세례가 사람들이 접근할 수 없는 달의 이면에서, 혹은 그가 받은 시험의 경우처럼 멀리 떨어진 광야에서 발생하여 그 일에 대해 증언해줄 사람이 예수 자신밖에는 없는 것으로 여기지 않았다. 오히려 초기 기독교는 "하나님의 아들"이라는 예수의 정체성이 요한과 다른 사람들이 목격자로 참여한 자리에서 하나님의 공적 개입을 통해 확증되어야 할 내적 필요성을 느끼고 있었다. 또한 이런 점에서 초기 교회는 하나님의 예언자로서 세례 요한이 그 사건에 대해 기꺼이 표현했던 확신에 의존했을 뿐만 아니라 그에게 돌려졌던 예언자적 신임의 정당성에도 의존하고 있었다.

역사적 요한이 예수의 세례를 자신에게 맡겨진 예언자적 직무와 연결 지었다는 점에는 의심의 여지가 없다.[30] 우리는 이에 대한 증거를 두 곳에서 발견할 수 있다. 첫 번째 증거는 요한복음 1:29-34인데, 여기서 요한은 세례 사건에 대한 응답으로 예수가 "하나님의 어린양"으로서 감당할 역할에 대해 증언한다. 이 구절의 진위 문제에 대해 종종 의혹이 제기되기도 하지만, 이 구절의 요지는 역사적으로 더욱 강력한 지지를 얻고 있는 두 번째 텍스트에 의해 강화되는데, 그 텍스트에서는 예수가 성전을 정화한 사건의 여파로 예수와 그의 대적들 사이에 오갔던 대화를 다루고 있다. 예수의 대적들은 예수가 성전에서 취했던 행동을 빌미로 그에게 올무를 씌울 기회를 잡고서 예수가 공개적으로 그들이 던진 미끼에 걸려들기를 바랐다. 이를 위해 그들은 예수에게 그가 무슨 의도로 성전에서 그 같은 일을 행한 것인지 밝히라고 요구하였다.

---

30   요한의 예언자적 역할을 어떻게 규정할지에 관한 논쟁은 생략하고 나는 다만 잘 알려진 종교인으로서 그의 위상에 대해서만 지적하고자 한다. 예수의 예언자적 역할에 관해서는 다음을 보라. Becker 1972: 41-62; Webb 1991: 35-55; Tilly 1994; Taylor 1997: 223-34.

그들이 다시 예루살렘에 들어가니라 예수께서 성전에서 거니실 때에 대제사장들과 서기관들과 장로들이 나아와 이르되 "무슨 권위로 이런 일을 하느냐, 누가 이런 일 할 권위를 주었느냐?" 예수께서 이르시되 "나도 한 말을 너희에게 물으리니 대답하라. 그리하면 나도 무슨 권위로 이런 일을 하는지 이르리라. 요한의 세례가 하늘로부터냐, 사람으로부터냐? 내게 대답하라." 그들이 서로 의논하여 이르되 "만일 하늘로부터라 하면 어찌하여 그를 믿지 아니하였느냐 할 것이니 그러면 사람으로부터라 할까" 하였으나 모든 사람이 요한을 참 선지자로 여기므로 그들이 백성을 두려워하는지라. 이에 예수께 대답하여 이르되 "우리가 알지 못하노라" 하니 예수께서 이르시되 "나도 무슨 권위로 이런 일을 하는지 너희에게 이르지 아니하리라" 하시니라.[31]

이것은 아주 흥미로운 대화인데, 여기서 예수와 그의 대적들은 각각 자신의 "권위"를 주장하는 일에 보다 유리한 위치를 차지하기 위하여 경쟁한다. 예수는 그가 무슨 자격으로 성전을 정화한 것인지 질문받았을 때 역으로 그들에게 질문을 던졌는데, 그의 질문은 아주 흥미롭게도 세례 요한이 하나님의 사자로서 갖는 정당성에 관한 것이었다. 예수가 던진 역질문이 논쟁의 핵심을 찌르지 못하는 아주 불합리한 추론이 아니라고 전제한다면, 우리는 예수의 대답이 그 자신의 권위에 관한 질문을 요한의 권위에 관한 질문 뒤로 한 발짝 옮겨놓은 것이라고 말할 수 있는데, 이는 예수의 합법성이 세례에 대한 요한의 인증에 의존한다고 전제한다. 물론 그 시대에 이것은 겉으로 표현되지는 않았으나 보편적인 합의를 얻은 전제였다. 그들의 대화 장면을 목격한 구경꾼들은 예수의 대적들이 상당한 사회적 자산을 포

---

31 막 11:27-33.

기할 각오를 하지 않고서는 그러한 질문에 솔직하게 대답할 수 없으리라는 점을 잘 알고 있었다. 만일 그들이 여기서 세례 요한의 권위를 부정하는 발언을 했다면 그들은 (아마도) 예수와의 말싸움에서는 승리할 수 있었겠지만, 그 대가로 그들은 대중의 지지를 잃음으로써 거시적인 전쟁에서는 패배하게 되었을 것이다. 여기서 우리의 논점과 관련하여 흥미를 끄는 점은 예수가 성전을 정화하고 새로운 운동을 이끌어가는 지도자로서 주장했던 권위의 합법성에 대해 해명하라는 압박을 받았을 때, 그는 요한에게서 받았던 세례에 호소했다는 사실이다. 이 같은 호소는 만일 요한이 예수에게 세례를 베풀었다는 사실이나 예수의 세례에 대한 그들의 증언이 향후 예수의 주장과 사역의 토대가 되었다는 사실을 대중들이 이미 알지 못했다면 아무런 의미가 없었을 것이다.

    비록 세례 요한이 감옥에 갇혀 있는 동안 일시적으로 마음이 흔들렸던 것도 사실이지만(Q 7:18-23), 그것은 충분히 이해할 수 있는 반응이며, 초기 교회의 전승이 우리에게 가르쳐주는 것은 세례 요한이 그의 길지 않은 비극적인 생애의 마지막 몇 년 동안 예수가 하나님으로부터 보내심을 받은 자라는 사실을 증언하는 일을 그의 본업으로 삼았다는 사실이다. 그가 이 사실을 증언할 때 가장 유력한 증거로 제시했던 것은 다름 아니라 예수의 이례적인 세례 사건이었다.[32] 또한 우리는 이로부터 상당히 확고한 구두 전승이 파생되었으리라고 유추할 수 있는데, 그 전승은 상당한 속도로 퍼져나갔을 것이고 그 사건이 발생한 지 얼마 지나지 않아서 상당히 광범위하게 확산했을 것이다. 여기서 내가 "상당한 속도로"라고 말하는 이유는 그날에 **어떤 사건**이 발생했든지 간에 그것은 요한에게 아주 깊은 인상

---

32   요 1:29-34에서 이 사건을 다루는 방식이다.

을 주었을 것이고 그는 그것을 사람들에게 전하지 **않을** 수 없었을 것이기 때문이다. 또한 내가 "상당히 광범위하게"라고 말하는 이유는 요한이 누리고 있던 폭넓은 인기 때문만이 아니라 그가 명백하게 예수의 세례에 대해 긍정적으로 평가하려는 의지를 보였다는 사실 때문이기도 하다. 요한이 예수에게 세례를 베풀었다는 사실과 그의 세례가 예수의 사역을 비준하는 역할을 했다는 사실은 이미 예수 자신이 활동했던 시대에도 대중화된 지식이 되어 있었다. 이러한 모든 사실은 전승의 신빙성을 정당한 관점에서 평가할 수 있게 해준다. 마가가 펜을 들어 예수의 세례에 관한 세부사항을 기록으로 남기려고 했을 때 팔레스타인에서 그것은 이미 공동체의 구두 전승으로 확고하게 자리 잡은 "옛날 기사"가 되어 있었다.

그런데 일반적인 사례들과는 다르게 여기서는 "구두 전승"이라는 표현이 대대로 전수되면서 상당한 수정이 가해진 이야기를 의미하지 않는다. 우리는 이 사건을 다룬 기사가 상당히 엄격하게 통제되었을 것이라고 기대할 수 있는데, 이 이야기를 전달해준 주요 인물인 요한과 예수가 그들이 목격했던 광경의 핵심적인 구성 요소들이 일관성을 유지하는 일에 관심을 지녔을 것이기 때문이다. 말하자면, 만일 요한과 예수 두 사람이 세례 의식을 예수에 대한 하나님의 인증으로 여겼다면(한편 요한의 관점에서는 그 자신에 대한 인증을 의미했을 수도 있다), 요한과 예수가 이끌었던 각각의 공동체들은 그들의 이야기를 있는 그대로 전달함으로써 상대편 공동체가 그 이야기를 제대로 전달하는지, 혹은 어느 부분에서 오류를 범하는지 사람들이 분별할 수 있게 해주는 데 관심을 가졌을 것이라는 뜻이다. 요한과 예수의 죽음 이후에 그들을 따르던 각각의 무리는 그들의 스승이 전해주었던 증언과 일치하는 가르침을 구두로 전승하는 일을 계속했을 것이다. 일반적으로 현대 학계에서는 예수 전승에 대해 (반대되는 명확한 증거가 없는 한) 근본적인 불확정성을 전제하는 반면에, 예수의 세례 사건의 경우에는 전승의 근본적인 확정성에 의문을 품는 사람에게 입증의 책임이 부과된다.[33]

예상했던 대로 공관복음서는 예수의 세례에 관한 각자의 기사에서 놀라울 정도의 일치를 보여준다. 만일 이러한 일치가 예수 이야기의 이 부분을 부활 이후의 관점에서 다시 기록했던 모의의 결과였다면 이처럼 다시 기록된 역사는 요한과 예수를 따르던 공동체의 생생한 기억에 깊이 영향을 받은 길거리의 소문들과 분명한 차이를 보였을 것인데, 이처럼 사람들의 기억과 다른 기록이 어떻게 수용될 수 있었을 것인가 하는 문제는 여전히 미해결 상태다. 최선의 해결책은 요한과 예수가 처음 발설했고 후에 그들의 제자들이 전파했던 최초의 구두 전승과 기록된 복음서 간에 최소한 기본적인 유사성이 존재한다고 가정하는 것이다. 세례 기사에서 나타난 신현의 요소들(하늘이 갈라짐, 성령의 강림, 그리고 "너는 내 아들이라"라는 인증의 말씀)은 요한과 예수가 상기하는 역사의 핵심 요소로서 상당한 신빙성을 지닌다.

그렇게 생각하지 못할 이유가 무엇이겠는가? 어쨌거나 J. D. G. 던이 지적했던 것처럼 신현의 두 가지 두드러진 요소에 관한 예수의 메시지가 내포하고 있는 "동일하게 두드러진" 두 가지 특징은 "성령"과 "아들 됨"이다.[34] 성령은 예수의 자기 이해에 있어서 분명히 중요한 역할을 하고 있다(눅 4:1, 14, 18). 더욱이 성령은 예수의 제자들이 진행하는 사역에서도 도구적인 역할을 감당할 것이라고 예언되었다(마 10:20; 막 13:11; 14:38; 눅 11:13;

---

33 예수 전승과 요한 전승 간에 접점이 존재한다는 사실은 Ernst(1989: 17)와 같이 대체로 회의적인 학자의 분석에서도 인정되었다. 권위 있는 (목격자) 전승에 관해서는 다음을 보라. Dunn 2003: 242-3; Bauckham 2006: 290-318.

34 Dunn 1975: 62-67.

12:12). 예수는 자신이 성령의 능력으로 귀신을 쫓아낸다고 주장했는데(막 3:22-30과 병행 구절; 눅 11:20), 이것은 의심의 여지 없이 예수가 자신에게 주어진 소명의 특징을 정의하는 방식이었다. 이와 유사하게 예수는 세례 이후로 변함없이 자신을 비범한 의미에서의 "아들"로 분명하게 정의했다. 이러한 명칭은 또한 그의 사역을 정의하는 특징적인 표현으로 사용되었음이 분명하다. 예수가 "아들"이라는 표현을 반복하여 사용하는 이유를 설명해 줄 수 있는 분수령이 되는 사건이 무엇인가라는 역사학자들의 질문에 대해 바로 이때, 다시 말해 신현의 순간을 지적하는 것보다 적절한 답변은 아마 없을 것이다. 예수가 그의 운동에서 중심적인 역할을 하는 기도, 다시 말해 주기도문에서 성령에 관한 텍스트(겔 36장)와 아들 됨에 관한 텍스트(출 4:21-23)를 하나로 통합했는데, 이 같은 움직임은 성령과 아들 됨이 수렴하는 그의 개인적인 경험에서 이미 예견된 것이었다.

마지막으로 예수의 세례 사건은 복음서 저자들에게 단순히 내러티브를 시작하기에 적절한 다양한 출발점 가운데 하나에 불과한 것이 아니었다. 오히려 그것은 예수와 그의 전기작가들, 다시 말해 복음서 저자들에게 논리적으로 최선의 출발점이었다. 왜냐하면 이때가 그의 사역이 공식적으로 출범하는 시점이었기 때문이다. 그날에 무언가 위대한 사건이 일어난 것이 분명하다. 그날 이후로 예수는 그의 새로운 소명에 투신하였는데, 그의 내러티브와 그가 사용하는 용어들은 독특한 위상을 지니고 있었으며 자신이 하나님의 "아들"이자 성령과 특별한 관계를 맺고 있는 자라는 그의 자기 정체성과 관련된 것이었다.[35] 예수가 세례받기 위해 요한에게 찾아

---

35   이와 유사하게 Hollenbach 1982; Meier 1994: 108-9; Marcus 1995: 512-13. 특히 Kraeling (1951: 131): "우리는 세례 이야기와 관련하여 견고한 토대 위에 서 있을 뿐만 아니라, 예수의 이후 사역과 요한 운동의 궁극적인 소멸을 이해하는 데 전략적인 중요성을 지닌 토대 위

왔을 때 그가 의도했던 바는 규정된 입문 의식을 통해 성전에 대항하는 요한의 취지에 공개적으로 동참하는 것이었다. 그런데 예수는 어떤 극적인 사건—신현의 요소를 포함하는—을 통해 즉각적으로 요한의 운동 내에서도 눈에 띄는 특별한 인물이 되고 말았는데, 그는 재빠르게 요한의 다음 자리를 차지하는 인물로 부상하게 되었다.

예수의 세례 장면에 뒤따르는 신현 장면의 역사성과 관련하여 나는 마치 우리가 그때 그곳에 있기라도 했던 것처럼 그 사건들 자체에 접근할 수 있다고 주장하려는 것이 아니다. 우리가 그때 그 장소에 없었다는 점은 너무도 분명하다. 하지만 우리는 복음서들을 통해서 그 사건을 목격한 최초의 증인들이 전해준 그 사건에 대한 공동의 기억에 접근할 수 있다. 그날에 정확히 어떤 일이 구체적으로 발행했는가 하는 점은 나의 주된 관심사가 아니며, 나는 그 사건에 대해 요한과 예수가 공유하는 그때의 경험에 대한 **보도**에 더 큰 관심을 지니고 있다. 그날에 어떤 일이 일어났든지 간에 그들은 그에 관한 나름의 이야기를 지니고 있으며, 우리가 판단하기로는 그들의 이야기를 고수하고 있다.[36] 그들이 전하는 이야기의 기본적인 구조와 기초 자료들은 복음서 내에 완전하게 보전되어 있다. 또한 그 이야기는 예수 자신에게도 결정적인 순간이 되는 것으로 밝혀진다. 본 장의 논의에서는 예수의 세례 기사에서 보도되는 사실들 자체보다는 오히려 요한과 예수가 그 특별한 사건에 대해 제공하는 해석에 더 큰 관심을 기울일 것이다.

에 서 있다."
36 혹은 Taylor(1997: 269)의 표현대로 "우리는 예수가 정확히 무엇을 경험했는지 알 수 없다. 하지만 우리가 가진 마가복음의 내러티브는 예수가 그의 제자들에게 자신의 경험을 어떻게 설명해주었는지 보여준다."

4. 마가복음 1:11과 병행 구절에서 예수의 세례가 갖는 의미

예수의 세례 사건을 생각할 때 우리는 꼬리를 물고 이어지는 몇몇 장면들을 떠올릴 수 있다. 예수가 물에 들어가고, 요한에게 세례를 받았으며, 다시 물 밖으로 나왔을 때 성령이 강림하고, 예수에 관한 음성이 하늘로부터 들려온다. 이 괄목할 만한 사건을 전달할 때 요한과 예수는 아마도 자연스럽게 그들이 공유한 경험을 종교적인 관점에서, 구체적으로 말하자면 성서의 관점에서 해석하고자 하는 마음을 품었을 것이다. 결과적으로 세례 사건이 공관복음서 내에 정착되었던 시점에는 이 짧은 줄거리의 각 단계를 구성하는 요소들이 이미 신학적 의미를 획득하고 있었다. 그 사건에 대한 최초의 보도에서 과연 그처럼 심오한 신학적 해석이 주어졌는지, 혹은 어느 정도로 주어졌는지는 본문을 깊이 있게 들여다보지 않고서는 대답하기 어려운 문제다. 발굴이라는 것은 아주 지겨울 뿐만 아니라 소모적인 작업이다. 이것은 곡괭이와 삽으로 작업하는 고고학자들에게만 아니라 최종 편집본의 배후에 놓인 구두 전승과 문서 전승의 층위들을 분류하는 작업을 떠맡은 성서학자들에게도 마찬가지다. 그런 이유로 나는 복음서의 전승 과정에서 "누가 이 말을 했는가?" 혹은 "그들이 언제 이 말을 했는가?" 하는 문제를 결정하고자 하는 고고학자들의 질문에서 벗어나 겸허한 마음으로 편집 과정의 최종 단계에서의 세례 기사를 묘사한 후 그에 대한 최초의 시연 장면을 역추적하는 방향으로 작업을 진행할 것이다. 나의 목표는 세례 사건에 관한 각 복음서 저자들의 종합적인 해석을 제시한 후 복음서 저자들이 제공한 기사가 과연 요한과 예수 자신에 의해 제시된 해석에 기반했다는 증거가 조금이라도 있는지를 살펴보는 것이다.

 우리는 먼저 이 장면의 결정적인 열쇠 역할을 하는 "하늘로부터 들려온 선포"의 내용, "너는 내 사랑하는 아들이라. 내가 너를 기뻐하노라"(막 1:11과 병행 구절)라는 구절을 살펴보는 데서 시작할 것이다. 여기에 인용된 구절은 정확히 무엇을 의미하는가? 그리고 그것은 이전에 발생한 사건과 무슨 관련이 있는가?

1) 성서 인용의 출처(막 1:11과 병행 구절)

학계에서는 전통적으로 마가복음 1:11과 병행 구절들에 하나의 배후 텍스트가 존재한다는 주장과 네 개의 배후 텍스트가 존재한다는 주장이 대립하고 있다. 결과적으로 하늘에서 들려온 선포와 히브리 성서 간의 정확한 관계 문제는 결국 논쟁 중인 사안으로 남아 있다는 것이다. 내가 보기에 이 점에 관해 가장 설득력 있는 논거는 구약 텍스트에 사용된 어휘를 근거로 마가복음 1:11에 대한 암시를 명확하게 제시하고(공관복음 텍스트와 그것의 출처라고 여겨지는 구약 텍스트 사이에 문자적으로 어떤 상관관계가 존재하는지), 공관복음의 문맥 내에서 그것이 의도했던 반향이 어떤 측면에서 의미를 지닐 수 있는지(공관복음 전승과 구약성서 구절을 연관 짓는 것이 본문의 해석에 어떤 발전적인 유익을 제공하는지) 설명하는 것이다. 따라서 우리는 마가복음 1:11(및 병행 구절)과 히브리 텍스트 간의 문자적 평행관계를 보여줌으로써 복음서가 인용의 출처로 삼은 히브리 텍스트가 무엇인지를 밝혀야 할 뿐 아니라, 이렇게 밝혀진 히브리 텍스트가 유대교와 초기 기독교의 배경에서, 그리고 복음서 저자들 자신에 의해 어떤 식으로 전개되었는지도 살펴볼 필요가 있다. 이와 함께 나는 공관복음의 문구들(막 1:11과 마 3:17//눅 3:22//Q 3:22)이 언제 어떤 의미를 지니고서 복음서 전승으로 유입되었는가 하는 문제도 제기할 것이다. 더불어서 이 구절에 대한 상호텍스트적 지형을 구축해가는 과정에서 나는 오랫동안 지지를 받아왔던 해석의 흐름에 반론을 제기할 것인데, 내가 보기에 그러한 해석은 보편적인 지지를 얻는 배경 텍스트의 중요성을 제대로 평가하는 데 실패했을 뿐 아니라 지금까지 간과되어 왔던 다른 배경 텍스트의 관련성을 수용하는 데 실패함으로써 처음부터 길을 잘못 든 것은 아닌가 하는 생각이 든다.

마가복음 1:11과 병행 구절의 배후에 놓인 텍스트에 대한 학자들의 견해를 개관하기 위해 먼저 상대적으로 논란의 여지가 적은 제안 가운데 하나인 시편 2:7에서 시작하는 것도 좋은 방법이다. 몇몇 단어들만 비교해 보아도 우리는 곧바로 두 텍스트 간의 호응 관계를 식별할 수 있다. 마가복음 1:11과 시편 2:7의 70인역과 마소라 텍스트를 비교하면 다음과 같다.

"너는 내 아들이라"[*su ei ho huios mou*], 내가 사랑하는. 내가 너를 기뻐하노라(막 1:11).

"너는 내 아들이라"[*huios mou ei su*]. 오늘 내가 너를 낳았도다(시 2:7 LXX).

"너는 내 아들이라"[*běnî 'attâ*]. 오늘 내가 너를 낳았도다(시 2:7 MT).

여기서 시편 2:7에 대해 70인역 텍스트를 따를 것인지 혹은 마소라 텍스트 전통을 따를 것인지는 그리 중요하지 않다. 왜냐하면 두 텍스트 모두 마가복음의 문구와 상당히 가깝기 때문이다. 마가복음이 두 개의 핵심 단어("너는", "내 아들")를 "이다"라는 동사로 연결한 것은 시편 2편의 텍스트와 독특한 평행관계를 구성한다.[37] 하지만 여기서 또 한 가지 주목할 점은 "내가 너

---

37 이 독특한 평행관계에 대해서는 Steichele 1980: 147을 보라.

를 기뻐하노라"(*en soi eudokēsa*)라는 구절이 사무엘하 22:20의 "나를 또 넓은 곳으로 인도하시고 '나를 기뻐하시므로'[LXX: *hoti eudokēsen en emoi*; MT: *kî-hāpēṣ bî*] 구원하셨도다"라는 구절과 상당한 유사성을 보여준다는 점이다. 사무엘하 22:20은 시편 2편의 중요한 전제인 다윗의 선택을 강조한다는 점에서 마가복음 1장과도 잠재적인 관련성을 지니고 있다.[38] 이러한 해석에 따르면 예수의 세례는 다윗의 선택을 모델로 삼은 선택 행위로 묘사되었다고 말할 수 있다. 시편 2:7 구절이 마가복음 1:11 및 그에 대한 마태복음과 누가복음의 병행 구절의 배후에 자리 잡은 텍스트라는 점은 널리 인정되고 있다.[39]

일반적으로 마가복음 1:11의 배후 텍스트로 제안되는 또 다른 본문은 이사야 42:1a인데, 여기서는 공관복음서의 "내가 너를 기뻐하노라"(*en soi eudokesa*)라는 구절과 "내 마음에 기뻐하는 자"(LXX: *prosedexato auton hē psychē mou*; MT: *rāṣĕtâ napšî*)(사 42:1a)라는 구절 사이에서, 그리고 마가복음의 "사랑하는"(*agapētos*)과 이사야 42:1의 "내가 택한"(LXX: *ho eklektos*; MT: *bĕḥîrî*)이라는 표현 사이에서 연관관계를 발견할 수 있다. 하지만 여기에는 심각한 문제점들이 있다. 첫째, 이사야서의 "내 마음에 기뻐하는 자"라는 표현에서 마가복음의 "내가 너를 기뻐하노라"라는 표현으로 이동하는 데는 상당한 도약이 필요한 것처럼 보인다. 만일 복음서 저자가 이사야 41장을 인용하기로 의도했던 것이라면 그는 그 같은 사실을 감추기 위해 상당한 노력을 기울인 것이라고 말할 수밖에 없다. 둘째, 마소라 텍스트의 "내가 택

---

38 이 구절이 지닌 선택적인 의미에 대해서는 다음을 보라. Stegner 1984; Rieske 2012.
39 Collins 2007: 150(마가복음); Davies and Allison 1988-97: 1.336-43(마태복음); Nolland 1989: 161-5 (누가복음). Zimmerli and Jeremias(1957: 80-1)와 Fuller(1965: 170)는 이 같은 연관관계를 부인한다.

한"(*běḥîrî*)이라는 표현과 복음서 저자의 "사랑하는"(*agapētos*)이라는 표현 간에 존재한다고 추정되는 연관관계는 좋게 말해도 미미할 뿐이다. 70인 역 구약성서에서 마소라 텍스트의 "*běḥîrî*"를 "*agapētos*"로 번역한 사례는 하나도 찾아볼 수 없다. 여기서 설령 "내가 택한"이라는 관계사절 다음에 "*ho eklektos*" 대신 "사랑하는"(*agapētos*)을 삽입한 마태복음 12:18을 근거로 제시한다 해도 별다른 도움이 되지는 못할 텐데, 왜냐하면 마태복음 12:18은 (마 3:17에 기록된) 세례 장면에서의 선포를 연상시키기 위해 이사야 42:1을 재구성한 것으로 보이기 때문이다.[40] 마지막으로, 이사야서의 "나의 종"(LXX: *ho pais mou*; MT: '*abdî*)이 어떤 식으로든 마가복음의 "내 아들"(*ho huios mou*)에 해당하는 표현이라고 주장한다면, 우리는 사실을 왜곡하는 것이다. 요컨대 마가가 그의 독자들의 시선을 이사야 42:1로 이끌고자 했던 것이라면 그는 아주 시끌벅적한 경로를 택한 셈이다. 이사야 42장과 마가복음 1:11 사이의 연관관계는 지금까지 과대평가되어 왔었다.

세 번째로 제안되는 텍스트는 창세기 22장이다. 여기서 두 개의 핵심 단어는 "아들"과 "사랑하는"이다. 예수가 "사랑받는"(*ho agapētos*) "아들"이었다는 점이 이삭의 정체성을 반영하는데, 창세기 22:2a의 표현을 따르면 야웨는 "네 아들(*ton huion sou*) 네 사랑하는(*hon ēgapēsas*) 독자(*ton agapēton*) 이삭을 데리고" 가라고 명한다. 여기 사용된 어투는 창세기 기사에서 여러 번 반복된다. 리로이 호이징가(Leroy Huizenga)는 마태복음의 병행 구절을 주석하면서 다음과 같이 지적한다. "창세기 22:2, 12, 16과 마태복음 3:17은 정확한 순서로 나열된 다섯 단어를 서로 공유한다.…창세기 구절들은 이삭

---

40 Bretscher 1968: 303; Luz 1989-2005: 1.214-15; Novakovic 2003: 138; Huizenga 2009:156-64. 누가복음도 9:35에서 유사한 흔적을 보여준다.

을 아브라함의 사랑받는 아들로 묘사하는 반면 마태복음 3장은 예수가 하나님의 사랑받는 아들이라고 밝힌다."[41] 또 다른 중요한 문구는 "하늘로부터"(*ek tōn ouranōn*, 막 1:11)라는 표현인데, 이 표현은 엄밀히 말해 인용구의 범위에서 벗어나 있지만 그럼에도 창세기 22:11, 15과 병행을 이루고 있으며, 이 두 구절은 다시 "네 아들 네 독자"(창 22:12, 16)라는 표현과 연결된다.[42] 예수의 세례 기사를 다룬 초기의 주석가들은 창세기 22장에 나오는 "이삭의 결박"(Aqedah) 사건에 대한 암시를 간과하는 경향을 보여왔는데, 이는 아마도 "고난받는 종"(Suffering Servant)의 이미지를 강조하고자 하는 관심 때문이었을 것이다. 하지만 최근의 연구에서는 창세기 22장이 마가복음과 더 나아가 공관복음의 하부구조 내에서 차지하는 위상을 중시하는 것처럼 보인다.[43]

네 번째 가능성도 존재한다. 40여 년 전에 파울 브레처(Paul Bretscher)는 그의 기고문에서 "하늘로부터 들려온 소리"라는 주제가 출애굽기 4:22-23에서 전용된 것이라고 주장했다.[44] 아래에 두 구절을 비교해서 제시한다.

너는 **내 사랑하는 아들**[*ho huios mou ho agapētos*]이라. 내가 너를 기뻐하노라.[45]

너는 바로에게 이르기를 "여호와의 말씀에 이스라엘은 **내 아들 내 장자라**

---

41 Huizenga 2009: 153.
42 Huizenga 2009: 154.
43 Turner 1926; Dekker 1961; Scattolon 1978; Levenson 1993: 30-1; Boring 2006: 45; Huizenga 2009; Rindge 2012.
44 Bretscher 1968.
45 막 1:11.

[LXX: *huios prōtotokos mou*; MT: *běnî běkōrî*]. 내가 네게 이르기를 내 아들을 보내 주어 나를 섬기게 하라 하여도 네가 보내 주기를 거절하니 내가 네 아들 네 장자를 죽이리라 하셨다 하라" 하시니라.[46]

"사랑하는"(*agapētos*)과 "장자"(*huios prōtotokos*)가 때때로 동등한 표현으로 사용되었다는 증거를 제시하면서 브레처는 예수의 세례가 그를 이스라엘의 장자로 인준하는 의미를 지닌다는 흥미로운 주장을 펼친다. 이것은 상당히 호기심을 자아내는 제안이다. 어쨌거나 세 복음서 저자는 모두 예수를 새로운 출애굽의 선구자로 소개하는 일련의 내러티브 가운데서 세례 사건을 소개하고 있으며, 특히 주석가들이 거의 한목소리로 세례 사건에 이어지는 예수의 "시험"(막 1:12-13//마 4:1-11//눅 4:1-13)을 출애굽한 이스라엘이 광야에서 경험했던 시험과 맥락을 같이하는 사건으로 이해한다는 점에서 우리는 세례를 일종의 출애굽으로 간주할 수 있을 것이다. 게다가 브레처가 미처 언급하지 못한 부분이 있는데,「창세기 랍바」97에서는 시편 2편을 다루면서 시편 2:7과 연관된 텍스트 가운데 가장 먼저 출애굽기 4:22-23을 거론한다. 하지만 이사야 42:1과 마찬가지로 출애굽기 4:22-23도 시편 2:7이나 창세기 22:2과 비교해보면 마가복음 1:11과 명확한 관련성을 지닌다고 주장하기에는 어휘적인 연관관계가 너무 미약하다.[47]

요약하자면, 나는 마가복음 1:11(및 병행 구절)과 시편 2:7 및 창세기 22:2 사이에 명백한 관계가 있다고 믿는다. 또한 나의 논지에 크게 영향을 주는 것은 아니지만, 나는 "하늘로부터 들려온 소리"에 관한 성서적 배경

46　출 4:22-23.
47　Marcus(2004 [1992]: 51-2)가 Bretscher의 주장을 묵살한 이유는 이처럼 중요한 랍비 문헌의 증거를 간과했기 때문이었다.

으로 이사야 42:1과 출애굽기 4:22-23에 위의 두 구절과 동일한 무게를 두는 것에 반대한다. 신학적인 이유에서 모종의 연관관계를 상상해볼 수도 있겠지만, 이를 뒷받침할 만한 어휘상의 증거는 찾아볼 수 없다. 시편 2편과 창세기 22장에 등장하는 "아들"이라는 핵심 단어를 공관복음 전승에서 공유한다는 사실이 중요한 이유가 바로 여기에 있다.

2) 마가복음 1:11에 인용된 구약성서 구절들이 제2성전기에 수용되어온 방식

내가 보기에 시편 2편과 창세기 22장 텍스트가 예수의 세례 장면과 연관성을 갖는다는 점은 텍스트 자체에 대한 분석과 고대 유대 사회에서 그것을 수용한 방식을 보더라도 어느 정도 분명해졌다. 특히 고대 세계에서 텍스트의 수용이 갖는 의미를 가볍게 여겨서는 안 된다. 시편 2편과 창세기 22장 모두 고대의 텍스트라는 점에서 해석상의 공백을 허용한다. 그런 점에서 기독교 이전 시대의 유대교가 그러한 공백을 채워준다면 우리는 예수가 그 텍스트들을 어떻게 인용했으며, 후에 복음서 저자들이 어떻게 그것을 사용했는지 이해하는 데 더욱 유리한 위치를 점유할 수 있다.

제2성전기 유대교의 시편 2편 해석

시편 1편이 의로운 개인을 묘사한다면, 시편 2편은 모든 나라가 연합하여 의로운 공동체, 다시 말해 야웨와 그의 기름 부음 받은 자를 대적하는 범세계적이고 우주적인 시나리오를 제시한다. 성서 텍스트에 따르면 그 같은 갈등을 해결하는 결정적인 방법은 "내 거룩한 산"(시 2:6) 시온에 왕을 세우는 것이었다. 일단 야웨의 명령("너는 내 아들이라. 오늘 내가 너를 낳았도다", 시 2:7)으로 왕이 세워지면 그 왕은 시온에서 이방 나라들을 대항하여 정의를 시행할 태세를 갖출 것이다. 시편 2편은 세상의 왕들에게 근신하여 합당하게 반응하라고 초청하면서 끝을 맺는다(시 2:10-12).

게르하르트 폰 라트와 알브레히트 알트 이후로 상당수의 학자가 시편 2편을 대관식 시편으로 분류하는데 그들은 이 시편이 사무엘하 7장에서 상술하는 다윗 언약을 반영한다고 주장한다.[48] 시편 2편의 구체적인 "삶의 정황"이 무엇이든 간에 우리가 이 시편을 다윗 언약의 틀 안에서 이해할 때 그것은 다윗 왕조 이데올로기를 고취할 목적으로 작성되었음이 분명하다. 다윗 왕조 이데올로기에서 가장 중요한 요소는 야웨가 다윗의 가문에 정치적 안정을 보증해주었다는 점인데, 이것은 성전을 건축하고자 했던 선조들의 열망에 대한 응답으로서 주어졌던 약속이기도 하다.

시편 2편과 다윗 언약의 관계에 대해 논의하면서 우리는 자연스럽게 이것을 "메시아 시편"으로 규정하고자 하는 유혹을 받지만, 이 같은 명칭이 메시아 개념의 도입을 보증해주는 것은 아니다. 사실 메시아 개념은 시편 2편 저자에게나 1세기 독자들 모두에게 생소한 것이었으리라고 생각된다. 확실히 이 시편은 "기름 부음 받은 자"에 관한 것이며, 그런 의미에서는 확실히 "메시아적"이라고 할 수 있다. 하지만 만일 우리가 다른 텍스트들에 등장하는 메시아적 인물들에 관한 복합적인 특징을 시편 2편의 "메시아적 인물"에게 부여하려고 한다면, 우리는 너무 성급하게 증거가 허용하는 범위를 넘어서는 것이다. 우리는 마치 1세기의 모든 유대인이 "메시아"가 무엇을 의미하는가에 대해 확고부동한 관념을 가지고 있기라도 했던 것처럼 오해하는 것이다. 우리는 공관복음서의 세례 기사에 대한 초기 기독교의 해석에 이르러서야 시편 2편의 인물에게 메시아적 특성을 부여하는 일을 정당화할 수 있다. 하지만 반대로 우리가 시편 2편을 근거로 역사적 예

---

48   von Rad-Alt 해석에 대한 미묘한 도전에 관해서는 Roberts 2002: 143-56을 참조하라.

수의 운동에 대해 완전히 발달한 고기독론적 관념을 역투사하는 것은 심각하게 시대착오적인 발상이다.

우리는 시편 2편을 수용한 두 가지 대표적인 사례를 귀납적으로 살펴봄으로써 이 주제에 대한 이해에 상당한 진보를 가져올 수 있다. 하나는 쿰란 공동체의 내부 문서인 "4Q174"(4QFlorilegium)이고 다른 하나는 「솔로몬의 시편」이다.[49] 4QFlorilegium에서는 장황하게 나열된 성서 텍스트 가운데서 시편 2:1이 중요한 자리를 차지하고 있는데, 여기 나열된 거의 모든 텍스트는 잠재적으로 **신성한 공간의 수립**과 관련되어 있다.[50] 쿰란 공동체의 주석가에 따르면 "이스라엘의 선택받은 자들"(다시 말해 쿰란 공동체의 회원들)은 "야웨와 그의 기름 부음 받은 자"를 대리하며, 그들이 예루살렘 성전의 견고한 세력과 충돌하게 될 시기는 "마지막 때"일 것이다.[51] 따라서 저자는 그의 공동체와 불법한 제사장 계층 간의 충돌을 경쟁 관계에 있는 두 성전 간의 장엄한 전투로 이해했으며, 그들 공동체가 이제 곧 출현할 종말론적 성전의 지위를 갖는다는 사실이 전쟁에서 승리의 열쇠가 되리라고 여겼다. 시편 2편의 저자나 4QFlorilegium의 저자에게 이 시편은 야웨가 거룩하게 구별된 성전이라는 형태로 악에 대항하기 위한 교두보를 마련할 것을 보증하는 역할을 했다.[52]

「솔로몬의 시편」도 시편 2편을 쿰란 문서와 아주 유사한 방식으로 적

---

49 Janse(2009: 51-75)는 "초기 유대교"에 대한 몇몇 스쳐 지나가는 암시들에 대한 논의를 덧붙인다. O'Brien 2010: 155-60도 참조하라.
50 4Q174에서 시 2:1보다 먼저 인용된 구절들을 순서대로 나열하자면 다음과 같다. 시 89:23; 출 15:17-18; 삼하 7:11, 12-14; 암 9:11; 시 1:1; 사 8:11; 겔 44:10.
51 4Q174 1 1.19. "아들"에 대한 공동체적 해석과 메시아적 해석이 교차하는 현상은 *Gen. Rab.* 97 (시 2:9)에서도 발견된다.
52 Watts(2007: 309)가 지적한 것처럼 성전의 중심성은 "사랑을 입은 자"가 "나의 성소 위에 자리하고 있다"(6절)라고 번역하는 *Tg. Ps.* 2.6-7을 통해서도 입증된다.

용한다. 「솔로몬의 시편」 저자는 기원전 1세기에 로마의 폼페이우스 장군이 성전을 침탈했던 비극적인 사건이 예루살렘 성전을 지배하고 있던 사악한 제사장 계층의 잘못 때문이라고 여겼는데, 그의 「시편」은 부분적으로는 저항문학이었고 부분적으로는 예루살렘의 비극적인 상황에 대한 애가였다. 하지만 결국 그의 텍스트는 희망이 가득한 어조로 절정에 도달한다. 끝에서 두 번째 장인 17장에서는 메시아적 인물이 무대 전면에 등장하게 될 종말론적 순간을 내다보고 있다.

> 주여, 보시옵소서. 그들을 위하여 그들의 왕, 다윗의 아들을 일으키셔서 당신에게 알려진 때에 당신의 종 이스라엘을 다스리게 하소서. 오 하나님이여.
>
> 그에게 힘을 주셔서 불의한 통치자들을 무너뜨리게 하시고, 예루살렘을 짓밟아 파괴하는 이방인들로부터 그 도시를 정화하게 하소서. 지혜와 의로써 죄인들을 그들이 물려받은 땅에서 몰아내게 하시고, 토기장이가 질그릇을 부수는 것처럼 죄인들의 오만을 꺾게 하소서.
>
> 그들의 소유를 철장으로 산산이 부수게 하시고, 그의 입의 말씀으로 불법의 나라들을 파괴하게 하소서.
>
> 그가 경고할 때 나라들이 그의 앞에서 도망칠 것이며, 그는 죄인들을 그들의 마음의 생각에 따라 정죄할 것입니다.[53]

---

53 *Pss. Sol.* 17.21-25.

위의 본문에서 다수의 단어("나라들", "왕", "아들"), 어구("철장", "토기장이의 질그릇"), 그리고 개념("다윗 가문의 통치자", "이방인에 대한 심판")이 시편 2편을 연상시키는데, 여기서 이 두 텍스트 간의 상관관계는 명백해 보인다. 우리가 다루는 주제와 관련하여 크게 두 가지 점이 흥미를 끈다. 첫째, 4QFlorilegium과 마찬가지로 「솔로몬의 시편」이 시편 2편을 인용하는 방식은 명백하게 종말론적인 성격을 띤다. 제2성전기 해석가들은 시편 2편이 과거에 이미 성취된 것으로 이해했지만 「솔로몬의 시편」 저자는 그 성취가 다만 부분적일 뿐이며 이방 나라들에 대한 심판을 통해 도달하게 될 절정의 순간을 내다보고 있는 것으로 여겼다.[54]

둘째, 시편 2편 저자가 피상적으로 "이방 나라들"을 다루었던 반면 「솔로몬의 시편」 저자는 윤리적 관점에서 이 범주를 재정의하는데, 결국 시편 저자의 관점에서 당면한 문제는 이스라엘 외부에 존재하는 "이방인들"(*goyim*)이 아니라 이스라엘 내부에 깊숙이 뿌리내린 부정한 제사장들이었다. 이 문제를 해결하기 위해서는 "예루살렘을 정화하고 그 도시가 처음부터 그러했던 것처럼 거룩하게 만들"(*Pss. Sol.* 17.30) 메시아적 인물이 도래하는 수밖에 없다. 그 시점에 이르기까지는 동일한 메시아적 인물이 "거룩한 백성을 한데 모을" 것이며, 그가 자기 백성들을 앎으로써 "그들은 그들의 하나님의 아들들이 될 것이다"(17.26, 27). 기원전 1세기에 활동했던 저자에게 근본적인 문제는 **본질상** 지리적인 것이 아니라 종교적인 문제였다. 팔레스타인을 지배하고 있던 로마 제국의 세력도 문제였지만, 그것은 다만 훨씬 심각한 문제, 다시 말해 예루살렘 성전을 둘러싼 문제를 드러내어 보

---

54 11세기 유대인 주석가 랍비 슐로모 이츠하키(Rashi)에 이르기까지 시 2편은 대체로 종말론적 관점에서 해석되었으며, 7절에서 취임한 "아들"에게는 메시아의 역할이 돌려졌다. Signer 1983: 274을 보라.

여주는 하나의 증상에 불과했다.[55] 이처럼 심각한 문제의 해결은 적법한 종말론적 대제사장(메시아인 아들)과 그의 "아들들"인 제사장들을 다시 세우는 일을 중심으로 이루어져야만 할 것이다.

나는 여기 제시된 마지막 논지가 「솔로몬의 시편」에 묘사된 메시아가 본성상 제의적 메시아와는 **반대되는** "제왕적" 메시아라고 제안하는 잘못된 대조를 잠재울 것이라고 기대한다. 「시편」의 텍스트를 잠깐만 살펴보아도 시편 2편에 영감을 받은 메시아적 인물은 제왕적 특징과 제사장적 특징을 모두 보여주고 있는데, 그중에서도 제사장적 특징들이 우위를 점하고 있다. 메시아의 제왕적 통치는 그 자체가 목적이 아니라 성전의 정결을 확보하기 위한 수단이었는데, 이것이 중요한 점이다. 솔로몬의 시편을 해석하는 학자들 가운데는 너무 성급하게 인물들을 "예언자" 혹은 "제사장" 혹은 "왕"과 같은 범주들로 분류하는 이들이 적지 않은데, 이와 같은 삼분법적 도식은 이해에 도움을 주기보다는 오해를 불러일으키는 경우가 더 많다.[56]

탁월한 학자인 콜린 건튼이 한번은 그의 글에서 이런 표현을 사용한 적이 있다. "중요한 것은 우리가 어떻게 **규정하는가**가 아니라 그가 어떻게 **자신을 계시하는가다**."[57] 우리가 하나님을 이해하고자 할 때 하나님 자신이 사용한 표현에 집중하는 것이 올바른 태도라면, 우리는 역사가로서 하

---

55 Embry(2002: 110)가 유익하게 표현했던 것처럼, "「솔로몬의 시편」 17장의 메시아가 정치적 인물이라는 점은 부인할 수 없겠지만, 저자에게 더욱 중요한 이슈는 정치가 아니라 정결이었다." 이와 유사하게 Watts(2007: 311)는 다음과 같이 말한다. "「솔로몬의 시편」에 나타나는 메시아 소망의 핵심은 백성의 정결을 회복하는 일, 특히 도시와 성전을 정결케 하는 일이었다."
56 정확히 이런 노선을 따르는 「솔로몬의 시편」 학계에 대한 Embry(2002)의 유익한 비평을 보라. 다윗의 제사장적 특징에 대해서는 4장에서 자세히 다루겠다.
57 Gunton 2003: 9.

나님이 보낸 메시아에 대해서도, 때로는 우리 자신이 가진 (때로는 시대착오적이기까지 한) 왕권 개념과 모호하게 연결되는 신학적 속성들에 집착하기보다는 메시아 자신이 그의 역할이라고 제시하는 내용에 집중함으로써 정당한 존중의 태도를 보일 필요가 있다. 시편 2편이 일반적으로 "제왕시"로 분류되는 것은 사실이지만, 그렇다고 해서 제2성전기 해석이 이 시편에서 제왕적 요소보다는 제사장적 의미에 더욱 큰 관심을 기울였다는 사실을 배제할 수 있는 것은 아니다. "거룩한 산 시온에 세운다"라는 표현이 유대인들에게는 "성전의 공간을 회복한다"라는 말과 동등하게 여겨졌는데, 그것은 "메시아인 아들"이 제사장으로서 다루어야 하는 의제 가운데 정점을 이루는 일이었다.[58]

제2성전기 유대교의 창세기 22장 해석

현존하는 예수 시대 문헌에서 시편 2편의 흔적은 간간이 발견되는 반면에 창세기 22장에 관한 실마리는 거의 어느 곳에서나 발견할 수 있다. 랍비 문학에서 "이삭의 결박"(Aqedah) 이야기는 상당히 중요하게 다루어졌다. 기독교 이전 시대와 1세기 문헌에서도 이삭의 이름은 끊임없이 소환된다. 여기서는 지면 관계상 그중 몇 가지 대표적인 텍스트에 초점을 맞출 것이다. 그중에서도 얼핏 보기에는 창세기 22장과의 관계가 분명하지 않으면서도 해석학적으로 독특한 발전을 보여주는 세 개의 텍스트를 살펴볼 것이다.

첫째, 1세기 무렵에 "이삭의 결박" 이야기는 이미 성전 기관과 연계되어 해석되고 있었다. 이삭 이야기와 성전을 맨 처음 명시적으로 연관 지은

---

58 성전 건축을 메시아의 역할이 지니는 상징적인 측면으로 보는 견해로는 Nicholas Perrin 2015을 보라.

것은 역대하 3:1인데, 거기서는 창세기 22장의 무대인 모리아산이 솔로몬에 의해 건축될 성전의 터가 될 것이라고 말한다. 이 두 장소의 상관관계는 이후에 다른 문헌들에서도 언급된다.[59] 이러한 사실은 이삭이 희생제물이 될 뻔했었던 사건이 야웨에 대한 탁월한 순종의 모범으로 여겨졌으며 이에 따라 그 나름의 구원론적 의미를 획득하게 되었다는 점과 무관하지 않다. 예수 시대 전후에 유대교 주석가들은 한 걸음 더 나아가 이삭이 아브라함의 의도를 명확히 알고 있었으며 그런데도 그의 운명을 받아들이고 잠잠히 죽음을 맞이했다는 사실을 강조하기에 이르렀다.[60]

이삭의 결박 사건과 속죄 개념 사이에 정확히 어떤 관계가 있는지에 대해 다양한 문헌들이 나름의 통찰력을 제공하는데, 여기에는 기원전 2세기 말의 유딧기(Judith)와 기원전 혹은 기원후 1세기의 「마카베오4서」도 포함된다. 그중에서도 먼저 유딧기에서 주인공이 베툴리아에서 장로들에게 했던 연설을 살펴보겠다.

> 그러니 형제 여러분, 우리는 이제 동포들에게 모범을 보여줍시다. 그들의 생명은 물론 성소와 성전과 제단의 안전도 우리에게 달려 있기 때문입니다 [*epestēristai eph' hēmin*].

> 이런 모든 사정에도 불구하고 우리는 하느님께 감사를 드려야 됩니다. 하느님께서는 우리 조상들을 시험하셨듯이 지금 우리를 시험하고 계십니다.

---

59 *Ant.* 1.13.1-2 §§224, 226; *Jub.* 18.13. Levenson 1993: 111-24; Moberly 2000: 112-8.
60 4Q225 2.2.4; *Gen. Rab.* 56.8; *L.A.B.* 32.3; *Ant.* 1.13.4 §§232-36; *Tg. Ps.-J. Gen.* 22.1; etc.

하느님께서 아브라함을 어떻게 하셨는지, 이사악을 어떻게 시험하셨는지 [epeirasen], 그리고 시리아의 메소포타미아에서 야곱이 자기 외삼촌 라반의 양떼를 칠 때에 무슨 일이 일어났는지 한번 생각해 보십시오.

그들의 충성심을 단련하시기 위하여 불과 같은 시련을 그들에게 주셨지만, 우리는 그와 같이 처벌하시지 않으셨습니다. 다만 주님께서는 당신께 가까이 가는 사람들을 깨우쳐주시기 위하여 채찍으로 가르쳐주실 뿐입니다(공동번역).[61]

유딧은 성읍의 장로들에게 시련을 견뎌내자고 호소하면서 만일 그들이 순종하기만 한다면 그들의 행동은 이스라엘 백성에게 뛰어난 모범이 될 뿐만 아니라 성소를 지탱하는 기둥과 같은 역할을 하게 될 것이라고 주장한다. 한 걸음 더 나아가 유딧은 지금 장로들이 직면하고 있는 시험이 과거에 아브라함과 이삭이 직면했던 시험과 유사한 성격을 지닌 것이라고 말한다. 이와 마찬가지로 「마카베오4서」의 저자는 순교자의 죽음이 지니는 대속적 중요성을 강조하기 위해 안티오코스 4세의 손에 고문당하는 일곱 형제가 서로에게 이삭을 상기시키는 것으로 묘사한다. "너희가 누구의 후손인지를 기억하라. 또한 야웨께 헌신하기 위하여 자기 손으로 아들 이삭을 희생제물로 바쳤던 아버지를 기억하라."[62] 위의 문헌들에서 강조하고자 하는 점이 무엇인지는 분명하다. 앨런 시걸의 말을 빌리자면 "순교는 대리적 속죄와 깊은 연관성을 지니고 있으며, 이삭은 모든 순교자 가운데 특히 두드

---

61 유딧기 8:24-27.
62 4 Macc. 13.12. 저자의 번역을 대본으로 삼았다. 이 문구에 대한 NRSV의 번역은 만족스럽지 못하다.

러지는 인물이다."⁶³ 이삭의 희생은 하나님께 대한 산 제사의 적절한 모범으로서 그에 뒤따르는 모든 희생의 근거가 되고 있다.⁶⁴

"이삭의 결박" 이야기는 자연스럽게 유월절과도 밀접하게 연관 지어졌다. 이것은 후기 랍비 문학에서만 아니라 「희년서」나 4Q225 같은 기독교 시대 이전 문헌들에서도 마찬가지였다.⁶⁵ 「희년서」의 저자는 아브라함이 통과했던 위대한 시험이 유월절 날에 발생했다고 묘사한다.⁶⁶ 아브라함은 위기의 순간이 지나간 후에 이레 동안 연회를 베풀었는데, 이는 유월절에 지켰던 7일의 절기를 염두에 둔 것이다.⁶⁷ 마지막으로, 「희년서」는 "이삭의 결박"과 유월절 사건을 천상에서 하나님을 보좌하는 천사와 "마스테마"라는 악마 사이에서 벌어지는 전투로 묘사하는데, 악마는 결국 족장들의 순종으로 말미암아 수치를 당하게 된다.⁶⁸

4Q225의 저자도 두 사건이 평행관계를 이루는 것으로 전제하는데, 그는 이삭을 제물로 바친 사건이 "마스테마"를 결박함으로써 출애굽 세대

---

63 Segal 1996: 108.
64 Vermes 1973 (1961): 211.
65 *Mekilta Exod.* 12.13. 의미심장하게도 *Targum Pseudo-Jonathan*(*Tg. Ps.-J.*), *Fragmentary Targum*(*Frg. Tg.*), Paris Manuscript 110(MS 110) 그리고 *Targum Neofiti*(*Tg. Neof.*)는 모두 "네 밤의 시"(The Poem of the Four Nights)를 포함하고 있는데 이것은 출 12:42를 세심하게 확장한 것으로, 역사가 크게 네 가지 사건(창조, 이삭의 결박, 출애굽/유월절, 종말)으로 특징지어진다고 이해한다. Le Déaut 1963에서 이 주제를 포괄적으로 다룬다.
66 *Jub.* 18.3. 현대 독자들은 이것을 시대착오적이라고 받아들이겠지만, 「희년서」의 저자를 포함하여 고대 유대인들은 유월절이 세상의 기초가 세워지기 이전에 제정된 것이라고 여겼다 (*Jub.* 49.7).
67 *Jub.* 18.18-19; 참조. 레 23:6; 민 28:17. 「희년서」의 저자는 아브라함의 연회와 유월절이 두드러지게 기쁨으로 특징지어진다고 묘사한다(*Jub.* 18.18-19; 49.2, 22).
68 이삭의 결박 장면과 유월절 밤에 등장하는 천사에 관해서는 *Jub.* 18.9, 48.13을 참조하라. 두 사건에서 "마스테마"(Mastema)의 역할에 대해서는 *Jub.* 17.16; 18.9, 12; 48.2, 9, 12을 보라.

가 별다른 피해 없이 가나안 땅으로 진군할 수 있도록 길을 닦는 효과를 거두었다고 주장한다.[69] 한마디로 고대 유대인의 관점에서 출애굽의 시험은 이삭을 제물로 바치는 시험의 재현이었다.[70] 이집트에서 이스라엘이 경험한 시험이 "제사장 나라와 거룩한 백성"(출 19:6)을 일으켰던 것처럼, 이삭은 자신의 "시험"(peirasmos)을 통해 참된 제사장으로 모습을 드러냈는데, 그는 이러한 역할을 아브라함(그 역시 제사장이었다)의 장자로서 유업으로 물려받았으며 순종을 통해 그가 물려받은 지위를 확증했다.[71]

한편 이삭은 이스라엘을 품고 있는 씨앗인 동시에 "하나님의 아들"이기도 했다. 적어도 알렉산드리아의 필론은 이렇게 규정하고 있다. 필론은 그의 저작 가운데 세 곳에서 이삭을 하나님의 아들로 묘사하는데, 세 군데 모두 이삭의 이름이 지닌 의미를 부가적으로 설명하는 단락이었다. 그중 한 곳에서 그는 이삭이라는 이름이 웃음을 의미하고 오직 하나님만이 웃음을 만드신 분이기 때문에 "하나님은 완전히 참된 의미에서 이삭의 아버지시라고 말해질 수 있다"라고 말한다.[72] 분명한 것은 필론이 특별히 어원이

---

69 VanderKam 1997a: 254; Huizenga 2009: 91.
70 Daly 1977: 55; Davies 1979. 아마도 이런 점이 막 1:11과 병행 구절들에 등장하는 "소리"가 출애굽기의 모방이라는 주장에 신빙성을 더해주는 것 같다(Bretscher).
71 아브라함의 제사장 지위는 당연하게 여겨져 왔던 것으로 보이며(참조. Philo, *Abr.* 198), 이삭도 마찬가지다(*T. Levi* 9.6-14). 「희년서」에서는 제사장 직분의 부계 세습이 거의 고정관념처럼 받아들여지는데, Kugel(1993: 62)은 이를 다음과 같이 설명한다. "「희년서」의 핵심 주장 가운데 하나는 창세기에서 여러 족장이 제단을 쌓았다는 언급은 사실상 그들이 다양한 종교 절기를 기념해왔으며 절기를 주도한 족장이 제사장이었음을 암시한다는 것이었다. 따라서 구약성서 시대에는 아담, 에녹, 노아, 아브라함, 이삭으로 이어지는 일련의 제사장들이 존재했다."
72 *Det.* 124; *Mut.* 131("이삭은 단순히 이삭이라는 사람을 가리키지 않으며, 그의 이름은 모든 선한 감정의 최고봉인 기쁨을 의미한다. 이삭은 마음의 웃음이며 하나님의 아들이다"); *Leg.* 3.219("여기서 말해지는 것은 다음과 같은 의미를 지닌다. '야웨께서 이삭을 낳으셨다. 왜냐하면 그는 완전한 성품의 아버지시기 때문이다'").

나 웃음의 의미에 관심을 가졌던 것은 아니며 다만 젊은 이삭이 "하나님의 아들"로서 지니는 특별한 위상을 설명하고자 했다는 점이다. 필론이 "하나님의 아들"이라는 표현을 통해 정확히 무엇을 의미했는지 밝히기는 쉽지 않을 것이다. 하지만 확실히 필론은 이삭이 그에 비견할 만한 사례가 없는 독특한 인물이라고 여겼으며, "하나님의 아들"로서 그가 지니는 특별한 위상은 그가 모리아산의 결박 사건에서 감당했던 희생제물로서의 역할과 분리해서 생각할 수 없다.[73]

마지막으로 덧붙이자면, 유대교 주해 전통에서는 창세기 22장을 해석할 때 "이삭의 결박" 사건이 내포하는 "신현"(theophany)으로서의 성격을 강조하는 경향이 있다. 이런 점은 예컨대 창세기 22:14에 대한 아람어 단편 타르굼에 분명하게 드러난다. "야웨의 성전이 세워진 산 위에서 아브라함은 그의 아들 이삭을 제물로 바쳤고, 성전산에서 야웨의 임재(Shekinah)의 영광이 그에게 계시되었다."[74] 이와 유사하게 유월절에 관한 타르굼 전승을 반영하는 "네 밤의 시"(The Poem of the Four Nights)에 따르면, "[우리 조상] 이삭은 번제단에 제물로 바쳐졌을 때 37세가 채 되지 않았었다. 하늘이 강림하여 그에게로 내려왔으며, 이삭은 그것들의 탁월함을 보았고 그의 눈은 그것들의 탁월함으로 말미암아 빛을 잃었다."[75] 이삭의 결박 이야기에 내포된 신적 환상으로서의 특징에 대한 강조는 타르굼 전통에서 발전했고 예수

---

[73] Davies and Chilton(1978: 519-21)은 필론이 이삭에 대해 극미한 관심만 보였다고 언급하는데, 이것은 그들이 필론 문헌 전체를 다루지 않아서 발생한 문제이며, 그들이 유월절과 이삭의 결박을 서로 연관 짓는 전통이 상당히 후대에 발전한 것이라는 구시대적 전제에 의존하고 있음을 보여주기도 한다. 필론이 "하나님의 아들"이라는 호칭을 이삭에게 적용한 것이 제사장적 암시를 내포하는지는 단정적으로 말하기 어렵다. 어쨌거나 필론은 아브라함에게 제사장이라는 명칭을 부여한다(*Abr*. 198).

[74] Vermes 1973 (1961): 195.

[75] 나는 Le Déaut(1963: 64-65)가 아람어를 프랑스어로 옮긴 번역본을 다시 영어로 옮겼다.

의 시대에도 분명히 존재했었는데, 이는 복음서 저자들의 신현 내러티브가 창세기 22장에 호소하고 있다는 점을 확증해주는 역할을 한다.

3) 종합

제2성전기 유대교에서 시편 2편과 창세기 22장은 다양한 차이점에도 불구하고 정상적으로 기능을 발휘하는 신성한 공간에 대한 소망을 공유하고 있는 공동체들과 개인들에게 든든한 지원군이 되어주었다. 사해사본과 「솔로몬의 시편」을 배출한 공동체들에서 시편 2:7은 종말론적이고 제왕적인 제사장의 도래와 그에 따른 신실한 예배 공동체의 수립을 알리는 역할을 했다. 이것은 제2성전기 유대인들이 희생제사의 **유일한** 토대가 되는 행위로 간주했던 창세기 22장의 사건과도 무관하지 않다. 시편 2편이 불신자들이 최종적으로 제자리를 찾을 수 있게 만들어줄 합당한 성전의 수립에 대한 비전을 제시하는 것이라면, 창세기 22장은 그렇게 지어진 성전을 위한 속죄가 어떻게 작동해야 하는지에 관한 계시의 약속을 담고 있다. 이와 같은 정황을 고려해볼 때, 시편 2편과 창세기 22장을 통합한 마가복음 1:11에 보존된 전승은 성전과 연계된 실재들을 중점적으로 다룬다고 말할 수 있다.

지금까지의 논의를 통해 우리는 예수 공동체의 회원들이 그들 스승의 세례 이야기를 접했을 때 예수의 세례와 예수 자신에게까지 제의적 의미를 부여했을 것이라고 짐작할 수 있다. 왜냐하면 예수의 세례 이야기는 하늘로부터 들려온 목소리에 관한 언급을 포함하고 있었으며 그 목소리는 제사장적 함의를 지닌 성서 구절들을 인용한 것이었기 때문이다. 좀 더 정교하게 표현하자면, 시편 2편과 창세기 22장이 공유하는 제사장적 관심사와 그 텍스트들이 마가복음 1장의 문맥에서 해석되어온 방식을 염두에 두고서 예수의 세례 사건 자체에 깊이 내재한 묵시적 특성을 고려할 때, 예수가 일종의 대제사장이었다고 추정하는 것은 지극히 자연스러운 일일 것이다. 그는 다름 아니라 신성한 공간을 확고히 하는 동시에 속죄 사역을 감당할 책임을 짊어진 중재자적 인물로 하나님에 의해 지명되었다는 것이다. 물론 이런 해석이 예수의 세례를 "메시아의 취임식"으로 이해할 여지를 완전히 배제하는 것은 아니지만 그런 용어가 예수의 세례 사건을 묘사하기에 부정확한 표현이라는 점은 분명하다. 시편 2편과 창세기 22장이 예수의 세례 순간에 대한 가장 이른 시기의 기억에 반영된 것이라고 전제한다면, 예수의 세례 사건은 무엇보다도 "성별"(consecration)에 관한 이야기다. 아론 계열의 제사장 직분이 "물"(레 8:6)과 "관유"(레 8:30)를 통해 거룩하게 구별되었던 것처럼, 물과 성령에 관한 예수의 경험은 아론 계열과는 차별화되는 제사장적 역할을 위해 그를 거룩하게 구별하는 수단으로 해석되었다.[76] 구약성서의 여러 구절을 전승에 최초로 통합시켰던 자들이 의도했던 바도 그들이 활동했던 시대의 텍스트들에 영향을 받아 예수를 제사장으로 제시하는 것이었다고 추측할 수 있다.

5. 공관복음 내러티브에서 예수의 세례를 이해하는 방식

앞에서 말했던 것처럼, 예수의 세례에 대해 최초로 부여되었던 의미가 마가복음, 마태복음, 그리고 누가복음이 저술되던 시기에 인정되고 재차 확정되었는가 하는 것은 또 다른 문제다. 과연 공관복음서에는 창세기 22장

---

76 구약성서 전통에서 성령은 일반적으로 기름으로 상징되었다. 참조. 사 61:1; 슥 4:1-6 등.

과 시편 2편을 근거로 예수의 세례에 제의적 의미를 부여한 흔적이 남아 있는가? 나는 그렇다고 믿는다. 위의 성서 구절들에 대한 기독교 이전 시대의 유대교 해석에서부터 예수의 세례 사건에 이르기까지 내가 묘사하는 해석의 궤적은 세례 사건에 대한 공관복음서의 묘사에도 반영되고 있는 것처럼 보인다.

공관복음서 저자들이 예수의 세례 사건을 그들 각자의 이야기 속에 통합시킨 방식을 살펴보면 우리는 복음서 저자들이 그 장면에 내재하는 제사장적 의미를 인지하고 있었을 뿐만 아니라 그와 같은 암시를 발전시키기도 했다는 증거를 발견할 수 있다. 이런 사실을 보여주는 직간접적인 표지들을 크게 세 가지 측면에서 제시할 수 있다. 첫째, 복음서 저자들이 세례 이야기를 "성별"에 관한 이야기로 받아들였다면, 우리는 그러한 이해의 흔적을 인접 문맥, 다시 말해 마가복음 1장, 마태복음 3장, 그리고 누가복음 3장에서도 발견하리라고 기대할 수 있을 것이다. 둘째, (복음서 저자들이 예수의 세례를 일종의 성별 사건으로 이해한 것이라면) 우리는 각각의 복음서가 세례 사건에 중추적인 역할을 부여하면서 더욱 광범위한 제의적 관심사에 대한 암시를 제공하는 모습을 발견하게 될 것이다. 마지막 관점은 두 번째 요점을 구체화한 것인데, 만일 복음서 저자들이 시편 2편과 창세기 22장의 제의적 의미가 세례 사건에서 기둥과 같은 역할을 감당하는 것으로 이해했다면, 우리는 더 나아가 시편 2편과 창세기 22장 가운데 하나 혹은 두 텍스트 모두가 복음서 내러티브의 다른 지점에서 제의적 의미를 지닌 사건과 관련하여 다시 등장할 것이라고 기대할 수도 있을 것이다. 만일 공관복음서에서 이와 같은 패턴들이 입증될 수 있다면, 우리는 역사적 예수가 어떤 인물이었으며 그가 자신의 소명을 어떻게 받아들였는가에 대해 한층 진일보한 이해에 도달할 수 있을 것이다.

1) 마가복음

두 번째 복음서 저자는 예수의 세례가 요한의 예언, 다시 말해 자신보다 능력이 많은 이가 와서 성령으로 세례를 베풀 것이라는 예언을 보완하는 역할을 하는 것으로 제시하는데(막 1:7-8), 이 사건은 또한 에스겔 36장에 제시된 성령의 도래에 관한 약속의 전조가 되는 것으로 이해된다. 만일(이것은 아주 중대한 의미를 내포한 "만일"이다) 마가복음 1:1이 본래 "하나님의 아들"이라는 문구를 포함하고 있었다면, 11절에 등장하는 "내 아들"이라는 문구는 복음서의 시작 지점으로 우리의 시선을 되돌리는 역할을 하면서 일종의 인클루지오를 이룬다.[77] 더 나아가 복음서의 첫 문장이 "하나님의 아들"이라는 문구를 포함하고 있었으며 그것이 복음서 전체의 내용에 대해 중대한 의미를 갖는 문구였다고 전제한다면, 복음서 저자가 성전 터의 회복에 관한 에스겔의 환상과 연결하여 예수를 "하나님의 아들"로 소개한 것은 마가복음 전체 이야기에 틀을 제공하는 역할을 한다고 이해할 수 있을 것이다.

한편 예수의 변용(Transfiguration)에 관한 기사(9:1-8)에도 하늘로부터 들려온 목소리가 예수를 "아들"로 인정하는 장면이 포함되어 있기는 하지만, 그 기사가 세례 장면과 관련이 있는지는 전혀 분명하지 않다.[78] 또한 그 장면에서는 출애굽기 24장을 암시하면서 예수를 시내산의 모세와 같이 중

---

[77] 막 1:1에 "하나님의 아들"이라는 문구가 포함되었는지에 관한 텍스트비평 논쟁이 진행 중이다. 대조적인 관점들을 대표하는 연구로는 Gnilka 2010 (1978): 43(원본이라는 주장)와 Head 1991(위조된 것이라는 주장)을 들 수 있다.

[78] 각 구절에서 예수를 "아들"과 동일시하는 문구들조차도 상당히 유사한 어휘들을 사용한다. 막 9:7에서는 "이는 내 사랑하는 아들이니"(*houtos estin ho huios mou ho agapētos*)라고 말하는데, 이와 유사하게 막 1:11에서는 "너는 내 사랑하는 아들이라"(*sy ei ho huios mou ho agapētos*)라고 말한다.

재자 역할을 맡은 인물로 묘사한다.[79] 하지만 이 같은 모형론을 제시하는 목적은 무엇인가? 크리스핀 플레처 루이스는 그의 탁월한 논문에서 주장하기를, 예수의 변용 장면을 바로 앞에 등장하는 고백(막 8:27-38)과 연계해서 이해할 때 예수의 변용은 그의 대제사장 지위를 공인하는 베드로의 선언으로 이해될 수 있다고 주장한다. 고대 유대 사회에서는 대제사장의 직무를 묘사할 때 어렴풋하게 광채를 발하는 신비한 인물로 묘사하는 관습만 존재했던 것은 아니었다. 마가복음이 예수를 묘사하는 방식에도 그런 측면이 없는 것은 아니지만, 변화산 장면에 관한 다양한 세부 묘사들 — 베드로가 초막들을 짓겠다고 했던 요청, 광채가 나는 예수의 옷, 그리고 "엿새 후"라는 시간 설정 — 은 변화산을 성전산으로, 그리고 예수를 그 위에 좌정한 대제사장으로 묘사하기 위해 공교하게 배열된 문학적 장치들이다.[80] 본문을 세심하게 살펴보면 마가가 드러내고자 했던 것은 모세라는 인물 자체가 아니라 모세가 시내산 위에서 독특하게 수행했던 제사장적 역할이었다.

더욱이 예수의 변용 장면은 이삭의 결박(창 22장) 기사와도 다양한 접촉점을 갖는다. 베드로가 예수를 가리켜 "메시아"라고 선언한 후에(막 8:27-33), 예수와 베드로, 야고보와 요한, 이렇게 네 사람은 "높은"(hypsēlon) 산으로 올라갔다. 물론 이것은 시내산에 올라간 모세를 연상시킬 수도 있지만, 그보다는 "높은"(hypsēlon) 땅에[81] 있는 산으로 올라가라는 지시를 받

---

79 Marcus 2004 (1992): 80-4. 모세의 제사장 직분에 관해서는 시 99:6을 보라.
80 제사장 의복의 광채에 대해서는 다음 자료들을 보라. 2 En. 22.8-10; 3 En. 12; Let. Aris. 97; Ant. 3.8.9 §§216-17. 아울러 다음 논의들도 참조하라. Fletcher-Louis 2001: 294-5, Fletcher-Louis 1999.
81 창 22:2 LXX; 막 9:2. 필론은 이삭의 결박 사건이 고지대에서 일어났다는 점을 강조한다 (Abr. 32.169). 마가복음의 변용 장면과 이삭의 결박 사건 간의 평행관계에 주안점을 둔 이

은 아브라함의 일행 네 사람(아브라함, 이삭, 그리고 두 종)을 연상시킨다. 예수가 그의 제자들을 "데리고"(*paralambanei*) 산에 올랐다는 기사는 아브라함이 이삭과 그의 두 종을 "데리고"(*parelaben*) 갔다는 사실을 상기시킨다.[82] 창세기 22:11에서 아브라함의 "아들"(창 22:16)에 관하여 하늘에서 천사의 음성이 들려왔던 것과 다르지 않게, 예수와 그의 제자들을 덮었던 구름 속에서도 다음과 같은 음성이 들려왔다. "이는 내 사랑하는 아들이니 너희는 그의 말을 들으라"(막 9:7). 마지막으로, 아브라함이 하늘에서 들려온 음성에 "순종"했던(*hypēkousas*) 것처럼 예수의 제자들도 아들에게 "순종하라"(*akouete*)는 명령을 받았다.[83] 마가의 요지는 이렇다. 이삭이 자신의 생명을 제물로 드림으로써 제사장의 역할을 감당했던 것처럼 예수도 자신을 내어놓고 죽임을 당함으로써 속죄의 사역을 완성하리라는 것이다(막 8:31, 34-38).

마가복음은 이처럼 중요한 의미를 지닌 세 장면에서 창세기 22장을 염두에 두고 "사랑하는 아들" 모티프를 소개하는 한편 9:18에서는 "이삭의 결박"과 속죄를 암시적으로 연결하는데, 마가가 창세기 22장을 확장하는 작업은 여기서 끝나지 않는다. 겟세마네 동산 기사(막 14:32-42)에서도 바로 앞의 유월절 장면(14:22-25)에서와 마찬가지로 복음서 저자는 예수의 임박한 죽음을 성서의 렌즈로 해석한다. 여기서도 창세기 22장 텍스트와의 평행관계가 특히 두드러진다. 첫째, 예수가 "시험"(*peirasmos*, 14:38)을 통과한 때가 유월절이라는 점은 아브라함이 유월절에 하나님의 시험을 경험했다는 사실과 병행을 이룬다.[84] 둘째, 마가복음에서는 예수가 시험받은

단락의 논의는 Rindge 2012: 766-7)를 따른 것이고 특히 766을 주로 참조했다.
82 창 22:3 LXX; 막 9:2.
83 창 22:18 LXX; 막 9:7.
84 창 22:1 LXX: "이 모든 일들 후에 하나님이 아브라함을 시험하셨다[*epeirazen*]." 다음을 보

사건들을 여러 문맥에서 보도하고 있지만(8:11; 10:2; 12:15), 그중에서도 절정을 이루는 마지막 사건은 그가 겟세마네 동산에서 경험한 시험이었다. 이와 유사하게 아브라함이 그의 삶에서 직면했던 다양한 도전들은 모리아 산에서 이삭을 제물로 바치는 최고의 결정적인 시험을 위한 사전 준비에 불과했다.[85] 셋째, 예수가 그의 제자들에게 자신이 하나님과 독대하는 동안 "앉아 있으라"(*kathisate*)고 지시했던 것처럼(막 14:32), 아브라함도 그와 동행한 젊은이들에게 그가 아이를 데리고 자신에게 맡겨진 신성한 과업을 수행하러 떠나 있는 동안 "앉아 있으라"(*kathisate*, 창 22:5[LXX], 개역개정은 "여기서 기다리라")고 지시했다. 넷째, 마가복음 14:36에서 "아바 아버지"(*abba ho patēr*)라는 예수의 외침은 창세기 22:7a에서 자신이 제물로 바쳐질 것을 예견했던 이삭이 "내 아버지여"라고 불렀던 것에 상응한다.[86] 이처럼 마가복음 14장에서 예수와 이삭을 비교하는 것이 마가복음의 독자들에게는 전혀 놀라운 일이 아니었다. 어쨌거나 예수는 악한 농부들의 비유(막 12:1-10)를 말씀할 때 이미 자신의 임박한 죽음을 예견하였으며, 아울러 비유의 이야기에 등장하는 "사랑하는 아들"(*huion agapēton*)이라는 인물을 통해 자신이 이삭과 같이 희생제물로 드려지리라는 점을 시사했다(12:6). 그 "아들"이 바로 성전 모퉁이의 "머릿돌"(10절)이라고 했는데, 유대 사상에서는 이미 아브라함의 "사랑하는 아들"을 성전의 머릿돌로 여기고 있었다는 점에서 예수는 다시 한번 새로운 이삭이라고 말해질 수 있는 것이다. 창세기 22장에 기록된 사건은 예수가 공적으로 수행한 첫 번째 행동과 마지막 행동에까지 그림자를 드리우고 있는데, 이를 신학적 용어로 표현하자면 "이삭의

라. *Jub.* 17.15-18.19; Le Déaut 1963: 179.
85 *Jub.* 17.16; 18.19. 다음을 보라. Grassi 1982: 451; Andrews 1942: 232-36.
86 MT: *'ābî*; LXX: *patēr*; Targums: *'abbā.'*

결박"사건은 예수의 "능동적 순종" 전체를 하나로 묶어주는 "인클루지오" 역할을 하고 있다.

우리가 마가복음을 두 개의 패널로 이루어진 제단화(diptych)에 비유한다면, 예수의 세례 장면(막 1:9-11)은 왼쪽 패널 가장자리에 그려질 것이고, 메시아 선언(베드로의 신앙고백)과 변화산 사건이 함께 정중앙의 경첩 부분을 차지하고(8:27-9:13), 마지막으로 오른쪽 패널 가장자리에는 마가복음 15장에 묘사된 로마 백부장의 증언 장면이 채워져야 할 것이다. 예수가 십자가에서 처형당하고 숨을 거두는 순간에 대세가 전환되는 특별한 사건이 펼쳐졌다. "이에 성소 휘장이 위로부터 아래까지 찢어져 둘이 되니라. 예수를 향하여 섰던 백부장이 그렇게 숨지심을 보고 이르되 '이 사람은 진실로 하나님의 아들이었도다' 하더라"(막 15:38-39). 성전 휘장이 찢어진 사건이 정확히 무엇을 의미하든지 간에, 성전 휘장이 찢어졌다는 것은 다름 아니라 예수의 속죄적 죽음으로 말미암아 하늘에 계신 하나님의 임재 앞으로 나아갈 수 있는 새롭고 전례 없는 길이 열렸음을 시사한다.[87] 다음 절인 39절에서는 (아이러니하게도 로마 군대 백부장의 입을 통해) 예수의 죽음에 관한 첫 번째 논평이 제공되는데, 여기서는 그가 "하나님의 아들"이라고 밝히고 있다. 제삼자인 로마 군인이 예수를 "하나님의 아들"이라고 부른 것이 무슨 의미를 지녔든지 간에 (혹은 마가복음의 독자들이 제삼자인 로마 군인이 예수를 "하나님의 아들"이라고 부른 것이 무슨 의미를 지녔다고 **생각했든지** 간에), 복음서 저자는 "휘장이 찢어지는" 역사적인 순간에 언덕 위에서 백부장이 했던 아이러니한 발언에 엄청난 의미를 부여하고 있다. 마가복음 15장에 등장하는

---

87 휘장이 찢어진 사건이 하늘의 갈라짐을 상징한다는 주장과 관련하여 다음을 보라. Gurtner 2012: 538-39.

백부장은 (그리스어 본문에서) 일곱 개의 단어를 통해 자신도 깨닫지 못하는 사이에 그 순간이 지닌 신학적 의미를 설명하고 있다. 성전 휘장이 찢어진 사건(신성한 영역과 세속적인 영역 사이의 구분이 붕괴한 사건)은 (가야바가 아니라) 바로 예수가 하나님의 아들로서 진정한 제사장이라는 사실을 증명해준다. 마가가 9:18과 15:37-39에서 예수를 "하나님의 아들"로 묘사한 데는 다양한 의도가 내포되어 있었겠지만, 여기서도 핵심은 예수가 제사장으로서 지닌 역할이었을 것이다.[88]

이와 관련하여 마가가 예수의 "세례", "변용" 그리고 "십자가 처형" 장면이 아닌 다른 곳에서 시편 2편을 암시하는 유일한 구절을 살펴볼 필요가 있을 것이다. 그것은 다음 아니라 대제사장 가야바가 재판정에 선 예수를 대면하는 장면 가운데 일부를 담고 있는 텍스트다.

> 침묵하고 아무 대답도 아니하시거늘 대제사장이 다시 물어 이르되 "네가 찬송 받을 이의 아들 그리스도냐?" 예수께서 이르시되 "내가 그니라. 인자가 권능자의 우편에 앉은 것과 하늘 구름을 타고 오는 것을 너희가 보리라" 하시니.[89]

대제사장이 그의 질문에서 시편 2:2의 "메시아"(*christos*)와 시편 2:7의 "아들" 및 이인칭 단수 서술어인 "너는 ~이다"(*sy ei*)를 나란히 놓았다는 점은

---

88 다른 각도에서도 이런 점을 지적할 수 있다. 마가복음에서 "하나님의 아들"이 사용된 세 구절이 서로를 해석하는 기준이 된다는 점은 당연하게 받아들여지고 있다. 세 구절 가운데 뒤의 두 구절은 예수의 제사장 역할을 강하게 암시한다고 말하면서(일반적으로 그렇게 받아들여진다) 첫 번째 구절인 1:11은 그렇지 않다고 주장하는 것은 상당히 이상하게 들린다.
89 막 14:61-62.

그의 질문이 시편 2편을 토대로 하고 있다는 점을 명백히 보여준다.[90] 여기서 "메시아"라는 용어와 "찬송 받을 이의 아들"이라는 표현이 동의어로 사용되었는지 아니면 단지 중첩되는 범주를 공유할 뿐인지는 크게 중요하지 않다. 내가 보기에 중요한 점은 마가가 예수와 성전 고위층 간에 고조되는 갈등을 극대화하여 표현하기 위해 시편 2편에 기초한 단어들로 구성된 의미심장한 질문을 제시하고 있다는 점이다. 이 텍스트를 해석하는 상당수의 학자는 대제사장과 예수가 예루살렘 종교계에서는 제삼자라고 할 수 있는 "제왕적 인물"의 정체성을 놓고 다투는 중이라고 해석하지만, 내가 7장에서 자세히 논증하는 것처럼 가야바는 지금 다음과 같이 묻고 있는 것이라고 이해하는 것이 더욱 타당해 보인다. "예수여, 그대는 지금 그대야말로 **나의** 제사장 직분을 상속할 합법적인 종말론적 후계자라고 주장하는 것인가?" 예수의 대답은 시편 110편과 다니엘 7장을 인용하는 동시에 명백한 메시아적 주장을 담고 있는데, 그의 대답도 가야바의 질문과 마찬가지로 분명하게 알아챌 수 있는 의도를 지니고 있었다. 예수는 제사장의 고유한 권위에 노골적으로 도전했기 때문에 신성모독죄(출 22:28)로 정죄당하고 처형되었다.

2) 마태복음

마태복음 저자도 마가복음에서 예수가 "하나님의 아들"로서 가지는 정체성을 확인해주는 세 가지 결정적인 장면(세례, 변용, 성전 휘장이 찢어짐)과 아울러 세례와 겟세마네 동산의 기도를 연결 짓는 틀을 그대로 유지한다. 이것은 마태복음 저자가 마가복음의 구조를 그대로 옮겨오는 것을 간편하게

---

90   O'Brien 2010.

여겼기 때문에 발생한 현상이라고 설명될 수도 있지만, 마태복음 저자는 단순히 마가복음의 틀을 그대로 옮겨놓는 데서 그치지 않는다.[91] 마태복음 저자는 서로 밀접하게 연결된 위의 결정적인 장면들이 담고 있는 제의적 의미를 분명히 인지하고 있었을 뿐 아니라, 더 나아가 그러한 사상을 더욱 발전시킨다. 우리는 마태복음이 세례 장면을 재구성하는 방식이나 세례 내러티브의 나머지 부분에서 이를 확인할 수 있다.

마태복음도 마가복음처럼 세례 사건을 요한의 설교라는 맥락에 위치시킨다(3:1-12). 하지만 마태복음에서는 예수가 요한에게 세례받으려 했을 때 요한이 이를 만류한다(14절).[92] 세례 요한의 만류에 대한 예수의 응답은 간결하지만 당혹스럽다. "이제 허락하라. 우리가 이와 같이 하여 모든 의를 이루는 것이 합당하니라"(15절). 요한이 예수에게 세례를 주는 일이 정확히 어떻게 "모든 의를 이루는" 일이 되는가 하는 질문은 난해한 것이며, 예측할 수 있는 가능한 답변의 범위도 방대하다.

첫째, 예수의 세례가 그의 임박한 죽음을 시사하는 것이고 그의 죽음을 통해 칭의(의롭다고 인정함)가 이루어진다는 점에서 세례는 곧 "의를 이루는" 일이 된다고 해석할 수도 있다.[93] 하지만 이런 해석에는 많은 문제점이 있는데, 특히 예수의 속죄적 죽음을 예시하는 일에 요한과 예수가 **함께** 연루되어야 하는 이유가 무엇인지("**우리가** 이와 같이 하여 모든 의를 이루는 것이 합당하니라", 15절) 설명할 방법이 없다. 두 번째 가능성은 "모든 의를 이룬다"라는 말은 단순히 하나님이 요구하는 모든 일에 순종한다는 의미인데,

---

91 마 3:17; 17:5; 27:54.
92 능동태 미완료(*diekōluen auton*, "그는 계속하여 그를 만류하려 하였다") 시제가 이를 잘 보여준다.
93 Cullmann 1950: 15-16; Bornkamm 1963: 140-2; Kammler 2003a: 171-6.

예수가 요한에게 세례받는 일도 여기에 포함된다고 이해하는 것이다. 사실 이런 접근법은 논박하기도 애매하지만, 내가 보기에 이런 설명은 "의를 이루는 일"과 "예수의 세례"라는 신학적으로 중대한 의미를 내포한 사건 사이의 상관관계를 드러내지 못한다는 점에서 설득력이 떨어진다. 세 번째 관점은 첫 번째 설명의 연장선상에 놓여 있다고 할 수 있는데, 여기서는 예수가 세례를 통해 예컨대 "고난받는 종"으로서 죄악된 이스라엘과 자신을 동일시함으로써 성서의 예언을 성취한다는 점에서 그의 세례가 "의를 이루는" 일이 된다고 설명한다.[94] 이 같은 해석은 처음 두 가지 관점을 개선한 것이기는 하지만, 이런 해석을 따르려면 3:15에서는 "의"라는 용어가 마태복음 전체에서 "의"가 일반적으로 의미하는 것과는 다른 방식으로 사용되었다고 가정해야만 한다.[95] 예수의 세례가 어떻게 의를 이루는가를 설명하기에는 세 가지 해석 모두 적절하지 않다.

내가 보기에 마태복음 3:15에 나오는 "모든 의"에 대한 가장 타당한 설명은 마태복음 전체에서 "의"라는 용어를 이해하는 방식과 일치하는 해석일 것이다. 여기에는 무엇보다도 마태복음 5:20("내가 너희에게 이르노니 너희 의가 서기관과 바리새인보다 더 낫지 못하면 결코 천국에 들어가지 못하리라")의 용례가 포함되어야 하는데 이것은 잠재적으로 그가 "율법을 완전하게"(5:17) 하려고 왔다는 예수의 주장과도 연관된다. 마태는 일관되게 "의"라는 용어를 실용적인 의미로만 사용함으로써 독자들이 예수의 세례 사건(3:15)과 새로운 도덕법에 대한 의로운 요구(5:17)를 연관 지어 이해하도록

---

[94] Davies and Allison 1988-97: 1.326-7.
[95] 마태복음 다른 곳에서 "의"는 이스라엘의 언약 관계에 어울리는 표준적인 행동 방식을 가리킬 뿐만 아니라(5:10, 20), 넓게는 그처럼 의로운 행위가 규범이 되는 종말론적 시나리오를 가리키기도 한다(5:6; 6:33; 21:32). 참조. Przybylski 1980: 91, 98.

요청하고 있다. 말하자면 예수의 세례는 그의 추종자들이 의로운 삶을 위해 준비 태세를 갖추고, 능력을 얻고, 무장하게 해준다는 의미에서 "의를 이룬다"는 뜻이다.

따라서 예수의 세례는 야웨의 구원 계획에 일어난 변화를 알리는 "계시적 사건"으로서 의를 이룰 뿐 아니라, 우리를 의롭게 만드는 하나님의 구원 능력을 새로운 방식으로 적용하는—부활 이전까지는 완전히 실현되지 않을—"삶의 행위"로서도 의를 이룬다. 성령이 가시적으로 예수 위에 임한 사건을 보도하면서 마태는 지금까지 성전과 토라에만 돌려졌던 의와 관련된 다양한 역할들이 이제 예수에게로 이양되었음을 상징적으로 보여준다. 그렇다면 마태의 요점은 이제 하나님의 임재가 실현되는 새로운 장소인 예수 안에서 하나님께 속한 의로운 공동체의 성공적인 수립, 다시 말해 "모든 의"의 성취를 위해 필요한 여건이 갖추어졌다는 것이다. 마태복음 4장에서는 동일한 의가 개인적인 차원에서, 다시 말해 예수의 시험(마 4:1-11)과 초기 사역(12-25절)에서 예시되고 있다. 마태복음 5-7장 가운데 우리가 흔히 산상수훈이라고 부르는 단락에서는 예수의 추종자들에게 "의"를 실제적인 맥락에서 적용하고 있다.[96] 마태복음 저자에게 모세의 성전과 율법은 이스라엘이 "의를 이루기" 위한 준비단계로 여겨졌는데, 이제는 동일한 목표가 예수를 통하여 (그의 세례를 출발점으로 삼아) 완성되고 있다. 결국 실질적인 관점에서 보자면 예수는 성령이 내주하는 인물이라는 점에서 "성전"이

---

96 산상수훈을 세례와의 관계에서 해석할 때 우리는 산상수훈이 윤리적으로 지나치게 엄격해 보이는 문제를 해소할 수 있다. 예수는 제자들의 "의"가 서기관이나 바리새인들의 의보다 뛰어나야 한다고(마 5:20) 요구했는데(마 5-7장에 정리된 산상수훈의 윤리 규정들은 말할 것도 없고), 만일 예수의 세례가 제자들에게 성령을 통하여 순종에 도달할 수 있는 능력을 보증해준다는 암시가 없었다면 그 모든 요구와 규정들은 아주 비합리적으로 느껴졌을 것이다.

라 할 수 있는데, 그는 또한 성전으로서 율법의 담지자이기도 하다.

마태복음에서는 "새로운 성전에 기초한 의"의 실현이라는 주제를 다룰 때마다 예외 없이 예수의 세례 사건을 상기시킨다. 예를 들어 예수는 성령이 거주하는 새로운 처소이기 때문에 그의 추종자들이 전령으로서의 역량을 발휘할 수 있도록 그들에게 성령을 나누어줄 수 있다(마 10:19-20). 예수는 제사장 공동체를 이룰 추종자들을 모으고 있었기 때문에 "성전보다 위대한" 인물이 (또는 무언가가) 여기 있다고 주장할 수 있었다(12:6). 예수는 그 시대의 대제사장으로서 베드로와 제자들에게 제사장으로서의 특권을 부여했다(16:13-20).[97] 이후에 예수는 성전 권력자들과 첨예한 갈등을 빚으면서(마 21-24장) 그의 추종자들이 그와의 이별을 준비할 수 있도록 마가복음에 기록된 "잔에 관한 말씀"("이것은…많은 사람을 위하여 흘리는 바 나의 피 곧 언약의 피니라")을 반복한 후에 "죄 사함을 얻게 하려고"라는 말을 덧붙이는데(26:28), 이것은 본질상 제사장에게 맡겨진 역할이다.[98] 우리는 마태복음에서 이와 유사한 다수의 사례를 발견할 수 있다.

마지막으로, 마태복음의 끝부분에서는 부활한 예수가 그의 제자들에게 세례를 베풀라고 초청하면서 세례라는 주제를 다시 소환하는데, 거기서도 삼위일체의 세 위격이 한자리에 등장한다(마 28:19). 삼위일체의 세 위격이 한자리에 배석한 가운데 하나님의 제사장적 아들로 확증된 성자 예수는 이제 교회를 향해 그가 받았던 세례를 그들도 삼위일체의 이름으로 재연함으로써 그들에게 맡겨진 소명을 이행하라고 초청한다(마 28:19-20). 예수는 이렇게 자신이 받은 세례와 기독교회에서 시행하는 세례를 하나로 연결한

---

97 Barber 2013a: 944-52.
98 마태복음에서 사죄 문제를 다루는 구절들로는 다음을 보라. 6:12; 9:1-8; 12:31-32; 18:21-35.

다.⁹⁹ 우리가 예수의 세례를 절대적으로 독특한 사건으로(말하자면 우리가 예수의 세례에 배타적으로 메시아적인 의미를 부여하는 경우처럼) 여기기보다는 비록 독특한 측면들을 지니고 있다 하더라도 여전히 (사람들에게까지) 확장될 여지가 남겨진 사건으로 이해할 때 이와 같은 유비가 좀 더 명쾌해질 수 있을 것이다. 이 같은 확장은 두 세례가 제사장으로 섬기기 위한 성별이라는 특징을 공유하기 때문에 가능한 것이다.¹⁰⁰ 내가 보기에 이것은 마태의 창작물로서 예수의 세례가 공유적 의미를 지닌다고 전제하는 한편 내가 제시하는 해석과도 일맥상통하는 것이다.

마태복음 저자는 예수의 변용을 묘사할 때 자기 나름대로 새로운 요소들을 추가하는데, 그중 특히 두 가지가 나의 논제와 관련이 있다. 첫째, 마태복음 저자는 이사야 42:1을 염두에 두고서 하늘로부터 들려오는 음성에 "내 기뻐하는 자니"라는 문구를 추가한다(마 17:5). 마태복음이 여기서 고난받는 종에 대한 암시를 추가했다는 사실은 "고난받는 종"이 종종 이삭과 동일시된다는 점에서 흥미를 끈다.¹⁰¹ 둘째, 마태복음은 독특하게도 하늘로부터 들려온 목소리가 예수의 아들 됨을 선포했을 때 제자들이 두려움으로 반응했다는 사실을 강조한다. 예수의 "변용"이 수난 예고와 밀접한 관련을 맺고 있다는 사실과 5-6절에 나오는 "사랑하는 아들" 및 "두려움"이라는 용어가 마태복음 27:54에 나오는 백부장에 관한 기사("백부장과 및 함께 예수를 지키던 자들이 지진과 그 일어난 일들을 보고 심히 **두려워하여** 이르되 '이는 진실

---

99 Nepper-Christensen(1985: 195-98)은 마태 공동체가 자신들의 운동을 정당화하기 위하여 의도적으로 세례 요한의 관행을 답습했다고 제안한다. France 1994도 참조하라.
100 초기 교회에서 세례는 무엇보다도 제사장 직분의 위임을 상징했다. 다음을 참조하라. Leithart 2000; Nicholas Perrin 2015: 64.
101 Rosenberg 1965.

로 **하나님의 아들**이었도다' 하더라")와 동일하게 짝을 이룬다는 점을 간파한 A. D. A. 모지스는 위험에 처한 아들이라는 예수의 신분이 "사랑받는 자"(*ho agapētos*)였던 이삭과 암묵적으로 연결된다고 합리적으로 추론한다. 여기서 "아가페토스"(*agapētos*)는 "사랑받는"을 의미할 뿐 아니라 종종 임박한 위험을 암시하는 징조로 사용되기도 한다.[102]

마태복음 저자는 겟세마네 동산 기사에도 이와 유사하게 이삭을 암시하는 요소들을 추가한다. 예수가 체포당하는 과정을 묘사하면서 마태는 "예수와 함께 있던 자 중의 하나가 '**손을 펴 칼을 빼어**'[*ekteinas tēn cheira apespasen tēn machairan autou*] 대제사장의 종을 쳐 그 귀를 떨어뜨리니"(마 26:51)라는 내용을 덧붙인다. 여기서 굵게 표기된 단어는 창세기 22:10에서 아브라함이 "손을 내밀어(*exeteinen ... tēn cheira*) 칼을(*tēn machairan*)" 잡았다고 묘사할 때 사용된 단어들과 상응한다.[103] 바로 이어지는 마태복음 26:52에서 예수는 "칼을 가지는 자[*hoi labontes machairan*]는 다 칼로 망하느니라"라고 경고하는데, 동사와 목적어의 조합(칼을 + 가진다)은 아브라함이 "칼을 잡"았던(*labein tēn machairan*) 행동을 모방한 것이다(창 22:10 LXX).[104] 물론 이와 같은 차이점들은 마가복음 원문과 비교했을 때 미미한 것일 수도 있지만, 그래도 차이점이라는 것은 분명한 사실이며, 이렇게 미미한 차이점들을 종합해보면 마태복음 저자가 나름대로 세례와 변용의 연장선상에서 겟세마네 사건을 인식했던 방식을 보여준다. 마태복음이 변용과 겟세마네 사건에 속죄의 색조를 부여했다는 사실은 마태가 예수의 세례 역시 제사장적/속죄적 관점에서 이해했다는 명백한 증거다.

---

102 Moses 1996: 140-4. 그의 뒤를 이어서 Huizenga 2009: 153.
103 Huizenga 2009: 252-3.
104 Huizenga 2009: 252.

3) 누가복음

누가복음 저자도 마태복음만큼이나 명백하게 제사장적 주제에 관심을 보인다. 누가복음 저자는 그의 이야기를 예루살렘 성전에서 시작하는데, 그는 예수가 시작한 일에 관한 기사를 마무리할 때 부활한 예수가 예루살렘 바깥 베다니에서 손을 들고 제자들을 축복하는 장면을 제시한다.[105] 예수에 관한 기사의 양극단 역할을 하는 두 기사(제사장 사가랴, 베다니에서의 축복)는 "성전 중심적"이라는 특징을 공유하는데, 누가복음 저자는 이 두 기사 사이에 그가 전하는 이야기가 새롭게 나타날 성전에 관한 이야기임을 증명해 주는 많은 증거를 제시한다. 여기서는 예수가 나사렛에서 거부당한 사건을 다룬 누가만의 독특한 방식을 예시하는 것으로 충분할 것이다. 예수는 나사렛 회당에서 이사야 61:1-2을 인용하면서 "주의 성령이 내게 임하"였다고 선언한다(눅 4:18-21). 여기서 예수는 자신이 희년의 계명을 성취할 자라고 주장함으로써 근본적으로 대제사장의 역할을 자신에게 돌린다. 예수가 "예루살렘을 향하여 올라가기로 굳게 결심"했다는 말은 자신의 독특한 제사장 직분이 그에게 부여한 의무를 다하는 길이 무엇인지를 제시한 것이다.[106]

대제사장의 역할은 예수의 세례와도 밀접한 관련을 맺고 있다. 공관복음서 내에서도 특이하게 누가복음은 세례 기사 앞에 요한의 구금에 대해 논평하는 단락을 삽입하는데, 그 사건은 결국 세례 요한의 죽음을 예시하는 전조가 되었다(눅 3:19-20). 누가는 세례 요한의 비애와 예수의 세례를 병치함으로써 두 사람을 연결한다. 사실 누가복음 저자가 이 두 친족의 운

---

105 눅 1:5-25; 24:50-53.
106 눅 9:51.

명을 대비시키는 방식을 볼 때, 요한의 구금이 그가 예수에게 베풀었던 세례와 마찬가지로 예수의 속죄적 죽음을 암시한다고 말하는 것도 과도한 억측은 아닐 것이다.

누가복음은 세례 기사 바로 다음에 예수가 그의 가르침을 시작했을 때 "삼십 세쯤"(눅 3:23) 되었다고 언급하는데, 우리는 여기서 저자가 신현 사건을 일종의 성별 의식으로 정형화했다는 증거를 발견하게 된다. 누가가 여기서 왜 이 같은 사실을 언급하는지 설명하는 다양한 주석학적 대안들이 있으리라고 믿는다. 서른이라는 나이는 (청년의 열정과 장년의 지혜를 겸비한) 황금기일 뿐 아니라 고대 사회에서 공직을 맡기 위한 이상적인 기준으로 여겨졌다는 점에서 누가는 단순히 예수가 연령상으로도 그의 새로운 소명을 시작하기에 적절했다는 점을 보여주고자 했을 수도 있다.[107] 아니면 뮐러가 주장했던 것처럼 누가복음 3:23의 "그가 시작하실 때에"(*archomenos*)라는 분사는 고대 서지학의 관행에서 생애의 황금기를 표시하는 전문용어였을 수도 있다.[108] 다른 대안도 있는데, 누가복음 저자는 예수가 사역을 시작한 나이와 구약 시대의 몇몇 주요 인물—요셉(창 41:46), 에스겔(겔 1:1), 그리고 무엇보다도 다윗(삼하 5:4)을 포함하여—의 나이가 동일하다는 사실을 드러냄으로써 더 나아가 예수와 구약 시대의 인물들 사이에도 밀접한 관계가 있음을 보여주고자 했다는 것이다.[109] 네 번째 대안은 유대교의 종교적 관행에서 서른이라는 나이는 대개 제사장 직무를 수행하기 위한 최

---

107 예컨대 Bovon 2002: 136; Nolland 1989: 171. "우리가 제안할 수 있는 최선은 그 나이가 성인으로서 적령기로 여겨졌다는 점이다(참조. 민 4:3)."
108 Müller 2003: 499-504; 참조. Kurz 1984: 169-71.
109 Bock 1994: 351-52; 참조. Müller 2003: 491-95.

소한의 나이로 여겨졌다는 것이다.[110] 사실 이 주제와 관련하여 구약성서의 여러 텍스트 간에 불일치가 존재한다. 어떤 텍스트는 제사장으로 봉사하기 위한 최소 나이를 이십오 세(민 8:25)로 규정하는가 하면, 다른 텍스트들은 이십 세(대상 23:21, 27; 스 3:8)를 제시한다. 물론 예수 시대의 해석가들은 성서 텍스트들이 제사장 직무를 위한 최소 나이를 서로 다르게 규정한다는 사실을 잘 알고 있었으며, 제사장 직무의 수행에 다양한 단계가 있다고 상정함으로써 이 문제를 해결했던 것으로 보이는데, 그중 처음 두 단계는 각각 이십 세와 이십오 세에서 시작되고 제사장으로서의 완전한 권리와 책임은 "삼십 세"부터 행사할 수 있다는 것이었다.[111]

위에 제시한 대안들 가운데 어느 것이 정답인지 명확하게 판단하는 것은 불가능한 일이지만, 나의 관점에서는 네 번째 대안이 크게 두 가지 이유에서 가장 유망한 것으로 보인다. 예수가 삼십 대의 나이가 되었다는 사실을 누가가 언급한 것은 예수를 제사장으로 제시하고자 했던 그의 결정에서 비롯되었다는 설명이 강력한 이유는 다음과 같다. 첫째, 바로 뒤에 이어지는 계보에는 독보적인 제사장들의 이름이 비율상으로 과도할 정도로 자주 등장한다. 고대 유대 사회에서 계보의 역할 가운데 하나가 제사장 직무에 합당한 가문을 결정하는 것이었던 것처럼 누가복음 저자도 여기서 동일한 작업을 수행하고 있다는 뜻이다.[112] 더욱이 예수의 계보는 "그 위는 아담

---

110 Sandgren 2003: 284 n. 11. 30이라는 숫자가 제사장 직분을 수행하기 위한 분수령의 의미를 지녔다는 점을 시사하는 성서 텍스트는 다음과 같다. 민 4:3, 23, 30, 35, 39, 40, 43, 47; 대상 23:3.
111 1Q28a 1.12-16a; 1QSa 1.12-19; 1QM 7.3; *t. Šeqal.* 3.26; *Sipre Num.* 63; *Num. Rab.* 11; *'Abot* 5.21. 이 주제에 관한 탁월한 논의로는 Milgrom 1990: 64-65를 보라.
112 Sahlin 1945: 89; Bovon 2002: 134. 누가복음의 계보와 「주간 묵시록」 사이의 평행관계에 대해서는 Bauckham 1990: 315-26을 보라.

이요 그 위는 하나님이시니라"(3:38)라는 구절에서 정점에 이르는데, 이것은 예수가 "하나님의 아들"(3:22)이라는 언급과 함께 인클루지오를 구성한다.[113] 이 같은 사실이 의미심장한 이유는 아담 역시 제사장적 인물로 간주되어 왔기 때문이다. 아담은 사실상 최초의 제사장이었다.[114] 누가의 우선적인 관심사가 예수와 아담의 관계인지 아니면 예수와 제사장의 관계인지는 우리의 논의에서 결정적인 요소가 아니다. 중요한 점은 예수도 아담처럼 제사장이었다는 사실이다.

예수의 세례 장면에서 그의 제사장 직분이 암시되었다는 사실은 그가 새로운 이삭으로서 지니는 위상과 무관하지 않다. 비록 누가복음 저자가 예수의 "아들 됨"에 관한 마가복음의 삼중 선언 가운데 로마 군대 백부장의 신앙고백을 생략하기는 하지만, 그는 예수의 사역이 시작되는 지점에 그가 요단강에서 받았던 세례를 배치하고 반대편 끝에는 겟세마네 동산에서 드린 기도를 배치함으로써 인클루지오를 구성하고자 했던 마가의 결정에는 뜻을 같이한다. 이것은 누가복음 저자가 단순히 마가복음의 구조를 기계적으로 복사했다는 의미가 아니다. 오히려 누가복음의 "세례-겟세마네" 인클루지오 배후에 자리 잡은 신학적 의도는 저자가 예수의 마지막 시험을 다루는 방식을 통해 확인되는데, 예수의 마지막 시험은 (수평적으로) 그의 "세례"와 연결되는 한편 (수직적으로) "이삭의 결박" 이야기에 기원을 두고 있다(참조. 막 10:38). 수평적 차원에서 누가복음 저자는 겟세마네 동산

---

113 누가복음에서 예수(3:22)와 아담(3:38)의 평행관계에 대해서는 Nolland 1989: 167을 보라.
114 아담의 제사장 지위에 대해서는 Fletcher-Louis 2002: 97, Beale 2004: 81-7을 보라. 이 같은 해석은 다윗에 초점을 맞추었을 가능성을 전적으로 배제하지는 않는다(Marshall 1978: 162). 어쨌거나 앞에서 나는 이미 다윗의 역할도 제왕적인 동시에 제사장적이라는 점을 밝혔었다.

과 요단강 사이의 연결고리를 강화하기 위해 예수가 겟세마네 동산에서 기도했던 것처럼 세례 장면에서도 기도했다고 덧붙이는데, 이는 다른 복음서 기사에서는 찾아볼 수 없는 세부사항이다(눅 3:21). 수직적 차원에서 누가복음 저자는 그가 이전 복음서 저자들보다 "이삭의 결박" 사건에 더 많은 관심을 지니고 있었음을 암시하는 일부 요소들을 추가한다. 예를 들어 오직 누가만이 예수와 그의 제자들이 직면하게 될 "시험"(*peirasmos*)에 사탄을 연루시키는데, 유대교 전통에서는 "이삭의 결박" 사건이 사탄에 의해 초래된 것이라고 이해한다. 둘째, 오직 누가만이 예수의 마지막 시험이 "산"에서 일어나는 것으로 묘사하는데 여기서는 "감람산"을 의미한다(22:39). 아브라함도 그가 시험을 치를 무대가 되는 "산"으로 불려 갔었다는 사실은 결코 우연의 일치가 아니다(창 22:2, 14). 따라서 우리는 누가복음 저자가 겟세마네 동산의 기도가 "이삭의 결박" 사건과 유사한 특징을 지닌다는 관점을 받아들인 후에 그가 전해 받은 내용을 확장하기 위해 적지 않은 노력을 기울였다는 증거를 적어도 두 가지는 제시할 수 있게 되었다.[115]

범위를 사도행전에까지 확대해보면 우리는 누가복음 저자가 예수의 세례에 제의적 의미를 부여하고 있다는 추가적인 증거를 발견할 수 있다. 그중 첫 번째는 세례 장면에서의 성령 강림과 오순절 성령 강림 사이의 평행관계인데,[116] 이 점에 대해서는 자주 언급되어 왔었다. 위의 사건 모두에서 성령이 강림했다는 사실 때문만 아니라 이러한 평행관계가 누가-행전

---

115 셋째, 이 구절의 진정성을 둘러싼 텍스트비평적 불확실성으로 인해 설득력이 약화되기는 했지만, 눅 22:43에 나오는 "천사가 하늘로부터"라는 문구도 언급할 가치가 있다. 만일 이 구절이 누가복음 저자의 것이라면 창 22:11에 나오는 "사자가 하늘에서부터"라는 문구와 평행관계를 이룬다.
116 눅 3:22; 행 2:4.

전체에 걸친 일련의 평행관계 내에 자리 잡고 있다는 사실 때문에도 두 사건은 상호관계 속에서 다루어져야 한다.[117] 예수의 세례와 오순절 사건 사이에는 주목해볼 만한 또 다른 중요한 연결점들이 있다. 두 사건 모두 이어지는 내러티브의 배경이 되는 신현 장면을 담고 있으며, 두 사건 모두 복음 전파에 추진력을 제공하고, 마지막으로 내가 보기에는 두 사건 모두 제의적 실재들을 상징하는 것으로 여겨진다. 그레고리 비일은 두 번에 걸쳐 연재된 그의 기고문에서 사도행전 2장에 실린 누가의 오순절 내러티브와 종말론적 성전에 대한 유대인들의 기대 사이에 존재하는 관계를 자세하게 다루었는데, 그의 주장에 따르면 누가의 관심사는 지상의 교회가 "그들 가운데 강림한 성령의 임재로 말미암아…하나님의 성전에 포함될 수 있으며 하나님의 성전을 구성하는 일부분이 되도록 지어져 가고 있음을" 보여주는 데 있었다는 것이다.[118] 만일 이것이 사실이라면, 적어도 예수의 세례와 오순절 사건 간의 구조적 평행관계를 고려할 때 우리는 여기서 기독론적 암시를 발견할 수 있을 것이다. 누가복음 저자에게 예수의 세례는 그가 일종의 성전, 다시 말해 하나님의 영이 거하기 위한 육체적인 공간이라는 점을 보여주는 사건이었다. 만일 이런 주장이 유효하다면, 예수의 세례에 관한 누가복음의 기사가 예수는 하나님의 영이 거하기 위한 수용체로서 성육신한 인간이라는 사실을 계시하고자 하는 의도를 지니고 있다는 나의 결론은

---

117 자주 언급되는 것처럼 누가복음에 기록된 다양한 사건들이 사도행전에 등장하는 유사한 사건들과 연결될 뿐 아니라 순차적으로 배열되어 있다. 인사말(눅 1:1-4 ≒ 행 1:1-5); 성령 강림(눅 3:22 ≒ 행 2:4); 걷지 못하는 사람이 고쳐짐(눅 5:17-26 ≒ 행 3:1-10); 로마 군대 백부장이 사람을 초청함(눅 7:1-10 ≒ 행 10장); 예루살렘을 향한 여행(눅 9:51-19:28 ≒ 행 19:21-21:17); 고발당한 사람이 세 차례 죄가 없다고 선언됨(눅 23:4, 14, 22 ≒ 행 23:9; 25:25; 26:31).

118 Beale 2005: 83.

강화될 수 있다.

우리가 한 발짝 물러서서 누가-행전을 전체적으로 조망해보면, 우리는 예수의 세례 장면에서 처음 인용되었던 시편 2편이 사도행전에서도 부활한 주님으로서 예수가 지닌 제사장적 정체성을 확립하는 일에도 핵심적인 역할을 하고 있다는 사실을 발견할 수 있다. 초기 교회는 베드로와 요한 같은 지도자들이 최초로 겪었던 박해의 길을 따라가기 위해 시편 2편 말씀을 암송하면서 기도했다.

> 또 주의 종 우리 조상 다윗의 입을 통하여 성령으로 말씀하시기를 "어찌하여 열방이 분노하며 족속들이 허사를 경영하였는고? 세상의 군왕들이 나서며 관리들이 함께 모여 주와 그의 그리스도를 대적하도다" 하신 이로소이다. 과연 헤롯과 본디오 빌라도는 이방인과 이스라엘 백성과 합세하여 하나님께서 기름 부으신 거룩한 종 예수를 거슬러…".[119]

여기서 예수는 시편 2편에서 묘사하는 "기름 부음 받은"(2절) "아들"(7절)과 동일시된다. 그는 "기름 부음"을 통해 메시아의 역할을 부여받게 되었는데, 이것은 먼저 종말론적인 "여호와의 제사장들"에게(사 61:6) 희년을 선포하기 위해 새롭게 성별된 전령으로서의 예수에 관한 누가의 초기 기사(눅 4:18; 참조. 사 61:12)를 연상시킨다. 누가복음 저자가 이해하기로는 예수가 누가복음 4장에서 선포하는 제사장적 "기름 부음"은 누가복음 3장에 기록된 그의 세례를 통해서만 실현될 수 있는 것이었다. 세례를 통한 예수의 성별은 그가 아버지 우편으로 높여질 때 완전한 효력을 발휘하게 될 것

---

119 행 4:25-27.

인데, 예수는 그곳에서 교회를 위하여 그의 제사장적 임무를 수행할 것이다.[120]

바울이 비시디아 안디옥에서 행한 설교를 다룬 사도행전의 기록에 따르면, 이방인의 사도는 시편 2편이 예수의 부활을 통해 성취되었음을 암시한다(행 13:33). 바울의 이 같은 평가는 초기 기독교 문헌에서 시편 2편을 인용하는 방식과도 일치한다. 예를 들어 히브리서는 부활하신 주님에게 돌려지는 가장 탁월한 제사장 직분을 확증하기 위해 시편 2편과 110편을 조화시킨다.[121] 이와 유사한 맥락에서 요한계시록 저자는 시편 2편이 부활하신 주님을 통해서만 아니라 지상에서 그를 따르는 자들을 통해서도, 특히 그들이 박해에 직면해서도 변함없이 증인의 사명을 다함으로써 실현되는 것으로 이해했었다.[122] 시편과 요한계시록을 종합하자면 "끝까지 내 일을 지키는" 자들은 "이방 나라를" 다스릴 권세를 "유업으로" 물려받을 것이다.[123] 여기서도 위에 언급한 모든 구절을 연결해주는 공통점은 수난과 제사장 직분에 대한 증언이다.

히브리서 저자와 요한계시록의 선견자가 그러했던 것처럼 누가복음 저자도 시편 2편을 종말론적 성전의 수립에 관한 예언으로 이해했는데, 그

---

120 Parsons 1987; Zwiep 1997.
121 시 2편과 부활한 그리스도의 제사장 직분의 관계가 히 5:5에서 더욱더 명시적으로 드러난다. "또한 이와 같이 그리스도께서 대제사장 되심도 스스로 영광을 취하심이 아니요 오직 말씀하신 이가 그에게 이르시되 '너는 내 아들이니 내가 오늘 너를 낳았다' 하셨고." Lövestam(1961: 37)은 그의 유익한 논의를 마무리하면서, "히브리서 5:5에서 시편 2:7을 선포한 것은 예수가 능력으로 하나님의 아들로 승귀하였음을 암시한다. 하늘 성소에서 섬기는 제왕적 대제사장으로서 그의 신분과 위엄은 바로 그 능력에 달려 있다." 히 3:1-6이 예수를 제사장적 아들로 묘사한다는 점에 관해서는 Peeler 2014: 105-39을 보라.
122 계 2:26-27.
123 시 2:8, 계 2:26, Schüssler Fiorenza 1972: 365-68은 여기서 "끝"을 "파루시아"로 이해한다.

성전은 예수가 메시아라고 담대하게 증언했던 신실한 남은 자들로 구성될 것이다. 비록 시편에서 약속하는 유업이 장차 최후의 심판 날에 전 인류가 부활하는 날까지는 완전한 모습으로 주어지지 않겠지만, 초기 교회 신자들은 시편 2편의 예언이 부활한 예수와 최초의 신자들을 통해서, 특히 믿음이 없고 배역한 세대에 맞서 그들이 증인의 역할을 감당하고자 할 때 이미 실현되기 시작한 것으로 이해했다. 누가복음의 관점에서 이 같은 이해는 예수의 세례 시에 하늘로부터 들려온 목소리가 성육신한 예수의 위격 내에서 종말론적 성전을 출범시킨 것이라고 전제해야만 가능해지는 설명이다.

4) 종합

모든 자료를 종합해보면, 공관복음 전승이 예수의 세례 장면에 대해 이제까지 학계에서 (전적으로는 아니더라도) 대체로 인정받지 못해왔던 독특한 의미를 부여하고 있다는 점이 분명해진다. 엄밀히 말해 세 명의 공관복음 저자는 동일하게 예수의 세례 사건을 그의 제사장 경력의 출발점으로 묘사하고 있다. 마가와 누가는 그들이 시편 2편을 제사장적 관점에서 해석했음을 암시하는 증거들을 남겨두었는데, 초기 기독교 저술가들 가운데 적어도 몇몇은 이런 해석을 공유하고 있으며, 히브리서와 요한계시록의 저자도 여기에 속한다. 세 명의 복음서 저자 모두 예수와 이삭의 상관관계를 인식하고 있었으며 그러한 관계를 토대로 각자의 주장을 펼치고 있다.[124] 세 권의 공관복음서는 각각 고유하게 공헌하는 바가 있고 자기만의 독특한 관심사를 보여주기도 하지만, 그러면서도 예수의 세례가 그의 제사장적 사역의 출발

---

124 창 22장과의 관계에서 바울도 언급하지 않을 수 없다. 예컨대 다음을 보라. Hahn 2005(갈 3장); Lövestam 1961: 31, 41, 47(롬 1:4); Jipp 2009(롬 4장). "이삭의 결박"과 히브리서의 관계에 대해서는 Swetnam 1981을 보라.

점이 된다는 이해만큼은 공유하고 있다.

공관복음 전승이 공유하는 이러한 관점은 초창기 기독교 공동체 내에서 구약성서에서 인용된 세례 장면의 목소리가 다름 아니라 예수를 제사장으로 성별하는 목소리라는 주장을 지지하는 전통이 깊이 뿌리내리고 있었음을 보여준다. 유대교 문헌이나 세례 사건에 대한 최초의 서사를 둘러싼 역학관계를 고찰해볼 때 그러한 전통의 뿌리는 거의 확실하게 요한과 예수에게까지 거슬러 올라간다. 이 두 명의 예언자적 인물이 죽은 뒤에도 세례에 관한 이야기는 변형되지 않은 채로 전승되고 있었으며, 그들이 이끌었던 공동체들은 그 사건에 관한 기억을 전수함으로써 그들을 이끌었던 지도자들의 권위적인 가르침을 확증하고자 했다. 여기서 우리는 사실상 기름 부음 받은 아들을 소개하는 시편 2:7과 이삭의 결박 사건을 다룬 창세기 22:2을 하나로 통합해주는 토대가 "예수의 삶의 자리"이며, 이러한 통합은 또한 요한과 예수가 최초로 보도했던 경험과 어떤 식으로든 관련되어 있다고 결론을 내리지 않을 수 없다.

6. 요약

비록 우리에게는 그날 하늘로부터 들려온 목소리의 내용을 담은 발췌본도 없고 요한과 예수가 들었던 것과 듣지 않았던 것이 무엇인지 증명할 수 있는 수단도 없지만, 그날 하늘로부터 들려온 목소리가 무슨 말을 했는지에 대해 가장 이른 시기의 전승들이 일관된 증언을 제공한다는 사실은 여전히 중대한 의미를 지니고 있다. 그날 무슨 일이 일어났든지 간에 요한과 예수는 그 사건의 배후에 창세기 22장과 시편 2편이 관련되어 있다고 여겼다.

말하자면 구약성서의 두 인물은 예수가 구속사적으로 중대한 의미를 지닌 변화의 일부로서 감당해야만 했던 제사장적 역할을 인식하고 있었다는 뜻이다. 우리는 이때 일어난 역사적 사건에 대해 부활 이후에 완전한 체계를 갖춘 신학적 관점을 역투사할 필요가 없을뿐더러 이런 종류의 신학적 부담을 유딧기의 저자나 베툴리아의 장로들에게 지울 이유도 없다.[125] 더욱이 우리는 최초의 증인들이 "기름 부음 받은 종말론적 제사장"을 곧바로 "메시아"와 연관 지었다고 추정할 이유도 없다.[126] 우리가 확실히 말할 수 있는 것은 요한과 예수가 세례 사건에 대한 경험을 통해 예수에 대해 뭔가 비범한 일들을 기대하게 되었다는 점이다. 적어도 성전 제의를 회복하는 역할 못지않은 특별한 일들 말이다.

앞 장에서 나는 예수가 어떻게 그의 제자들에게 하나님을 "아버지"라고 부르라고 요구하면서도 그와 동시에 자신이 지니는 아들로서의 고유한 지위를 유지할 수 있는지 질문했었다. 앞에서는 이 문제에 대한 표준적인 답변들에 대해 간략하게 논평했었는데, 여기서는 예수가 "하나님의 아들들"로서 자신과 제자들을 동일시했던 근거는 무엇보다도 그들이 제사장적 역할을 공유한다는 사실에 놓여 있다고 제안하는데, 이러한 역할은 하나님 나라의 도래를 알리는 과정에서 겪을 수밖에 없는 의를 위한 고난을 수반하는 것이다. 예수는 그의 세례 장면에서 다윗의 시편에 근거하여 자신이 성전을 재건하는 임무를 부여받았다는 사실을 깨닫게 되었다(시 2편). 또한

---

125 물론 복음서 저자들이 세례 사건을 해석하면서 시도하는 작업이 정확히 이런 것이고, 그들은 부활 이후 관점에서 세례 사건을 바라보고 있다.
126 이것은 Vögtle(1972: 123-24)의 반론에 대한 답변인데, 그는 제자들이 막 8:27-31에 이르러서도 여전히 예수의 메시아 직분에 대해 무지했다면 세례는 불가해한 사건이 된다고 여겼다.

예수는 세례를 통하여 그가 재건하게 될 성소를 성별하는 일에도 일정 부분 관여하게 되리라는 사실을 인식하기 시작했다(창 22장). 예수가 이러한 두 가지 측면을 하나님의 아들이자 제사장이라는 자신의 정체성과 관련된 것으로 이해했을 것이라는 점에는 의심의 여지가 없다. 예수는 수많은 증인 앞에서 이 같은 역할을 위해 하나님께 부름을 받은 순간부터 자신의 유일한 임무는 하나님께 받은 그 명령을 수행하는 것이라고 여겼는데, 물론 그의 임무에는 새로운 신성한 공간과는 불가분의 관계에 놓여 있는 수난이 예견되어 있었다. 비록 그 수난이 구체적으로 어떤 것일지는 아직 불분명하지만 말이다. 예수는 자신이 독특한 의미에서 "아들"로 지명되었다는 점에서 그에게 닥칠 고난도 독특한 성격을 지니는 것이리라는 점을 예견하고 있었을 것이다.

또한 예수는 자신의 제사장적 직무 가운데 특정 요소들을 그의 가까운 제자들과 공유하고 있었던 것으로 보인다. 이러한 사실은 어떻게 제자들이 (소문자로 표현되는) "아들"(son)이라고 주장하는데도 예수가 고유한 의미에서 (대문자로 표현되는) "아들"(Son)의 신분을 유지할 수 있는지를 설명해준다. 제자들의 제사장 직분은 유일한 대제사장이신 예수의 소명에 예속되는 것이었다. 어떤 의미에서 예수와 그의 제자들은 "고난받는 제사장적 아들들"로서 한 배를 탄 운명 공동체였다. 하지만 또 다른 의미에서 예수는 바로 그가 받은 세례로 인하여 **독특한** 제사장적 아들로 구별되었다. 예수와 그의 제자들 간에는 연속성과 불연속성이 공존했다. 그들 사이의 공통분모는 그들 모두 성령과 물로 제사장 직분을 위임받았으며 함께 "아들들"이라고 불린다는 점이었다.

물론 이러한 모든 논의가 예수의 세례 장면에 내재한 메시아적 함의를 배제하는 것은 아니며, 이 점에 대해서는 후에 예수의 사역을 다루는 대목에서 밝힐 것이다. 다만 예수의 세례가 전통적으로 상당히 막연한 의미에서 그의 메시아적 지위를 보여주는 표지로 해석되어 왔었는데, 그 같은 해석은 충분한 구체성을 보여주지 못했다는 점을 지적하고자 한다. 예수의 세례가 처음부터 그의 제자들에게 예수의 메시아 직분을 암시하는 분명한 표지로 받아들여지지는 않았었다. 만일 그랬었다면 그의 메시아 직분은 세례 사건이 발생하고 얼마 지나지 않아 이미 선포되었을 것이다. 본래의 문맥에서 예수의 세례 사건은 무엇보다도 제사장 직분에 관련된 것이었다. 따라서 초기 교회가 예수는 본래 메시아였지만 그와 동시에 약간은 생소한 (혹은 정신을 산란하게 만드는) 제사장 역할까지 겸하게 되었던 것으로 여겼다고 말하는 것은 정확하지 않은 평가다. 부활 이후의 신자들이 "메시아"라고 말할 때 무엇을 염두에 두었든지 간에 그들의 메시아 관념에서도 핵심을 이루는 것은 제사장 역할이다.

물론 내가 제안하는 가설이 적어도 현재 형태로는 논쟁의 여지가 없지는 않다. 만일 예수가 자신이 세례 시에 제사장적 의미에서 고난받는 하나님의 아들로 선포되었다고 생각했다면, 그런 생각은 적어도 두 가지 방향에서 명료하게 밝혀져야 할 것이다. 첫째, 앞에서도 이미 밝혔던 것과 같이 나는 시편 2편에 토대를 둔 논증에 상당한 무게를 두었었다. 그런데 시편 2편을 제외한다면 우리는 무엇을 근거로 "하나님의 아들"이 제사장적 역할을 시사하는 것이라고 주장할 수 있겠는가? 이것은 심층적인 논의가 필요한 중요한 질문인데, 특히 "하나님의 아들" 개념을 제의적 영역에 반대되는 의미에서 다윗 왕조 이념과 연결하는 경향이 있는 자들에게 더욱 그러하다. 둘째, 상당히 오래전부터 학자들은 세례 장면에서 고난에 대한 암시를 발견할 수 있다는 점을 근거로 이 사건의 배경이 십자가 처형 이후의 시점이라고 간주해왔었다. 그런데 만일 예수의 수난이 그의 사역에 어떤 방식으로든 필수 불가결한 요소였다면(내가 1장에서 주장했던 논지인데), 우리는 어디에서 이에 대한 증거를 발견할 수 있을 것인가? 4장에서는 둘 중에서 첫 번째 질문으로 다시 돌아갈 것이다. 하지만 두 번째 질문과 관련하여, 나는 예수의 수난이라는 주제가 사실상 그의 사역에서 핵심적인 목표 가운데 하나였다고 주장할 것이다. 이것은 우리가 에스겔 36장에서 얻을 수 있는 가장 두드러진 성과이며 주기도문에서 실감 나게 다루어지고 있는 주제이기도 하다.

3장

예수의 왕국

나사렛 사람 예수는 개인적으로 내세울 만한 조건이 별로 없었음에도 30세 전후가 되었을 때는 1세기 팔레스타인 땅에서 적지 않은 추종자들의 마음을 사로잡는 데 성공했으며, 더 나아가 대중적인 운동을 이끌어가는 지도자 반열에 오르게 되었다. 그가 성공할 수 있었던 비결 가운데 적어도 한 가지는 분명한데, 바로 그의 가르침이었다. 그는 어느 모로 보나 수사법의 천재였다. 개방된 야외 공간에서 대중들을 상대로 연설할 때나 혹은 소수의 제자에게 사적으로 교훈을 전달할 때나 그의 가르침은 창의성과 재치, 그리고 심오함을 겸비하고 있었는데, 이 같은 조합은 좀처럼 갖추기 힘든 자질이었다. 설령 예수가 행한 기적이나 치유 사역을 전혀 인정하지 않는다고 해도 그는 가르침 하나만으로도 역사에 이름을 남겼을 것이다. 그에게 명성을 가져다준 동인은 그의 강력한 메시지였지만, 역설적으로 그가 몰락하게 된 원인도 그의 메시지였다. 그러므로 예수의 핵심 메시지에 대한 이해 없이는 그가 기독교 역사에서 갖는 중요성을 제대로 파악할 수 없다. 모든 학자가 적어도 한 가지 점에는 동의할 수밖에 없는데, 예수가 전한 메시지의 핵심이 바로 "하나님 나라"라는 사실이다.

본서 1장에서 나는 주기도문이 예수의 사역에 개요를 제공하고 있으며, 그의 사역에 대해 에스겔 36장이 중요한 배후 텍스트 역할을 한다고 주장했었다. 나는 에스겔서에 기록된 예언자의 환상에서 네 가지 핵심 요소를 지적했는데, 열거하자면 (1) 제의 공간의 회복, (2) 제사장 나라의 수립, (3) 우상들의 제거, (4) 성령을 받아들임 등이었다. 주기도문이 에스겔 36장에 의존한다는 사실이 위의 네 가지 요소가 왕국에 관한 예수의 비전에 필수적인 요소라는 점을 입증해 주지는 않으나, 이러한 요소들이 에스겔서 텍스트에서 중심을 차지한다는 사실과 예수가 동일한 텍스트를 전유한다는 사실은 과연 예수 자신이 장차 임할 하나님 나라가 에스겔 36장에서 제시하는 네 가지 요소로 특징지어질 것이라고 여겼는가 하는 질문을 불러일으킨다.

본 장에서는 주님의 방대한 가르침 가운데 특정 부분에 초점을 맞추어서 미래의 하나님 나라가 에스겔서의 네 가지 요소를 반영한다는 점을 보여줄 것이다. 우리는 에스겔서의 네 가지 요소가 제공하는 단서들을 신중하게 살펴봄으로써 적어도 역사적 예수와 관련하여 왕국이 갖는 의미와 개념적 토대를 밝히는 데 많은 도움을 얻을 수 있을 것이다. 물론 에스겔 36장이 하나님 나라에 관한 예수의 비전을 담고 있는 **가장** 유력한 성서 자료라고 주장할 수는 없을 것이다. 마찬가지로 나의 논지도 하나님 나라에 관한 예수의 비전이 명시적으로 위의 네 가지 추상화된 항목에 기초한다는 주장과는 거리가 멀다. 다만 에스겔 36장과 다른 배후 텍스트에서 성서적으로 입증된 다양한 소망들이 예수의 비전에 관해 간편한 요약을 제공한다고 말할 수 있을 뿐이다. 하나님 나라에 관한 예수의 가르침을 음미해보면 우리는 그의 비전이 다름 아니라 새롭게 정화된 공간에 관한 것임을 발견하게 되는데, 그곳은 우상숭배에 물들지 않은 제왕적 제사장들에 의해 다스려지고 성령으로 충만한 공간이 될 것이다. 일부 독자들은 이와 같은 주장이 특히 예수가 구약성서에 정통한 인물이었다고 전제한다는 점에서 논쟁의 여지를 안고 있다고 여길 수도 있다. 하지만 역사적 예수가 토라를 준행하는 유대인으로서 예언자들의 약속이 머지않아 성취될 것으로 기대하고 있었다고 믿는 다른 독자들은 이것이 나의 주장에서 특별히 문제가 되는 부분은 아니라고 여길 것이다. 사실을 말하자면 여기서 더욱 논쟁이 될 만한 요소는 아마도 하나님 나라에 관한 예수의 비전이 특별히 제의적 함의를 지니고 있으며 결과적으로 그가 수난을 강조했던 이유를 설명해준다는 주장일 것이다.

나는 여기서 크게 세 군데 본문을 관심 있게 살펴볼 것인데, 그중 첫 번째와 세 번째, 요컨대 소위 "씨뿌리는 자의 비유"와 "복에 관한 강화"는 예수 전승 내에서도 고전적인 표준 텍스트로 꼽힌다. 두 번째 본문인 "소금의 비유"는 위의 두 본문에 비해 주해적으로 관심을 덜 받아왔지만 나는 이것도 다른 두 본문만큼 계몽적인 역할을 하리라고 믿는다. 위의 세 텍스트를 면밀하게 분석해보면, 에스겔이 유배로부터의 귀환을 시사하는 징후들로 여겼던 네 가지 요소가 바로 하나님 나라에 관한 예수의 비전에서 중추적인 요소라는 점이 드러날 것이다. 한편 예수는 예언서들과 완벽하게 일치하지 않는 요소도 제시하는데, 바로 "구속적 수난"(redemptive Suffering)이라는 주제다. 다수의 학자가 수난이라는 주제는 부활 이후 공동체에서 왕국의 도래를 위한 촉매제 역할을 했던 것으로 인정해왔고, 일부 학자들은 왕국과 관련된 수난이 오로지 예수에게만 해당하는 것으로 치부해 왔던 반면에, 나는 예수에게 수난이란 그가 속한 공동체 전체를 특징짓는 근본적인 표지였다고 주장할 것이다. 신실한 자세로 수난을 감수하는 일은 왕국의 도래를 위해 반드시 충족되어야 하는 조건이었다. 바로 이러한 점이 예수의 독창적인 가르침이었다. 1세기 유대인들 다수는 야웨가 하나님의 백성을 괴롭히는 원수들에게 고난을 선사한 후에 왕국을 건실할 것이라고 기대했지만, 예수는 그가 이끄는 보잘것없는 운동이 영광스러운 이스라엘의 회복을 위한 통로와 같은 역할을 하리라고 지적했다.

1. 왕국의 묵시적 구조: 씨뿌리는 자의 비유 (막 4:4-9)

씨뿌리는 자의 비유는 예수의 모든 가르침 가운데 가장 의미심장한 비유라고 말할 수 있는데, 여기서 "의미심장"하다는 말은 대중적인 관심을 염두에 두었다기보다는 이것이 다른 모든 비유를 해석하는 만능열쇠와 같은 역할을 한다는 의미를 담고 있다. 마가는 만일 독자들이 이 비유의 의미를 이해하지 못한다면 다른 어떤 비유도 이해하리라고 기대해서는 안 된다고 말한다.[1] 바꾸어 말해 씨뿌리는 자의 비유를 제대로 파악한다면 다른 모든 비유에 대한 해석의 열쇠를 손에 쥐게 되는 셈이다. 이것은 그야말로 의미심장한 주장이다. 마가에게 씨뿌리는 자의 비유는 예수의 가장 결정적인 가르침 가운데 하나였다.[2]

역사적 예수 역시 씨뿌리는 자의 비유를 "해석의 열쇠"로 생각했는지는 별개의 문제다. 사실 과거에는 종종 마가복음 4:13이라는 중요한 텍스트를 복음서 저자의 편집으로 여기는 경향이 없지 않았다. 하지만 설령 이와 같은 관점을 채택한다고 해도 이 비유가 행사하는 결정적인 역할이 순수하게 복음서 저자의 창작이라고 추정하는 것은 옳지 않다. 우리는 여전히 과연 예수 자신이 그의 비유에 이런 종류의 중요성을 부여했는지 질문할 수 있으며 나는 그렇다고 믿는 사람 가운데 하나다. 내가 그렇게 주장하는 이유는 씨뿌리는 자의 이야기야말로 예수 운동이 구속사의 시간표 내에서 차지하는 역할에 대한 예수 자신의 이해를 보여주는 가장 압축적이면서도 포괄적인 기사이기 때문이다.

---

1 막 4:13.
2 이것은 마가복음에 대하여 Tolbert(1989)가 주창했던 신뢰할 만한 논평이었다.

씨뿌리는 자의 비유에 관한 모든 논의를 복잡하게 만드는 요인은 마가복음에 기록된 완전한 형태의 비유와 예수가 처음에 말했던 그대로의 비유를 단순하게 동일시했을 때 발생하게 될 일련의 편집비평적 난제들이다. 상당수의 학자는 마가복음 4:11-12의 정통성에 의문을 제기해왔었는데, 물론 이제까지의 실질적인 합의가 오래전부터 붕괴의 조짐을 보여주고 있는 것이 사실이다.[3] 이와 유사하게 아돌프 윌리허 이후로 많은 학자가 14-20절의 설명을 후대에 첨가된 풍유적 해석으로 간주한다. 그러나 이러한 첨가들은 현재보다 세련되지 않고 단순한 형태로 시작되었던 최초의 비유 위에 쌓아 올려진 표층과 같은 존재로 받아들여져야 할 것이다. 다양한 배경의 학자들은 한편으로 씨앗과 토양에 관한 단순명료한 이야기가 예수의 농경 사회 배경에 들어맞는다는 점과 다른 한편으로 「도마복음」에도 이와 유사한 비유가 등장한다는 점을 인상 깊게 받아들이고서 다음과 같은 합의에 도달하였다. 만일 역사적 예수가 진짜로 가르쳤던 비유가 있다면, 씨뿌리는 자의 비유, 아니 적어도 그 가운데 핵심 요소가 바로 여기에 해당한다고 말이다. 본 장의 논의를 위해서는 예수가 (마태복음과 누가복음 비유의 바탕으로 여겨지는) 마가복음 4:3-9에 나타나는 형태와 다소나마 유사한 모습으로라도 이 비유를 가르쳤다는 비평학자들의 합의를 수용하는 것으로 충분할 것이다. 이에 따라 본 장에서 이 비유를 다루는 범위도 학자들 간에 합의된 내용으로 제한할 것이다.

---

[3] 이 사안에 관한 논의로는 다음을 보라. Evans 1989: 103-6. 오래되기는 했지만 11-12절의 진정성을 옹호하는 균형 잡힌 탁월한 연구로는 여전히 Moule 1969을 들 수 있다.

1) 씨뿌리는 자의 비유 해석: 첫 단계

씨뿌리는 자의 비유는 나름대로 자연스러운 구조를 보여준다. 씨뿌리는 자가 나가서(3절) 서로 다른 네 종류의 토양에 씨를 뿌리는데, 각각의 토양은 서로 다른 결과를 내놓는다.

> "뿌릴새 더러는 길가에 떨어지매 새들이 와서 먹어 버렸고, 더러는 흙이 얕은 돌밭에 떨어지매 흙이 깊지 아니하므로 곧 싹이 나오나, 해가 돋은 후에 타서 뿌리가 없으므로 말랐고, 더러는 가시떨기에 떨어지매 가시가 자라 기운을 막으므로 결실하지 못하였고, 더러는 좋은 땅에 떨어지매 자라 무성하여 결실하였으니 삼십 배나 육십 배나 백 배가 되었느니라" 하시고, 또 이르시되 "들을 귀 있는 자는 들으라" 하시니라.[4]

이 구절에 대한 주석은 다양한 질문들로 가득 차 있다.[5] 씨뿌리는 자는 어째서 이처럼 부주의하게 씨앗을 뿌리는가? 씨뿌리는 자는 쟁기로 밭을 갈았는가? 만일 갈았다면 그것은 씨앗을 뿌리기 이전이었는가, 아니면 이후였는가? 이 비유는 오로지 수확에 관한 비유일 뿐이며 처음 세 종류의 토양에 관한 이야기는 단지 극적 긴장감을 조성하기 위한 장치에 불과한가(도드, 예레미아스)? 아니면 이 이야기는 사실상 말씀을 듣는 마음 밭에 관한 것인가(마셜)? 아니면 씨뿌리는 자에 중점을 둔 이야기인가(리델보스)? 아니면 씨앗에 중점을 둔 이야기인가(베더)? 이 가운데 어떤 질문들은 타당하고 적실한 것이지만 어떤 질문들은 논점을 벗어나 있다. 또한 대다수 질문은 여

---

4   막 4:4-9.
5   때로는 답변들도 서로 전혀 다르다. Dodd 1935: 180-83; Ridderbos 1962: 132; Jeremias 1963: 149-51; Weder 1990 (1978): 99-117; Marshall 1978: 323-24.

전히 논쟁의 대상이다.

다행히도 "씨앗"과 "씨뿌리는 자"의 정체에 대해서는 별다른 어려움 없이 해답을 구할 수 있다. 마가의 해석에 따르면 씨앗은 "하나님의 말씀"인데, 그것은 예수가 가르친 말씀일 수도 있고 초기 교회의 가르침을 의미할 수도 있다.[6] 하지만 복음서 저자가 어떤 결론에 도달했든지 간에 예수의 비유를 들었던 청중들도 그와 유사한 판단을 내렸을 것이 분명한데, "예수의 삶의 정황"에서 씨앗이 예수가 선포한 말씀이 아닌 다른 가르침을 의미하는 일은 거의 불가능했을 것이다.[7] 따라서 예수가 처음 선포했던 비유에서 씨뿌리는 자는 하나님 아니면 예수, 혹은 아마도 둘 다를 가리켰을 것이고, 씨앗은 예수의 가르침을 뜻했을 것이다. 또한 다양한 토양들은 예수의 가르침에 대해 서로 다른 단계의 수용력을 보여주었던 청중들을 가리켰을 것이다.

여기서 마가는 "씨"가 선포된 말씀만을 가리키는 것이 아니라 그 말씀에 반응하는 인간들도 가리키는 것으로 묘사하는데,[8] 이런 사실이 문제를 더욱 복잡하게 만든다. 사람들에 대해서도 씨라는 표현을 적용한 4:20과 관련하여서는 "씨"가 (참된) 이스라엘을 상징하는 용어로 사용된 다양한 고전 텍스트를 비교 자료로 제시할 수 있을 것이다.[9] 이전 세대의 비평학자들은 마가가 "씨"를 이중적으로 "말씀"과 "청중" 모두에 적용했다는 점을

---

6 막 4:14과 병행 구절.
7 Riesner(1981: 370)는 이 점이 예수의 청중들에게는 "명확했음이 분명하다"라고 말한다. Bultmann(1975: 30)도 이에 동의한다.
8 막 4:20과 병행 구절.
9 슥 9:2; 사 1:9; 6:13; 31:9(LXX); 37:31-32(LXX); 43:5; 44:3; 45:26; 53:10; 54:3; 60:21; 61:9; 65:23; 66:22; 렘 24:6; 31:27; 32:41; 46:27; 호 2:23; 암 9:15; 슥 8:9-10; *1 En.* 62.7-8; *Pss. Sol.* 14.2; 1QH 14.14-16; CD 12.20b-22.

증거 삼아 이 같은 해석이 이차적인 성격을 지닌다고 주장하였다. 어쨌거나 그들은 마가복음의 저자가 딱하게도 수많은 자료를 다루느라 혼란스러운 가운데 "씨"가 두 가지 실체를 동시에 가리킨다고 제안한 것으로 생각한다. 하지만 비평학자들의 판단은 크게 두 가지 점에서 문제가 있다. 첫째, 설령 마가복음의 이중적인 상징이 우리에게 불편하게 느껴졌다고 해도, 우리의 민감한 기호학적 감수성을 거스르는 그 같은 표현이 1세기 독자들에게도 똑같이 부자연스럽게 받아들여졌으리라고 추정할 이유는 없다. 둘째, 복음서 저자 이전에도 "씨"라는 표현에 은유적인 의미를 부여하여 수정한 사례가 있었다. 멀리 거슬러 올라갈 필요도 없이 사도 바울도 복음의 말씀이 열매를 맺어 자라게 해달라고 기도했을 뿐 아니라, 동일한 맥락에서 골로새의 신자들도 열매를 맺고 하나님을 아는 일에 자라게 해달라고 간구하였다.[10] 마가복음의 저작이 완료되고 얼마 지나지 않아 1세기 막바지에 저술된 「에스라4서」도 제시할 수 있는데, 4.38-41에서는 흩뿌려진 씨들 가운데 뿌리를 내린 "씨"가 수많은 이스라엘 백성 가운데서 선택된 자들을 상징하는 표현으로 사용되었고, 9.29-37에서는 "씨"가 하나님의 율법을 상징하는 표현으로 사용되었다. 마가가 "씨"라는 단어 하나로 예수의 "말씀"과 그것을 받아들이는 "사람"을 동시에 가리키기로 했던 결정은 위와 같은 선례들과 맥을 같이한다.[11]

여기서 "씨"의 이중적 의미에 대해 예수도 이와 동일한 관점을 지니고 있었는지 결정하기에 앞서 우리는 잠깐 멈춰 서서 1세기의 마가복음보다 훨씬 앞선 이사야서가 "씨"에 관한 은유의 궤적을 형성하는 일에 어떤

---

10 골 1:6, 10.
11 추가적인 논의로는 Marcus 1986: 50; 2000: 295-96을 보라.

영향을 끼쳤는지 살펴볼 필요가 있다. 사실 "씨"라는 개념은 예언자 이사야가 가장 몰두했던 개념 가운데 하나라고 말해도 지나친 표현은 아닐 것이다. 정경 이사야서 텍스트는 "사악한 씨"(zeraʿ mĕrēʿîm, 사 1:4)를 소개하는 것으로 시작하여 결국 "비뚤어진 씨"(14:20)를 낳으며 "거짓 나무"(17:10)를 옮겨심는다는 언급으로 이어진다.[12] 이사야서 저자는 우리가 5장에서 발견할 수 있는 감상적인 구절들에서처럼 이스라엘을 나무에 비유하여 그들에게 임할 재앙을 선언하는 가운데, 그들이 완고함으로 인해 유배당할 운명에 처한 백성이라는 사실을 선포하는 한편 그들이 장차 "거룩한 씨"가 되어 유배로부터 귀환할 것이라고 약속하는데,[13] 여기서 "거룩한 씨"는 의심할 여지 없이 "아브라함의 자손"(41:8; 45:19), 다시 말해 이스라엘의 남은 자를 가리키는 표현임이 분명하다. 또한 이사야 55장에서는 "씨"가 야웨의 말씀을 가리키는 한편 그 말씀이 지시하는 대상들을 상징하기도 하는데, 이것은 아마도 우리의 기대를 벗어나는 전개 방식일 것이다.

> 너희는 여호와를 만날 만한 때에 찾으라. 가까이 계실 때에 그를 부르라. 악인은 그의 길을, 불의한 자는 그의 생각을 버리고 여호와께로 돌아오라. 그리하면 그가 긍휼히 여기시리라. 우리 하나님께로 돌아오라. 그가 너그럽게 용서하시리라. 이는 내 생각이 너희의 생각과 다르며 내 길은 너희의 길과 다름이니라 여호와의 말씀이니라. 이는 하늘이 땅보다 높음 같이 내 길은 너희의 길보다 높으며 내 생각은 너희의 생각보다 높음이니라. 이는 비와 눈이 하늘로부터 내려서 그리로 되돌아가지 아니하고 땅을 적셔서 소출이 나게 하며 싹

---

12 히브리어 문구에 대한 저자의 번역.
13 사 6:13.

이 나게 하여 파종하는 자에게는 종자를 주며 먹는 자에게는 양식을 줌과 같이 내 입에서 나가는 말도 이와 같이 헛되이 내게로 되돌아오지 아니하고 나의 기뻐하는 뜻을 이루며 내가 보낸 일에 형통함이니라. 너희는 기쁨으로 나아가며 평안히 인도함을 받을 것이요 산들과 언덕들이 너희 앞에서 노래를 발하고 들의 모든 나무가 손뼉을 칠 것이며, 잣나무는 가시나무를 대신하여 나며 화석류는 찔레를 대신하여 날 것이라. 이것이 여호와의 기념이 되며 영영한 표징이 되어 끊어지지 아니하리라.[14]

포로귀환에 관한 위의 환상에서 "씨"의 형태로 표현된 야웨의 말씀은 종말론적인 배경을 조성하면서 새롭게 개조된 "남은 자"를 상징한다. 결국 이 환상에서도 하나님의 "말씀"과 "사람"이 동일하게 "씨"로 표현된 것이다. 아마도 포로귀환이 일어날 때는 하나님의 말씀과 이를 받아들이는 사람 사이의 경계가 흐려질 만큼 파격적인 갱신이 수반되리라는 것이 분명하다. 이사야에게는 이러한 갱신이야말로 포로귀환이 최종적으로 지향하는 목표였는데, 그는 "잣나무는 가시나무를 대신하여 나며 화석류가 찔레를 대신하여"(55:13) 난다는 강력한 상징적 비유를 사용하여 그때의 갱신을 묘사하고 있다. 이사야 55장의 시나리오는 "사막을 에덴 같게, 그 광야를 여호와의 동산 같게" 만들 것이라는 51:3의 예언을 뒷받침하는 동시에, 이사야 61장("의의 나무 곧 여호와께서 심으신 그 영광"이 나타나는 때)과 65장("포도나무를 심고 열매를 먹을 것이며…내 백성의 수한이 나무의 수한과 같"아지는 때)을 위한 기반을 닦는 역할을 한다.[15] 여기 언급된 마지막 장들에서 이사야의 이

---

14 사 55:6-13.
15 사 61:3; 65:21-22.

야기는 완성된 모습을 이룬다. 이사야 1장에서 제기되었던 "행악의 종자"라는 문제는 하나님이 친히 선발한 "씨"(*zera*')를 유배에서 돌아오게 하여 (65:9) 에덴과 같은 상태로(61:3b) 이끌어감으로써 결국 해소된다. 이사야서에서 "씨"는 마가복음에서와 마찬가지로 남은 자를 가리킬 뿐 아니라, 또다시 마가복음과 마찬가지로 반박의 여지 없이 야웨의 말씀을 가리키기도 한다.

그러나 여기서 우리는 "말씀"과 "사람"의 수렴(logos-human convergence)을 가능하게 해주었던 특수한 정황, 다시 말해 유배로부터의 귀환이라는 맥락을 무시해서는 안 된다. 우리가 이 같은 맥락을 진지하게 고려한다면, 이사야 55장에 묘사된 풍부한 결실은 (종종 주장되는 것처럼) 하나님을 향한 개인들의 올바른 반응으로 말미암은 것이 아니라 포로귀환에 대한 비전이라는 특수한 상황과 관련된 것이다. 이것은 직접적으로 두 가지를 함의한다. 첫째, 마가는 (바울이나 「에스라4서」의 저자와 마찬가지로) "씨"를 하나님의 "말씀"과 유배에서 귀환한 "남은 자"라는 두 대상 모두와 동일시하였는데, 그러한 종합은 그의 새로운 창작이 아니라 이미 틀을 갖추고 있던 개념에 기반하여 자신의 사상을 전개한 것이며, 우리는 이미 이사야서에서 그런 개념을 시사하는 최초의 흔적을 발견할 수 있다.[16] 둘째, 마가가 이사야서의 맥락에 전적으로 의존하고 있다는 점에서(마가의 비유 자체 내에 이를 입증하는 상당한 증거가 내재해 있다) 그 역시 풍성한 결실을 주관적이고 심리적인 실재로 이해하기보다는 하나님이 주도하는 객관적인 행위로 이해했음이

---

16 같은 흐름에서 Bowker(1974: 312)는 다음과 같이 적절하게 지적한다. "예언서 말씀의 기능과 역할이 그 말씀을 듣는 자들의 본성을 분명하게 밝히는 것이라는 사실을 깨닫게 되면 '뿌려진 씨앗'과 '뿌려진 사람' 간의 구분을 희미하게 만드는 익숙한 관행이 그리 낯설지 않다." Ramaroson(1988: 98)도 이와 비슷한 견해를 보인다.

분명하다. 씨뿌리는 자의 비유는 이사야서의 독자들에게 아주 익숙한 주제였음이 분명한 "씨"의 은유에 깊이 의존하고 있는데, 그런 의미에서 그 비유의 가장 이른 형태에서도 회복이라는 주제가 의미심장하게 다루어졌을 것이다.

N. T. 라이트는 다른 학자들과 마찬가지로 이사야 55장이 이 비유의 배경으로서 갖는 중요성을 인식하고서 역사적 예수의 비유를 유배로부터의 회복에 대한 초청으로 해석한다.[17] 이러한 해석에 따르면, 열매를 맺지 못한 세 종류의 씨들은 "새들"(사탄의 세력들 혹은 탐욕스러운 이방인들)에 의해 먹혔거나 아니면 바위들이나 유배지의 사막에서 자라나는 가시덤불에 의해 성장이 가로막혔다고 하였는데, 이들은 모두 이스라엘이 오랜 기간 경험했던 유배 상황을 대변한다.[18] 반면에 풍부한 열매를 맺은 씨는 예수의 가르침에 적극적으로 반응했던 자들, 다시 말해 유배에서 귀환한 백성에 해당한다. 이 비유는 "이스라엘의 역사가 예수 자신의 사역을 통해 절정에 도달하였다고 선언한다. 유배 생활이 종결될 날이 다가왔다. 잃어버린 씨들의 시대가 지나가고 결실의 시대가 동터온다."[19]

나는 라이트가 따르는 노선이 올바른 것이라고 믿는다. 만일 예수가 이스라엘은 여전히 유배로부터의 완전한 귀환을 실현하지 못했으며, 그 사건은 오로지 그가 주도하는 운동을 통해서만 가능하다고 실제로 여기고 있었다면, 그가 이사야 55장에서 가져온 "씨"라는 모티프를 그의 비유에 사

---

17 Garnet(1983)과 Lohfink(1985)도 이와 유사한 해석을 제공한다. Evans(1985: 466-8)는 설령 예수 자신이 사 6:9-10(= 막 4:11-12)을 직접 인용한 것이라는 견해를 받아들이지 않는다 하더라도 본래의 비유가 막 4:11-12과는 무관하게 사 55장에 의존한다는 점은 부인할 수 없는 사실이라고 분명히 밝힌다.
18 Wright 1996: 234.
19 Wright 1996: 238-9.

용한 것은 사실상 국가적 회복을 촉구하는 행위였던 셈이다. 또한 여기서 우리는 실존적 결정에 대립하는 종말론적 실재를 상정할 필요도 없다. 이 비유는 예수의 청중들에게 자신을 재평가하고 그들 앞에 펼쳐진 청사진 위에 자신의 위치를 표시한 후에 그에 걸맞게 반응하라는 요청이다. 그와 동시에 이 비유는 어찌하여 이스라엘 백성 가운데 그토록 많은 사람이 예수의 초청에 반응하지 **않는지** 설명해주는 상징적인 기사이기도 하다. 예수를 목격한 자들 가운데 다수는 예수가 받았던 냉대를 그가 자신이 주장했던 것과 같은 인물이 아니라는 증거로 받아들였는데, 그렇다면 이 비유는 그들의 무반응이 유배 상황에 머물러 있는 자들의 자발적인 선택이라는 사실을 보여준다. 많은 사람이 예수에게 응답하기를 거부한 이유는 그들에게 들을 귀가 없었으며 그들 스스로 그들이 숭배했던 말 없는 우상들과 같이 되어버렸기 때문이다.[20]

라이트의 해석이 올바른 방향으로 나아가고 있는 것은 사실이나 그의 해석도 좀 더 정교하게 다듬을 필요가 있다. 첫째, 만일 이 비유가 단지 유배와 귀환에 관한 이야기일 뿐이고 다른 의미는 없는 것이라면, 내 생각에 이 비유는 지금보다 짧은 형태를 취했을 것이고 토양의 종류도 좋은 땅과 나쁜 땅, 이렇게 둘이면 충분했을 것이다. 둘째, 예수가 이사야서와 같은 텍스트에서 "씨"라는 용어를 빌려온 것이라면, 우리는 예수가 과연 유배에만 아니라 그에 수반하는 일련의 환난에도 관심을 가졌던 것인지 묻지 않을 수 없다. 왜냐하면 적어도 이사야의 관점에서는 그 "씨"가 오직 환난을 통해서만 유배에서 벗어나는 길을 싹틔울 수 있기 때문이다.

"환난"과 "씨앗의 발아" 사이의 관계를 최초로, 그리고 가장 명료하게

---

20 Beale 1991: 272; Beale 2008: 165-6.

보여주는 본문은 이사야 42:14이다. "내가 오랫동안 조용하며 잠잠하고 참 았으나 내가 해산하는 여인 같이 부르짖으리니 숨이 차서 심히 헐떡일 것이라." 이 구절에서 우리는 유배로부터의 귀환에 대한 기대가 정치적, 군사적 절망이라는 감정과 공존하는 것을 발견할 수 있는데, 그러한 감정이 해산의 고통과 출산이라는 이미지로 표현되고 있다.[21] 예언자 이사야는 이스라엘이 유배로부터 귀환하는 날에는 잉태하지 못하던 여인이 아이를 낳게 될 것이라고 약속한다(사 54:1; 66:7-10). 이어서 65:23에 묘사된 결정적인 순간에는 놀랍게도 출산이라는 주제가 "씨" 모티프와 통합되어 나타난다. "그들의 수고가 헛되지 않겠고 그들이 생산한 것이 재난을 당하지 아니하리니 그들은 여호와의 복된 자의 자손(zera', "씨")이요 그들의 후손도 그들과 같을 것임이라." 여기서 씨와 출산을 은유적으로 통합했다는 점은 의미심장한데, 단지 그것이 이스라엘이 당하는 압제의 배후에 구속사적 목적이 작용하고 있음을 보여주기 때문만이 아니라, 그와 같은 구속이 앞부분에서 묘사된 환난 없이는 실현될 수 없음을 암시하기 때문이다.[22] 이사야가 보기에 이스라엘이 대적들의 손에 의해 당하는 환난, 다시 말해 "해산의 고통"은 아브라함의 씨가 결실을 거두게 해주는 신비한 수단이었다.

이사야서는 씨와 환난이 수렴하여 생산력으로 이어지는 미래를 보여주고 마가복음 4장의 비유에서는 두 번째 토양(흙이 얕은 돌밭) 및 세 번째 토양(가시떨기)과 관련하여 참혹한 시나리오를 제시하는데(17-19절), 그렇

21　이사야서에서 해산의 고통은 정치적 압제와 일맥상통하는 개념으로 사용되었으며, 르신과 베가의 위협(사 7:1-9:6), "먼 나라"에서 온 전사들(사 13:5), 회오리바람같이 몰려온 엘람인들(사 21:1-4), 군림하는 통치자들(사 26:12-18), 혹은 산헤립의 예루살렘 포위(사 37:3)를 의미했다. 특히 Darr 1994: 205-24을 보라. 이사야서의 범위를 넘어서도 유사한 패턴을 발견할 수 있다. 미 4:9-10; 렘 4:31; 6:24; 13:21; 22:23; 30:5-6; 48:41; 49:22, 24; 50:43.
22　보다 자세한 내용은 Sweeney 2005: 58을 보라.

다면 예수는 이사야서를 배경으로 마가복음에서 두 번째와 세 번째 토양을 묘사할 때 과연 서로 다른 형태의 환난을 구분하려는 의도를 지니고 있었는가 하는 의문이 제기된다. 더 나아가 마가복음의 비유에서 중간 단계의 두 토양은 단순히 씨앗을 뿌렸을 때 나타날 수 있는 가능한 결과를 상징하는 역할만 지닌 것인지, 아니면 이사야서 내러티브의 논리를 따라 이스라엘이 결실을 거두기 위해 반드시 통과해야 하는 실재를 상징하기도 하는 것인지 질문해볼 필요가 있다. 내가 보기에 예수는 그의 청중들에게 두 번째와 세 번째 토양을 확실히 구별하도록 요청하고 있는데, 여기서 두 토양은 종말론적 결실을 예비하기 위한—연속적인 동시에 중첩되는—환난의 단계들이다. 내가 보기에 씨뿌리는 자의 비유를 기원전 2세기에 출현한 세 개의 묵시문학 텍스트에 실린 유사한 이야기들과 비교해보면 위의 제안이 더욱 설득력 있게 들릴 것이다.

2) 씨뿌리는 자의 비유에 선행하는 세 개의 "씨앗 텍스트"에 나타나는 종말론적 기대의 유형

씨뿌리는 자의 비유를 「희년서」나 "주간 묵시록"(「에녹1서」 93.1-10; 91.11-17), 그리고 "꿈의 책"(「에녹1서」 83-90장)과 같은 묵시문학 텍스트와의 관계 속에서 살펴보는 것은 여러 가지 이유에서 의미 있는 접근이라고 할 수 있다. 한편으로는 그런 텍스트들이 예수의 시대에 통용되었고 따라서 예수에게도 익숙했을 전통들을 반영할 뿐만 아니라, 다른 한편으로 예수의 비유에서와 마찬가지로 "씨앗/나무" 이미지를 이스라엘 역사와 연관 지어 묵시적으로 재진술하기 때문이다. 다수의 주석가가 지적하는 것처럼 씨뿌리는 자의 비유가 극도로 실망스러운 수확이 괄목할 만한 결실로 이어지는 이야기를 통해 전달하고자 하는 실제적인 교훈이 무엇이든지 간에, 그 이야기는 깔끔하게 구획화된 다양한 범주들을 대비시키고 있다. 그런데 명확하게 구분되는 실재들 사이의 대비는 묵시문학 장르의 대표적인 특징이기도 하다. 예컨대 바룩2서 53-76장에서 어두운 물과 밝은 물(시대들)이 교차적인 흐름으로 등장하는 것이나, "주간 묵시록"에서 **주간들**이 되풀이되는 현상도 이런 특징을 반영한다. 예수를 묵시적 설교가로 규정하는 일은 망설여질 수도 있지만, 씨뿌리는 자의 비유가 예수 시대에도 여전히 활력을 유지하고 있었던 묵시문학의 흐름을 반영한다는 사실은 부인할 수 없다.

이제부터 나는 세 개의 "씨앗 텍스트" 배후에 자리 잡은 공동체가 연달아 제시되는 이야기를 통해서 공통으로 다음과 같은 확신을 표현하고자 했음을 보여주려 한다. (1) 유배는 어떤 의미에서 아직도 진행 중이며, 배교하는 세대와 함께 도래할 대환난이 그 정점이 될 것이다. (2) 하나님은 이 사악한 세대에게 주는 응답으로서 의로운 남은 자를 일으킬 것이다. (3) 마지막으로, 이 남은 자들이 종말론적 성전의 기초가 될 것이다. 흥미로운 사실은 이스라엘의 (과거, 현재, 미래) 역사를 재진술하는 세 이야기 모두 씨앗/나무 이미지를 구심점으로 삼고 있다는 점이다. 이스라엘의 구속사 전반에 관한 이야기의 줄거리와 씨앗 이미지가 반복적으로 관련지어지는 것은 결코 우연이 아니다. 혹자는 아브라함의 후손(씨앗)에 얽힌 과거 역사와 미래의 궤적을 영적인 관점에서 성찰해볼 때 다른 선택의 여지는 없을 것이라 여길 수도 있다. 예수의 비유를 유대 사회가 공유하는 구속사적 도식에 적용해보면 우리는 씨뿌리는 농부에 관한 이야기가 그 틀에 아주 잘 들어맞는다는 사실을 어렵지 않게 발견할 수 있을 것이다.

「희년서」

기원전 2세기의 텍스트인 「희년서」가 지닌 가장 두드러진 요소들 가운데 하나는 한편으로 역사적인 측면에서 지리상의 포로귀환을 경시하는 반면 다른 한편으로 종말론적 성전을 강조한다는 점이다. 물론 「희년서」 1.15-18에서 포로귀환에 관해 비중 있게 다루는 것처럼 **보이기는** 하지만 우리가 좀 더 면밀하게 들여다보면 위의 단락은 이스라엘 영토 내에서의 삶을 이상화하는 한편 우리가 알고 있는 포로 시대 이후의 역사적 실재와는 잘 들어맞지 않는다는 사실을 발견하게 된다. 그런 이유로 학자들은 일반적으로 여기에 묘사된 성전을 새 창조와 함께 출현할 최후의 성전으로 이해하는데, 이 새로운 창조는 야웨가 "그들 가운데 나의 성소를 건축"하고 "그들과 함께 거할" 것이라고 약속함으로써 시작될 것이다.[23]

종말론적 성전이 수립되기 이전에 야웨가 "의로운 나무"라고 불리는 남은 자(이스라엘)를 "심는" 과정이 필요하다.[24] 포로귀환은 세 차례에 걸쳐 시행되리라고 전망하는데, 첫 번째 단계에서 아브라함은 "그에게서 영원토록 다함이 없을 의로운 나무(이삭)가 자라나"고 "거룩한 씨(이스라엘)가 그로부터" 나게 될 것을 깨닫고서 창조주를 송축한다.[25] 후에 아브라함은 이삭을 축복하면서 경고하기를 그의 씨가 뽑히지 않기 위해 악행을 근절하라고 말한다.[26] 또한 아브라함은 만일 이삭이 순종한다면 하나님은 "너에게서 의로운 나무가 나게 하셔서 대대로 온 땅을 채우게 하실 것"이라고 약

---

23   VanderKam 1997b: 104; van Ruiten 1999: 215-20; Brooke 1999: 294-95. Halpern-Amaru(1997: 140-41)는 이 점에 대하여 좀 더 신중한 태도를 보인다. 참조. *Jub.* 1.27, 29; 4.26.
24   *Jub.* 1.16.
25   *Jub.* 16.26.
26   *Jub.* 21.22.

속한다.²⁷ 후에 이삭도 야곱과 에서에게 이와 유사한 축복을 선언하고 미래의 회복을 내다보면서 하나님이 "너를 의로운 나무로 땅 위에 심을 것이며 그 나무는 영원토록 뽑히지 않을 것"이라고 말한다.²⁸ 의로운 나무가 땅을 차지하리라는 비전은 아브라함의 언약, 다시 말해 그의 씨가 우주적인 축복의 근원이 될 것이라는 약속에 대한 희망을 표현한 것이다.²⁹ 아브라함의 씨는 이삭을 거쳐 종말론적인 나무로 자라날 것인데, 우리가 이미 살펴보았던 것처럼 그 나무는 종말론적 성전의 직접적인 무대가 된다.³⁰ 땅에 심긴 나무와 종말론적 성전 사이의 거리는 그리 멀지 않다.

하지만 「희년서」에서 새로운 에덴동산으로 나아가는 길은 결코 순탄하지 않다. 「희년서」 23장은 종말을 향하여 나아가는 길목에 전례 없는 사악함으로 무장한 배교자의 세대가 출현할 것이라고 경고한다.³¹ 그때 어떤 이들은 활과 칼로 무장하고 그들을 "그 길"로 되돌리기 위해 전쟁에 임할 것이지만, 그들을 되돌리기까지는 양편 모두 많은 피를 땅에 쏟아야 할 것이다. 이 전쟁에서 도망친 자들은 자신들의 악한 길을 떠나 의의 길로 돌아서지 않을 것인데, 왜냐하면 그들은 이웃들의 모든 소유를 빼앗기 위해 속임수를 사용하여 부유해지고 교만해졌기 때문이다.³²

결국 이 사악한 세대는—긍정적으로 표현하자면—또 다른 세대에게 자리를 내어줄 것이다. "그때는 아이들이 율법을 찾기 시작할 것이며…의

---

27 Jub. 21.24.
28 Jub. 36.6.
29 창 12:3; 17:4; 18:18 등.
30 구체적으로 이삭의 중재에 대해 언급하는 자료로는 Tiller 1997: 324이 있다.
31 Jub. 23.16-25. 「희년서」의 환난 문제를 다룬 뛰어난 연구로는 Pitre 2005: 65-71을 보라.
32 Jub. 23.20-21a. 별도의 언급이 없는 경우 「희년서」의 번역은 Wintermute(1985)의 영역본을 따른다.

의 길로 돌아서고자 할 것이다."[33] 「희년서」의 저자는 율법을 찾는 자들과 배교한 세대 간의 핵심적인 갈등이 "그 길"에 관한 것이라고 이해한다. 장차 도래할 의로운 세대는 "그 길"을 신실하게 따를 것이지만, 그 "길"에 서지 않은 자들에게는 파멸이 임할 것이다.[34] 장차 임할 환난의 무대에 배경을 제공하는 배교자들의 패배는 "책략"과 "재물"에 대한 유혹으로 특징지어질 것이다.[35] 배교는 의로운 나무와 종말론적 성전의 수립을 위해 하나님의 뜻에 따라 준비된 도구다.

요약하자면, 「희년서」에서 "씨"는 이삭을 통해 매개된 아브라함의 후사를 뜻한다. 장차 펼쳐질 우주적인 드라마에서 그 씨가 갖는 중요성은 아무리 강조해도 지나치지 않다. 비록 환난의 계절을 견뎌내야 하겠지만, 배교자가 "그 길"에서 벗어날 때 그 씨는 결국 약속의 땅에 심겨서 진가를 발휘할 것이다. 그때는 종말론적 성전이 수립되는 시기와 그리 멀지 않을 것이다.[36] 「희년서」의 연대기적 전개는 상대적으로 단순하고 직선적이다. 맨 먼저 씨앗이 등장하고 그 씨앗은 나무가 되기 위하여 환난을 겪을 것이며, 머지않아 종말론적 성전이 뒤따를 것이다.

"주간 묵시록"(「에녹1서」 93.1-10; 91.11-17)

「희년서」와 거의 동시대의 자료인 "주간 묵시록"에서는 역사를 열 (혹은 그 이상의) **주간**으로 이루어진 주기적인 추이로 구분한다. 일곱 번째 주간(바빌

---

33 *Jub.* 23.26.
34 여기서 말하는 "길"이 쿰란 문헌과 공관복음 전승에서 말하는 길, 다시 말해 포로귀환의 경로가 될 이사야서의 "길"을 의미한다는 점에 대해서는 의심의 여지가 없다.
35 *Jub.* 23.21.
36 최근에 Hanneken(2012: 191-94)이 논증했던 것처럼 이것은 그 성전이 제2성전과 연속성을 유지하는지, 혹은 그 전환이 점진적인 방식으로 이루어지는지와 무관하게 사실이다.

로니아 포로 직후)에 "배교하는 세대가 일어날 것이며" 그들의 "악행들이 무수할 것이고 그들 모두는 범죄자들일 것이다."[37] 그 시대는 "폭력"과 "속임수"가 난무하는 "불법의 세대"다.[38] 이 마지막 환난을 이해하기 위해서는 이스라엘 역사에서 선례가 되는 사건들, 그리고 그 환난의 배경이 되는 선악의 반복이라는 유형을 고려해야만 한다. 혹자는 베일에 가려진 인물인 노아의 등장이 두 번째 주간의 "속임수"를 완화하는 역할을 할 것이라고 기대하겠지만, 사실상 결과는 그 반대여서 불의가 "점점 더 증가한다."[39] 노아의 사악한 선조들로부터 의로운 족장 아브라함 자신, 그리고 다시 그의 사악한 후손들로 이어지는 질곡의 역사는 빛과 어두움이 반복되는 거대한 내러티브의 패턴과도 일치하는데, 여기서 시간이 흐를수록 강화되는 지속적인 악은 신적 개입을 위한 방아쇠 역할을 한다.

일곱 주간의 끝에 "영원한 의의 나무로부터 선택받은 의의 사람들"은 "그의 무리 전체에 관한 일곱 가지 가르침"을 가지고 그들을 구하러 올 것이다.[40] 미래의 남은 자들은 셋째 주간에 출현할 두 "나무"에 기원을 두는데, 그때 (한) 인물이 공의로운 판결의 나무로 선택될 것이며 이후로 (또 다른) 인물이 의의 나무로 모습을 드러낼 것이다. 그들은 다름 아니라 아브라함과 이삭을 가리킨다.[41] 묵시의 초두에 이삭이 등장한다는 점과 주간들의

---

37 1 En. 93.9. 이 묵시의 배경이 되는 공동체는 (그 텍스트가 기록되었던) 기원전 2세기에 이르러서도 진정한 의미에서의 포로귀환이 아직 실현되지 않았다고 믿었던 것으로 보인다. 다음을 보라. Dexinger 1977: 31-32; VanderKam 1997b: 96-100; Himmelfarb 2007: 234. 별도의 언급이 없는 경우 「에녹1서」의 번역은 Ephraim Isaac(1985)의 영역본을 따른다.
38 1 En. 93.9. 여기 등장하는 용어들을 환난의 표제어로 간주하는 견해로는 Pitre 2005:45-46을 보라.
39 1 En. 93.4.
40 1 En. 93.10.
41 1 En. 93.5. 이삭에게 붙여진 "의의 나무"라는 별칭은 사 61:3b("그들이 의[haṣedeq]의 나

주요한 전환점들에서 그에게 핵심적인 역할이 맡겨진다는 사실은 이 분파의 사상체계에서 이삭이 갖는 중요성을 말해준다. "주간 묵시록" 배후에 자리 잡은 종말론적 공동체는 이삭의 별칭을 전용함으로써 사실상 자신들을—동시대뿐만 아니라 미래에도—이삭의 화신으로 여겼다.

(두 번째) 여덟 주간이 이르면, 사악한 자들은 처단되고 "영원토록 영광 가운데 거할 위대한 왕을 위한 집이 건축될 것이다." 여기서 "위대한 왕"은 메시아, "집"은 종말론적 성전을 가리킨다.[42] "주간 묵시록"에 따르면 유배로부터의 진정한 귀환은 오직 최후의 성전이 건립됨으로써만 성취된다.[43] 이 마지막 단계는 이제 우리에게 익숙해진 다음과 같은 패턴을 보여준다. 나무/씨에서 환난으로, 환난에서 미래의 영광스러운 남은 자로, 미래의 영광스러운 남은 자에서 종말론적 성전으로 이동하는 일련의 이동 과정은 우리가 「희년서」에서 발견하는 패턴과 크게 다르지 않다. 「희년서」의 저자와 마찬가지로 "주간 묵시록"의 저자는 역사를 통해 유지되어 오는 공동체의 유기적 연속성을 표상하기 위하여 씨/나무 은유를 사용한다.

무 곧 여호와께서 **심으신**[*matta*'] 그 영광을 나타낼 자라 일컬음을 받게 하려 하심이라")라는 구절에 나오는 두 단어를 조합한 것으로 보인다. 그 텍스트는 또한 쿰란 공동체가 자신들을 "하나님의 나무"로 규정할 때 근거로 삼은 구절이기도 하다. Tiller 1997: 313; Swarup 2006: 23-24; M. A. Collins 2009: 94. 쿰란 공동체를 가리키는 또 다른 별명인 "영원한 나무"는 일반적으로 종말론적 성전을 예고하는 구절로 여겨지는 출 15:17-18과 좀 더 직접적으로 연결되는 듯하다. Brooke 1999: 291-93. 출 15:17-18과 관련하여서는 Ådna 2000: 90-110을 보라.

42　*1 En.* 91.12-13b.
43　제2성전기를 배경으로 한 다른 텍스트들에서도 마찬가지다. 느 9:13; 토비트 13:36; 마카베오하 1:27-29; *1 En.* 89-90; CD 1.3-11; 1QHa 12.8-9; 1QS 8.12-14; 9.18-20; 1QM 1.3; 4Q177 5-6, 7-10; 4Q258 frg. 3 3.4; 4Q259 frg. 1 3.19. 다음 문헌들도 참조하라. Knibb 1976; VanderKam 1997b: 96-100; Nicholas Perrin, 2013a.

"꿈의 책"(「에녹1서」83-80장)

"꿈의 책"에 등장하는 므두셀라의 환상에서도 유기체 이미지가 전면에 드러난다. 연로한 족장은 그의 조부 마할랄렐을 고무하기 위하여 남은 자들을 일으켜 주시기를 간구하는데, 그의 기도는 "영원한 씨를 품은 나무"이기도 한 노아의 가족을 통하여 실현된다.[44] 이 책의 문맥에서 아브라함이나 이삭의 이름이 거론되지는 않지만, "영원한 씨를 품은 나무"라는 표현은 "씨"에 중점을 두고 있는 아브라함의 언약을 염두에 둔 것이 분명하다.[45] 여기서도 다시 한번 씨/나무라는 표현은 남은 자를 가리키는 암호로 등장한다.

므두셀라의 환상과 "주간 묵시록"은 내러티브 구조상으로 — 이미 드러난 사건들과 아직 드러나지 않은 사건들이 전개되는 과정을 포함하여 — 얼핏 보기에도 상당한 유사성을 지니고 있다. "꿈의 책"은 「희년서」와 "주간 묵시록"을 연상시키는 방식으로 일종의 구속사적 논리를 전개하는데, 이는 성서 이야기와 맥을 같이하는 한편 때로는 성서의 엄격한 제한을 넘어서기도 한다. 요컨대 "꿈의 책"이 제시하는 논리에 따르면 남은 자의 출현을 위한 필요충분조건으로 배교가 요구된다는 것이다. 의로운 남은 자들은 진공상태에서 출현하는 것이 아니라, 배교에 대한 응답으로 출현한다는 것이다. 여기서 남은 자는 "영원한 씨를 품은 나무"의 모습으로 나타날 것이다.

"꿈의 책"을 구성하는 두 가지 환상 가운데 두 번째 것은 흔히 "동물 묵시록"이라고 불리는데, 이는 당시의 지배적인 제사장 제도에 대해 극도

---

44 *1 En.* 83.8; 84.6.
45 창 12:7; 13:15-16; 15:3, 13; 16:10; 17:7, 8, 9, 10, 12 등.

의 혐오를 표출할 뿐만 아니라, 그들이 섬기는 성전에 대해 일종의 무관심을 보여주기도 한다. 하지만 이것은 제사장 제도 자체에 대해 정죄와 비난의 화살을 돌린 것이라기보다는 성전 제의에 대해 침묵하고 방관함으로써 기억의 말살(damnatio memoriae)을 도모한 것이라고 볼 수 있다.[46] 이는 저자가 포로 시대 이전과 이후의 부패한 목자들에 관해 제시하는 풍자와도 일맥상통하는데, 이로 볼 때 그 시대의 본질적인 실상이 유배로부터의 지리적 귀환에도 전혀 영향을 받지 않았다는 점을 확인할 수 있다.[47] "꿈의 책"을 배출한 공동체에서 진정한 포로귀환은 여전히 장래의 일로 여겨진다.

그 같은 회복을 향하여 가는 도중에 남은 자들은 고통스러운 환난을 통과해야만 할 것이다.[48] 이때는 양 떼들이 듣지도 못하고 보지도 못하는 배교의 시절이자 학살을 수반하는 강력한 박해의 시기가 될 것이다.[49] 하지만 이 모든 환난의 끝에 새로운 성전에 대한 약속이 기다리고 있다.

> 나는 양 떼의 주인이 더 크고 웅장한 집을 옛집이 무너진 장소에 세우는 것을 지켜보았다. 모든 기둥과 들보가 새것이었으며, 장식들도 이제는 새것이고, 이제는 사라져버린 과거의 첫 번째 (집)보다 웅장해졌다.[50]

일부 학자는 이 단락이 예루살렘 도성의 재건에 관해 묘사할 뿐이며 종말

---

46 Himmelfarb(2007: 232)가 설명하는 것처럼 "제사장에 대한 언급이 「동물 묵시록」에서 발견되지 않는다는 사실은 그 텍스트의 저자가 제사장들의 행위를 이스라엘의 미래에 의미 있는 것으로 생각하지 않았기 때문에 특별히 그들에게 관심을 기울이지 않았다는 점을 시사한다."
47 1 En. 89-90. 다음을 보라. Knibb 1976: 256-58.
48 1 En. 90.1-27.
49 1 En. 90.7, 8-12.
50 1 En. 90.29.

론적 성전과는 무관하다고 주장하지만, 기둥들과 장식들에 대해 언급하는 이 문단에서 어떻게 성전을 배제할 수 있는지 이해하기는 쉽지 않다.[51] 여기서 다시 유배로부터 환난으로 이어지는 경로는 메시아의 주도하에 하나님 백성을 재건하고 종말론적 성전을 건축하는 것으로 귀결된다.[52]

종합

이스라엘 역사에서 분파주의자들의 이야기가 갖는 다채로운 특성을 고려할 때 단순히 사건들만을 나열하는 것으로는 충분하지 않을 것이다. 분파주의 공동체들은 자신들의 역사적 기원을 확인시켜주는 동시에 종말론적 축복에 관한 희망을 제공해주는 강력한 은유가 필요했는데, 그들은 아브라함 내러티브의 씨/나무 모티프에서 그들에게 적합한 은유를 발견할 수 있었다. 이스라엘의 역사를 재진술한 모든 분파의 이야기들에서 이삭을 통한 아브라함과 씨의 연관성은 언제나 가장 중요한 역할을 감당했다. 남은 자들과 이삭 간의 혈통적 연관성은 생물학적인 요소뿐만 아니라 윤리적인 측면도 내포하고 있다. 「희년서」의 표현에 따르면 장차 "도래할" 자는 오직 의로운 자들뿐이다. 「에녹1서」에서는 남은 자들과 두 명의 족장(아브라함과 이삭) 간의 관계가 어찌나 밀접한지 우리는 종말론적으로 남은 자를 이삭과 동일시할 수 있을 정도다. 다시 말해 남은 자들은 이삭의 인격을 공동체적으로 구현한 것으로 여겨졌다. 유기체 모티프는 의의 계시에 있어서 공동체의 장래 유산을 동시에 전해준다는 이점이 있다. 위의 세 가지 환상은

---

51 이 장면에서 종말론적 성전이 배제되었다는 주장에 대한 성공적인 반박으로는 (Gaston 1970: 114; Tiller 1993: 376과 함께) Dimant 1981-82을 보라.
52 다음 학자들도 같은 견해다. Sanders 1985: 81-82; Ådna 2000: 43; Nickelsburg et al. 2001: 405; Himmelfarb 2007: 229-31.

각각 미래의 사건들을 제시하는 방식에서 눈에 띄는 차이점이 있지만, 개념상으로는 아브라함의 언약에서 시작하여 환난의 시나리오를 거쳐 종말론적 성전의 수립으로 완결되는 하나의 역사적 흐름을 공유하고 있다. 살인을 다루는 추리소설에서 소품들과 정형화된 줄거리의 견실한 조합—불가사의한 살인으로 시작하여, 중반에는 다수의 용의자가 등장하고, 마지막에는 예상하지 못했던 폭로로 끝이 나는—을 쉽사리 식별할 수 있는 것처럼, 이스라엘 역사에 관한 다양한 묵시적 개정판들도 마찬가지다. 씨의 은유 자체가 특정한 내러티브 문법을 준수하면서 논리적으로 구속사의 연속적인 단계들을 보증해준다.

3) 씨뿌리는 자의 비유 재조명

여기서 환상들을 비교하는 목적은 이 텍스트들의 배후에 자리 잡은 공동체들이 각자 고유한 종말론적 관점을 고수하고 있다는 점을 증명하기 위해서라기보다는 씨/나무 은유와 거기서 예측할 수 있는 내러티브 전개 사이의 상관관계를 보여주기 위해서다. 내가 보기에 이것은 예수 역시 공유했던 내러티브 전개 방식이었다. 씨뿌리는 자의 비유에서 예수는 그보다 먼저 알려졌던 유대교의 묵시적 텍스트들과 마찬가지로 그의 공동체를 (이삭을 경유하여) 아브라함과 연관 짓는 한편 그의 추종자들에게 환난, 결실, 성전 건축이라는 세 단계로 구성된 역사 전개 방식을 주입하기 위하여 유기체 은유를 사용한다. 한마디로 예수의 비유는 우리에게 친숙한 농경 이미지라는 상징적 기호를 채택하여 그에 못지않게 친숙한 구속사적 줄거리를 전개하고 있다. 내가 생각하기에 마가복음 4:3-9 텍스트가 이 점을 잘 보여주고 있다.

"씨를 뿌리는 자가 뿌리러 나가서"

우리는 이 비유가 "씨를 뿌리는 자가 뿌리러 나가서"라는 말로 평범하게 시작한다는 사실에 현혹되어서는 안 된다. 「에녹서」나 「희년서」가 증언하는 전승들에 익숙한 1세기 청중들은 이스라엘 역사에 관한 고도로 상징적인 서사 내에서 어느 정도는 은유적으로 사용된 "씨"라는 개념에서 아브라함에 관한 암시를 발견할 수 있었을 것이다. 이 비유가 암시적인 성격을 지닌 것은 분명하지만, 예수는 여기서 그가 의도한 바를 정확히 표현하고 있다.[53] 예수의 언어는 성서 텍스트들과 공명할 뿐 아니라 최근에 일어난 사건들과 성서 텍스트 배후의 문화 사조들과도 맥을 같이하는데, 여기에는 당대의 묵시 사상을 주도하던 세례 요한의 가르침도 포함된다. 세례 요한이 열매 맺는 일의 중요성과 아브라함의 혈통에 대한 의존을 포기하는 일의 중요성을 공개적으로 선언하면서 생물학적인 "아브라함의 씨"가 자동으로 이스라엘의 종말론적 결실로 이어지는 것은 아니라는 점을 강조했다.[54] 이 점에 대해서는 예수와 「에녹1서」 및 「희년서」의 배경이 되는 묵시론자들도 분명히 동의할 것이다. 유일한 차이점은 예수가 세례 요한이 중단한 대화를 이어받아서 어떻게 이러한 결실이 아브라함에게 주어진 약속의 실현으로 가능하게 되었는지를 설명한다는 점이다.

이 비유가 아브라함 언약을 배경으로 한다는 점은 예수가 성공적인 수

---

53 나는 예수가 진리를 감추려는 의도로 비유를 사용했다는 널리 알려진 개념에 반대한다. 오히려 "복음서 저자들이 예수의 성품을 묘사하면서 강조했던 점은 예수가 주입식 교육을 거부했으며 사람들이 스스로 생각할 수 있게 만들어주려는 단호한 생각을 지녔다는 것이었다. 따라서 복음서 저자들이 보여주는 일반적인 예수상에 따르면 비유는 진리를 감추기 위한 비밀규범(*disciplina arcani*)이나 단순한 설명을 위한 도구가 아니라 도발적이고 역동적이고 창조적인 의사전달 수단이었다"(Moule 1969: 98).

54 Q 3.8.

확이 백 배에 도달할 것이라고 구체화한다는 사실로도 확증된다.⁵⁵ 그 정도의 수확이 실제로 가능한가 하는 문제는 차치하고(본질을 벗어난 주제이긴 하지만 이에 관한 논의도 그 자체로 오랜 역사를 지니고 있다) 예수는 단순히 좋은 땅이 내놓은 비범한 결실만을 강조하려 했던 것이 아니라, 그것을 창세기 26:12에서 이삭이 거두었던 백 배의 결실과 동일시하고자 하였다. "이삭이 그 땅에서 농사하여 그 해에 백 배나 얻었고 여호와께서 복을 주시므로."⁵⁶ 예수의 말씀에 귀를 기울였던 사려 깊은 청중들은 아마도 씨뿌리는 자가 하나님보다는 예수님을 가리킨다고 추측했을 텐데, 예수는 이삭에게 주어진 씨에 대한 약속의 상속자로서 종말론적 성전이라는 "결실"을 거둬들일 장본인이다.

"더러는 길가에 떨어지매"

"길가에 떨어진" 씨는 이스라엘 백성 중에서 유배로부터의 귀환에 아무런 관심이 없는 자들을 가리킨다. 우리가 이렇게 추론하는 이유는 예수가 사용한 용어가 「희년서」 23.26을 상기시키기 때문인데, 여기서는 백성들을 그 "길"에 속한 자들과 그 길을 벗어난 자들로 분류하며, 이들은 각각 의로운 귀환자들과 불의한 자들을 의미한다. 이와 유사하게 쿰란 언약자들은 이사야서에 사용된 "길"(사 26:7; 40:3)이라는 표현에 기대어 그들 자신을 유배로부터 "귀환 길에 있는" 백성들로 묘사했다.⁵⁷ 이러한 용례들에 비추어볼 때 예수의 비유에서 "길가"라는 표현은 자진하여 유배 상태에 머무르

---

55 막 4:8과 병행 구절. "결실"에 대한 마태복음의 묘사(13:8)는 "백 배"로 시작하여 "육십 배", "삼십 배"로 내려간다. 누가복음은 "백 배"를 계속 유지한다(8:8).
56 Cave 1965: 381; Hultgren 2000: 188; Beavis 2011: 78.
57 1QS 8.12-16; 9.17-21; 10.21; 1QM 1.3; Snodgrass 1980.

기로 선택한 자들을 가리키는 것이 틀림없다.

한편 "새들이 와서 흩어진 씨들을 먹어버렸다"라는 이미지는 아브라함과 관련된 또 다른 묵시문학 전통을 상기시키는데, 이는 창세기 15:11에 기원을 두고 있으며 「희년서」 11장과 「아브라함의 묵시」 13장에서도 그 흔적을 찾아볼 수 있다.[58] 「희년서」 11장에서 악령들의 우두머리인 "마스테마는 까마귀들과 새들을 보내서 땅에 뿌려진 씨들을 먹어 치우게 하여 경작지를 망치고자 하였으나", 열네 살의 아브라함이 악령들을 퇴치하는 주문으로 까마귀들을 성공적으로 몰아내었다.[59] 족장 아브라함이 젊은 나이에 축귀사로서 거둔 성공은 후일에 그가 드릴 기도를 예견하게 해준다. "사람의 마음속 생각들을 통제하는 악한 영들의 손에서 나를 구원하소서. 또한 그들이 나를 이끌어 주님으로부터 떠나게 만들도록 허락하지 마소서. 오, 나의 하나님이시여. 언제까지나 저와 저의 씨가 든든히 서게 하여주소서."[60] 씨를 든든히 세우고자 하는 구속사적 목표에 대한 최초의 위협은 마귀의 영향력이다. 마귀의 세력에 영향을 받은 자들에게 유배로부터의 귀환은 심지어 시작되지도 않았다.

"더러는 흙이 얕은 돌밭에 떨어지매"

두 번째 토양에 뿌려진 씨앗은 싹이 나왔지만 뜨거운 태양이 내리쬐어 말라버리고 말았다. 그런데 식물은 열기로 인해 말라죽은 것이 아니라 사실은 뿌리가 깊이 내리지 못했기 때문에 말라죽은 것이었다. 이는 "죄인들"

---

58 Pesch(1976-80: 1.243)와 Knowles(1995)의 주장이다. van Ruiten 2012: 28-30도 참조하라.
59 *Jub.* 11.11, 18-23.
60 *Jub.* 12.20.

과 "오만한 자들"로 둘러싸인 곳에서도 깊이 뿌리를 내리고 흔들리지 않았던 시편 1편의 의인과는 정반대의 모습이다.[61] 에스겔 17장에서는 이집트 군대를 믿고 바빌로니아를 배반한 어리석은 자들이 "말라버렸다"라고 묘사한다.[62] 에스겔서의 이 같은 상징은 나라들에 대한 심판을 "말라버림"으로 묘사하곤 하는 이사야서와도 일맥상통한다.[63] 이러한 병행 구절들을 보더라도 마가의 해석은 대체로 예수가 이 비유를 처음 베풀었을 때 의도했던 의미를 바르게 전달하는 것으로 여겨진다. 흙이 얕은 돌밭에 떨어진 씨앗은 의기양양하게 출발했으나 정치적인 압력에 굴복한 자들을 가리킨다.[64]

비록 돌밭에 떨어진 씨앗에 대한 마가의 해석이 일반화된 표현을 채택하기는 했지만("말씀으로 인하여 환난이나 박해가 일어나는 때에는 곧 넘어지는 자요"[4:17]), 예수의 비유를 듣던 청중들은 곧바로 예수가 사용한 이미지를 최근에 세례 요한에게 가해진 박해 및 그에 뒤따른 배교와 연관 지었을 것이다.[65] 세례 요한이 짧은 시간에 적지 않은 추종자들의 열정을 일깨웠던 것은 사실이지만, 그가 일으킨 운동은 그가 체포되고 처형당하면서 급속도로 쇠락하고 말았을 것이다. 나는 예수가 사용한 "말라버린 나무"라는 상징을 이런 배경에서 이해해야 한다고 믿는다. 그것은 무엇보다도 그의 멘토였던 세례 요한의 박해에 뒤따라 두드러지게 발생했던 배교를 가리킨다.

---

61 시 1:1-3.
62 겔 17:7-21.
63 사 1:30; 15:6; 24:4; 33:9; 34:4; 40:7, 8, 24.
64 막 4:17과 병행 구절.
65 이것은 Dodd(1935: 182-23)에게서 영감을 받은 해석이다. 하지만 Schweitzer 2001 (1906): 325-26도 참조하라. "왕국에 대한 나의 해석을 받아들일지는 당신에게 달렸다. 하지만 한 가지 문제는 확실한데, 예수가 씨뿌리는 자라는 인물을 통해 지적하고자 했던 것은 세례 요한과 함께 시작된 종말론적 회개의 선포와 어떤 식으로든 관련된다는 점이다."

그렇다면 말라버린 나무라는 예수의 상징은 유배의 마지막 단계(첫 번째 토양)에 발생하리라고 예언되었던 환난의 첫 번째 단계를 가리키는 것으로 해석되어야 할 것인데, 예수에 따르면 그 환난은 이미 세례 요한의 죽음을 통하여 예견되었다. 시들어버린 나무라는 심상은 역사적 회고인 동시에 예수의 추종자들에게 그들 역시 세례 요한이 직면했던 반대로부터 자유롭지 못할 것이라는 경고이기도 하다.

"더러는 가시떨기에 떨어지매"

유대교 문헌에서 "가시떨기"라는 상징이 다양한 대상을 가리키기는 하나, 그것은 일반적으로 이스라엘 백성이 그들에게 주어진 소명을 따르는 길을 방해하는 조직적인 실체를 의미한다. 이사야 5장이 대표적인 예다. "무릇 만군의 여호와의 포도원은 이스라엘 족속이요 그가 기뻐하시는 나무는 유다 사람이라. 그들에게 정의를 바라셨더니 도리어 포학이요, 그들에게 공의를 바라셨더니 도리어 부르짖음이었도다."[66] 이스라엘의 도덕적 실패는 "찔레와 가시"의 직접적인 결과였다.[67] 이사야 27장에서는 이와 동일한 메타포가 "포도원의 노래" 재현부에서 다시 나타나는데, 여기서도 거의 동일한 의미를 전달한다.

> 그날에 너희는 아름다운 포도원을 두고 노래를 부를지어다. 나 여호와는 포도원지기가 됨이여, 때때로 물을 주며 밤낮으로 간수하여 아무든지 이를 해치지 못하게 하리로다. 나는 포도원에 대하여 노함이 없나니 **찔레와 가시**가 나를

---

66 사 5:7.
67 사 5:6.

대적하여 싸운다 하자. 내가 그것을 밟고 모아 불사르리라.⁶⁸

"찔레와 가시"의 배후에 놓인 상징은 이사야 9:18(MT 9:17)과 10:17을 비교할 때 더욱 분명하게 드러난다. 첫 번째 텍스트에서 "찔레와 가시"는 이스라엘이 결실하는 것을 방해하는 사악한 자들을 가리킨다. 하지만 이사야 10:17에서 "찔레와 가시"는 이스라엘을 징계하기 위해 야웨가 보낸 아시리아인들을 가리킨다. 그런데 여기서 두 용례 사이에도 내적 일관성이 존재한다. 찔레와 가시는 내외적으로 이스라엘의 공의와 정의를 해치는 개인 혹은 집합적 존재를 가리킨다.⁶⁹

예수의 비유에서도 "가시떨기"가 동일한 맥락에서 사용되었음을 부인하기는 어렵다. 달리 표현하자면, "가시떨기"라는 비유적 표현은 개인적 차원에서 작동하는 이념적 성향을 의미할 뿐 아니라 토라에 대한 순종을 추구하는 이스라엘의 신념을 와해시키는 사회문화적 체계를 의미하기도 한다. 그리하여 이 비유는 특정 가치들과 관습들을 강요하는 로마의 세력에 적용될 수도 있고, 자신의 고유한 우상숭배적 생활 양식에 따라 행동하는 유대 사회 내부의 유력자들에게 적용될 수도 있다.⁷⁰ 예수가 보기에 당시의 유대인들 다수는 예수가 새롭게 조직한 사회에 참여하고 싶어 하면서도 사회정치적이고 이념적인 압박으로 인해 갈등하고 있었다. 예수는 그 자신의 소명이 지닌 급진적이고 반문화적인 성격과 당시 사회를 지배하고

---

68 사 27:2-4.
69 포괄적인 논의로는 Johnson 2011을 보라.
70 이것은 Schottroff and Maloney(2006: 66-78)가 지적한 요소와 가깝다. 하지만 그 비유를 "화폐 경제에 대한 비판적 분석"으로 재구성한 본서의 시도(68)는 고대 세계에서 유례를 찾아볼 수 없는 사회적 역사해석을 전제한다는 점에서(Auerbach 2003 [1953]: 329) 받아들이기 어려운 제안이다.

있던 문화적 규범이 지닌 무게를 익히 알고 있었기 때문에, 그의 비유에서 가시떨기가 자라는 토양을 열린 비평의 문제로 다루었다. 월터 라우셴부시는 그의 시대에 이것을 다음과 같이 표현했다. "죄악은 사회적 관습과 제도에 둥지를 틀고 있으며, 개인은 그가 속한 사회로부터 그것을 흡수한다."[71]

가시떨기가 자라는 토양이라는 요소는 구속사 전체의 지형도에서 이스라엘의 현재 상태를 묘사하는 냉정한 평가이기도 하다. 예언자 이사야는 가시로부터 자유로운 이스라엘의 미래를 상상했던 반면에, 예수는 여기서 한 치의 망설임도 없이—이사야 27장을 근거로—배교라는 가시가 이스라엘 국가의 운명에 거의 결정된 것이나 다름없이 생생하게 현존하는 실재라고 여겼다. 배교가 조직적인 압박을 수반하는 현상이라고 이해했던 예수의 관점은 오래전부터 예언되었던 어둠의 시기가 도래했음을 확증해준다. 다시 말해 묵시문학의 틀 안에서 활동했던 1세기 유대인이라면 누구나 사회적으로 만연해 있고 파괴적인 결과를 가져오는 배교야말로 환난이 다가오고 있음을 보여주는 또 다른 증거라고 여겼을 것이다. 혹자는 이 세 번째 토양을 환난의 두 번째 층으로 간주할 수도 있을 것이다. 이는 세례 요한의 죽음을 통해 확증된 첫 번째 층을 뒤따르는 동시에 그 위에 세워지는 것이다.[72] 비록 네 가지 토양이 동시다발적인 실재들로 제시되기는 했지만, 그렇다고 해서 이것들이 논리적 선후관계를 지닌 실재들일 가능성이 완전히 배제되는 것은 아니다. 그렇다면 동시성은 단순히 비유를 구성하기 위해

---

71 Rauschenbusch 1987 (1917): 60.
72 이 지점에서 우리는 예수가 세례 요한과 자신을 환난의 연속적인 두 단계를 이끄는 인물로 보았다는 Brant Pitre(2005: 131-218, 509-18)의 판단을 따르고자 하는 유혹을 강하게 받는다. Pitre의 제안이 지닌 설득력을 고려할 때 두 번째와 세 번째 토양이 그가 식별해낸 단계들일 가능성이 충분하다. 나는 이런 주장을 단순히 흥미로운 가능성으로 제시할 뿐이다.

문학적으로 불가피한 요소일 뿐이다. 실제로 우리가 여기서 고찰하는 묵시적 비전들의 보편적인 패턴은 사실상 예수의 비유에서 유사한 연대기적 흐름을 내포하고 있다. 토양으로 표현되는 실재의 영역들은 하나가 다른 하나를 대체하는 것이 아니라 연속적이고 중첩되는 단계들로 제시된다.

어쨌거나 내가 여기서 세 번째 토양에 관하여 제시하는 해석은 공관복음서 저자들 자신이 제공한 해석과도 조화를 이룬다. 마가는 가시가 자라는 토양을 "세상의 염려와 재물의 유혹과 기타 욕심"(막 4:19)과 연결하는가 하면 누가는 여기에다 "향락"(눅 8:14)을 덧붙이는데, 이러한 요소들은 예수가 반대했던 동일한 문화적 가치들을 구체적으로 예시한다. 물론 복음서 저자들은 예수의 비유가 지닌 의미를 그들 나름대로 이해하여 그들 자신이 처한 상황에 그것을 적용하는 데도 관심이 있었을 것이다. 우리 자신이 오늘날 수행하려는 일도 이와 크게 다르지 않으리라고 추정할 수 있다.

"더러는 좋은 땅에 떨어지매"

위에서 개관했던 묵시 내러티브들에서는 "씨"에 대한 단순한 언급조차도 아브라함에서 시작하여 종말론적 성전을 위한 무대를 준비하는 의로운 남은 자들로 완결되는 구속사의 줄거리를 개시하는 일로 여겨졌었다. 예수의 비유에서는 "좋은 땅"과 그 열매가 각각 의로운 남은 자들과 종말론적 성전이라는 결정적 요소들을 상징한다.[73]

이 문구를 제대로 이해하기 위해서는 "좋은 토양"이라는 개념이 구약성서의 "아름다운 땅"과 밀접하게 연관된다는 사실을 놓쳐서는 안 된다. 출애굽 이야기가 시작되자마자 이스라엘 백성에게는 "아름다운 땅"을 상

73　막 4:8과 병행 구절.

속할 것이라는 약속이 주어진다(출 3:8). 이와 유사하게 모세의 정탐꾼들은 가나안 땅을 정찰하는 임무를 완수하고 돌아와서 그 땅이 "아름다운 땅"이라고 보고한다(민 14:7). 신명기에서도 이 문구는 수도 없이 반복된다. 신명기 저자는 이스라엘 백성이 "좋은 땅"을 상속하기 위해 요단강 가장자리에 집결했다고 묘사한다.[74] 내가 보기에 예수는 씨뿌리는 자의 비유에서 이 같은 문구를 의도적으로 되풀이하고 있다. 간단히 말해 예수의 비유에서 "좋은 땅"은 단순히 비옥한 토양을 의미하는 것이 아니라 유산으로 물려받을 땅, 더 나아가 (포로 시대 이후의 관점에서는) 성전 제의의 회복을 위한 땅을 의미한다.

　이 같은 결론은 지금까지 내가 전개해왔던 개요와도 일맥상통한다. 만일 제자들이 주기도를 되풀이할 때마다 그들이 잃어버렸던 제의 공간을 새로운 출애굽을 통하여 회복하는 것으로 이해했다면(1장 참조), 출애굽의 완성은 자연스럽게 상속 문제, 구체적으로는 이스라엘의 땅을 상속하는 문제와 관련될 수밖에 없다. "땅"에 대한 예수의 이해가 제자들과 정확히 일치했는지는 알 수 없지만, 예수의 비유는 그 "땅"이 그의 부름에 긍정적으로 반응하는 공동체의 삶 가운데서 구체화할 것으로 기대되었다는 점을 암시한다. 이 같은 해석은 특히 땅 자체가 궁극적인 목표였던 것이 아니라 예배를 위해 구별된 공간으로서 의도되었다는 사실을 상기할 때 더욱 설득력을 얻는다. 물론 여기서 "구별된 공간"은 예수가 전개한 운동 자체를 의미한다.

　성서의 논리에 따르면 예수의 비유에서 "아름다운 땅"으로 재진입한다는 개념은 새로운 성전 예배를 책임질 새로운 제사장 제도의 수립을 의

74　신 1:25, 35; 3:25; 4:21, 22; 6:18; 8:7, 10; 9:6; 11:17; 참조. 수 23:13, 16; 겔 17:8.

미할 뿐 아니라, 풍성한 열매로 특징지어지는 에덴동산과 같은 실재의 재도입을 의미하기도 한다. 여기서 에덴동산은 바로 첫 번째 성전의 배경이기도 하다. 그런 이유에서 제2성전기 유대교는 "결실"이라는 개념을 언약에 대한 순종을 가리키는 은유로만 이해했던 것이 아니라 (아마도 보다 근본적으로는) 우리가 이사야 61장에서 보는 것처럼 올바른 기능을 수행하는 제의를 가리키는 은유로 이해하기도 했다. 쿰란 언약자들이 그들 자신을 "수목과 같은 성전"(Botanic Temple)으로 여겼던 것도 이와 동일한 사고 패턴에 따른 것이었다.⁷⁵ 쿰란 문헌에서 종말론적 동산은 다름 아니라 종말론적 성전을 가리킨다.

이 같은 해석은 예수의 겨자씨 비유를 통해 다시 한번 확증된다. 예수의 말씀임이 거의 확실한 이 비유에서 그는 왕국을 겨자씨에 비유하는데, 그것은 가장 작은 씨앗 가운데 하나지만 마침내 거대한 풀(마가복음)이나 나무(마태/누가복음)의 형태로 자라난다.⁷⁶ 마가가 지적하는 것처럼, 성숙한 겨자 나무는 왕국을 상징하는 것이 분명한데, 이 나무는 이방인들("공중의 새들)에게 보금자리를 제공할 것이며, 로마와 같은 제국들을 포함하여 모든

---

75 고전적인 구절은 1QS 8.4b-10a다. "이 같은 사람이 이스라엘에 있을 때 영원한 나무인 이스라엘의 성전이며, 신비한 아론의 지성소요, 그 땅을 대속하고 사악한 자들에게 보응하기 위해 선택된 정의의 참된 증인들인 야하드의 단체가 설립될 것이다. 그들은 흔들리거나 쏠려가지 않을 '시험한 돌이요 존귀하고 견고한 기촛돌'이고, 성벽이자 아론의 지성소이며, 그들 모두는 공의의 언약을 알아서 감미로운 향을 올려드릴 것이다. 그들은 책망받을 일이 없는 이스라엘의 참된 집일 것이며 영원히 지속될 언약을 굳게 세울 것이다. 그들은 받아들여질 만한 속죄제물이 되어서 그 땅을 대속하고 악에 대항하여 경종을 울림으로써 완악함이 더는 존재하지 못하게 할 것이다." 또한 다음 문헌들도 참조하라. 1QS 11.7-9; 1QHᵃ 13.20-15.6; CD 1.5-8; 4Q266; 4Q418 81. 아울러 이 구절들에 대한 Swarup(2006: 15-107)의 주석도 참조하라.
76 막 4:3-12과 병행 구절.

다른 왕국들(풀들)보다 "위대해질" 것이다.[77] 이 위대한 왕국/나무가 종말론적 성전을 의미한다는 점은 성서 텍스트의 지지를 통해 명백해진다. 첫째, 새들이 거대한 나무의 가지에 "깃든다"(kataskēnoun)라는 심상은 이방인들이 시온에 머물 것이라는 스가랴서의 묘사를 상기시킨다.[78] 둘째, 예수의 비유에 등장하는 나무는 에스겔서에서 포로 기간의 막바지에 "높고 우뚝 솟은 산", 다시 말해 성전산에 심길 것이라고 묘사된 나무를 모태로 삼은 것이 거의 분명하다.[79] 이 같은 암시들을 종합해볼 때 예수의 비유에 등장하는 성숙한 겨자 나무는 이방인들의 순례길의 종착점인 시온의 중심, 곧 종말론적 성전을 가리킨다고 유추할 수 있다. 따라서 예수는 겨자씨 비유를 통해 왕국의 미천한 시작과 미래의 영광을 대비시킬 뿐만 아니라, 덧붙여서 그를 뒤따르는 공동체와 그들이 고대하는 마지막 성전 사이에 유기적 연속성이 있음을 선언하고 있다. 예수에게 있어서 "성숙한 겨자 나무"와 "백배의 결실"은 하나의 제의적 실재를 드러내는 두 가지 방식일 뿐이다.

4) 씨뿌리는 자의 비유와 역사적 예수

씨뿌리는 자의 비유에 대한 이러한 분석은 다양한 의미를 내포하고 있다. 무엇보다도 이 비유는—선행 텍스트들과의 연장선상에서—논리적으로 이스라엘의 약속, 곤경, 그리고 해결이라는 단계들을 구분한다는 점에서 **분석적**이다. 본서는 예수가 유배를 이스라엘이 대면해야 했던 근원적인 문

---

77   막 4:32.
78   슥 2:11 [LXX] "그날에 많은 나라가 피난처를 찾아 야웨께 도망칠 것이며 그들은 그의 백성이 될 것이다. 그리고 그들은 너희 가운데 거할 것이다[kataskēnōsousin]. 그때 너희는 전능하신 야웨가 나를 너희에게 보낸 줄을 알 것이다. 참조. Jos. Asen. 15.6.
79   겔 17:22.

제로 보았다고 제안하는데, 라이트도 이런 주장을 펼친 바 있다. 「에녹서」의 저자와 마찬가지로 예수의 비유도 유배로부터의 지리적 귀환이 지배적인 제사장 제도에 대한 그의 비관적인 태도와 분리될 수 없음을 보여준다.[80] 또한 예수가 제2성전을 상대화했던 것은 그가 다양한 예언 텍스트를 근거로 야웨가 머지않은 미래에 결정적인 행동을 취할 것이라고 기대했던 일과도 연관되어 있다.[81] 따라서 만일 유배가 문제였다면, 이에 대한 해결책은 종말론적 성전이라는 형태의 "결실"이었을 것이다. 에스겔 36장의 관점에서 예수는 그가 주도하는 운동이 미혹하는 우상들로부터 자유로운 제의 공간의 회복을 중재하는 역할을 감당하리라고 기대했었다. 실제로 회복의 과정에 참여하는 일은 그가 주도한 운동의 핵심 목표 가운데 하나였다.

둘째, 이 비유는 예수가 겉으로 드러난 모습과는 정반대로 제사장 제도에서 핵심적인 역할을 맡고 있음을 밝혀주는 기독론적 도구라는 점에서 **묘사적**이다. 예수는 자신이 백배의 결실을 거두었던 이삭의 후손인 동시에 그와 같은 수확이 실현되도록 만들어주는 주체라고 확신하고서, 청중의 다양한 평가에 맞서 그의 제사장적 소명을 재확인하는 수단으로 이 비유를 선포한 것이었다. 예수가 공개적으로 말씀을 전할 때마다 일부는 그의 말씀에 반응했던 반면에 어떤 이들은 그러지 않았는데, 지켜보는 사람들도 이러한 사실을 금세 알아차릴 수 있었다. 씨뿌리는 자의 비유는 왜 그처럼 상반된 반응이 나타나는지를 보여주는 알기 쉬운 설명이다. 그의 비유에 따르면, 씨앗이 열매를 맺는 이유는 그것이 참된 씨, 다시 말해 아브라함의 참된 자녀이기 때문이다. 씨앗이 열매를 맺지 못하는 것은 실존적 선택

---

80 나는 Nicholas Perrin, 2010: 92-99에서 이 문서를 자세히 다루었다.
81 이런 측면에서 렘 29:10-14과 단 9:24-27이 중요하다. 자세한 논의는 Nicholas Perrin, 2010: 13-57을 참조하라.

이라는 편협한 범주로는 다 설명할 수 없는 복합적인 이유 때문이다. 이번 장에서 살펴보았던 묵시문학 텍스트들처럼 씨뿌리는 자의 비유도 신적 소명에 대한 인간의 반응이 결과적으로는 인간의 통제를 벗어나 은밀한 실재의 영역을 아우르는 신적 드라마의 전개에 의해 제약받는다는 확신을 보여준다. 이 비유는 또한 백성들에게 거부당하는 메시아적 제사장이라는 개념을 받아들이지 못하는 자들에게 어째서 다른 선택지가 없었는지를 설명해주는 역할을 한다.

셋째, 이 비유는 일종의 발화행위로서 **도구적** 기능을 수행한다. 아직 유배 중인 이스라엘 백성에게 말씀의 씨앗을 뿌리는 최초의 단계(사 55장)에서 시작하여 에덴동산의 회복에 대한 경험(사 61장)에 이르기까지의 구속사 이야기를 전개하기 위하여 예수는 씨뿌리는 자의 비유를 일종의 영적 여과기로 사용한다. 그는 이스라엘의 역사를 이처럼 재진술함으로써 머지않아 열매 맺지 못하는 자들과 열매 맺는 자들을 구별해낼 수 있게 될 것이다. 요컨대 죽은 나무로부터 장차 그의 운동에 참여할 가능성이 있는 후보들을 가려내리라는 것이다. 그렇다면 예수의 모든 비유, 더 나아가 그의 모든 가르침이 분별의 기능을 수행한다는 점에서 씨뿌리는 자의 비유는 그의 모든 가르침을 해석하는 열쇠이자 비유 중의 비유라고 말할 수 있다. 예수가 그의 사역 가운데 어떠한 격려와 경고와 도전과 위안의 말들을 전했든지 간에 이 모든 말들은 새로운 성전 공동체의 정체성을 확인시켜주기 위한 수단이었다. 예수가 전한 말씀에 반응하여 정결하고 거룩한 자들은 부정하고 속된 자들로부터 자신들을 구별할 것이다. 정결함과 부정함, 거룩함과 속됨에 관한 제의적 선언은 근본적으로 제사장의 책무라는 점에서, 이 비유를 전한 것 자체가 제사장적 행위였다. 물론 그의 선포, 경구, 일화 등에 대해서도 그렇게 말할 수 있다. 씨뿌리는 자의 비유는 예수가 그의 특별한 직분을 수행하기 위해 선택했던 주된 수단이 공적 선포였음을 보여주는 탁월한 증거다.

네 번째이자 마지막으로, 씨뿌리는 자의 비유는 **신정론적** 의제를 지니고 있으며 수난과 소외가 이미 예수 공동체의 삶에서 실제로 경험되고 있음을 보여준다. 씨뿌리는 자의 비유에 대한 표준적인 해석에서 네 가지 토양 간의 인과론적 연관관계를 부정하는 것과는 달리 나는 예수가 처음 세 가지 토양의 우울한 상황—역사를 초월하면서도 한편으로는 역사와 호응하는 신비한 연속선상에서 그들의 위치를 통해 설명할 수 있는—을 종말론적 이스라엘을 고대하는 "아름다운 땅"에 도달하기 위해 반드시 지나쳐야 하는 디딤돌로 간주했다고 주장했다. 예수는 환난에 대한 전조들—고조되는 마귀의 활동, 박해, 미혹하는 사상, 그리고 그로 말미암은 고난—이 종말론적 성전의 건축이 진행 중이라는 사실을 보여주는 증거일 뿐만 아니라 그러한 과업의 성취를 위한 촉매가 되기도 한다고 여겼다. 어떤 이는 이러한 "시험들"(*peirasmoi*)에 굴복할 것이지만, "아름다운 땅"에 들어가기로 정해진 자들은 시험들을 통과해낼 것이다. 예수는 그가 전개하는 운동에 대한 부정적인 태도가 단순히 불운하고 불가해한 기계적 반응이 아니라, 하나님의 구상이 전개되는 과정을 완성하기 위해 필수 불가결한 요소라고 여겼다. 예수의 운동에 뒤따랐던 반대는 그 자체로 예수 운동의 목적이 무엇인지에 대한 설명을 제공한다. 이렇게 가해지는 수난은 우리가 이해할 수 없는 신비한 방식으로 종말론적 성전이 실현되는 수단이 되는 것이다.

씨뿌리는 자의 비유에 대한 위의 분석은 몇몇 중요한 질문들에 대한 답변을 제공하는 동시에 새로운 문제들을 제기한다. 첫째, 우리는 "시험"이 필수 불가결하다는 **사실**은 설명했지만, 그것이 필수 불가결한 **이유**에 대해서도 추가적인 설명이 필요하다. 이러한 수난을 통해 구체적으로 무엇이 성취될 것으로 기대되는가? 달리 표현하자면, 만일 구속사의 전개 과정에서 수난이라는 요소가 제외된다면 우리는 도대체 무엇을 잃게 되는가? 둘째, 만일 예수가 자신과 그의 운동이 현재의 유배 상황과 미래의 회복 사이의 잃어버린 연결고리라고 여겼다면, 우리에게는 유배로부터의 귀환이 **어떤 방식으로** 일어나리라고 기대되는지에 대한 설명이 아직 주어지지 않았다. 확실히 예수와 그의 동시대인들은 포로귀환이 어느 정도는 이미 이루어졌다고 인정했을 것이다. 왜냐하면 그들은 명백하게 그들의 조상들이 물려준 땅을 이미 점유하고 있었기 때문이다. 하지만 유배로부터 회복으로의 이동, 다시 말해 세 번째 토양으로부터 네 번째 토양으로의 이동에는 특정한 가시적 조건들이 수반되었을 것이 분명한데, 이러한 조건들은 어떤 형태를 띠고 있었을까? 예수는 회복이 이미 진행되고 있음을 보여주는 체험 가능한 증거가 무엇이라고 생각했을까? 이 두 가지 질문("예수는 어째서 수난이 필수 불가결한 요소라고 생각했을까?", "예수는 회복의 증거가 되는 특징적인 요소가 무엇이라고 생각했을까?")에 대한 답변을 위해 본 장의 나머지 부분을 할애하고자 한다.

2. 왕국의 미래에 대한 구상: 소금의 비유
(마 5:13//막 9:50//눅 14:34-35)

현대 신학자들에게만 아니라 고대 유대인들에게도 수난이라는 주제는 하나님의 경륜에서 대단히 중요한 요소임에도 사실상 불가해한 문제로 남아 있었다. 이런 이유에서 우리는 유대교에서 이 문제가 해명되어야 할 난제로 다루어지기보다는 받아들여야만 하는 실재로 취급되었을 가능성을 고려해볼 필요가 있다. 하지만 그와 동시에 수난은 때때로 설명을 요구하기도 했다. 특히 불의한 자에 의해 가해지는 고통을 수반하는 사건들에 대해서는 일반적으로 출애굽을 모델로 삼은 구속사적 관점의 해석이 제시되었다. 과거를 돌이켜보면 파라오가 모세의 요구를 거부함으로써 이스라엘 백성이 해를 입었던 것은 분명한 사실이지만, 그러한 반대는 하나님이 의도했던 결정적인 위기의 순간을 위해 반드시 거쳐야 하는 요소였다. 이스라엘이 제사장 나라로서 그에게 주어질 직분을 감당할 수 있게 되었던 것도 결국은 그 같은 상처를 통해서였다.

우리는 이제 일반적으로 예수의 것으로 여겨지는 보다 난해한 말씀 가운데 하나인 소금의 비유를 살펴봄으로써 압제에 관한 예수의 독특한 비전을 조망해보고자 하는데, 여기서 압제는 소외라는 경험을 상쇄하는 역할을 감당하는 것으로 나타난다.[82] 예수 세미나는 투표를 통해 이 간결한 경구에 분홍 구슬("예수가 아마도 이와 유사한 말씀을 했을 것이다")을 배정하고서 Q에 근거하여 그 문구를 다음과 같이 재구성한다.

> 소금은 좋은 것이다(그리고 짜다). 하지만 만일 소금이 그 활력을 잃어버린다면 어떻게 그것을 회복할 수 있겠는가? 그것은 흙으로도 거름으로도 사용될 수 없고 다만 버려질 뿐이다.[83]

내가 여기서 논의에 포함시킨 소금의 비유가 예수의 말씀으로서 진정성(authenticity)을 인정받는 것은 사실이지만, 이 비유의 의미를 명료하게 드

---

82   마 5:13//막 9:50//눅 14:34-35.
83   Funk and Hoover 1993: 354. 눅 14:34-35이 마가복음과 혼합되지 않은 Q를 보존한다는 주장은 전혀 확실하지 않다. Dunn 2003: 234 n. 254을 보라.

러내는 작업은 별개의 문제다. 예수가 이 비유를 다양한 상황에서 제시했다는 점에 대해서는 광범위한 합의가 이루어져 있다.[84] 하지만 예수가(혹은 복음서 저자들이) 이 수수께끼 같은 말씀을 통해 무엇을 의도했는가에 관해서는 의견이 분분하다.

해석에 어려움을 더하는 또 한 가지 요인은 고대에 소금이 아주 다양한 용도로 사용되었다는 점이다.[85] 소금은 조미료로(욥 6:6) 사용되었을 뿐만 아니라 방부제(Diogenes Laertius 8.1.35; *b. Ketub.* 66b), 세척제(출 30:35; 왕하 2:19-23), 비료, 언약 의식을 위한 보조자료(민 18:19; 레 2:13), 희생제물을 위한 첨가제(레 2:13; 겔 43:24) 등으로도 사용되었으며, 지혜와 재치를 상징하는 은유로 사용되기도 했다(골 4:5; Dio Chrysostom, *Or.* 18.13).[86] 아마도 오늘날 가정에서 접착테이프가 광범위하게 사용되는 것처럼 소금은 고대 사회의 다양한 환경에서 다양한 용도로 사용되었을 것이다. 이론상으로 예수가 언급했던 소금의 잠재적 의미는 위의 다양한 용도 가운데 하나 혹은 모두와 관련되었을 수 있다.

소금의 비유에 대한 해석을 어렵게 만드는 또 다른 요인은 공관복음서에서 이 비유가 제시되는 배경이 서로 전혀 다르다는 점이다. 소금의 비유는 완전히 다른 음식들에 더해진 양념처럼 서로 미세하게 다른 맛을 내고 있다. 마태복음에서는 이 비유가 복에 관한 강화(5:3-12)와 산 위에 있는 동네 및 세상을 밝히는 빛(5:14-16)이라는 이미지 사이에 자리 잡고 있으

---

84 "다수 증언"의 기준과 아람어 기층에 대한 식별 가능한 흔적을 토대로(Keener 2009: 158, 480 n. 246과 Vattamny 2013을 보라) 대다수 학자는 무엇보다도 이 말씀의 진정성과 관련하여 예수 세미나의 입장에 동의한다.
85 소금의 의미에 관한 탁월한 연구로는 Latham 1982을 보라.
86 이런 용례들이 Davies and Allison 1988-97: 1.472-73에 잘 정리되어 있다. Dämmgen 2011도 보라.

며, 마가복음에서는 이 비유가 죄악에 대한 장황한 경고(9:42-50)의 끝자락에 위치하여 심판을 암시하는 역할을 한다(9:50). 한편 누가복음에서는 동일한 비유가 독자들에게 제자로서 치러야 할 희생을 각오하라고 권면하는 맥락에 등장한다(14:25-35). 학자들은 이처럼 고립된 진술들을 내러티브의 배경에 비추어 해석하려 하지만 이 경우처럼 세 복음서의 전승이 제시하는 서로 다른 배경은 (적어도 언뜻 보기에는) 해석에 별다른 도움을 주지 못한다.

소금의 비유에 대해 현장 이론에 근거한 통일성 있는 해석을 방해하는 추가적인 요인은 소금의 비유 자체가 복음서에 따라 상당히 다른 형태를 지니고 있다는 점이다. 마태복음에서 예수는 제자들을 향해 너희가 곧 "세상의 소금"이라고 말한다.[87] 하지만 이와 대조적으로 마가복음에서는 예수가 제자들에게 "너희 속에 소금을" 두라고 권면한다.[88] 누가복음은 이 두 복음서와 달리 제자들을 소금과 동일시하거나 소금이 그들 안에서 발견되어야 하는 실재라고 말하지도 않으며, 다만 원칙적으로 "소금은 좋은 것"이라고 말할 뿐이다.[89] 소금의 비유 자체만으로도 우리에게는 이미 충분히 난해한 데다가 이 같은 표현상의 미세한 차이점들까지 더해져서 소금이라는 은유를 예수 자신이 어떤 배경에서 사용했을지 재구성하는 작업은 더욱 어려워지고 말았다.

예수가 소금의 비유를 통해 전달하고자 했던 의도를 파악하기 위해 우리는 세 복음서에 실린 예수의 말씀을 현재 모습 그대로 살펴볼 필요가 있다. 이미 지적한 것처럼 복음서 저자들은 이 비유를 서로 다른 형태로 전달

---

[87] 마 5:13.
[88] 막 9:50.
[89] 눅 14:34.

하고 있다. 하지만 우리는 이처럼 가시적인 차이점들에도 불구하고 이들이 유기적으로 각 복음서의 말씀들을 아우르는 단일한 상징을 공유할 가능성을 배제해서는 안 된다. 실제로 각 복음서의 배경을 면밀하게 살펴보면 우리는 세 복음서 모두 소금이라는 은유에 대해 공통된 이해를 전제하고 있음을 발견할 수 있다. 물론 그것을 적용하는 방식에는 분명한 차이가 있지만 말이다. 아마도 우리는 세 복음서 간의 공통분모에 관한 암시를 발견하는 지점에서 이 복음서 저자들이 공유하는 근본적인 의미를 발견하게 될 것이다. 덧붙여서 우리는 역사적 예수에게 기원을 둔 전승들뿐만 아니라 과거의 전승들과도 면밀하게 소통할 필요가 있다.[90]

1) 마태복음에서 소금의 비유(마 5:13)

"복에 관한 강화"가 산상수훈의 입구까지 이어지는 계단이라면 마태복음 5:13-16에 등장하는 세 이미지는 산상수훈 정문 앞의 층계참이라고 말할 수 있다.

> [13] 너희는 세상의 소금이니 소금이 만일 그 맛을 잃으면 무엇으로 짜게 하리요 후에는 아무 쓸 데 없어 다만 밖에 버려져 사람에게 밟힐 뿐이니라. [14] 너희는 세상의 빛이라. 산 위에 있는 동네가 숨겨지지 못할 것이요. [15] 사람이 등불을 켜서 말 아래에 두지 아니하고 등경 위에 두나니 이러므로 집 안 모든 사람에게 비치느니라. [16] 이같이 너희 빛이 사람 앞에 비치게 하여 그들로 너희 착

---

[90] Cecil J. Sharp의 작업을 토대로 J. M. Foley(1991: 6-8)는 "다중형태"라는 용어를 구전 전승의 "제한 내에서의 변화"라는 역설적인 상황을 가리키는 데 사용한다. 이 같은 다중형태는 소금에 관한 말씀의 명백한 특징이며, 따라서 **예수의 삶의 정황** 내에서 공유되었던 은유화 과정을 암시한다.

한 행실을 보고 하늘에 계신 너희 아버지께 영광을 돌리게 하라."[91]

공관복음서의 병행 구절들과 비교해볼 때 13절은 다음과 같은 몇 가지 특징적인 모습을 보여준다. (1) 명시적으로 제자들을 소금과 동일시한다("너희는 세상의 소금이니"). (2) 소금이 좋은 것이라는 언급이 전혀 없다(마가, 누가복음과는 달리). (3) "맛을 잃은" 소금이 "사람에게 밟힌다"라는 독특한 심상을 전달한다. 이 세 가지 차이점은 일반적으로 마태에 의한 편집의 결과로 받아들여졌다. 마태가 세 가지 은유(소금, 빛, 동네)를 한데 묶은 점도 독특하다. 어떤 학자들은 이 구절들이 두 가지 자료에 기원을 두고 있다는 가설에 따라 마태가 5:13은 Q 14:34-35에, 5:15은 Q 11:33에 근거하여 저술하였다고 추정한다. 구문론상으로 병행을 이루는 처음 두 문구("너희는 세상의 소금이니"[13a], "너희는 세상의 빛이라"[14a])에 이어 등장하는 세 번째 요소("산 위에 있는 동네"[14b])가 삼중 구조를 완성한다. 이론상으로는 세 가지 이미지가 서로 다른 세 가지 실재를 대변할 가능성이 전혀 없는 것은 아니나, 텍스트에 내재하는 구문론상의 평행관계와 마태가 주제적 연관성에 민감했다는 점을 고려할 때 우리는 다른 결론을 기대하게 된다.

이 단락에 포함된 두 가지 선언("**너희는** 세상의 소금**이니**"[*hymeis este*], "**너희는** 세상의 빛**이라**"[*hymeis este*])이 별다른 의미 없이 제자들을 가리킬 뿐이라고 해석하는 것은 잘못이다. 그리스어 원문은 배타적인 공동체를 묘사하는 강조 구문으로서 강조형 이인칭 대명사가 문장 첫머리에 자리하고 있다.[92] "산 위에 있는 동네"(14b)에 대한 예수의 언급도 같은 맥락에서 이해해야

---

91 마 5:13-16.
92 Davies and Allison 1988-97: 1.471-72도 유사한 견해를 제시한다.

한다. 달리 표현하자면 마태복음에서 예수는 사실상 "너희가 바로 세상의 소금이다, 너희가 바로 세상의 빛이다, 너희가 바로 산 위에 있는 동네다. 다른 무리도 자신들에 대해 같은 주장을 하지만, 그들이 아니라 바로 너희가!"라고 말하는 셈이다. 이 같은 수사법은 마태 공동체가 위의 세 가지 실재와 동일시된다는 주장에 논쟁의 여지가 있을 때만 의미를 지닐 수 있다. 기독교 공동체는 그들 자신과 회당 공동체 사이를 갈라놓는 보이지 않는 경계에 그들의 정체성을 공격하는 도전적 요소가 존재한다고 느꼈다. 만일 이러한 논쟁의 장이 산상수훈 전체—여기에는 바리새파의 경건에 대한 그들의 비판도 포함되어 있었다(마 5:20, 21-22, 27-28, 31-32, 33-34, 38-39, 43-44)—와 관련된 것이라면, 소금, 빛, 동네라는 이미지는 자연스럽게 (도시에서든 교외에서든 간에) 1세기 유대교와 직접적으로 경합하는 일련의 반대 주장들을 비유하는 것으로 이해될 수 있을 것이다.[93]

누가 이스라엘의 국가 정신을 체현하고 있으며 누가 그렇지 못한가를 다투는 수사학적 논쟁에 참여한 모든 다른 경쟁자들처럼 마태복음 저자도 그들 공동체의 구성원들을 이스라엘의 참된 상속자이자 보호자로 자리매김하고자 했다. 마태복음 저자는 예수 그리스도를 따르는 자가 참된 소금이고 참된 빛이며 언덕 위에 세워진 참된 동네라고 믿었다. 오직 그들만이 소금이고 그들만이 빛이며 그들만이 언덕 위의 동네였다.

---

[93] Betz and Collins 1995: 160: "신약성서 시대 당시에 자신들을 세상의 빛으로 간주했던 유대인의 정체성은 중대한 역할을 했던 것으로 보인다." 그런가 하면 동시대의 키케로(*Cat.* 4.6)가 로마를 "세상의 빛"으로 자부했다는 사실을 고려하면 로마 제국의 통치권에 대항하는 이 같은 주장을 간과하기는 어려웠을 것이다.

마태복음에서의 배경

그렇다면 이러한 은유들의 의미를 체현하는 "우리"는 정확히 누구인가? 위의 단락에서 세 가지 요소를 되짚어보자면, 1세기 팔레스타인에 살았던 유대인에게 "산 위에 있는 동네"는 예루살렘을 의미했을 것이 거의 분명해 보인다.[94] 이 같은 연관관계는 예루살렘이라는 도시가 언덕 위에 자리 잡고서 성전산 위에 세워진 성전을 감싸고 있었다는 사실과 시온이 "세상의 빛" 역할을 하리라고 선언하는 구절들을 보더라도 분명해진다.[95] 이 구절은 단순히 아무 언덕 위에나 있는 평범한 동네를 가리키는 것이 아니며, 평범한 빛을 가리키는 것도 아니다. 제2성전기 유대교에서 "시온"과 "성전" 개념이 상호보완적으로 사용되었다는 사실에 비추어볼 때, 마태는 메시아 예수에게 충성하는 자들이 산상수훈(5:3-12)에서 예시했던 덕목들로 말미암아 참된 예루살렘과 참된 성전으로 밝게 빛날 것임을 지적하고자 했던 것으로 보인다.

하지만 여기서 우리는 무엇보다도 미래의 종말론적 성전에 관한 비전에서 "빛"이라는 요소가 특히 눈에 띄는 역할을 감당한다는 점을 지적할 필요가 있다. 이런 현상은 동시대의 분파적인 문헌에서만 아니라(*Sib. Or.* 3.787; 5.420; *1 En.* 14.8-23; 71.2-47), 보다 근본적으로는 고대 히브리 성서에 표현된 이스라엘의 종말론적 기대라는 영역에서 분명하게 드러난다. 일례로 예언자 이사야는 시온을 의인화하여 부르는 장면에서 그 도시의 화려한

---

[94] von Rad 1966 (1958): 232-42; Schnackenburg 1964: 379-80; Betz and Collins 1995: 161; Wright 1996: 289. 이에 반대하는 학자로는 특히 Nolland(2005: 214)를 들 수 있다.

[95] 유대인들의 성전은 종종 빛의 근원이라고 묘사되는데(시 43:3; 80:1; 132:17), 이 같은 개념은 성전의 건축구조와 그곳에서 행해지는 의식들을 통해 더욱 강화된다(Barker 2003: 19-22; Fletcher-Louis 2000: 14-23; Welch 2009: 72-73).

미래를 예견한다.

> 일어나라, 빛을 발하라. 이는 네 빛이 이르렀고 여호와의 영광이 네 위에 임하였음이니라. 보라, 어둠이 땅을 덮을 것이며 캄캄함이 만민을 가리려니와 오직 여호와께서 네 위에 임하실 것이며 그의 영광이 네 위에 나타나리니, 나라들은 네 빛으로, 왕들은 비치는 네 광명으로 나아오리라.[96]

야웨가 그의 성전에 거할 때 영광스러운 빛이 발할 것이며 종말론적 예루살렘은 그 빛으로 말미암아 전 세계의 이목을 끌 것이다. 또한 그때 야웨는 자신의 임재를 통하여 창조의 빛이 넘치게 할 것이다.

> 다시는 낮에 해가 네 빛이 되지 아니하며 달도 네게 빛을 비추지 않을 것이요, 오직 여호와가 네게 영원한 빛이 되며 네 하나님이 네 영광이 되리니, 다시는 네 해가 지지 아니하며 네 달이 물러가지 아니할 것은 여호와가 네 영원한 빛이 되고 네 슬픔의 날이 끝날 것임이라.[97]

스가랴가 예언했던 "한 날"에 영원한 빛이 발함으로써(슥 14:6-7) "여호와께서 천하의 왕이 되셨"(슥 14:9)던 것처럼, 이날은 야웨가 그의 성전에 자신에게 합당한 자리를 마련함으로써 왕국의 건설이 성취되는 날이다. 종말론적 제의 공간이 밝게 빛나는 광경이 바로 그 같은 실재의 증거가 될 것이다.

---

96 사 60:1-3.
97 사 60:19-20.

이사야의 수사법을 따라 기원전 3세기 말엽의 인물인 토비트 역시 미래의 성전을 가리켜 세상의 빛으로서 "다시 지어진 성전"이라고 불렀다.

> 주님의 선하심을 찬양하여라. 만세의 왕을 기리어라. 네 성전이 다시 지어져서 너는 기뻐하게 될 것이다.…땅 구석구석까지 네 빛이 밝게 빛날 것이다. 많은 민족이 멀리서부터 너에게로 올 것이며 방방곡곡의 주민들이 네 거룩한 이름을 듣고 나와 손에 손에 들고 온 예물을 하늘의 임금께 바칠 것이다. 오고 오는 세대에 사람들이 네 안에서 기뻐할 것이고 선택받은 도성, 너 예루살렘은 길이길이 빛날 것이다(공동번역).[98]

새로 지어진 밝게 빛나는 성전에 대한 토비트의 환상은 방대한 종말론적 구상의 일부에 불과한데, 이 구상에는 당연히 유배로부터의 완전한 귀환과 재건된 성전의 영광도 포함된다. 유대교의 묵시 사상에서 하나님이 최종적인 성전에 영광스러운 모습으로 임재하리라는 약속은 그 성전의 찬란한 광채에 대한 보증이기도 하다.

마태복음 5:14에 사용된 은유를 이해하기 위해서는 종말의 날에 광채를 발할 시온에 대한 예언자적 소망을 염두에 두어야 한다.[99] 마태복음 저자는 예수의 추종자들을 장차 모습을 드러낼 종말론적 성전과 동일시하기 위해 상대적으로 직설적인 표현("너희는 세상의 빛이라")과 약간은 애매모호한 표현("산 위에 있는 동네가 숨겨지지 못할 것이요")을 모두 동원했는데, 그렇게 함으로써 그는 그들에게 한편으로는 고유하면서도 다른 한편으로는 이

---

98 토비트 13:10-11.
99 저술의 마지막 단계에서 나는 Fletcher-Louis(1997a)가 나와 상당히 유사한 주장을 펼치고 있다는 사실을 발견했다.

스라엘에 주어진 소명과 연속성을 지니는 독특한 역할을 부여한다. 그들의 역할이 반드시 현존하는 성전 구조물을 대체하는 것일 필요는 없으며, 다만 현재 이미 배아로서 형성되기 시작한 종말론적 미래를 향한 과정을 채우는 일이라고 규정할 수 있을 것이다. 그들 공동체에는 서서히 밝아오는 세상의 빛으로서 "착한 행실"(16절)을 드러내라는 소명이 주어졌는데, 그에 앞서 이스라엘 백성에게는 제사장 나라로서 세상을 밝히는 빛이 되라는 소명이 주어졌었다.[100] 결국 마태가 보기에 산상수훈의 요구를 이행하는 자는 다름 아니라 하나님의 종말론적 성전을 삶으로 드러내는 자들이라는 뜻이다. 이것은 마태복음에만 해당하는 교훈이 아니며, 초기 교회가 자신을 종말론적 성전과 동일시했던 전통은 신약 시대 문헌 전반에 걸쳐 표현되어 있다.[101]

마태복음 5:14-16에 나오는 "빛"과 "동네"에 대한 제사장적 해석이 더욱 설득력을 갖는 이유는 이 표현들이 예수가 복에 관한 강화를 마무리하며 제자들이 겪게 될 부당한 처우에 대해 경고하는 문단의 정점에 자리하고 있기 때문이기도 하다. 역설적인 언어로 표현된 축복의 단계에서 마지막 두 계단에 해당하는 10-12절에서는 역설의 어조가 더 이상 고조되지 않는데, 왜냐하면 여기서부터는 박해와 모욕과 비방에 대한 경고가 왕국의 상속 및 하나님의 보상, 그리고 제사장적 지위에 대한 약속과 함께 나타나기 때문이다.[102] 이 같은 예언은 마태의 신학과도 일치하는데, 여기서는 박

---

100 우리가 알기로 마태는 그의 독자들이 "집 안에 있는 모든 사람"(5:15), 다시 말해 유대인 청중들에게 빛을 비추기를 기대했다. 그렇다면 마태는 초기 기독교 공동체가 유대교 성전 밖에 세워진 등불이 아니라 성전 안에서 빛을 비추는 등불이라고 생각했을 수도 있다.
101 Nicholas Perrin, 2010: 46-69.
102 "의를 위하여 박해를 받은 자는 복이 있나니 천국이 그들의 것임이라. 나로 말미암아 너희를 욕하고 박해하고 거짓으로 너희를 거슬러 모든 악한 말을 할 때에는 너희에게 복이 있나

해의 경험이 하나님 나라의 핵심 요소 가운데 하나로 다루어진다.[103] 하지만 박해에 대한 보상의 약속이 유효하기 위해서는 성도가 당하는 수난이 구속사적으로 고유한 가치를 지녀야만 한다. 만일 우리가 14-16절을 바로 그러한 가치를 묘사하기 위한 시도로 이해한다면, 우리는 "세상의 빛"이나 "산 위의 동네"라는 표현이 10-12절에서 출발한 사고의 흐름에 역행하기보다는 확장하는 제의적 심상들이라는 사실을 깨달을 수 있다. 유대교에서 박해를 출애굽과 같은 제사장적 소명을 담은 사건과 통합했다는 점을 고려한다면 정치-종교적 박해 개념(10-12절)과 성전 이미지(14-16절) 사이의 거리는 그리 멀게 느껴지지 않는다. 마태가 보기에 신자 공동체가 느끼는 압제의 감정을 가장 효과적으로 제시하는 방법은 그들을 제사장적 정체성이라는 배경에 위치시키는 것이다(14-16절). 결국 그들의 수난이 구속사적 의미를 지니게 하기 위해서는 그들 공동체를 이제 태동하는 종말론적 성전과 동일시해야만 한다.

제사장과 소금

마태복음에 실린 소금의 비유를 유대교 속죄 신학의 맥락에서 고찰해보면 그 의미가 더욱 분명하게 드러나는데, 특히 성서 문헌에서 **제사장적 언약 체결 의식**에 자연계의 다양한 화합물들이 사용되었다는 점을 기억할 필요가 있다.[104] 민수기 18:8-19에서 야웨는 거룩하게 구별된 모든 헌물을 아론과 그의 후손에게 "영원히" 위임하는 한편 이스라엘 자손이 "바치는 제

니 기뻐하고 즐거워하라. 하늘에서 너희의 상이 큼이라. 너희 전에 있던 선지자들도 이같이 박해하였느니라"(마 5:10-12).
103 참조. 마 7:13-14; 10:16-22; 13:53-57; 14:1-12; 21:33-46; 24:9-14.
104 소금 은유의 언약적 측면에 관해서는 Garlington 2011을 보라.

물"은 제사장 가문을 위하여 구별하였다. 이러한 지침은 "소금 언약"을 언급하는 것으로 결론을 맺는다.

> 이스라엘 자손이 여호와께 거제로 드리는 모든 성물은 내가 영구한 몫의 음식으로 너와 네 자녀에게 주노니 이는 여호와 앞에 너와 네 후손에게 영원한 소금 언약이니라.[105]

소금은 탁월한 방부제일 뿐 아니라 사실상 파괴되지 않는다는 점에서 영원성을 상징하기에 적합하다. 따라서 아론과 그의 후손이 소금 언약을 통해 야웨에게 계속 묶여 있게 되는 것은 자연스러운 일이었다. 어떤 의미에서 소금은 제사장 제도의 본질을 규정하는 상징으로 사용되었다.

마찬가지로 역대하 13장에서 유다 왕 아비야도 배교한 이스라엘을 향하여 여로보암을 버리라고 요구할 때 "다윗과 그의 자손"(5절)에게 주어진 "소금 언약"에 호소한다. 이 부분에서 유다 왕이 영원한 다윗의 언약(삼하 7:11-16)을 상기시키고 자신이 여로보암보다 정통성을 지니고 있음을 강조하기는 하지만, 그의 논법은 궁극적으로 유다 왕국 제사장들의 제의적 충실성을 여로보암 휘하 제사장들의 배교와 극명하게 대조하고 있다.[106] 이러한 논증 방식은 명백히 역대기 사가의 관점을 반영하는 것인데, 이에 따르면 소금 언약은 다윗의 혈통을 통해서가 아니라 다윗의 주도하에 제정된 성전 제의를 신실하게 유지함으로써 영구화된다. 이것은 야웨가 다윗과 맺은 "소금 언약"의 궁극적인 목표가 참된 예배를 지속하는 것임을 보여준다.

---

105 민 18:19.
106 대하 13:8-12a.

이스라엘에 제사 제도가 정착되던 초창기부터 제사장들은 제물에 소금을 더함으로써 "소금 언약"을 기념하였다.[107] 고든 웬함은 레위기 2:13("네 모든 소제물에 소금을 치라. 네 하나님의 언약의 소금을 네 소제에 빼지 못할지니 네 모든 예물에 소금을 드릴지니라")을 주해하면서 "제물에 소금을 더하는 것은 예배자가 그의 하나님과 영원한 언약 관계에 있음을 상기시키기 위함이다"라고 설명한다.[108] 웬함의 주해가 히브리어 마소라 텍스트($we\text{-}lō'\ tašbît$, "너는 빼지 말라")를 염두에 둔 설명이라면, 70인역 그리스어 텍스트의 수정($ou\ diapausete$, "너희는 빼지 말라")은 헬레니즘 시대 유대교의 표준적인 제사 제도에서 소금을 더하는 행위가 엄격하게 제사장의 고유권한으로 규정되었음을 반영하는 듯하다.[109] 우리가 알기로 소금은 제2성전기에도 여전히 제사장이 제사를 집전할 때 사용하는 필수 도구 가운데 하나였다. 따라서 우리는 1세기 정황에서 소금이 희생제사와 이를 수행하는 제사장 계급을 상징하는 환유였다고 추론할 수 있다.

마태복음에서 소금의 역할

그렇다면 예수가 그의 제자들을 소금과 동일시했다는 말은 그가 제자들의 제사장적 지위에 대해 넌지시 암시하고자 했다는 뜻이다. 유다 왕 아비야가 그의 관할하에 있는 신실한 제사장들을 향해 참된 "언약의 소금"에 대해 호소했던 것처럼, 마태복음의 예수는 참된 제사 제도가 그의 제자들에 의해 세워지고 있음을 확증하기 위한 유용한 수단으로 소금을 선택한 것이다. 마태복음 저자가 보기에 제자들의 정체성을 "소금"으로 규정하는 일은

---

107 레 2:13; 겔 43:24.
108 Wenham 1979: 71.
109 Wevers(1997: 20)도 이런 점을 지적하고 있으며 Garlington(2011: 717)도 이를 인용한다.

예수의 제사장 되심에 근거한 제자들의 제사장적 정당성과 관련될 뿐만 아니라 다른 한편으로는 교회의 기초를 세우는 그들의 역할과도 관련된 것이었다(마 16:17-19; 28:18-20).

또한 이것은 제자들을 가리켜 "세상의 소금"(*to halas tēs gēs*)이라고 했던 비유의 표현과도 조화를 이룬다. 일부 주석가는 일견 불필요한 수식어처럼 보이는 "세상의"라는 문구가 "흙으로 빚은 화덕에서 구운 소금"이나 "땅을 거름지게 해주는 소금"을 의미한다고 추정하기도 하지만, 이러한 설명들이 은유에 대한 이해를 증진하는 데 실질적인 도움을 주지는 못할 듯하다.[110] 내가 보기에 이 비유의 의미를 밝혀주는 최적의 배경은 1세기의 조리법이나 농경법과 관련된 것이 아니라 세속에 물들어버린 땅으로 인한 신학적 곤경, 바로 그것이다. 만일 여기서 "*to halas tēs gēs*"라는 문구를 "세상의 소금"이라고 번역하는 대신 "그 땅(이스라엘)의 소금"(이것 역시 근거 있는 번역이다)이라고 번역한다면, 마태복음의 예수는 메시아 신앙 공동체가 언약에 대한 불순종으로 인해 오래전에 더럽혀졌던 그 땅의 거룩한 공간을 다시 회복하는 일에 나름의 역할을—엄밀히 말하면 그들의 제사장 자격으로—감당하리라는 희망을 제시하는 셈이다. 이처럼 "*gē*"를 "이스라엘 땅"으로 해석하는 일은 직전 문맥인 마태복음 5:5의 용례와도 의미가 통할 뿐 아니라 마태복음 이전 장들에서도 이 용어가 배타적으로 이스라엘을 가리키는 지리적인 한정어로 사용되었다는 사실과도 일치한다.[111]

따라서 마태가 제자들을 "세상의 소금"과 동일시했을 때 그는 그들이 땅을 회복하는 과정에 개인적인 희생을 감수하면서 감당해야 할 역할이 있

---

110 전자는 오래된 해석인데 근래에 Pilch(2011)에 의해 재조명되었으며, 후자의 견해에 대해서는 Shillington 2001과 Dämmgen 2011을 보라.
111 마 2:6, 20, 21; 4:15.

음을 지적한 것이었다. 그들은 제사장 역할뿐만 아니라 어떤 의미에서는 희생제물의 역할도 감당하도록 요구되었다.[112]

물론 마태복음의 예수는 박해에 대한 압박이 조만간 강력하게 휘몰아 치리라는 점을 잘 알고 있었다. 하지만 예수는 엄히 말하기를, "짠맛을 잃어버린"(13절) 자들은 장차 제사장 언약에 참여할 기회를 잃어버린 것이라고 경고한다. 한편 박해의 먹구름 속에도 여명이 숨겨져 있는데, 성도들이 당하는 박해는 아주 신비하고 역설적인 방식으로 하나님의 목적이 성취되는 수단이었음이 드러날 것이다. 마태복음 저자는 그의 공동체에 가해지는 박해가 바로 공동체의 핵심적인 정체성, 다시 말해 종말론적 제사장 직분을 설명한다고 보았다. 그들의 정체성은 "세상의 소금", "세상의 빛", "그리고 산 위의 동네"라는 세 가지 서로 다른 이미지를 통해 상징적으로 표현되었는데 그중에서도 주도적인 이미지는 소금이다.

2) 누가복음에서 소금의 비유(눅 14:34-35)

누가복음에서의 배경

누가복음 저자는 예루살렘을 향한 예수의 암울한 여행을 기록하면서 한편으로는 왕국으로의 초대가 지닌 평등주의적 성격과(14:14-24) 다른 한편으로는 제자가 되기 위해 치러야 할 크나큰 대가에 대한 경고(14:25-33) 사이에서 균형을 유지하고자 했다. 이렇게 누가복음 저자는 이 두 가지 관심사를 동시에 다루는 방식으로 소금의 비유를 제시한다.

---

112 이와 유사한 견해로는 다음을 보라. Souček 1963; Schnackenburg 1964; Cullmann and Fröhlich 1966: 192-201. 동일한 관점에서 Minear(1997: 36)는 간략한 개요를 제시한다. "이 은유는 불길한 어감을 전달한다. 소금으로 지명된 자들은 불가피하게 과격한 반대로 이어질 임무에 관여하게 될 것이다."

"소금이 좋은 것이나 소금도 만일 그 맛을 잃으면 무엇으로 짜게 하리요? 땅에도, 거름에도 쓸 데 없어 내버리느니라. 들을 귀가 있는 자는 들을지어다" 하시니라."[113]

일부 학자들은 누가복음에 나타나는 소금 이야기(34-35절)의 내용을 그에 선행하는 문맥과 연결하기 위해 노력해왔는데, 한 가지 분명한 연결점은 그들 모두 "포용과 배제"라는 주제, 다시 말해 누가 "안에" 있고 누가 "밖에" 있는지에 초점을 맞춘다는 점이다. 공동체 "안에" 있는 자들이란 소유와 가족 관계까지도 포기하고 기꺼이 자기 십자가를 지는 자들이다. 공동체 "밖에" 있는 자들은 그 같은 희생을 감수하려 하지 않는 자들이다. 주목할 만한 점은 마태복음에서도 소금의 비유를 무대에 올려놓을 때 누가복음과 마찬가지로 제자가 되기 위한 높은 관문을 배경으로 제시한다는 사실이다.

흥미로운 사실은 누가복음 저자가 소금 이야기를 다른 두 비유와 나란히 제시한다는 점이다. 첫째는 준공하지 못한 망대에 관한 비유이고 다른 하나는 승리하지 못할 전투에 관한 비유다. 두 비유 모두 중단된 모험에 관한 이야기다. 사실상 위의 두 가지 비유는 그 자체로 완결된 이야기다. 첫머리에는 "십자가를 지고 나를 따르"라는 예수의 요구를 담은 서론적 선언이 자리하고 있으며(14:26-27), 결말 부분에는 제자가 되기 위해서는 "자기의 모든 소유를" 버려야 한다는 예수의 선언이 있다(33절). 여기서 34-35절의 소금 비유와 바로 앞의 두 비유 간의 연관관계가 그리 명확하지는 않다고 하더라도 적어도 한 가지 점은 분명한데, 바로 어리석은 건축자의 비유, 전

---

113 눅 14:34-35.

쟁에 나서는 왕의 비유, 그리고 소금의 비유가 모두 "제자도"라는 주제를 다루고 있다는 점이다.

여기서는 조금 더 구체적으로 우리의 관점을 표현할 수도 있을 것이다. 처음 두 비유에 등장하는 건축자와 왕은 전통적으로 제자가 되기 위해 치러야 할 대가에 대해 고심하는 개인들을 대표하는 것으로 해석되어 왔지만, 여기서는 두 인물을 기독론적으로 해석하는 것이 더욱 타당해 보인다. 말하자면 예수가 바로 망대를 세우는 건축자이자 전쟁을 앞둔 왕으로 해석될 수 있다는 뜻이다. 첫째, 누가복음에서 예수가 "너희 중의 누가"(*ti ex hymōn*)라는 문구로 비유를 시작할 때는 언제나 초점이 하나님 혹은 하나님의 대리자로서의 예수에게 맞춰져 있다.[114] 둘째, 예수의 두 번째 이야기에 왕이 등장한다는 사실로 인해 이 비유를 개인적인 관점에서 해석하기가 망설여지는데, 왜냐하면 예수 전승이나 랍비 전승에서 비유에 왕이 등장할 때마다 그들은 불가피하게 하나님을 대리하는 역할을 부여받았기 때문이다. 셋째, 준공하지 못한 망대에 관한 예수의 이야기와 그에 뒤따르는 비웃음에 관한 언급은 아마도 중단과 재개를 반복했던 헤롯 대왕의 성전 재건 프로젝트와 그처럼 지지부진한 건축 사업에 대한 대중의 조롱을 염두에 둔 것이 거의 분명할 것이다.[115] 그렇다면 여기서 망대는 (사 5장의 포도원 이미지와의 연속선상에서) 성전을 가리키는 희미한 암시로 사용되었다고 볼 수도 있는데, 제2성전기 유대교 문헌에서는 이런 용례가 드물지 않았다.[116]

---

114 눅 11:5; 15:4; 17:7. Hunzinger 1960: 214-15; Fletcher-Louis 2000: 127-28.
115 Crispin Fletcher-Louis(2000: 13-14)는 그의 탁월한 논문에서 이를 설득력 있게 입증했다.
116 망대와 성전의 동등관계를 전제하는 문서자료(4Q500; *Sib. Or.* 5.414-33)나 유물자료(레온토폴리스의 오니아스 성전)에 대해서는 Brooke 1995, Fletcher-Louis 2000: 135-37, Kloppenborg 2006: 88-96을 참조하라.

헤롯 대왕의 끝나지 않는 건축 프로젝트에 관한 암시는 누가복음 저자가 통치자에게 가했던 정치적 비판이나 그의 신학적 의제와도 일맥상통한다. 누가복음에서 예수는 헤롯 안티파스와 세례 요한을 비교하면서 헤롯에 대해 부정적인 시각을 보였었는데(눅 7:24-25), 이 장면에서도 성전 재건 프로젝트를 완수하기 위해 고질적인 집착을 보이는 헤롯 가문과 참된 성전 망대인 자기 자신을 암암리에 대비시킨다.[117] 이 같은 대비는 또한 20:9-18로 이어지는데, 거기서 누가는 예수가 성전의 참된 모퉁잇돌이라고 말하는 데 그치지 않고 그를 성전의 참된 건축자로 소개한다. 물론 여기서 예수가 건축하고자 하는 망대/성전은 벽돌과 시멘트로 만든 건축물이 아니라 그의 공동체로 이루어지는 성전이다.

예수는 건축자일 뿐만 아니라 14:31-33에서는 전쟁에 임하는 왕으로 소개된다. 우리는 그 당시 예수 곁에 이미 "무리 수만 명"이 모여 있었다는 사실을 알고 있다.[118] 이제 예수는 아주 도전적인 말씀을 전함으로써 따르는 무리 가운데 상당수를 돌려보낸 후에 이렇게 묻는다. "또 어떤 임금이 다른 임금과 싸우러 갈 때에 먼저 앉아 일만 명으로써 저 이만 명을 거느리고 오는 자를 대적할 수 있을까 헤아리지 아니하겠느냐?"[119] 여기서 우리는 하나님의 명령에 따라 두려워 떠는 자들 이만 이천 명을 집으로 돌려보냄으로써 군대를 만 명으로 줄였던 기드온 이야기를 떠올리지 않을 수 없다.[120] 만일 예수의 일견 수사학적인 질문("어떤 임금이 일만 명으로써 이만 명

---

117 눅 7:24-25이 헤롯을 암시하는지와 관련하여 Fitzmyer 1981: 1.673-74, Bovon 2002: 1.283 n. 41을 참조하라.
118 눅 12:1.
119 눅 14:31.
120 삿 7:3.

을 대적할 수 있을까 헤아리지 아니하겠느냐?")에 대한 답이 기드온이라면, 이스라엘의 영웅적인 사사가 심지어 일만 명의 군대를—그것이 너무 적어서가 아니라 오히려 너무 많아서—원하지 않았다는 사실은 무의미하지 않다. 승리를 위해 기드온은 군대를 더 줄여야만 했다.[121] 여기서 기드온을 소환하는 일이 적절한 이유는 사사 시대에 이스라엘의 하나님이 수적인 우세의 중요성을 경시했던 것과 마찬가지로 예수도 그가 거느린 많은 무리의 세력이 하나님의 승리를 성취하기 위한 수단이 아니라는 점을 확실히 하고자 했기 때문이다. 따라서 예수는 이상적인 규모를 유지하기 위해 기드온이 했던 것과 유사하게 의지가 확고하지 않은 자들을 걸러냄으로써 그의 군대를 축소했을 것이다.

그렇다면 14:32("만일 못할 터이면 그가 아직 멀리 있을 때에 사신을 보내어 화친을 청할지니라")은 어떻게 이해해야 할까? 나는 이 구절에서 전투보다는 화친을 청하는 데 더욱 관심을 지닌 먼 나라의 왕이 예수를 가리킨다고 해석한다. 여기서 제안된 "화친의 조건"이 무엇인지는 19장에서 예수가 제자들의 뒤를 따라 예루살렘에 입성하는 장면에서 밝혀진다.

이미 감람 산 내리막길에 가까이 오시매 제자의 온 무리가 자기들이 본 바 모든 능한 일로 인하여 기뻐하며 큰 소리로 하나님을 찬양하여 이르되 "찬송하리로다! 주의 이름으로 오시는 왕이여. 하늘에는 **평화**요 가장 높은 곳에는 영광이로다" 하니 무리 중 어떤 바리새인들이 말하되 "선생이여, 당신의 제자들을 책망하소서" 하거늘 대답하여 이르시되 "내가 너희에게 말하노니 만일 이 사람들이 침묵하면 돌들이 소리 지르리라" 하시니라. 가까이 오사 성을 보시

---

121 삿 7:4-23.

고 우시며 이르시되 "너도 오늘 **평화**에 관한 일을 알았더라면 좋을 뻔하였거 니와 지금 네 눈에 숨겨졌도다."[122]

예루살렘의 종교 지도자들을 대표하여 파견된 바리새인들은 예수가 제시한 제자들의 "화친의 조건"을 거부함으로써 예수가 왕으로서 그들에게 주고자 했던 기회를 날려버렸다.

이 두 가지 비유에서 예수가 성전 건축자 이미지와 전쟁 이미지를 연달아 제시했다는 점은 전사-제사장이 주도하는 거룩한 전쟁에 대한 비전으로 이해할 수밖에 없다. 1세기 유대 사회에서는 새롭게 건축되는 성전과 거룩한 전쟁에 대한 비전이 팽배해 있었으며 이는 억압받는 유대교에 관한 상상력을 자극했다. 하지만 누가복음 저자에 따르면 예수는 제사장이자 메시아인 건축자였다. 그의 망대/성전은 제자들로 이루어져 있었으며 그는 또한 하위 제사장들을 통솔하는 제사장 전사이기도 했다.

누가복음에서 소금의 역할

누가복음 14:14-33에 대한 해석은 바로 뒤에 등장하는 소금의 비유(34-35절)를 이해하는 방식에도 상당한 영향을 미친다. 주석가들은 일반적으로 34-35절이 단순히 배교에 대한 갑작스러운 경고에 불과한 것이라고 해석하는데, 이처럼 지나치게 방대한 해석은 텍스트를 있는 그대로 대하지 않고 대충대충 읽어야만 가능한 것이다. 내가 보기에는 누가복음 저자도 마태복음 저자와 마찬가지로 소금이 예수의 통치하에 제사장(누가복음에서는 전사-제사장) 공동체를 통하여 유지되는 영원한 언약을 상징한다고 이해하

---

122 눅 19:37-42.

는 것처럼 보인다. 소금은 "좋은 것"(34절)이고 또한 좋은 것일 수밖에 없는데, 왜냐하면 언약에 신실한 제사장들은 그들을 능욕하고 저주하는 원수들에게도 "선을 행할" 것이기 때문이다.[123] 따라서 마태에게 그랬던 것처럼 누가에게도 예수와 그의 추종자들을 향한 반대는 일부 "제사장 지망생들"을 언약 안에 머무르게 하는 한편 다른 이들은 "배제하게" 만드는 촉매제로 작용한다.

맛을 잃은 소금이 버려지는 장소가 어디인지, 그리고 더욱 정확하게 표현하자면 소금이 어디에 "들어가지 못하는지"도 중요한 문제다. 35절에 따르면 맛을 잃은 소금은 "땅에도, 거름에도 쓸데없어 내어버린다." 대다수 주석가들이 "내어버린다"라는 예수의 표현을 그들이 일반적으로 사용하는 표현과 같은 의미로 이해하여 그 단어에 부여된 특별한 의미를 간과하지만, 이런 해석은 다음과 같은 질문을 불러일으킬 수밖에 없다. 만일 누가복음의 예수가 단순히 "그것은 버려질 것이다"라는 뜻으로 말하고자 했다면 어째서 그는 공동체에 적합하지 않은 그릇들을 쓸모없는 소금과 동일시한 것일까?[124] 나는 이 구절을 해석하는 열쇠가 누가복음 바로 앞 장에 나오는 무화과나무의 비유에 숨겨져 있다고 제안한다.[125] 이 비유는 예수 시대의 성전 제도가 얼마나 무익한 것인지, 또한 그 같은 지속적인 비생산성에 따르는 결과가 어떤 것인지를 암시하는 역할을 한다.

---

123 눅 6:27, 33, 35.
124 여기서 Bovon(2013: 396)의 신선하고 조심스러운 언급을 인용한다. "솔직히 말해 나는 35a 이 무엇을 의미하는지 모르겠다."
125 Jeremias(1963: 168)와 Bock(1994: 1291)는 무화과나무의 비유와 소금의 비유를 연결하여 둘 다 이스라엘을 대상으로 주어진 것이라고 해석한다.

이에 비유로 말씀하시되 "한 사람이 포도원에 무화과나무를 심은 것이 있더니 와서 그 열매를 구하였으나 얻지 못한지라. 포도원지기에게 이르되 '내가 삼 년을 와서 이 무화과나무에서 열매를 구하되 얻지 못하니 찍어버리라 어찌 땅만 버리게 하겠느냐?' 대답하여 이르되 '주인이여, 금년에도 그대로 두소서. 내가 두루 파고 거름을 주리니 이후에 만일 열매가 열면 좋거니와 그렇지 않으면 찍어버리소서' 하였다" 하시니라.[126]

누가복음 전체에서 "*koprion*"(중성명사, "배설물, 거름"), 혹은 동족어 "*kopria*"(여성명사, "배설물, 거름")라는 단어는 오로지 두 구절에만 등장하는데 그중 하나는 이곳 13:8이고 나머지 하나가 바로 소금의 비유다. "땅에도, 거름[*koprian*]에도 쓸데없어 내버리느니라"(14:35a).[127] 흥미로운 점은 두 구절 모두 "*gē*"("토양, 땅")라는 단어를 동반한다는 사실이다(13:7; 14:35). 이것은 분명 우연의 일치가 아니다. 연결된 문맥의 텍스트 내에서는 "동일범주 해석법"(*gezera shawa*)을 적용한다는 원칙에 따라 복음서 저자는 독자들이 "땅[*gē*]에도, 거름[*koprian*]에도 쓸데없어 내버리느니라"(14:35a)라는 구절을 바로 앞 장에 나오는 "땅"과 "거름"(13:7-8)을 염두에 두고 이해하도록 초청하는데 거기서 땅과 거름은 무화과나무에 풍성한 결실을 가져다 주는 유익한 첨가물로 여겨졌다. 누가복음 13장의 문맥에서 무화과나무가 성전을 의미한다는 점은 거의 분명한데, 여기에 더해지는 땅(흙)과 거름은 기존 성전 제도에 매여 있는 자들을 회개시키고자 하는 예수의 노력을 상징하는 것으로 보인다. 누가복음 13:6-9의 상징적인 구도가 14:35까지 수

---

126 눅 13:6-9.
127 눅 14:35a.

십 절을 계속해서 이어지는 동안, 예수가 말하고자 하는 의도가 다음과 같이 분명하게 드러난다. 소금 언약을 위반하는 자들은 현존하는 성전을 개혁하는 임무에 부적격자들일 뿐 아니라("땅에도, 거름에도 쓸데없어") 예수의 공동체로부터도 제명된 자들이라는 것이다("내버리느니라").

누가복음 14:34-35을 일반적인 경고로 받아들이는 전통적인 해석과는 달리 위에서 제시한 해석은 복음서 저자가 어째서 이 특별한 말씀을 이 특별한 장소에 위치시켰는지를 설명해줄 수 있다는 또 다른 장점이 있다. 누가복음 저자가 여기서 말하고자 하는 요점이 무엇인지는 분명하다. 한마디로 예수가 그를 따르는 제사장 지망생들에게 요구한 실질적인 지침들은 어떤 대가를 치르더라도 끝까지 완수해야만 하는 것이었다. 그것은 사회적 지위를 포기하라는 요구일 수도 있고("자기 십자가를 지고") 혹은 재산을 포기하라는 요구일 수도 있다("모든 소유를 버리지 아니하면"). 34-35절은 제자들이 그 같은 요구사항을 완수하지 못했을 경우 제사장 언약에서 배제된다는 점을 상기시켜주는 역할을 한다. 그러므로 여기서 맛을 잃어버린다는 것은 예수의 제사장 공동체에 속해 있음을 드러내 주는 분명한 표지를 포기한다는 의미다.

예수의 사명에 대한 누가의 이해와 관련하여 이 같은 해석이 시사하는 바는 다양하다. 첫째, 위의 해석에 따르면 복음서 저자는 예수가 두 가지 의제를 다루는 것으로 제시한다. 하나의 의제는 그를 중심으로 하는 새로운 성전의 건축이고 다른 의제는 강력한 다수가 아니라 연약하지만 헌신적인 소수에게 유리한 고지가 주어지는 생소하면서도 거룩한 전쟁이다. 둘째, 누가복음 저자가 "가난한 자"에게 각별한 관심을 보인다는 점은 이미 오래전부터 신약학계에서 주목받아온 사실인데, 이것은 누가복음 저자가 자발적인 가난을 예수가 부과한 제사장 소명의 일부로 여겼기 때문이라고 설명할 수 있다. 달리 말해 자기희생은 제사장의 증표 가운데 하나라는 뜻이다.[128] 셋째, 만일 내가 주장했던 것처럼 누가복음 저자가 소금의 비유를 무화과나무의 비유와 의도적으로 연결한 것이라면, 복음서 저자는 예수의 원래 의도가 기존의 성전을 대체하는 것이 아니라 회개를 통하여 그것을 회복하는 것이었다고 믿었던 것으로 보인다. 이러한 주장과 내가 위에서 제시했던 첫 번째 의제(요컨대 새로운 성전의 건축)를 비교해보면 누가의 관점에서 예수의 사명에는 내적 긴장이 존재했음을 확인할 수 있다. 누가복음 저자를 포함하여 모든 복음서 저자는 예수가 한편으로는 진정한 회개를 요청하면서 다른 한편으로는 새 포도주와 새 가죽 부대로 이루어질(5:36-39) 새롭고 불확실한 미래를 준비하는 역설적인 예언자와 같은 인물이라고 소개한다.

3) 마가복음에서 소금의 비유 (막 9:50)

마가복음에서의 배경

마가가 제시하는 소금의 비유는 마태 및 누가복음과 상당한 유사성을 보여주면서도 몇 가지 주목할 만한 차이점을 드러낸다.

> "소금은 좋은 것이로되 만일 소금이 그 맛을 잃으면 무엇으로 이를 짜게 하리요 너희 속에 소금을 두고 서로 화목하라" 하시니라.[129]

오직 마가복음에서만 발견되는 "너희 속에 소금을 두고"라는 권고는 서로

---

128 Nicholas Perrin 2010: 114-48에서 보다 자세하게 논의하고 있다.
129 막 9:50.

화목해야 할 필요성을 강조하는 또 다른 훈계와 연결되어 있다. 이 말씀은 요한이 예수의 이름으로 귀신을 내쫓으면서도 "우리를 따르지 아니하"는 낯선 사람을 배척한 사건이 계기가 되어 시작된 기나긴 담화의 막바지에 나온다.[130] 예수는 요한의 태도를 책망하면서 그들의 무리에 동조하는 자들은 "우리를 위하는" 자들이므로 그들이 일하는 것을 금하지 말라고 요구한다.[131] 이런 맥락에서 예수가 "너희 속에 소금을 두고 서로 화목하라"고 요구한 것은 제자들이 그들과 경쟁 구도를 이루고 있던 축귀사들에 대해 가지고 있던 우려에 대한 답이었다(9:38-41).[132]

마태복음이나 누가복음 저자와 비교했을 때 마가는 소금에 관한 예수의 말씀을 보다 더 제의적인 관점에서 다루고 있다. 이러한 사실은 마가복음 9:49과 70인역 레위기 2:13a을 비교했을 때 더욱 분명해진다.

사람마다 불로써 소금 치듯 함을 받으리라[pas gar pyri halisthēsetai](막 9:49).

네 모든 소제물에 소금을 치라[kai pan dōron thysias hymōn hali halisthēsetai] (레 2:13a LXX).

마가복음에서 "pas"("모든") 뒤에 여격을 수반하는 "halisthēsetai"(소금을 치다)라는 수동형 동사가 이어지는 구조가 레위기 2:13a에도 거의 똑같은 형태로 나타나는 것은 결코 우연의 일치가 아닐 것이다. 해리 F. 플레더만은

---

130 막 9:38.
131 막 9:40.
132 동시에 마가복음의 소금 비유는 제자들의 오만한 경쟁심과 조금이라도 관계가 있다(막 9:33-37).

마가복음과 레위기 2:13 간의 유사성을 인지하고서 다음과 같이 주장한다.

> 구약에서 소금은 언약을 상징하는데, 이를 가장 분명하게 보여주는 구절 가운데 하나가 레위기 2:13b이다. "네 하나님의 언약의 소금을 네 소제에 빼지 못할지니 네 모든 예물에 소금을 드릴지니라." 민수기 18:19에서는 영원한 언약을 가리켜 "소금 언약"이라고 부른다(참조. 대하 13:5). 이러한 사고의 배경은 식사 시간에 소금을 나누어 먹던 전통이었던 것으로 보인다(스 4:14). 누군가와 소금을 나누어 먹는다는 것은 그와 친분을 유지하고 함께 언약에 동참한다는 의미였다. 마가복음의 담화는 두 가지 종류의 갈등과 분쟁 상황으로 시작하는데, 하나는 제자들 가운데 누가 더 높은가에 관한 갈등이고 다른 하나는 그들 무리에 속하지 않은 축귀사들과의 갈등이었다. 이어서 공동체 내에서 발생하는 범죄 문제에 관한 논의가 뒤따른다. 마가는 이 모든 문제에 대한 답변으로 공동체의 언약 안에서 서로 화목하라는 권면을 제시한다.[133]

플레더만의 주해는 어느 정도 설득력이 있다. 하지만 그가 제시하는 해법이 또 다른 질문들을 초래한다는 것도 사실이다. 설령 플레더만의 주장이 원칙적으로 옳다고 해도(나는 그렇게 믿는다) 우리에게는 다음과 같은 질문들이 있다. (1) 마가복음 9:49에서 "불"은 "소금 언약"과 정확히 어떤 관계인가? (2) 무엇보다도 소금 언약이라는 주제는 그들 무리에 속하지 않은 축귀사와 관련된 소란에 대해 어떤 의미를 갖는 것인가?

---

133 Fleddermann 1981: 73.

마가복음에서 소금의 역할

위의 첫 번째 질문에 답하기에 앞서 우리는 먼저 마가복음 9:49과 레위기 2:13a이 어휘상으로 긴밀한 연관관계를 보인다는 사실을 지적할 필요가 있다. 결과적으로 마가복음에서 소금 치듯 타오르는 "불"은 희생제물을 처리하기 위해 준비된 불과 유사한 기능을 하는 것으로 이해할 수 있다. 그렇다면 "사람마다 불로써 소금 치듯 함을 받으리라"(49절)라는 표현은 단순히 죽음 이후에 겪게 될 연단만을 암시한다기보다는 새롭게 제사장 의복을 입게 될 자들—제자의 무리에 속한 자들뿐만 아니라 제자로서 논란의 여지는 있으나 그럼에도 "우리를 위하는"(40절) 자들까지 포함하여—이 치러야 할 사회정치적 대가를 암시하기도 한다. 요컨대 마가복음 9:49의 "불"은 예수의 이름을 부르는 모든 자들이 머지않아 직면하게 될 박해를 상징한다. 마가복음의 예수가 보기에 이 같은 환난을 성공적으로 이겨내는 자들은 그들이 열두 제자의 무리와 어떤 관계를 유지하는지와는 무관하게 결과적으로 그들의 제사장적 정체성을 입증한 것이다.

제자들이 그들 무리에 속하지 않은 축귀사들에 대해 보인 태도와 관련하여 예수가 "소금 언약"에 호소하며 반응한 이유가 무엇인지 적어도 한 가지 타당한 답변이 있는데, 그것으로 충분할 것이다. 우리는 제자들이 단순히 예수의 이름을 부르는 자들에 대해서가 아니라 예수의 이름으로 **귀신을 쫓아내는** 외부인들에 대해 질투심을 느꼈음을 알고 있다. 고대 유대교 사회에서 축귀는 전형적으로 제사장이 수행하는 사역이었다. 어쨌거나 제사장들은 신적 존재와 일반 백성들을 매개하는 자들로 여겨졌으며, 오직 신적 능력만이 어둠의 세력을 굴복시킬 수 있다고 믿어졌다.[134] 마가복음에

---

134 다음과 같은 사례들을 나열할 수 있다. 소아시아의 순회 퇴마사였던 대제사장 스게와 일

서 요한은 "그들 무리에 속하지 않은 축귀사"를 배척했는데, 요한은 그들이 사도들의 승인 없이 예수의 이름으로 선행을 베풀었기 때문이 아니라, 그가 생각하기에 오직 열두 제자에게만 부여된 특전이었던 제사장의 역할을 그들이 자처했기 때문에 위협을 느꼈다는 것이다.

제자들의 우려는 언뜻 보기에 아주 불합리한 것만은 아니었는데, 예수는 그들의 우려에 대한 답으로 제사장의 소금 언약을 상기시키는 한편 그 언약의 범위를 명백히 규정해준다. 예수는 그의 운동에 참여하는 자들이 머지않아 직면하게 될 박해에 대해 경고하면서 종말론적 제사장 지위에 대한 확실한 증거는 귀신을 쫓아내는 능력도 아니고 그렇다고 해서 공동체 내에서 현재 유지하고 있는 확고한 입지도 아니라고 주장한다. 오직 "불"을 통과할 때 소금으로서의 맛을 유지하는 것만이 참된 제사장으로서의 신분, 다시 말해 소금 언약 내에서 유력한 지위를 차지할 구성원으로서의 신분을 증명하는 길이다. 한편 예수는 제자들에게 맡겨진 역할이 누가 그들의 무리에 속해 있고 누가 무리 밖에 있는지는 판단하는 것이라기보다는 자기 자신을 살피고 그들에게 동조하는 외부인들 및 다른 동료 제사장들과 화목을 도모하는 일에 헌신하는 것이라고 권면한다. 마가가 사도들에게 부여된 특권이 무엇이라고 생각했든지 간에 참된 제사장의 자격은 업무 수행에 의해서가 아니라 강력한 반대에 직면하여 얼마나 신앙을 지켜내는가에 의해 평가되어야 한다.

곱 아들(행 19:14), 퇴마 의식을 진행하면서 동시에 공공 예배도 집전했던 쿰란 공동체의 제사장들(Alexander 1997), 그리고 제사장의 직함을 지니고 있던 퇴마사인 엘레아자르도 여기 포함될 수 있을 것이다(*Ant.* 8.21.1 §§45-49). 헬라 문화에서 퇴마는 제사장들의 역할로 이해되었다(Plato, *Resp.* 364b-65a). 물론 주술가들과 철학가들도 퇴마를 시행할 수는 있었다.

4) 소금의 비유와 역사적 예수

소금의 비유가 각각의 복음서에서 다채로운 수사적 형태로 나타난다는 사실은 초기 전승에서 그 말씀이 유동성을 지니고 있었음을 보여준다.[135] 마태복음에서는 예수의 제자들이 곧 종말론적 예루살렘이자 세상의 빛으로 드러나는데, 그 같은 숙명은 호된 박해를 통해서만 성취될 수 있는 것이었다. 그런가 하면 누가복음에서 소금의 이미지는 독자들에게 그들의 소명이 제사장의 소금 언약에 기반한 것임을 상기시키는 역할을 한다. 여기서 그들의 소명은 인간 성전과 종말론적 성전(聖戰)에 관한 비전을 포함하는데, 물론 이 전쟁은 예수의 추종자들이 기대했던 바와는 전혀 다른 의미의 전쟁일 것이다. 마지막으로 마가복음에서는 소금을 매개로 하는 유대관계가 축귀와 같은 제사장적 직무를 수행하는 자들 간의 평화로운 상호교류를 통해 유지된다. 세 복음서에서 소금은 서로 다른 용도로 사용된다.

소금 은유가 각 복음서에서 다양한 방식으로 사용되기는 하지만 여기에는 몇 가지 의미심장한 공통분모가 존재한다. 먼저 모든 복음서 저자는 소금이 그들 공동체의 제사장적 정체성을 표현하기에 적절한 은유라는 전제를 공유한다. 물론 이것은 고정된 정체성은 아닌데, 왜냐하면 복음서에서 소금이라는 은유가 기나긴 환난을 통과한 후에야 구체적인 범위를 확정할 수 있는 연맹 공동체를 상징하기 때문이다. 복음서 저자들은 공동체 구성원이 현재 소금 언약에 참여하고 있다는 사실이 종말론적 미래에도 언약에 참여할 것을 반드시 보장하는 것은 아니라고 믿었는데, 그들은 참된 제사장 직분을 구별해주는 특징이 마지막까지 그들에게 주어진 소명에 신실

---

[135] Jeremias(1963: 107)는 소금의 비유가 "다양한 용도로 전이된" 비유의 대표적인 사례라고 말한다.

하게 응답하는 일이라는 데 동의한다.

　더 나아가 오늘날 우리에게 남아 있는 소금에 관한 말씀 가운데 어떤 것도 소금 은유의 의미를 명확히 밝히려고 시도하지 않는다. 예컨대 공관복음서에 나타나는 씨뿌리는 자의 비유에서도 마찬가지다. 오히려 세 명의 공관복음서 저자는 소금이 제사장 제도를 가리키는 환유라는 전제하에 논의를 이어가고 있다. 마찬가지로 종말론적 제사장 제도가 환난을 통해 수립된다는 점도 단순한 논증이 아니라 비유의 논증을 뒷받침하는 전제로 여겨졌다. 이 같은 전제에 대해 복음서 저자들이 만장일치로 합의를 보여서 굳이 그것을 재진술할 필요조차 없었다는 사실은 이와 관련하여 예수 자신의 시대에까지 소급할 수 있는 생생하고 확고한 전승이 존재했다는 점을 시사한다. 세 명의 복음서 저자는 역사적 예수 자신이 전제로 삼았던 확고한 성서 전승에 의존하고 있다. 제자들에 대해 사람들이 어떻게 평가했든지 간에 예수는 그의 추종자들이 자신들을 소금 언약의 상속자로 여겨야 한다고 역설하였다. 그렇게 해서 이스라엘의 제사장 제도는 미래에까지 경계를 확장하고 예수 자신은 여기서 대제사장의 역할을 감당할 것이다.

　이 같은 주장은 몇 가지 의미를 내포한다. 첫째, 예수가 그의 제자들을 소금과 동일시했다는 사실은 에스겔 36장에 묘사된 제사장 직분의 재구성이 사실상 하나님 나라에 관한 예수의 비전에서 결정적인 요소라는 점을 시사한다. 아마도 이것은 충분히 예상할 수 있는 일이었을 것이다. 만일 예수가 예언자들의 약속을 근거로 우상숭배로부터 자유로운 종말론적 성전의 출현을 예견했다면, 그는 또한 새롭게 출현한 성전 공간이 정당한 절차를 거쳐 임명된 새로운 인물들로 채워질 것이라고 기대했을 것이다. 이때 새로 임명될 인물들이 현존하는 제사장 조직에 속한 자들일 필요는 없으며, 그들은 다만 씨뿌리는 자의 비유에서 예견했던 것과 동일한 박해에 직면하여 믿음을 지키는 것으로써 자신의 신분을 증명해야만 했다.

둘째, 예수와 그를 뒤따르는 복음서 저자들은 현재 소금 언약에 참여하는 일이 종말론적 미래의 지분을 자동으로 보장해주는 것은 아니라고 여겼던 것으로 보인다. 성도들에 대한 박해가 현재와 미래에 지속되리라는 것이 엄연한 현실이라면 배교의 가능성도 언제나 열려 있는 것이다. 예수에 따르면 처음 가졌던 열심을 중도에 포기한 자들은 기나긴 환난 저편에 있는 구원을 얻을 소망이 거의 없다. 예수는 아마도 사람들의 반대에 직면하여 실망감을 느꼈을 수도 있지만, 한편으로는 그를 따르는 공동체가 이러한 역경을 통해 더욱더 예리하게 자신을 정의하고 공동체의 구성과 역할에 대해 충분한 이해를 얻게 되리라는 확신으로 위로를 얻었을 것이다. 환난은 이처럼 공동체의 경계를 명료하게 해주는 역할을 하는데, 이로써 참되고 의로운 남은 자들로 구성된 완전한 종말론적 공동체를 수립하기 위하여 참된 신자를 거짓 신자로부터 구별할 수 있게 된다. 종말론적 성전은 바로 이를 통해 모습을 드러낼 것이다.

셋째, 공동체가 환난을 통과하여 제 모습을 갖추게 되면 완전하게 회복된 제의 공간을 위한 토대 역할을 하게 된다. 복음서 저자들이 소금의 비유를 제시하는 방식은 논리적으로 이 세 번째 요점에 의존하는데, 이것 역시 거의 확실하게 예수 자신에게까지 소급된다. 어쨌거나 이것은 "땅의/세상의" 소금이거나 혹은 "땅을 위한" 소금이다. 만일 더럽혀진 땅의 회복이 정당한 예배의 회복을 위해 선행되어야만 하는 단계라면, 제자들이 당하는 박해는 그 같은 회복에 필수 불가결한 요소일 것이다. 예수는 이스라엘의 하나님이 공동체가 함께 당하는 환난이라는 경험을 통하여 영원히 존속할 이스라엘 내에 새롭고 최종적인 제사장 제도를 포함하는 새로운 공간을 탄생시킬 것이라고 설명한다.

이러한 모든 요소는 씨뿌리는 자의 비유와 관련될 뿐 아니라 그 비유를 설명하는 데도 도움을 준다. 우리는 씨뿌리는 자의 비유를 통하여 환난이 종말론적 구원을 향해 나아가기 위해 반드시 통과해야 하는 디딤돌이라는 사실을 배웠는데, 소금의 비유는 구원을 향한 과정에서 예수가 그의 공동체를 향해 품은 비전을 밝혀주는 역할을 한다. 예수는 극심한 "시련"을 통하여 그를 따르는 자들이 자신의 정체성을 드러내어 어떤 이는 배교의 길로 나아가고 다른 이는 끝까지 신실하게 남아 있기를 기대했다. 이스라엘의 속죄는 이런 방식으로 실현될 것이다. 이 같은 개념은 예수로 하여금 그가 직면했던 반대를 그의 제사장 직분에 대해 의혹을 제기할 근거로 해석하기보다는(예수의 반대자들은 이런 노선을 따랐다) 신비하고 초월적인 논리에 따라 그의 제사장 직분을 확증해주는 것으로 해석할 여지를 마련해주었다.

3. 하나님 나라의 현재 윤곽: "복에 관한 강화"(Q 6:20-21)

역사적 예수 학자들 사이에서 누가복음의 세 가지 복("가난한 자는 복이 있나니", "지금 우는 자는 복이 있나니", "의에 주리고 목마른 자는 복이 있나니")은 다른 어떤 자료보다 예수의 말씀을 원래대로 보존한 텍스트라는 강력한 지지를 얻고 있다.[136] 슈트라우스도 이러한 주장을 받아들였고, 그 뒤를 이어 불트만도 이에 동조했으며, 오늘날 예수 세미나 회원들도 마찬가지다.[137] 예수

---

136 Q 6.20(마 5:3); Q 6.21b(마 5:4); Q 6.21a(마 3:6).
137 Strauss 1972 (1835): 336-38; Bultmann 1968 (1921): 133; Funk and Hoover 1993: 289.

가 **어떤 이유에서** 이 말씀들을 선포했는가에 대해서는 의견이 나뉘지만, 대다수 학자는 적어도 예수가 이 말씀들을 전했다는 **사실**에 대해서만은 동의를 표한다. 바로 그러한 사실 때문에 "복에 관한 강화"는 고도로 진정성을 지닌 텍스트로 인정되고 있다.

또한 학자들은 대체로 "복에 관한 강화"(the Beatitudes)가 왕국에 관한 예수의 전체 메시지에서 중요한 위치를 차지하고 있는 것으로 인정하는데 아마도 이것은 어느 정도 예측할 수 있는 반응일 것이다. 어쨌거나 만일 누군가가 "이런 종류의 사람은 복되도다"라고 말하거나 "이런 종류의 사람은 저주받을 것이다"라고 말한다면 우리는 곧바로 그가 하는 말에 상당한 무게를 둘 수밖에 없을 것이다. 따라서 "복에 관한 강화"가 오랜 시간 동안 예수의 윤리를 대표하는 표준적인 문구로 여겨져 왔던 것은 전혀 이상한 일이 아니다.

하지만 이와 동시에 역사비평적 관점에서 이 말씀을 탐구하는 학자는 예수의 목소리와 교회의 목소리를 구분하는 쉽지 않은 임무를 떠안게 된다. 그런데 우리는 복음서들의 구조와 성격을 어느 정도 염두에 두지 않고서는 이러한 임무를 제대로 수행할 수 없다. "복에 관한 강화 자료는 마태복음과 누가복음이라는 두 가지 문서로 우리에게 전달되었는데, 마태복음 저자는 이 말씀을 다음과 같이 전한다.

> ³ 심령이 가난한 자는 복이 있나니, 천국이 그들의 것임이요.
> ⁴ 애통하는 자는 복이 있나니, 그들이 위로를 받을 것임이요.
> ⁵ 온유한 자는 복이 있나니, 그들이 땅을 기업으로 받을 것임이요.
> ⁶ 의에 주리고 목마른 자는 복이 있나니, 그들이 배부를 것임이요.

⁷ 긍휼히 여기는 자는 복이 있나니, 그들이 긍휼히 여김을 받을 것임이요.

⁸ 마음이 청결한 자는 복이 있나니, 그들이 하나님을 볼 것임이요.

⁹ 화평하게 하는 자는 복이 있나니, 그들이 하나님의 아들이라 일컬음을 받을 것임이요.

¹⁰ 의를 위하여 박해를 받은 자는 복이 있나니, 천국이 그들의 것임이라.

¹¹ 나로 말미암아 너희를 욕하고 박해하고 거짓으로 너희를 거슬러 모든 악한 말을 할 때에는 너희에게 복이 있나니,

¹² 기뻐하고 즐거워하라. 하늘에서 너희의 상이 큼이라. 너희 전에 있던 선지자들도 이같이 박해하였느니라.¹³⁸

마태복음 저자는 우리에게 아홉 가지 복을 제시하면서 "복이 있나니"라는 문구를 아홉 번 사용한다. 그중 처음 여덟 가지는 종종 네 가지씩 두 묶음으로 분류되는데(3-6절과 7-10절), 처음 네 가지는 태도에 중점을 둔 항목들로, 그리고 다음 네 가지는 수평적 관계를 다루는 항목들로 여겨진다. 하지만 이와 같은 가설은 마태복음 저자가 우리에게 여덟 가지 복이 아니라 사실상 아홉 가지 복을 제시한다는 단순한 사실로 인해 좌초하고 만다. 4 + 4 모델의 대칭구조가 무너진 것이다. 10절은 전형적으로 마태의 성향을 깊이 드러내는 것으로 여겨지는 반면 나머지 여덟은 마태 이전의 자료로 여겨진다. 어쨌거나 첫 번째, 두 번째, 그리고 네 번째 항목은 확고하게 예수의 발언으로 인정되고 있다.

7-9절과 11-12절에 대한 고려를 잠시 뒤로 하고서 나는 한 걸음 더 나아가 처음 네 가지 복이 전승된 자료 내에서 하나의 통일체를 이룬다는

---

138 마 5:3-12.

점을 밝히려 한다. 이러한 사실은 다양한 근거를 통해 입증될 수 있는데, 특히 이 구절들은 모두 이사야 61장에 의존하고 있다. 아래 〈도표 1〉에서 마태복음과 이사야서 텍스트를 비교해보자.[139]

도표 1. 마태복음 5장의 복들과 이사야 61장 간의 의존 관계

	마태복음 5장	이사야 61장(LXX)
첫 번째 복	영이[*pneumati*] 가난한 자는[*ptōchoi*] 복이 있다. 천국이[*basileia tou theou*] 그들의 것이기 때문이다(3절).	주의 영이[*pneuma*] 내게 내리셨다. 주께서 내게 기름을 부으셨기 때문이다. 그가 나를 가난한 자에게[*ptōchois*] 보내셔서 좋은 소식을 전하게 하신다[*euangelisasthai*](1절).
두 번째 복	우는 자는[*penthountes*] 복이 있다. 그들이 위로를 받을 것이기 때문이다[*paraklēthēsonta*](4절).	모든 우는 자를[*penthountas*] 위로하며[*parakalesai*](2절).
세 번째 복	온유한 자는[*praeis*] 복이 있다. 그들이 땅을[*tēn gēn*] 상속받을 것이기 때문이다[*klēronomēsousin*](5절).	가난한 자에게[*ptōchois*] 좋은 소식을 전하게 하려 하신다[*klēronomēsousin*]....[그들은] 그 땅을[*tēn gēn*] 두 번째로 얻고(1, 7절)
네 번째 복	의에[*dikaiosynēn*] 주리고[*peinōntes*] 목마른 자는 복이 있다. 그들이 배부를 것이기 때문이다(6절).	너희가 나라들의 재물을 먹으며[*katedesthe*] 그들의 부유함으로 놀랄 것이다.…왜냐하면 나는 의를[*dikaiosynēn*] 사랑하는 주이기 때문이다(6, 8절).

첫 번째 복(마 5:3)에서 "가난한 자"(*ptōchos*)와 "영"(*pneuma*)을 짝지은 것은 이사야 61장에서 두 단어를 병립시킨 전례를 따른 것이다. 더 나아가 "하나님의 나라"(마 5:3)가 개념상으로 "좋은 소식을 전하는 일"(사 61:1)과 대등한 것이라면, 이 두 구절은 두 가지가 아니라 세 가지 접점을 지니고 있

---

139 저자의 번역.

다고 말할 수 있다. 두 번째 복(마 5:4)에서 "우는 자"에게 주어지는 "위로"는 이사야 61:2, 다시 말해 "우는 자를 위로하며"라는 구절에서 영감을 받은 것으로 보인다. 마태복음에서 "우는 자"는 이사야서에서 "우는 자"와 같은 부류다. 한편 "온유한 자"에 대해 언급하는 세 번째 복(마 5:5)은 시편 36:11(LXX; MT 37:11)에서 영감을 받았음이 분명하다. "그러나 온유한 자들은 땅을 차지하며 풍성한 화평으로 즐거워하리로다." 하지만 "프라에이스"(*praeis*)도 "프토코스"(*ptōchos*)와 마찬가지로 히브리어 "아나빔"(*ănāwîm*)에 대한 타당한 번역어일 뿐만 아니라 온유한 자에게 주어지는 유산에 관한 언급이 이사야 61:7에도 나타난다는 점을 고려할 때 세 번째 복에 관한 말씀이 이사야 61장에서 영감을 얻었을 가능성은 여전히 존재한다. 마태복음의 네 번째 복(마 5:6)에서는 "가난한 자들"이 야웨의 의로 말미암아 연회를 베풀리라는 이사야 61:6의 예언을 염두에 두고서 "가난한 자들"은 "의에 주린"(마 5:6) 자들이라고 소개하면서 이사야서의 두 개념을 통합한다. 그렇다면 위에서 살펴본 내용에 따라 마태복음의 처음 네 가지 복은 이사야 61장에서 영감을 얻은 것이라고 간주할 수 있을 것이다.[140] 세 번째 복의 경우에는 이사야서와의 연관성이 조금은 희미해 보이지만 첫 번째, 두 번째, 네 번째 복(Q에서는 처음 세 가지 복)은 이사야 61장과 밀접하게 연결되어 있다. 그렇다면 우리는 예수가 이사야서의 영향을 받아 이 복들을 제시한 것이라고 말할 수 있지 않을까?

로버트 굴리히는 이에 동의하지 않는다. 그는 이 말씀들에서 발견되는 이사야서의 요소들은 마태에 의해 가미된 것이라고 주장한다.[141] 하지만 이

---

140 다음과 같은 학자들도 동일한 판단을 내린다. Grimm 1976: 68-77; Davies and Allison 1988-97: 1.434-39; Luz 1989-2005: 1.186-87.
141 Guelich 1976: 427-31; 이와 유사하게 Hengel 1987: 351-53.

것은 받아들이기 어려운 해석이다. 무엇보다도 만일 우리가 예수의 본래 문구를 복원한다는 명목으로 마태복음 5:3, 4, 6에서 이사야서의 용어들을 제거해버린다면 도대체 무엇이 남겠는가? 굴리히의 제안대로 초기 교회가 "심령", "가난한 자", "위로", "우는 자"라는 용어를 사용하지 않고서 마태복음의 처음 네 가지 복을 재연하는 장면을 한번 상상해보라. 그것은 아마도 햄릿 왕자나 클로디어스 혹은 오펠리아가 등장하지 않는 연극 〈햄릿〉을 감상하는 것과 비슷한 상황일 것이다. 둘째, 이러한 접근법은 "복에 관한 말씀"의 범위에 포함되지 않는 주변 텍스트들, 특히 마태복음 11:2-15이나 누가복음 7:18-28(= Q 7:18-28)과 같은 강력한 증거 본문들을 무시하는 해석이다. Q 7:18-28은 일반적으로 실제 일어난 사건을 정확하게 반영하는 것으로 여겨지는데, 여기서 예수는 세례 요한에게 그의 사역을 정당화하기 위해 이사야 61장의 표현을 인용한 후에 축복의 말씀("누구든지 나로 말미암아 실족하지 아니하는 자는 복이 있도다")으로 요한을 향한 그의 대답을 마무리한다.[142] Q 7:18-28에서도 마태복음 5장에서처럼 이사야 61장의 용어들이 축복의 말씀과 짝지어 나타난다는 사실은 복음서 저자가 이사야의 용어들을 동원하여 그의 어조를 강화하려 했다는 주장이 잘못된 방향을 향하고 있다는 강력한 증거다. 마태복음 저자가 이사야 61장의 요소들을 가미했던 것이 아니라, 차라리 복음서 저자가 이사야서와의 연관관계를 적절히 조절했다고 말할 수 있다.[143] 우리는 마태복음 5:3, 4, 6에 기록된 말씀들이 이사야 61장을 재구성하여 인용한 역사적 예수의 목소리를 반영한다고 설득력 있게 주장할 수 있다.

---

142   Q 7:23(마 11:6//눅 7:23).
143   Grimm 1976: 68-77; Davies and Allison 1988-97: 1.437.

이미 지적했던 것처럼 이사야 61장은 이스라엘의 종말론적 미래에서 가장 극적인 순간, 다시 말해 민족의 회복과 성전의 쇄신으로 대표되는 영광스러운 시기를 묘사하고 있다. 이사야 61장 내러티브는 복에 관한 예수의 말씀에 배경을 제공하는 동시에 제의적 맥락에 초점을 맞추고 있는데(더욱 정확하게는 "제사장이라 일컬음을 받을" "가난한 자"의 무리를 이끌고 희년을 선포할 대제사장적 인물을 소개하는데), 그렇다면 이 같은 사실이 제사장으로서의 예수에 대한 우리의 재구성에 어떤 영향을 미칠 것인가?[144] 예수는 복에 관한 교훈을 통해 자신에 대해 무엇을 주장하고자 했던 것일까? 또한 그는 이 교훈을 통해 그를 따르는 무리의 정체성에 대해 무엇을 주장하고자 했던 것일까?

1) 복에 관한 강화의 의미

축복에 관한 사회적 규약

예수가 선포한 교훈의 취지는 복에 대한 사회적 통념을 고려해볼 때 분명하게 드러나기 시작한다. 마태복음과 누가복음을 비교해보면 우리는 두 복음서 저자가 각각 삼인칭 술어("~한 자는 복이 있나니"의 형태는 일반적으로 마태복음에 나타난다)와 이인칭 술어("너희 ~한 자는 복이 있나니"의 형태는 오로지 누가복음에 나타난다)를 선호하는 차이점을 보인다는 사실을 발견할 수 있다. 여기서 위의 두 가지 표현 가운데 어느 것이 예수가 본래 사용한 것인가 하는 문제를 결정하려 할 필요는 없다. 예수는 아마도 복에 관한 말씀을 가두연설의 형식으로 "가난한 자들"**에게**, 그리고 "가난한 자들"에 **관한** 교훈으

---

144 예수가 멜기세덱의 모델을 따라 종말론적 희년을 선포하는 자라는 견해는 Nicholas Perrin, 2010: 134-45을 보라.

로 여러 차례 다양한 상황에서 선포했으리라고 여겨지는데, 그렇다면 예수는 "~한 자들은 복이 있나니"라는 형태와 "너희 ~한 자는 복이 있나니"라는 형태를 두루 사용했을 가능성이 높다. 특히 "너희 ~한 자는 복이 있나니"라는 표현과 관련하여 우리는 역사적 예수가 이 문구를 추상적인 상투어로 사용했으리라고 치부해서는 안 된다. 예수는 그 당시에 그의 말을 듣는 청중들을 향하여 "너희 ~한 자는 복이 있나니"라고 말한 것인데, 이는 그가 선포하는 복이 어떤 방식으로든 효력을 발휘하거나 혹은 적어도 효력을 발휘할 잠재력을 지니고 있으며 그것도 청중들이 감지할 수 있는 방식으로 작용하리라는 점을 시사한다. 말하자면 복에 관한 교훈의 형태 자체가 고대 세계에서 대중을 향하여 선포했던 축복과 유사한 일종의 인격적 교감의 의미를 드러낸다는 뜻이다.

복에 관한 예수의 강화를 고대 세계의 축복 관행이라는 광범위한 맥락에서 고찰하기 위해서는 비전문적인 축복 행위와 전문적인 축복 행위를 구분할 필요가 있다. 비전문적인 축복 관행에서는 축복과 저주의 언어가 일상생활에 관련된 용어들이다. 예컨대 평범한 시민이 자신의 행운이나 불행을 묘사하기 위해, 혹은 상대방을 향한 호의나 악의를 드러내기 위해 신성하고 마술적인 언어를 사용하는 경우를 뜻한다. 이와는 대조적으로 전문적인 용례에서는 축복과 저주가 고유한 효력을 지니는 발화행위로 여겨지며 여기에는 해당 사례와 연관된 신적 존재를 향한 탄원이나 혹은 합당한 자격을 지닌 화자/시연자의 직접적인 행위가 수반된다. 데이비드 프랑크푸르터는 고대 세계 전반에 걸친 축복 관행에 관한 그의 분석에서 후자의 범주를 확장한다.

저주와 축복은 그것을 선언하는 자의 권위를 통해 사회적인 구속력을 갖는다.

모종의 제의적 전문지식(대중적인 의미에서 한 사람이 타고난 언어와 행위의 능력)이 사회 내에서 얼마나 정형화되어 있느냐에 따라, 저주하거나 축복하는 (혹은 저주를 제거하거나 축복을 무효화하는) 권한은 일종의 제의 전문가에게 주어진다.[145]

프랑크푸르터는 다음과 같이 주장을 이어간다. "이처럼 두 가지 상반된 제의적 발화행위(말하자면 축복과 저주)의 효력"은 **"발화의 배후에 있는 권위자"**에게, 가장 일반적으로는 제사장에게 달려 있다.[146] 고대 유대교 사회도 예외가 아니었다.

> [유대교 사회에서는] 복을 비는 행위가 제사장의 명시적인 역할로 여겨졌다 (민 6:23-29; 신 10:8; 21:5; 삼상 2:20). 제사장의 축복은 유효한 수행적 발화(performative utterance)라는 필수적인 요소를 포함하고 있었다. 이스라엘에는 일반적으로 수용되어온 관습적인 절차가 존재했고 그러한 절차는 통상적인 결과로 이어졌다. 어떤 사건과 관련하여 특별한 절차를 요청하기 위해서는 특정 인물이나 정황들이 요구되었는데, 그러한 절차는 모든 참여자에 의해 올바르고 완벽하게 수행되었다….[147]

고대 이스라엘의 일상생활에서 축복이 전형적으로 제사장에게 할당된 역할이었다는 점을 고려할 때 복에 관한 예수의 강화도 이러한 전통에서 배

---

145 Frankfurter 2005: 159-60. 또한 Kitz(2014: 349-99)의 확대된 논의도 참조하라 그는 고대 근동 제사장들의 저주가 일반인들의 저주에 비해 두드러진 효력이 있었다고 주장한다.
146 Frankfurter 2005: 184; 강조는 원저자의 것임.
147 Anderson 2014: 271.

제할 이유가 없다. 특히 예수의 말씀들이 전문적인 의미의 축복으로서 이사야 61장의 종말론적 대제사장을 소환한다는 점에서 더욱 그러하다. 이같은 시나리오에서 복에 관한 말씀은 본질적으로 미래의 복된 상태에 관한 일반적인 묘사도 아니고 삶에 대한 일련의 무미건조한 성찰도 아니며, 한마디로 예수가 제사장 역할을 맡아서 그의 청중에게 실제 삶의 현장에서 참된 복을 분배해주는 유효한 발화행위라고 말할 수 있다. 예수는 이처럼 예루살렘 바깥에서 자의적으로 축복을 제시함으로써 예루살렘 성전과 직접적인 경쟁 관계에 진입하게 되었다.

마태복음 저자도 복에 관한 말씀을 이런 방향으로 해석한 것처럼 보인다. 일반적으로 지적하는 것처럼 이사야 61장의 희년 텍스트에 호소했다는 것은 자연스럽게 속죄일(*yom kippur*)까지도 염두에 둔 것이라고 해석될 수 있는데, 왜냐하면 바로 그날에 희년이 선포되었을 것으로 추정되기 때문이다.[148] 속죄일은 축제의 기쁨이 동반되는 날이므로 우리는 마태가 5:11-12(과 병행 구절; 눅 6:22-23)에서 기뻐하라고 요청한 것도 복에 관한 말씀의 사상적 배경인 속죄일과의 관계를 강조하기 위해서라고 추정할 수 있다.[149] 이와 관련하여 우리는 속죄일 역시 전통적으로 대제사장이 "비르카트 코하님"(*birkat kohanim*), 다시 말해 아론의 축복(민 6:23-26) 문구를 선포하는 행위를 통해 거룩하게 구별된다는 점을 지적하지 않을 수 없다.[150]

그렇다면 마태복음 저자가 복에 관한 강화를 아홉 가지로 정리한 것은

---

148 레 25:9-10.

149 *m. Ta'an.* 4.8에 따르면, "이스라엘에서 아브월 15일과 속죄일보다 즐거운 금식일은 없었다."

150 *Tamid* 3.8; *Yoma* 6.2. Parke-Taylor 1975: 86의 논의와 참고문헌을 보라. Buchanan 1970: 316 n. 3.

예수를 종말론적 대제사장으로 소개하는 한편 이 말씀을 전통적으로 매년 속죄일에 선포되던 아론의 축복 문구의 표준을 따라 아주 특별한 속죄일에 그가 제사장 자격으로 선포하는 새로운 아론의 축복으로 제시하고자 하는 그의 계획 가운데 일부일 가능성을 고려할 필요가 있다. 일반적으로 유대교에서 아론의 축복은 명백히 삼중의 축복이라는 구조를 지니고 있는데, 그렇다면 마태복음의 아홉 가지 복은 예수가 아론보다 뛰어나다는(그가 모세보다 뛰어난 것처럼; 참조. 5:21-42) 그의 확신을 표현하기 위하여 삼중의 축복을 세 번 반복한 것으로 이해될 수 있다. 어쨌거나 이 같은 해석은 마태복음 저자가 예컨대 (창조를 암시하는) 일곱이라는 숫자나 (십계명을 암시하는) 열이라는 숫자 대신 아홉 가지 복이라는 다소 예외적인 숫자를 선택한 이유를 설명해준다.[151] 이것은 또한 마태복음의 예수가 이 말씀을 선포하기 위해 널리 알려진 것처럼 높은 장소를 찾은 이유도 설명해준다.[152] 물론 복음서 저자가 이 강화의 배경을 산으로 소개한 데는 문학적이고 신학적인 이유도 있었겠지만, 1세기의 독자들은 적어도 예루살렘 성전이 파괴되기 전까지는 해마다 대제사장이 높은 연단(*duchenen*) 위에서 "비르카트 코하님"을 선포했다는 사실을 놓치지 않았을 것이다.[153] 위의 제안이 지니는 마지막 장점은 다음과 같다. 복에 관한 강화(마 5:3-12)에 독특한 제의적 맥락을 부여하는 일은 앞서 살펴본 것처럼 마태복음 5:13-16이 제의적 의미를 내포한다는 사실과도 조화를 이룬다. 달리 말해 만일 "세상의 빛", "세상의

---

151 나는 복에 관한 강화와 속죄일의 관계가 오래전부터 알려져 왔다는 점에서 이 같은 제안이 이전 시대 학자들에게 놀라운 것이었다는 사실을 알지 못했다.
152 마 5:1. 한편 눅 6:17은 "예수께서 그들과 함께 내려오사 **평지에**[*epi topou pedinou*] 서시니"라고 기록한다.
153 Soṭah 15b; 38a. Philipson and Kohler 1902: 244-46(245)의 간결한 논의를 보라.

소금", "산 위에 있는 동네"가 제사장적 배경을 시사한다는 나의 주장이 옳다면, 마태복음의 "아홉" 가지 복을 구체적으로 제의적 맥락에서 해석하는 길은 이미 반쯤 열려 있는 셈이다. 이러한 모든 고찰들을 종합해볼 때 마태복음 저자는 5:3-11의 복들에 어떤 막연하고 일반적인 의미를 부여했다기보다는 이를 통해 새로운 "비르카트 코하님"(아론의 축복)을 제시하려는 의도를 지니고 있었다고 결론지을 수 있다. 마태복음 저자가 신중하게 배열한 복들은 한편으로는 종말론적 대제사장인 예수와 다른 한편으로는 그의 복을 받아들일 "가난한 자들" 사이에서 행해지는 반복적이고 의식화된 발화행위에 대한 기억을 보존하기 위한 수단이었다.

물론 "복에 관한 강화"와 "아론의 축복" 간에 존재한다고 위에서 제안한 상호작용은 전적으로 마태의 편집에 따른 결과이겠지만, 나는 예수가 아론의 축복을 모형으로 복에 관한 말씀을 시연했으며 복음서 저자는 이에 대한 집단적 기억에서 영감을 얻었을 수도 있다는 느낌을 받는다. 이 같은 주장은 일관성의 기준에 의해 정당화될 수 있다. 먼저 우리는 주기도문의 첫 번째 간구("[당신의] 이름이 거룩히 여김을 받으소서")가 새롭게 수립될 제의 공간에 대한 요청으로 여겨졌다는 점을 기억할 필요가 있는데, 그것은 신명기의 언어를 따르자면 야웨의 이름을 신성한 공간에 두는(śim šem 또는 šikan šem) 행위와 동등한 것이다.[154] 이러한 논리에 따르면 아론의 축복은 야웨의 이름을 백성들 위에 "두기" 위해 베풀어진 것이라는 점에서(민 6:27) 우리는 예수의 첫 번째 기도("[당신의] 이름이 거룩히 여김을 받으소서")에 대한 보완으로서 예수가 인용한 아론의 축복(하나님이 그의 이름을 두시는 축복)보다 나은 것을 생각할 수 없을 것이다. 예수가 주기도문의 첫 번째 간구에서

---

154 신 12:5, 11; 14:23-24; 16:2, 6, 11; 26:2.

1세기의 제자들에게 요청하도록 가르친 내용이 이제 예수가 새로운 형태로 진술한 "아론의 축복"(비르카트 코하님)을 통하여 어떤 식으로든 실현될 것이다. 이처럼 대담한 주장이 우리의 맹신적 성향을 자극한 것일 수도 있지만, 우리는 이러한 주장도 염두에 둘 필요가 있다. 만일 예수가 기꺼이 자신을 종말론적 대제사장이자 최후의 희년을 선포하는 자로 소개하고자 했다면, (제사장 직분에 자연스럽게 뒤따르는 특전을 요구하는 것은 물론) 아론의 축복을 갱신하는 것도 그리 대단한 일이 아니었을 것이다.

축복의 구속사적 배경

혹자는 위의 논의를 배경으로 예수가 선포한 축복들이 엄밀하게 개인들을 향한 것이라고 주장할 수도 있겠지만, "복에 관한 강화"와 병행을 이루는 쿰란 문서들은 다른 해석 가능성을 시사한다. 빌하 니찬은 「공동체 규칙」(1QS)과 4QBerakhot(4Q286-90)에 관한 연구에서 제의적 축복과 저주가 사해 공동체 내에서 수행하는 역할이 있었음을 지적했다.[155] 이 두 가지 문서는 서로 구별되면서도 밀접하게 연관된 종교사회적 역할이 존재했음을 입증해주는데, 니찬은 두 문서가 아론의 축복에 토대를 두고 있으며 언약에 속한 무리와 언약 밖에 있는 무리를 구별하는 역할을 수행한다고 지적한다. 특히 1QS 1-2에서 보전된 축복 문구들은 "사독 제사장 계열의 엄격한 할라카 교리에 따라 모세의 율법을 준수하도록 공동체의 구성원들을 강화하기 위해 수행된"[156] 연례적인 언약 갱신 의식의 일부였다. 니찬은 다음과 같이 지적한다.

---

155 Nitzan 2000.
156 Nitzan 2000: 264.

「공동체 규칙」이 증언하는 언약 의식에서 가장 눈에 띄는 특징은 민수기 6:24-26의 "비르카트 코하님"을 토대로 삼은 축복 문구를 사용한다는 점이다. 민수기 본문에서는 이 축복을 낭송하는 배경에 대해 구체적으로 밝히지 않으며, 그것이 언약 의식에서 낭송된다는 암시도 전혀 없다. 추측하기로는 언약 의식을 수행하는 도중에 아론의 축복을 낭송하는 일은 어떤 의미에서 성전에서 축복을 낭송하는 일과 동등하게 간주되었던 것으로 보인다.…이스라엘의 죄를 대속하는 희생제사에 참여할 수 없었던 "야하드"(yaḥad)가 기도라는 수단을 통해 "부정한 죄책에 대한" 속죄를 시행할 수 있었던 것처럼 (1QS ix 4-5; CD xi 18-21), 「공동체 규칙」의 언약 의식에서는 아론의 축복을 낭송하기 직전에 행해지는 "고백"(1QS I 22 - ii 1)이 회개의 행위로 간주되었다고 추정할 수도 있다.[157]

「공동체 규칙」의 사회적 배경에 대한 니찬의 재구성이 옳다면, 쿰란 공동체는 규모나 중요성에 있어서 상당한 차이를 보이는 완전히 다른 두 사건을 하나로 통합한 셈이다. 그들의 축복 행위는 이스라엘 역사에서 종종 목격되는 언약 갱신 의식을 아론의 축복과 통합했는데, 그 같은 축복은 (다른 절기들에서와 마찬가지로) 매년 지켜오던 속죄일에도 특별한 중요성을 지니는 것이었다.

내가 보기에는 예수가 복에 관한 강화를 선포한 것도 이와 유사한 의미를 지니는 듯하다. 한편으로 예수는 끊임없이 여행을 지속해왔기 때문에 다양한 장소에서 다양한 사람들에게 제사장의 축복을 전달해줄 수 있었다. 그런데 다른 한편으로 이처럼 독립적으로 행해진 축복의 선언들은 구속사

---

[157] Nitzan 2000: 264.

에서 이미 발생한 근본적인 변화를 상기시키는 사건들이기도 했다. 예수는 성령이 종말론적 대제사장인 그의 위에 특별한 방식으로 강림했다고 확신했으며, 이에 따라 새롭게 도래하는 제사장 제도에 적합한 언약의 갱신이 요구된다고 보았다.[158] 달리 말해 예수는 그가 선포하는 축복이 모세가 가나안 땅을 앞에 두고 그의 백성들에게 선포했던 축복(신 28-33장)과 동등하거나 혹은 더욱 뛰어난 것이라고 여겼다.

"복에 관한 강화"에 대한 이런 심원한 해석은 씨뿌리는 자의 비유나 소금의 비유에 대한 우리의 심원한 해석과 마찬가지로 1세기 청중들이 그 말씀을 이해한 방식이라기보다는 역사적 예수가 자신을 이해한 방식이라고 말하는 것이 적절할 것이다. 예수의 청중들이 선포된 말씀을 얼마만큼이나 이해했을지 우리로서는 알 길이 없다. 어쨌거나 예수가 아무런 신학적 성찰도 없이 이처럼 서로 다른 신학적 주제들을 하나로 통합했을 것이라고 상상하기는 어렵다. 예수의 강화는 사전 준비 없이 즉흥적으로 전달한 "선의"에 관한 말씀이 아니라, 이스라엘의 현재와 미래에서 그가 차지하는 특별한 역할을 (최소한 그를 따르기로 작정한 자들에게라도) 명확히 설명해 주기 위해 신중하게 구성하여 "연단 위에서 선포한 축복"이었다.

그렇다면 이 강화는 예수 자신이 이해하기로는 그에게 구체적으로 어떤 의미를 지닌 말씀이었을까? 크게 두 가지를 지적할 수 있다. 첫째, 예수가 암시적으로 자신을 이사야 61장에 예언된 기름 부음 받은 전령과 동일시했다는 점에 비추어 우리는 예수가 복에 관한 강화를 선포하는 행위를 통해 (들을 귀가 있는 자들에게) 자신을 기름 부음 받은 자, 곧 메시아로 제시한 것이라고 주장할 수 있다. 이전 장에서 나는 예수의 세례가 즉각적으로

---

158 Wright(1996: 269, 288-89)는 이와 유사하게 복에 관한 강화를 언약 갱신과 연결한다.

메시아적 암시를 지닌 사건으로 해석될 수 있는가 하는 의구심을 표했었다. 물론 후대의 교회가 결과적으로 예수의 세례에 그 같은 의미를 소급하여 부여하기는 했지만 말이다. 우리는 예수가 그의 사역 기간 중 어느 시점부터 복에 관한 강화를 선포하기 시작했는지 알지 못한다. 하지만 그가 언제 시작했든지 간에 이 축복들은 그가 자신의 메시아 직분을 선포하고 재확인하기 위해 사용했던 암시적인 방법이었다. 여기서 중요한 것은 그가 자신의 메시아적 지위를 제사장 직분 및 그에 따른 책임과 별개의 문제로 다루지 않는다는 점이다. 그는 우리에게 독특한 의미를 지닌 제사장적 메시아, 혹은 메시아적 제사장으로 다가온다.

그런데 한편으로는 우리가 이스라엘이 나아갈 방향에 극적인 변화가 있게 될 것을 선언한 씨뿌리는 자의 비유와, 다른 한편으로는 (쿰란 문서에서처럼) 회개와 새로운 순종을 요청하는 수단으로서 선포된 "복에 관한 강화"를 토대로 분석해보면 예수가 맡은 직임은 예언자의 그것과 상당히 유사하다. 예수의 예언자적 직무는 그의 제사장적 역할과 충돌하기보다는 제사장적 직무의 범위 내에서 행해지는 것이었다. 제2성전기에는 제사장이 그의 직무를 감당하기 위해 예언의 은사를 지니는 경우가 드물지 않았다. 예컨대 역사가 요세푸스는 그의 책에서 제사장 요안네스 히르카누스에게 예언의 능력이 있었다고 증언한다.[159] 또한 우리는 요한복음 11:47-53에서 대제사장 가야바가 부지불식간에 했던 예언적 발언이나, 사해 문서에서 의의 선생에게 돌려졌던 제사장 겸 예언자 역할도 지적할 수 있다(1QpHab

---

159 *Ant.* 13.10.7 §§299-300. 한편 요세푸스는 다른 곳에서도 같은 주장을 되풀이한다. *J.W.* 3.8.3 §§351-54("그가 제사장 직분에 대해 말하면서 자신에게 예언의 능력을 밀접하게 결부시킨다는 점에서 이것은 분명하다"[Blenkinsopp 1974: 250]).

2.8).¹⁶⁰ 이외에도 다른 많은 사례들을 제시할 수 있다.¹⁶¹ 요점은 하스몬 왕가 시대 이래로 대제사장들이 실질적으로는 아니더라도 적어도 원칙상으로는 예언의 능력을 소유한 것으로 여겨졌다는 사실이다.¹⁶² 예언자의 직무에는 원칙적으로 제사장적 역할이 본원적인 요소로 여겨지지 않았던 반면, 대제사장의 소명에는 원칙적으로 예언자적 역할이 필수적이라고 여겨졌다. 이것은 우리가 여기서 다루는 주제와도 밀접하게 관련된다. 현대 학자들은 예수의 행동 방식이 예언자의 사회적 역할과 일치한다고 입버릇처럼 말해왔지만, 아마도 그가 예언자의 역할을 자처했던 이유는 그가 예언자의 직무를 지니고 있었기 때문이라기보다는 그가 받은 제사장의 소명이 예언자적 역할까지도 포함했기 때문일 것이다. 한마디로 예수의 제사장 직분은 그의 메시아 역할과 예언자 역할을 모두 설명해준다. 위와 반대의 명제도 성립하는지에 대해서는 확언하기가 어렵다.

2) "가난한 자"와 역사적 예수

1세기 실제 상황에서 예수가 선언한 축복은 개인적인 관찰에 따른 추상적인 원칙들이 아니라 예수 자신과 "가난한 자들"(*hoi ptōchoi*)의 상호관계에서 만들어진 규약이었다. 기독교 이전의 그리스 문헌에서 "프토코스"(*ptōchos*)라는 단어는 언제나 경제적인 의미에서의 가난을 의미했다.¹⁶³ 따라서 만일 예수가 비꼬기 좋아하는 엉뚱한 인물이라고 말하지 않으려면 우리는 그가

---

160 요 11:47-53에 대해서는 Dodd 1962을 보라. 1QpHab 2.8과 관련하여 나는 Bammel(1997: 134)에게 빚을 졌다. 포로 시대 이후 유대교의 예언 개념에 관한 학술적 논의로는 Cook 2011: 10-42을 보라.
161 일차자료의 추가적인 사례들에 대해서는 Dodd 1962; Bammel 1997을 보라.
162 Blenkinsopp 1974: 250.
163 Hauck 1968.

"가난한" 자에게 축복을 선언함으로써 청중들에게 물질적으로 가난해지라고 촉구하거나 혹은 그의 청중들이 바로 가난한 자들임을 인증하는 셈이라고, 아니면 둘 다라고 결론지을 수밖에 없다. 사실은 "둘 다"일 가능성이 가장 높다. 첫째, 우리는 예수가 적어도 한 명의 고위 인사에게 예수 운동에 동참하기에 앞서 먼저 그의 재물과 사회적인 지위를 포기하라고 요청했음을 알고 있는데, 그의 요청은 예수 운동의 목적 및 실상과도 일치하는 것이었다.[164] 또한 우리는 예수의 청중 가운데 상당수가 주중에도 매일 같이 자유롭게 예수를 따라다닐 수 있는 궁핍한 자들이었다고 믿을 충분한 이유가 있으며, 심지어 예수 운동 자체가 궁핍한 삶을 몸소 실현하는 것이었다.[165] 그런 이유에서 예수가 기독교 이전 그리스 문헌에서 "프토코스"라는 단어가 일반적으로 의미했던 가난과는 전혀 다른 의미로 "가난한 자"라는 용어를 사용했을 가능성은 거의 없을 것이다. 예수가 "가난한 자는 복이 있나니"라고 말했을 때 그는 그들의 사회경제적 위치만을 염두에 두지는 않았겠지만, 그렇다고 전혀 다른 것을 의미하지도 않았을 것이다. 예수에게 하나님 나라는 특히 사회경제적으로 가난한 자들에게 속한 것이었다.

그렇다면 도대체 어떤 의미에서 하나님 나라가 가난한 자들에게 속한 것이라는 말인가? 어려운 질문이지만 이에 대해 우리에게 친숙하면서도 약간은 고리타분한 "자연과 은혜"의 구분에 상응하는 두 지평에서 답을 제시할 수 있다. 첫째, 예수는 그가 주도하는 포로귀환 운동에서 가난한 자들은 경제적으로 부유한 자들이 직면해야 했던 방해들에 연루되지 않을 것이라는 점에서 복 받은 것이고 유리한 위치를 차지한 것이라고 생각했을 가

---

164 막 10:17-22. 이 구절에 관한 논의는 Nicholas Perrin, 2010: 120-31을 보라.
165 Nicholas Perrin, 2010: 170-71.

능성이 상당히 높다. "가난한 자들"은 사회적 지위에 따른 압박으로부터 자유로웠기 때문에 기득권을 가진 자들에 비해 천부적이고 자연적인 이점을 지녔던 셈이다. 이런 관점에서 그들은 하나님 나라 운동에 동참하기 위해 요구되는 탁월한 자격을 지니고 있었다.[166] 권세 있고 부유한 자가 삶의 모든 고지를 선점하고 있다고 여겼던 그 당시의 지배적인 사고방식과는 반대로, 예수는 계급 사다리에서 (최상층에 자리한 자가 아니라) 밑바닥에 자리한 자들이야말로 삶이 그들에게 부여한 신분으로 말미암아 복 있는 자들이라고 주장한다. 따라서 가난에는 일종의 잠재적인 축복이 내포되어 있는데, 그 같은 복이 오직 예수의 선언을 통해 실현된다는 것이다.[167]

그러나 예수가 특별히 가난한 자들을 향하여 축복을 선언하기는 했으나 그는 가난한 상태를 정당화하지도 않았고 그렇다고 해서 가난을 미덕으로 혹은 종말론적 복락을 보장해주는 무임승차권으로 미화하지도 않았다. 오히려 예수의 발화행위가 갖는 수행적 특성을 고려할 때 우리는 이 같은 축복이 현존하는 실재를 묘사하는 행위라기보다는 새로운 실재를 창출하는 행위였으리라고 추측할 수 있다. 예수는 공개적인 축복이라는 제의적 행위를 반복하면서 이사야 61장의 독자들이 수 세기 동안 고대해왔던 시나리오를 자신이 현실화하고 있는 것으로 여겼다. "주 여호와의 영이 내게 내리셨으니 이는 여호와께서 내게 기름을 부으사 **가난한 자**에게 아름

---

166 예수가 "가난한 자들"(hoi ptōchoi)이 그의 운동을 부흥시키리라는 점을 예견했으리라는 해석도 가능하다. 그의 예상은 전적으로 옳았다. Stark 1997: 83-84을 보라.
167 Patrick Miller(1975: 250)는 복을 비는 행위를 (구원 행위와는 구별되는) 하나님의 섭리 행위로 요약하면서 다음과 같이 말한다. "이 모든 [분석]을 통하여 우리는 고대의 마법 구슬을 만나는 것이 아니고 **하나님의 섭리**를 발견한다. 우리는 이 같은 신학적 틀을 바탕으로 아론의 축복과 구약성서의 일반적인 축복에 대한 우리의 성찰을 이어가야 한다"(강조는 원저자의 것임).

다운 소식을 전하게 하려 하심이라"(사 61:1). 성서 가운데서도 특히 이사야서에서 "가난한 자"는 강압적인 지배자들과 사회 구조가 만들어낸 희생양을 의미했다(사 3:14-15; 10:2; 11:4; 25:4; 26:6; 32:7; 58:7 등). "가난한 자"는 또한 경건한 의인들을 의미했을 뿐 아니라(사 10:2; 26:6; 참조. 시 12:5; 14:6; 22:24; 37:14), 남은 자를 의미하기도 했다(사 54:11). 이처럼 다양한 얼굴을 지닌 "가난한 자"라는 용어는 아무런 모순도 없이 그 모든 의미를 동시에 내포할 수 있었다. 한편 종말론적 관점에서 바라볼 때 이사야서의 "가난한 자"는 마지막 희년의 때에 제사장이라 일컬음을 받을 자들이기도 하다(사 61:6).

예수는 구속사의 대전환이 이제 임박했다고 믿었기 때문에 자연스레 이러한 종말론적 측면을 기꺼이 전면에 드러내는 경향을 보였다. 자신을 이스라엘의 종말론적 대제사장으로 여겼던 예수는 유대의 변방에서 주로 권리를 박탈당한 사람들로 이루어진 청중들을 매혹했으며 그들에게 약속과 초청의 성격을 동시에 지닌 축복을 선포했다. 예수의 축복은 청중들에게 그들이 가난한 자로서 그의 운동에 참여할 준비가 되어 있다고 공포했다는 점에서 약속이라 부를 수 있으며, 다른 사람들에게 그들의 미래를 예수에게 걸고 그가 제시한 생활방식을 따름으로써 약속을 이행하라고 촉구한다는 점에서 초청이라고 부를 수 있다. 이런 의미에서 복에 관한 예수의 가르침은 단순히 새롭게 펼쳐지는 구속사적 실재에 관한 선포에 불과한 것이 아니라 그와 동시에 청중들에게 새롭게 출범하는 그의 운동에 동참하는 한편 이사야서에서 "가난한 자"라는 가공의 인물을 통해 예시된 윤리적 이상을 실현하기 위해 힘쓰라고 요청하는 권면이기도 하다.

3) 복에 관한 강화와 역사적 예수

되풀이해 말하지만, 예수의 축복 저변에 놓인 성서의 논리가 누구에게나 명쾌한 것은 아니다. 하지만 우리는 복에 관한 말씀이 1세기 팔레스타인의 정황에서 비유와 유사한 기능을 수행했으리라고 추측할 수 있다. 말하자면 우선 자신을 "가난한 자"와 동일시하는(혹은 동일시하고자 하는) 자들의 호기심을 자극한 후에 이어서 그들의 사회적 지위가 어떤 방식으로 전혀 다르게 재해석될 수 있는지 살펴보라고 초청한다. 이제 그들은 더 이상 저주 아래 있는 자들이 아니라 하나님이 새롭게 위임받은 대제사장을 통해 행하고자 하는 일을 위해 선택된 자들이다. 마태복음의 강화에 담긴 몇몇 다른 축복들과 마찬가지로 "가난한 자는 복이 있나니"라는 예수의 말씀은 특정한 종교사회적 실재에 관한 묘사인 동시에 그 같은 축복들의 선포를 통해 시작될 구속사적 전환에 대한 선언이기도 하다. 더 나아가 복에 관한 강화가 일반 대중들에게는 하나님의 구속 계획에서 그들 자신이 어떤 위치에 설 것인지 결정하도록 강요하는 도전의 말씀이지만, 반대로 예수를 대적하는 자들에게는 그들이 이 강화에 내포된 주장들을 어떻게 거부할지 결정하도록 강요하는 도전의 말씀이 된다.

가난한 자들에게 구속사적 의미에서 전적으로 가난한 자가 되라고 초청했던 일이 적어도 초창기에는 예수 운동의 핵심적인 신념들을 가시적으로 드러내는 구체적인 행동들을 수반했다. 이전 저작인 『예수와 성전』에서 나는 예수 공동체가 단순히 위계질서를 타파하는 데서 그치는 것이 아니라 그 시대의 문화적 가치 체계에 의한 차별을 배제하는 실험적 공동체로 수립된 것이라고 주장했었다.[168] 예수 운동은 의도적으로 사회에서 가장 낮은

---

168 Nicholas Perrin, 2010: 120-30.

지위를 점유함으로써 자진하여 사회적 권리를 박탈당한 자들이 되었을 뿐 아니라 식사를 함께하고 소유를 나눔으로써 공동체의 사회경제적 이익을 증진하는 데 헌신했다. 이러한 일들도 포로귀환이 현재 예수를 통하여 진행 중이며 그 땅의 가난한 자들은 "가난한 자"에 관한 이사야서 예언의 성취로서 구속사적 전환을 극적으로 드러내기 위하여 예수의 지도하에 구체적인 모습을 갖추게 될 것이라는 신념에 따른 행동이었다.

한편 예수를 중심으로 결합한 "가난한 자들"의 공동체는 권세를 가진 자들과 권력을 추구하는 자들, 그리고 그들과 뜻을 같이하는 다양한 형태의 추종자들에게 도전을 제기하여 그들의 심기를 불편하게 만들곤 했었다. 첫째, 예수 운동은 자기 이익만을 도모하던 당대의 지배계층을 영구적으로 유지해주는 관습들과 가치들을 거부함으로써 지배계층으로부터 반사이익을 얻고자 도모했던 자들을 맹렬하게 비판했다. 둘째, 예수는 1세기의 무수한 자칭 메시아들이 채택했던 노선을 거부하고 그의 운동이 사회적이고 정치적인 세력을 획득하리라는 열망을 버림으로써 소극적인 방식으로라도 그러한 세력을 와해시켜야 한다고 주장했다. 예수는 그를 따르는 자들에게 대세를 거슬러서 세상 사람들과는 다른 계산법에 따라 살아가라고 요청했는데, 그것은 한마디로 폭력에는 무저항으로(마 5:39), 압제에는 온화한 협력으로(마 5:40-42) 대응하라는 뜻이다. 예수는 가난한 자들이 하나님의 권능과 의로우심을 드러내는 방법은 궁극적으로 그와 같은 대응을 통해서라고 설득하는 것으로 보이는데, 그들의 제의적 소명은 예루살렘 성전에서 통용되던 관습에 저항하는 방식으로 수행되어야 했다. 셋째, 예수는 이스라엘의 참되신 한 분 하나님을 향한 진정한 헌신에는 그에 상응하는 사회적 화합이 요구된다고 보았는데, 그 같은 일치는 공동체의 구성원이 복에 관한 가르침에 표현된 이상을 체현하려고 노력해야만 비로소 실현될 수 있는 것이었다. 그때 그들은 참되신 한 분 하나님을 섬기는 자들로서 진정한 의미에서 "한 백성"이라고 불릴 것이다. (이 주제는 아래에서 좀 더 자세히 다룰 것이다.) 이 같은 도전은 또한 1세기 사회에도 조직을 불안정하게 만드는 부정적인 영향을 끼쳤을 것이다.

예수가 그의 추종자들에게 기대했던 일치를 이루기 위한 경험적이고 객관적인 토대는 성령의 사역이다. 마태는 "가난한 자는 복이 있나니"라는 문구에 "성령을 통하여" 혹은 "성령 안에서"라는 수식어를 덧붙인다("심령이", 개역개정).[169] 우리는 예언자 이사야가 좋은 소식을 전파하는 일이 성령의 역사를 통해 시작될 뿐만 아니라 대제사장의 기름 부음 역시 성령으로 말미암는다고 여겼음을 기억할 필요가 있다.[170] 이런 맥락에서 예수의 청중들은 인간적인 힘이나 영혼을 빼앗겼다는 의미에서 "심령이 가난한 자"가 아니었다. 그들은 하나님의 영이 (선택받은 전령인 예수를 통하여) 그들의 사회적 신분에 걸맞은 특별한 구속사적 역할을 위하여 기름 부음으로 그들을 인증했다는 의미에서 "가난한 자"였다. 예수의 제자들은 "성령 안에서"라는 수식어를 자신들에게 적용함으로써 본질적으로 그들이 예수의 역할을 공유하고 있다고 선언한 셈이다. 예수가 세례를 통하여 처음 부여받았던 역할이란, 과거에는 오직 성전에만 제한되어 있었던 하나님의 임재를 인간의 몸으로 드러내는 것이었다. 또한 지극히 당연한 이야기지만, 예수 운동의 구성원들은 성령이 그들의 삶에도 적극적으로 개입하고 있음을 인지하고 있었던 것으로 보인다. 예수의 세례는 성령의 활동을 인간이 인지할 수 있는 방식으로 표현한 것이었는데, 성령의 사역이 세례 사건을 넘어서까지

---

169 마 5:3. Flusser(1988: 107)는 그리스어 여격을 위치적 여격이나 도구적 여격으로 받아들여야 한다고 말하는데 그의 주장이 옳은 것 같다.
170 사 61:1.

지속되었다는 점은 공동체 내에서 예언이나 신비 체험들을 통해 입증되었다.[171] 그들의 시대에 유배로부터의 귀환이 성취되리라는 약속을 보증해주는 것은 성령이 가난한 의인들 가운데서 실증적으로 역사한다는 사실이었다. 예수의 하나님 나라 공동체는 성서가 제시하는 왕국의 회복에 관한 내러티브를 가시적으로 구현했다고 말할 수 있다.

4. 요약

예수의 몇몇 핵심적인 가르침들(씨뿌리는 자의 비유, 소금의 비유, 복에 관한 강화)에 대한 심층 연구를 통해 우리는 포로귀환에 관한 에스겔서의 비전 가운데 앞서 언급한 네 가지 항목—제의 공간의 회복, 새로운 제사장 계급의 수립, 우상의 제거, 성령을 보냄—이 역사적 예수의 사역에서도 핵심적인 요소들이었다는 사실을 발견하게 될 것이다. 이 같은 항목들은 예수의 하나님 나라 메시지의 전면에 드러나는 주제들이었다기보다는 그의 메시지에서 구체적으로 표현되지는 않지만 배경이 되는 전제들이었다. 하나님 나라에 관한 동시대의 기사들이 위의 목록에 다른 요소들을 추가할 수도 있고 동일한 실재를 다른 용어로 표현할 수도 있겠지만, 내가 보기에 위의 네 가지 항목 가운데 하나라도 생략하는 것은 역사적 실재를 무시하는 부당한 처사일 것이다.

물론 예수는 예언자의 종말론적 비전을 당대의 현실에 맞게 적용하고

---

171 눅 10:18; 마 11:27. 예수의 황홀경 체험에 관한 견해로는 고전적 논평인 Holtzmann 1903, 그리고 비교적 최근의 연구로는 Borg 1987; Crossan 1991: xii; Schüssler Fiorenza 1994: 123-24 등을 보라.

자 했기 때문에 예언서의 핵심 개념들을 창조적으로 전환할 필요가 있었다. 새롭게 정화된 신성한 땅은 씨뿌리는 자의 비유에 등장하는 "좋은 땅"과 크게 다르지 않은데, 현실에서 그 땅은 지리적 공간이 아니라 종교사회적 공간이었으며 당대의 공동체 내에서 형태를 갖추기 시작하지만 장차 종말론적 성전이 건설될 때야 비로소 온전한 형태를 드러낼 것이다. 이 공동체에서는 특히 구성원들이 환난의 시기를 통과하면서 각자의 성향에 따라 그 안에 머무를지 아니면 뛰쳐나갈지를 스스로 결정하는 과정을 통해 우상들과 우상숭배적인 사상들이 제거될 것이다. 예수가 소금의 비유를 통해 보여주고자 했던 대로 새로운 제사장 제도는 극심한 반대에도 불구하고 서서히 수면 위로 모습을 드러낼 것이다. 공동체의 구성원 가운데 일부가 이러한 반대를 부정적인 관점에서 끊이지 않는 악으로만 해석하려고 했던 반면, 예수는 그의 운동을 향한 대중의 적대감이 사실은 그의 추종자들을 단련하고 소생시키는 수단이었음이 드러나게 될 것이라고 역설한다. 마지막으로 복에 관한 강화는 예수가 사회적으로 "가난한 자들" 가운데서 그의 운동을 추진해가고자 결심했음을 보여주는데, 가난한 자들은 그들 가운데 일하는 성령의 역사에 대해서도 우선권을 행사할 수 있는 것으로 여겨졌다.

하나님 나라에 관한 예수의 가르침은 그가 받은 소명의 성격과 조건에 대해서도 약간의 실마리를 제공해준다. 그의 공동체에 들어온 자들은 무엇보다도 사회적으로 멸시받는 계층 출신이었으며 "가난한 자"가 되라는 그의 초청을 신학적인 과장의 의미로 이해했었다. 예수 공동체에 머물러 있기 위해 충족해야 할 가장 중요한 조건은 예수의 가르침(말씀의 씨앗)을 받아들이는 일에 부단히 몰두하는 것이었다. 설사 이 같은 헌신이 공동체 안팎의 다양한 압력들, 특히 박해와 우상숭배적 사상들에 의해 도전받는다

해도 말이다. 예수를 따르는 조직 공동체의 중심에는 열두 제자가 있었으며, 이삭의 모범을 따른 대제사장인 예수 자신이 그들과 함께했다. 유대 사회에서 예수는 논란을 초래하는 인물이었는데, 특히 사회정치적으로 유력한 자들에게 더욱 그러했으며 그가 주도한 운동도 예외는 아니었다. 하지만 주기도문을 통해 유추할 수 있는 예수의 관점에서는 그 같은 반대야말로 종말론적 공동체가 참된 자아를 실현하게 해주는 수단이며, 그들에게 이미 친숙했던 종말론적 청사진을 충실하게 반영하는 것이었다. 따라서 설령 예수와 그의 제자들이 경험했던 괄시로 인해 예수 운동 내부에서 의구심을 갖는 자들이 있었다고 해도 그 같은 의구심은 예수 운동의 장기적인 전망, 다시 말해 새롭게 조직된 제사장 무리를 하나님 나라로 인도하기 위해 야웨가 고난을 도구로 삼을 것이라는 약속에 호소함으로써 해소될 수 있었을 것이다.

하나님 나라에 관한 예수의 가르침을 다룬 이번 장(1장과 함께)에서 분명하게 밝힌 것처럼 예수는 고난과 사회적 소외가 그의 운동에서 필수적으로 경험되어야 하는 요소라고 인식했다. 따라서 이전 장에서 주장했던 것처럼 우리는 예수의 세례와 그것이 암시하는 자기희생이 혹시라도 후대 교회의 십자가 신학(*theologia crucis*)이 만들어낸 부산물은 아닌가 하고 의심할 이유가 전혀 없다. 우리는 이를 훨씬 더 단순하게 설명할 여지가 있다. 예수는 요한에게 세례를 받았던 시점부터 이미 그의 앞에 장애물이 놓여 있다는 관념을 가지고 있었으며, 그것이 죽음을 초래할 수도 있다는—설령 그것이 필연적인 결말은 아니더라도—사실 역시 인식하고 있었을 것이다. 예수가 직면했던 가장 중대한 위협은 무사안일주의에 빠진 대제사장과 성전 관계자들 그리고 로마인들이었을 것이다. 따라서 예수는 그의 요구와 타협할 기미를 전혀 보이지 않는 막강한 대적들 앞에서 처음부터 충분히 설득력 있는 내러티브를 제시함으로써 그의 운동을 고무할 필요가 있었다. 다음 장에서는 그러한 내러티브 가운데 하나를 살펴볼 것인데, 그 내러티브는 예수에게 하나님의 아들이라는 중요한 자질을 부여하는 한편 제사장 예수에 대한 우리의 전반적인 이해를 개선해줄 것이다.

4장

다윗의 자손 예수

우리가 알기로 예수 운동은 오직 성서를 중심으로 삼는 사회에 터전을 두고 있었다. 그 사회의 구성원들은 한가한 시간에도 성서를 가까이했으며 절망스러운 일이 닥쳤을 때도 성서에서 위로를 찾았다. 그들은 성서에서 그들의 재능이 고취되는 것을 두려움 가운데 경험했으며, 심지어 진정한 변화에 관한 모든 꿈이 허사로 돌아가는 것처럼 보일 때조차도 성서에 기록된 이야기들을 진정한 의미에서 그들 자신의 이야기로 관심 있게 읽을 수 있었다. 성서에 대한 그들의 관심은 결코 사그라들지 않았다. 한마디로 히브리 성서는 현재의 위기를 비추는 거울인 동시에 그들의 강렬한 종말론적 상상력이 실현될 것으로 기대되는 미래를 향한 창이기도 했다. 그때 이스라엘의 이야기는 "그리고 그들은 영원히 행복하게 살았습니다"라는 문장과 함께 끝을 맺게 될 것이다. 우리는 이미 히브리 성서가 예수의 자기 이해에 일정 수준의 대본 역할을 한다는 점을 살펴보았다.

본서의 1장에서 나는 예수 공동체의 구성원들이 주기도문에서 자신들을 "하나님의 자녀들"로 지칭했을 때 그들은 자의식적으로 자신들이 새로운 출애굽에서 일정한 역할을 감당하고 있음을 확언한 것이었다고 주장했다. 첫 번째 출애굽이 성전 건축과 그에 뒤따르는 하나님의 통치를 내다본 것이었다면(출 15:7-18), 마찬가지로 새로운 출애굽도 종말론적 성전과 항구적인 하나님의 통치를 고대하는 것이었다. 2장에서 나는 예수의 세례가 종말론적 대제사장으로서 자신의 소명이 시작되었음을 알리는 신호였다고 주장했다. 이후로 예수는 자신이 다윗처럼 새로운 성소를 세우는 일에 핵심적인 역할을 부여받은 것으로 여겼다. 또한 예수는 자신이 이삭처럼 어떤 식으로든 속죄의 과업에 연루된 것으로 여겼다. 또한 세례는 "하나님의 아들"로서 독특한 역할을 감당하는 예수와 "하나님의 아들들"이라 불리는 그의 제자들 간의 전통적인 구분을 설명해준다. 비록 예수도 그의 추종자들과 같은 제사장 반열에 속해 있다고 할 수 있지만, 오직 예수에게만 대제사장의 역할이 부여되었다. 다음으로 3장에서는 왕국의 포로귀환에 대한 예수의 비전이 근본적으로 회복에 대한 예언자들의 기대와 일치하며, 그 비전은 에스겔서를 통해 주기도문에도 암시되어 있다고 주장했다. 왕국에 대한 예수의 비전은 예언자들의 비전과 마찬가지로 신성한 장소의 갱신을 중심축으로 삼는데, 그곳은 새로운 제사장 무리가 거주하는 구역으로서 성령에 의해 유지되고 모든 우상이 제거된 땅이다. 하지만 예수가 왕국으로 나아가는 길은 그의 수난으로 포장될 것이었다. 당시 공동체가 이미 감지하고 있던 박해에 직면하여, 예수의 제자들은 신실한 성도로 남기 위해 이사야서에 예언된 가난한 자, 참된 소금, 참된 제사장, 그리고 종말론적 성전의 첫 열매로서 자신들의 정체성에 부합하는 방식으로 행동할 필요가 있었다.

아마 여기까지는 별로 문제 될 것이 없을 듯하다. 하지만 만일 내가 여기서 제안한 논지가 이에 대해 제기되는 난제들을 제대로 설명해내지 못한다면 불완전한 채로 남겨질 수밖에 없을 것이다. 만일 예수가 "하나님의 아들"이라는 호칭을 (내가 제안하는 것처럼) 제사장적 타이틀로 사용한 것이라고 주장한다면, 그 같은 주장이 "하나님의 아들"이라는 호칭을 가장 자연스럽게 이해하는 방식은 예수가 자신을 "다윗의 자손" 또는 "인자"와 동일시했다는 사실과 연결하는 것임을 보여주는 다양한 암시들과 어떻게 조화를 이룰 수 있을 것인가? 이 질문과 관련하여 다음 두 장에서는 예수 전승에서 "아들"과 관련하여 가장 두드러진 두 호칭, 다시 말해 "다윗의 자손"과 "사람의 아들"(인자)이라는 호칭을 다루게 될 것이다. 물론 이 호칭들은 그 자체로 단행본 분량의 상세한 연구가 필요한 주제들이고 실제로도 그와 같은 연구들이 존재한다는 사실은 따로 언급할 필요도 없다. 여기서는 지면 관계상 그런 연구에 비견될 만한 논의를 시도할 수 없다는 점이 안타깝다. 미리 언질을 주자면, 나는 첫째로 두 가지 호칭 모두 예수 자신에게로 소급한다는 점과, 둘째로 두 호칭이 예수의 관념 세계에서 언제나 철저하게 제사장적 관점을 견지하고 있었다는 점을 밝히고자 할 것이다. 일단 이 점을 이해하게 되면 우리는 "다윗의 자손"과 "인자"라는 호칭이 "하나님의 아들"이라는 또 하나의 난해한 호칭을 이해하는 데 도움을 줄 수 있다는 사실을 발견하게 될 것이다. 다시 말하지만, "하나님의 아들"이라는 호칭이 적어도 예수 자신의 맥락에서는 다른 무엇보다도 그의 제사장적 소명을 밝혀주는 이름이다. 그러면 먼저 "다윗의 자손"이라는 이름에 대한 논의로 본 장을 시작하겠다.

1. "다윗의 자손" 예수

다윗의 자손에 관한 전승들은 사무엘하 7:8-16에서 출발한다. 거기서 야웨는 성전을 건축하고자 하는 다윗의 소망에 대한 응답으로 그의 가문이 영원토록 왕위를 차지할 것이라는 언약의 약속을 그에게 준다. 그 약속은 사무엘상하 전체의 광범위한 맥락에서 다루어지는데, 여기서는 다윗이 하나님의 의로운 전사-왕이라는 이상적인 모습으로 묘사된다. 시편에서도 다윗에 대한 이와 같은 전반적인 묘사를 확증하는데(18:50; 78:70-72; 89:3-4, 20-37, 49-51; 132:1-5, 10-18; 144:10), 예언서에서는 이스라엘을 이끌어갈 용맹스러운 왕을 포로귀환과 연결 지음으로써 "하나님의 의로운 전사-왕"이라는 개념을 다른 방향으로 확장해간다(사 55:1-3; 렘 23:1-5; 겔 34:23-24; 37:24-25). 왕국 시대의 다윗보다 더욱 위대한 새로운 다윗이 도래할 것이라는 기대감은 종말론적 희망을 담은 이러한 심상들에 고취되어 포로 시대 이후의 배경에서 더욱 활기를 띠게 되었다. 비록 다윗 계통의 메시아에 대한 기대가 제2성전기 유대교에서 보편적인 것은 아니었다고 해도 그것은 백성 가운데 상당수의 마음을 지배하고 있던 소망이었다.[1]

1) 초기 기독교 전통에서 바라본 다윗의 자손 예수

복음서에서만 "다윗의 자손"이라는 표현이 16회나 등장한다는 사실로 미루어볼 때 초기 기독교가 이 호칭에 담긴 소망에 대해 모르고 있지는 않았을 것이다. 마가복음에서 예수는 제자들이 안식일에 밀밭에서 이삭을 자른 행위를 변호하기 위해 과거에 다윗이 행했던 선례에 호소한다.[2] 예수가 길에서 행한 일들을 기록한 "길 단락"(8:22-10:52)의 끝자락에서 두 번째 복음서 저자는 맹인 바디매오가 예수를 뒤따르면서 "다윗의 자손이여"라고 되풀이하여 소리치는 장면을 묘사한다.[3] 12장에서 예수는 시편 110편을

---

[1] *Pss. Sol.* 17; 4Q161 2.11-25; 4Q174 1 1.7-13; 4Q457b 2.2; 4Q504 1-2 4.5-8; 4Q522 9 2.3-6; 11Q5 27.2-10; *Tg. Isa.* 9.6; 11.1-6, 10; 14.29; 16.5; 렘 23:36; 30:9; 33:15-16; 호 3:5.

[2] 막 2:23-28. 마가복음 전승과 마가복음 이전 전승에서 "다윗의 자손"이 사용된 방식에 대해서는 Robbins 1973, Charlesworth 1996, Smith 1996, Bockmuehl 2008, Malbon 2009a, Botner 2017을 보라.

[3] 막 10:47-48.

인용하면서 그를 대적하는 자들에게 서기관들이 메시아를 "다윗의 자손"과 동일시한 이유가 무엇인가라는 수수께끼를 던진다.⁴ 마지막으로, 뒤이어 등장하는 수난 내러티브는 다윗의 시편에 대한 암시들로 가득한데, 그 모든 암시는 마가가 제시하는 예수를 목자-왕과 유사한 존재로 자리매김하는 역할을 한다.⁵

마태복음은 다윗의 자손이라는 예수의 신분에 대해 각별한 관심을 보인다.⁶ 우리는 마태복음 저자가 독특하게도 예수를 "다윗의 자손"(그와 동시에 "아브라함의 자손")으로 소개하는 것으로 그의 복음서를 시작한다는 사실을 통해 이 점을 분명히 확인할 수 있다.⁷ 마태복음에서 이 표현은 메시아적 함의를 지닌 것이었다. 물론 그렇다고 해서 마태가 "다윗의 자손"을 메시아와 전적으로 동일시하지는 않았는데, 이는 그가 요셉에게도 동일한 칭호를 부여한다는 사실을 통해 분명해진다.⁸ 마태는 밀밭 사건에 대한 마가의 기록을 보존하는 한편 "다윗의 자손"에게 호소하는 맹인에 관한 마가의 기사를 그의 복음서에서 두 번이나 소개한다.⁹ 마가복음에 등장하는 수로보니게 여인도 마태복음의 기사에 등장하는데, 여기서도 여인은 병을 고

---

4 막 12:35.
5 막 14:17-21(시 40편); 14:32-42(시 41-42편); 15:22-39(시 21, 68편). Collins 1997; Ahearne-Kroll 2007.
6 Kingsbury(1976: 591)는 "복음서 저자 가운데 오직 마태만 예수를 다윗의 자손으로 소개하는 데 지대한 관심을 보였다"라고 주장하는데, 그것은 과장된 표현이다(이것은 편집비평적 논평의 전형을 보여준다). 마태의 "다윗의 자손" 사용에 관한 가장 중요한 연구들은 Kingsbury 이전의 작품들이다. Bornkamm 1963; Gibbs 1964; Suhl 1968. 비교적 최근의 저작으로는 Novakovic 2003, Van Egmond 2006, Baxter 2006, Chae 2006, 그리고 Piotrowski 2016을 보라.
7 마 1:1.
8 마 1:20.
9 마 9:27; 12:1-8; 20:30-31.

치는 그의 능력에 호소한다.[10] 마태복음 대부분의 단락에서는 청중들이 예수가 다윗의 자손으로 오는 메시아인지 고민하는 단계에 머물러 있었던 반면, 예수가 나귀를 타고 예루살렘에 입성하는 장면에서는 그것을 사실로 확신하게 되었는데, 예수는 시편 110편에 관한 수수께끼를 통해 이 문제에 마침표를 찍는 것처럼 보인다.[11] "다윗의 자손"으로서 예수의 신분은 마가복음에서만 아니라 마태복음에서도 가장 중요한 위치를 차지한다.

누가복음 저자도 다른 공관복음서 저자들과 마찬가지로 다윗의 자손이라는 예수의 신분에 관심을 보인다.[12] 분명한 목적을 가지고 저술된 누가복음의 탄생 기사에서는 요셉을 "다윗의 자손"으로 소개하는데, 이는 예수가 다윗 가문의 왕좌에 등극하리라는 예언을 위한 준비작업이다.[13] 누가복음은 예수의 유아기 내러티브에서도 그가 다윗 가문에 뿌리를 두고 있다는 사실을 강조하는데, 이런 흐름은 제자들이 밀밭에서 이삭을 잘라 먹은 사건이나 맹인을 치유한 사건, 그리고 다윗 가문의 메시아에 관한 수수께끼 같은 선문답을 보존하여 전달한다는 사실에서도 드러난다.[14]

누가복음 저자는 그의 두 번째 책인 사도행전에서 다윗의 자손이라는 예수의 신분을 강조하는 세 개의 중요한 연설을 소개한다.[15] 물론 누가복음의 탄생 기사와 사도행전에서 명시적으로 표현하는 다윗의 자손 기독론

---

10 마 15:22.
11 마 12:23; 21:9, 15; 22:42.
12 Strauss(1995)와 Miura(2007)의 학위 논문들은 호칭에 관한 누가의 관심을 경시했던 Burger(1970: 72-91)의 편협한 방법론적 접근법에 대해 중요한 수정을 가한다. 또한 George 1978: 257-82, Tannehill 1991 (1986): 25-26, 38-39, 58-63, 268-70, Bock 1987: 79-82, 234-40, Hahn 2005도 보라.
13 눅 1:27, 32, 69.
14 눅 2:4, 11; 6:16; 18:35-43; 20:41-44.
15 행 2:14-41; 13:16-42; 15:13-21.

(Davidic Christology) 사이에는 분명한 간극이 존재하지만, 누가-행전의 저자는 (그를 앞서는 마가복음이나 마태복음 저자와 마찬가지로) 예수가 다윗을 연상시키는 인물이라는 사실에 대해 긍정적인 관심을 표현하고 있다.

이후 신약성서의 기독론적 발전 과정에도 다윗의 그림자가 짙게 드리워져 있다. 네 번째 복음서에서 예수의 죽음에 관해 예언하는 내용도 다윗 왕을 연상시키는 문구를 인용하여 표현되었다.[16] 요한계시록에서 환상을 보는 자도 예수가 "다윗의 뿌리"와 밀접하게 연관되어 있다는 사실을 두 차례에 걸쳐 암시하는데, 두 번째 구절에서는 부활한 그리스도가 "다윗의…자손"(*to genos David*)이라고 분명히 밝히고 있다.[17] 마찬가지로 디모데후서 저자도 예수 그리스도의 복음을 요약하면서 "다윗의 씨로 죽은 자 가운데서 다시 살아나신 예수"라는 문구로 그를 소개한다.[18] 신약성서 전승에서 끊임없이 광범위하게 예수를 다윗 왕과 연관 지어왔다는 사실은 자명하다.

다윗의 자손이라는 호칭을 예수에게 적용하는 일이 복음서 저자들에 의해 시작된 것은 아니었으며, 이러한 전통은 시기적으로 복음서보다 상당히 앞선다. 이에 대한 가장 명확한 증거를 우리는 사도 바울에게서 발견할 수 있는데, 그는 그가 전하는 복음이 "육신으로는 **다윗의 혈통에서 나신**[*ek spermatos David*]", "그[하나님]의 아들에 관한" 말씀이라고 소개한다.[19] 사도 바울의 진술은 예수의 죽음으로부터 한 세대가 지나가기 전에

---

16 요 2:17(시 69:9). 요한복음에서 다윗이라는 인물의 역할에 대한 포괄적인 연구로는 Daly-Denton 2000을 보라.
17 계 5:5; 22:16.
18 딤후 2:8.
19 롬 1:3.

기록된 것으로 아마도 바울 이전의 찬송시를 반영하는 듯한데, 여기서 그는 다윗의 자손으로서 예수의 신분을 부활과 관련짓는다.[20] 부르거와 덜링은 빌리암 브레데가 맨 처음 제안했던 가설을 수용하여 로마서 1:3의 배후에 다윗의 자손이라는 호칭을 최초로 예수에게 적용한 초기 헬레니즘 공동체의 전승이 자리 잡고 있으며, 그것은 부활 이후의 "기독론적 명칭"(christologoumenon)으로 사용되었다고 주장한다.[21] 하지만 이 같은 제안에는 몇 가지 난점이 있는데, 무엇보다도 지상에서의 예수가 실제로 다윗 가문과 혈연관계에 있다는 주장이 적어도 예수의 동료들 사이에서는 어느 정도 사실로 인정되고 있었다는 암시가 있다.[22] 만일 예수가 그의 생애 동안 다윗의 혈통으로 널리 인정되고 있었다면, 초기 교회가 마치 예수의 혈통에 대해 뜻밖의 발견을 하기라도 한 것처럼 전혀 다른 근거에서 부활한 예수에게 "다윗의 자손"이라는 동일한 호칭을 적용한다는 것은 전혀 자연스럽지 않은 일이었을 것이다.

하나의 대안적인 재구성이 후기 불트만 학파에 속한 페르디난트 한(Ferdinand Hahn)에 의해 소개되는데, 그는 예수가 계보상으로 다윗의 후손이라는 주장을 받아들이면서도 그것이 부활한 다윗의 자손에 관한 케리그마와는 거의 무관한 가십거리라고 평가절하한다. 그들의 이론에 따르면 예수가 부활 이전에 다윗의 자손으로서 누렸던 신분이 그의 "지상 사역"과 관련된 것이라면 그가 부활 이후에 동일한 호칭으로 행사했던 직분은 그

---

20 롬 1:3-4의 기원을 둘러싼 문제들을 다룬 연구로는 Jewett 1985, Strauss 1995: 60-64을 보라.
21 Burger 1970: 26; Duling 1973: 73.
22 Cullmann 1963 (1959): 127-33; Michaelis 1961: 317-30; Brown 1977: 505-12; Chilton 1982: 99.

와는 상당히 다른 영원한 통치와 관련된 것이다.[23] 하지만 이 같은 이분법적 해결책은 세련되지 못할 뿐만 아니라 로마서 15:7-13과 같은 구절들과도 조화를 이루지 못한다. 크리스토퍼 G. 위트세트가 보여준 것처럼 이 구절에 나타난 사도 바울의 논증은 예수가 육체적으로 다윗의 자손이라는 숨겨진 전제에 결정적으로 의존하고 있다.[24] 로마서 15장은 논외로 하더라도 페르디난트 한의 이론은 "다윗의 자손"이라는 하나의 이름이 두 가지 서로 전혀 다른 "다윗의 자손"으로서의 역할을 대변하는 어색한 상황을 상상하도록 우리를 강요한다. 그도 자신의 이론이 "명백한 긴장"을 내포하고 있음을 인정한다.[25]

그러나 우리는 참으로 위의 두 가지 설명 가운데 하나를 선택해야만 하는가? 말하자면 우리는 (1) 예수의 가계도에 관한 역사적 증거를 무시하거나(부르거, 덜링), (2) 아니면 다윗 가문의 계보를 인정하되 하나의 이름이 두 가지 서로 다른 직분을 대변하는 것으로 여겨야 하는가(한)? 그렇지는 않다. "다윗의 자손"이라는 호칭이 어떤 식으로 초기 기독교에 유입되었는지 밝히려는 이 같은 시도들 외에 훨씬 단순한 설명도 존재한다. 말하자면 예수가 지상에서 활동하던 시기에도 그의 혈통에 내포되어 있던 모종의 신학적 함의가 결국 그의 죽음과 부활 이후에 강력하게 대두되었다는 것이다. 따라서 부활한 예수가 다윗의 자손/하나님의 아들(논쟁의 여지가 있는 주제)로 "선포되셨"다는 바울의 표현이 무엇을 의미하는지 확언할 수는 없지만, 적어도 그는 부활이 예수의 인간적인 계보에 결정적인 의미를 부여하는 촉매가 되었다는 뜻에서 그렇게 말한 것이다. 여기서 우리는 예수의 계

---

23 Hahn et al. 1969: 240-58.
24 Whitsett 2000: 667-76.
25 Hahn et al. 1969: 246.

보가 부활이라는 사건을 통해 회고적으로 해석되는 것을 볼 수 있다. 예수에게 "다윗의 자손"이라는 호칭을 부여한 것은 사도 바울의 창작품이 아니었으며, 그렇다고 해서 정체가 불분명한 헬레니즘 공동체에 기원을 둔 것도 아니었다. 사도 바울이나 심지어 십자가 사건 이전에도 예수는 생물학적으로 다윗의 자손이라고 알려져 있었으며, 이것은 단순한 계보 이상의 의미를 지니고 있었다.

2) 다윗의 자손과 역사적 예수

하지만 예수가 다윗의 자손이라는 그의 신분에 정확히 어떤 의미를 부여했는가는 다른 문제다. 이 질문에 대한 답변을 제시할 때 우리는 두 극단을 피해야만 한다. 한편으로는 초기 교회가 부활한 다윗의 자손으로서의 예수에게 돌렸던 모든 특성을 역사적 예수에게 적용하려 해서는 안 된다. 다른 한편으로 예수 시대에 발흥했던 자칭 다윗 가문의 메시아를 추종하는 무리가 소수였다는 점을 고려할 때 예수가 자신을 고도로 신학적인 의미에서 "벤 다비드"(다윗의 아들)로 인식했을 가능성에 대해 언급하는 일은 부적절해 보인다.[26] 예수가 어떤 의미에서 자신을 "다윗의 자손"이라고 불렀는가 하는 질문에 대한 답변은 위의 두 극단 사이 어딘가에 존재할 것이다.

위의 질문에 대해 두 가지 방향에서 생산적인 답변을 얻어낼 여지가 있다. 첫째, 예수의 동료들이 그가 살아 있을 때 그에게 다윗의 자손이라는 별명을 붙여주었는지 질문할 수 있을 것이다. 둘째, 예수도 자신이 생물학적 혈통을 초월하는 비범한 의미에서 "다윗의 자손"이라고 여겼는지 질문

26　Horsley(1984: 475)가 적절하게 지적한 것처럼 "다윗과 그의 운동은…그의 뒤를 이은 대중적인 메시아 운동에 주요한 전례와 역사적 원형을 제공했다." 여기에는 물론 예수 시대의 운동들도 포함된다.

해볼 필요가 있다. 여기서 우리는 두 가지 질문에 각각 상응하는 증거들에 호소하는 것으로 답변을 시작할 수 있다. 첫 번째 증거는 "다윗의 자손이여"라는 탄원에 뒤따른 치유 사건이고(마 9:27; 15:22; 막 10:47-48//마 20:30-33//눅18:38-39), 두 번째 증거는 예루살렘 입성에 관한 기록이다(막 11:1-10//마 21:1-11//눅 19:28-40//요12:12-19). 첫 번째 질문과 관련하여, 복음서 저자들이 예수를 다윗 가문의 메시아로 규정하고자 하는 단순한 이유로 위의 치유 장면들에 "다윗의 자손이여"라는 문구를 최초로 삽입했을 가능성이 전혀 없는 것은 아니다. 어쨌거나 이런 주장은 복음서에서 그리스도와 관련된 호칭은 부활 이후의 창작물로 받아들여져야 한다는 오랜 방법론적 원칙에도 부합한다.[27]

하지만 이런 접근법에도 문제가 없지는 않다. 첫째, 만일 복음서 저자들이 순수하게 (역사적이 아닌) 신학적인 동기에서 예수에게 "다윗의 자손"이라는 호칭을 부여하고자 했다면, 내 생각에 우리는 실제로 거의 사용되지 않던 용어를 더욱 광범위하게 적용하는 상황을 기대할 수 있었을 것이다. 더욱이 예수가 다윗의 혈통이라는 점은 널리 알려진 사실이었을 뿐 아니라 "다윗의 자손"이라는 문구가 고대 유대교의 탄원자들 사이에서는 질병이나 마귀의 세력으로부터 놓임을 받기 위해 흔하게 사용되었던 호칭이었다는 증거를 고려할 때 우리는 예수의 배경으로부터 "다윗의 자손"이라는 호칭을 제거하려는 비판적인 경향이 존재했을 가능성에 대해서도 재고

---

27 내가 알기로 F. Strauss(1972 [1835]: 88)가 처음으로 다음과 같은 기본 원리를 제시했다. "만일 우리가 어떤 저명한 인물에 관한 이야기를 들었는데…그의 추종자들이 그가 실제로 어떤 인물인지 한눈에 알아보았다고 말해진다면…우리는 우리가 들은 이야기가 진짜 역사인지 강하게 의심해볼 필요가 있다."

해볼 필요가 있다.²⁸ 예수 시대에 육체적으로 고통받는 자들이 그를 가리켜 "다윗의 자손"이라고 불렀던 이유가 그들이 이 유명한 치료자의 혈통적 기원에 대해서 알고 있었기 때문이든지(아마도 예수가 다윗으로부터 물려받은 유전자가 그의 치유력을 증진해주었길 기대했을 수도 있다), 혹은 이 문구가 치유를 요청할 때 사용하던 상투적인 어구였기 때문이든지 간에 우리는 이 같은 호칭이 역사적 예수에게 적용되었으리라는 점을 의심할 이유가 전혀 없다. 물론 역사적 예수에게 적용될 때는 부활 이후에 동일한 호칭이 내포했던 의미를 전달하지는 않았겠지만 말이다. 같은 맥락에서 복음서 저자들은 자신들의 과업이 전기적 사실들에 관한 기록을 복음서에 담는 것이라고 여겼을 것이며, 따라서 우리는 그들이 복음서 기사에 포함된 개개의 사건들에 일종의 "더욱 충만한 의미"(*sensus plenior*)가 담겨 있는 것으로 생각했으리라고 추정할 근거가 없다. 오히려 정반대로 가나안 여인과 맹인 바디매오의 입에서 나온 "다윗의 자손이여"라는 문구를 1세기의 역사적 인물들이 어떤 방식으로든 즉각적으로 예수가 전적으로 메시아적인 의미에서 "다윗의 자손"임을 깨달았던 것이라고 청중들을 설득하려 했던 투박한 시도로 이해하기보다는 역사에 내재한 아이러니를 제거하기 위한 시도로 이해하자는 것이 훨씬 더 설득력 있는 설명이다. 물론 복음서 저자들이 위의 탄원자들은 순전히 혈통적인 관점에서 예수에게 다윗의 자손이라는 호칭을 사용한 것으로 생각했으리라고 추정하는 것도 마찬가지로 성급한 판단이다. 예수의 명성이나 그의 권능에는 "다윗의 자손"이라는 호칭을 부여하게 하는 특별한 요소가 있으며, 도움이 절실한 자들은 그들의 문제를 해결하기 위해 공개적인 자리에서 예수에 대해 "다윗의 자손"이라는 호칭을 사용함

---

28 Fisher 1968; Berger 1973: 3-9; Duling 1973; Torijano 2002: 110-28.

으로써 군중들의 시선을 끄는 일도 마다하지 않았다. 복음서 저자들에게는 이 모든 것들이 중요한 요소였으며 이 같은 사건들의 역사성에 대해 의혹을 제기할 이유는 없다. 역사적인 기록들은 예수가 "다윗의 자손"이라고 불렸으며, 그 같은 호칭으로 불리기를 거부하지 않았다는 점을 보여준다. 물론 이 같은 제안을 거부하는 자들이 틀리지 않았을 수도 있지만, 이 경우에 입증의 책임은 그들에게 주어진다.

예루살렘 입성에 관한 기록은 더욱 의미심장하다.[29] 이 사건의 역사성에 대해 의혹을 제기하는 학자들도 있지만, 대체로 그들의 판단은 진정성의 기준을 엄밀하게 적용해서 내린 결론이라기보다는 예수의 메시아 자의식을 부인하고자 하는 열정이 동기로 작용한 경우가 많다.[30] 예루살렘 입성 사건을 있는 그대로 공정하게 평가할 때 우리는 이 사건의 역사성을 확증해주기에 충분한 근거를 제공하는 입체적인 그림을 얻을 수 있다. 무엇보다도 이 장면은 모든 정경 복음서에 실려 있으며(「도마복음」에서는 발견되지 않는다), 네 복음서 모두 예수가 대관식에 참석하기 위해 가던 솔로몬 왕처럼(왕상 1:38; 참조. 슥 9:9) 베다니에서 예루살렘까지 나귀를 타고 이동했으며 규모가 파악되지 않은 군중이 그가 가는 길에 나뭇가지를 펼쳐두고서 시편 118편의 선율로 노래했다고 증언한다. 그러므로 이 기사는 진정성에 대한 평가에서 "다수의 증언"이라는 기준에 의해 비교적 높은 점수를 받을 수 있다. 둘째, 시편 118편의 탄원은 "다윗의 자손"이라는 호칭과 함께

---

29 막 11:1-10//마 21:1-11//눅 19:28-40//요 12:12-19.
30 비교적 최근에 회의적 견해를 표현한 대표적인 학자로는 Catchpole(1984), Sanders(1985: 306)가 있다. 역사성을 인정하는 학자로는 Brandon 1967: 350; Dodd 1971: 141-44; Harvey 1982: 120-28; Wright 1996: 491; Tan 1997: 138-43; Theissen and Merz 1998 (1996): 179; Fredriksen 1999: 243-55; Kinman 2009; Keener 2009: 260-61; Le Donne 2011: 191-96.

유월절이라는 배경과 적절한 조화를 이룬다. 표준적인 할렐 시편(시 113-118편) 가운데 하나인 118편이 예수의 죽음을 앞둔 주간에 예루살렘 거리에서 이미 울려 퍼졌다는 점에서, 예수가 메시아를 방불케 하는 모습으로 거룩한 도시에 출현한 사건이 그 시편의 성취가 임박했음을 암시하는 시의 적절한 행동으로 해석되었으리라고 추측하는 데는 별다른 어려움이 없었을 것이다.[31]

셋째, 이 사건에 대한 요한복음과 공관복음서의 기록이 상당히 다르다는 점을 근거로 우리는 요한복음이 공관복음서가 아닌 다른 (구두) 전승에 의존했으리라고 추측할 수 있는데, 이것은 예루살렘 입성 사건이 사실에 바탕을 두고 있다는 주장을 강화해주는 요소다.[32] 넷째, 대다수 학자는 예수를 "유대인의 왕"과 명시적으로 동일시했던 명패(*titulus*)의 역사성을 인정하는데, 만일 예수 자신이 그의 생애 마지막 주간에 자신을 "유대인의 왕"과 동일시하는 발언을 하지도 않았고 그렇다고 예루살렘 입성과 같은 사건이 발생하지도 않았다면 "유대인의 왕"이라고 쓰인 명패를 십자가에 붙이는 것이 과연 가능한 일이었을지 질문하지 않을 수 없다.[33] 물론 예수가 자신을 "유대인의 왕"으로 분명히 소개했음에도 그것이 기록되지 않았을 가능성이 이론상으로는 충분히 존재한다. 아니면 예수가 자신을 왕족으로 소개했다는 주장은 순전히 예수의 대적들이 지어낸 이야기에 불과했는데 빌라도 총독이 그 같은 소문에 넘어갔다는 것도 있을 법한 이야기다.

---

31 Harvey 1982: 127; Kinman 2009: 40-47. 메시아가 유월절 기간에 귀환한다는 개념에 대해서는 Déaut 1963: 265-338을 보라.
32 Smith 1963: 58-64; Coakley 1995: 466-77.
33 이 점에 대해 Evans(1993: 470)와 Kinman(2009: 393-96)이 지적했다. 명패에 관하여는 Winter 1961: 107-10, Bammel 1984을 보라.

하지만 그렇다고 해도 로마인들을 설득할 만한 사실적 근거가 어느 정도는 있었다고 보아야 할 것이다. 위의 두 가지 설명보다는 군중들이 "유대인의 왕"이라는 호칭을 예수에게 부여한 것은 불과 며칠 전의 일이며, 그렇게 해서 주어진 호칭이 십자가의 명패에 새겨졌으리라고 추정하는 것이 좀 더 자연스러울 듯하다.

덧붙여서 마지막으로 고려할 사항이 있다. 일부 주석가는 마지막 주간에 군중들이 예수에 대해 변덕스러운 태도를 보였다는 기록이 비현실적이라고 여기지만, 그들과는 정반대로 나는 오히려 사회심리학적 관점에서 군중들이 예루살렘 입성 장면에서 보여준 열렬한 환영과 십자가 처형 직전에 보여준 보복적인 실망감 사이에는 아주 현실적인 상관관계가 있다고 주장한다. 예수가 로마 관리들에게 붙잡혀서 사람들이 보기에 비참한 처지가 되었다는 소식을 들은 군중들은 금세 예수에 대해 호전적인 태도를 보였다. 그들은 전혀 다른 결말을 기대했었음이 분명하다.[34] 확실히 그들은 예수가 왕가의 위엄을 갖추고 입성하는 모습을 보고서 그런 기대를 품었을 것이다. 예수가 의도적으로 연출한 무대는 역사적으로 널리 알려진 입성 장면들에 포함된 모든 요소를 담고 있었으며, 그로 인해 군중들은 자연스럽게 그가 그들을 구원할 메시아라고 여겼을 것이다.[35] 군중들의 기대는 예수가 보여준 다른 무엇 때문도 아니고 예수가 보여준 왕가의 위엄 때문이었을 것이다. 예수의 마지막 주간에 내포된 결정적인 인과관계, 말하자면

---

34 마 27:22-23//막 15:13-14//눅 23:21-23//요 18:40. 이 같은 통찰력은 Farmer(1956: 198-201)에 의한 것이다.
35 여기서 우리는 누구보다도 먼저 예후다 마카비(*Ant.* 12.7.4 §§348-49) 혹은 시므온 마카비(마카베오상 13:50-51)를 떠올릴 수 있을 것이다. 여기 포함될 수 있는 역사적 인물들에 관한 개관으로는 Catchpole 1984을 보라.

승리의 입성은 허구적 창작의 가능성을 배제한다.

다윗 혹은 다윗의 자손을 언급하는 곳은 네 개의 예루살렘 입성 기사 가운데 오로지 두 복음서뿐이지만(막 11:10; 마 11:9), 그렇다고 해서 나의 논지에 문제가 생기는 것은 아니다. 어쨌거나 이미 언급했던 것처럼 네 권의 복음서 모두 군중들이 종말론적 다윗의 도래를 고대하는 텍스트로 여겨졌던 시편 118편에 깊이 의존하고 있다.[36] 메시아를 향한 열정이 가득했던 군중들은 예수가 유월절에 솔로몬의 대관식을 재연했던 장면을 그가 다윗 왕가의 메시아임을 선언하는 행동으로 해석했다. 다윗을 명시적으로 언급한 마가복음과 마태복음뿐만 아니라 그를 언급하지 않은 누가복음과 요한복음에서도 군중들의 입에서 울려 퍼진 시편 118편은 예수에게 다윗 왕가의 신분을 부여하는 역할을 했다. 그리고 예수가 이 같은 호칭을 거부했던 흔적은 발견되지 않는다.

예수가 "다윗의 자손"이라는 호칭을 거부하지 않았던 이유를 설명하는 가장 좋은 방법은 그가 기꺼이 그 이름을 자신의 것으로 포용했으리라고 이해하는 것이다. 지금까지 살펴본 증거들에 더하여 두 가지 새로운 자료가 이와 같은 논지를 강화한다. 첫째, 우리는 예수가 안식일에 곡물을 수확하는 문제와 관련한 할라카의 규정을 두고서 다윗 왕의 사례에 호소했던 사건을 고려할 필요가 있다(막 2:23-28; 병행 구절: 마 13:1-8//눅 6:1-5).[37] 아래 6장에서 보다 자세하게 논증하겠지만, 예수의 주장은 그가 어떤 식으로든 자신을 다윗 왕과 동일시할 때만 결정적인 의미를 지닐 수 있다. 그렇다

---

36 이 점에 관하여 Brunson 2003: 40-42의 논의를 보라.
37 일관성의 기준(갈등은 예수의 체포와 처형으로 이어진 할라카 논쟁의 전체적인 흐름과 일치한다)과 삼중 전승의 지지는 우리에게 그 대화의 역사적 확실성을 수용할 용기를 북돋아 준다. Pesch 1976-80: 1.183, Chilton 1982: 98도 참조하라.

면 이것은 외견상 예수가 자신을 다윗의 자손으로 여겼다는 증거로 여겨진다.

예수가 "다윗의 자손"이라는 호칭을 기꺼이 사용했음을 보여주는 또 다른 증거는 시편 110편에 관한 예수의 논쟁을 담고 있는 삼중 전승이다(막 12:35-37; 병행 구절: 마 22:41-54//눅 20:41-44).[38] 이 흥미진진하면서도 당혹스러운 대화에서 예수는 만일 다윗 자신이 그리스도를 주(Lord)라고 불렀으면 그가 어떻게 다윗의 자손이 되겠냐고 질문한다.[39] 예수의 예루살렘 입성이 솔로몬의 대관식을 암시한다는 점을 고려할 때 위의 질문이 고대 역사나 주해에 대한 관심사를 반영할 가능성은 거의 없어 보인다. 이 시점에서 군중들은 예수의 메시아 신분에 대해 상당한 확신을 가졌던 듯하다. 대중이 그에게 호의를 품고 있다는 사실을 감지한 예수는 그를 대적하는 자들에게 자신의 정체성에 관해 "군중에게 가서 물으라"고 강요함으로써 그들의 허를 찌르고자 했다. 그의 정체성은 시편 110편을 바탕으로 추론되어야 할 것인데, 그렇다면 멜기세덱, 다윗, 그리고 다윗의 자손이 우리가 고려할 수 있는 후보들이다.

이제 세 가지 요점을 차례로 제시하고자 한다. 첫째, 시편 110편은 예수 시대 훨씬 이전부터 메시아에 관한 증거 본문으로 인정받아왔기 때문에

---

[38] Q와 마가복음이 이 대화와 성전 정화 사건을 연대기적으로 연결하고 있기 때문에 학자들은 이 대화의 진정성을 인정하고 그 대화가 예수와 대적들 사이의 불화를 해소해주는 역할을 한다는 점을 받아들이는 경향이 있다. Wright(1996: 644)가 이것은 "역사적으로 설득력이 있고 전적으로 일관성 있는" 구절이라고 말한 것은 지극히 옳다. 이와 유사한 견해로는 Dodd: 1952: 110, 126, Beasley-Murray 1986: 299, Chilton 1982, Dunn 2003: 634-35, Keener 2009: 270이 있고, 반대 견해로는 Bornkamm 1960 (1959): 228, Bultmann 1968 (1921): 66, 136-37이 있으며, Le Donne(2009: 222-28)은 결국 이 문제에 대하여 양면적인 태도를 보인다.

[39] 막 12:35과 병행 구절.

예루살렘에서 가장 최근에 출현한 영웅적 인물이 시편에 대한 언급을 통해 자신에게 다윗 가문의 메시아 지위를 부여하고 있다는 점은 상당히 분명하다.[40] 둘째, 시편 110편이 다윗의 원수들에게 하나님의 공의를 시행하는 문제에 초점을 맞추고 있다는 점에서 예수의 질문은 무언중에 그를 대적하는 자들에게 최근에 "다윗의 자손"으로 인정된 예수를 대적하는 일이 곧바로 다윗의 대적이 되는 것을 의미한다고 암시한다. 시편 110편에 대한 예수의 해석에 따르면, 메시아 신분에 대한 예수의 주장을 거부하는 자들은 그 시편이 야웨의 모든 대적에게 돌렸던 동일한 심판을 자초하는 것이다.[41] 셋째, 예수는 제사장 멜기세덱과의 관계에서 자신의 역할을 규정함으로써 (시 110:4) 다윗의 자손으로서 자신이 맡은 역할이 본질적으로 제사장의 전형인 멜기세덱의 반차를 따르는 제사장적 성격을 지닌 것임을 시사한다. 예수의 추종자들을 즐겁게 하고 그의 대적들을 화나게 만들 수밖에 없었던 암묵적인 삼중 주장은 적대적인 주변 인물들을 물리치는 결과를 낳았다. 승리의 입성 과정에서 표출된 대중적인 정서를 담보로 타협을 불허했던 예수의 접근법은 어째서 성전 관계자들이 이 시점에 예수와의 대화를 중단했는지 가장 잘 설명해준다.

요컨대 우리는 예수의 동시대인들이 그에게 "다윗의 자손"이라는 호칭을 부여했을 뿐만 아니라(서로 다른 상황에서 서로 다른 의미를 전달하는 수단

---

40 이것은 시 110편이 제왕적-제사장적 하스몬 왕가를 지지하는 신학적 근거로 채택되었던 방식을 고려할 때 틀림없는 사실이다. 마카베오상 14:41; *Jub.* 32.1; *T. Levi* 8.3; 집회서 47.8-10. 또한 Str-B 4.452-60, Davies 1955: 161, Hay 1989 (1973): 24-33, Barber 2013b: 108 n. 27도 보라. 일부 학자는 예수가 메시아적 기대의 복잡성을 보여주고 따라서 자신이 왜 메시아가 될 수 없는지 설명하기 위해 시 110편에 호소했다고 주장하는데, 내가 보기에는 설득력이 없다.

41 시 110:1-2, 5-6.

으로서), 예수 자신이 기꺼이 그러한 호칭을 수용했고 적극적으로 활용했다고 추정할 충분한 이유가 있다. 물론 "다윗의 아들"이라는 호칭이 지닌 신학적 의미를 확장하여 다시 소개한 것은 부활 이후의 저자들일 수도 있지만, 그들은 아마도 그러한 용례가 예수에게 기원을 두고 있다는 사실을 어느 정도 인지하고 있었을 것이다. 이 같은 증거들을 통해 도달할 수 있는 가장 설득력 있는 설명은 예수가 자신을 확고하게 신학적인 의미에서 "다윗의 자손"으로 여겼으리라는 것이다.

이런 점을 고려할 때, 맹인이 치유를 위해 탄원했던 경우를 제외하고 (역사적 배경에 따르면 이 용례는 신학적인 의미를 담고 있는 것으로 보이지 않는다) 예수에게 "다윗의 자손"이라는 호칭을 부여했던 각각의 용례들은 명백하게 제사장의 신분을 암시하고 있다. 이 점은 예수가 과거에 다윗이 성소의 진설병을 취했던 일을 상기시키면서 자신의 행위를 정당화했던 밀밭 사건에서만 아니라 그가 자신의 사역을 종말론적 대제사장의 도래와 연결하기 위해 시편 110편에 호소했다는 사실에서도 분명하게 드러난다. 더욱이 예배자들이 성전에 들어갈 때 "의의 문들"(시 118:19)을 통하여 곧바로 "제단 뿔"(27절)까지 진입하게 될 극적인 장면을 예견하는 시편 구절을 행동으로 구현한 예수의 예루살렘 입성은 그의 성전 방문을 통하여 절정에 이른다.[42] 모든 증거가 빈틈없는 일관성을 보여주고 있다. 만일 우리에게 구약성서나 신구약 중간기 문헌이 없었고 우리가 다윗이나 "다윗의 자손"에 대한 지식을 오직 예수의 삶을 담은 기록을 통해서만 얻을 수 있었다고 가정한다면,

---

42   마 21:12//막 11:11//눅 19:45. Catchpole(1984: 320-21)은 승리의 입성부터 성전에서의 행동에 이르기까지 예수의 활동은 역사적으로 권위를 인정받는 다양한 인물들, 예컨대 세 명의 하스몬 왕가 형제들의 사례를 통해 예견되었다고 올바로 지적하는데, 그들은 모두 대제사장이 되고자 하는 열망을 품고 있었다.

우리는 이 다윗이라는 인물이 탁월한 왕으로서가 아니라 제의적 중요성을 지니는 인물로 유명했던 것이라고 상상했을 수도 있다. 압도적인 역사적 증거들에 비추어볼 때 이것은 적어도 역사적 예수가 다윗을 해석했던 방식이었던 것으로 보인다.

2. 제사장적 인물로서의 다윗과 "다윗의 자손"

이렇게 예상하지 못했던 기괴한 현상이 어떻게 가능했는지 설명하기 위해 우리는 예수의 배경에 대한 포괄적 이해의 틀을 제공했던 텍스트로 돌아갈 필요가 있다. 왜냐하면 예수가 자신을 다윗과 동일시함으로써 자신의 제사장 직분을 암시했던 일이 단지 우발적인 사건이었을 수도 있고, 혹은 예수가 마음속에서 상상했었으나 실현하지 못하고 역사의 흐름과 함께 잊혀버린 신학적 혁신을 반영하는 것이었을 수도 있겠지만, 어쨌거나 최선의 길은 과거의 전승에서 출발하는 방법일 것이다. 그렇게 함으로써 우리는 (역사적 내러티브에서 시작하여 예언자적 기대라는 상상 속의 미래로 가지를 펼쳐감으로써) 다윗과 솔로몬이 후대의 왕들에게서 유사한 사례를 찾아보기 어려운 제사장 역할을 맡게 되었다는 사실을 발견하게 될 것이다.[43] 왕과 제사장 간의 이런 상관관계가 다양한 방식으로 설명되고(이번 경우에는 해명되고) 있는데, 나는 고대의 해석학적 전통 가운데 적어도 일부 흐름은 다윗과 솔로몬의 제사장적 임무를 **합법적인 제사장적 임무로** 인정했을 뿐만 아니라 그

---

43 지난 수십 년간 이 사안에 대해 많은 논의가 진행되었다. 다음을 보라. Kraus 1966: 179-88, Cody 1969: 103-5, Armerding 1975, Wenham 1975, Haran 1979, Hahn 2009: 176-83, Deenick 2011, Diffey 2013, Barber 2013b.

러한 임무를 수행할 능력을 그들 부자가 누렸던 역사적으로 전례 없는 입지와도 연관 지어 이해했다고 주장한다. 하지만 먼저 객관적인 자료를 제시하고 이어서 그에 대한 표준적인 해석을 제안하는 것이 순서일 것이다.

1) 다윗과 솔로몬이 제사장으로서 수행한 일들

신명기 사가의 내러티브 가운데 다윗 왕이 제사장의 특권을 행사하는 세 가지 에피소드가 있다.[44] 첫 번째 에피소드는 사무엘상 21장에 나타나는데, 거기서 다윗은 놉 땅의 제사장 아히멜렉에게 자신과 그의 추종자들을 위해 진설병을 내어달라고 요구하고 아히멜렉은 다윗의 요구를 들어준다.[45] 이 에피소드는 종종 다윗과 아히멜렉 두 사람 모두 제사장과 일반인 사이의 경계를 노골적으로 침범한 사례로 해석되기도 하는데, 어떤 이는 내러티브 내에 그들의 행동에 대한 거부감이 전혀 드러나지 않는다는 명백한 사실을 근거로 그런 해석에 이의를 제기할 수도 있을 것이다. 실제로 아히멜렉은 얼마 후에 그 사건에 대해 추궁당했을 때 조금의 망설임도 없이 사울의 신하 가운데 다윗보다 신실한 자는 없다고 강변했다.[46] 이러한 사실은 예수가 사실상 다윗의 행동을 승인한 것으로 여기는 복음서의 정서와 맞물려 현대 해석가들이 목자-왕의 유죄를 너무 쉽게 단정하는 것은 아닌가 하는 의문을 제기한다. 다윗이 제사를 위한 빵을 취했던 일이 사실상 아무런 잘못도 아니라고 말하는 것 같은 충격적인 인상으로 인해 우리는 다윗이 어떤 형

---

44 사무엘상하와 열왕기상하의 배후에 단일 저자가 있다는 Martin Noth의 주장이 오늘날에는 철저한 검토의 대상이 되었지만, 나는 오래된 관행에 따라 여기서 "신명기 사가"라는 용어를 사용할 것이다.
45 삼상 21:3-6.
46 삼상 22:14.

태로든 제사장의 권리를 지녔을 가능성을 제기할 수밖에 없다.

후에 사무엘하 6장에서 법궤를 예루살렘으로 옮기는 장면을 보면 다윗은 배타적으로 제사장들에게 위임된 몇몇 역할들을 자신이 직접 수행한다. 그는 직접 제사를 수행했는데(13, 17절) 이것은 일반적으로 제사장들에게 할당된 일이었다(민 3:6-8, 14-38; 4:47 등); 그는 에봇을 입었는데 이것도 제사장에게만 제한된 특권이었다(14절; 참조. 출 28:4); 그는 장막을 쳤는데(18절), 이것 역시 레위인의 책무였다(민 1:51; 4:1-33); 또한 그는 백성들을 축복했는데(18절), 이것도 제사장에게 주어진 역할이었다(민 6:22-27; 신 10:8; 21:5).[47] 같은 사건을 다룬 역대기 사가의 병행 기사에서 저자는 다윗의 제의적 역할을 부각하기 위해 더욱 힘을 기울인다. 다윗은 야웨 제사를 중앙화하기 위해 그 땅의 모든 제사장과 레위인을 소집한다(대상 13:2-3). 법궤를 옮기기 위한 최초의 시도가 실패로 돌아간 후(대상 13:9-14) 다윗은 다시 동일한 성직자들의 우두머리가 되어 엄숙한 맹세로 그들을 성별한다(대상 15:3-14).

마지막으로, 다윗은 법궤를 새로운 자리에 성공적으로 안치한 후에 다양한 레위인과 제사장 무리에게 각각 고유한 역할을 분담함으로써 제사 제도를 규범화했다.[48] 케네스 G. 호글룬트는 이 기사를 다음과 같은 말로 요약한다. "이렇게 우리는 법궤가 예루살렘으로 안치되는 과정을 확장하여 재진술한 역대기 사가의 기록에서 다윗이…성전에서 봉사하는 제사장들

---

47 Kleven(1992: 303)은 에봇을 입는 것이 제사장의 고유한 특권은 아니었다는 주장을 거부하는데, 부분적으로는 삼상 22:18에서 "세마포 에봇을 입은"이라는 문구를 제사장이 된다는 말과 동의어로 간주하는 그의 해석에 근거하여 그렇게 한다. Hahn 2009: 181에서 재인용.
48 대상 16:1-41.

의 우두머리가 되어 제사장 역할을 수행하는 것을 볼 수 있다."⁴⁹ 한마디로 사무엘하 6장이 다윗의 제사장적 역할에 대한 강력한 암시를 제공한다면, "역대기 사가의 기록에서는 그가 대제사장의 원형으로 제시된다."⁵⁰ 사무엘하 2장의 저자와 역대기 사가가 대체로 동일한 목표를 공유한다는 점에서 다윗에 대한 그들의 묘사는 윤리적으로 양가감정을 불러일으킬 여지가 있었던 아히멜렉 사건을 이해하는 데 확실히 도움을 준다.⁵¹

사무엘하 24장에서 다윗은 현명하지 못한 인구조사에 대한 심판이 선언된 이후에 하나님의 진노를 누그러뜨리기 위하여 다시 한번 제사장 역할을 자처한다. 다윗이 하나님께 나아가 백성들에게 임할 징벌을 자신에게로 돌려달라고 탄원한 후에 예언자 갓이 그에게 찾아와 여부스 사람 아라우나의 타작마당에 제단을 세우라는 하나님의 지시를 전달하였고,⁵² 다윗은 이에 응하여 희생제사를 집전한다. "[다윗이] 그곳에서 여호와를 위하여 제단을 쌓고 번제와 화목제를 드렸더니 이에 여호와께서 그 땅을 위한 기도를 들으시매 이스라엘에게 내리는 재앙이 그쳤더라."⁵³ 역대기 사가는 그 장소가 가지는 중요성을 염두에 두고서 구체적으로 위치를 언급한다. 그곳은 아브라함이 아들 이삭을 제물로 바칠 뻔했던 장소라고 여겨졌으며 이후에 솔로몬의 성전이 세워질 장소이기도 하다.⁵⁴ 역대기 사가는 다윗의 인구조사로 인한 하나님의 진노가 희생제사를 통해 그쳤다고 밝힘으로써 다윗이 어떤 식으로든 "이삭의 결박"(Aqedah) 사건을 되풀이하고 있음을 암시

---

49 Hoglund 2002: 187.
50 Hoglund 2002: 189.
51 나는 이 구절을 6장에서 자세히 다룰 것이다.
52 삼하 24:17-18.
53 삼하 24:25.
54 대하 3:1.

한다. 그뿐 아니라 우리는 여기서 모세가 금송아지 사건 이후에 드렸던 제사장적 중보기도의 반향도 감지할 수 있다(출 32:11-14, 21-24). 역대기 내러티브의 저자는 다분히 의도적으로 모세-여호수아와 다윗-솔로몬 간에 평행관계를 설정했던 것으로 보인다. 모세가 최초로 제사 제도를 소개했던 인물이라면 역대기 사가에게 다윗은 제사 제도의 창시자다. 여호수아가 야웨 예배를 위해 약속의 땅을 확보했던 인물이라면 역대기 사가에게 다윗의 아들(솔로몬)은 그 땅을 하나의 왕국으로 통합하고 제사 공간을 예루살렘 성전으로 일원화했던 인물이다. 모세와 여호수아가 각각 제의 공간과 예배를 위한 땅을 마련해준 인물들이라면, 다윗과 솔로몬은 포로 시대 이후의 동일한 재건 과정에서 그들과 유사한 명예를 누렸다.[55]

그 아버지에 그 아들이라고 했던가, 솔로몬도 열왕기상에서 적어도 그가 건축한 성전의 축성식이 거행되는 동안에는 에봇을 입었던 것으로 묘사된다. 그런가 하면 동일한 사건에 대한 기록에서 법궤를 운반하는 임무를 맡은 제사장들에 대한 언급은 아예 없다.[56] 솔로몬은 마치 제사장 공동체의 역할을 가로채기라도 하듯이 제사장에게 맡겨진 축복을 시행하고(왕상 8:14), (백성들과 함께) 희생제물을 드리며(왕상 8:5, 62), 성전 앞뜰을 거룩히 구별한다(왕상 8:64). 물론 열왕기상 8장의 기사를 단순히 새롭게 보좌에 오른 왕이 그 모든 행위를 대표하고 주관한다는 의미로 이해할 여지가 전혀 없는 것은 아니나, 내러티브가 우리에게 주는 인상은 확실히 그런 것이 아

---

55 이 같은 이중 모형론은 주석가들 사이에서 광범위하게 인정받고 있다. 예컨대 Myers 1965: 193, Ackroyd 1973: 89, Romerowski 1986: 15-16, De Vries 1988, Abadie 1999: 169, 181-82가 있다.
56 왕상 8:1-11. Davies(2011: 48)가 솔로몬의 제사장적 속성을 다룬 그의 통찰력 있는 논문에서 주장했던 바다.

니다. 한마디로 열왕기상 8장에서 솔로몬은 의심할 여지 없이 일종의 대제사장으로 그려지고 있다.

이 같은 인상이 역대기 사가의 손에서 뒤집힐 리는 만무하다. 실제로 역대기 상하에서 유다와 이스라엘의 다른 왕들이 제사장의 활동과 연루되는 경우는 대단히 드물지만, 다윗과 솔로몬의 경우는 확실히 예외적이다.[57] 열왕기상의 성전 봉헌 내러티브에서는 다윗의 아들에게서 제사장의 분위기가 진하게 느껴지는데, 병행 본문인 역대하 5-7장의 기사에서는 그런 분위기가 더욱 고조된다. 후대의 유대교가 이런 관점을 수용했던 방식과 관련하여 마그네 세뵈는 핵심을 벗어나지 않고서 "다윗 가문의 신정 통치와 관련된 독특한 메시아 신앙은 구약 메시아사상의 복잡다단한 역사에서 중요한 지점을 차지한다"라고 결론짓는다.[58] 말하자면 성서 내러티브에서 다윗과 다윗의 아들에게 돌려졌던 제사장의 고유한 역할은 미래의 다윗 혹은 다윗의 자손에게서도 동일한 역할을 기대하도록 만드는 핵심적인 요소라는 뜻이다.

예언서에서 우리는 특히 지파들의 재결합과 관련하여 마지막 때에 다윗에게 주어질 (왕의 역할을 훨씬 뛰어넘는) 제사장 역할에 관한 기대가 반복되는 것을 발견할 수 있다. 이런 현상은 예레미야 30:21을 비롯하여 다양한 예언서 텍스트에서 예시되고 있다. "그 영도자는 그들 중에서 나올 것이요, 그 통치자도 그들 중에서[qrb] 나오리라. 내가 그를 가까이 오게[ngš] 하리니 그가 내게 가까이 오리라. 참으로 담대한 마음으로 내게 가까이 올 자가 누구냐? 여호와의 말씀이니라." 이 구절은 모든 지파가 연합하여 드

---

57 Preuss(1996 [1992]: 24)와 Granerød(2010: 181)가 이런 점을 지적했다.
58 Saebø 1980: 103. 또한 Blenkinsopp 2013: 110-14도 보라.

리는 예배에 대한 비전(30:9)을 뒤따르는 한편 "그때에 내가 이스라엘 모든 종족의 하나님이 되고 그들은 내 백성이 되리라"(31:1)라는 약속을 예비하는 역할을 한다. 여기서 재통합의 이미지는 "환생한 다윗"(David redivivus)에게 주어지는 제사장 역할에 대한 암시와 함께 등장한다. 마이클 바버가 지적한 것처럼 예레미야 30:21의 언어(특히 qrb와 ngš)는 "불가피하게 미래에 다윗 가문의 왕이 제사장의 책임을 떠안게 되리라는 암시를 담고 있다."[59] 에스겔 34-37장에서는 마지막 때에 성소가 "그들 가운데"(37:28) 세워지는 것과 동일하게 다윗 가문의 목자가 "그들 중에"(34:24; 37:25) 세워질 것이라고 말하는데, 이는 다윗이라는 인물과 종말론적 성소(통합된 지파들이 공유하게 될 공간; 겔 37:15-23) 간에 상관관계가 존재한다는 점을 암시한다. 같은 맥락에서 다윗 가문의 스룹바벨(참조. 대상 3:16-19)은 스가랴서에서 그가 행사한 정치적 권력 때문이 아니라 성전을 재건했던 제의적 행위로 말미암아 중요한 인물로 부각된다.[60] 그와 동시에 스가랴 9-10장은 "북 왕국과 남 왕국의 재결합에 대한 기대와 다윗 왕가의 부활에 대한 소망을 표현한다."[61]

그렇다면 우리는 다윗과 솔로몬에게 입혀진 제사장적 색채를 어떻게 받아들여야 할 것인가? 상당수의 학자는 제왕의 직무와 제사장의 직무를 엄밀하게 구분하고자 시도하면서 신명기 사가의 문헌에 등장하는 다윗과

---

59 Barber 2013b: 107. "qrb"라는 어근과 관련하여 출 29:4, 8; 40:12, 14; 레 3:6; 7:35; 8:6, 13, 24; 민 8:9, 10; 16:5, 9, 10을 보라. "ngš"라는 어근과 관련하여 출 28:43; 30:20; 레 21:22-23; 겔 44:13을 보라. Kaiser 1995: 190-91은 Barber 2013b: 107 n. 25에 인용된다.
60 학개서에서 스룹바벨의 역할에 대해서도 같은 주장을 할 수 있는데, 거기서도 "제의적 관심사들은 공공 리더십에 우선하는 것으로 여겨졌다"(Pomykala 1995: 52). Mason(1977: 417)도 같은 주장을 한다.
61 Boda 2015: 35-36.

솔로몬의 제사장적 행위들이 중심 사건과 독특하고 모호한 방식으로 연결된 부수적인 상황들이라고 설명하기를 선호한다.[62] 내가 보기에 이것이 바로 다윗과 솔로몬이 보여준 명백하게 무분별한 행동으로 야기된 난제를 해결하기 위해 적용해온 표준적인 설명방식이었던 듯하다. 하지만 "제사장 직무"와 "왕의 직무"를 이런 식으로 구분할 때 제기되는 첫 번째 문제는 여기서 우리가 (아무런 근거도 없이) "직무"에 대한 현대인의 사고방식이 고대 근동에서도 보편적으로 작동하고 있었던 것처럼 가정한다는 점이다(직무라는 용어 자체가 불가피하게 현대적인 개념이다). 내가 보기에 직무라는 개념을 이처럼 경직되고 정적인 방식으로 이해하게 만든 원흉은 고대 유대교가 지닌 철저하게 종말론적인 성격을 제대로 평가하지 않은 채 "이스라엘 종교"라는 개념을 동일하게 경직되고 정적인 패러다임으로 해석하려는 태도였을 것이다. 여기서 고대 유대교가 종말론적이라는 말은 이스라엘의 신정 통치 구조가 필연적으로 새 시대를 여는 언약적 전환에 민감하게 반응할 수밖에 없고 따라서 불가피하게 본질상 역동적이라는 뜻이다. 더욱이 다윗과 솔로몬의 제사장 직무를 위와 같이 부수적인 상황으로 간주하는 해결책("outlier solution")은 논점을 벗어난 것처럼 보이는데, 그런 접근법은 불가피하게 롤랑 드보가 그의 책에서 이스라엘의 왕은 "야웨와 특별한 관계를 맺은 신성한 인물이며 엄중한 상황에서는 백성들의 종교적 우두머리로 행동할 수 있었으나…그렇다고 해서 제사장은 아니었다"라고 주장했던 애매모호한 상황으로 이어질 수밖에 없다.[63] 우리는 "물 위를 떠다니는 새가 오리의 모습을 하고 있고, 오리처럼 자맥질하고 오리처럼 울지만, 그렇다고 해

---

62 De Vaux 1961: 114; von Rad 2001 (1962): 1.323. 사실 de Vaux와 von Rad는 (내가 알기로는) 종말론적 다윗의 제사장적 속성에 대해 다룬 적이 없다.
63 De Vaux 1961: 114.

서 오리는 아니다"라고 고집을 부리는 길 안내자를 의심의 눈초리로 바라보아야 하는 것처럼, 위와 같은 주장을 펼치는 자에 대해서도 동일한 반응을 보여야 한다. 만일 고대 이스라엘의 왕직과 제사장직 개념에 대한 드보의 논평이 "오리 테스트"를 통과할 수 없는 것이라면(아마도 그럴 것이다), 우리는 다시 이전에 우리가 주장했던 명제로 되돌아갈 필요가 있다. 아마도 왕의 직무와 제사장의 직무를 구분하는 경계는 우리가 흔히 생각해왔던 것보다 유동적이었으리라고 본다.

데보라 W. 루크는 이 주제와 관련하여 "제사장의 직무는 특별한 인물이 **되는** 것이 아니고 계보상으로 특별한 후손을 **두는** 것도 아니며, 우선적으로 무언가를 **행하는** 것이다"라고 논평하는데,[64] 이는 우리가 다루는 문제를 해명하는 데 적잖은 통찰력을 제공한다. 그녀의 주장에 따르면, 왕의 직무는 본질상 종교적인 성격을 지니고 있기 때문에 "왕은 상당수의 종교적 예식을 수행할 (의무는 아니더라도) 권리를 지니고 있었을" 것이지만 "그가 맡았던 책무는 주로 고위 성직자에게 위임되었을 것이다."[65] 따라서 데보라 루크가 제안한 가설에 따르면 이스라엘/유다의 왕은 **직무상으로** 제사장 역할을 계속했으며 그러한 역할은 왕권에 본질적인 요소였다.[66] 루크가 제시한 모든 결론이 옳든 그르든 간에 그녀의 논문은 이스라엘의 종교를 연구하는 학생들에게 제사장 직분을 고정된 신분으로 이해하기보다는 하나님에 의해 부여된 기능적인 요소로서 우발적인 역사적 상황에 따라 위임되는 것으로 간주하도록 요구한다. 만일 그녀의 주장이 올바른 궤도에

---

64 Rooke 1998: 189; 강조는 원저자의 것임.
65 Rooke 1998: 195.
66 Rooke 1998: 187-208. 이와 비슷한 관점을 가진 학자로는 Laato(1997: 92-93)와 Day(2003 [1992]: 100)가 있다.

근접한 것이라면, 지금까지 학자들이 제사장과 왕 사이에 그어 놓았던 두텁고 진한 경계선을 상당히 완화할 필요가 있다. 이스라엘의 왕권이 **직무상** 제사장의 의무를 내포한다는 루크의 설명은 드보의 패러다임에서 예외로 여겨졌던 자료들에 나름의 자리를 제공해주었다는 점에서 드보의 이론을 상당히 개선한 것이다. 하지만 루크의 모델도 한편으로는 어찌하여 이스라엘과 유다에서 지극히 적은 수의 왕들만 제사장의 직무를 수행한 것으로 기록되었는지 설명해주지 못하며 다른 한편으로는 어찌하여 유독 다윗과 솔로몬만 두드러지게 제사장으로서의 역량을 발휘한 것으로 묘사되었는지 설명해주지 못한다는 점에서 포괄적 모델이라고 불리기에는 부족한 점이 많다. 위에서 그녀의 연구에 대해 제기했던 논평을 되풀이하자면, 나는 그녀의 주장이 구속사의 전체 윤곽을 충분히 다루지 못한 것이라고 지적하고 싶다.

2) 다윗과 솔로몬의 이례적인 제사장 지위를 어떻게 설명할 것인가?
합법적인 제사장-왕의 통치를 위한 조건으로서의 통일된 연합체
내가 보기에 다윗과 솔로몬이 율법에 어긋나는 일처럼 보임에도 불구하고 제사장의 역할을 이행했던 문제를 해결하기 위해서 가장 먼저 밟아야 할 단계는 예루살렘에 세워진 공동 성소를 중심으로 지파들을 (재)통합하는 과정에서 제사장들에게 부여된 역할에 주의를 기울이는 것이다. 이것은 결코 자의적인 출발점이 아니다. 어쨌거나 다윗과 솔로몬은 이스라엘의 왕들 가운데 제사장의 특권을 행사했다는 점에서 예외적인 인물들이었을 뿐 아니라, 통일된 연맹 국가를 통치했다는 점에서도 구별되는 왕들이었다. 참으로 제사장으로서 왕의 역할과 정치적 통합(권력 중앙화와 더불어)을 결부시키는 일이 신명기 역사의 내러티브에서는 본질적인 문제였다. 특히 다윗 왕이 예루살렘의 제의 중심지 주변으로 지파들을 소집한 사건(삼하 6장)이 이어지는 텍스트에서 그의 성전 건축(삼하 7장)과 제사장으로서의 행동에 배경을 제공한다는 점을 통해 이를 확인할 수 있다. 열왕기상 저자가 솔로몬이 내분으로 말미암은 소요를 진압한 후에야(왕상 1-2장) 범국가적 차원에서 성전을 봉헌했다고(왕상 8장) 기록한 것도 결코 우연이 아니다. 예언서에서는 다윗 이데올로기가 정치적 자주권의 회복에 대한 희망과 관련해서 나타나기보다는(그렇다고 이런 요소가 전적으로 배제되는 것도 아니지만) 중앙집권화된 성소에서 재통합된 지파들을 한데 모아 예배를 거행하는 다윗 왕가의 제사장적 인물에 대한 기대와 관련해서 모습을 드러낸다.[67] 정경 예언서에 따르면 지파들의 재결합으로 얻어지는 정치적 우세가 아무리 크다고 해도 그런 이점은 미래에 출현할 다윗의 주도하에 운영될 이스라엘 전체의 성전이라는 보다 중요한 목표와 비교할 때 부차적인 요소로 여겨질 뿐이다. 미래에 출현할 다윗 왕가의 인물이 지파들의 분산과 그에 따른 예배의 붕괴로 말미암은 문제들을 해결해줄 것으로 기대되었다는 점에서 바로 그 종말론적 인물이 뚜렷하게 제사장적 색채를 띠게 된 것은 전혀 놀라운 일이 아니다. 하지만 종말론적 다윗이 왕과 제사장의 역할을 겸할 것으로 기대된다고 할 때, 논리적인 측면에서 왕의 역할은 제사장의 역할을 전제하는 동시에 따라서 그에 종속되는 것으로 취급되어야 할 것이다.

고대 유대 사회에서 정치적 재통합과 종교적 회복 간의 밀접한 상관관계는 다윗을 연상시키는 히스기야와 요시야라는 두 명의 유다 왕을 둘러싼

---

[67] Beauchamp(1999: 229)은 종말론적 다윗을 다루는 주요 예언서 텍스트(렘 30:9; 호 3:5; 겔 34:23-24; 37:23-24)를 일별한 후에 "여기서 살펴본 네 가지 사례에서 재통합이라는 주제가 왕정제라는 주제를 압도한다"라고 결론짓는다. 이 목록에 사 11장을 더할 수 있을 것이다.

내러티브를 통해서도 드러나는데, 이들은 지파들을 통합하는 일에서도 다른 왕들에게 뒤지지 않았을 뿐 아니라 특히 제사장의 지위에 근접했던 인물들이었다. 히스기야는 이전에 다윗과 솔로몬이 했던 것처럼 정규적으로 희생제사를 시행하고(대하 30:3) 백성들을 축복했다(대하 30:1, 5; 31:8). 앞서 역대하 29-30장에서 히스기야는 성전을 정화했을 뿐 아니라 유월절을 범국가적으로 지키기 위해 모든 이스라엘 백성을 초청하기까지 함으로써 명백하게 제사장의 역할을 자처했다. 북 왕국 백성 중 다수가 히스기야의 행동을 비난했지만, 이 사건에 대한 역대기 사가의 다음과 같은 논평은 히스기야와 다윗/솔로몬 간의 주된 공통점이 통일된 연맹 국가에 대한 통치였다는 점을 시사한다. "예루살렘에 큰 기쁨이 있었으니 이스라엘 왕 다윗의 아들 솔로몬 때로부터 이러한 기쁨이 예루살렘에 없었더라."[68] 역대기 사가의 관점에서 히스기야는 예배를 중앙화하려 했던 그의 이례적인 시도 덕분에 제사장의 역할을 감당할 자격을 얻었을 뿐만 아니라 제사장들과 레위인들을 "아들들"이라고 부를 수 있게 되었던 것으로 여겨진다.[69]

다윗과 요시야 간의 밀접한 관계는 요시야가 그의 통치를 북쪽 지방의 지파들에까지 확장하려고 시도했던 사실을 통해 입증되는데(왕하 23:15-20), 구약성서의 다른 곳에서 이 같은 노력은 과거와 미래를 아울러 다윗 가문을 특징짓는 전형적인 요소로 칭송받는다.[70] 히브리 정경의 광범위한

---

68 대하 30:26.
69 대하 29:11. Throntveit(2003: 117-18)와 그의 뒤를 이어 Klein(2012: 413-14)도 이런 견해를 제시한다. Williamson(1982: 351)은 이와 비슷한 맥락에서 이렇게 말한다. "이처럼 히스기야가 솔로몬의 업적을 재현한 것은 마치 역대기 사가가 우리를 이스라엘이 다윗 왕가의 통치하에 단일 성전을 중심으로 통합되었던 왕국 분열 이전 시기로 되돌려놓은 것과 마찬가지였다."
70 Laato(1992: 188)가 관찰했던 것처럼 "겔 37:15 이하에 제시된 범 이스라엘적 이데올로기는 다윗 제국을 회복시키려 했던 요시야의 시도와 일맥상통한다."

맥락에서 요시야 왕도 뚜렷하게 제사장적 색채를 띠고 있다. 스가랴서의 텍스트는 다윗 왕조의 재건을 내다보았는데(슥 3:8-10), 이 일은 다윗 가문의 목자가 매를 맞은 후에(13:7-9), "독자"와 같고 "장자"와 같은 자가 칼에 찔려—이삭의 속죄를 연상시키는 표현인데—므깃도 골짜기에서와 같이 크게 울부짖는 소리가 들린 후에야 발생할 것이라고 예언되었다(12:10-11). 여기서 므깃도 골짜기의 애통은 요시야 왕이 전장에서 창에 찔려 전사한 후에 들려왔던 잘 알려진 애곡 소리를 뜻한다.[71] 따라서 스가랴 12-13장은 요시야 왕과 미래 다윗 왕가의 메시아 간의 모형론적 상관관계에 암시적으로 의존하는 한편 요시야 왕이 므깃도에서 하나님의 진노를 대신 받는 자로서 전사한 사건에 의미를 부여하고자 하는데, 그 사건은 자체로 신정론과 관련된 난제다(요시야 왕과 같이 선한 인물의 죽음을 어떻게 설명해야 하는가?).[72] 히스기야와 요시야가 다윗의 유형을 따르는 독보적인 **제사장적** 본보기들로 기억되었다는 것은 결코 우연이 아니며, 그들이 각각 나름대로 지파들의 연합을 시도했었다는 사실과도 무관하지 않다. 만일 히스기야와 요시야가 히브리 정경이 솔로몬 이후의 왕들에 대하여 (문자적으로나 비유적으로) 에봇을 착용하지 못하도록 금했던 성문화되지 않은 규칙과 관련하여 이례적인 인물들이라면, 그런 이례적인 상황은 내가 지금 설명하고자 하는 "규칙"을 입증해주는 역할을 하는 셈이다. 히스기야 왕이 제사장과 유사한 역할을 자처했던 일이나 요시야 왕이 사후에 제사장의 속죄 사역을 감당했다고 여겨졌던 일은 모두 그들이 다윗과 솔로몬에 의해 수립된 패턴에 따라 왕국을 재통합하려 시도했던 일과 어떤 방식으로든 관련된다.

---

71   왕하 23:29-30; 대하 35:22-25.
72   Laato 1992: 290-94; 참조. 왕하 23:26-30.

물론 나는 이스라엘 역사에서 실제로 다윗과 솔로몬이 유일하게 "에봇을 입었던" 왕들이라고 주장하는 것이 아니며, 솔로몬 이후의 역사에서 히스기야나 요시야가 유일하게 실제로 그와 유사한 행동을 했던 왕들이라고 주장하는 것도 아니다. 우리의 관심사는 다윗 이후 시대에 궁정과 성전 사이에서 실제로 어떤 일들이 벌어졌는가 하는 점은 아닌데, 그것은 역사적으로 접근 불가능한 영역에 속한다. 그보다 우리는 제2성전기 유대교가 집합적인 재구성의 형태로 제시된 다윗 왕조의 이야기를 어떻게 수용했는가 하는 점에 관심을 기울일 것이다. 구체적으로 우리는 다윗 왕조 이야기에 잠재된 신학적 의미와 더 나아가 그것이 1세기의 사고방식을 어떻게 형성했는지에 집중할 것이다.

이런 배경에서 다윗과 솔로몬, 그리고 미래의 다윗 왕가와 관련된 제의적 행위들과 히스기야 및 요시야에게 돌려지는 유사 제사장적 역할들은 일종의 신학적 설명, 좀 더 엄밀하게 말하자면 제2성전기 유대교의 신학적 사고방식에 대한 역사적 재구성을 요구한다. 내가 보기에 구약성서가 다윗 가문의 이 같은 인물들을 제시하는 이해 방식에는 **이스라엘의 정치적 통일이 이상화된 왕국에서 왕과 제사장 역할의 통합을 위한 필요충분조건**이라는 전제가 작동하고 있는데, 스가랴의 환상에서 대제사장 여호수아에 대응하는 인물은 "보좌에 앉은 제사장"의 역할을 맡아야만 할 것이다.[73] 부정적으로 표현하자면, 포로 시대 이후 유대교는 지파들의 해체가 다양한 차원에서 문제를 초래할 것으로 이해했다. 첫째, 북부와 남부의 지파들이 서로 분리되어 이스라엘이 한 명의 왕이 아니라 두 명의 왕에 의해 다스림을

---

73 슥 6:13. 나는 "그의 보좌 옆에"(by his throne)라는 NRSV의 번역이 "전혀 그럴듯하지 않다"(40)라는 VanderKam(2004: 40-41)의 견해에 동의한다.

받게 된 이후로 이스라엘은 더 이상 단일한 하나님의 백성으로 여겨질 수 없었다. 구약성서의 전통에서 바빌로니아 유배를 통해 더욱 격화된 이 같은 사회정치적 분열은 하나님과의 관계에도 부정적인 영향을 끼쳤는데, 이는 그러한 분열이 하나님의 단일성과 통치라는 개념을 부정하는 결과를 낳았기 때문이다.[74] 이것은 특히 스가랴 14:9의 텍스트("여호와께서 천하의 왕이 되시리니 그날에는 여호와께서 홀로 한 분이실 것이요 그의 이름이 홀로 하나이실 것이라")를 유다와 이스라엘의 재통합을 향한 희망이라는 광범위한 배경에서 이해할 때 더욱 분명해진다. 고대 유대교의 관점에서 연합 국가의 분열은 하나님의 왕국이 현재의 역사적 실재라는 영역에서 미래의 종말론적 가능성의 영역으로 이동하는 것을 의미할 뿐이었다. 마찬가지로 모든 지파가 하나로 통합될 때까지 한 분 하나님으로서 하나님의 위상은 의문시될 수밖에 없는데, 이스라엘의 정치적 혼란과 결부된 현실적인 요소들은 하나님의 단일성이라는 개념과 충돌할 수밖에 없었다.

계몽주의 이후의 범주에 따라 하나님에 대하여 우리가 인식하는 바(인식론)와 하나님에 관하여 객관적으로 참된 진리(형이상학)를 깔끔하게 구별하고자 하는 현대의 독자들은 위와 같은 개념들과 갈등을 빚을 수밖에 없을 것이다. 하지만 그렇다고 해도 유대인들의 관점에서 이스라엘을 통치하는 참된 한 분 하나님을 예배하는 일, 다시 말해 유대교의 핵심 신조인 "쉐마"에 대한 범국가적인 순종은 흩어진 지파들이 완전히 회복될 때까지 유보되는 것으로 여겨졌으리라는 점은 인정하지 않을 수 없다. 정치적으로 통합된 이스라엘의 집합적인 순종이 참된 하나님 야웨에 대한 올바른 예배를 위한 선행 요건이었다면, 원칙적으로 포로 시대 이후의 제사장 제도는

---

74 말 2:10; 슥 14:9.

어떤 의미에서 제사장보다 더욱 제사장 같은 종말론적 제사장-왕을 맞이하기 위한 일종의 임시방편적 체제였다고 말할 수 있다. 한편 왕의 직무와 분리된 독립적인 직무로서의 제사장 제도를 영속화하는 일은 다윗과 솔로몬의 치하에서 극적으로 실현되었던 이상과는 첨예하게 대립하는 부적절한 종교-정치적 배경을 수용한 것일 뿐이다.

시편 110편에서 제사장 다윗과 "다윗의 자손"

위의 주장에 대한 추가적인 지지를 구하기 위해 나는 포로 시대 이후의 텍스트인 시편 110편이 제공하는 증거를 살펴볼 것인데, 이 시편은 특히 다윗과 "다윗의 자손"에게 주어진 제사장적 역할에 관심을 집중하고 있다.[75] 여기서 시편 저자는 창세기 14장에 등장하는 베일에 싸인 제사장-왕과의 관계 속에서 제사장 역할의 본질에 대해 성찰한다. 전체 텍스트는 다음과 같다.

> 여호와께서 내 주에게 말씀하시기를, "내가 네 원수들로 네 발판이 되게 하기까지 너는 내 오른쪽에 앉아 있으라" 하셨도다. 여호와께서 시온에서부터 주의 권능의 규를 내보내시리니 주는 원수들 중에서 다스리소서. 주의 권능의 날에 주의 백성이 거룩한 옷을 입고 즐거이 헌신하니 새벽 이슬 같은 주의 청년들이 주께 나오는도다. 여호와는 맹세하고 변하지 아니하시리라 이르시기

---

75 반세기 전에 Hay(1989 [1973]: 19)는 시 110편이 포로 시대 이전에 기원을 둔다는 것이 "다수의 견해"라고 주장했다. 이 시편의 구조에서 하스몬 왕가의 흔적을 식별해내려는 시도가 별로 설득력 없었는데도 불구하고, 어떤 주장도 이 같은 상황을 성공적으로 변화시키지는 못한 것처럼 보인다. Granerød 2010: 181-88을 보라. 이것은 Nordheim(2008: 5-22)의 주장과는 반대된다. 어쨌거나 이 사안은 나의 주장과 크게 관련이 없다.

를, "너는 멜기세덱의 서열을 따라 영원한 제사장이라" 하셨도다. 주의 오른쪽에 계신 주께서 그의 노하시는 날에 왕들을 쳐서 깨뜨리실 것이라. 뭇 나라를 심판하여 시체로 가득하게 하시고 여러 나라의 머리를 쳐서 깨뜨리시며, 길가의 시냇물을 마시므로 그의 머리를 드시리로다.[76]

아마 이 시편을 처음 대했던 고대 독자들도 1세기의 청중들이 예수가 자신을 다윗이 "내 주"라고 불렀던 인물과 동일시했을 때 놀랐던 것과 동일하게 어리둥절했을 것이다.[77] 여기서 우리는 현대의 많은 성서학자들과 함께 "내 주"라고 불릴 만한 인물로는 다윗이 생존해 있을 때 왕위에 올랐던 솔로몬보다 나은 후보가 없다는 것이 가장 합리적인 결론이라고 추측한다. 그렇다면 시편 110편은 솔로몬의 즉위식과 더 나아가 사무엘하 7장에서 주어진 언약에 대한 반향으로 해석될 수 있을 것이다. 시편 저자가 다윗과 솔로몬이 멜기세덱의 서열에 속한다고 단언했을 때 그는 아마도 그들이 주도했던 제사장적 행위들을 염두에 두었을 것이다.[78] 70인역 텍스트가 시편 110:4(109:4 LXX)의 히브리어 문구('*al-dibrāti malki-ṣedeq*; "멜기세덱을 위하여", "멜기세덱으로 말미암아")를 "멜기세덱의 서열을 따라"(*kata tēn taxin Melchisedek*)로 번역하기로 결정했다는 사실은 예수가 활동했던 1세기 유대교의 해석적 전통이 제사장-왕인 멜기세덱과 다윗/솔로몬 사이에 왕족으로서의 유대관계가 존재했음을 강조하는 데 관심이 있었음을 증언해준다. 시편 본래의 문맥에서 다윗이 멜기세덱과 어떤 관계를 지니고 있었던 것으로 여겨졌든지 간에(텍스트 자체는 다윗 왕가와 예루살렘에 기반을 둔 탁월한 제사

---

76 시 109편 LXX(시 110편 MT).
77 1세기에는 이 시편이 다윗에게 기원을 둔다는 점이 당연하게 받아들여졌던 것 같다.
78 Hahn(2009: 184-95)의 탁월한 논의와 아울러 Ishida(1977: 139-40)의 연구도 참조하라.

장-왕의 유산을 연관 지음으로써 다윗 왕조의 종교-정치적 입지를 강화하려는 시도의 일부로 작성되었음이 분명하다) 헬레니즘 시대에 이 시편을 수용한 방식은 장차 도래할 **제사장적** 다윗의 자손에 대한 강력한 기대를 보여준다.

그와 동시에 시편 110편이 예루살렘에 핵심적인 역할을 부여한다는 사실도 간과되어서는 안 된다. 다윗 가문의 왕은 야웨가 먼저 예루살렘 성전에 보좌를 안치하기 전에는 자신의 보좌를 세울 수가 없으므로(시 110:1-2[109:1-2 LXX]) 시편 저자가 보기에 시온에서 드려지는 중앙화된 예배를 떠나서는 아무리 확고하게 안전한 보좌라 할지라도 대수롭지 않게 여겨질 수밖에 없다.[79] 시편 110편의 비전에 따르면 지파들을 정치적으로 재통합하는 일과 그들을 제의적으로 시온과 연결하는 일, 그리고 다윗 가문의 영원한 제사장-왕을 시온에 세우는 일은 종말론적 그림을 완성하기 위해서는 양보할 수 없는 요소들이다.[80] **시온에서** 제사장이 하나님의 백성을 다스리는 일(오로지 다윗과 솔로몬 치하에서만 성취되었던 조건)은 시편 110편뿐만 아니라 시편 89편과 사무엘하 7장의 완전한 실현을 위해서도 반드시 요구되는 조건이다. 한마디로 위의 텍스트들에 따르면 다윗 언약의 요구사항들은 지정된 중앙 성소에서 멜기세덱의 모범을 따라 왕과 제사장의 역할이 통합될 때 비로소 실현 가능해지는 조건들이었다. 장소 문제가 계보 문제만큼이나(아니면 그보다 더) 중요하게 여겨진다.[81] 제2성전기의 관점에서 왕

---

79 다윗 시대에 시온이 차지했던 중심적 위치는 아무리 강조해도 지나치지 않다. Hayes 1963을 보라.
80 P. Abadie(1999: 166)도 본질적으로 동일한 주장을 펼친다. "다윗의 선택과 예루살렘의 수위권은 이스라엘의 통일성을 표현하는 두 가지 방식이다."
81 이와 유사하게 Jeremias(1969: 134-35)가 관찰했던 것처럼, 예언자적 증인들이 북 왕국에 대항하여 예언한 내용은 다윗의 가계에서 탈퇴하기로 한 그들의 결정에 관한 것이 아니라 하나의 참된 성전에서의 예배를 거부하기로 했던 그들의 선택에 관한 것이었다.

국의 분열로 인해 이스라엘의 통합된 예배가 좌절되는 한편 성소의 중앙화(삼하 6장)로부터 예배(삼하 7장)로 이어지는 흐름이 역전되어 예배(왕상 8장)가 지방으로 분산되는(왕상 12장) 상황이 전개되자, 이후에 출현한 왕들은 제사장으로서의 소명이 좀 더 이상적인 상황에서 그들에게 주어질 때까지 또다시 그 소명을 위임할 수밖에 없었다.[82]

시편 110편이 시사하는 바가 있다면(나는 그렇다고 생각하는데), 그것은 적어도 제2성전기 독자들에게는 오직 다윗과 솔로몬만이 시온에 기반을 둔 제사장-왕이었던 멜기세덱이 수행했던 것과 같은 역할을 부여받은 인물들로 여겨졌으리라는 점일 것이다.[83] 물론 이것은 종말론적으로 대단히 의미심장한 주장이다. 시편 110편이 보여주는 것처럼 열두 지파를 다시 모으는 일이 멜기세덱(다윗/솔로몬)의 지배를 갱신하는 의미를 지닌다는 점을 고려할 때 이스라엘의 회복 역시 제사장 제도의 전환을 의미한다고 여겨졌으며, 유대인들에게 익숙하게 받아들여졌던 성전의 위계질서와 제사장 가문은 멜기세덱의 서열을 따르는 새로운 제사장 제도에 자리를 내어줄 수밖에 없을 것이다.

이것은 수많은 논란의 대상이 되었던 (기원전 2세기) 하스몬 왕조를 지지하는 자들이 어째서 대제사장 시므온과 그의 후계자들을 치켜세우기 위해 이 텍스트에 과도하게 의존하는지를 설명해주는데, 그 왕조 역시 멜기세덱의 모범을 따라 제사장과 왕의 직무를 통합하였다.[84] 그들이 시편 110편에 의존한다는 사실은 특히 하스몬 왕조의 구성원들을 "지극히 높으

---

82 이와 유사하게 Regev 2013: 100.
83 Hahn(2009: 187-94)은 또한 다른 지지자들의 목소리도 전달해준다.
84 Nordheim 2008: 221-34. 여기서 저자는 마카베오상 14:41, *Ass. Mos.* 6.1; *Jub.* 3.1; *Testament of Levi* 8, 18을 다룬다. 또한 집회서 47:8-10도 보라.

신 이의 제사장들"과 동일시하는 그들의 성향을 통해 표면화된다. "지극히 높으신 이"라는 하나님의 호칭이 유대교 정경에서는 상당히 이례적인 것인데, 가장 빈번하게 나타나는 문맥은 멜기세덱과 관련된 내러티브로서(창 14:18-20) 모두 세 번에 걸쳐 등장한다. 다니엘서도 멜기세덱 내러티브에서 이 같은 호칭을 가져왔고("사람의 아들"과 관련하여) 이어서 「희년서」와 집회서도 (종종 하스몬 왕조와 관련하여) 동일한 과정을 보여준다.[85] 창세기, 「희년서」, 집회서에서 "지극히 높으신 이"라는 문구는 일관되게 직무를 수행하는 제사장과 관련하여 사용된다. 다니엘서의 경우는 이런 해석이 허용될 여지도 있고 그렇지 않을 여지도 있지만, 나는 아래에서 그렇다고 분명하게 주장할 것이다. 어쨌거나 하스몬 왕조의 통치자들은 자신들을 "지극히 높으신 이의 제사장들"과 동일시함으로써 그들이 이스라엘의 핵심적인 희망, 다시 말해 예루살렘에 기반을 두고 멜기세덱의 서열을 따르는 제사장-왕의 보호하에 작동하는 성전을 중심으로 삼은 왕국의 재통합이라는 희망을 성취했다는 주장을 강화하고자 했다. 하스몬 왕가는 스스로에 대해 이런 주장을 펼침으로써 (특히 초기 쿰란 공동체로부터) 강력한 저항에 부딪혔을 수도 있지만, 우리는 이 같은 주장을 뒷받침하는 신학적 전제들이나 왕과 제사장 직분의 통합이라는 개념 자체가 도전받았다는 증거는 발견하지 못했다.[86] 어쨌거나 그것은 시편 110편이 제시하는 종말론적 기대의 궤적

---

85 단 2:18, 19(OG); 3:23(OG); 4:14, 24, 34, 37(2)(OG); 7:18, 22, 25, 27(OG); 집회서 4:10; 7:9, 15; 9:15; 12:2, 6; 17:26, 27 등; *Jub.* 7.36; 12.19; 13.16, 29; 16.18, 27; 20.9; 21.20 등.

86 쿰란 공동체가 하스몬 왕가에 대해 부정적이었다는 점에 비추어볼 때 쿰란 언약자들이 하스몬 왕조의 두 직분 개념을 공유했다는 점은 흥미롭다. 하지만 그들은 이 같은 역할들이 두 명의 서로 다른 메시아, 다시 말해 아론 계열의 메시아와 이스라엘의 메시아를 통해 수행되리라고 기대했을 것이다(CD 12.23; 14.19; 19.10-11; 20.1; 참조 1QS 9.2). 이런 주장에 대한 논박이 지속되고 있다(Abegg 1995, Hurst 1999을 보라). 어떤 경우에도 쿰란

과 분명하게 일치할 뿐 아니라, 유대교 내에서 예언자적 기대에 관한 광범위한 증거들을 통해서도 지지받는다.

하지만 제왕적 측면과 제사장적 측면 중에서 우위를 점하는 것은 제사장적 관심사였는데, 적어도 기원전 4세기에 편집된 역대기와 관련해서는 이것이 사실이다. 켄 포미칼라의 관찰에 따르면 "역대기의 텍스트나 배경 가운데 어떤 부분도 메시아적 해석이나 제왕적 해석을 지지하지 않는다. 대신에 다윗 왕조의 전통은 역대기 사가의 손에 의해 페르시아 시대 후기 예루살렘에서 활동했던 **제의** 공동체의 고유한 이상을 성취하기 위한 도구로 사용되었다."[87] 제사장적 관심사가 제왕적 관심사를 압도하는 현상은 하스몬 왕조 시대까지 지속되었다. 이런 현상에 대한 잠재적 증거로 시므온에게 헌정된 송덕문을 들 수 있는데, 여기서는 대제사장으로서 그가 보여준 역량을 칭송하고 있다(집회서 50). 에얄 레게브가 요약한 것처럼 하스몬 왕가는 정치적 세력을 지지하기 위한 수단으로 종교적 권위를 찬탈한 것이 아니었다. 그들은 "자신들이 본질적으로 종교 지도자들이라고 여겼다.…그들은 종교 영역을 침범한 정치-군사적 인물이라기보다는 유대 백성을 다스리고 성전을 수호하라고 하나님이 지명한 제사장이자 종교 지도자였다."[88] 하스몬 왕조 시대에 이스라엘의 최고 지도자는 아무런 제약 없

공동체의 종말론적 다윗이 제의적 중요성을 지니지 않을 수는 없다. 왜냐하면 그는 "시온의 돌"(4Q522 9 2.4)인 동시에 제사장 계급에 자문을 구하고 있었기 때문이다(11QT^a 56-59). 어쨌거나 미래의 다윗에 대한 공동체의 기대 가운데서 "왕의 직분과 역할은 대단히 강조되지 않았으며 신정통치적 이상으로 인해 빛이 바랬다"(Blenkinsopp 2013: 167). 텍스트들에 관한 논평은 Coulot 1999, Chae 2006: 126-53을 보라.

87　Pomykala 1995: 111; 강조는 덧붙인 것임.
88　Regev 2013: 102, 103-28. 또한 다음도 보라. Angel 2010: 257-95, Fletcher-Louis 2016: 221.

이 왕의 역할과 제사장의 역할을 병행했다.[89] 하지만 그들은 제사장 역할을 우선시했으며 제왕적 역할은 부차적이었다. 이것이 예수 시대 유대교를 지배하는 논리였다.

3. 제사장적 "다윗의 자손" 예수

이러한 점들을 고려할 때 예수가 어떤 이유에서 자신을 제사장으로 구별된 "다윗의 자손"과 동일시했는가에 대한 최선의 설명은, 종말론적 다윗 왕가의 통치하에 성취될 것이라고 기대되었던 정치적 상황, 다시 말해 열두 지파를 회복하는 일이 지금 자신의 통치하에서 완수되리라고 그가 확신했다는 것이다. 예수가 진실로 이런 사고의 흐름에 따라 행동했다면, 그것은 어째서 "다윗의 자손"이라는 별칭이 그에게 주어질 때마다 우리가 공관복음 전승에서 목격하는 것처럼 제사장 직분에 대한 암시가 수반되었는지를 분명하게 설명해준다. 역사적 예수에게 있어서 "다윗의 자손"이 된다는 말은 종말론적 제사장의 에봇을 입는다는 말과 다르지 않다.

이 같은 설명은 지금까지 내가 전개해온 역사적 예수에 대한 묘사와 일치한다. 첫째, 만일 다윗에게 기름 부은 사건(삼상 16장)을 그 목동이 제사장-왕으로 등극할 것을 암시하는 상징적 행위로 이해한다면, 예수는 그가 받은 세례도 그의 사역에서 기름 부음과 유사한 역할을 하는 것이라고 해석했을 것이다. 예수는 시편 2편에 나오는 기름 부음 받은 아들처럼 자신이 정당하게 임명된 다윗의 아들이라고 여겼으며, 또한 자신이 예루살렘에서

---

89 VanderKam 2004: 240-393 외 여러 곳.

의 예배를 회복할 사명을 부여받은 마지막 이삭이라고 여겼다. 둘째, 예수의 제자들은 주기도, 특히 하나님 나라가 임하기를 간구하는 기도를 드릴 때 그 기도가 다름 아니라 야웨가 다윗에게 주었던 약속, 곧 "내가 [너의] 나라를 견고하게 하리라"라는 약속을 실현하는 방편이라고 여겼을 것이다.[90] 예수에게 하나님 나라의 도래는 일반적인 나라가 아니라 구체적으로 다윗 가문을 주축으로 하는 왕국의 도래를 의미했는데, 여기에는 (시편 110편에 따르면) 모세에 의해 제정된 제사장 제도를 대체하기 위해 고안된 새로운 제사장 제도를 수립하는 일도 포함되었다. 셋째, 예수가 이 같은 목표를 성취하기 위해 취했던 전략 역시 다윗의 모델을 따른 것이었다. 다윗이 예루살렘을 중심으로 한 예배 제도를 제정하기 위해 그 땅 전체의 제사장과 레위인을 새로이 소집했다면(대상 13장), 예수가 팔레스타인의 시골 마을들에서 행했던 순회 설교는 아마도 부분적으로라도 다윗이 시행했던 범국가적인 소집과정의 재연이었을 것이다. 나는 3장에서 예수가 비유를 통해 거룩한 것과 속된 것, 정결한 것과 부정한 것을 구별했다고 주장했다. 더욱이 예수의 가르침에 긍정적으로 반응하는 자들은 다윗 왕가의 재위임 모델을 따라 새롭게 다가올 제사장 직분을 위한 후보로서 두각을 나타낸다는 점이 분명해진다. 예수의 순회 설교를 통해 열두 지파의 회복은 이미 시작되었다고 말할 수 있다. 이와 마찬가지로 예수가 수난과 시험(*peirasmos*)에 대해 반복적으로 강조했다는 사실도 다윗의 생애와 일치하는 양상을 보여준다. 초창기 성서학자들은 "고난받는 의인"이라는 문구의 조합이 고난에 대한 예수 자신의 소명을 설명하는 방식이라고 이해했는데, 여기서는 그러한 조합을 지지해주는 표본적인 텍스트가 다윗의 탄원 시편들이라는 점을 지적할 필

---

90 삼하 7:12.

요가 있다.[91] 다윗의 생애가 고난과 대립으로 점철되어 있었기 때문에, 예수는 자신도 그와 동일한 분깃을 물려받을 운명이라고 추론했던 것으로 보인다.[92] 수난 이야기는 "사람의 아들"에 관한 내러티브와 무관하지 않다.

4. 요약

본 장에서 나는 역사적 예수가 자신을 "다윗의 자손"으로 인식했다는 점을 입증하고자 했다. 이것은 그의 독특한 존재론적 신분을 확증하는 방식이라기보다는(물론 부활 이후의 신자들은 그의 존재론적 신분에도 관심을 가졌을 것이다) 단순히 이스라엘의 회복을 향한 제사장적 기대와 관련한 그의 종말론적 정체성을 표현하는 방식이었다. 우리는 예수의 소명 의식을 밝히는 데 중요한 역할을 하게 될 다윗의 특정한 전승들을 새롭게 탐구해 봄으로써 이 같은 결론에 도달할 수 있다. 제2성전기 유대교가 미래에 출현할 다윗 왕가의 자손에 대한 소망에 의존하고 있었다는 것도 사실이지만, 바로 그 종말론적 인물이 지니는 핵심적인 의의가 그의 정치적 역할에 달린 것이 아니라 제의 공간의 재건이라는 제사장적 사명의 완수에 달려 있었다는 점 역시 사실이다. 예수의 동료들은 다윗 계열의 메시아가 최종적으로 보좌에 오르는 순간이야말로 이방 세력이 극복되고 이스라엘의 정치적 자율권이 회복되는 전환점이 되리라고 기대했었지만, 이것이 최종 목표는 아니었다.

---

91 Johnson 2009.
92 주목할 만한 사실은 랍비 문헌에서 다윗 계열의 메시아에 대한 가장 이른 암시가 출 16:26에 대한 *Mekilta*와 *Soṭah* 9.15에서 발견된다는 점이다. 거기서 강조점은 "메시아의 슬픔"에 놓여 있다.

아무도 거부하지 못할 다윗 가문의 통치자를 세우고 이를 통해 열두 지파를 재통합함으로써 제의 공간의 중앙화를 보장하는 일은 이스라엘의 종교적 소명, 말하자면 통일된 백성이 한 장소에서 한 분 하나님을 예배하고자 하는 소명을 성취하기 위한 정치적 선행 조건에 불과했다. 내가 앞서 주장했던 대로 제2성전기 유대교가 종말론적 다윗의 자손이 신정 통치적 군주제를 도입할 것이라는 보편적인 기대를 지니고 있었다면, 자신이 바로 "다윗의 자손"이라는 예수의 선언은 본질적으로 성전 지향적인 의제를 내포하고 있다.

5장

인자

우리가 알기로 예수는 준수한 외모를 지닌 영민한 청년으로 평안한 가정 배경과 온화한 성품을 지니고서 인간이 맛볼 수 있는 최고의 복들을 누리고 있었으며 30년 가까이 개인적인 위협을 염려할 필요가 없는 세상에서 살고 있었다. 그런데 그가 이처럼 수많은 세월 동안 몸을 낮추고 숨죽이며 살아왔던 삶은 세례 이후로 완전히 뒤바뀌고 말았다. 역사는 우리에게 그가 이 시점에 자신의 추종자들을 모으고 기적들을 행하는 한편 호기심을 자극하는 설득력 있는 주장들을 펼치기 시작했다고 증언한다. 그가 펼친 주장들 가운데 다수는 도무지 이해할 수 없는 것들이었고, 또 다른 주장들은 사람들이 그 진의를 파악하자마자 즉각적인 논쟁을 불러일으킬 만한 것들이었다. 그 가운데 자신이 인자(사람의 아들)라는 주장만큼 불가해하고 논쟁의 여지가 많은 주장도 없을 것이다. 그는 대제사장 가야바 앞에서 분명하게 자신이 인자라고 선언했으며 궁극적으로 그 일이 그의 운명을 결정지을 것이었다. 그런데 예수가 자기 입술로 직접 표현했던 "인자"라는 호칭이 정확히 무엇을 의미하는지는 단행본에서 한두 장을 전부 할애해야 할 만큼 복잡한 문제다.

 거의 한 세기 전에 T. W. 맨슨은 "인자"라는 불가해한 문구가 제기하는 문제들이야말로 "신약성서 학계에서 가장 복잡하고 난해한 주제 가운데 하나"라고 주장했다.¹ 그로부터 반세기 후에 유진 보링은 이 인물을 둘러싼 학계의 연구야말로 "피할 수 없는 지뢰밭"이라고 토로했다.² 오늘날에도 이 주제는 대단히 복잡할 뿐만 아니라 연구자들을 수시로 기만한다. 심지어 한때 해체되었다고 여겨졌던 많은 지뢰가 결국은 옆으로 자리만 조금 옮긴 것에 불과하다는 사실이 드러나기도 한다. "인자" 학계에서 "확실한 결과들"이라고 믿어져 왔던 문제들 가운데 다수가 (완전히 거부당하지는 않았다 하더라도) 이미 오래전에 수정되었으며, 한때 지엽적인 문제로 치부되었던 가설들이 새롭게 조명되기도 한다. 맨슨의 시대와 마찬가지로 오늘날에도 "인자" 문제를 다루는 연구 영역은 부비트랩으로 가득하다.

질문할 거리가 많은 만큼 우리를 빠뜨릴 함정도 부지기수다. "인자"라는 문구가 의미하는 바가 무엇인가? 이 문구는 누구에게 혹은 무엇에 적용되는 것인가? 이 문구를 사용한 장본인은 복음서 저자들인가, 아니면 예수인가? 이것은 개인적인 호칭인가, 아니면 일인칭 대명사나 인류 전체를 가리키는 완곡어법인가? 만일 이것이 호칭이라면 메시아를 가리키는 호칭인가? 만일 그렇다면 그러한 사실을 사람들이 인식하게 된 시점은 언제였는가? 어떤 성서 텍스트가 "인자" 개념을 소개하고 있는가? 만일 다니엘 7장이 그런 텍스트 가운데 하나라면, 우리는 그 불가사의한 텍스트 전체를 어떻게 이해해야 하는가? 이 마지막 질문을 진지하게 다룬다면, 우리는 어떻게 다니엘 7장에 대한 우리의 해석이 예수의 해석과 유사하리라고 확신할 수 있는가? 모든 측면에서 대답해야 할 질문들은 차고 넘치지만 절망스럽게도 확실하게 밝혀진 것은 거의 없다.

---

1   Manson 1951 (1931): 211.
2   Boring 1982: 239.

하지만 무수히 많은 변수가 있다고 해서 절망에 빠질 이유는 없다. 이번 장의 결말 부분에서도 나는 그러한 질문들을 다루기 위한 잠정적인 모델을 제시할 것인데 나는 여기서 도출된 새로운 주장들을 인자에 관한 과거의 연구와 통합할 여지가 있다고 믿는다. 따라서 이번 장은 크게 두 부분으로 구성될 것이다. 전반부에서는 다니엘서의 최종 편집본에서 "인자"가 이스라엘의 종말론적 대제사장을 상징하는 것으로 해석될 수 있으며, 따라서 그에게 천상적인 특성을 부여하는 것으로 이해할 필요는 없다는 주장을 소개할 것인데, 이 같은 주장은 고려할 여지가 충분히 있음에도 크게 관심을 끌지 못했었다. 물론 이것은 다니엘 7장에서 다윗 왕가의 메시아에 대한 잠재적인 암시를 발견할 가능성을 부인하는 것은 아니며, 내가 강조하고자 하는 요점은 다니엘서의 최종 편집자가 인자를 다윗 왕가의 이상에 대한 희망적인 확증으로서 제시하는 것이 아니고(다니엘서의 나머지 부분에서도 이런 확증은 발견되지 않는다) 아주 구체적인 문제, 다시 말해 안티오코스 4세 치하에서 더럽혀진 성전 문제에 대한 해결책으로서 제시한다는 점이다. 이 같은 발견과 내가 지금까지 전개해온 논증, 다시 말해 예수가 의식적으로 자신을 종말론적 대제사장으로 제시했다는 주장을 종합해보면 우리는 역사적 예수가 다니엘 7:13을 염두에 두고서 "인자"라는 표현을 매번은 아니더라도 때때로 일종의 공식적인 호칭으로 사용했으리라고 충분히 짐작할 수 있는데, 본 장의 다음 항목에서 이 문제를 다룰 것이다. 거기서는 마가복음 2:1-10과 병행 구절들을 근거로 내가 제안하는 시나리오를 증명할 것이다. 이 독립된 문단에서 역사적 예수는 자신을 다니엘서의 인자와 에둘러 연결하는 데서 그치지 않고 다니엘서에서 인자에게 맡겨진 제사장으로서의 고유한 역할을 근거로 자신을 인자와 동일시한다.

나의 주장을 지지하기 위해서 예수 시대의 유대교 내에서 "인자"가 이미 종말론적이고 묵시적인 인물로 자리 잡고 있었다고 가정할 필요가 없으며, 그렇다고 해서 「에스라4서」나 「에녹의 비유」 같은 텍스트에 "인자"가 등장한다는 사실에 얽매이지도 않을 것이다. 어쨌거나 그런 텍스트들은 예수가 참조했을 것으로 보기 어렵기 때문이다. 마지막으로 나는 예수가 자신을 배타적인 의미에서 "높임을 받은 하나님의 아들"로 여겼는지에 대해서는 잠정적으로 판단을 유보할 것이다. 지금 단계에서는 다니엘 7장이 지닌 고도의 상징성을 고려할 때 원칙적으로 텍스트에 나타난 예언적 언어를 도구적으로 이해하는 일을 삼가라고 요청하고 싶다. 우리가 다니엘 7장을 (로크의 전통을 따라) 도구적으로 접근하게 되면 우리는 예수가 단도직입적으로 기표("인자")와 기의("예수 자신") 간의 동등성을 주장하기 위해 다니엘서의 "인자"를 소환했다는 성급한 결론에 도달할 수밖에 없다. 이 같은 섣부른 판단들은 인자에 관한 논의에 익숙한 독자들에게 전혀 매혹적이지 않은데, 그렇다고 해서 무관심한 독자들의 시선을 다른 데로 돌리게 하지도 않을 것이다. 내가 희망하는 바는, 전제들을 최소화하고서 논의를 시작하는 것이다. 그리고 최소한의 전제들이 불가피하게 여겨지는 지점에서는 내가 제시하는 결론이 지닌 설득력이 그 같은 전제들을 정당화하기를 기대한다.

1. 다니엘서에서 인자는 누구인가?

1) 다니엘서의 제의적 성격

다니엘 7장에서 "인자"가 무엇을 의미하는지 이해하기 위해서는 제사장적 관심사가 명백하게 드러나는 일련의 텍스트들로 구성된 전반부를 포함하여 다니엘서 전체의 문맥에서 7장이 차지하는 위치를 파악하는 것이 중요하다.³ 다니엘서의 첫머리에서는 느부갓네살 왕을 소개하면서 그가 "하나님의 전 그릇 얼마를" 가져다가 자기 신들의 보물 창고에 두었을 뿐만 아니라(단 1:2) 유다 귀족들의 제의적 정결을 위험에 빠뜨렸다고 묘사하는데(1:8-16), 한마디로 그는 안티오코스 4세와 놀랍도록 유사한 인물로 소개된다. 다니엘 2장에 기록된 꿈 장면을 토대로 바빌로니아의 전제군주는 우상의 "형상"(MT ṣelem; DanTh eikōn)을 세우는데(3:1), 그는 "모든 백성과 나라들과 각 언어를 말하는 자들"(7절)에게 이 신상을 경배의 대상으로 삼으라고 "명령"(10절)한다. 사려 깊은 유대인 독자라면 여기서 사람의 손으로 지정된 보편적 숭배의 중심점으로서의 "이방 우상"과 종말론적인 보편적 숭배의 중심점으로서의 "이스라엘 성전"을 암묵적으로 대비시키고 있다는 점을 충분히 인지할 수 있을 것이다. 샤론 페이스가 지적한 것처럼, 느부갓네살 신상의 물리적 치수가 이 같은 대비를 한층 더 강화해준다.

> 신상의 높이는 솔로몬 성전의 길이와 같으며 솔로몬 성전 높이의 정확히 두 배다(왕상 6:2). 그뿐 아니라 느부갓네살 신상은 스룹바벨 성전과는 높이가 같다(스 6:3). 또한 신상의 너비는 솔로몬 성전과 스룹바벨 성전의 지지대(다락/벽, 개역개정)의 너비를 상기시킨다(왕상 6:6; 겔 41:1). 신상의 치수들이 암시하는 흥미로운 연관관계에 더하여 신상을 만드는 데 금이 사용되었다는 점도 성전에 대한 성서의 묘사를 상기시킨다.⁴

이방 통치자의 신상과 이스라엘 성전의 구조물로 표현된 진정한 형상 간에

---

3   이 주제에 관하여는 무엇보다도 Vogel 2010을 보라.
4   Pace 2008: 90.

성립하는 명백한 비례 관계는 마땅히 야웨의 신성한 공간으로 향해야 할 인생들의 경배를 이방 신상이 찬탈했다는 사실을 강조하는 역할을 한다.[5] 자신들의 왕도 합당한 경배의 대상이 될 수 있다는 바빌로니아인들의 주장은 그의 권위에 대한 대한 주장과도 무관하지 않은데, 그 같은 주장은 야웨 숭배를 전면적으로 거스르는 것이며 마침내 논파되고 말 것이었다. 느부갓네살은 근엄하게 자신의 법령들을 공포했지만(단 2:5, 8, 13, 15; 3:10), 얼마 지나지 않아 이에 응답하여 하늘로부터 명령들이 주어졌다(4:17, 24). 이와 유사하게 벨사살 왕이 예루살렘 성전의 그릇들을 극악무도하게 모독한 직후에(단 5:1-4), 연회장 벽에 심판을 선언하는 글자가 새겨졌다(5:24-28). 이처럼 다니엘서는 야웨의 근원적인 탁월성과 권위, 그리고 그와 대비되는 이방 왕국의 가짜 신들을 둘러싼 현저한 질문들을 제기하고서 그에 대한 해답을 제시한다. 물론 이러한 질문들은 종교적 제의 영역과도 직접적으로 연결되는 것들이다. 마카비 시대 이후로 이방 문화가 이스라엘의 제의 영역을 지속적으로 침범해왔다는 점을 고려할 때 곤경에 처한 이스라엘이 예배의 대상을 누구로 삼을 것이며 무엇을 근거로 예배할 것인가라는 문제보다 시급한 과제는 없었다. 7장에서는 이러한 주제를 다루면서 그것이 다니엘서의 문학적 구조 내에서 어떻게 표현되었는지 살펴볼 것이다.

또한 다니엘서는 야웨를 향한 신실함이 그에 상응하는 대가를 요구하지만 결국 구속사적 목적을 성취하는 방편이 되리라는 점을 암시한다. 다니엘 6장에서 예언자는 그의 경건함으로 말미암아 사자 굴에 던져지지만 결국 구원받는다. 존 벅스마는 다니엘이 박해로부터 구원받은 사건과 성

---

5 성전이 "성령의 영광"을 상징하는 이미지 역할을 한다는 점에 대해서는 Kline 1977: 39-46을 보라.

전 감사제와 관계된 감사 시편들 사이에 존재하는 구조적 평행관계를 간과하고서 다니엘 6장의 내러티브가 서로 대치되는 두 종류의 제의들을 병치시켜놓았다고 정확하게 지적했다. 여기서 다니엘은 "황제를 통해 구현되는 국가 숭배라는…거짓 종교"에 대항하여 "예루살렘 성전 및 그곳에서 행해지는 제의와 결부된 참된 종교"를 수호하는 인물로 등장한다.[6] 돌이켜보면 참된 종교에 대한 다니엘의 헌신과 그에 뒤따르는 고난을 통해 작동하는 신적 개입은 다리오 왕의 태세 전환을 촉발하는 도구가 되었으며, 심지어 이방 통치자가 야웨의 왕국을 지지하는 법령을 공포하게 하는 자극제가 되었다(6:25-28). 그런가 하면 서로 경쟁 관계에 있는 두 제의가 충돌하는 일은 신적 목적을 성취하기 위해서는 거의 불가피한 과정이었다고 여겨질 수 있다. 왜냐하면 이스라엘의 신성한 공간이 더럽혀지지 않고 보전될 수 있었던 것은 다름 아니라 다니엘의 고통스러운 저항의 결과였기 때문이다. 다니엘이라는 인물은 신실함을 대변하는 도덕의 모범으로서만 아니라 보다 구체적으로는 고난을 통하여 속죄를 성취하는 인물로 소개되는데, 죽음까지도 불사하는 그의 신실함으로 말미암아 야웨의 왕국은 정치적으로 강력한 이방 경쟁자를 물리치고 승리를 거둘 수 있었다. 다니엘 8:17에서 "인자"라고 불리는 다니엘과 7:13에 묘사된 "인자 같은 이" 사이에는 두드러지지 않으면서도 분명한 경계선이 존재하는데, 이를 통해 독자들은 다니엘 6장에서 묘사하는 다니엘의 대속적 갈등과 다니엘 7장에 등장하는 "인자 같은 이"의 대결 간에 일종의 평행관계가 의도된 것은 아닌지 의심해볼 수 있다.

---

6   Bergsma 2009: 60.

2) 다니엘서에서 "인자"라는 호칭의 배경

내가 보기에는 다니엘 1-6장의 주요한 제의적 관심사가 다니엘 7장, 특히 13절을 이해하기 위한 근원적인 배경을 제공한다. 13절의 전후 문맥은 다음과 같다.

> [9] 내가 보니 왕좌가 놓이고 옛적부터 항상 계신 이가 좌정하셨는데, 그의 옷은 희기가 눈 같고 그의 머리털은 깨끗한 양의 털 같고 그의 보좌는 불꽃이요 그의 바퀴는 타오르는 불이며, [10] 불이 강처럼 흘러 그의 앞에서 나오며 그를 섬기는 자는 천천이요 그 앞에서 모셔 선 자는 만만이며 심판을 베푸는데 책들이 펴 놓였더라. [11] 그때에 내가 작은 뿔이 말하는 큰 목소리로 말미암아 주목하여 보는 사이에 짐승이 죽임을 당하고 그의 시체가 상한 바 되어 타오르는 불에 던져졌으며 [12] 그 남은 짐승들은 그의 권세를 빼앗겼으나 그 생명은 보존되어 정한 시기가 이르기를 기다리게 되었더라. [13] 내가 또 밤 환상 중에 보니 인자 같은 이가 하늘 구름을 타고 와서 옛적부터 항상 계신 이에게 나아가 그 앞으로 인도되매 [14] 그에게 권세와 영광과 나라를 주고 모든 백성과 나라들과 다른 언어를 말하는 모든 자들이 그를 섬기게 하였으니, 그의 권세는 소멸되지 아니하는 영원한 권세요 그의 나라는 멸망하지 아니할 것이니라.[7]

이 구절은 고대 근동 사람들에게 친숙한 "혼돈과의 전쟁"(*Chaoskampf*) 이미지와 모티프를 사용하여 네 마리 짐승으로 대변되는 이방 왕국 간의 갈등뿐만 아니라 보다 유의미하게는 이 네 마리 짐승과 인자 간의 갈등을 보

---

[7] 단 7:9-14.

여주는 고도로 상징적인 내러티브의 정점을 이룬다.[8] "옛적부터 항상 계신 이"가 심판을 위하여 좌정한 후에 얼마 지나지 않아 마지막 짐승에 대한 선고가 내려지며, 권세와 영광과 나라가 옛적부터 항상 계신 이가 보는 앞에서 "인자"에게 넘겨진다(단 7:9-14). 하지만 그중 어떤 일도 "성도들"의 고난 없이 발생하지는 않는데(21, 22, 25절), 성도들과 "인자" 사이의 연관관계는 확실하나 그 구체적인 내용은 모호한 채로 남겨져 있다.

본 연구의 목적을 고려할 때 이 초현실적인 드라마를 해석하기 위한 최선의 출발점은 다니엘서의 최종 형태로 돌아가는 것인데, 정경 텍스트에는 이 환상과 다니엘 2장에 나오는 느부갓네살의 꿈 사이에 상당히 명백한 유사성이 드러난다. 다니엘 2장과 7장을 비교해보면 네 마리의 적대적인 짐승과 인자를 대결시키는 7장의 환상은 네 가지 재료로 만들어진 거대한 신상과 산에서 뜨인 돌을 대비시키는 2장의 꿈 이야기를 통해 이미 예견되어 있다.[9] 네 가지 재료로 만들어진 신상은 잠재적으로 네 개의 거대한 왕국(바빌로니아, 메데아, 페르시아, 그리스)을 상징하는데, 이 신상은 결국 태산을 이루어 온 세계를 가득 채울 돌 앞에서 굴복하고 말 것이다.[10] "사람의 손으로 아니하고…뜨인"(다시 말해 "제의적 목적으로 사용하기 위하여 다듬지 않은"; 참조. 신 27:6; 수 8:31; 마카베오상 4:47) 이 주춧돌은 다름 아니라 종말론적 성전을 가리킨다(단 2:35, 44).

---

8 "혼돈과의 전쟁"(Chaoskampf) 전승이 단 7장에 영향을 미쳤다는 점에 대해서는 거의 논란의 여지가 없다. Anderson 1984: 78, Goldingay 1989: 160, Collins, Cross and Collins 1993: 296, Angel 2006: 100-1을 보라. 단 7장의 정확한 배경에 대해서는 좀 더 세밀한 연구가 필요하겠지만(예컨대 John Walton[2001]은 "안주"[Anzu] 신화를 구체적인 배경으로 지적한다), 본서의 주제와 관련해서는 이 정도 언급하는 것으로 만족한다.
9 단 2장과 7장 간의 상동 관계에 대해서는 대체로 이견이 없다. Goldingay 1989: 148, 158, Lucas 2002: 185, 188, Boyarin 2012: 153.
10 다른 제안으로는 "바빌로니아, 메데아-페르시아, 그리스, 로마"가 있다.

다니엘 2장과 7장 사이의 연결고리들을 이어보면 독자들은 다니엘 7장의 부정한 네 마리 짐승(단 7:20에서 "또 다른 뿔"이라고 묘사된 가장 악독한 신성모독자 안티오코스 4세를 포함하여)이 다니엘 2장의 네 이방 왕국과 짝을 이룬다는 점을 추론할 수 있을 것이다. 더 나아가 네 이방 왕국이 성전에 굴복하는 다니엘 2장과 네 마리의 부정한 짐승이 "인자"와 대결하는 다니엘 7장 간의 구조적 평행관계를 고려할 때 (특히 히브리어에서 "돌"['*eben*]과 "아들"[*ben*] 간의 형태론적 유사성에 비추어) 우리는 인자가 종말론적 성전과 유사한 역할을 감당하리라고 합리적으로 기대할 수 있을 것이다. 달리 표현하자면 우리는 "인자와 같은 이"가 종말론적 전쟁과 같은 특별한 과업을 수행하는 대제사장과 같은 인물일 것이라고 기대할 수 있다(어쨌거나 종말론적 전쟁은 종말론적 제사장들이 수행해야 하는 일이다).[11] 이 같은 추론에 따르면 "태초부터 계신 이"는 하나님 자신을 가리키고 "인자"는 대제사장을 가리키는 것으로 보인다.

이 같은 추론은 다양한 증거들을 재평가함으로써 더욱 신뢰를 얻을 수 있는데, 흥미로운 점은 이런 증거들이 이전 세대의 학자들에 의해 이미 정리되어 있었음에도 여전히 간과되고 있다는 사실이다.[12] 첫째, 현대 독자들은 다니엘 7장에서 카르스텐 콜페(Carsten Colpe)가 "인물과 해석 간의 극적인 차이"라고 묘사하는 내용이 무엇인지 파악하기 위해 힘을 기울이지만 (본 장의 내러티브에서 속세와 내세의 관심사들이 충돌하고 있다는 점도 그의 묘사와 무관하지 않다), 나는 그 같은 차이점을 설명하는 최선의 방식은 다니엘 7장의 무대를 세속의 영역과 초월의 영역이 수렴한다고 여겨지는 공간, 다시

---

11 Angel 2010: 196-202.
12 두드러지게는 Black 1975, Lacocque 1979, Fletcher-Louis 1997b.

말해 성전 지성소로 설정하는 것이라고 제안한다. 일반적으로 야웨는 그의 보좌를 하늘에 두는 것으로 여겨지지만(시 103:19; 사 66:1), 역설적으로 이스라엘의 하나님이 하늘 보좌의 시공간적 확장인 지성소의 그룹들 사이에 좌정하는 것으로 이해되어 왔다는 것도 엄연한 사실이다(삼상 4:4; 왕하 19:15; 대상 13:6; 시 80:1; 99:1; 사 37:16 등). 눈에 보이지 않는 하나님 나라와 이스라엘의 가시적인 신정국가 사이에서 지성소는 중재적인 경계 공간으로 자리매김한다.

그 영광스러운 공간을 위해 특별하게 지명된 인간 대리자는 물론 대제사장인데, 제2성전기 유대교 문헌에서 그는 초월적이고 초자연적인 자질을 지닌 인물로 묘사되었다.[13] 확실히 「아리스테아스의 편지」에서 그 같은 흔적을 발견할 수 있는데, 이 서신의 저자는 말하기를, 예복을 갖춰 입은 대제사장과 마주치는 자는 "자신이 이 세계를 벗어나 다른 세계로 진입한 것이라고 여겨야 할 것이다"라고 선언한다.[14] 아니면 필론과 오리게네스가 인용했던 「레위기 랍바」에 담긴 정서도 염두에 둘 필요가 있는데, 여기서는 대제사장이 지성소에 들어가는 순간 그는 "사람이기를" 멈추는 것이라고 묘사한다(16.17).[15] 다니엘 7장이 보여주는 혼합적인 특징을 제2성전기 유대교의 사고 세계와 대비시킬 때, 우리는 이 장면의 배경을—비록 텍스트가 무대와 관련하여 명시적으로 밝히는 내용은 없지만—하늘 보좌가 놓인 방으로 설정할 근거를 얻게 된다.

한편 하늘 보좌가 놓인 방의 기괴한 장식에 대한 다니엘의 묘사("그의 보좌는 불꽃이요 그의 바퀴는 타오르는 불이며", 단 7:9)가 에스겔서의 메르카

---

13 4Q453 2ab, 4Q545 1이 이에 대한 증거다.
14 *Let. Aris.* 99.
15 자세한 논의는 Stökl Ben Ezra 2003: 110-11, 125 n. 243을 보라.

바 환상(겔 1:15-21; 10:1)에서 활용되었다는 점은 거의 확실하다.[16] 지금까지 다니엘 7장을 주제로 한 2차 자료들에서는 상대적으로 이런 요소가 크게 주목받지 못해왔는데, 내가 보기에 에스겔 1장과의 비교가 지니는 중요성은 아무리 강조해도 지나치지 않다. 제2성전기 말기에 활동했던 유대인 저자가 에스겔서의 병거를 하나님의 보좌로 해석하고 이 보좌가 하늘 성전의 중심에 자리한 것으로 간주했다면, 결과적으로 다니엘 7장의 상징적 행동은 왕실 경비대의 교대를 의미하는 것이 아니라 궁전 대제사장의 교대를 가리키는 것이라고 보아야 한다.

다니엘 7장이 성전을 배경으로 삼았으리라는 주장은 네 마리의 해부학적으로 혼합된 짐승과 인자 간의 갈등이 제2성전기 청중들에게는 본질상 **종교적인** 대립으로 해석되었을 가능성에 의해 더욱 강화된다. 데이비드 브라이언은 이 주제를 다룬 그의 단행본에서 기괴한 괴물들의 혼합적인 특징을 고려할 때 그들을 자연적 경계의 위반과 그로 인한 부정함을 표상하는 "수인"(*Mischwesen*)으로 규정할 수 있다고 주장한다.[17] 또한 이 짐승들의 혼합적인 특징은 다니엘서의 독자들이 이미 간파했을 사실, 다시 말해 안티오코스 4세로 인한 참상을 경험한 이스라엘이 직면한 가장 **시급한** 문제는 더럽혀진 신성한 공간의 회복이라는 사실을 강조하는 역할을 했을 것이다.[18] 물론 다니엘서의 주석가들도 종종 이런 점을 지적하지만, 그것이 사실이라고 할 때 이스라엘의 제의적 부정을 되돌릴 인물로 특정된 "인자"가

---

16 이것은 *1 En.* 14.22과도 대단히 유사하다. "불의 바다가 그의 주위에서 불타고 있었고 거대한 불이 그 앞에 서 있었다." 이것은 천상의 성전에서 펼쳐진 것으로 보이는 장면의 일부다.
17 레 11장과 신 14장을 보라. Bryan 1995: 234, 247-78. 이와 동일한 관점이 다음 출처들에서도 예견되고 있다. Ford 1979: 204-46, Porter 1983: 63-86; 95-118.
18 Bryan 1995: 213-15.

분명히 제사장 역할을 자임하리라는 점을 지적하는 학자는 좀처럼 없었다. 어쨌거나 고대 근동의 보편적인 정서에 따라 히브리 전통에서도 성소를 원래 상태로 되돌리는 과제는 경험상 제사장의 감시하에 수행되어야만 했다.[19]

다니엘서의 "인자"에게서 아담의 흔적을 발견할 수 있다는 사실도 다니엘 7장의 초인적 영웅이 사실상 제사장 역할을 하도록 의도되었다는 추가적인 증거다.[20] 인자가 아담과 같은 특징을 지닌다는 주장은 본래 몇 가지 고찰을 통하여 도출된 결론이었다. 첫째, 다니엘 7장에서 "사람의 아들"(인자)이라는 번역의 배후에 놓인 아람어 문구에는 "에노쉬"(*ĕnoš*)라는 단어가 포함되는데, 창세기 타르굼에서는 이 단어가 "하나님의 형상"으로서의 아담에 관해 논하는 1:26에도 등장한다. 이 같은 고찰은 우리가 "땅에 기는"(창 1:26) 동물들을 다스리라고 명령받은 하나님의 형상인 "아담"과 마침내 "세상에 일어날"(단 7:17, GkTheo) 네 마리 짐승을 지배하게 될 "인자" 간의 내러티브-구조적 평행관계를 인지할 때 더욱 인상 깊게 다가온다. 이와 유사한 방식으로 시편 8편과 다니엘 7장—"인자"가 짐승들을 다스릴 "영광"과 "권능"을 얻으리라고 묘사하는 두 텍스트—간의 평행관계는 다니엘서의 "인자"라는 인물이 시편에서 아담으로 묘사되는 "인자" 개념의 확장으로 의도되었음을 시사한다.[21] 두 인물의 연결고리는 존재론적

---

19 요아스와 요시야의 개혁 및 두 왕의 대제사장적 리더십에 관한 묘사와 평행관계를 이루는 고대 근동 자료에 대해서는 Na'aman 2013, Bedford 2001을 보라. 다른 제사장적 개혁 프로젝트의 사례로는 에스라(스 1-6장)와 예후다 마카비(마카베오상 4:41-51)를 들 수 있다. 비록 후자의 제사장 자격에 대해서는 반론을 제기할 여지가 있지만, 적어도 하스몬 왕조 시대 사람들은 이를 분명하게 인정했다(VanderKam 2004: 241-44; Wise 2005: 352-59).
20 아담과 다니엘서의 인자 간의 관계가 고대 유대교 역사에서 어떻게 수용되었는지에 대해서는 Marcus 2003a, 2003b와 Goulder 2002: 25을 보라.
21 Goulder 2002.

공동정체성이 아니라 역할을 공유한다는 사실에 놓여 있다. 따라서 아담에게 제사장 역할을 부여하는 학계의 최근 동향이 올바른 것이라면, 다니엘서의 "인자"도 아담과 마찬가지로 제사장 직무를 수행할 수 있는 충분히 강력한 후보다.[22]

다니엘서의 "인자"와 아담 사이에서 발견되는 보다 두드러지고 의미심장한 공통점은 그들이 경배받는 자의 역할을 공유한다는 점이다. 다니엘 7:14에서 인자는 야웨를 대신하여 합법적으로 경배받는 자로 묘사된다. 더욱이 고대 유대교가 엄격한 유일신 사상을 고수해온 것은 사실이나, 고대 유대교 내에서 적어도 특정 분파에서는 이상적인 상태의 아담에게도 동일한 권리를 부여하였다. 「아담과 하와의 생애」에 나오는 다음 구절을 보라.

> 마귀가 대답하였다. "아담아, 무슨 말이냐? 내가 거기서 추방당한 것은 바로 너 때문이다. 네가 창조되었을 때 나는 하나님의 존전에서 쫓겨났고 천사들의 무리에서도 내침을 당하였다. 하나님이 너에게 **생기**를 불어넣으시고 너의 외모와 형태가 **하나님의 형상에 따라** 만들어졌을 때 미가엘이 너를 하나님 앞으로 데려와서 (우리가) 너를 경배하도록 만들었다. 그리고 주 하나님이 말씀하시길, '아담아, 나는 너를 우리의 형상과 모양대로 만들었다'라고 하셨다. 그리고 미가엘은 밖으로 나가서 천사들을 불러 말하기를, '주 하나님께서 지시하신 대로 주 하나님의 형상을 경배하라'고 하였다."[23]

여기서 「아담과 하와의 생애」 저자는 아담이 하나님의 "형상"이라는 신분

---

22 Beale 2004: 66-70; Morales 2015: 52; Brooke 2016.
23 *L.A.E.* 13.1-14.1.

을 지녔다는 이유로 경배받는다고 분명하게 밝히고 있다. 이 같은 경배가 정당화될 수 있는 근거는 아담이 하나님의 형상으로서 창조세계를 향한 신성의 확장(extension of the godhead)으로 이해되었다는 점이다. 특히 창세기 1장의 아담과 시편 8편의 "인자" 간의 구조적 평행관계를 통해 입증된 것처럼 아담이라는 인물에게서 다니엘서의 "인자"에 대한 개념적 단초를 발견할 수 있다는 점을 고려할 때, 우리는 같은 이유에서 다니엘 7:14에 나타난 인물에 대한 경배가 적지 않은 고대 유대인들의 관념 속에서 정당화될 수 있었으리라고 추정한다. 아담과 다니엘서의 "인자"는 그들이 **하나님의 형상**이라는 이유에서 합당하게 경배받을 수 있다.

그와 동시에 만일 우리가 아담과 다니엘서의 "인자"가 그 자체로 폐쇄적인 집단을 이루는 것으로 생각한다면 우리는 핵심을 놓치는 것이다. 왜냐하면 형상이라는 의미가 어떤 측면에서는 대제사장의 직무에까지 확장되기 때문이다.[24] 이 같은 확장은 아담이 아론 계열 대제사장의 원형으로 기능한다는 전제하에 가능한 것인데, 아론에게 위임된 행위들(출 25-31장)이 야웨의 창조적 활동을 재현하는 것임을 시사하는 다수의 증거도 이 같은 전제를 강화한다(아담 역시 야웨의 창조적 사역을 모방하여 그의 제사장 역할을 수행한다). 더욱 의미심장한 것은 대제사장이 에봇을 입었다는 사실인데, 고대 근동 환경에서 이것은 신상이나 "형상"($ṣelem$)을 장식하는 표준적인 액세서리였다.[25] 고대 유대인들은 대제사장의 지위를 물려받는 일이 **직무를 위해** 아담의 형상을 입는 것이라고 여겼기 때문에 대제사장 자신이 야웨를 대신하여 경배받는 일도 때로는 당연하게 여겨졌다.[26] 아담과 인자 간의

---

24 특히 Fletcher-Louis 1997b, 2004b을 보라.
25 Provan 1999; Mauser 2000: 92; Fletcher-Louis 2004b: 89-90.
26 Fletcher-Louis(1999; 2004a)가 설득력 있게 논증했다.

희미한 평행관계는 **하나님의 형상**으로서의 대제사장이라는 확실한 교차점을 통해 분명하게 모습을 드러낸다.[27] 그런데 이것은 또한 "인자"라는 신분이 상당히 독특한 속성들을 지니는 것처럼 보이지만 사실은 그와 동시에 대제사장이라는 비교적 일상적인 직무를 대표하기도 한다는 것을 의미한다.

다니엘서의 인자가 하나님의 형상으로서 대제사장의 역할을 감당한다는 점을 인정할 때 우리는 다니엘서의 최종 편집자가 기록된 조서들과 "형상"이라는 모티프에 관심을 기울이는 이유를 좀 더 분명하게 이해할 수 있다. 앞서 언급했던 것처럼 다니엘서의 저자는 야웨의 권위가 지닌 우월성을 강조하기 위해 명령이라는 이미지를 반복적으로 사용한다. 느부갓네살이 기록하게 한 다수의 "법령들"(단 2:5, 8, 13, 15; 여기에는 "모든 사람"과 나라들이 그의 신상에 경배하지 않으면 죽임을 당하리라는 명령도 포함된다[3:10])에 대응하여 다니엘 7:10은 그와는 전혀 다른 우주적인 법령들의 모음이 담긴 천상의 책들이 펼쳐지는 광경을 보여주는데, 그 모습은 5:24-28에서 벽에 글자가 쓰이는 사건을 통해 이미 예견된 것이었다. 이방 통치자의 사악한 정책들에 대응하여 주어진 종말론적 법령으로서 이 책들은 "모든 백성과 나라들과 다른 언어를 말하는 모든 자들이" 인자를 섬기는 시나리오가 전개될 최후의 심판에 대한 보증이다(7:14). 그릇되고 이교도적인 칙령들이 최종적으로 파기되는 일은 천상의 책들이 부활의 순간에 펼쳐질 때 성취될 것이다(12:1). 다니엘서의 최종 편집자는 다음 사실을 분명히 한다. 이방 통치자의 정책들은 의인들의 억울함을 풀어주고 영구적인 심판을 선언하는 전혀 다른 책들로 말미암아 전복될 것이다. (7장에서는 다니엘서의 칙령들과 형

---

27 Fletcher-Louis 2004c.

상들을 광범위하게 다룰 것이다.)

하지만 "정당하게 경배를 요구할 수 있는 자는 누구인가?"라는 질문은 경배의 올바른 중심점이라는 또 다른 사안과 분리될 수 없다. 이런 맥락에서 다니엘 7장은 인자가 **참된** 형상으로서, 그리고 이교도들의 거짓된 "우상"에 대한 야웨의 응답으로서 출현할 것이라고 선언하는데, 이것은 다니엘 2장의 환상에서 이미 암시되었으며 다니엘 3장에서는 보다 구체적으로 제시되었다. 다니엘서의 저자에 따르면 오직 하나님의 참된 형상이자 야웨의 제사장적 대리자인 인자만이 경배받을 자격이 있으며 심판을 시행할 권위를 지닌다. 하지만 그 같은 경배를 가능하게 해주는 것은 하나님의 **제사장적** 형상으로서의 직무를 수행할 수 있는 그의 능력이다.

다니엘서의 인자가 대제사장의 자격을 지닌다는 사실은 그가 "구름을 타고"(단 7:13) 강림하리라는 묘사와 관련해서도 절실하게 요청되는 시사점을 제공한다. 설령 이러한 심상이 "구름을 타는 자"로 알려진 가나안의 바알 신에 대한 시각적 묘사에 기원을 두고 있다고 하더라도, 텍스트의 배경에 대한 탐구가 고대 유대교 독자들이 그 텍스트에서 발견해내려고 분투했을 제의적 의미를 퇴색시키지는 않을 것이다.[28] 고대 유대인들의 마음

---

28 단 7장의 바알 숭배 사상의 배경에 대해서는 Emerton 1958, Day 1985: 151-78, Collins, Cross and Collins 1993: 286-89을 보라. 나는 이 가설이 제공하는 유익에 대해 언급하기를 사양하겠다. 하지만 구름이라는 이미지를 창의적인 목적으로 재활용하고자 했던 유대교 편집자의 의도를 전혀 고려하지 않고 그 이미지를 단순히 가나안 신화의 한 요소로 치부하는 것은 Collins(1993: 281)와 동일한 실수를 범하는 것이다. 어쨌거나 그는 다음과 같이 주장한다. "인자와 같은 이가 마르두크 혹은 혹은 가나안의 주신 바알이라고 말하는 것은 그가 대천사 미가엘 혹은 유대 백성의 상징이라고 말하는 것과 전혀 다른 차원의 의미를 전달한다. 차라리 인자 같은 이는 마르두크나 바알이 이교도 신화에서 맡았던 것과 유사한 기능을 수행한다고 말하는 것으로도 충분하다. 이러한 차이는 기본적이지만 종교적-역사적 평행 관계를 논쟁거리로 삼는 사람들이 종종 무시하는 원리다.

속에서 다니엘 7장에 등장하는 구름은 아마도 호렙산의 신성한 공간 위를 떠도는 "빽빽한 구름"(출 19:16)을 연상시켰을 것이다. 그 장면은 시내산 이후에 발생한 다양한 신현 사건에 선례를 제공하는데, 그중 대다수는 성전을 배경으로 삼는다.[29] 요점은 다음과 같다. 고대 유대교에서 구름이 일반적으로 하나님의 임재와 관련되는 것이었다면, 성전에 나타난 구름은 더더욱 하나님의 임재와 관련된다는 것이다. (성서학계는 대체로 후자를 충분히 검토해보지도 않고서 전자를 거부하는 경향을 보이는데, 그 같은 경향은 단 7장에 대한 현대의 해석이 하늘 보좌 장면에 담긴 제의적 암시를 경시하는 이유를 설명해준다.) 더 나아가 존 J. 콜린스가 지적한 것처럼 구름이 인자의 무한한 신성을 상징한다는 제안은 인자가 "명백하게 옛적부터 항상 계신 이에게 종속"된다는 단순한 사실로 인해 좌초되는데, 그 같은 제안은 결과적으로 "성서 전승에서 전례를 찾을 수 없는" 설정이라는 뜻이다.[30] 구름을 단순히 "신성의 형상"으로 축소하는 것은 좋게 말해도 막연하고, 심하게 말하자면 본질을 오도하는 것이다.

나는 다음과 같은 제안이 성서 전승을 좀 더 공정하게 다루는 설명이 되리라고 기대한다. 다니엘 7장을 접한 고대 유대교 독자들은 구름을 타고 오는 인자가 구체적으로 "속죄일"(*yom kippur*)과 관련된 제의를 수행하는 대제사장을 대리하는 상징적 인물이라고 이해했을 것이다. 이스라엘의 연례적인 종교 생활의 흐름 속에서 향로에서 피어오르는 연기를 통해 인위적으로 만들어진 구름은 속죄일의 구심점이 되었을 것이다. 이 모든 과정을

---

29 Lacocque(1979: 146)는 "성서에서 구름이라는 단어가 사용된 용례 가운데 7할가량은 시내산이나 성전을 가리킨다(왕상 8:10-11; 대하 5:13-14; 마카베오하 2장; 참조. 겔 1:4, 10:3-4의 메르카바 환상)"라고 추정한다.
30 Collins, Cross and Collins 1993: 290.

위한 세부적인 지침이 레위기 16장에 기록되어 있다.

> 여호와께서 모세에게 이르시되 "네 형 아론에게 이르라. 성소의 휘장 안 법궤 위 속죄소 앞에 아무 때나 들어오지 말라. 그리하여 죽지 않도록 하라. 이는 내가 구름 가운데에서 속죄소 위에 나타남이니라.…아론은 자기를 위한 속죄제의 수송아지를 드리되 자기와 집안을 위하여 속죄하고 자기를 위한 그 속죄제 수송아지를 잡고 향로를 가져다가 여호와 앞 제단 위에서 피운 불을 그것에 채우고 또 곱게 간 향기로운 향을 두 손에 채워 가지고 휘장 안에 들어가서 여호와 앞에서 분향하여 향연으로 증거궤 위 속죄소를 가리게 할지니 그리하면 그가 죽지 아니할 것이며."[31]

유대인의 절기 가운데 가장 신성하게 여겨졌던 이날에는 하늘과 땅이 교차하여 만나는 모습을 시각적으로 관찰할 수 있었는데, 이때 대제사장이 피우는 향은 제사를 집전하는 동안 그를 보호하는 방화벽 역할만 했던 것이 아니라 그가 경계 공간에 진입할 수 있는 특별한 자격을 얻었음을 상징하기도 했다. 우리는 대제사장 "의인" 시몬(기원전 219-196년)을 향한 벤 시라의 송시에서 구름과 대제사장의 직무를 연관 지었던 이유를 이런 맥락에서 이해할 수 있다.

> [5] 그가 지성소에서 나타나, 사람들에게 에워싸였을 때 그 얼마나 훌륭하였던가! [6] 그는 **구름** 사이에서 빛나는 샛별과 같았고 쟁반처럼 둥근 달과 같았다. [7] 그는 지극히 높으신 분의 성전을 비추는 태양과 같았고 영광의 **구름** 속에서

---

31 레 16:2, 11-13.

빛나는 무지개와 같았으며, ⁸ 봄날의 장미꽃 같았고 물가에 핀 백합 같았으며 여름철의 유향나무 가지와도 같았고, ⁹ 향로에 담긴 불과 피어오르는 향과 같았으며 온갖 보석으로 장식한 순금그릇과 같았다. ¹⁰ 그는 또 열매가 주렁주렁 달린 올리브 나무와 같았고 **구름**까지 치솟은 송백과 같았다. ¹¹시몬이 찬란한 제복을 입고 휘황찬란한 패물로 단장하고 거룩한 제단으로 올라가서 성소 안을 영광으로 충만하게 했을 때에 그 얼마나 장관이었던가!(공동번역)³²

창조 이미지와 제사 이미지를 조합해 놓은 위의 텍스트에서 특히 두드러지는 요소는 구름과 관련된 표현들이 반복적으로 등장한다는 점이다("구름 사이에서"[6절], "영광의 구름 속에서"[7절], "구름까지 치솟은"[10절]). 의심의 여지 없이 구름이라는 상징은 시몬이 속죄일에 합법적인 대제사장으로서 직무를 수행하고 있음을 입증하기 위해 사용된 것이었다.³³ 또 한 가지 의미심장한 점은 (다니엘서의 최종 편집본이 완성된 시기를 전후하여 기록된) 집회서의 저자가 시몬의 대제사장 지위를 확증하기 위해 선택했던 가장 효과적인 수사학적 전략이 다름 아니라 속죄일에 구름 가운데 서 있는 그의 모습을 제시하는 것이었다는 사실이다. 물론 다니엘서에서도 "구름을 타고['*im*]"라는 문구는 인자를 묘사하는 수단으로 사용되었다.³⁴ 집회서 50장이 우리에게 남겨진 대제사장의 스냅사진 가운데 최상의 것이라면 다니엘 7장은 그에 버금가는 자료라고 할 수 있다.

---

32 집회서 50:5-11.
33 집회서 50장의 속죄일 배경에 대해서는 다수의 주석가가 인정하고 있지만, Fearghail 1978, Hayward 1996: 50은 이 주장을 수용하지 않는다.
34 Hartman and Di Lella(1978: 206)와 Collins, Cross and Collins(1993: 311 n. 297)가 강조했던 것처럼 아람어 전치사 "임"('*im*)은 "위에" 혹은 "안에"를 의미할 수 있다.

더욱 유력한 증거는 구름이 다니엘서와 레위기에서 사용되는 독특한 제사 용어들과 함께 등장한다는 점이다. 우리는 다니엘 7:13b에서 편집자가 제의적 맥락을 염두에 두고서 "인자"를 소개한다는 명백한 암시를 발견할 수 있다. "인자 같은 이가…옛적부터 항상 계신 이에게 나아가 그 앞으로 인도되매[MT haqrĕbûhî; DanTh prosnechthē]." 여기서 우리는 다니엘 7장의 아람어 텍스트에 사용된 "하크레부"(haqrĕbûh)라는 동사형의 동족어인 "카라브"(qrb)가 히브리 성서에서 언제나 제의적 맥락에서 사용되었다는 사실을 지적해야만 한다. 일례로 이스라엘 백성 가운데서 최초로 공식적인 제사장을 위임하기에 앞서 모세는 아론과 그의 아들들을 취하여 **그들을 가까이 오게**(MT haqrēb; LXX prosagagou) 하라는 지시를 받는다.[35] 이 동사가 다른 문맥에서는 제사 행위를 가리키는 데 사용되는데, 심지어 어린 사무엘의 경우에는 사람이 제물이 되기도 한다(삼상 1:25).[36] 이를 바탕으로 인자가 "옛적부터 항상 계신 이" 앞으로 인도되었을 때 그는 상징적인 의미에서 제사장으로 위임받았거나 혹은 자신을 희생제물로 드렸던 것이라고 제안한다 해도 그것이 전혀 무리한 해석은 아닐 것이다. 나는 위에서 제시한 두 가지 선택지를 전적으로 배제하지는 않으면서도 좀 더 핵심을 지적하는 설명을 제시하고자 하는데, 다름 아니라 한편으로는 인자가 "하늘 구름을 타고 와서" 옛적부터 항상 계신 이 "앞으로 인도"된다고(qrb) 묘사하는 다니엘 7:1과 다른 한편으로는 대제사장이 구름 같이 자욱한 향 연기 속에서 야웨 앞으로 "들어"간다고(qrb) 묘사하는 레위기 16:1-13 사이에 유비 관계가 암시되고 있다는 것이다. 이 두 텍스트는 비교해볼 가치가 충분

---

35 출 28:1. 마찬가지로 출 29:4, 8; 40:12, 14; 레 8:13 등.
36 출 29:10; 레 1:2, 3, 10; 3:1 등.

하다.[37]

내가 또 밤 환상 중에 보니 인자 같은 이가 하늘 **구름을 타고**['*im-'ănānê*] 와서 옛적부터 항상 계신 이에게 나아가 그 앞으로 **인도되매**[MT: *haqrĕbûhî*, DanTh: *prosnechthē*] (단 7:13).

아론의 두 아들이 여호와 앞에 **나아가다가**[*bĕqorbātām*] 죽은 후에 여호와께서 모세에게 말씀하시니라. 2 여호와께서 모세에게 이르시되 "네 형 아론에게 이르라. 성소의 휘장 안 법궤 위 속죄소 앞에 아무 때나 들어오지 말라. 그리하여 죽지 않도록 하라. 이는 내가 **구름 가운데에서**[*bĕ'ānān*] 속죄소 위에 나타남이니라. 3 아론이 성소에 들어오려면 수송아지를 속죄제물로 삼고 숫양을 번제물로 삼고 4 거룩한 세마포 속옷을 입으며 세마포 속바지를 몸에 입고 세마포 띠를 띠며 세마포 관을 쓸지니 이것들은 거룩한 옷이라. 물로 그의 몸을 씻고 입을 것이며 5 이스라엘 자손의 회중에게서 속죄제물로 삼기 위하여 숫염소 두 마리와 번제물로 삼기 위하여 숫양 한 마리를 가져갈지니라. 6 아론은 자기를 위한 속죄제의 수송아지를 **드리되**[*wĕhiqrîb*] 자기와 집안을 위하여 속죄하고 7 또 그 두 염소를 가지고 회막 문 여호와 앞에 두고 8 두 염소를 위하여 제비 뽑되 한 제비는 여호와를 위하고 한 제비는 아사셀을 위하여 할지며, 9 아론은 여호와를 위하여 제비 뽑은 염소를 속죄제로 **드리고**[*wĕhiqrîb*] 10 아사셀을 위하여 제비 뽑은 염소는 산 채로 여호와 앞에 두었다가 그것으로 속죄하고 아사셀을 위하여 광야로 보낼지니라. 11 아론은 자기를 위한 속죄제의 수송아지를 **드리되**[*wĕhiqrîb*] 자기와 집안을 위하여 속죄하고 자기를 위한 그

---

37 어근 "qrb"에서 파생된 단어들과 어근 "'nn"에서 파생된 단어들은 굵은 글자로 표시했다.

속죄제 수송아지를 잡고 12 향로를 가져다가 여호와 앞 제단 위에서 피운 불을 그것에 채우고 또 곱게 간 향기로운 향을 두 손에 채워 가지고 휘장 안에 들어가서 13 여호와 앞에서 분향하여 **향연**[*ānān*]으로 증거궤 위 속죄소를 가리게 할지니 그리하면 그가 죽지 아니할 것이며"(레 16:1-13).

다니엘 7:13이 암시하고자 의도했던 바가 무엇이든 간에, 그리고 이 텍스트가 고대의 어떤 신화들에 기원을 두고 있든지 간에 우리가 간과할 수 없는 분명한 사실은 본 절과 레위기 16:1-13에서 "아난"(*ānān*)과 "카라브"(*qrb*)의 동일한 조합을 의도적으로 사용하고 있다는 점이다. 다니엘 7장의 저자가 레위기 16장을 의식적으로 참조했다는 점은 분명해 보이는데, 그렇다면 하늘 보좌 장면은 사실상 대제사장이 속죄일 제사를 집전하는 내러티브를 드라마화한 것이라고 말할 수 있다. 이 같은 해석의 장점은 다니엘서에서 일견 무의미해 보이는 "성도들"의 고난이 시사하는 바를 설명해 준다는 점이다. 대제사장이 집전하는 속죄일 제사에서는 짐승의 피를 제단에 쏟는 일이 핵심적인 요소였는데, 레위기 16:1-13을 상징적으로 재연한 다니엘 7:13은 이 일이 성도들의 순교를 통하여 한층 더 강력하게 성취되었음을 암시한다.[38]

의인의 고난을 속죄일과 결부시키는 전통이 다니엘서에만 국한된 것은 아니다. 쿰란 문헌에서도 이와 유사한 개념을 발견할 수 있는데, 여기서는 "선한 세력과 악한 세력[박해자들] 간의 투쟁을 상징하는 속죄일이 공동체의 정체성을 규정하는 연례 절기의 중요성을 강화하는 모형론적 도구

---

38 여기서 "성도들"(*hagioi*)이 누구인가 하는 문제에 대해서는 추가적인 논의가 필요한데, 뒤에서 자세히 다룰 것이다.

로 사용되었으며, 그들은 박해자로 인한 고뇌를 일종의 '하나님의 채찍'으로 여겼던 것으로 보인다."[39] 이와 유사하게 「마카베오4서」에서도 일곱 아들의 순교 이야기는 레위기 16장을 핵심 모티프로 삼고서 의인들의 죽음이 속죄일에 드려지는 피에 상응하는 것이라고 제안한다.[40] 그렇다고 해서 다니엘 7장이 이와 같은 텍스트들에 직접적인 영감을 제공했으리라고 주장하는 것은 아니지만, 그 당시의 유대교는 의인과 악인 간의 갈등을 우리가 다니엘 7장에서 보는 것처럼 속죄일 희생제사의 재현으로 해석하는 경향이 있었다.

다니엘 7장의 제의적 속죄 개념은 이교도들의 박해와 압제로 말미암아 사자 굴에 던져져 속죄의 상징이 되어야만 했던 다니엘 6장의 "영웅적 인물"과, 그와 유사하게 위선적인 이교도들을 제압하고 구원을 성취한 "인자" 간의 암묵적인 평행관계를 통해 가장 분명하게 드러난다. 다니엘 6장에 이어 7장도 독자들에게 이전과는 다른 무대와 다른 등장인물들을 통해 소개되는 유사한 속죄 이야기를 발견하도록 초청한다. 마찬가지로 다니엘 9장에 이르게 되면 독자들은 "일흔 이레"(490년)의 정점을 이루는 대-희년(super-jubilee)과 함께 "허물이 그치며 죄가 끝나며 죄악이 용서되며…지극히 거룩한 이가 기름 부음을 받"는 때가 도래할 것을 기대하게 되는데(9:24), 그날은 최후의 장엄한 속죄일이 될 것이다. 이러한 속죄 사건이 어떤 의미에서 다니엘 7장을 재현한 것이라고 해석할 수 있다면, 우리는 인자의 행동들도 그와 마찬가지로 속죄일 제의들과 밀접하게 관련될 것이라고 기대할 수 있다.

---

39 Stökl Ben Ezra 2003: 98-99; 참조 Gilders 2012.
40 Stökl Ben Ezra 2003: 116; 참조 4 Maccabees 5-18.

다니엘 7장을 이런 방향으로 해석하는 것은 다니엘서의 전반적인 목적, 다시 말해 이 책의 최종 편집자가 7-12장(특히 7장)에서 제시하는 불확실한 상황과 관련하여 제기하고자 했던 내용과도 일맥상통한다. 안티오코스 4세가 성전을 훼손하고 토라를 준수하는 유대인들을 잔혹하게 박해한 사건에 초점을 맞춘 다니엘서의 후반부는 신정론에 관한 질문(어찌하여 하나님의 백성이 수난을 당하는 것이며, 하나님의 대적들은 장차 어떻게 될 것인가?)에만 아니라 제의에 관한 질문(더럽혀진 성전은 어떻게 회복될 것인가?)에도 관심을 기울인다. 첫 번째 질문에 대한 답변이 본문에서 완전한 형태로 주어진 적은 없지만 다니엘의 네 가지 환상은 의인의 고난(단 7:23-25; 8:11-13, 23-25; 9:25-27; 11:28-35)이 하나님의 결정에 따라 진행되고 마침내 종말론적 부활로 귀결되는(단 12장) 일련의 사건들 가운데 하나라고 규정한다. 다니엘서의 최종 편집자는 서로 무관해 보이는 일련의 수난들을 단계적으로 재구성하였고 후대의 전승은 그것을 야웨의 구원을 위한 시험(*peirasmos*) 혹은 메시아적 환난으로 받아들인 것이다.[41] 두 번째 질문(더럽혀진 성전은 어떻게 회복될 것인가?)에 대한 답변은 첫 번째 질문에 대한 답변과 무관하지 않다. 다니엘 7장의 텍스트는 인자가 **"어떻게"** 왕위를 상속받을 것인지 구체적인 메커니즘을 설명하는 일보다는 그가 왕위를 상속받는다는 **사실**을 확증하는 일에 더욱 관심을 가지는 것처럼 보이지만, 분명한 것은 불경스러운 짐승들에 대한 인자의 승리가 어떤 식으로든 "성도들"의 고난을 통하여 실현된다는 점이다. 다니엘서의 최종 텍스트에서 고난의 문제와 훼손된 제사의 문제는 인과론적으로 서로 연결되어 있다. 예언자 다니엘의 고난이 야웨 숭배를 위해 안전한 제의 공간을 만들어주었던 것처럼, 다니엘

---

[41] Pitre 2005: 51-62.

7장에서는 하나님의 신실한 성도들의 고난이 다니엘 2장에서 예견했던 종말론적 성전에 상응하는 새로운 성소의 성결을 회복하는 도구라는 사실이 드러난다.

마지막으로 내가 여기서 제안하는 해석은 다니엘서에서 인자를 지극히 초월적인 존재로 묘사하는 이유를 설명해줄 뿐 아니라, 인자라는 인물은 과연 신적 존재인가, 신과 유사한 존재인가, 아니면 그보다 열등한 존재인가 하는 난감한 질문을 해결하는 데도 크나큰 도움이 된다. 나는 여기서 제시하는 해석이 우리를 하나님의 존재에 관한 불가피하게 사변적인 논쟁으로 끌어들이는 대신에 위의 세 가지 선택지 가운데 첫 번째와 두 번째의 중간쯤에 안착시킬 수 있다고 믿는다. 이 같은 결론은 이스라엘의 대제사장이 직무를 행할 때 그는 사실상 신적 존재의 연장(extension)이었음을 전제하는 것으로 보인다. 이런 논리에 따르면 인자가 옛적부터 항상 계신 이의 옆에 자리 잡았을 때 그는 옛적부터 항상 계신 이의 신성에 참여할 뿐만 아니라 옛적부터 항상 계신 이의 유일한 대제사장으로서 일하는 것이며, 바로 그런 이유에서 그 옆에 서 있는 것이다.[42]

3) "성도들"은 누구인가?

앞에서 인자가 대제사장과 동일시될 수 있음을 보여주는 설득력 있는 증거들을 제시한 덕분에 이제 우리는 본 장에서 그다음으로 난해한 문제, 다시 말해 "성도들"(*hagioi*)의 의미를 이해하는 데도 조금 더 유리한 위치를 점하게 되었다. 이 사안과 관련해서 몇 가지 짚고 넘어가야 할 요점들이 있다.

---

[42] 인자의 정체성을 신으로 규정하는 학자로는 Mowinckel 1956: 352-53, Beasley-Murray 1983: 55, Caragounis 1986: 79, Goldingay 1989: 171, Miller 1994: 208-10, Zehnder 2014 등이 있다.

첫째, 우리는 "성도들"과 "인자" 사이에 대단히 복잡하면서도 쉽사리 간과할 수 없는 긴밀한 상관관계가 존재한다는 사실을 발견하게 된다. "성도들"의 원한을 풀어주기 위하여 심판이 선언되었던 것처럼(단 7:22) 인자를 신원하기 위해서도 동일한 심판이 선포되었다(10-14절). 또한 "성도들"이 "영원한 나라를 얻고 그 나라를 누리게" 되었던 것처럼(7:18; 참조. 22, 27) 인자에게도 "권세와 영광과 나라"가 주어질 것이다(14절). 이처럼 인자와 성도들의 운명은 서로 얽혀 있다. 둘째, 다니엘 7장에서는 이방 신들, 그리고 그들이 대변하는 이방 통치자들과 왕국들이 어떻게 권세를 차지하게 되었는지 자세히 밝히지는 않지만(물론 고대 독자들은 과거 역사에 대한 기억을 토대로 이방 나라들의 잔혹한 폭력을 마음에 떠올릴 것이다), 텍스트는 "성도들"이 환난을 이겨낸 후에 권세가 마침내 인자에게 넘겨지리라는 점만은 분명히 밝히고 있다.[43] 따라서 인자와 그의 이방 대적자가 **어떻게** 권세를 차지하는지를 대조해보면 흥미로운 결과를 얻을 수 있다. 짐승들이 자신들의 권력을 유지하기 위해 고난을 **가하는** 반면 "성도들"은 인자와 연합되어 있는 자신들의 권세를 지키기 위해 고난을 **견뎌낸다**. 고대 유대교 사상에서 이교도의 폭력으로 말미암은 의인의 고난이 제의적 기능과 연결되는 것으로 여겨졌다는 점에서 다니엘 7장은 인자와 마찬가지로 "성도들"에게도 제사장 역할이 부여되었을 가능성(더 나아가 개연성)을 보여준다. 셋째, 다니엘 7장은 곤경에 처한 공동체를 격려하기 위해 기록된 것임이 거의 분명한데, 그렇다면 또한 우리는 여기서 저자 다니엘이 독자들에게도 자신들의 고난을 "성도들"의 고난과 동일시하도록 초청하는 것이라고 가정할 수 있다.[44] 장

---

43 단 7:18, 21, 22, 25.
44 상당수의 학자들은 여기서 "성도들"이 사람이 아니라 천사들을 뜻한다고 주장하는데, 이 같은 견해는 동일한 "성도들"(*hagioi*)이 "괴롭힘을 당할 것"(7:25)이며, 마침내 작은 뿔, 다

차 "성도들"이라고 불리게 될 신실한 자들은 안티오코스 4세와 같은 폭군으로 말미암은 고난을 견뎌내도록 부름받았을 뿐만 아니라 그 같은 고난의 저편에서 그들에게 주어질 상급을 위해서도 부름받았다.[45]

한편 하나님의 "성도들"은 장차 전개될 우주적 드라마 속에서 그들에게 맡겨진 역할을 지속적으로 감당해야만 하는데, 그들은 성실과 인내로 제사장의 직무를 완수한 후에 마침내 인자와 함께 "보좌들"을 상속받을 것이다(단 7:9). 이것이 그들에게 주어지는 보상이다. 다니엘 7장이 시사하는 대로 신실한 성도들은 심지어 순교하기까지 고난받을 것이지만, 이처럼 비극적인 사건들은 마침내 하나님이 이끌어가고 왕국의 도래와 부활을 통한 의인들의 신원으로 절정에 이르게 될 역사의 과정을 진전시키는 도구가 될 것이다. 근본적으로 다니엘 7장은 비록 슬픔과 고뇌로 가득하지만 그러면서도 희망을 제시하는 공동체의 이야기를 재구성한 장엄한 서사시다. 따라서 "성도들"이라는 명칭은 신자들의 공동체를 단순히 (셀레우코스 왕조의 악당들과 대비되는) "착한 사람들"로 규정하는 것이 아니라, 신성한 공간을 회복하는 과업에 동참함으로써 보상받고 심지어 그 과정에서 천사와 같은 모습으로 변화하게 될(막 12:25과 병행 구절) "인내하는 의인들"로 규정한다.

시 말해 안티오코스 4세의 손에 패배할 것이라는(7:21) 성서의 증언으로 인해 심각한 문제에 봉착한다. 달리 표현하자면, 만일 "성도들"이 육체가 없는 천사들이라면 어떻게 그런 천사들이 안티오코스 같은 사람에게 경멸받고 **수난을 당할** 수 있는 것인지 설명하기가 쉽지 않다는 뜻이다. 물론 그리스어 "하기오이"와 그에 해당하는 히브리어 단어가 히브리 성서의 세계에서 사람들을 가리키기보다 천사들을 가리키는 경우가 더 많다고 하더라도 이 명칭이 기독교 이전 시기와 특히 초기 기독교 세계에서 의로운 사람들에게 적용되었을 가능성을 간과할 수는 없다(신 33:3; 시 16:3; 34:9; 1QM 10.10; 행 9:13, 32, 41; 26:10; 롬 1:7; 8:27; 12:3; 15:25, 26, 31; 16:2, 15; 고전 1:2; 6:1; 히 6:10; 13:24; 계 5:8, 9; 8:3, 4 등).

45 대부분의 학자들이 이에 동의한다. Hartman and Di Lella 1978: 91; Goldingay 1989: 170-71; Lucas 2002: 192; Boyarin 2012: 152.

4) 종합

나는 지금까지 다니엘 7장의 환상이 주로 제의적 관심사에 초점을 맞추고 있다고 주장해왔는데, 그렇다고 해서 이 환상의 정치적 특성을 무시해야 한다는 의미는 아니다. 어쨌거나 이방 세력의 신성모독이 초래한 위기에 하나님이 답하는 방식은 다름 아니라 "왕국"을 세우는 것이었는데(2:44; 7:12, 14, 18, 22, 24, 27), 그 왕국은 이방의 네 왕국에 대응하여 언약의 약속을 실현하기 위한 수단이었다. 여기서 우리에게 주의사항과 제안이 동시에 주어진다. 먼저 주의사항이다. 다니엘 7장과 하나님 나라에 대한 예수의 이해 간의 연관성을 탐구하기에 앞서 우리는 고대 유대교에서 하나님 나라가 본질상 제의적 개념이 **아니라** 정치적 개념이었다고 추정하는 어리석음을 범하지 않아야 한다. 종교-정치적인 이방 왕국들을 대체하는 종말론적 신정국가에 대한 다니엘 7장의 환상을 통해 우리는 예수와 그의 동료들이 정치적인 동시에 종교적인 왕국 개념을 견지하고 있었음을 발견하게 된다. 물론 이 같은 제안이 다니엘 7장에 즉위식 장면(현대인들의 관점에서는 명백하게 제왕적 직무를 연상시키는)이 자세하게 묘사되어 있다는 사실과 대치되는 것도 아니다. 여기서 우리는 다시 한번 하스몬 왕조를 상기할 필요가 있는데, 그들은 의도적으로 자신들을 "지극히 높으신 이"의 제사장으로 제시하기 위해 다니엘 7장과 창세기 14장의 언어를 채용함으로써 당시에 논란을 불러일으켰다. 하스몬 왕가의 통치자들은 멜기세덱과 "인자"의 경우를 염두에 두고서 자신들이 합법적으로 다윗 가문의 왕과 대제사장의 신분을 동시에 지니고 있으며 두 신분이 서로 상충하지 않는다고 주장했다. 이 같은 주장은 전혀 기이한 것이 아니었으며, 오히려 종말론적 다윗의 자손에 대한 당대의 기대에 부응하는 것이었다. 실제로 하스몬 왕가의 이 같은 주장은 예루살렘을 구심점으로 하는 통일된 이스라엘에 대한 열망의 실현을 위한 조건이 충족되어감에 따라, 특히 (기원전 142년에) 국가의 독립을 성취한 이후로 점점 더 타당하게 여겨졌다. 다니엘 7장의 즉위식 장면은 [왕의] 대관식인 동시에 [제사장의] 위임식이었다.

하스몬 왕조의 왕들이 자신들을 "다윗"과 동일시하는 동시에 다니엘서의 "인자"와도 동일시하고자 했던 것은 크게 문제가 되지 않는다. 오히려 랍비 시대 주석가들이 인자를 다윗의 자손으로 해석하는 경향을 보였던 점을 고려할 때(b. Ḥag. 14a; b. Sanh. 38b) 하스몬 왕조의 지지자들 대다수는 자연스럽게 다윗과의 동일시가 인자와의 동일시를 수반한다는 점에 동의했을 것이다. 30년 전에 출간된 폴 모스카(Paul Mosca)의 탁월한 연구서도 이 같은 추론을 지지한다. 그는 다니엘 7장에서 인자가 혼돈을 굴복시킨 사건과 시편 89편에서 다윗이 동일한 세력을 물리친 사건 사이에 의미심장한 평행관계가 존재한다고 주장한다. 이 같은 평행관계는 다윗이 무자비한 바다 생명체들을 잠잠하게 만든 사건과(시 89:9-10) 인자가 바다에서 출현한 짐승들을 잠재운 사건을 비교함으로써 일차적으로 증명된다. 더 나아가 모스카는 야웨가 다윗의 "손을 바다 위에 놓으며 오른손을 강들 위에"(시 89:25) 놓으리라고 했던 약속은 틀림없이 바알이 바다의 신 "얌"과 강들의 신 "나하르"를 굴복시킨 사건을 모방한 것이라고 주장하는데, 이런 이미지들 역시 자연스럽게 다니엘 7장과 연결된다.[46] 하스몬 왕조 시대의 유대인들은 시편 89편과 같은 텍스트들에 굳게 의존하여 다니엘서의 인자에게서 "환생한 다윗"(David *redivivus*)의 그림자를 보았을 것이 거의 분명하며, 다윗에게서는 환생한 인자의 그림자를 볼 수 있었을 것이다.[47] 한마디

---

46 Mosca 1986: 512.
47 Beasley-Murray 1983; Gese 1983.

로 1세기에 자신을 다윗의 자손과 동일시하는 인물이 있었다면, 그는 자신을 다니엘서의 인자와 동일시하는 일도 거부할 이유가 없었을 것이다.

요약하자면 나는 고대 독자들이 다니엘 7장을 상징적인 이야기로 이해했으리라고 제안하는데, 그 이야기는 첫째로 속죄의 시행을 통한 신성한 공간의 재건(다시 말해 이방 통치자들의 침략으로 인해 부정해진 성전 마당의 정화)에 관한 것이며, 둘째로 그 같은 속죄를 시행하기 위한 위임식에 중점을 둔 이야기다. 여기서 제사장으로 위임받은 자와 속죄의 대리자는 다름 아니라 인자다. 이 같은 속죄 과정의 절정에서 인자는 성전 지성소 안에 임재한 옛적부터 항상 계신 이의 오른편으로 자리를 옮기는데, 그곳은 바로 하나님 나라의 지휘통제실이다. 다니엘서가 묘사하는 하나님 나라는 종교적인 요소와 제왕적인 요소들이 혼재된 이데올로기에 의존하는 이방 왕국들과 마찬가지로 정치적인 동시에 종교적인 실재이며, 그 나라를 대표하는 머리는 제왕적-제사장적 인물인 인자다.

2. 역사적 예수와 다니엘서의 인자

1) 예비적 고찰

이제까지 다니엘 7장의 인자가 종말론적 대제사장으로 해석될 가능성이 열려 있다는 점을 논증했는데, 그렇다면 과연 예수 자신도 여기서 제시된 것과 유사한 해석을 공유했는지 질문해볼 필요가 있다. 본서의 처음 네 장에서 나는 예수가 자신을 이스라엘의 마지막 대제사장으로 여겼다는 점을 입증하고자 했다. 만일 이것이 사실이고 다니엘서의 인자가 대제사장적 인물이라는 주장도 사실이라면, 우리는 역사적 예수가 정확히 다니엘서의 대제사장적 인자를 연상시키는 의미에서 "인자"라는 호칭을 자신에게 적용했으리라고 확신 있게 제안할 수 있을 것이다. 이 장의 나머지 부분에서는 이 가설을 입증하기 위해 먼저 마가복음 2:1-12과 병행 구절들을 살펴볼 것이다.

하지만 그에 앞서 몇 가지 초기 전제들을 밝힐 필요가 있다. 가장 중요한 전제는 인자에 관한 모든 말씀에 공통되는 특징, 특히 예수가 이 불가사의한 인물을 삼인칭으로 표현하는 경향을 보였다는 사실에서 도출될 수 있다. C. F. D. 모울이 강력하게 주장했던 것처럼 "그 사람의 아들"(인자)이라는 문구가 사실상 기독교 이전 유대교에서는 생소한 형태였음에도 불구하고(그들은 관사가 없는 "사람의 아들"이라는 표현을 선호했다) 복음서 전통에서는 예외 없이 관사를 동반한 형태로 등장한다는 사실은 결코 우연일 수가 없다.[48] 모울에 따르면 이 같은 현상은 예수가 "그 사람의 아들" 혹은 "저 사람의 아들"에 대해 언급할 때 그가 청중들에게 자기 자신을 소개한 것도 아니고 그렇다고 해서 그들이 고대하던 어떤 묵시적 인물을 소개하는 것도 아니며, 사실상 다니엘 7장의 텍스트에 묘사된 문자적인 "인자"를 염두에 두었음을 시사한다. 이 같은 설명은 내가 앞서 언급했던 전제, 다시 말해 예수가 인자라는 표현을 다니엘 7장에서 가져왔다는 전제를 되풀이하는 것은 아니며, 오히려 나의 전제를 더욱 명료하게 만들어준다. 예수는 "그 사람의

---

48 "사람의 아들"이 관사를 수반한다는 복음서의 일반적인 원칙에서 벗어나는 유일한 예외는 요 5:27이다. "또 **인자됨으로 말미암아**[*hoti huios anthrōpou estin*] 심판하는 권한을 주셨느니라." 하지만 Cowell의 원칙에서 이것은 전적으로 예외라고 말하기는 어렵다. 왜냐하면 "*estin*"에 선행하는 부정 서술어는 관사를 수반하는 것과 같은 의미로 이해되어야 하기 때문이다. 이와는 대조적으로 기독교 이전 텍스트에서 관사를 동반한 구절이 등장하는 소수의 사례가 있다. 1QS 11.20에서 관사가 사용되었으며, "에녹의 비유" 여러 군데(*1 En.* 46.2, 3, 4; 48.2; 62.5 등)에도 그런 사례가 있다. 하지만 「에녹1서」에서는 46.1에 처음 등장하는 "인자"를 염두에 두고서 "앞에 언급된" 인자라는 의미에서 관사가 사용된 것이 분명하다.

아들"을 언급할 때 근본적으로(배타적으로는 아니더라도) 그의 청중들을 역사적 인물이 아니라 텍스트상의 인물에게로 안내한다.

나는 적어도 두 가지 점에서 모울의 주장에 동의한다. 첫째, 우리는 묵시적이고 역사적인 가상의 인물로부터 텍스트상의 인물로 시선을 옮김으로써 초기 교회가 복음서 내러티브 밖에서는 어째서 이 호칭을 예수에게 좀처럼 적용하지 않았는지 설명할 수 있게 된다. 그뿐 아니라 어째서 이 호칭이 사용될 때마다 순교에 대한 암시가 가까운 곳에서 등장하는지도 이해할 수 있게 된다.[49] 만일 예수가 "그 사람의 아들"이라는 호칭을 그의 상황과 독특하게 관련된 적대행위의 이유를 해석해주는 내러티브와의 연결고리로 사용한 것이라면, 이것은 예수의 다른 주요한 호칭들("하나님의 아들", "주", "그리스도", "구원자")이 부활 이후에 복음서 이외의 전승에서도 풍부하게 사용되었던 반면 "인자"라는 호칭은 거의 사라져버렸다는 얼핏 보기에 흥미로울 수 있는 사실을 설명해줄 수 있다. 둘째, 우리는 이 같은 해석을 토대로 어째서 예수가 "인자"를 꾸준히 삼인칭으로 표현했는지 설명할 수 있다. 물론 이런 기이한 현상에 대해서는 몇 가지 다른 설명들도 존재한다. 예컨대 아주 이른 시기의 학자들은 예수가 "인자"라는 호칭을 자기 자신이 아니라 묵시적 인물을 가리키기 위해 사용했다는 주장을 고집했다.[50] 하지만 이런 해석에는 커다란 문제가 있는데, 만일 그것이 사실이라면 우리는 복음서 저자들 가운데 아무도 이 같은 정보를 얻지 못했다고 말해야 하

---

49 Moule (1977: 17)은 두 가지 사례를 제시한다. 첫 번째는 행 7:56인데, 여기서는 순교자 스데반이 "하늘이 열리고 인자가 하나님 우편에 서신 것을 보노라"라고 외친다. 두 번째는 야고보의 순교와 관련된 증언이다(Eusebius, *Hist. eccl.* 2.23.13).
50 Strauss(1972[1835]: 281-83)는 처음 이런 주장을 제기했던 학자 중 하나다. 그를 이어 Bultmann(1968[1921]: 150-52 등)과 Tödt(1965[1959])가 뒤를 따른다.

는데(불트만은 복음서 저자들이 그런 정보에 특별히 관심을 기울이지 않았을 것이라고 재빨리 덧붙인다), 왜냐하면 네 명의 복음서 저자 모두 일반적으로 인자에 관한 예수의 말씀을 어떤 식으로든 예수 자신에 관한 선언으로 받아들이는 것으로 보이기 때문이다. 한편 예수와 인자 간에 일대일 대응 관계가 존재한다고 주장하는 학자들은 예수의 삼인칭 사용이 신성모독의 혐의를 피하기 위한 전략이었다고 설명한다. 이것도 불가능한 주장은 아니지만, 예수가 복음서 내러티브의 다른 곳에서 (일인칭으로) 거침없이 표현했던 주장들이나 그가 신성모독에 대한 유죄판결이 확정된 후에도(막 14:62) 계속하여 삼인칭 표현을 사용했던 점을 볼 때 그리 타당해 보이지 않는다. 이 두 가지 입장과는 달리 나는 예수가 "인자"를 삼인칭으로 표현한 이유는 단순히 그가 청중들의 시선을 다니엘 7장에 묘사된 인물과 행동에 집중시키고자 했기 때문이었다고 확신한다. 그런 가운데도 그는 한편으로는 성서 전체에서 이 호칭이 사용된 용례들과 뉘앙스도 의식하고 있었을 것이다.[51] 이 같은 주의사항들을 염두에 두고 복음서에서 "인자"라는 호칭이 사용된 에피소드 하나를 살펴보겠다.

---

51 따라서 우리는 "인자"를 포로귀환과 연결하는 시 80:17이나 혹은 "인자"가 연약함과 영광을 동시에 지닌 인간의 역설적인 상태를 상징하는 것처럼 보이는 시 8:4 같은 구절이 이런 흐름을 형성하는 데 영향을 끼쳤을 가능성도 배제할 수 없다. 이런 맥락에서 G. B. Caird(1963: 94-95, Moule 1977: 20에서 재인용)가 갈릴리 사람들은 이 문구를 "그가 본질적으로 특히 연약함과 비천함에 있어서 인간과 동질성을 지니고 있음을 가리키는 동시에 그가 새로운 이스라엘을 대표하고 하나님의 심판과 왕국을 짊어지는 특별한 역할을 위해 예정되었음을 가리키기 위해" 사용했다고 주장한 것이 틀렸다고 말하기는 어렵다. 더욱이 인간의 연약함이라는 개념이 복음서 전승에 그토록 깊이 뿌리내리고 있음을 고려할 때 우리는 "예수가 자신을 가리켜 '인자'라고 불렀을 때 그는 아마도 에스겔이 하나님께 받았던 소명, 다시 말해 비천함과 고난 가운데 섬기라는 말씀을 염두에 두었을 것이다"라는 Eduard Schweizer(1970: 171)의 말에 동의하지 않을 수 없을 것이다.

2) 중풍병자의 치유(막 2:1-10과 병행 구절)

세 복음서는 예수가 인파로 가득한 집에서 가르침을 선포한 이야기를 전하는데, 이때 사람들이 한 중풍병자를 지붕 위에서 달아내려 그에게 병을 고쳐 달라고 요구한다. 예수는 병자를 고치기에 앞서 그곳에 모인 무리에게 그가 어떤 동기에서 그를 치유하는지 (세 복음서 모두 동일한 문구로) 설명한다. "그러나 인자가 땅에서 죄를 사하는 권세가 있는 줄을 너희로 알게 하려 하노라."[52] 한때 마가가 (하나는 치유와 관련되고 다른 하나는 사죄의 행위와 관련된) 두 개의 독립적인 이야기를 하나로 통합시켰다는 불트만의 주장이 크게 호응을 얻었던 것이 사실이지만, 오늘날에는 이 에피소드의 통일성과 진정성을 의심하기보다는 인정하는 것이 대세다.[53]

여기서 우리는 세 가지 사실을 관찰할 수 있다. 첫째, "인자", "권세", "땅에서"라는 표현을 한데 묶음으로써 예수는 임박한 그의 치유를 다니엘 7장의 언어로 설명하고자 한 것이다.[54] 예수가 다니엘서 텍스트의 세 가지 결정적인 용어를 동원하여 그의 치유를 설명한다는 점을 고려할 때 그가 여기서 마치 "나는 세상에서 죄를 사하는 권세가 우리 인간들에게 있다는 사실을 너희에게 알리고자 한다"라고 말하기라도 한 것처럼[55] "인자"라

---

52 마 9:6//막 2:10//눅 5:24.
53 Bultmann(1968 [1921]: 212-13)의 견해를 따르는 학자로는 Taylor 1966: 191, Gnilka 2010 (1978): 96을 들 수 있다. Dibelius(1935: 66-67)는 이것과 다른 양식비평적 판단을 내리는데, 그는 이 구절이 본질적으로 통일성을 지니고 있다고 주장한다. 비교적 최근에는 다른 근거로 이와 유사한 주장을 펼치는 학자들이 있다. Dewey 1979: 66-76; Hampel 1990: 188-90; Sung 1993: 210-15; Collins 2007: 184.
54 다니엘서의 인자에게 "권세"가 주어지는 일(*edothē autō exousia* 단 7:14 LXX; 참조. 7:6, 12, 26, 27)은 "땅에서"(*epi tēs gēs* 단 7:17 Theo; *en tē gē* 단 7:23 Theo) 일어날 것이다.
55 다음 학자들의 제안이다. Wellhausen 1909 (1903) 16; Vermes 1973: 180; Casey 1979: 228-29; Lindars 1983: 45-46.

는 용어를 포괄적이고 일반적인 의미에서 자신을 가리키는 호칭으로 사용했다고 주장하기는(실제로 많은 학자가 이렇게 주장한다) 결코 쉽지 않을 것이다. 또한 "권세"나 "세상에서"라는 표현이 마가에 의해 덧붙여진 것이라고 주장하는 일도 바람직하지 않다. 만일 우리가 이런 문구들을 예수의 진정한 발언으로 인정하지 않게 되면, 결과적으로 마가복음 2:10의 다른 문구들을 예수에게 돌려야만 하는 이유가 무엇인가 하는 질문에 봉착할 수밖에 없다.[56] 하지만 우리가 대다수 학자 편에 서서 예수가 고유한 의미에서 자신을 가리키기 위해 "인자"라는 호칭을 사용했다고 인정하게 되면, 우리는 마가복음 2:10이 예수의 진정성 있는 말씀이라는 그들의 해석에도 동의하게 될 것이다.[57] 이 같은 요인들을 고려할 때 예수가 다니엘 7장의 내러티브 전개 안에서 자신을 묘사하고 있다는 사실을 부인하기가 대단히 어렵다.

둘째, 이 이야기는 (오직 하나님만 죄를 사할 수 있다는 근거에서) 잠재적으로 신성모독 혐의가 드리워진 것으로 기억된다.[58] 마가는 예수의 신성을 드러내기 위해 확고한 가정 위에 그의 주장을 전개하는 아이러니한 방식을 택했지만(이 점에서는 서기관들이 옳았다), 그렇다고 해서 죄 사함에 대한 예수의 선포가—비록 충격적인 것이었음은 분명하겠지만—그 당시 상황에서 즉각적으로 그가 하나님과 동등하다는 주장으로 이해되었으리라고 생각하기는 어렵다. 유대교 문헌에도 죄 사함을 선포한 것으로 묘사되는 인물

---

56 다음과 같은 소수 학자들은 막 2:10이 후기 공동체나 마가의 첨언이라고 주장한다. Percy 1953: 242-43; Higgins 1965 (1964): 26-27; Tödt 1965 (1959): 126-27; Norman Perrin, 1974: 74, 79; Collins 2007: 189. Boobyer(1954: 115-20)는 막 2:10이 편집자의 방백이라고 주장하는데 이런 주장을 지지할 근거는 없다.
57 Sanders 1985: 272-74; Wright 1996: 393-94; Dunn 2003: 741; Fletcher-Louis 2007b: 74; Keener 2009: 202; Grindheim 2011: 63; Schröter 2014 (2012): 164.
58 막 2:7.

들이 있는데, 여기에는 다윗 왕에게 야웨의 사죄를 선언했던 나단이 포함되며(삼하 12:13), 나보니두스가 "그[하나님] 앞에서 나의 죄를 용서한" 인물이라고 선언했던 "축귀사"가 있었고(4Q242), 타르굼 요나단에서는 고난받는 종도 사죄를 선포했으며(사 53:6), 멜기세덱의 서열을 따르는 종말론적 대제사장(11QMelch 2.4-13), 대제사장 에녹(*2 En.* 64.5), 요세푸스의 「유대 고대사」에서 묘사하는 사무엘(*Ant.* 6.5.6 §92; 참조. 삼상 12:16-25)도 마찬가지다.[59]

아쉽게도 이러한 인물들 자신이 사죄를 시행했는가를 다루는 학자들의 논의는 "말단 대행자"와 "직권 대리자" 간의 중요한 구분을 놓치고 있다. 내가 손가락으로 전등 스위치를 켤 때 나는 전등 빛의 궁극적인 근원이 내 손가락이 아니라 지역 발전소(혹은 궁극적으로 태양)라는 사실을 충분히 인지하고 있다. 하지만 나도 불을 밝히는 일에 실제적인 공헌을 했다. 이와 마찬가지로, 성서가 죄 사함의 권세를 오직 하나님께만 돌린다는 점을 고려할 때(출 34:6; 시 103:12), 앞서 언급한 유대교 텍스트들이 인간 대행자를 죄 사함의 "근원"(power plant)으로 간주했을 리는 없다. 하지만 그 텍스트들에서도 제사장의 역할을 맡은 인간 대행자의 선언을 통해(비유적으로는 그들 손가락의 움직임을 통해) 바로 그 순간에 죄 사함의 상태가 실현되는 것으로 간주했다는 점은 분명하다. 물론 여기서 그 같은 상태는 종말론적인 속죄의 사건을 내다보게 해주는 역할을 한다. 결과적으로 비록 지금까지 이스라엘의 제사장이 "내가 너의 죄를 사하노라"(*Ego te absolvo*)에 해당하는 히브리어 문구를 읊조렸다는 기록이 발견된 일은 없었지만, 속죄와 관련된 제사장의 예전들은 그 자체로 완전한 속죄의 성취를 암시하며, 그것이 오직

---

59 개관적인 논의로는 Hägerland 2012: 1-12과 Johansson 2011을 보라.

하나님만 죄를 사한다는 교리를 위반하지 않는다는 점도 분명하다. 그렇다면 서기관들이 죄 사함에 관한 예수의 선언을 불편하게 생각했던 이유는 그가 자신이 바로 "하나님과 동등한 하나님"이라고(유대인들의 사고 범주에는 존재하지 않는 개념) 주장했기 때문이라기보다는 그가 자신이 정당하게 위임받은 제사장이라고 (공식적인 제사장 제도를 통한 기초적인 확인 절차도 거치지 않고) 주장했기 때문일 것이다. 그 사건에 관한 이 같은 해석은 중풍병자가 치유되고 사죄받은 사실을 목격한 군중들이 예수가 아니라 하나님께 영광을 돌렸다는 마가의 편집자적 논평을 통해 확증된다.[60] 그렇다면 여기서 문제가 되는 것은 예수가 그의 손을 전등 스위치에 올려놓을 권리를 가지고 있었는가 하는 점인데, 원칙적으로 이것은 유일하게 사죄할 권세를 지닌 하나님만 부여할 수 있는 권한이다. 말하자면 문제는 예수가 자신을 제사장이라고 주장하는 일이 타당한가 하는 점이다.[61]

셋째, 이 에피소드에서 치유 행위는 사죄의 선포에 이어 곧바로 등장한다. 실제로 사죄와 치유 간의 밀접한 관계는 예수 시대 유대교에서 시편 103편과 같은 텍스트들을 근거로 주요한 개념으로 받아들여지고 있었는데, 여기서는 치유와 사죄를 하나님의 특권으로 규정하는 동시에 하나님 나라의 현시와도 결부시키고 있다.[62] 이런 맥락에서 중풍병자를 향한 예수의 선포가 적어도 마가복음 2:5에 보전된 "작은 자야[teknon], 네 죄 사함을 받았느니라"라는 형태를 바탕으로 평가하자면 야웨를 "사죄받고 치유된

60　막 2:12.
61　Wright 1996: 434; Fletcher-Louis 2007b: 71-74; 참조. Sanders 1985: 272-74. 마가복음 저자가 그렇게 이해했다는 주장은 많은 주석가들에 의해 지지받는다. Marcus 2000: 216; Collins 2007: 186.
62　시 103:3, 19.

그의 자녀와 함께하는 아버지"로 묘사하는 시편 103편을 반향한다고 말할 수 있다.[63] 이런 이유에서 나는 시편 103편이 본 단락의 "약간은 복잡한 이야기 흐름과 등장인물들의 행동 방식을 이해하는 열쇠"가 된다는 오토 베츠의 논평에 동의한다.[64] 더 나아가 시편 103편은 하나님 나라의 본질에 충실하면서도 새로운 요소들을 포함한 자신의 기독론을 발전시키고자 하는 복음서 저자의 노력에도 도움을 준다.

하지만 우리는 이 같은 연결이 오로지 마가의 창의성에 의한 것이라고 단정 지어서는 안 된다. 시편 103편에 약속된 왕국의 전령으로서의 자신의 역할을 인지하고 있었던 역사적 예수는 그가 맞이했던 바로 그 순간이야말로 시편 103편에서 왕국의 도래와 결부시키는 치유와 사죄의 통합이 그의 사역 가운데서 전면에 드러나는 순간이라고 여겼을 것이다.[65] 그렇다면 예수는 성서에서 하나님 나라가 가까이 도래했음을 알려주는 하나의 표지로서 치유와 사죄를 베푼 것이다. 그뿐 아니라 중풍병자와 예수의 만남은 엄밀히 말해 개인 간의 교류가 아니라, 이제는 치유된 중풍병자의 몸에 놀라운 방식으로 영구적으로 새겨진 예언적 선포의 성격을 지닌 것이었다. 사죄라는 획기적인 행위를 통해 소개되고 예수에 의해 선포된 하나님 나라는 감출 수 없는 제사장적 특징을 지니고 있다. 보편적으로 사죄는 제사장의 영역에 속한 것이었다.

복음서 저자 자신도 이 사건에 제의적 의미를 부여했음을 보여주는 증

---

63 시 103:13("아버지가 자식을 긍휼히 여김 같이 여호와께서는 자기를 경외하는 자를 긍휼히 여기시나니").
64 Betz 1984: 266.
65 핵심 구절은 시 103:19이다. "여호와께서 그의 보좌를 하늘에 세우시고 그의 왕권으로 만유를 다스리시도다." 참조. 사 33:17-24.

거를 찾기는 그리 어렵지 않다. 하지만 중요한 것은 증거에 담긴 세부사항이다. 중풍병자를 "네 사람에게 메워 가지고"(막 2:3) 왔다는 언급은 흔히 지엽적인 것으로 무시되어 왔지만, 여기에 심오한 의도가 담겨 있을 가능성도 배제할 수는 없다. 구체적으로 말하자면, 먼저 우리는 네 사람이 팀이 되어 상을 메고 왔다는 언급이 에스겔서에서 네 생물이 하나님의 보좌를 운반하는 모습을(겔 1:5-28) 연상시킬 가능성을 배제할 수는 없으며, 다음으로 중풍병자를 지지해주던 상자 모양의 틀을 향해 예수가 사죄를 선포한 것은 나무로 만들어진 "들것"(krabattos)과 언약궤의 덮개인 "시은좌"(kibōtos, 개역개정: "속죄소")를 익살스럽게 대비시키려는 의도를 지니고 있을 가능성도 간과해서는 안 된다. 시은좌(속죄소)는 중풍병자의 상처럼 하나님의 사죄가 시행되는 물리적 공간일 뿐만 아니라, 또다시 중풍병자의 상처럼 네 명의 운반자를 필요로 한다. 그것이 아니라면 마가는 초점을 변경하여 솔로몬 시대에 (네 명의) 제사장이 새로 건축된 성전이라는 "집"에 언약궤를 옮겨놓았던 것처럼(왕상 8:1-6), 예수는 이제 가버나움의 거처와 새롭게 창조된 제의 공간을 동시에 가리키는 "집"(막 2:1)이라는 "이중지시어"(double entendre)를 통하여 예수가 온 천하의 대제사장이 되었음을 암시하는 것일 수도 있다.

나의 견해로는 예수가 중풍병자를 보내면서 일어나 상을 가지고 "집으로"(eis ton oikon) 가라고 지시했던 말씀(막 2:11)은 1절과 11절의 "집에/집으로"라는 표현을 통해 만들어진 인클루지오의 양극단 사이에 등장하는 모든 장면을 마무리하는 기능을 수행할 뿐만 아니라, 전에는 중풍병자였던 자가 이제는 걸인의 침상을 짊어진 모습으로 자신의 "언약궤"를 운반하는 상징적인 역할을 부여받았음을 의미할 수도 있다. 이 같은 해석과 관련하여 우리는 마가가 고침을 받은 중풍병자에게 선교적 사명을 부여함으로써 그가 예수로부터 치유와 죄 사함을 받은 자로서 이제는 새로운 종말론적 성전인 "집"으로 나아가면서 그가 받은 치유와 사죄를 다른 이들에게도 전달하기를 기대했던 것은 아닌지 질문해볼 수 있을 것이다. 확실히 이것은 결론을 내리기 어려운 문제다. 하지만 마가복음 2:1-10에서 예수가 종말론적 대제사장의 직분을 수행하는 중이라는 나의 주장은 마가가 이 사건을 방금 내가 제안한 것처럼 해석하는가에 좌우되지 않는다. 나는 다만 이 단락에 대한 그 같은 해석을 잠재적인 보강증거로 제시할 뿐이다.

요점은 다음과 같다. 역사적 예수와 중풍병자의 만남은 예수가 자신을 인자와 긴밀하게 결부시키는 동시에 자신이 바로 종말론적 성전으로 나아가는 길을 지금 이 자리에서 안내할 책임을 맡은 자라고 선포할 기회를 제공한 것이다. 이 같은 해석은 포괄적인 종말론적 사죄를 상징하는 예수의 사죄 행위가 대제사장으로서의 인자의 사역과 불가분리의 관계에 있음을 암시한다. 앞에서 논증했던 것과 같이 만일 다니엘서의 인자가 속죄일에 합당한 대속의 의무를 이행하는 인물로 제시된 것이라면, 예수는 다니엘서에 묘사된 신성한 공간의 재건이 이제 인자의 성육신을 통해 도래하고 있음을 보여주기 위해 이 사건을 이용한 것이라고 말할 수 있다.

한편 이 장면은 예수가 자기 자신과 인자가 표상하는 대상 사이에 존재론적 동등성을 상정했다고 가정할 이유를 제공하지 않는다. 그뿐 아니라 예수가 인자의 전형적인 속성들이 전적으로 그 자신에게만 국한되는 것으로 생각했다고 주장할 근거는 더더욱 없다. 사실상 복음서의 증거는 인자의 속성이 광범위한 분야에 적용될 수 있음을 제안하는 것처럼 보인다. 어쨌거나 예수가 이 에피소드에서 인자에게 부여했던 역할들은 삼중의 (복음서) 전승을 통해 보전되어 있으며 마침내 제자들에게까지 위임되었는데, 그 역할에는 치유와(마 7:22; 10:8; 막 9:18; 눅 10:17) 사죄의 선언도(마 6:12;

10:13-15; 16:9; 18:15-20; 막 6:11; 눅 5:10; 10:5-12) 포함된다. 결과적으로 여기서 언급한 모든 요소는 시편 103편을 통한 하나님 나라의 선포와 밀접하게 연관된다. 물론 제자들이 이 같은 활동들을 감당할 수 있도록 보증해준 근거는 전적으로 예수가 고유한 의미에서 인자로서 지닌 권위였을 가능성이 높다(어떤 의미에서도 그들이 인자의 정체성에 동참한다는 사실 자체가 보증으로 여겨지지는 않았을 것이다). 하지만 그렇다면 어떻게 마가복음 2:1-12을 부활 이후 대헌장의 일부로 받아들일 수 있을지 이해하기가 쉽지 않은데, 그때는 초기 교회 공동체가 그들 자신의 치유와 사죄의 행위에 대한 신학적 근거를 제공하는 일에 관심이 많았었다.

신앙 공동체가 병을 고치고 죄를 사하는 인자의 권세에 대한 믿음을 공유했다는 사실은 또한 마태복음 저자가 이 사안을 어떻게 이해했을지를 시사한다. 이 치유 사건을 다룬 마태복음의 기사에서 군중들은 하나님이 "이런 권세를 사람에게" 주었다는 사실로 인해 두려워하는데(마 9:8), 그는 이것이 예수를 통하여 교회에 전달된 권세와 동일한 것이라고 가정한다(마 18:18). 비록 예수가 자신이 대제사장의 직분을 위임받았다는 점에서 독특한 의미를 지닌 제사장적 인자라고 여겼지만, 그렇다고 해서 그가 제사장의 권위를 독점하려 했던 것도 아니며 제사장의 권위를 극단적으로 대중화하려 했던 것도 아니었다. 오히려 예수는 자신이 인자로서 개척해놓은 길에 그의 가장 친근한 제자들도 동참하기를 기대했다. 그렇게 함으로써 제자들은 속죄일의 도래를 대비하여 그들 자신의 제사장적 임무를 완수할 수 있게 될 것이다.

3. 요약

만일 예수가 참으로 다니엘 7장을 그가 사용한 "인자"라는 호칭의 주된 배경으로 삼고자 했던 것이라면, 우리는 다니엘서에서 "인자"라는 호칭에만 (마치 그것이 허공에 존재하기라도 하는 것처럼) 집중할 것이 아니라, 다니엘서 전체 텍스트 내에서 인자가 차지하는 위치도 파악해야 할 것이다. 이번 장의 첫 번째 부분에서는 이 문제를 다루었다. 나의 결론은 "인자"라는 개념이 전적으로 인간적인 요소만 전달하거나 전적으로 신적인 요소만 전달하는 것이 아니라 인성의 영역과 신성의 영역이 수렴하는 종말론적 대제사장으로서 속죄일에 합당한 대속의 의무를 이행하는 인물을 가리킨다는 것이다. 이번 장의 두 번째 부분에서는 과연 예수가 다니엘 7장을 내가 제안한 방식으로 이해했는지 살펴보았다. 달리 표현하자면, 우리에게는 예수 자신이 인자를 종말론적 대제사장으로 해석했다는 증거가 조금이라도 있는가? 나는 마가복음 2:1-12에 대한 분석을 통해 우리에게 그런 증거가 있다고 제안했다. 마가복음 2:1-12은 공관복음 전승에서 예수가 사죄를 선언하는 장면을 기록한 몇몇 구절 가운데 하나인데, 일반적으로 예수의 진정한 말씀이라고 인정받는 이 구절에서 특히 인상적인 요소는 예수가 자신을 다니엘 7장의 불가사의한 인물과 관련지으면서 제사장 같은 방식으로 사죄를 선언한다는 점이다.

흥미로운 사실은 마가복음 2:1-12을 따로 떼어서 다룬다면 이 구절은 인자에 대한 예수의 제사장적 해석을 보여주는 데 지극히 제한적인 가치만을 지닌다는 점이다. 더 많은 증거를 위해서는 더 많은 사례가 필요하다. 다음 장에서는 이를 위해 인자에 관한 세 가지 말씀을 추가로 살펴볼 것인데, 이 말씀들은 학계의 종합적인 판단에 따르면 예수에게 기원한다는 점에서 사실상 타의 추종을 불허하는 입지를 자랑한다. 이 탐구의 결론을 미리 밝히자면, 예수가 "인자"에 관해 언급할 때 그는 언제나 다니엘 7장의 내러티브에서 만날 수 있는 누군가를 직접적으로 연상시키는 제사장적 인물을 가리키고 있었다. 그렇다고 해서 예수가 기괴한 짐승들이나 보좌 혹은 자욱한 구름에 대해 직접적으로 언급하곤 했다는 뜻은 아니며, 요컨대 인자에 관한 예수의 말씀들을 문맥에 따라 올바르게 해석할 때 그 말씀들(특히 막 2:9)은 예수가 자신에게 부여한 종말론적 제사장의 역할을 드러내 보여줄 것이라는 뜻이다. 다행스러운 점은 인자에 관한 각각의 말씀을 그 자체의 맥락에서 탐구함으로써 우리는 예수에게 종말론적인 제사장이 된다는 것이 무엇을 의미했는지 이해하는 일에서도 한걸음 전진할 수 있다는 사실이다.

6장

예수의 제사장 직분 재조명

유년 시절에 예수를 지켜보았던 사람들은 그가 장차 위대한 인물이 될 운명을 타고났다고 생각하지는 못했을 것이다. 하지만 그는 결국 영웅이 되었다. 여기서 질문은 과연 무엇이 그를 영웅으로 만들었는가 하는 점인데, 이것은 오랜 세월 동안 논쟁의 대상이 되어온 주제였다. 이 질문은 역사적 예수에 관한 모든 탐구의 중심에 자리하고 있는 것이어서 예수에 관한 나의 연구 또한 부분적으로라도 그를 특징짓는 행동 방식이 무엇이었는지 다룰 수밖에 없을 것이다. 만일 예수가 참으로 자신이 이스라엘의 마지막 성전을 완성할 임무를 부여받은 종말론적 대제사장이라고 자처했다면, 그는 자신의 사역 가운데 비상한 업적들을 통해서만 아니라 일상적인 삶을 통해서도 자신에게 주어진 이런 괄목할 만한 역할에 대한 암시를 제공했을 것이다. 그렇다면 예수의 제사장 직분은 그의 일상적인 삶의 모습을 어떤 식으로 형성해갔을 것인가? 그의 사역이 지니는 고유한 특징들은 무엇이며, 그중에서 그의 특별한 (제사장) 역할을 통해 설명될 수 있는 특징이 있다면 그것이 과연 무엇인가?

이번 장에서 의도하는 목표는 두 가지다. 첫째, 나는 위의 질문들과 관련하여 나의 전반적인 이론을 확정해주는 데서 그치지 않고 예수에 관한 나의 이해까지도 심화시켜줄 해답들을 얻고자 한다. 이제까지는 예수가 자신을 "형성되어가는 제사장"으로 여겼음을 보여주는 독립적인 증거들을 파헤치는 일에 집중했었다. 그렇다면 이 같은 소명의 실제적인 구현과 관련하여 이제까지 논의된 주제들 외에 추가할 것들은 없는가? 만일 있다면 어떤 것일까? 둘째, 예수가 하나님의 아들이라는 주장과 관련된 초기 전승들 및 전통적으로 예수에게 돌려지는 "다윗의 자손"과 "인자"라는 호칭이 모두 제사장적 소명에서 기원한다는 나의 가설을 바탕으로 나는 예수가 최소한 세 번은 "인자"라는 호칭을—주로 종말론적 대제사장에 관심을 기울이는 다니엘서의 경계를 넘어서는—보다 광범위한 내러티브를 암시하는 지표로 사용했다는 점을 보여주고자 한다. 앞서 제시한 이번 장의 첫 번째 목표는 예수의 제사장 직분에 관한 누적된 자료를 평가하는 데 공헌할 뿐만 아니라 예수의 제사장 직분을 더욱 명확하게 규명하는 데도 도움을 줄 것이다. 한편 두 번째 목표는 예수가 하나님의 아들이라는 주장을 조명해줄 핵심적인 기독론적 개념을 해명하는 데 도움을 줄 것이다. 이번 장에서는 나의 논지에 이 두 가지 주제를 통합시킬 것이다.

나는 극히 제한적인 자료만을 탐구의 대상으로 삼을 것이며 광범위한 자료를 개괄적으로 다루기보다는 핵심 자료를 깊이 있게 분석하는 접근법을 택할 것이다. 구체적으로 나는 "인자"에 관한 말씀 가운데 학계에서 예수의 실제 발언으로 널리 인정받는 다음 세 가지 담화를 연구 대상으로 삼을 것이다. 첫째, 마가복음 2:23-28과 병행 구절(밀밭 논쟁), 둘째, Q 9:58(마 8:20//눅 9:58; 인자는 머리 둘 곳이 없다는 말씀), 그리고 마지막으로 Q 7:31-35(마 11:16-19//눅 7:31-35; 장터에 앉아 동무를 부르는 아이들에 관한 비유). 나의 의도는 인자에 관한 말씀 가운데 학계에서 통용되는 가장 엄격한 기준을 적용하여 증거를 수용하되 특정 자료에 관하여 원칙적으로 회의주의를 표방하지는 않는 학자들의 검열까지도 통과할 수 있을 만한 담화들에만 집중하는 것이므로, 내가 위의 세 가지 텍스트를 선택한 것이 편향적이라는 비난은 피할 수 있으리라고 믿는다. 실제로 "인자"에 관한 말씀들을 선별하는 나의 접근 방식이 나의 논증에 유리한 입지를 제공하는 것은 아니다. (만일 나에게 "인자"에 관한 말씀들을 담은 카드 한 벌이 완전한 형태로 주어져 있다면, 나는 재빨리 소매를 걷어붙이고 소위 "고난받는 인자에 관한 말씀"이 담긴 "에이스"들과 "킹"들만 충분히 찾아낼 수 있을 것이다.) 하지만 나의 목표는 가장 극단적인 회의주의자들만 진정성을 의심하는 (다시 말해 진정성을 충분히 인정받을 수 있는) 제한적인 자료들만을 연구의 대상으로 삼는 것이다. 본 장의 나머지 부분은 그런 자료들을 검토하는 데 할애할 것이다.

1. 안식일 준수: 밀밭 논쟁(막 2:23-28과 병행 구절)

우리가 살펴볼 "인자"에 관한 첫 번째 말씀은 밀밭에서 벌어진 안식일 논쟁을 다룬 기사에 등장한다. 최근 수십 년간 이 에피소드의 역사적 실재성을 수용하는 보편적인 분위기가 형성되어 있기는 하지만, 이 사건에서 예수가 했던 발언의 정확한 범위는 여전히 논쟁의 대상이다.[1] 복음서 저자는

---

[1] 이 사건의 전반적인 역사성과 관련해 다음 문헌들을 보라. Rordorf 1968: 59-61, 725; Roloff 1970: 55-58; Vermes 1973: 180-2; Crossan 1983: 78-85; 1991: 256-57; Borg 1984: 152; Casey 1988; 2010: 361-62; Davies and Allison 1988-97: 2.304-5; Gnilka 1997: 217; Wright 1996: 390-96; Becker 1998: 298-99; Dunn 2003: 742-44; Keith 2014: 120; Crossley 2015: 42-43(주의를 요한다). 예수 세미나는 막 2:27-28에 대해 "예수의 말처럼 들린다"라는 평점을 부여한다(Funk and Hoover 1993: 49). Meier(2001: 526)는 이 사건의 진정성을 수용하는 주된 이유를 다음과 같이 설명한다. "이 같은 [안식일] 논쟁들에 대한 증언이 여럿이라는 점에 비추어볼 때…예수는 안식일에 금해야 하는 일의 범위와 관련하여 그리 엄격하지 않은 입장을 지지했던 것처럼 보인다." 이런 흐름을 거슬러서 Sanders(1983: 20)는 바리새인들이 실제로 "안식일에 밀밭을 순찰했던 것은" 아니라는 점을 근거로 이 장면을 "상상력의 산물"이라고 부른다. Fredriksen 1999: 105-6, Hultgren 1972: 41도 이와 유사한 견해를 보인다. 이 같은 반론도 근거가 없지는 않은데 이 문제에 대해서는 뒤에서 답하겠다.

이 사건을 다음과 같이 기록한다.

> ²³ 안식일에 예수께서 밀밭 사이로 지나가실새 그의 제자들이 길을 열며 이삭을 자르니, ²⁴ 바리새인들이 예수께 말하되 "보시오, 저들이 어찌하여 안식일에 하지 못할 일을 하나이까?" ²⁵ 예수께서 이르시되 "다윗이 자기와 및 함께 한 자들이 먹을 것이 없어 시장할 때에 한 일을 읽지 못하였느냐? ²⁶ 그가 아비아달 대제사장 때에 하나님의 전에 들어가서 제사장 외에는 먹어서는 안 되는 진설병을 먹고 함께 한 자들에게도 주지 아니하였느냐?" ²⁷ 또 이르시되 "안식일이 사람을 위하여 있는 것이요 사람이 안식일을 위하여 있는 것이 아니니, ²⁸ 이러므로 인자는 안식일에도 주인이니라."²

마가복음에서 예수는 제자들이 "일"을 행함으로써 안식일을 범했다는 비난에 대응하여 우선 제자들의 행위와 거룩한 진설병을 먹음으로써 율법을 위반했던 다윗의 행동을 넌지시 비교한 후에(25-26절; 참조. 삼상 21:1-6), "안식일이 사람을[*ton anthrōpon*] 위하여" 있는 것이라는 말로 국면을 전환하고(27절), 마침내 "인자는 안식일에도 주인이니라"(28절)라는 선언으로 그의 주장에 종지부를 찍는다. 위의 세 부분 모두 예수의 말씀으로 받아들이고자 할 때 장애가 되는 주된 요소는 일관성의 부족이다. 그래서 학자들은 조화를 이루지 못하는 부분을 제거하고자 하는 유혹을 받게 된다. 다윗의 사례(25-26절)가 밀밭 사건에 적절한 비유인지에 대해 학자들의 의견이 분분하지만, 대다수 학자는 역사적 예수가 사무엘상 21:1-6에 나타난 선례를 인용한 것이라고 믿는데, 왜냐하면 고대 유대교 독자들은 놉 땅에

---

2   막 2:23-28.

서의 사건이 안식일에 발생한 것으로 믿어 왔기 때문이다.³ 다른 학자들은 예수가 사람들을 안식일의 수혜자로 여기는 랍비 같은 발상을 전개했다고 상상하는 데 어려움을 느끼고서 27절을 거부한다. 그런가 하면 다른 많은 학자는 28절에서 묘사하는 인자에 대해 거부감을 느끼고서 이 구절을 예수의 발언 목록에서 제거한다. 분명한 것은 다윗, "사람"(anthrōpos), 그리고 "인자"를 동일시하는 이 민감한 단락에서 등장인물이 셋이라는 사실이 사안을 복잡하게 만든다는 점이다.⁴

하지만 나는 이처럼 원자론적인 접근을 배제하고 예수의 발언에서 이 세 가지 요소(25, 26-27, 28절)의 연결고리가 확실할 뿐 아니라 그의 논지에서 본질적인 요소라고 주장한다. 이 같은 주장에는 전혀 지나친 억측이 없다. 확실히 다윗, 사람, 인자에게는 각자의 고유한 역할이 주어져 있었으며 내가 보기에는 그들을 한데 묶어서 생각하도록 예수를 자극했던 심오한 논리가 존재했었다. 사실 이 단락의 세 가지 구성요소를 올바르게 조합해보면 그것들은 역사적 예수가 그의 운동이 지닌 제사장적 소명을 확증하기 위하여 세 등장인물이 공유하는 역할들에 의존하고 있다는 강력한 증거를 제공해주는데, 물론 보다 더 직접적인 목표는 안식일을 범했다고 비난받는 제자들의 혐의를 풀어주는 것이었다.

내가 보기에 이 문단을 주해에 도움이 되지 않는 방식으로 잘게 분해하도록 만드는 주된 원인은 마가복음에서 예수가 자신을 다윗과 비교하는 방식에 대한 오해인 것 같다. 하지만 예수가 그의 조상 다윗 왕에게 호소하는(25-26절) 근본적인 맥락을 이해한다면 우리는 이 에피소드 전체를 이해

---

3 *Yalq.* §130 삼상 21:5; *b. Menah..* 95b; 참조. Str-B 1.618-19.
4 저작 역사의 다양한 재구성에 관한 개요는 Neirynck 1975을 보라.

할 수 있게 해주는 독자적인 해석의 틀을 발견할 수 있을 것이다. 가장 먼저 나는 마가의 해석에 초점을 맞추되 그것을 예수의 목적에 대한 우리의 재구성에 결정적인 요인으로 받아들이기보다는, 장차 검증되어야 할 초기 가설을 도출하기 위한 도구로 다룰 것이다. 이것은 명백하게 방법론적으로 주의를 요하는 접근법이다. 한편으로 우리는 역사적 예수에 대한 마가복음의 해석을 비판 없이 받아들여서 마치 복음서 저자가 역사를 바로잡았거나 바로잡으려 시도하기라도 했던 것처럼 가정하지 않을 것이다. 다른 한편으로 우리는 복음서 기사를 주의 깊게 읽음으로써 그 사건에 대한 예수 공동체의 초기 기억에 접근할 수 있는데, 이것이 바로 우리가 시간을 거슬러 과거로 돌아가기 위한 준비작업이다. 마가복음 2:23-28에 대한 통전적인 해석은 이 단락에서 한두 가지 요소를 섣불리 제거하는 해석 방식보다 훨씬 더 생산적이다. 후자의 해석 방식은 불가피하게 예수가 "실제로 말했을 법한" 내용이 무엇인지에 대해 임의로 재구성한 내용을 토대로 역사적 예수가 무엇을 의도했는지를 결정하는—역으로 예수가 무엇을 말했을 것인지는 "예수가 무엇을 의도했는지"에 대한 판단을 토대로 미리 결정된다—선결문제의 오류를 내포하고 있는데, 안타깝게도 이것이 오늘날 보편적인 현상이 되어 버렸다.

1) 마가복음의 밀밭 논쟁 기사

이 구절을 해석하는 학자들 대다수는 예수가 불가사의한 방식으로 다윗을 소환하고 그보다 더욱 불가해한 두 문장으로 발언을 마무리하는 난감한 상황에 대해 크게 세 가지 해석 가운데 하나(혹은 그 이상)를 제안한다.[5] 첫 번

---

5   Doering(1999: 399-400)은 유용한 여섯 가지 관점의 목록을 제공한다. (1) 예수는 원칙적

째 해석에 따르면 예수는 다윗을 사람이 곤경에 처했을 때 안식일의 규정들보다 사람의 필요를 우선시하도록 허용해주는 지혜자의 전형으로 제시한다.[6] 이 같은 해석에는 종종 두 가지 판단이 결부된다. 첫째, 28절에 등장하는 "인자"라는 표현은 단순히 아람어 전승(*bar-nāšā*)의 흔적을 보여주는 오역인데, 그는 아람어에서 인류 전체를 가리키는 완곡한 표현을 자신에게 적용한 것일 뿐이다. 둘째, 27절도 그와 마찬가지로 보편적인 인류 전체를 가리킨다(NRSV는 "사람"을 "인류"[mankind]라고 번역한다).

이 같은 해석에는 장점과 약점이 공존한다. 장점은 이런 접근법이 사무엘상 21:1-6에 대한 랍비 전통의 해석과 공명한다는 점인데, 실제로 일부 랍비 문헌은 다윗의 범법 행위가 위급상황에서 저질러진 일이라는 점에 호소하면서 그를 옹호한다. 하지만 이런 해석에는 몇 가지 심각한 문제가 내포되어 있다. 첫째, 마가복음 2:23-28에는 제자들이 영양실조에 걸려 있었다는 암시가 전혀 없다. 사실 제자들이 어떤 종류의 불편을 겪고 있었다는 주장은 텍스트에 소개되어 있지 않은 추정일 뿐이다. 둘째, 이 단락의 요지가 사람의 배고픔을 해결하는 일이 율법을 준수하는 일보다 중요하다는 점이라면, 우리는 이런 종류의 윤리적 유연성을 무엇보다도 예수의 시험에 관한 두 복음서의 기사와 어떻게 조화시킬 수 있을지 난감해질 수밖에 없는데, 왜냐하면 예수는 "하나님의 입으로부터 나오는 모든 말씀"에

으로 안식일 계명에 반대했다. (2) 예수는 안식일 계명 자체에 반대한 것은 아니나 그에 대한 율법적인 해석에는 반대했다. (3) 예수는 안식일 계명에 반대하지 않았으나 그 계명의 적용을 제한하기를 희망했다. (4) 안식일 계명에 대한 예수의 이해는 그의 종말론적 확신에 영향을 받은 것이었다. (5) 예수는 안식일 계명에 대해 호의적인 태도를 지녔으나 그 계명의 참된 의도를 밝히고자 하였다. (6) 예수는 일반적으로 생각하는 것처럼 안식일 계명에 대해 아주 우호적이었다.

6 Marshall 1978: 232; Schottroff and Stegemann: 1984: 124; Yang 1997: 175.

대한 헌신을 표시하기 위해 심지어 40일 동안 음식을 입에 대지 않았기 때문이다.[7] 물론 마가가 예수의 시험에 관한 전승의 구체적인 내용을 알지 못했을 수도 있다(그랬을 법하지는 않지만 말이다). 하지만 마태복음과 누가복음 저자는 분명히 시험의 내용을 알고 있었을 것이고 시험 장면과 밀밭 사건 모두를 있는 그대로 보전하고자 하는 열망이 없지 않았을 것이다. 마태복음과 누가복음 저자가 독자들에게 한때는 하나님의 말씀에 헌신하기 위해 굶어 죽는 일도 마다하지 않다가 잠시 후에는 본인과 제자들의 배고픔 때문에 성서 계명을 무시해버리는 예수를 소개하면서 독자들이 그를 본받기를 기대했다는 것은 얼토당토않은 말이다.[8] 셋째, 복음서의 (전체는 아니더라도) 앞부분을 채우는 에피소드들이 일관되게 기독론에 관한 주장들을 다루는 것들이었다면, 마가가 갑자기 방향을 선회하여 독자들이 다윗이나 예수 자신과 공유하고 있는 안식일의 자유라는 논제를 다루기로 결정한다는 것은 기대하기 어려운 일이다. 이 같은 해석이 초래하는 문제들은 무시할 수 없는 수준이다.

마가복음 2:23-28을 해석하는 두 번째 접근법에 따르면 여기서 예수는 자신이 적어도 다윗만큼은 위대하기 때문에 다윗처럼 율법을 초월할 권리를 지니고 있다고 주장한 것인데,[9] 이것은 형태상으로 "강이유 논법"(a fortiori argumentum)이다. 첫 번째 해석보다 이 해석이 매력적인 이유는 마가가 여기서 인간론이 아닌 기독론에 관심을 두었을 본유적인 가능성을 이 해석이 진지하게 다루기 때문이다. 하지만 만일 복음서 전승이 예수에게 율법을 잠시 유예할 특별한 권리를 부여한 것이라면, 그것은 율법에 대한

---

7 마 4:4; 참조 눅 4:4.
8 Edwards(2015: 179)는 이 점을 탁월하게 설명한다.
9 Grundmann 1959: 70; Hagner 1993: 331.

메시아의 의무를 의지에 좌우되는 자의적인 것으로 만들어버릴 뿐만 아니라, 예수와 그의 추종자들이 일반적으로 율법, 특히 안식일에 관련된 율법 조항들을 세심하게 준수해왔음을 보여주는 다른 증거들과 조화를 이루지 못한다.[10] 하지만 예수는 아마도 이번 기회를 구속사적 전환점과 연결되는 새로운 선례로 삼고자 했는지도 모른다. 그렇다고 해도 이 같은 종말론적 선언이 27절("안식일이 사람을 위하여 있는 것이요")에 명확히 표현된 일반적인 원칙들과 어떻게 조화될 수 있는지는 여전히 불투명하다. 그리고 만일 예수가 바로 그 순간에 안식일의 전적인 폐지를 선언한 것이었다면, 그의 추종자들이 이 같은 사실을 이해했던 것처럼 보이지는 않는다. 적어도 부활 이후에 초기 교회가 안식일을 일주일의 마지막 날에서 첫날로 옮기기로 결정하기까지는 말이다. 실제로 복음서에는 미래를 내다보는 이런 종류의 선언들이 가끔 등장한다(막 7:19b). 하지만 만일 예수가 의도했던 바가 이것이었다면, 그의 말은 밀밭에서 현행범으로 붙잡힌 제자들을 변호하는 데는 거의 도움이 되지 않았을 것이다. 이처럼 만족스럽지 못한 해결책들은 전반적인 논지의 설득력을 강화하는 데 크게 도움을 주지 못한다.

세 번째 해결책은 처음 두 가지 접근법을 조합한 것이다. 이에 따르면 예수는 이 단락에서 과거에 다윗이 그랬던 것처럼 율법의 핵심을 지적한 것인데, 여기에는 바리새인들이 표방한 율법주의에 대한 비판이 포함되었을 수도 있고 그렇지 않을 수도 있다.[11] 이 견해에 따르면 바리새인들은 율법 위에 율법을 쌓는 우를 범했던 반면 예수는 그의 권위로 율법의 모든 족쇄를 끊어버리고 안식일의 정신에 집중하게 해주었다는 것이다. 앞에서 말

---

10   예. 마 28:1; 막 16:1; 눅 23:56.
11   Cranfield 1977 (1959): 115; Davies and Allison 1988-97: 2.312; Nolland 1989: 257-58; Green 1997: 253-54.

한 세 가지 접근법 중에는 이것이 가장 강력한 선택지인데, 물론 여기에도 난점이 없지는 않다. 그중에 가장 두드러지는 것은 "인자"(28절)에 얽힌 딜레마다. 한편으로 "인자" 예수가 "안식일의 주인"이라면 그는 명백히 안식일 계명에 관한 할라카의 논의에 요구되는 것보다 지나치게 많은 화력을 끌어모은 셈이다. 다른 한편으로 만일 우리가 "인자"라는 표현을 마가가 인류 전체를 가리키기 위해 사용한 완곡어법으로 해석한다면, 우리는 그가 상당히 혼란에 빠져 있다고 말하는 셈인데, 왜냐하면 그는 복음서 다른 곳에서 고귀한 인물을 가리키는 전형적인 용어로 "인자"라는 표현을 사용해왔기 때문이다. 설령 "예수의 배경"에 관한 이 같은 해석이 표준적인 해석들 가운데 최선의 것이라 해도 그것은 잘못된 해석임이 거의 확실하다.

예수의 모형인 다윗

위에서 제시한 접근법들을 대체할 대안을 소개하기에 앞서 나는 복음서의 편집과정과 관련하여 지엽적인 것처럼 보이는 세 가지 세부사항에 초점을 맞추고자 한다. 첫째, 마가복음의 예수가 대적들의 비판에 맞서 다윗의 사례를 들어 대답할 때 그는 흥미롭게도 다윗이라는 주어 옆에 "자기와 함께한 자들"(2:25)이라는 주어를 덧붙인다.[12] 구문론상으로 독립적인 이 문구가 (문체상으로 조야하지는 않더라도) 삽입어구의 특징을 고스란히 드러내고 있기는 하지만, 바로 다음절(26절)에 이와 거의 일치하는 문구("*kai tois syn autō ousin*")가 되풀이된다는 사실은 이 예외적인 구분이 사실상 독자들의 주의를 환기할 의도를 지녔을 가능성을 제기한다.[13] 10여 절 뒤에(3:14)

---

12 "and those with him"(*kai hoi met'autou*).
13 눅 6:3은 마가복음의 문법적 모호성을 완화하기 위해 이 문구를 구절의 전면에 배치한다. 흥미롭게도 이처럼 이례적인 구문은 막 1:36("*kai katedioken auton Simon kai hoi met'autou*")

동일한 문구가 다시 등장한다는 사실이 그런 가능성을 강화해주는데, 확실히 2:25-26을 바탕으로 한편으로는 다윗과 그의 동료들(그와 "함께한[met' autou]사람들", 2:25), 그리고 다른 한편으로는 예수와 그의 동료들(그가 "자기와 함께[met' autou] 있게"[3:14] 하려고 부른 제자들) 간에 평행관계가 성립한다. 마가복음 2:25-26을 곧바로 뒤따르는 3:14의 소명 장면에 사용된 언어는 이 두 인물과 또한 그들을 따르는 추종자들을 비교해볼 것을 요구한다. 마가복음 2-3장의 광범위한 문맥을 살펴보면 2:25-26에 나오는 "그와 함께한 자들"이라는 문구는 다윗의 추종자들과 열두 제자 간의 유사성을 암시한다.

하지만 복음서의 나머지 부분에서 "메트 아우투"("*met' autou*", 그와 함께)와 "쉰 아우토"(*syn autō*, "그와 함께")라는 문구를 전략적으로 배치해놓은 것처럼 보인다는 사실을 고려할 때 나는 이 그리스어 문구들의 근본적인 상관관계를 좀 더 구체화할 필요가 있다고 믿는다. 이 가운데 "메트 아우투"(*met' autou*)는 거의 예외 없이 예수의 사역에 협력한 자들이나(1:36; 4:36) 특별한 계시를 목격한 자들(5:24, 37, 40; 14:33) 혹은 둘 다를(3:14; 5:18) 가리키기 위해 사용되었다. 그런가 하면 "쉰 아우토"(*syn autō*)는 2:26을 제외하고는 오로지 예수와 함께 십자가에 달린 "강도들"을 가리키기 위해(15:27, 32) 두 번 더 사용되었을 뿐이다. 그렇다면 우리는 마가가 "그와 함께한 자들"(*met' autou*와 *syn autō*)이라는 그리스어 문구를 예수의 영광스러우면서도 고통을 수반하는 역설적인 사역에 동행했던 동료들을 아우르는 포괄적인 용어로 사용했던 것이라고 추측해볼 수 있다. 복음서 저자의 신학에서 예수와 함께한다는 것은 그의 고난에 참여하는 동시에 그의

에도 예견되어 있다.

영광에도 참여한다는 것을 의미했으며, 고난과 영광은 서로 모순되는 요소가 아니었다. 마가복음의 독자들은 예수의 제자들이 당하는 수많은 역경이 메시아의 협력자들에게 일반적으로 기대되는 것과 완전히 다른 모습이라고 생각했을 수도 있지만, 복음서 저자는 이 전치사구들을 신중하게 배치함으로써 제자들의 그 같은 경험들이 이미 다윗과 **함께했던** 자들에 의해 예견되었다는 사실을 분명하게 보여준다. 사무엘서의 내러티브에 따르면 다윗과 함께했던 자들은 후일에 다윗의 왕국에서 영광을 누리기 이전에도 기쁠 때나 슬플 때나 변함없이 기름 부음 받은 왕의 곁을 지켰던 자들이었다.

마가가 포괄적인 관점에서 다윗과 예수를 비교하려고 의도했다는 사실은 예를 들어 예수가 예루살렘에서 보냈던 마지막 주간을 다룬 그의 기사에 나타나는 수많은 모형론적 대조들만 보더라도 분명해지는데, 예수의 마지막 주간에 관한 기사는 다윗이 예루살렘을 배경으로 왕권을 강화했던 과거 역사를 연상시킨다. 예수는 솔로몬 왕과 같은 모습으로 거룩한 도시에 입성하여(11:1-8) "다윗의 자손"으로 칭송받았으며(11:9-10) 곧이어 자신을 다윗 왕과 동일시 했다(12:10; 참조. 시 118:22-23). 이후에 그는 다윗 왕가의 "유대인의 왕"으로 십자가에 못박혔고(15:26), 마침내 숨을 거두는 순간에 다윗의 시편에서 가져온 문구로 마지막 기도를 올렸다(15:34; 참조. 시 22:1).[14] 마가는 예수가 로마인의 십자가에서 수치스러운 죽음을 경험함으로써 다윗 왕의 모범을 따르는 이스라엘의 왕이 되었다고 선언한다.

그런데 다윗과 예수의 일대기를 살펴보면 우리는 마가복음의 이후 사건들에서도 계속하여 예수와 다윗이 대비되고 있다는 사실을 발견할 수 있

---

14 시 118편의 돌을 "다윗의 돌"로 보는 견해로는 Kim 1987: 134-48(136)을 보라.

다. 우리는 사무엘상에서 다윗이 왕으로 기름 부음 받았고(삼상 16장), 이스라엘의 주적인 골리앗과의 싸움에 내몰렸으며(삼상 17장), 얼마 지나지 않아 거짓 왕인 사울을 피해 도망쳐야 했고(삼상 18-20장), 떠돌이 유배 생활 도중 첫 번째 정착지로 놉 땅에서 (제사장의 진설병을 먹는) 일탈행위를 했음을(삼상 21장) 본다. 복음서에 기록된 예수의 초기 활동도 이와 대체로 유사하다. 마가복음에서 예수는 다윗 가문의 메시아 왕으로서 기름 부음 받았고(막 1:9-11), 이스라엘의 주적인 사탄과의 싸움에 내몰렸으며(1:12-13), 얼마 지나지 않아 일련의 갈등에 휘말렸고(2:1-3:6), 놉 땅에서 일어난 사건에 견줄 수 있는 일을 밀밭에서 경험했다(2:23-28). 복음서와 다윗 내러티브 사이에서 드러나는 이 같은 구조적 유사성은 그보다 광범위한 사상적 유사성과도 무관하지 않다. 다윗이 왕으로 기름 부음을 받았으나 곧바로 통치권을 이양받지는 못했던 것처럼, 예수도 그러했다. 다윗의 무리가 수시로 자리를 피해 도망쳐야 했던 것처럼, 예수와 그의 추종자들도 그들 못지않게 도망치는 무리였다. 마지막으로 다윗의 유배 생활이 결국 그에게 왕권을 확보하는 길을 열어주었던 것처럼, 비록 불가해하고 역설적인 방식이기는 하지만 예수도 마찬가지였다. 구약성서와 전승이 그리스도의 수난에 관한 마가복음의 신학을 형성한 방식이 어떤 것이었든지 간에 다윗 내러티브가 이에 공헌했다는 사실은 부인하기 어렵다.

우리가 밀밭 사건을 해석하면서 마가가 사무엘서 전체 내러티브를 전용한 방식을 고려한다면, 예수가 다윗에게 호소했던 것은(25-26절) 밀밭에서의 논쟁을 명백한 다윗 사건의 재현으로 자리매김하려는 시도라고 이해할 수 있다. 예수의 세례 사건 이후에 벌어진 일련의 갈등 이야기들 속에서 마가복음 2:23-28이 차지하는 독특한 위치도 다윗 사건과의 유비를 암시해준다. 다윗은 아이러니하게도 이스라엘의 왕으로 기름 부음 받자마자 박해를 경험하기 시작했다. 마찬가지로 예수도 세례를 통하여 이스라엘의 왕으로 기름 부음 받자마자 박해받기 시작했는데, 이것도 동일한 아이러니다. "기름 부음 받았으나 궁지에 몰린" 두 왕 간의 유비가 마가복음 2:1-3:6의 갈등 담화들과 다윗의 곤경을 효과적으로 연결해준다면, 예수가 2:23-28에서 자신을 놉 땅의 다윗과 비교한 사건은 그 같은 연관관계를 확증해주는 봉인 역할을 한다. 말하자면 다윗 사건을 모형론적으로 밀밭 논쟁에 적용한 것은 자의적이 아니라는 뜻이다. 마가는 예수의 수난을 다윗이 당한 고난의 맥락과 연관 지음으로써 논란의 중심에 있던 예수의 메시아 직분을 정당화하고자 했다.

성전 엘리트의 모형인 아비아달

이와 동시에 우리는 마가가 다윗 내러티브를 예수의 메시아 직분이 지닌 특징과만 연결하는 것이 아니라 메시아 직분의 구체적인 목표와도 연결한다는 약간의 암시를 발견할 수 있다. 이에 대한 증거는 또 다른 세부사항, 다시 말해 마가복음 2:26에서 아비아달을 대제사장으로 언급한다는 의외의 사실과 함께 등장한다. 그것이 의외의 사실인 이유가 있는데, 사무엘상 21장을 주의 깊게 읽어본 독자라면 만일 복음서 저자가 누군가를 대제사장으로 언급해야 한다면 아비아달이 아니라 그의 아버지 아히멜렉을 언급할 것이라고 기대할 것이기 때문이다.[15] 명백히 복음서 저자의 실수인 것처럼 보이는 현상에 대해 다양한 설명이 주어졌다. 대표적인 접근법 가운데 하나는 마가복음 2:26의 현재 텍스트의 형태를 필사자의 오류 탓으로 돌리는 것이었는데, 문제는 이런 주장을 뒷받침해줄 만한 사본 상의 증

---

15 삼상 21:1. "다윗이 놉에 가서 제사장 아히멜렉에게 이르니."

거가 충분하지 않다는 점이다. 또 다른 설명은 18세기에 등장했다가 20세기 들어서 J. W. 웬함에 의해 다시 주창되는 이론인데, 26절 본문에서 "에피"(*epi*)라는 전치사로 시작하는 문구를 "아비아달 대제사장 때에"로 해석하지 말고 "대제사장 아비아달과 관련된 구절에서"와 유사한 의미로 이해하자는 것이다.[16] 상당히 창의적인 이 같은 제안이 널리 받아들여지지 못한 것은 지극히 당연한 일이었는데, 왜냐하면 "아비아달"이라는 이름이 사무엘상 22:20에 가서야 처음 등장한다는 점을 고려할 때 "아비아달 구절"이 포괄하는 범위가 통상적인 기준을 훨씬 넘어서기 때문이다. 또 하나의 가능성은 놉 땅에서 벌어진 사건(삼상 21:1-9)이 우리에게 알려지지 않은 어떤 이유로 아비아달과 연결되었으리라는 것이다.[17] 물론 그럴 수도 있지만, 이것은 전적으로 우리의 추측일 뿐이다. 위의 모든 제안이 나름의 약점을 지니고 있기 때문에, 주석가들은 마가가 이 같은 사실을 제대로 파악하지 못한 점에 대해 단순히 그의 실수를 지적하는 것으로 만족하려는 경향이 있다.[18] 이처럼 단순한 설명이 매력적이기는 하지만, 마가가 히브리 성서의 세부사항에 대해 정확한 지식을 가지고 있었다는 증거가—지난 수십 년간 마가복음의 성서 인용 방식에 관심을 두고 진행되어온 탐구들을 통해—계속 발견되면서[19] 이 같은 해결책은 의심스러운 것으로 여겨지고 있다. 달리 표현하자면, 고도로 암시적인 복음서를 저술하는 작업을 그토록 엄격하게 진행해왔던 저자가 놉 사건을 인용할 때 주요 등장인물 두 사람을 혼동할 만큼 부주의하게 작업했다는 것이 과연 가능한 일이겠는가? 만일 마가가

16　Wenham 1950: 156. 그의 뒤를 이어 Lane 1974: 116; Roure: 1990: 14.
17　Rogers 1951; Edwards 2002: 95; Whitelam 1992: 1.13-14; Marcus 2000: 241.
18　Schweizer 1970: 72; Guehlich 1989: 122; Malbon 2009a: 166; Beavis 2011: 63.
19　Hays 2016.

정말로 사무엘상 21장과 관련하여 그처럼 의도적이지 않은 명백한 실수를 저지른 것이라면, 동일한 문단에서 마가가 예수의 입을 통해 그의 대적들이 동일한 사무엘상 21장에 주의를 기울이지 않은 점을 지적했다는 것은 뼈아픈 아이러니가 아닐 수 없다. "[너희는] 읽지 못하였느냐?"(25절)

이전 기고문에서 나는 마가복음 2:26에 "아비아달"이라는 이름이 포함된 것이 마가의 의도에 의한 것이며 텍스트 구성을 위한 전략이라고 주장했었다.[20] 그 기고문의 요지를 소개하자면, 첫째 이스라엘에서 두 사람의 대제사장이 동시에 직무를 수행했던 전례가 없지 않다는 것이며(그렇다면 아비아달이 그의 아버지 대신 대제사장이라고 언급되는 것이 아무런 문제가 되지 않는다), 둘째, 마가는 아비아달이 대제사장으로서 의심스러운 전적을 지니고 있었기 때문에 의도적으로 아히멜렉 대신 그를 언급했다는 것이다. 이 같은 주장은 약간의 설명을 요한다. 아비아달은 아히멜렉의 아들이고, 아히멜렉은 아히둡의 아들이며, 아히둡은 비느하스의 후손이고, 비느하스는 우리가 아는 대로 엘리의 아들이다.[21] 사무엘상의 독자들에게 아비아달이 엘리의 후손이라는 사실은 선대의 제사장에게 주어졌던 하나님의 심판을 상기시켰을 것이다. 자식들의 잘못을 질책하는 일을 게을리했던 엘리에게 하나님은 그의 제사장 계보가 어느 날엔가 단절될 것이라고 선언하는데,[22] 합법적인 후계자인 솔로몬에 대항하여 아도니야가 반란을 일으켰을 때 아비아달이 왕위를 참칭한 아도니야를 지지하기로 선택하면서 마침내 엘리에게 예언되었던 단절이 현실로 나타난다.[23] 다윗 왕은 아도니야의 반란에 대

---

20 Nicholas Perrin, 2013b.
21 삼상 1:3; 14:3; 22:11.
22 삼상 2:30-36.
23 왕상 1:7, 19.

응하여 솔로몬에게 왕관을 씌워 왕으로 삼고 새로운 통치자가 나귀를 타고 예루살렘에 입성하는 대관식 행사를 진행하라고 명령한다.[24] 신구약 정경에서 최초의 "승리의 입성"이라고 불릴 만한 사건의 직접적인 결과로 반란은 무산되었으며, 솔로몬은 반란에 동참한 대제사장 아비아달을 폐하고 그 대신 사독을 세움으로써 "여호와께서 실로에서 엘리의 집에 대하여 하신 말씀을 응하게" 하였다.[25] 아비아달은 왕으로 섬길 자를 잘못 선택함으로써 이스라엘 역사에서 유일하게 폐위된 제사장이라는 불명예스런 이름을 얻게 되었다.[26]

이 같은 역사적 배경을 염두에 둘 때 우리는 마가복음 2장의 퍼즐 조각이 제자리를 찾아가는 것을 발견할 수 있다. 마가복음의 예수는 2:26에서 사람들이 기대하는 "아히멜렉"이라는 이름 대신 "아비아달"이라는 이름을 던져줌으로써 반란에 동참했던 비운의 제사장과 그를 대적하는 당대의 제사장들을 은연중에 동일시하고 있다. 예수의 교묘한 비교는 그와 논쟁을 벌이는 자들의 운명이 어떠할지를 암시해주는 실마리가 될 뿐만 아니라, 마가복음 내러티브 내에서 향후 그의 행동이 어떻게 전개될지 보여주는 청사진 역할도 한다. 마가는 아비아달의 운명이 나귀를 타고 입성하는 솔로몬의 대관식을 통해 결정되었던 것과 마찬가지로, 예수가 솔로몬처럼 나귀를 타고 예루살렘에 입성하는 모습을 지켜보았던 예루살렘 성전 제사장들의 운명도 불가해한 방식으로 동일하게 결정될 것이라고 말하는 듯

---

24 왕상 1:32-40.
25 왕상 2:27.
26 왕상 2:27. 고대 유대교 사회에서 아비아달이 영광의 자리에서 몰락했다는 것은 엄연한 역사적 사실이었다. 적어도 요세푸스의 판단에는 그러하다(*Ant.* 8.1.3 §10-12).

하다.²⁷ 솔로몬이 그의 나귀에 올라탄 목적이 단순히 부당하게 왕의 지위를 요구하는 아도니야와 제사장의 지위를 요구하는 아비아달의 기선을 제압하기 위해서만이 아니었다. 정치적 숙청은 단지 그가 장차 제왕적 제사장으로 섬기게 될 새로운 성전을 봉헌하는 더욱 의미 깊은 순간을 위한 사전작업이었을 뿐이다. 이와 유사하게, 예수의 예루살렘 입성은 이스라엘의 지도자들을 향한 심판과 관련된 일련의 행동들과 발언들(11:11-12:37)의 시작에 불과한 것으로 드러났으며, 이 장면들은 그 자체로 가장 결정적인 두 사건, 다시 말해 십자가를 통한 즉위식과 부활을 통한 새 성전의 건축을 향한 디딤돌 역할을 한다(14:1-16:8). 마가가 "아비아달"이라는 의외의 인물을 등장시킨 것이 겉보기에는 불필요하고 즉흥적인 행동이었던 것 같지만, 그것은 다윗의 투쟁이 예수의 경험 가운데 재현되었던 것과 마찬가지로 새로운 성전을 향한 그의 열망도 예수에게서 재현되리라는 마가의 확신을 반영한다. 밀밭에서 벌어진 사건은 예수의 예루살렘 입성(11:1-10), 가야바와의 논쟁(14:53-65), 성전 휘장이 찢어짐(15:38), "손으로 짓지 아니한"(14:58; 15:29) 다른 성전인 자신의 부활로 이어지는 지속적인 갈등을 예견하게 해주는 첫 번째 충돌이었으며, 이 사건 자체도 다윗의 기름 부음에서 시작하여 다윗의 아들 솔로몬에 의한 성전의 봉헌으로 막을 내린 잘 알려진 고대의 갈등을 본보기로 삼는다.

밀밭 식사와 유월절 만찬

마가복음 2:23-28의 마지막 세부사항, 다시 말해 다윗이 진설병을 취하여 그것을 "[그와] **함께한** 자들에게 주었다"(*edōken kai tois syn autō ousin*, 2:26)

27　막 11:1-10.

는 예수의 발언이 이 주제와 특별한 관련이 있다. 마가복음에서 "그와 함께 한"자들이라는 문구가 예수의 추종자들을 가리킨다는 사실을 앞에서 확인했었는데, 이제 우리는 "[그것을] 그들에게 주었다"(2:26)라는 문구가 어떤 식으로 최후의 만찬을 암시하는지 살펴볼 것이다. 만찬 장면에서 예수는 떡을 취하여 "그것을 그들에게 주었다"(*kai edōken autois*, 14:22)고 묘사되는데 여기서 "그들"은 "나[예수]와 함께[*met' emou*] 그릇에 떡을 넣는 자"를 가리킨다(14:20; 참조. 18절).[28] 마가가 그날 밀밭에서 정확히 무슨 일이 일어났다고 생각했는지 우리는 알 수 없지만, 한 가지 확실한 점은 그가 제자들의 즉흥적인 소풍이 실상은 성전 제사를 대치하기 위한 마지막 속죄의 유월절 식사를 예시한다고 결론짓는 것으로 보인다는 점이다. 이 같은 사실은 복음서 저자가 밀밭에서의 식사에 일종의 제의적 의미를 부여한다는 강력한 암시를 제공한다. 그렇다면 밀밭에서의 식사도 최후의 만찬이라는 속죄적 행위와 마찬가지로 공식적인 성전 제의에 정면으로 대치하는 행위였던 셈이다. 밀밭 사건이 언뜻 보기에는 안식일 준수 규범에 관한 사소한 의견 차이에 불과한 것처럼 여겨지지만, 이 에피소드를 광범위한 내러티브의 맥락에서 조명해보면 이 사건에서 제자들은 다윗이 놉 땅에서 거룩한 떡을 먹었던 전례를 따라, 그리고 한때 아비아달이 걸었던 불운한 길을 답습하는 제사장 무리에 대항하여 자신들의 거룩한 식사를 시행한 것이었다. 어쨌거나 다윗은 정당한 제왕적 제사장이었기 때문에(아히멜렉도 이 같은 사실을 인정한 것으로 보인다) 그런 식사를 시행할 자격이 있었다. 이제 마가복음의 예수는 그의 제자들도 동일한 직분의 상속자로서 동일한 권리를 지니

---

28 누가복음은 밀밭 사건과 최후의 만찬 장면에 "*labōn*"(취하다)라는 단어를 추가함으로써 마가복음의 상관관계를 강화한다(눅 6:4; 22:19).

고 있다고 주장하는 것이다.

결론적으로 마가는 밀밭 사건을 예수와 예루살렘 성전 사이에서 무르익어가는 보다 더 광범위한 갈등과 관련된 일종의 유월절 만찬으로 해석한 것이다. 밀밭 사건은 최후의 만찬으로 이어지는 전조로서 음식과 관련된 다른 두 이적과도 병행을 이루는데(6:30-44; 8:1-10), 이 두 가지 이적에 관한 기사에도 마지막 유월절 식사 장면에 등장하는 문구들이 사용된다. 그런 의미에서 음식에 관련된 네 가지 기사는 모두 "거룩한 식사"로 서로 얽혀 있다. 여기서 말하는 거룩함이 구체적으로 어떤 본성을 지닌 것인지 충분히 밝혀지지는 않았지만 말이다. 지금까지 살펴본 것처럼 마가복음 2:23-28에 담긴 장면은 잠재적으로 대립적인—그리고 그에 따라 논쟁적인—특징으로 말미암아 독자들의 이목을 끈다.

2) 역사적 예수와 밀밭 논쟁

마가가 밀밭 식사 장면을 다루는 방식을 어떻게 설명할 것인가?

설령 마가가 밀밭 사건을 내가 제안했던 것처럼 해석했다고 해도, 그것이 반드시 역사적 예수와 그의 추종자들도 원래의 사건을 같은 방식으로 이해했다는 의미는 아니다. 그뿐 아니라 복음서 저자가 그 에피소드를 그런 식으로 받아들인 이유에 관하여 여전히 역사적 설명이 요구된다. 예수와 성전 간의 갈등을 묘사하는 마가복음의 기사가 역사적 실재를 반영한다는 증거는 압도적이다. 마가가 밀밭 사건을 광범위한 갈등의 맥락 안에 배치하기로 결정한 동기는 역사적인 관심이 아니라 교훈적인 목적이었으리라고 상상해볼 여지도 있는데, 구체적으로 어떤 교훈적인 목적이었을지 특정하기는 쉽지 않다. 좀 더 자연스러운 가정은 이 에피소드에 대한 복음서 저자의 이해가 그 사건 자체에 대한 초기 기억에 의존한다는 것이다. 이를 달리 표현하자면, 만일 마가가 제자들을 논쟁의 중심에 있는 안식일의 성스러운 식사에 동참한 자들로 규정하고자 했다면, 제자들은 그런 종류의 식사에 실제로 참여했다고 보아야 한다는 뜻이다.

앞서 1장에서 나는 주기도문이 예수가 주도한 성전 반대 운동의 대헌장 역할을 했다고 주장했다. 주기도를 반복하여 암송하는 일은 공동체가 그들의 고유한 사명과 독특한 관행들을 잊지 않게 만들어주었다. 나는 또한 철저한 종말론적 지향성이 주기도문을 구성하는 모든 간구, 특히 전통적으로 "우리에게 일용할 양식을 주소서"라고 번역되어온 네 번째 간구의 단어 하나하나에까지 깊이 스며들어 있다고 주장했는데, 네 번째 간구는 사실상 오래도록 기다려온 종말론적 만나를 구하는 기도였다. 예수 운동의 구성원들은 메시아의 잔치를 고대하며 정기적으로 함께 기도하는 자들로서 특히 종말론적 대연회에 지대한 관심을 지니고 있었음이 분명하다. 이것은 예수 공동체가 그들이 종말을 앞당기는 특별한 역할을 부여받았으며 그 결과 자신들이 부분적으로라도 만나의 도래를 안내할 책임이 있다고 믿었다는 점을 통해 설명될 수 있다. 그와 동시에 네 번째 간구에서 "우리의"라는 얼핏 불필요해 보이는 소유격의 존재("[우리의] 양식을…우리에게 주소서")는 예수와 그의 제자들이 스스로 미래의 만나에 대해 고유한 권리를 지닌 것으로 인지하고 있었다는 사실을 지적해준다. 말하자면 그것은 같은 주장을 펼치는 다른 무리들에 대비되는 "우리"에게 속한 "우리의 양식"이다. 예수의 제자들은 종말론적인 양식이 배타적인 의미에서 "그들의" 것이라고 믿었는데, 따라서 그들이 주기적으로 간구했던 종말론적 양식은 "제한된 용도"를 지닌 것이었다.

유대교에서 현재와 미래의 진설병 개념

랍비 시대 이전의 유대교에서 이런 종류의 "제한된 용도"라는 범주에 포함되는 떡은 성전에서 진행되는 한 주간의 제의에서 중심을 차지하는 진설병뿐이었다. 진설병을 둘러싼 지침들을 가장 완전한 형태로 접할 수 있는 구절은 레위기 24:5-9다.

> 너는 고운 가루를 가져다가 떡 열두 개를 굽되 각 덩이를 십분의 이 에바로 하여 여호와 앞 순결한 상 위에 두 줄로 한 줄에 여섯씩 진설하고, 너는 또 정결한 유향을 그 각 줄 위에 두어 기념물로 여호와께 화제를 삼을 것이며, 안식일마다 이 떡을 여호와 앞에 항상 진설할지니 이는 이스라엘 자손을 위한 것이요 영원한 언약이니라. 이 떡은 아론과 그의 자손에게 돌리고 그들은 그것을 거룩한 곳에서 먹을지니 이는 여호와의 화제 중 그에게 돌리는 것으로서 지극히 거룩함이니라 이는 영원한 규례니라.[29]

토라의 규정에 따르면 제사장들은 안식일마다 새로 구운 떡 덩어리를 여섯 개씩 두 줄로(다시 말해 열두 지파에 상응하는 열두 개의 떡 덩어리를) 순결한 상 위에 진설한 후에 지난주의 떡은 아론과 그의 자손들이 거룩한 곳에서 먹어야 했다. 제사장들은 매주 치러지는 이 의식을 통해 모세와 장로들이 여호와 앞에서 나누었던 언약의 식사를 상징적으로 재연했다.[30] 이런 행위는 부분적으로 야웨가 그의 백성을 먹이고 양육한다는 진리를 상징적으로 표현하는 방식이었는데, 여기서 열두 덩어리의 떡은 야웨가 식량을 공급하

---

29 레 24:5-9. 또한 다음 구절들도 보라. 출 25:23-30; 민 4:1-8; 대상 9:32; 23:29; *Spec. Leg.* 1.168-76; *Ant.* 3.6.7 §§142-43; 3.10.7 §§255-56.
30 출 24:9-11. Pitre 2015: 125-26.

고 그들 가운데 임재한다는 사실을 상징적으로 보여주는 표지였다.[31] 제사장들이 매주 진설병을 먹는 일은 성전 제의를 운영하기 위한 의무 조항이었으며 이를 게을리하는 것은 영원한 언약을 위반하는 일로 여겨졌다. 실제로 떡을 올려놓는 상이 "제단"과 동일시되었다는 점은 이 의식이 야웨가 요구한 희생제사에서 가장 핵심적인 부분이었다는 사실을 뒷받침해준다.[32] 마지막으로, 백성들은 성전 밖에서 드려지는 다양한 희생제물을 먹을 수 있었지만, 성소에서 드려지는 이 제물(진설병)은 가장 거룩한 것이었으며 따라서 예수가 마가복음 2:26에서 그의 대화 상대자들에게 상기시켰던 것처럼 오로지 제사장들을 위한 음식으로 제한되어 있었다. 진설병을 바치는 의식은 이스라엘 종교에서 무한한 중요성을 지닌 제의였다.

내가 줄곧 주장해왔던 것처럼 예수와 그의 무리가 자신들을 이스라엘의 적법한 종말론적 제사장들로 여기고 있었다면, 우리는 그들이 떡을 진설하는 중차대한 의식의 영속성을 보장하기 위해 그들의 시대에 최소한 임시적인 관행이라도 발전시켰으리라고 기대할 수 있을 것이다. 마가에게 밀밭의 만찬이 단순히 일상적인 안식일 식사가 아니라 거룩한 식사를 의미했다는 점과 제자들이 장차 진설병을 공급할 자로 자처하고 네 번째 간구를 드렸다는 사실을 고려할 때, 마가복음 2:23-28에서 묘사하는 역사적 사건은 사실상 제자들에 의해 임시방편적으로 수행되었던 한 주간의 떡을 소진하는 수많은 의식 가운데 하나였을 가능성도 없지 않다.

내 생각에 쿰란 문헌에 드러나는 기대의 유형을 고려한다면 가능성이 아니라 개연성이라고 말하는 것이 더 적절할 것 같다. 쿰란의 분파주의자

---

31 Flesher 1992: 781; Gane 1992; Burer 2012: 31.
32 겔 41:22; 말 1:7, 12; 참조. 겔 44:15-16. 다음 자료들도 참조하라. Gane 1992: 182; Pitre 2015: 127-28.

들은 자신들이 에스겔 44:24에 예언된 종말론적 제사장들이며 그들의 의무 가운데 장차 최후의 성전에서 매주 드려지는 안식일 제사를 보좌하는 일이 포함되어 있다고 여겼다.[33] 이 문제가 「전쟁 두루마리」와 제2동굴에서 출토된 단편적인 문서를 통해 분명하게 드러난다.[34]

그들은 서열상으로 대제사장과 그의 보좌관 다음인 선임 제사장들인데, 열두 명의 선임 제사장들은 하나님 앞에서 일상적인 제사를 집전한다. 스물여섯 반차의 우두머리들은 그들의 차례를 따라 봉사한다. 그 뒤를 이어 레위 지파의 우두머리 열둘이 열두 지파를 대신하여 항상 섬길 것이다. 각 반차의 우두머리들은 당번을 맡은 각 사람을 섬겨야 한다. 각 지파의 우두머리들과 회중의 족장들은 그들을 도와서 성소의 문을 지키는 일을 보조해야 한다. 각 반차의 우두머리 가운데 오십 세 이상인 자는 절기와 월삭과 안식일과 한해의 모든 날에 감독관들과 함께 직무를 수행해야 한다. 이들은 번제와 희생제사를 보좌하면서 야웨의 지시대로 감미로운 향을 피우고 야웨의 회중을 위하여 대속하며 영화로운 떡 상 앞에서 야웨로 인하여 만족해야 한다.[35]

[그]들은 성전으로 들어가서 [⋯] 고운 밀가루 여덟 스아와⋯그리고 떡을 들어올려야 [할 것이다]. 가장 먼저 제단 위에, 상 위에 두 줄로 [칠 일마다 두 줄의 떡 덩어리를 야웨 앞에서 기념하는 제물로] 드릴 것이다. 그리고 그들은 그 떡을 [성전 밖 오른편] 서쪽에 둘 것이고 그것은 나눠질 것이다. 그리고 [대

---

33 참조. 겔 45:17; 46:1-8.
34 여기 인용한 자료들에 대하여 Brant Pitre(2015: 133)의 도움을 받았다. 그는 이 자료들을 예수의 최후의 만찬과 관련하여 논의하고 있다.
35 1QM 2.1-2, 4-6. Abegg, Wise and Cook 2005 (1996).

제사장에게] 드려진 두 떡 가운데 하나가 그와 함께 있는 것을 [바라보고] 있을 때…그리고 다른 하나의 떡이 그를 수행하는 보좌관에게 드려졌다. [공백] 그리고 [두 떡 중 하나가 모든 제사장에게 주어지는 것을] 내가 보고 있는 동안…[36]

위의 두 텍스트가 암시하는 것처럼 쿰란 언약자들은 메시아의 대연회에 종말론적 진설병이 출현할 것이라고 기대했을 뿐만 아니라 그들 자신이 안식일에 그 떡을 먹음으로써 (올바르게 수행될) 영원한 언약식을 회복하는 특권을 행사할 수 있는 정당한 지위를 차지할 것으로 기대했다.[37] 묵시적 유대교를 이루는 다양한 공동체가 사해 분파의 기대를 보편적으로 공유했던 것은 아니나 사해 문서에서 발견된 증거들은 제한된 제사장 계급만이 메시아의 대연회에서 종말론적 진설병을 다루게 될 것이라는 신념이 존재했음을 증명해준다.[38]

또한 최초의 그리스도인들은—그리고 우리가 알기로는 예수 자신도—자격을 갖춘 제사장들에게 현재 진행 중인 메시아의 대연회에 포함되는 행사로서 진설병 의식을 영속화하는 사명이 주어지리라고 확신했었다. 이것은 최후의 만찬을 다루는 공관복음 기사에서 잘 드러나는데, 예수는 메시아의 대연회, 마지막 유월절, 그리고 하나님 나라의 도래와 함께 출현할 "포도 열매"에 참여하기를 고대해왔다고 말한다.[39] 속죄에 대한 암시와

---

36 2QNJ ar frg. 4.1-10, 14-16. Pitre 2015: 133에 인용된 Garcia Martinez and Tigchelaar 2000의 번역을 참조했다.
37 분파의 구성원들은 겔 40-48장과 맥을 같이하여 안식일이 마지막 날까지 지속될 것이라고 가정했다. 참조. 1QM 2.4-9. 고전적인 연구로는 Newsom 1985을 보라.
38 Nicholas Perrin 2010: 170-79.
39 막 14:22//마 26:29//눅 22:16, 18. Pitre(2015; 133)가 주장한 것처럼 최후의 만찬 석상의

함께 최후의 만찬을 재현하는 메시아의 대연회에 대한 예수의 기대를 고려할 때 우리는 복음서 저자들이 미래의 장엄한 연회를 본성상 제의적 의미를 지닌 식사이며 따라서 제사장의 감독하에 진행되어야 할 행사로 여겼다고 추정할 수 있다. 다른 구절에서 예수는 "많은 사람이" 아브라함, 이삭, 야곱과 함께 종말론적 식사를 함께하기 위하여 사방으로부터 찾아올 날에 대해 예언하는데, 여기서 우리는 본질적으로 하나님 나라의 귀빈들을 위해 준비된 또 다른 연회를 상상하게 된다.[40] 또한 이 잔치를 주관하는 족장들이 모두 제사장으로 여겨지는 자들이라는 점에서 이 구절의 시나리오는 성전에서 떡을 먹는 예식의 패턴을 따르는 쿰란 분파의 제사장적 연회에 대한 비전과도 일치한다. 돌이켜보면 성전에서 떡을 먹는 의식은 또한 모세의 언약 식사의 패턴을 따른 것이다. 따라서 초기 그리스도인들과 쿰란 분파의 구성원들 모두 종말론적 성전에서 제사의 떡을 진설하고 소비하는 의식을 시행할 임무를 맡은 종말론적 제사장의 취임을 기대했던 것으로 보인다.

이런 맥락에서 쿰란 공동체 내의 엘리트 계층이 그들의 식사를 종말론적인 떡을 먹는 의식과 연관 지은 것처럼 보인다는 사실도 언급할 가치가 있다. 사해 두루마리 내에서도 정결한 음식과 부정한 음식이 엄격하게 구별되는데, 이것은 다시 정결한 음식을 먹을 자와 먹지 못할 자가 누구인가 하는 구별로 이어진다. 쿰란 공동체에서 정결한 음식을 먹는 일은 엄숙하게 거행되는 제의적 활동이었는데 여기에는 목욕 의식, 고요함, 삼베옷의 착용과 같은 조건들이 요구되었다.[41] 떡과 포도주는 쿰란 분파의 묵시적 텍

떡과 포도주는 성전의 진설병 상에 차려졌던 열두 덩이의 떡과 포도주병에 상응한다.
40 마 8:11//눅 13:29.
41 *J. W.* 2.8.5 §§129-33; 1QS 5.13-14; 6.2-21; 1QSa 2.17-19; 4QMMT B64-65. Atkinson

스트에서 가장 빈번하게 언급되는 음식들이었기 때문에 우리는 이런 음식들이 매주 치러지는 신성한 의식에서도 중요하게 다루어졌으리라고 기대할 수 있다. 실제로 이 같은 기대가 고고학적 발견을 통해서도 입증되었다.

> 밀가루 방앗간과 (반죽을 주무르고 떡의 모양을 잡기 위한) 선반이 화덕 옆에서 발견되었고, 이를 통해 우리는 떡을 만드는 공정 일체가 처음부터 끝까지 외부로부터 **완벽하게 차단된 공간에서** 진행될 수 있었음을 알 수 있다.[42]

쿰란 공동체가 이처럼 떡을 외부와 격리하여 거룩하게 유지할 필요성을 느끼고 있었다는 사실은 종말에 거룩한 떡을 진설하는 의식이 단순히 예견되는 미래의 사건이기만 했던 것이 아니라 분파 내에서 매주 안식일 행사를 통해 이미 시행되고 있었음을 강력히 시사한다. 제2성전기 유대교에서 이 동일한 의식이 지녔던 중요성으로 보나 혹은 자신들이야말로 이스라엘의 제의 공간을 지켜야 할 진정한 수호자라는 쿰란 분파 구성원들의 확신으로 보나 우리는 이보다 덜한 결론을 기대할 수 없다. 이와 대단히 유사한 관례들이 제2성전기 말기 알렉산드리아의 "테라퓨타이" 유대인 공동체에서도 발견되는데, 여기서도 그러한 관례들은 쿰란 분파에서와 유사한 개념들을 내포하고 있다.[43]

---

    and Magness 2010: 329-33의 논의를 보라.
42 Pfann 2006: 175; 강조는 덧붙인 것임.
43 Philo, *De vita contemplativa* 1.81-82.

종합

쿰란 문헌과 마가복음이 구상하는 것으로 보이는 시나리오 간의 유사성을 근거로 나는 예수의 제자들이 특정한 안식일에 밀밭에 들어갔던 사건이 사실상 성전에 진설된 열두 덩어리의 떡 대신 밀밭의 낟알들을 거룩한 떡으로 삼아 그들 자신을 위하여 먹는 의식을 수행하기 위해 매주 치러졌던 행사의 일부였다고 제안한다. 그들은 성전 내부의 "성소"에서가 아니라 다른 방식으로 규정된 신성한 공간에서 이 의식을 수행했다(레 24:9).

이 같은 제안을 지지해주는 몇 가지 고려사항이 있다. 첫째, 위에서 지적했던 것처럼 고대 유대교에서 떡을 먹는 의식은 거역할 수 없는 "영원한 언약"의 일부분으로 규정되었다. 예수가 그의 운동을 "성전 반대 운동"으로 여겼다면, 안식일마다 이 의식을 수행하는 것은 지극히 당연하게 받아들여졌을 것이다. 둘째, 복음서 저자는 예수가 제자들을 이끌고 밀밭 사이를 지나고 있었다고 묘사하는데, 이때 이삭을 잘라서 먹은 것은 오직 제자들뿐이었다.[44] 만일 예수가 이 시점에 이미 열두 명의 제자를 모두 확보하고 있었다면(물론 여기에 논쟁의 여지가 있다는 점은 인정한다) 그는 여기서 열두 제자와 열두 뭉치의 이삭(이것은 다시 제단에 바치는 열두 덩어리의 떡에 대응한다)이 상징적으로 일치한다는 사실을 자연스럽게 인지했을 것이다. 예수가 이삭을 먹는 의식에 참여하기를 거부한 이유는 아마도 열둘이라는 대칭적인 숫자를 유지하기 위해서였을 것이다. 셋째, 만일 우리가 바리새인들이 변두리의 밀밭에서 우연히 예수의 일행과 마주쳤다거나 혹은 그들이 "옥수수밭을 순찰하면서 그들의 안식일을" 보냈다고 가정하지 않는다면, 우리는 예수의 제자들이 안식일에 밀밭을 방문하리라는 것을 예수의 대적자

---

44 막 2:23.

들이 **예견하고** 있었다고 의심하게 된다. 그렇다면 제자들은 안식일마다 주기적으로 밀밭을 방문해왔으며 대적들은 그에 맞추어 계획적으로 그들의 행사에 개입했던 것이라고 상상해볼 수 있다.[45] 넷째로 가장 중요한 고려사항은 내가 보기에 여기서 내가 제안하는 해석이 예수가 다윗의 사례에 호소한 결정적인 이유를 설명해주는 유일한 대안이라는 점이다. 예수는 마가복음 2:25-26에서 일종의 삼단논법을 제시한다. (1) 오직 제사장들만 진설병을 먹을 수 있다(26b; 참조. 레 24:9). (2) 다윗이 진설병을 먹은 것은 정당한 일이었다(그런데 그는 제사장 가문이 아니었다). (3) 그렇다면 다윗은 다른 범주에 속한 합법적인 제사장이라는 결론이 불가피하다. 예수를 고발하는 자들은 이 같은 논리의 사슬을 이용하여 예수의 발언들에 담긴 요지를 파악해야 했다. 만일 예수의 제자들이 다윗의 모범을 따라 그들 자신이 만든 임시방편적인 진설병을 정당하게 먹은 것이라면, 그것은 예수와 그의 제자들도 (다윗과 그의 무리가 제사장이었던 것과 동일한 방식으로) 제사장이라는 뜻이다. 더 나아가 텍스트에서 미처 표현하지 못한 잠정적인 결론은 다음과 같다. 만일 예수와 그의 제자들이 성전 사역을 감당하는 제사장들이라면, 그들의 활동은 사실상 하나님의 사역이며 따라서 유대교의 표준적인 규정에 따라 안식일을 범했다는 혐의를 벗을 수 있다.[46]

이런 퍼즐 조각들이 제자리를 찾아갈 때 우리는 2:27-28에 기록된 역사적 예수의 마지막 발언들이 무엇을 의미하는지 이해할 수 있다. 안식일이 "사람"(*ho anthrōpos*)을 위하여 있다고 예수가 선언했을 때 그는 결의론적으로 일반적인 사람이 자기 편한 대로 토라를 번복할 권리를 지니고 있다

---

45 Sanders 1983: 20; 참조. Hultgren 1972: 41.
46 안식일에 제사장들의 일이 합법적인지에 대해서는 Burer 2012: 30, 34을 보라.

고 인정해주는 것이 아니었으며, 차라리 그의 발언은 다윗의 사례에 관한 요점의 확장으로서 다음과 같은 랍비 문헌의 격언과 같은 맥락에서 이해되어야 한다. "안식일이 당신에게 주어진 것이지, 당신이 안식일을 위하여 주어진 것은 아니다."[47] 랍비 문헌의 병행 구절이 상당히 충격적인 내용이기 때문에 우리는 이 문구가 예수 시대에 사람들 사이에서 회자되고 있었으며 마가복음 2:27에 기록된 예수의 발언에 단서를 제공했으리라고 추측해볼 수 있다. 그렇다면 우리는 출애굽기 31장의 문맥에서 안식 계명이 보편적인 인류에게 주어진 것이 아니라 엄밀한 의미에서 아담의 자손인 "사람"을 구체화한 이스라엘에 주어졌다는 점도 지적해야 하는데, 이것은 다시 28절에서 아담의 자손인 인자가 등장하는 이유를 설명해준다.[48]

구체적으로 어떤 의미에서 안식일이 아담/이스라엘을 위하여 **만들어졌는지**는 우리가 "하나님의 안식일 휴식"과 "아담에게 주어진 휴식" 간의 평행관계를 살펴볼 때 좀 더 분명하게 드러날 것이다. 최초의 안식일은 6일간의 창조에 이어지는 날이었으며, 야웨가 혼돈과의 전투를 멈추고 쉬는 날이었고, 이날은 또한 야웨의 즉위식이 거행되는 순간이기도 했다.[49] 이와 유사하게 안식일은 선민 이스라엘의 안식과 즉위식을 위하여 고안되었다는 점에서 아담/이스라엘을 위하여 창조되었다고 말할 수 있다. 다니엘 7장에는 인자와 관련하여 이와 유사한 안식과 즉위식 장면이 부정한 짐승들을 물리친 사건에 이어 등장한다. 예수가 창세기와 다니엘서의 두 내러티브를 긴밀하게 연결한다는 점은 그가 아담의 자손인 사람에 관해 확립된 공리("그는 안식일의 유일한 수혜자다")에 근거하여 인자에 관한 추론("그

---

47 *Mekilta Exod.* 31.14 (109b).
48 아담과 인자의 관계에 대해서는 5장에서 다룬다.
49 Sarna 1962.

는 안식일의 주인이다")을 전개한다는 사실을 통해 명백해진다. 그런데 예수는 신실한 이스라엘(집합적으로 "인자"를 구현하는 사람들)이 장차 시공간을 초월하는 영원한 종말론적 안식에 들어가는 바로 그 순간에 하나님의 형상이 되어야 할 자신들의 운명을 성취하리라는 기대 가운데 이런 추론을 전개하는 것처럼 보인다.[50] 보다 구체적으로 말하자면, 예수는 인자가 안식일의 주인이라고 선언함으로써 종말이 이미 그를 따르는 자들 사이에서 실현되기 시작했음을 시사하는 것이다. 이것은 결국 신성한 떡을 먹는 제자들의 의식이 다름 아닌 안식일에 전통적인 성전 공간의 경계 밖에서 행해졌음에도 불구하고 그것을 정당화해준다.[51] 이어서 예수는 단호한 어조로 자신이 주도한 운동이 제왕적 제사장 "아담"과 제왕적 제사장 "다윗"을 대체할 종말론적 대응물이라고 규정했을 뿐만 아니라, 오랫동안 기다려왔던 다니엘 7장의 즉위식이 임박했다고 분명하게 제안한다.

그렇다고 해도 나는 예수의 의도에 대한 나의 재구성이 여전히 압도적인 반대, 다시 말해 예루살렘 종교와 쿰란 공동체는 내가 제안했던 것처럼 **이삭**을 먹는 의식이 아니라 **떡**을 먹는 의식을 염두에 두었던 것이라는 반대에 직면해 있음을 고백할 수밖에 없다. 하지만 이 같은 반대가 극복 불가능한 것은 결코 아니다. 내가 조금 전에 지적했던 것과 같이 예수는 종말론적 시대가 이미 가까이 다가왔다는 점을 근거로 제자들의 행동을 정당화하고자 했는데, 이것은 인자의 통치가 임박했다는 사실과 일맥상통할 뿐만 아니라 하나님의 종말론적 안식일에 동참하도록 지명된 아담의 운명이 실현되는 일과도 무관하지 않다. 그러므로 예수 공동체 안에서, 그리고

---

50 하나님의 형상에 참여하는 날로서의 안식일 개념에 대해서는 Hasel 1992: 851을 보라.
51 종말론적 안식일을 영원과 동일시하는 문제에 대해서는 Philo, *Spec. Leg.* 1.170을 보라.

그 공동체를 통하여 종말론적 성전이 도래한다는 것은 창조의 실재가 회복될 날이 임박했음을 의미한다. 예수는 창의적인 방식으로 떡을 먹는 의식을 재연함으로써 그날이 임박했음을 상징적으로 표현하고자 했다. 하나님이 아담에게 "온 지면의 씨 맺는 모든 채소와 씨 가진 열매 맺는 모든 나무를…먹을 거리"로 주었고(창 1:29) 아담이 타락한 후에 그에게 "네가 떡을('먹을 것을', 개역개정) 먹으리라"라고 말했던 반면 예수는 "떡" 대신 "이삭"을 먹게 했는데, 이것은 아담에게 선포되었던 저주가 이미 되돌려지고 있다는 사실을 보여주는 고도로 상징적인 방식이었다. 말하자면 창세기 3장으로부터 1장으로의 반전 운동이 거의 완성되었다는 뜻이다.

마침내 초기 교회는 예수가 죽은 지 얼마 지나지 않아 성만찬을 시행하기 시작했는데, 성례에는 진설병을 먹는 의식이 자연스럽게 녹아들게 되었다. 떡을 먹는 의식이 지닌 상징적인 취지는 하나님의 임재와 공급을 확증하는 것이었으며, 이 두 가지 개념은 초기 교회의 성만찬을 통해서도 암시적으로 재확인되었다. 돌이켜보면 마가는 예수의 지시에 따라 임기응변적으로 시행된 밀밭에서의 의식이 잠정적인 조치였다는 사실을 그 사건이 실제로 일어난 지 수십 년 후에 깨닫게 되었던 것인데, 그러한 깨달음은 예수 운동에 동참한 자들에게 그들의 소명을 되새겨주는 한편 그들을 지켜보는 세상 사람들에게 종말이 이제 드디어 실현되기 시작했음을 알리게 하는 효과를 거두었다. 그러나 (적어도 외부인들이 보기에) 예수 운동이 성만찬의 시행을 통해 성전 엘리트들이나 지방 관리들로부터 환심을 얻었던 것은 아니었다.

3) 요약

예수 운동은 예루살렘 성전의 제의를 모방하고 궁극적으로는 그것을 대체할 목적으로 몇 가지 제의적 관습들을 주기적으로 시행했다는 점에서 쿰란 공동체와 크게 다르지 않았다. 밀밭 사건을 다룬 마가복음의 기사는 그 같은 관행 가운데 하나를 증명해준다(주기도문도 그러한 관행 가운데 하나였을 것이다). 예수의 추종자들은 밀밭의 이삭을 잘라 먹음으로써 안식일을 범한 것처럼 보였지만, 그들의 "행위"는 제사장들이 안식일마다 성전에서 수행하는 사역에 비견될 수 있는 제사장적 행위였다는 이유로 정당화되었다.

성만찬은 나름의 방식으로 시공간을 전면적으로 재설정한다는 의미를 내포하고 있었는데 시간과 공간은 고대 유대교 사상에서 밀접하게 결부되어 있었다. 안식일은 성전 내부의 지성소라는 공간에 대응하는 시간상의 실재였다. 예수는 하나님 나라가 이미 시공간의 연속체 속으로 침투해 들어오고 있었기 때문에 예루살렘 성전 제의와 종말론적 성전을 효과적으로 연결해줄 관행을 제정할 필요가 있다고 여겼을 것이다. 예수의 감독하에 종말론적 안식일은 이미 진행 중인 실재였으며, 그와 마찬가지로 신성한 공간도 새로운 실재에 적합하게 이미 재구성되고 있었다. 예수의 추종자들은 그들의 활동 범위 내에서 (타락 이전) 아담 상태의 회복을 재연함으로써 대담하고도 신중하게 새로운 시공간의 차원들을 제시하였다. 많은 논란을 불러일으켰던 그들의 고유한 성전 관행들은 새로운 종말론적 현실이 이미 형태를 갖추고 있음을 상징적으로 보여주었다. 이제 남은 일은 새로운 현실에 맞추어 오랫동안 지속되어온 제의적 관습들을 재조정하는 것이었다.

2. 제사장 직분에 대한 서로 다른 접근법: 예루살렘의 유력자들과 예수의 추종자들(Q 9:58 = 마 8:20//눅 9:58)

예수가 예루살렘이 아닌 변두리 지역에서, 그것도 제사장이 아닌 사람들을 동원하여 제의적 관행들을 수행한 것은 이제 우주가 근본적으로 새롭게 재편성되어 더는 지성소를 중심으로 회전하지 않고 그 대신 자기 자신을 중심으로 회전하게 된다는 것을 암시했다. 만일 이것이 사실이라면, 우리는 자연스럽게 예수가 자신의 운동과 헤롯의 견고한 통치 체계 간의 관계를 어떻게 이해했는지 질문하게 된다.[52] 현실은 이러했다. 갈릴리에서 출현한 새로운 지도자가 대중들에게 예루살렘의 제사장들이 아니라 자신과 자신의 추종자들이 합법적인 성전 공간을 대변한다는 암시를 주고 있다는 소문이 대제사장과 그의 동료들의 귀에 들어가자마자 두 "성전"의 관계는 급격하게 경색되었고, 결국 상대적으로 세력이 약했던 예수 운동이 부정적인 영향을 입게 되었다. 일상의 삶에서 그 같은 "영향"이 어떤 식으로 표출되었든지 간에 예수는 그의 추종자들에게 보복이 아니라 겸손, 온유함, 동정심, 그리고 용서로 대응하라고 권면했다. 예수는 제자들이 그 같은 대응을 통해 "아름다운 땅"에 그들을 위한 자리가 있음을 입증하는 한편 "세상의 소금"으로서 그들의 정체성을 증명하는 것이라고 가르쳤다. 그런데 예수의 이 같은 윤리가 제자들의 대응 "방침"을 설명해주는 것은 사실이지만, 제자들이 그렇게 대응해야 하는 "이유", 말하자면 예수가 자신의 권위와 기득권층의 권위 사이의 관계를 어떻게 설정했는지는 여전히 불분명하다. 더욱이 세력 다툼의 문제는 예수 운동이 겪는 갈등의 중심을 차지하고

---

52 Nicholas Perrin 2010: 46-50.

있었기 때문에 예수가 이 사안에 대해 어느 정도의 설명을 제공하지 않았으리라고 상상하기는 거의 불가능하다. 다행스럽게도 우리가 이번 장에서 살펴볼 "비평학자들도 진정성을 인정하는" 세 가지 "인자"에 관한 말씀 가운데 두 번째인 Q 9:58(마 8:20//눅 9:58)에서 우리는 지리사회적 영역에서 전개되는 세속적 권세에 관한 예수의 견해를 짐작하게 해주는 약간의 통찰을 구할 수 있다.

1) 머리 둘 곳이 없는 인자

일반적으로 예수의 발언으로 여겨지며 Q 문서에 포함된 것으로 보이는 자료를 담고 있는 마태복음 8:18-22과 누가복음 9:57-62은 "전업" 제자의 삶을 살려고 고민하는 두 명(마태복음에서) 혹은 세 명(누가복음에서)의 개인에게 초점을 맞춘 유사한 이야기를 전달한다.[53] 그중 첫 번째 사람은 예수가 어디로 가든지 그를 따르겠다고 선언한다. 이때 예수는 그의 제안을 거절하는 것처럼 받아들여질 수 있는 방식으로 대답한다. "여우도 굴이 있고 공중의 새도 거처가 있는데 인자는 머리 둘 곳이 없다"(그리스어 원문에서는 마 8:20과 눅 9:58이 동일하다).[54] 확실히 예수의 완곡한 대답은 약간의 해석을 요구한다.

---

53 역사적 예수를 다루면서 흔히 Q 9:58에 대해 아무런 언급도 없이 그냥 지나치는 경우가 많은데, 이 구절의 진정성에 대해서는 학자들 간의 합의가 확고하다. 다음 자료들을 참조하라. Vermes 1973: 77; Hengel 1981 (1968): 6 n. 12; Lindars: 1983: 29-31; Casey 1985: 15; 2010: 362-63; Smith 1988: 105; Hare 1990: 272-73; Crossan 1991: 256; Funk and Hoover 1993: 316-17 (그들이 매긴 등급은 "분홍"["probably pink"]이었다); Gnilka 1997: 172; Dunn 2003: 744; Brawley 2011: 2.

54 마 8:20//눅 9:58.

Q 9:58에 대한 일반적인 해석들

보편적으로 제시되는 해석 가운데 하나는 예수가 인류 전체를 가리키는 대체어로 "인자"라는 표현을 사용하면서 거처가 불확실한 인류의 형편과 야생 동물들의 안정적인 거주환경을 대비시킨다고 주장한다. 이 같은 해석이 불가능한 것은 아니나 여기에는 적어도 두 가지 심각한 장애물이 있다. 첫째, 만일 예수의 대답이 인류의 비참한 실존에 대한 진부한 관찰에 불과한 것이었다면, 과연 이것이 어떻게 **예수의** 무리에 가입하게 해달라는 요구에 대한 의미 있는 답변이 될 수 있겠는가 하는 점이다. 둘째, 인류가 보편적으로 머리 둘 곳이 없다는 주장은 명백히 사실이 아니다. 하워드 마셜이 표현한 것처럼, 거처가 없다는 말이 "일반적인 사람에게는 사실이 아니다."[55] 이보다 인기 있는 대안적인 접근법에 따르면 예수는 자신을 가리키는 호칭으로 "인자"라는 표현을 사용한 것이며 예수 운동이 표방하는 떠돌이 생활방식의 혹독함을 상기시킴으로써 질문자의 사기를 꺾으려 했다는 것이다. 이 같은 접근법은 확실히 첫 번째 해석보다는 진일보한 것이지만, 여전히 나름의 약점을 지니고 있다. 특히 그 같은 금욕주의적 이상은 정기적으로 타인들의 환대로 말미암은 혜택을 누렸던 인물에게는 어울리지 않는다.[56] 게다가 만일 예수가 그의 운동이 표방하는 생활방식을 있는 그대로 묘사한 것이라면, 우리는 어떻게 그처럼 대중적으로 잘 알려진 사실이 이 운동에 대해 적어도 기본적인 조사라도 실시했을 것이 분명한 질문자에게는 낯선 정보일 수가 있었는지 궁금해하지 않을 수 없다. 마지막으로, 이처럼 단순한 요점을 지적하기 위해 예수가 (두 부류의 짐승에 관해) 그처럼 간결하면서

---

55 Marshall 1978: 410. 이와 유사한 견해로는 특히 Hooker 1979: 158을 보라.
56 Vielhauer 1979 (1965): 24. Kingsbury(1988: 50)도 같은 주장을 하지만 그는 예수에 대한 마태의 묘사에 비중을 두는데, 그에 따르면 "예수는 집에서 사는 것으로…묘사된다."

도 정교한 화술을 구사할 필요가 있었는지 우리는 의아하게 여길 수밖에 없다.[57] 내가 보기에 위의 두 가지 해석이 가져다주는 유익보다 그것이 초래하는 문제가 더 큰 것 같다.[58]

위의 두 가지 해석은 ("인자"의 의미와 관련하여) 명백한 차이점을 보이지만, 예수의 대답이 어느 정도는 (비유적이 아니라) 직설적인 발언이었다고 전제한다는 공통점이 있다. 예수의 발언을 액면 그대로 받아들이려는 일반적인 본능으로 말미암아 독자들은 이 내러티브 사건의 즉흥성에 고무될 수도 있다. 마태복음과 누가복음에 따르면 한 사람이 예수에게 다가와서 뜬금없이 그의 제자가 되고 싶다는 뜻을 비쳤고,[59] 예수는 우리가 가정하기로 급하게 만들어진 즉흥적인 답변을 그에게 제시한다. 하지만 내러티브의 세부 사항 중 어느 것도 이 같은 우리의 가정을 정당화해주지 않는다. 사실 마태와 누가가 Q 9:58을 보전 가치가 있는 문구로 여기고 그들의 복음서에 실었다는 것은 두 복음서 저자가 이 말씀이 예수의 목표 가운데 중요한 측면을 담고 있다고 믿었음을 암시한다. 만일 그렇다면 우리는 동일하게 예수가 그의 사역 가운데 이 말씀을 수시로 되풀이했으리라고 기대할 수 있을 것이다. 마태복음 8:20//누가복음 9:28은 공생애의 다양한 상황에서 적어도 여러 번 되풀이되었을 대화 가운데 대표적인 형태를 보여주는 것일 가

57　Manson(1951 [1931]: 73)은 내가 여기서 소개하는 표준적인 해석을 적용할 때 이 말씀이 "말도 안 되는 소리"가 되어 버린다고 주장한다. 영국 학자가 이처럼 자기 의견을 과도하게 표현하는 경우가 드물지만, 우리는 그의 요점을 이해할 수 있다.
58　Myles(2014)는 위의 두 번째 해석에 가까운 설명을 제시하면서 예수의 방랑 생활이 무주택자의 불가피한 선택이었다고 설명하지만 나는 이를 반대한다. 예수가 엄밀한 의미에서 무주택자였는지 알 수 없으나, 그는 확실히 그에게 집을 제공할 여력이 있는 사람들과 관계를 맺고 있었고 따라서 Myles의 가설은 받아들이기 어렵다.
59　질문자가 이미 제자의 무리에 가입한 자로 받아들여져야 하는가에 관한 문제는 Kingsbury 1988: 47-49을 보라.

능성이 크다. 따라서 우리는 Q 9:58의 표면적인 형태 배후에 상당한 고려와 판단이 더해졌으리라고 가정하는 것이 바람직할 수도 있다. 심지어 이 말씀은 엄밀하게 문자적인 의미로 이해되어야 하는 즉흥적인 발언이 아니라 신중하게 고안된 비유로 제시되었을 가능성도 없지 않다.

  텍스트에 대한 "직설적" 해석이 직면한 과제 중 하나는 여기서 제시하는 대조가 과연 자의적인가 하는 문제와 관련된다. 달리 표현하자면, 만일 예수가 동물의 왕국에서 단지 한두 가지의 사례를 가져오고자 했을 뿐이라면 지구상의 모든 동물 가운데 하필 "여우"(*alōpekes*)와 "공중의 새"(*ta peteina tou ouranou*)를 고른 것은 도대체 어떤 이유에서였을까? 더 나아가 텍스트 편집의 차원에서 보자면, 만일 서식 환경이 괜찮은 어떤 동물이라도 누가복음에서 예수의 목적에 적합한 것이었다면, 9:58에서 "여우"와 "공중의 새"를 선택한 것은 한편으로 이 동물들이 등장하는 복음서 내 다른 텍스트들("여우"[13:32]; "공중의 새"[8:5; 13:19])과 비교하도록 유도함으로써 혼란을 초래할 뿐만 아니라 다른 한편으로 이 동물들이 제2성전기 문헌에서 종종 정치종교적 은유로 등장한다는 점에서 상당히 어설프게 느껴진다. 하지만 누가복음이나 그가 참조한 자료(Q)에서 예수가 동물들을 선택한 방식은 아마도 자의적이지 않았을 것이다. 여기에는 우리 눈에 보이지 않는 무언가가 있음에 틀림없다. 말론 H. 스미스는 마태복음 8:20//누가복음 9:58을 다룬 논문에서 "이 경구에 대한 우리의 논쟁은 예수가 과연 그가 피상적으로 표현했던 것처럼 보이는 말과는 다른 무언가를 의도했는가 하는 문제로 귀결된다"라고 논평한다.[60] 나는 그의 논평에 전적으로 동의하는 한편 이 논쟁이 완전히 새로운 방향에서 새롭게 다루어져야 한다고 믿는데, 그 출

---

60 Smith 1988: 99.

발점은 여기 등장하는 동물들에 대한 피상적인 접근을 넘어서서 이 문제를 진지하게 대하는 것이다.

간과되었던 해석을 되살리기: 사회정치적 비평으로서의 Q 9:58

이 지혜 문구에 관한 기존의 해석에 반하여 나는 T. W. 맨슨에 의해 처음 제안된 것으로 알려진 해석을 되살리고자 하는데, 그는 예수가 "여우", "공중의 새", "인자"라는 명칭들을 색인에서 발췌한 무의미한 단어들처럼 늘어놓은 것이 아니라 정치적 실재를 가리키는 성서적 은유로서 제시한 것이라고 제안했다.[61] 첫 번째 비교 대상인 "여우"와 관련하여 고대 셈족 언어는 "승냥이"와 "여우"를 구별하지 않았으며 히브리어에서도 두 동물은 "슈알"(*šūʿāl*)이라는 하나의 단어로 표시된다.[62] 그렇다면 예수가 "하이 알로페케스"(*hai alōpekes*, "여우/승냥이")와 "타 페테이나 투 우라누"(*ta peteina tou ouranou*, "공중의 새")를 짝지은 것은 예레미야 9장에 똑같은 동물들이 짝으로 등장한다는 사실로 인해 특별한 의미를 지니게 되는데, 여기서 예언자는 유배지 바빌로니아와 멀리 떨어진 유다 시골 마을에 임할 재앙에 대해 탄식한다.

내가 산들을 위하여 울며 부르짖으며 광야 목장을 위하여 슬퍼하나니 이는 그것들이 불에 탔으므로 지나는 자가 없으며 거기서 가축의 소리가 들리지 아니하며 **공중의 새**[*mĕʿôf haššāmayim*]도 짐승[*bĕhēmâ*]도 다 도망하여 없어졌음이라. 내가 예루살렘을 무더기로 만들며 **승냥이**[*tannîm*] 굴이 되게 하겠

---

61 Manson 1951 (1931): 72-73.
62 Casey 1985: 8, 13; 참조. 삿 15:4; 느 3:25; 아 2:15; 겔 13:4.

고 유다의 성읍들을 황폐하게 하여 주민이 없게 하리라.[63]

유다 땅에 가해진 트라우마에 대한 예레미야의 묘사는 물리적 파괴가 어느 정도였는가만 전달한 것이 아니라 창세기 1:26의 표현("하늘의 새"…"가축"[ûbabbĕhēmâ])을 동원하여 신학적인 관점에서 그 참상을 창조의 역전(reversal)으로 해석하고자 했다.[64] 이런 맥락에서 예레미야의 "공중의 새"와 "승냥이"도 구체적인 은유로 사용되었을 가능성이 충분하다. 예레미야서의 다른 본문에서 "공중의 새"는 "삼키고 멸하는" 죄악으로 인해 하나님께 책망받는 한편 침략군과도 밀접하게 관련되는데, 따라서 그들은 이방인으로 이해되어야 한다는 것이 거의 분명하다.[65] 이와 유사하게 예레미야서의 기사에서 "승냥이"는 포로 시대 이후 사회정치적으로 불안정한 상황에서 자신의 안위만을 염려하는 유다 상류층의 정치적 기회주의자를 가리키는 것으로 보인다.[66] 따라서 예레미야는 이 두 가지 동물의 이미지를 포로 시대의 일반적인 상황을 묘사하기 위해서뿐 아니라 정치적으로 깨어 있는 지도자들에게 이들이 암시하는 풍유적인 의미를 가르쳐주기 위해 사용하는 장구한 전통의 출발점에 서 있다.

기원전 2세기 묵시문학 텍스트에서 우리는 두 가지 범주의 은유에 초점을 맞출 것이다. 예를 들어 「에녹1서」의 "동물 묵시록"에서는 "공중의 새"가 멀리서 침략해오는 이방 대적들을 가리키는 패턴을 보여준다.[67] 그

---

63 렘 9:10-11.
64 참조. 렘 4:23-26.
65 렘 15:3; 16:4; 19:7; 34:20. 포로 시대 이후 예언서에서도 이 같은 비유가 등장한다. 겔 31:6, 13; 단 2:38; 4:12, 21; 습 1:3.
66 렘 10:22; 14:16; 49:43; 51:37.
67 1 En. 89.10; 90.2-19. 최근에 Daniel Olson(2013: 136-39)은 이 묵시록에 등장하는 네

런가 하면 같은 텍스트에서 "승냥이"는 여러 부류의 내부 압제자와 동일시된다.[68] 그와 동시에 두 범주의 동물들은 마귀의 세력과도 밀접한 관계를 맺고 있는데,[69] 이 같은 암시는 우리가 누가복음에서 발견하는 현상과도 유사하다. 첫째, 누가는 "공중의 새"라는 용어로 "마귀"를 가리키기도 하고(8:5), 만일 겨자씨 비유에 대한 표준적인 해석이 올바르다면 "이방인"을 가리키기도 한다(13:19). 둘째, 같은 장 마지막 부분에서 누가복음의 예수는 허수아비 통치자인 헤롯 안티파스를 가리켜 "여우"(눅 13:32)라고 부른다. 따라서 동물 은유의 흔적은 포로 시대에서 시작하여 1세기 후반까지 이어지면서 한편으로는 승냥이와 지방 권세가들을 연결해주고 다른 한편으로는 공중의 새와 (마귀의 영향하에 있는) 이방인들을 연결해준다. 예수 시대의 일상적인 대화에서 "공중의 새"와 "승냥이"라는 용어가 이런 종류의 은유적 의미를 실제로 담고 있었는지, 그렇다면 어느 정도까지 그런 의미를 전달해주었는지 분명히 밝히기는 어렵지만, 적어도 우리는 포로 시대 이후에 이 용어들이 예언서나 묵시적 담화의 맥락에서 사용되었을 때는 반드시 특정한 의미를 담고 있었다는 점은 확실하게 밝힐 수 있다.

예수의 언어에 담긴 묵시적 성향을 고려할 때 우리는 역사적 예수가 Q 9:58에 보존된 이 두 용어를 묵시문학에서와 동일하게 은유적으로 사용했다고 결론지을 수 있다. 말하자면 예수가 사용한 "여우"와 "공중의 새"는

종류의 "공중의 새"(독수리, 매, 솔개, 까마귀)가 헬레니즘 시대의 네 가지 서로 다른 세력(마케도니아, 트라키아, 이집트, 시리아)에 상응한다고 설득력 있게 주장했다. 그의 결론은 Bryan 1995: 100에 이미 예견되어 있었다.

68 *1 En.* 89.10, 42, 43, 49, 55.
69 4Q510(frg. 1.4-5)과 4Q511(frg. 10)의 저자(들)에게 포로 시대 이후 유대 땅을 차지한 "승냥이"는 "파괴적인 천사들", "사악한 영들", "마귀들"과 동일시되었다. 새가 마귀의 세력을 상징하는 것으로 묘사되는 사례로는 *Jub.* 11.11, 18-23, *Apocalypse Abraham* 13장과 아래 7장을 보라.

유대 묵시문학의 표준적인 은유 명부의 용례에 따라 "여우"는 헤롯과 성전에 기반을 둔 그의 가신들을 가리키고 "공중의 새"는 로마의 점령군을 가리키는데, 은유가 암시하는 것처럼 그들 모두는 마귀에게 예속되어 있다. 여기서 우리는 이러한 해석이 어떻게 동물 이미지들과 다니엘서에서 가져온 인자 이미지 간의 대조를 이해하는 데 도움을 줄 수 있는지 어렵지 않게 발견할 수 있다. 다니엘 7장이 강력하고 부정한 짐승들이 인자와 겨루는 장면을 연출하는 한편 Q 9:58은 예수가 그를 대적하는 두 부류의 사람들을 은유적으로 표현하고자 시도하는 모습을 보여주는데, 예수에게는 그들이야말로 이스라엘의 적대감이 표출되는 진정한 화약고였다. 하지만 그의 말씀은 그 같은 갈등이 존재한다는 사실을 확증하기 위한 것이라기보다는 그것을 전제하고서 종교적이고 정치적인 유력자들의 견고한 입지와 인자의 불안정한 상태를 우회적으로 대조하는 데 목적이 있었다. 한마디로 이 말씀은 예수가 자신의 운동을 머리 둘 곳 없는 인자가 예루살렘을 기반으로 삼는 유력자들에게 맞서기 위해 그들에게로 올라가는 여정으로 여겼다는 역사적 증거를 제공한다. 하나님을 대적하는 마귀의 권세 아래 묶여 있던 예루살렘의 유력자들은 당대의 정치종교적 구조 내에서 안정적인 지위를 확보하고 있었다.

Q 9:58에 나타난 상호텍스트적 암시

이 같은 배경과 아울러 Q 9:58을 해독하기 위해 한 가지 염두에 두어야 할 점이 있는데, 예수는 동물들/통치자들이 안정적인 거처에 머무는 반면 (58a) 인자/예수 운동은 "머리 둘 곳이 없는" 상태를 유지해야 하는(58b) 이유를 분명하게 밝혀주지 않으며, 예수의 불가사의한 대조는 여전히 비밀로 남아 있다는 점이다. 이 문제를 해결하기 위해 나는 잠재적으로 예수의 말쏨을 뒷받침하는 몇 가지 성서적 암시를 살펴보고자 한다. 내가 보기에는 "여우"와 "공중의 새"가 암시하는 의미가 그에 관련된 성서적 배경을 통해 밝혀질 수 있었던 것처럼 그 구절의 다른 핵심 용어들도 마찬가지일 것이다.

먼저 우리는 시편 8편이 Q 9:58의 중요한 배경 텍스트 가운데 하나라는 말론 스미스의 제안을 살펴보고자 한다.[70] 시편 8:4(MT 8:5)에 대한 아람어 타르굼에서 히브리어 텍스트의 "에노쉬"(*ěnôš*, "사람")와 "벤-아담"(*ben-ādām*, "아담의 아들")은 동일하게 "바르-나샤"(*bar-nāšā*)라고 번역되었는데, 이는 "사람의 아들"(*huios anthrōpou*)을 의미한다. 시편 저자가 "인자"의 지배 아래 있는 동물들을 열거하면서 "공중의 새"(8:8; MT/Targum 8:9)를 포함시킨다는 사실도 대단히 중요하다. 시편 8편의 아람어 텍스트에서 "인자"와 "공중의 새"가 나란히 등장한다는 사실은 의미심장한데, 왜냐하면 예수도 Q 9:58에서 동일한 두 용어를 사용하면서 그가 제시하는 경구를 시편 8편에 비추어 해석하라고 암시하는 것처럼 보이기 때문이다. 아람어 타르굼의 번역자와 유대교 독자들은 당연히 "인자"와 "공중의 새" 간의 적대적인 관계를 종교사회적 맥락에서 해석했을 것이다. 시편 8편의 관점에서 새들로 상징되는 무법천지 국가들과 그들의 신들은 장차 창조의 목적을 성취하기 위해(창 1:26-27) 이스라엘과 그 나라를 대표하는 메시아에게 예속될 것이다.

예수가 시편 8편이 제시하는 종말론적 시나리오의 주요 등장인물인 공중의 새(와 승냥이)를 선택한 데는 분명한 이유가 있을 것이다. 말하자면 그가 전하고자 했던 내용, 다시 말해 마귀의 사주를 받은 당대의 지방 관리,

---

70 Smith 1988: 94-96, 100.

정부 관료, 혹은 로마 제국과 연결된 유력자들이 언젠가는 심판받을 것이라는 메시지는 정치적 위험을 초래할 수 있는 것이었으므로 은밀하게 표현될 필요가 있었는데, 이런 이유에서 그는 성서의 암호 언어에 의존했다는 뜻이다. 이 같은 심판은 시편 8편에서 예언한 대로 인자가 창조 질서를 회복함으로써 성취될 것이다. 그렇다면 예수의 말씀은 "인자"와 "공중의 새/승냥이"로 대표되는 두 가지 서로 다른 종말론적 영역을 대비시킬 뿐 아니라 예수 시대에 이미 갈등 관계에 놓여 있던 두 세력, 다시 말해 마귀의 사주를 받는 이방인들의 안정적인 상태와 지금은 머리 둘 곳도 없는 인자의 불안정한 상태를 대비시킨다.

Q 9:58을 이해하는 데 시편 8편만큼이나 중요한 요소가 있는데, 이 구절을 연구하는 학자들이 성서 텍스트에 깊이 뿌리내린 다른 한 쌍의 핵심 용어("두다/눕다"와 "머리")를 간과했다는 것은 놀라운 일이다. 이 용어들은 벧엘의 꿈 장면에 등장한다.

> 10 야곱이 브엘세바에서 떠나 하란으로 향하여 가더니 11 한 곳에 이르러는 해가 진지라. 거기서 유숙하려고 그곳의 한 돌을 가져다가 베개로 삼고["**머리 아래 두고**"] 거기 **누워** 자더니, 12 꿈에 본즉 사닥다리가 땅 위에 서 있는데 그 꼭대기["**머리**"]가 하늘에 닿았고 또 본즉 하나님의 사자들이 그 위에서 오르락내리락 하고 13 또 본즉 여호와께서 그 위에 서서 이르시되 "나는 여호와니 너의 조부 아브라함의 하나님이요 이삭의 하나님이라. 네가 누워 있는 땅을 내가 너와 네 자손에게 주리니, 14 네 자손이 땅의 티끌 같이 되어 네가 서쪽과 동쪽과 북쪽과 남쪽으로 퍼져나갈지며 땅의 모든 족속이 너와 네 자손으로 말미암아 복을 받으리라. 15 내가 너와 함께 있어 네가 어디로 가든지 너를 지키며 너를 이끌어 이 땅으로 돌아오게 할지라. 내가 네게 허락한 것을 다 이루

기까지 너를 떠나지 아니하리라" 하신지라. ¹⁶ 야곱이 잠이 깨어 이르되 "여호와께서 과연 여기 계시거늘 내가 알지 못하였도다." ¹⁷ 이에 두려워하여 이르되 "두렵도다 이 곳이여, 이것은 다름 아닌 하나님의 집이요 이는 하늘의 문이로다" 하고, ¹⁸ 야곱이 아침에 일찍이 일어나 베개로 삼았던 돌을 가져다가 기둥으로 세우고 그 위에 기름을 붓고, ¹⁹ 그곳 이름을 벧엘이라 하였더라. 이 성의 옛 이름은 루스더라. ²⁰ 야곱이 서원하여 이르되 "하나님이 나와 함께 계셔서 내가 가는 이 길에서 나를 지키시고 먹을 떡과 입을 옷을 주시어 ²¹ 내가 평안히 아버지 집으로 돌아가게 하시오면 여호와께서 나의 하나님이 되실 것이요, ²² 내가 기둥으로 세운 이 돌이 하나님의 집이 될 것이요, 하나님께서 내게 주신 모든 것에서 십분의 일을 내가 반드시 하나님께 드리겠나이다" 하였더라.[71]

야곱은 인생의 중요한 전환점에서 그의 "머리"(LXX *kephalēs autou*, MT *mĕ-ra'ăšōtāv*)(11절)를 돌 위에 "두었고"(LXX *ekoimēthē*, MT *wa-yiškab*)(11절), 사다리(혹은 계단)를 오르내리는 천사들에 관한 환상을 보았는데, 사다리의 "머리"(LXX *kephalē*, MT *wĕ-rō'šô*)(12절)는 하늘까지 이어져 있었다.[72] 히브리 성서에서 "눕다"라는 동사가 "머리"와 함께 등장하는 유일한 장면인 창세기 28:10-22은 예수가 사용했던 "머리를 둔다"(Q 9:58)라는 표현의 배후 텍스트일 가능성이 크다. 이와 관련하여 "장소"(LXX *topos*, MT *maqom*)라는 단어가 10-19절 사이에서 (LXX 텍스트에 따르면) 무려 여섯 차례나 등장한다는 점도 지적할 가치가 있다. 비록 "토포스"(장소)라는 단어가 마태복음

---

71 창 28:10-22.
72 창 28:11-17.

18:20//누가복음 9:58의 그리스어 수용본문에는 등장하지 않지만, 예수가 본래 사용했던 아람어 표현은 오늘날 우리가 「도마복음」 86(Coptic *ma*)과 이 구절에 대한 초기 시리아어 번역에서 발견하는 것처럼 "인자는…둘 **장소가 없다**"라는 형태였을 수도 있다. 어느 정도 불확실한 시나리오이기는 하지만 Q 9:58의 배후에 놓인 전승이 창세기 28장에서 두 개의 핵심어가 아니라 세 개의 핵심어를 기반으로 형성되었을 가능성도 배제할 수는 없다. 이 같은 언어적 연관관계로 인해 야곱 내러티브가 예수의 말씀(Q 9:58)에 영감을 주었으리라는 해석은 상당히 그럴듯해 보이는데, 우리는 이 같은 가능성의 등급을 개연성으로 승격시켜줄 추가적인 증거를 예수가 벧엘의 꿈을 인자와 결부시키는 요한복음 1:51에서 발견할 수 있다.[73] 그런데 우리가 다루고 있는 사안과 요한복음 1:51의 관계는 텍스트의 진정성에 의존하지 않는다. 요컨대 만일 역사적 예수가 그의 시대에 Q 9:58과 같은 말씀에서 인자를 창세기 28:10-22과 관련지었다는 사실이 널리 알려져 있었다면, 요한복음 1:51과 같은 후대의 텍스트에서 그와 유사한 연관관계를 설정하는 것도 얼마든지 이해 가능하다는 뜻이다.

벧엘 기사는 무엇보다도 신성한 공간의 기원에 관한 설명이며 이후에도 고대 유대교에서 그런 방향으로 해석되어 왔다. 기원후 1세기까지 거슬러 올라가는 전승들을 포함하고 있는 아람어 구약성서 번역본들과 랍비 문헌 사이에서 해석의 불일치를 드러내는 몇 가지 사소한 주제들이 있지만 고대 해석가들은 큰 틀에서 일치된 설명을 제시한다. 사다리/계단은 성전

---

[73] 요 1:51. "또 이르시되 '진실로 진실로 너희에게 이르노니 하늘이 열리고 하나님의 사자들이 인자 위에 오르락 내리락 하는 것을 보리라' 하시니라." 예수의 약속(요 1:51)과 야곱의 꿈(창 28장) 사이의 상관관계를 인정하는 주석가들 외에 다음 연구서들도 참조하라. Clarke 1974-5; Rowland 1984; Neeb 1992; Bunta 2006; Kerr 2002: 148-54; Kirk 2012.

을 상징하고, 야곱이 머리를 두었던 돌은 성전의 주춧돌을 가리키며, 사다리를 오르내리는 천사들/사자들은 성전에서 봉사하는 대제사장들을 예시한다.[74] 이 같은 대응 관계를 둘러싼 사소한 문제들, 예를 들어 천사들이 주로 관심을 보였던 대상이 사다리인지(*Pseudo Jonathan*, *Neofiti I*) 아니면 야곱인지(*Targum Onkelos*, LXX)와 같은 지엽적인 질문들은 제쳐두고, 내가 지적하려는 것은 예수 시대에 창세기 28:10-22이 이스라엘 역사에서 신성한 공간을 암시하는 최초의 텍스트 가운데 하나로 이해되었으리라는 점이다. 이것은 충분히 기대할 수 있는 일인데, 왜냐하면 야곱은 그 장소가 "다름 아닌 하나님의 집"이라고 선언하기 때문이다.[75]

물론 벧엘이 예루살렘이 아니라는 것은 분명하며, 그 기사에서 야곱이 그 장소를 가리켜 거룩하다고 표현했던 것이 적지 않은 유대교 독자들에게 약간은 곤혹스러운 일이었다. 이것은 예수 시대에 예루살렘을 이스라엘 종교의 중심지로 굳게 믿었던 자들에게도 마찬가지였을 것이다. 이 같은 긴장을 완화하기 위해 다수의 전승이 창세기 28:10-22에 기록된 사건은 두 종류의 위임과 관련된 공간과 시간을 표시하는 것이라고 주장하는데, 하나는 명백하게 레위 지파에 관한 것이고 다른 하나는 약간 암시적인 방식으로 야곱과 관련된다는 것이다. 여기서 우리는 야곱의 아들 레위가 벧엘에서 처음 제사장으로 지목되었고, 후에 그의 아버지에 의해 임명되면서 제사장 직분에 취임한 것이라고 추론해볼 수도 있다.[76] 이 같은 주해 과정이

---

74 Clarke(1974-5)는 일차자료에 대한 개요를 제공한다. Clarke(1974-5: 370-75)와 Rowland (1984: 498-507)는 둘 다 아람어 타르굼에 보존된 전승들은 1세기까지 거슬러 올라갈 수 있다고 주장한다.
75 창 28:17.
76 *Jub.* 32.1, 9; T. Levi 8-9; *Lad. Jac.* 6-9; 12-13. 포괄적인 논의는 Kugel 1993; 2006: 134-35를 참조하라. Greenfield, Stone and Eschel 2004: 15-16, 39-40.

완전히 자의적인 것은 아니다. 왜냐하면 창세기 텍스트는 밤에 환상을 보았던 야곱이 다음 날 아침에 하나님의 집을 세우기로 맹세했다고 기록하기 때문이다(22절). 물론 그의 맹세가 실제로 성취된 것은 아니었다. 고대의 주석가들은 야곱의 건축 프로젝트가 실현되지 않은 이유를 이해시키기 위해, 성전을 건축하겠다는 야곱의 요청은 그 같은 영예가—다윗의 경우처럼—그의 아들에게 주어져야 한다는 이유로 거부되었다고 설명한다.[77] 하지만 야곱의 열망에 대한 거절은 절대적이지 않았던 것으로 보인다. 왜냐하면 같은 주석가들은 부언하기를 하나님이 야곱에게 더욱더 영광스러운 종말론적 성전의 건축을 맡기려고 의도했기 때문에 지상의 성전을 건축하려던 야곱의 계획을 거부한 것이라고 설명하기 때문이다. 이런 취지의 이야기가 예컨대 「희년서」에도 실려 있다.

> 다음 날 밤, 그달 22일에 야곱은 그 장소에 건물을 짓고 안뜰을 담으로 둘러싼 후에 그곳을 거룩히 구별하여 그 자신과 언제까지라도 그의 뒤를 이을 자손들을 위해 영원토록 거룩하게 만들고자 결심했다. 그 밤에 주님이 그에게 나타나셔서 그를 축복하고 이렇게 말씀하셨다. "너는 야곱이라고만 불리지 않을 것이고 이스라엘이라고도 불릴 것이다." 그는 두 번째로 말씀하셨다. "나는 하늘과 땅을 창조한 야웨다. 나는 네 자손의 숫자를 늘리고 너를 대단히 번성하게 할 것이다. 왕들이 너에게서 나올 것이고, 그들은 인류가 발을 디딘 모든 곳에서 다스릴 것이다. 나는 너의 자손들에게 하늘 아래 모든 땅을 줄 것이다. 그들은 그들이 원하는 대로 모든 나라들을 통치할 것이다. 이후에 그들은 모든 땅을 얻을 것이며 그것을 영원히 소유할 것이다." 그가 그와 말씀하기를

---

[77] Kugel 1993; 2006; Mroczek 2015.

마치셨을 때 그는 그를 떠나 올라가셨고, 야곱은 그가 하늘로 사라지실 때까지 계속 지켜보았다. 밤의 환상 가운데 그는 한 천사가 손에 일곱 개의 서판을 들고 하늘로부터 내려오는 것을 보았다. 그는 (그것들을) 야곱에게 주었고 그는 그것들을 읽었다. 그는 그 자신과 그의 자손들에게 대대로 무슨 일들이 일어날지에 관해 서판들에 기록된 모든 것을 읽었다. 그는 서판들에 기록된 모든 것을 그에게 보여준 후에 그에게 말했다. "이 장소에 건물을 짓지 말라. 그리고 이곳을 영원한 성전으로 삼지 말라. 이곳은 바로 그 장소가 아니니 이곳에 살지 말라. 너의 아버지 아브라함의 집으로 가서 너의 아버지가 죽는 날까지 너의 아버지 이삭이 거하는 곳에서 살라. 왜냐하면 너는 이집트에서 평안히 죽을 것이고 이 땅에서 너의 조상들의 무덤에 아브라함과 이삭과 함께 영예롭게 매장될 것이기 때문이다. 두려워하지 말라. 왜냐하면 네가 보고 읽은 그대로 모든 일이 일어날 것이기 때문이다. 이제 네가 보고 읽은 그대로 모든 것을 기록하라."[78]

「희년서」 배후의 저자가 보기에 야곱이 지닌 근본적인 의의는 환상을 보는 자로서 그가 맡은 역할이 아니라, 모세의 전통을 따르는 성전보다 더욱 위대한 종말론적 "영원한 성전"을 약속하는 언약의 중보자로서 그가 맡은 역할이었다. 물론 이것도 예측 불가능한 관점은 아닐 것이다. 「희년서」와 마찬가지로 「성전 두루마리」(11QT)의 저자도 종말론적 성전에 대한 약속이 "벧엘에서 야곱과 맺어진 언약"에 따라 주어지는 것이라고 이해했다 (11QTa 29:9-10).[79] 「희년서」 공동체와 쿰란 공동체 둘 다에게 야곱이라는

---

78 *Jub.* 32.16-24.
79 Mroczek 2015: 523.

인물은 종말론적 성전에 대한 초창기의 이상과 성전 건축의 지연 사이에서 발생하는 긴장을 상징하는 역할을 했다.

그렇다면 「희년서」와 「성전 두루마리」(11QT)의 저자가 이 종말론적 시나리오 속에서 야곱의 역할이 무엇이라고 생각했는지는 확실하지 않다. 하지만 우리는 야곱의 환상에 대한 공동체들의 해석이 담고 있는 상당히 이례적인 한 가지 요소를 근거로 어느 정도 설득력 있는 추론을 시도해 볼 수 있을 것인데, 이례적인 요소란 다름 아니라 족장들의 형상을 복제하여 사다리(천상의 보좌; 겔 1:26-28의 "메르카바")의 "머리"에 새겼다는 기록이다.[80] 사실 이 같은 해석에 따르면 벧엘의 환상은 사다리의 "머리"에 그려진 하나의 형상만 포함한 것이 아니라 사다리 받침대에 새겨진 두 번째의 형상도 포함하는데, 이 두 번째 형상은 사실상 야곱 자신의 "머리"에 새겨진 것이나 마찬가지며, 따라서 천사들은 두 개의 "머리" 사이를 오르내리면서 경이로움 가운데 이 둘을 비교했을 것이다.[81] 짝을 이루는 두 "형상" 개념은 예수 시대 유대교 내에서 널리 인정되었고 후대에는 랍비 유대교와 메르카바 신학에도 전승되었는데, 아마도 이 같은 개념은 아담에게 창조의 "머리"와 원시적인 하나님의 "형상"(*eikōn*)이라는 두 가지 정체성을 부여하는 전통과 벧엘의 꿈 장면에 "머리"가 두 번 등장한다는 사실에 영향을 받았을 것이다. 또한 아담의 "머리"는 하나이고 "하나님의 형상"도 하나일 것이므로 창세기 28장을 다룬 고대의 주석가들은 두 개의 "머리"는 사실상 하

---

80 이 논의를 위하여 다음을 보라. 창 28:12 *Tg. Ps.-J.* 12; 창 28:12의 *Tg. Neof.*; *Gen. Rab.* 82.2; *Num. Rab.* 4.15; *Lam. Rab.* 2.1. 이차자료로는 Schwartz 1985; Hayward 1996: 100-1; VanderKam 1997c; Bunta 2006을 보라.
81 일차자료에 대한 개요는 Rowland 1984: 504, Fossum 1995: 143 n.30; Orlov 2004에서 찾아볼 수 있다.

나의 머리인 동시에 하나의 형상이고 그것은 다름 아니라 야곱의 형상이었으리라고 추론한다. 아담의 형상을 지니는 일은 일반적으로 대제사장에게 할당된 과업이었으므로, 결과적으로 이 같은 해석의 흐름은 야곱 자신이 실질적으로 대제사장의 지위를 획득한 것이라는 주장으로 이어지리라는 점이 거의 분명하다. 비록 그것이 레위 계열의 제사장 직분은 아니겠지만 말이다. 따라서 「희년서」와 「성전 두루마리」는 우리에게 야곱이 영원한 성전을 건축할 것이라는 종말론적 기대를 심어주는 동시에 그가—형상을 지닌 자의 자격으로—대제사장으로서 그 성전을 감독할 것이라는 기대도 보여준다. 비록 우리가 야곱이 제사장으로서 종말론적 성전을 감독할 것이라고 말하는 명시적인 진술을 발견할 수는 없지만, 이 같은 개념은 사실상 창세기 28장에 대한 세부적인 해석에 이미 포함되어 있다.

아담, 야곱, 인자

이제는 두 번째 일련의 암시를 살펴보자. 야곱은 자신을 아담 및 인자와 동일시한다. 야곱과 아담의 관계가 초기 랍비 문헌에서 상당히 분명하게 입증된다는 것은 그리 놀랄 일도 아니다.[82] 랍비 주석가들에게 이 같은 관계를 지지해주는 다양한 고려사항이 있는데, 예를 들자면 그들이 하나님의 형상을 공유한다는 점, 둘 다 보좌와 관계된다는 점, 둘 다 한편으로는 연약한 인생이면서(둘 다 잠든 상태에서 의미심장한 행위를 수행한다) 그와 동시에 존귀한 존재라는 점 등이다. 아담과 야곱은 천사들에 의해 조롱당하는 동시에 숭배받는 자들로서(천사들이 그들의 "형상" 가운데 어느 편을 보느냐에 따라서) 인생의 연약성과 종말론적 영광을 동시에 붙잡고자 하는 "이미-그러

---

82 Bunta(2006)는 일차자료에 대한 개요와 더불어 이 주제를 상세하게 다루고 있다.

나-아직"의 역설을 보여주는 적절한 은유로 사용된다. 나는 야곱과 다니엘 7장의 인자 간의 명시적인 관계를 보여주는 일차자료의 존재를 아직 알지 못하는데, 우리는 고대 주석가들의 마음속에서도 이런 관계가 타당하게 여겨졌던 이유가 무엇인지 다음과 같이 단순한 삼단논법을 통해 이해할 수 있을 것이다. 만일 아담과 다니엘서의 인자가 제2성전기 유대교 사상에서 이미 주해적으로 통합되어 있었다면 아담과 야곱의 동일시는 특히 형상(*eikōn*) 담지자로서 그들이 공유하는 역할에 의해 삼각관계를 형성하는 것이라고 볼 수 있다.

야곱과 인자의 융합은 요한복음 1:51에서도 다시 분명하게 드러나는데, "하나님의 사자들이 인자 위로 오르락내리락"한다는 예수의 언급이 벧엘에서의 꿈에 대한 직접적인 암시라는 점에 대해서는 요한복음 주석가들도 대체로 동의한다. 인자로서의 예수가 사다리와 동일시되어야 하는가 아니면 야곱 자신과 동일시되어야 하는가에 관해서는 주석가들의 의견이 양분되지만, 요한복음 저자가 야곱과 예수 간의 모형론적 해석에 상당한 관심을 지니고 있다는 사실로 인해 우리는 후자를 선호할 이유가 있다.[83] 만일 요한복음에서 예수가 새로운 야곱인 동시에 인자라면, 요한복음의 고귀하고 영화로운 인자는 분명히 다니엘서가 묘사하는 인자일 것이다.[84] 1세기 말의 초기 기독교는 다니엘서의 인자가 예수의 인성으로 수렴한 것이라고 말하기를 주저하지 않았다.

---

83 사마리아 여인이 예수에게 던진 요 4:12의 아이러니한 질문("우리 조상 야곱이 이 우물을 우리에게 주셨고 또 여기서 자기와 자기 아들들과 짐승이 다 마셨는데 당신이 야곱보다 더 크니이까?")은 이 장면이 야곱과 그의 장래 아내인 라헬의 첫 만남(창 29:1-12)을 연상시킨다는 사실과 더불어 예수가 야곱의 원형(antitype)이라는 점을 확증한다.
84 요 8:28; 12:23, 34; 13:31; 참조. 단 7:10, 14.

만일 우리가 시대의 범위를 과거로 몇십 년 연장하는 자유를 누린다면, Q 9:58은 자신의 "인자" 운동을 위에서 묘사한 벧엘 환상에 대한 확고한 해석을 통하여 규정하려는 역사적 예수의 노력을 보존한 것이라고 말할 수 있다. 예수는 창세기 28:10-22에 담긴 종말론적 성전의 수립에 관한 내러티브를 암시함으로써 그의 운동이 표방하는 방랑자적 성격을 단순히 지적하기만 하는 것이 아니라 그 이유까지도 설명해준다. 야곱이 자신의 시대에 형상을 지닌 인자로 여겨졌다는 점은 사실이지만, 예수와 그의 대화 상대자들은 마지막 때에 최후의 성전이 구체화될 때까지 그에게는 "머리"(형상)를 둘 곳조차 없으리라는 점을 잘 알고 있었다. 예수는 이와 동일한 방식으로 당대의 인자 운동이 헤롯 성전을 대체할 물리적인 성전을 건축하거나 혹은 원색적으로 정치 세력을 확고히 하기 위해 눈앞의 일에 대한 열망을 불태울 이유가 없다는 점을 분명히 했다. 또한 야곱이 현재는 그에게 거부되었던 제사장의 영광스러운 의복을 언젠가는 입게 되는 것과 마찬가지로, 그와 동일한 영광이 예수와 그의 추종자들에게도 덧입혀질 것이다. 요약하자면, Q 9:57-58에서 묘사하는 제자 지망생이 화려한 혁명을 통해 주어지는 즉각적인 결과를 누리기를 기대하고 있었다면(우리는 단지 이를 추측할 뿐이다), 예수는 (이 텍스트에 대한 일반적인 해석에서처럼) "머리 둘 곳도 없는" 현실에 대한 함축적이고 낭만적인 감성을 담아서 답변한 것이 아니라 그의 제사장적 통치가 확실히 보장되는 동시에 지연될 것이라고 약속하는 내러티브를 제시한 것이다. 야곱이 자신의 시대에 "방랑하는 아람 사람"(신 26:5)이었다면, 그와 동일하게 하나님의 계획에 따라 예수 운동을 특징짓는 요소는 그와 동일하게 그들에게 땅도 없고 사회적인 세력도 없다는 점이었다.

2) 대안적 윤리: 하나님 사랑과 이웃 사랑에 관한 계명(막 12:28-34과 병행 구절)

예수 시대 예루살렘 종교 지도자들은 로마를 등에 업은 헤롯과 대제사장 가야바를 동맹으로 삼았는데 예수는 그들의 탐욕과 폭력에 염증을 느끼고서 1세기 세계의 정치권력과 거리를 두기로 마음을 굳혔다. 예수는 힘과 권력이 본질적인 문제를 내포한다고 보았다기보다는 "인자"와 야곱에 관한 내러티브가 다른 길을 안내하기 때문에 그런 결정을 내린 것인데, 그 길은 종말론적 제사장의 시간을 맞이하기 위해서는 수난과 유배를 감내해야 하는 길이었다. 예수를 대적했던 기득권층이 채택한 생활방식은 특히 은유적으로 "승냥이"와 "공중의 새"를 특징짓는 약탈적 태도와 관행 때문에 거부되어야 했다. 그것은 한마디로 파괴적인 자기과시의 길이었는데, 현존하는 종말론적 위기 상황에서 야웨의 제사장들에게 요구되는 자기 복종의 태도와는 정면으로 대치되는 길이었다.

예수는 하나님 사랑과 이웃 사랑에 대해 말하는 유명한 이중 계명에서 이 같은 태도를 묘사한다.[85] 여기서 복음서 저자는 한 서기관이 예수에게 다가와 "모든 계명 중에 첫째가 무엇입니까?"라고 질문하는 장면을 소개한다. 이에 예수는 하나가 아니라 두 개의 계명을 인용하는 것으로 대답을 대신한다. 두 계명 중 첫째는 "쉐마"(신 6:45)였고 다른 하나는 "네 이웃을 네 몸과 같이 사랑"하라는 레위기의 계명이었다. 이 같은 대답에 감명받은 서기관은 예수의 말에 동의한 후에 이 두 가지 계명을 신실하게 지키는 일은 "전체로 드리는 모든 번제물과 기타 제물보다 나은"(33절) 것이라고 덧붙인다. 이 장면은 예수가 그의 대화 상대자의 통찰력을 칭찬하는 것으로 마무리된다(34절).

---

85 막 12:28-34(마 22:34-40//눅 10:25-28).

하나님을 사랑하라는 요청과 인류를 사랑하라는 요청은 기독교 이전 시대와 디아스포라 시대 유대교 텍스트에서 종종 짝을 이루어 나타나며, 그와 같이 토라를 요약하려는 시도들이 예수 시대에 상당히 일반적이었을 가능성은 얼마든지 있는데, 예수 시대 이전과 이후에 그 같은 텍스트들이 존재했다는 "사실"과 예수 시대에 그런 텍스트들이 존재했을 "가능성"이 복음서가 전개하는 해석의 참신성을 떨어뜨리는 것은 아니다.[86] 사랑에 관한 이중 계명이 예수 시대에 이미 보편적이었으리라는 주장은 레위기 19:18을 율법의 요약으로 처음 해석하기 시작한 때가 초기 기독교 운동 시대였다는 단순한 사실로 인해 개연성이 없는 것으로 여겨진다.[87] 우리는 예수 이전에 이 두 구절을 통합하거나 이 둘을 주도적인 원리들로 존중하는 전통이 있었는지 알지 못한다. 때때로 반대의 목소리가 들리기는 하지만, 일반적으로 신명기 6:4-5과 레위기 19:18을 한데 묶어서 그것을 단일한 초월적 규범으로 만든 장본인은 역사적 예수였다는 점에 대체로 동의한다.

예수가 이 두 가지 계명을 최우선시한 이유를 설명했다는 기록은 발견되지 않는다. 하지만 서기관이 예수의 주장에 동의했다면, 그가 이 문제에 대해 예수의 말에 설득당하지 않고서 그렇게 했으리라고 생각하기는 어려울 듯하다. 이런 이유로 우리는 서기관이 대화 중에 "전체로 드리는 모든 번제물과 기타 제물"(막 12:33)에 대해 언급했던 사실을 두고 그의 창의성을 칭찬하는 일에 신중해야 한다. 이름을 밝히지 않은 그 대화 상대자가 예수의 승인하에 두 계명을 지키는 일이 성전 제사보다 중요하다고 나름대로 덧붙였을 때, 그는 아마도 예수가 이미 대화 중에 암시했던 판단을 되풀이

---

86 이 같은 노선을 따르는 요약적 진술로는 Letter of Aristeas 132, Philo, Decal. 65, Spec. Leg. 2.63; b. Shab. 31a; T. Dan. 5.3; T. Iss. 5.1-2을 보라.
87 롬 13:8-10; 갈 5:14; 약 2:8; Did. 1.2, 2.3; Barn. 19.5.

한 것일 수도 있다. 달리 말하자면 그는 단순히 예수가 대화 중에 이미 언급했던 두 가지 요소를 하나로 연결했을 뿐이라는 뜻이다.

나는 마가복음 2:23-28과 Q 9:58에 대한 분석을 근거로 예수는 자신의 성전 공동체를 신성한 공간에 대한 기존의 범주를 초월하는 순회 운동으로 규정했다고 제안한다. 이 장면에서 서기관은 두 계명이 성전 제사보다 뛰어나다는 점을 밝히면서 복음서의 시나리오에 아주 잘 들어맞는 결론을 제시하고 있다. 마가복음 12:28-34의 대화는 예수 시대에 존재했던 다른 종교 집단의 의제들과도 공명하는데, 대표적으로 예수 운동과 마찬가지로 대안적인 성전 제도를 구축하고자 했던 쿰란 공동체를 들 수 있다. 실제로 성서학자들은 마가복음 12:28-34을 주해하면서 종종 잘 알려진 쿰란 언약자들의 「공동체 규칙」(*serekh ha-yaḥad*)을 언급한다.

> 그들이 이 모든 규율들을 따라 이스라엘 공동체의 회원이 되었을 때 그들은 영원한 진리에 따른 성결의 영을 갖추어야 한다. 그들은 반역의 죄책과 신실하지 못한 죄악들을 대속하되…번제를 위한 고기와 희생제사를 위한 기름 없이 그리해야만 했다. 합당하게 드려진 기도는 받아들여질 만한 의로움의 향기가 될 것이며 행위의 완전함은 유쾌한 자원제가 될 것이다.[88]

이 구절은 사해 분파가 예루살렘 성전과는 전적으로 **무관하게** 제사장의 고유한 과업(속죄제와 기도)을 수행하는 일에 전념했음을 보여준다. 여기서 성결을 위한 행위와 기도가 예루살렘에서 행해지는 "실제 사역"을 대체하기 위한 보잘것없는 일들이라는 생각은 전혀 감지되지 않는다. 우리가 아는

---

88   1QS 8.4-5.

한 쿰란 언약자들은 자신들이 "실제 사역"을 수행하는 자들로서 성전 경내에서 공식적으로 행해지는 것보다 훨씬 효과적으로 성전 사무를 돌보고 있다고 확신했다. 이와 유사한 맥락에서 예컨대 토라 공부가 성전 제사를 대체한다고 주장하는 다른 텍스트도 어렵지 않게 발견할 수 있다. 성전을 배제한 예수의 성전 운동에 대해 증언하는 마가복음 12:28-34은 1세기 팔레스타인의 정황과 완벽하게 들어맞는다.

마가복음 12:28-34을 이해하고자 할 때 예수 운동과 쿰란 공동체를 비교하는 일이 특히 유익한 이유는 쿰란 공동체가 자신들이야말로 기도와 성결을 통해 임시적인 성전 역할을 감당하는 이스라엘의 "야하드"(*yaḥad*, "일치" 혹은 "하나 됨")라고 여긴다는 점 때문이다. 이스라엘이 다수의 성전을 묵인하는 문제로 인해—우리는 레온토폴리스와 세겜에 세워진 대체 성전을 떠올릴 수 있을 것이다—신학적으로 견딜 수 없는 형편에 처하게 되고 이에 더하여 (사해 분파의 시각에서 볼 때) 예루살렘 성전이 많은 문제점을 노출하게 되자, "통일성"(야하드)을 표방하는 공동체는 일치를 향한 그들의 소명 때문만 아니라 그들의 근본적인 목표, 다시 말해 한때 흩어졌던 북쪽과 남쪽의 지파들을 통합하는 하나의 거점이 되고자 하는 목표 때문에라도 정당성을 얻을 수 있게 되었다. 포로 시대 이후의 예언자 전통은 야웨가 주도하는 "하나로 통합된" 예배를 오래전부터 갈망하는 한편(슥 3:9) 언약에 대한 이스라엘의 불충으로 말미암아 지파들이 흩어져버린 사실에 대해 탄식하고 있었는데(슥 11:7-14), 쿰란 공동체의 신자들은 "하나 됨"이라는 그들의 목표와 대중으로부터 분리된 삶의 방식이 종말론적 제사장으로서 그들의 소명을 공고히 해줄 것이라고 기대했다. 하나 됨을 향한 쿰란 분파의 열망은 "야하드"(일치)라는 그들의 이름을 통해서도 증명되는데, 궁극적으로 야웨 자신의 "단일성"에 신학적인 근거를 두고 있다. 다양한 예배 처소의 출현과 그로 인한 예배 공동체들의 출범으로 인해 야웨의 단일성이 위태로워지자 쿰란 분파는 유배로부터의 귀환이라는 사명은 다름 아니라 야웨의 단일성을 회복함으로써만 성공적으로 완결되는 것이라고 믿었다.

내가 보기에 이 같은 배경은 예수가 어떤 이유에서 신명기 6:4-5과 레위기 19:18b을 대비시켰는지뿐만 아니라 어째서 이 같은 비교를 제의적 맥락과 틀 안에서 수행했는지도 설명해준다. "쉐마"(신 6:4-5)는 고대 유대교가 그들의 유일신 신앙을 표현한 주요한 문구였고 야웨의 단일성을 확증하는 핵심적인 선언이었다. 포로 시대 이후 사람들의 눈에는 야웨의 단일성이 이스라엘 국가의 정치적이고 사회적인 결속보다 나을 것이 없었으므로, 이스라엘 지파의 역사적 분산과 사회적 갈등이라는 현실의 상황은 야웨의 단일성에 비극적으로 균열을 가하는 것으로 여겨졌다(말 2:7-10; 슥 14:9). 예수가 수평적 통일성과 야웨의 단일성 간의 일치를 요구한 것은 바로 이런 논리에서였는데, 예수가 이웃 사랑(레 19:18b)을 쉐마(신 6:4-5)와 **나란히** 두고 이 둘에 우선권을 주었던 근거도 바로 그 같은 일치였다. 예수가 쉐마의 탁월한 지위를 인정한 이유는 한 분 하나님을 예배하는 일이야말로 이스라엘에 주어진 최고의 소명이었기 때문이다. 또한 그가 레위기 19:18b을 쉐마 옆에 두고 쉐마와 동일한 특권을 부여한 이유는 이웃 사랑이야말로 한 분 하나님을 섬기는 한 백성으로서 이스라엘의 자기실현을 위한 최상의 조건이기 때문이다. 예수는 칸트 이후 수많은 "예수의 생애" 탐구들이 가정하는 것처럼 이웃 사랑이 자체로 윤리적 목적을 지닌 것이라고 여긴 적이 결코 없었던 것처럼 보인다. 오히려 예수는 이웃 사랑이 야웨의 단일성을 존중하는 궁극적인 수단이며 공동체적으로 사랑을 실천하는 일은 야웨의 단일성을 표현하는 방식이라고 여겼다.

하나님 백성의 통일성을 위협했던 이스라엘 초기 지도자들의 동물적인 행태와 다를 바가 하나도 없었던 그 당시 이스라엘 지도자들의 "승냥이" 같고 "공중의 새" 같은 성향들과는 대조적으로, 예수는 무조건적 사랑의 모델을 제시한 후에 그의 추종자들이 선례를 따르기를 기대했으며, 쿰란 공동체가 성결과 기도를 통해 구축하고자 애썼던 "일치"(*yaḥad*)를 그들도 동일하게 성취하기를 희망했다. 결국 사랑은 야웨의 정체성에 기원을 둔다고 말할 수 있다. 예수와 그의 대화 상대자였던 서기관에게 하나님 사랑과 이웃 사랑이 최고의 희생제사인 이유는 그 같은 사랑의 행위가 성전 제의와 다른 범주에 속하기 때문이 아니라, 사랑이야말로 희생적인 행동을 보여주는 최고의 표현이기 때문이었다. 예수는 이처럼 그의 추종자들에게 사랑의 윤리를 고수하는 한편 궁극적으로는 공동체적인 예배 행위에 참여하라고 초청한다.

예수의 이중 계명은 부정적인 측면과 긍정적인 측면을 동시에 지니고 있다. 이기적인 승냥이와 새들을 향한 맹렬한 비난과 궤를 같이하여 예수는 사랑을 정서나 감정에 대한 요구와 결부시키기보다는 권력 강화를 목표로 하는 이기적인 성향을 강경하게 거부하는 것이 곧 사랑이라고 정의한다. (우리는 이미 복에 관한 강화에서 이에 대한 암시를 발견할 수 있는데, 예수는 새로운 성전 질서에 동참하기를 희망하는 자에게 요구되는 자세는 내면적 겸손과 온화함이라고 밝힌다.) 이것은 또한 부분적으로라도 하나님의 임재를 공식적으로 중재하는 자들에 대한 계산된 반응인데, 예수는 그들이 이스라엘의 문화를 정확히 반대 방향으로 이끌어가고 있다고 여겼다. 긍정적으로 표현하자면, 예수는 제의 용어를 사용하여 이중 계명을 표현함으로써 그에게 모인 공동체가 지속적이고 반복적으로 하나님과 서로를 위해 자기를 복종시킬 때 비로소 진가를 발휘하게 된다는 사실을 보여주고자 했다. 따라서 두 개의 가장 큰 계명에 개인적으로나 공동체적으로 순종하는 일은 종말론적 제사장으로서 공동체의 정체성을 실현하게 해주는 주된 수단이었다. 예수가 사랑에 우선순위를 두었던 것은 추상적인 원칙이나 개인적으로 선호하는 일련의 독립적인 증거 본문들에 근거하기보다는 하나님의 단일성을 반영하는 공동체의 총체적 화합이야말로 그의 운동에 주어진 제사장적 사명의 핵심 가치라는 신념에 근거한다.

3) 종합

Q 9:58에 담긴 예수의 선언은 구약성서에서 선별된 용어들로 신중하게 구성되어 수많은 상황에서 되풀이되었을 것으로 추정되는데, 이 선언은 성전을 배경으로 하거나 로마를 등에 업은 세력들을 향한 예수의 은근한 비판이면서 그 자신이 주도한 운동의 소명에 대한 해명이기도 하다. 여기서 예수는 자신의 정체성이 탁월한 대제사장이었던 야곱의 소명을 완수하는 것이라고 암시적으로 표현한다. 예수와 그의 "인자 운동"에 가담한 자들은 그들이 존경해 마지않는 족장들과 마찬가지로 머리 둘 곳조차 없었는데, 왜냐하면 그들도 야곱처럼 이제 막 형태를 갖추기 시작한 종말론적 성전의 실현을 기다리는 자들이었기 때문이다. 예수는 이 같은 종말론적 기대의 맥락에 자신을 위치시킴으로써 비록 자신이 영원한 성전을 다스릴 사명을 지니고 있으나 당분간은 그와 그의 추종자들이 성전도 없고 사회적으로도 영향력을 박탈당한 제사장이라는 지위에 만족해야 한다는 사실을 밝혀주고 있다.

예수의 접근법은 각각 "공중의 새"로 비유되는 제국의 통치 시스템이나 "승냥이"로 비유되는 예루살렘 성전 관계자들이 채택한 전략과는 첨예하게 대비되는 것이었다. 로마의 후원을 받는 헤롯과 성전 지도자들은 각각 자신들의 정치적 입지를 공고히 하기 위해 불안정한 동맹을 맺었던 반면 예수는 그의 추종자들에게 시선을 완전히 다른 방향에 두고 아직 드러나지 않은 미래의 성전을 바라보라고 요청했다. 메시아 혁명을 통하여 사악한 권력자들을 몰아내고자 하는 과격한 비전을 품고 있던 모든 자들에게 Q 9:58에 담긴 예수의 말씀은 그의 운동이 혁명에 대한 어리석은 희망을 품고 열심당과 같이 조직을 운영하려는 의도가 전혀 없음을 분명히 밝혀주는 따끔한 경고와도 같았다. 더 나아가 예수는 이스라엘의 새로운 지도자로 지명된 자들이나 그들을 열렬히 추앙하는 자들과는 달리 특정한 물리적 공간에 대한 점유권을 주장하거나 기존의 권력구조에 의지하는 일을 의도적으로 배제했다. 조직 체계나 지리적 경계가 권력의 기반이 되는 세계에서 예수가 기존 조직이나 공간에 대한 표준적인 해석을 거부한 것은 아무리 생각해도 이례적인 행동이었다. 예수의 비전에 따르면 종말론적인 성전은 현재의 물리적 공간이라는 발판 위에 세워지는 것이 아니며 기존의 사회적 공간이라는 토대 위에 세워지는 것도 아니고, 다름 아니라 예수 자신의 인격 위에 세워지는 것이었다. 마지막 때가 도래하기까지 예수 자신이 바로 신성한 공간이자 신성한 조직 체계라는 뜻이다.

이스라엘의 지도자들에 대한 예수의 부정적인 비판은 그의 추종자들이 제사장적 소명을 증명하기 위해 하나님 사랑과 이웃 사랑을 실천해야 한다는 긍정적인 주장과 짝을 이루었다. 예수 운동은 그들이 공공연하게 경배하는 야웨의 단일성에 상응하는 실질적인 통일을 성취하기 위해 사랑하는 공동체가 되어야만 했다. 이와 마찬가지로 예수는 두 큰 계명이 모든 희생제사보다 뛰어나다고 규정함으로써 성전 제사를 폄하하려 했던 것이 아니라 오직 사랑만이 율법에 규정된 희생제사들을 완전한 형태로 구현한다는 점을 보여주려 했던 것이었다. 제사장 직분은 절대적인 자기 복종을 요구한다.

우리는 예수의 윤리가 잠정적인 성격을 지니며 임박한 종말론적 위기 상황의 전면에 자리 잡고 있다는 슈바이처의 견해를 기억한다. 예수의 윤리에 대한 그의 분석이 옳다면, 우리는 슈바이처가 오늘날 학자들이 수긍하는 것보다 훨씬 더 진리에 가까이 다가갔음을 인정해야 할 것이다. 나는 Q 9:58과 마가복음 12:28-34에 대한 면밀한 검토와 예수가 인류 전체를 개선하기 위한 보편적인 윤리를 반포하는 일에 관심을 보였다는 증거가 없다는 사실을 근거로 예수의 가르침이 종말론적 전환기에 특별한 역할을 부여받은 특정한 공동체를 위해 주어졌다는 결론에 도달했는데, 이 같은 전환의 종착점은 다름 아니라 종말론적 성전이었다. 종말론적 성전이라는 종착역으로의 여행은 이 같은 주제를 공유하는 대표적인 성서 이야기들의 안내로 이루어지는 동시에 진정한 유일신 숭배라는 가장 중요한 의무에 의해 좌우될 것이다.

3. 모두 함께하는 식사: 장터에 앉은 아이들의 비유
(Q 7:31-35 = 마 11:16-19//눅 7:31-35)

우리가 다룰 세 번째이자 마지막 "인자" 말씀은 마태복음 11:2-19과 누가복음 7:19-35에 실려 있는데, 이것은 일반적으로 Q에 기원하는 것으로 여겨지는 응집력이 강한 텍스트다. 두 복음서에서 이 구절은 크게 세 단락으로 명쾌하게 구분된다. (1) 먼저 세례 요한이 예수에게 사자를 보내 그의 메시아 신분에 대해 질문하고(마 11:2-6//눅 7:19-23), (2) 그다음으로 예수가 그의 질문에 답하면서 구속사 내에서 요한에게 맡겨진 독특한 역할과 관련하여 추가적인 설명을 제공하며(마 11:7-15//눅 7:24-30), (3) 마지막으로 예수가 이 장면의 주요 인물들을 염두에 두고서 "장터에 앉은 아이들의 비유"를 제시한다(마 11:16-19//눅 7:31-35). 우리가 관심을 가질 부분은 세 번째 단락인데 여기에는 비유와 그에 대한 해석이 담겨 있다.

> [16] 이 세대를 무엇으로 비유할까? 비유하건대 아이들이 장터에 앉아 제 동무를 불러 [17] 이르되 "우리가 너희를 향하여 피리를 불어도 너희가 춤추지 않고 우리가 슬피 울어도 너희가 가슴을 치지 아니하였다" 함과 같도다. [18] 요한이 와서 먹지도 않고 마시지도 아니하매 그들이 말하기를 "귀신이 들렸다" 하더니, [19] 인자는 와서 먹고 마시매 말하기를 "보라! 먹기를 탐하고 포도주를 즐기는 사람이요 세리와 죄인의 친구로다" 하니 지혜는 그 행한 일로 인하여 옳다 함을 얻느니라.[89]

> ([29] 모든 백성과 세리들은 이미 요한의 세례를 받은지라. 이 말씀을 듣고 하나님을 의롭다 하되, [30] 바리새인과 율법교사들은 그의 세례를 받지 아니함으로 그들 자신을 위한 하나님의 뜻을 저버리니라.) [31] 또 이르시되 "이 세대의 사람을 무엇으로 비유할까? 무엇과 같은가? [32] 비유하건대 아이들이 장터에 앉아 서로 불러 이르되 '우리가 너희를 향하여 피리를 불어도 너희가 춤추지 않고 우리가 곡하여도 너희가 울지 아니하였다' 함과 같도다. [33] 세례 요한이 와서 떡도 먹지 아니하며 포도주도 마시지 아니하매 너희 말이 '귀신이 들렸다' 하더니, [34] 인자는 와서 먹고 마시매 너희 말이 '보라! 먹기를 탐하고 포도주를 즐기는 사람이요 세리와 죄인의 친구로다' 하니, [35] 지혜는 자기의 모든 자

---

[89] 마 11:16-19.

너로 인하여 옳다 함을 얻느니라."⁹⁰

31 이 세대를 무엇에 비교하며 이 세대가 무엇과 같은가? 32 마치 아이들이 시장에 앉아 (다른 아이들에게) "우리가 너희를 위하여 피리를 불었으나 너희는 춤추려 하지 않았다. 우리가 통곡했으나 너희는 울지도 않았다"라고 말하는 것과 같다. 33 요한이 와서 먹지도 않고 마시지도 않았더니 너희는 말한다. "그가 귀신이 들렸다"라고. 34 인자가 와서 먹고 마셨더니 너희는 말한다. "보라! 그는 음식을 탐하고 술에 취했으며 세리들과 죄인들의 친구다"라고. 35 그러나 지혜는 그 자녀들을 통해 옳다 함을 얻는다.⁹¹

대다수 학자는 예수가 이 같은 비유를 말했을 가능성이 상당히 높다고 인정한다.⁹² 우리가 예상하는 것처럼 다른 세부사항에 대해서는 논란이 있는데, 예컨대 비유의 범위가 본래 어디까지인지도 문제가 된다. 현재 형태의 비유는 세 부분으로 나뉜다. (1) 비유의 본 내용(Q 7:31-32), (2) 비유를 세례 요한과 예수에게 적용하기(33-34절), (3) 그리고 마지막으로 결론이다 (35절). 일부 학자들은 적용 단락(33-34절)이 후대의 혹은 독립적인 첨언이

---

90 눅 7:31-35.
91 Q 7:31-35. 번역은 Robinson, Hoffmann and Kloppenborg 2000: 140-48을 수정한 것이다.
92 이 비유의 역사성을 인정하는 견해로는 다음을 보라. Dodd 1961: 15-16; Jeremias 1963: 160-62; Norman Perrin 1967: 12-21; Marshall 1978: 298; Lindars 1983: 31-34; Borg 1987: 131-32; Crossan 1991: 260; Bock 1994: 661; Wright 1996: 149; Becker 1998: 166-67; Schnackenburg 2002: 107; Dunn 2003: 453-54; Blomberg 2009: 48-49; Casey 2010: 363-65; Crossley 2015: 110. 예수 세미나(Funk and Hoover 1993: 302)는 이에 대해 "회색"("improbable gray") 등급을 매기는 것이 사실이다. 하지만 이것은 대단히 논란의 여지가 많은 결정인데, 왜냐하면 예수 세미나는 "인자"라는 문구만 아니라면 "이 같은 묘사가 우리가 요한과 예수에 대해 알고 있는 정보들과 광범위하게 일치한다는 점에 동의"하기 때문이다(303).

라고 여기지만 대다수 학자는 그것이 진정한 예수의 발언이라고 확신한다.[93] 어떤 사람들에게는 35절이 더 큰 문제인데, 이 구절은 명백하게 후대의 지혜 기독론을 반영하는 것처럼 여겨지기 때문이다. 하지만 이것은 소수파의 견해로 취급될 수 있는데, 왜냐하면 이것이 누가와 마태가 지혜 기독론에 대해 보여준 관심일 수도 있지만, 그렇다고 해서 35절을 포함하여 지혜 언어의 흔적을 보여주는 모든 구절이 예수를 지혜의 화신으로 재조명하려는 끈질긴 노력의 일환으로 첨가되었다는 뜻은 아니기 때문이다. 또한 우리는 학자들이 흔히 해왔던 것처럼 너무 급하게 이 같은 관심사가 Q의 목소리를 반영한다고 여겨서도 안 될 것이다.[94] 그보다는 토라의 합당한 해석을 두고 역사적 예수와 그의 대적들이 첨예하게 대립했던 점을 고려할 때, 만일 그들 간의 불일치를 설명하기 위해 우리가 여기서 목격하는 것처럼 "두 가지 길에 관한 전통"(지혜의 길과 멸망의 길)이라는 친숙한 언어로 두 진영을 규정하는 증거를 발견하지 못했다면 오히려 더 혼란스러웠을 것이다. 자신들을 토라 신앙의 진정한 보호자로 여겼던 대화 상대자들에 맞서 예수는 자신의 운동을 지혜의 전형으로 규정했다. 결론적으로 35절처럼 지혜문학의 흔적을 지닌 맺음말이 없었다면 31-34절에 제시된 난제를 이해할 수도 없었을 것이고 하물며 이 비유가 기억될 가치를 지니지도 못했을 것이다.[95] 그러므로 우리는 Q 7:31-35 전체를 예수의 목소리가 담긴 일관성 있는 기사로 간주해야 한다.

---

93 Vaage(1994: 108-11)와 Maier and Herzer(2001: 284-85)는 33-34절을 배제한다.
94 Robinson 1975: 4-6; Hartin 1995: 153-56; Horsley 1991: 187(Horsley 자신은 Q 7장의 핵심 자료가 "초기"자료이며 "Q 보다 상당히 이른 시기"라고 진술하는). 이 같은 의제는 상당 부분 Q가 "지혜문학 텍스트"라는 고정관념에 기인하는 듯하다. 이 같은 개념은 근래에 특히 Allison(1997: 4-7)과 Tuckett(1996: 69-75)에 의해 강력하게 비난받아 왔다.
95 Nolland(2005: 346)와 Légasse(1969: 311)가 이런 점을 지적한다.

장터에 앉은 아이들의 비유를 전한 예수의 의도와 그 안에 등장하는 "인자"의 의미를 밝히기 위해서 나는 앞서 소금의 비유(3장)에 관한 논의에서 채택했던 것과 유사한 접근법을 적용하려 한다. 소금의 비유를 다루면서 나는 각 복음서 저자가 선행 텍스트를 다루던 고유한 방식들로부터 도출할 수 있는 공통의 개념적 전제들을 식별하기 위해 노력했다. 장터에 앉은 아이들의 비유와 관련해서 우리는 마태복음과 누가복음(혹은 Q)이 특정한 공통의 전제들에 논리적으로 의존한다는 사실을 보여줄 수 있는데, 이 공통의 전제들은 각 텍스트에 개별적으로 내포되어 있지 않으면서도 둘 사이의 차이점을 설명해주며, 이 공통의 핵심 요소로 인해 우리는 상당히 이른 전승에 접근하기에 유리한 위치를 점할 수 있다. 그리고 만일 초기 전승이 예수의 배경과 모순되지 않는다면 이때 우리의 수고는 보상받은 것이다. 이 같은 원리를 오디오와 비교하여 설명하자면, 입체 음향을 지닌 전승에서 두 종류의 음조가 들려오다가—마태복음에서는 저음이, 누가복음에서는 고음이—어느 순간 두 음조가 하나의 음성으로 수렴한다면, 아마도 그것은 예수 자신의 목소리일 가능성이 크다는 말이다.

1) 전승들 배후에 감춰진 예수의 목소리 듣기

누가복음과 마태복음이 각각 장터에 앉은 아이들의 비유를 다루는 방식에는 상당한 차이점이 존재한다. 그중 두 가지가 특별히 중요하다. 첫째, 마태복음이 세례 요한에 관한 논의(마 11:7-15) 다음에 곧바로 비유를 제시하는 반면(16-19절), 누가는 중간에 "모든 백성과 세리들은…하나님을 의롭다고 하였으나"(*edikaiōsan ton theon*) 바리새인들과 율법교사들은 그렇게 하지 않았다는 편집자 진술을 삽입한다(29-30절). 둘째, 마태복음에서는 지혜가 그의 행위(*ergōn*)를 통해 의롭다 함을 받는다고 말하는가 하면, Q를 따르는 것으로 보이는 누가복음에서는 지혜가 그의 자녀(tōn teknōn autēs)로 인하여 의롭다 함을 받는다고 진술한다(눅 7:35). 이 같은 차이점들이 마태복음과 누가복음의 비유 형태가 각각 전달하는 의미에 과연 실질적으로 영향을 끼치는지, 그렇다면 어느 정도로 영향을 끼치는지에 대해서는 추가적인 검토가 필요하다.

이제 첫 번째로 해결해야 할 문제는 공통의 Q 전승에서 소리 지르는 두 무리의 아이들이 누구를 가리키는지 밝히는 것이다. 일부 주석가들은 피리를 부는 아이들을 생기 넘치는 예수 공동체와 동일시하는 반면 곡하는 아이들은 금욕적인 세례 요한 공동체와 동일시한다. 한편 춤추기와 울기를 거부한 자들은 종교 지도자들을 상징한다.[96] 다른 주석가들은 이와는 상당히 다르게 해석하는데, 먼저 그들은 한편으로 경멸적인 의미를 지닌 "이 세대"와, 다른 한편으로 요한과 예수를 대적하는 무자비한 종교 지도자들 사이에서 대응 관계를 발견한다.[97] 이 두 가지 해석 모두 상당한 근거와 지지 기반을 가지고 있지만 나의 견해로는 적어도 두 가지 이유에서 후자를 지지하는 증거에 좀 더 무게가 실리는 것으로 보인다.

첫째, 웬디 코터의 주해에 따르면 아이들이 장터(agora)에 **앉아 있다**는 사실은 상당히 문자적으로 그들이 재판관을 자처하는 자들임을 보여주며, 요한과 예수는 지금 성마른 청중들에 의해 소환되었는데 그들은 실제 재판관이 아니면서도 재판관 행세를 하고 있다는 것이다.[98] 둘째, 브라이언 데너트가 좀 더 최근에 지적했던 것처럼 "우리가 너희를 향하여 피리를 불어

---

[96] Zeller 1977: 252-57; Nolland 2005: 462; Maier and Herzer 2001: 289-92; Wilson 2015: 5.
[97] Linton 1976; Grundmann 1968: 312; Davies and Allison 1988-97: 2.261-62; Carson 1994: 139-41.
[98] Cotter 1987.

도 너희가 춤추지 않고"라는 말은 요아힘 예레미아스의 말처럼 아이들의 놀이에서 사용되는 대사가 아니라, 사회적으로나 정치적으로 우월한 위치에 있는 "피리 연주자"의 요구를 열등한 자들이 묵살하고 춤추기까지 거부하는 상황을 묘사하는 속담과 같은 역할을 한다는 말이다.[99] 이 문제가 확정되고 나면 예루살렘의 종교 지도자들은 사회정치적 권력을 지닌 자들과 동일시될 수 있고, 요한과 예수는 권력자들이 그어놓은 선에 발을 맞추지 못했다는 이유로 기소된 자들과 동일시될 수 있다. 춤추기를 거부한 요한은 선에 미치지 못한 것이고, 울기를 거부한 예수는 선을 넘어선 것이라고 말할 수 있다. 그렇다면 예수의 비유는 자신과 요한을 비판하는 자들이 지극히 이상적인 상태만을 추구하는 "골디락스 증후군"에 빠져서 하나님의 진정한 사자들에게 비현실적인 일들을 요구한다고 묘사하는 셈이다. 장터 마당에 자리를 펴고 있는 자들은 요한이나 예수가 아니라 무감각한 종교 지도자들이다. 이런 점들을 전제하고서 이제는 마태복음과 누가복음이 제시하는 비유를 살펴보자.

2) 지혜가 행하는 일들(마 11:16-19)

마태에게 "지혜"(*sophia*) 혹은 지혜가 행하는 "일들"(*tōn ergōn*)은 무엇을 의미하며, 지혜가 어떤 식으로 "옳다 함을 얻는"(*edikaiōthe*) 것인지(19b) 결정하지 않고서는 마태복음 11:16-19의 비유에 대해 의미 있는 해석을 제공할 수가 없다. 이 가운데 두 번째 사안을 해결하기 위해 우리는 19b절에 등장하는 지혜의 "일들"이 2절에 등장하는 "메시아의 일들[*ta erga*]"과 인클루지오를 형성한다는 통상적인 관찰을 상기할 필요가 있다. 이 같은 구조

---

99   Dennert 2015: 51.

는 2-19절이 독립적인 단위임을 표시해줄 뿐 아니라 여기 제시된 두 종류의 "일들" 간에 일종의 개념적 유사성이 있음을 시사한다.[100] 다음으로, 요한이 예수의 지도하에 수행되는 메시아의 "일들"(*erga*)이 무엇을 의미하는지 질문했을 때(2절) 예수는 이사야서에서 메시아에 대한 전통적인 증거들(*testimonia*)로 제시한 일련의 활동들을 나열한다(5절). 이처럼 예수의 답변은 그의 "일들"(*erga*)이 메시아의 사역임을 확증할 뿐만 아니라 그의 메시아 정체성을 이 같은 구체적인 활동들과 연결한다.[101]

지혜의 "일들"은 과연 누구의 일들인가?

마태복음 11:5에 나열된 활동들이 2절에서 말하는 "일들"의 구체적인 사례라는 사실을 확정하고 나면 우리는 마가복음 전체의 문맥을 토대로 여기서 말하는 "일들"/활동들에 대한 우리의 이해를 더욱 선명하게 다듬을 수 있다. 세례 요한이 예수에게 제자들을 보내 질문하게 만든 동기가 되었던 "그리스도께서 하신 일[들]"(*ta erga tou Christou*, 2절)은 분명히 마태복음 8-9장에 보도된 이적들도 포함하겠지만, 세례 요한이 질문한 시기를 고려할 때 열두 제자의 선교 활동(마 10장)이나 그것을 전후로 행해진 예수의 설교사역(9:35; 11:1)이 좀 더 직접적인 계기가 되었던 것으로 보인다.[102] 그리고 요한에게 했던 그의 답변을 토대로 판단할 때(11:5) 예수는 그의 선포

---

100 두 용어의 반복으로 만들어지는 인클루지오 구조에 대해서는 Carson 1994: 134을 보라. 그는 "우리는 의심할 필요가 없다. 이 단어들은 마태의 편집작업의 결과인 것으로 보인다"라고 언급한다.
101 마 10:5; 참조. 사 29:18; 35:5-6; 42:18; 61:1, 그리고 4Q175. 내가 알기로 대부분의 주석가는 이 점을 인정한다.
102 Edwards 1982: 266; Luz 1989-2005: 2.134. Carson(1994: 134)은 그 같은 작업의 범주에 산상수훈(마 5-7장)도 포함하는데, 이것은 불필요해 보인다.

활동에 비중을 두기보다는 그의 메시아 과업이 열두 제자를 통하여 성공적으로 수행되었다는 사실에 초점을 맞추었던 것으로 보인다(10:1-8). 사도들은 "천국이 가까이 왔다고…전파"하라고 지시받았는데(10:7), 예수는 요한이 보낸 사자들에게 말하기를 가난한 자들에게 복음이 "전파되었다"고 증언했다(11:5). 열두 제자는 "죽은 자를 일으키"라고 보내졌으며(10:8b), 그들의 스승은 "죽은 자가 살아났다"고 기쁘게 말할 수 있었다(11:5). 사도들은 "나병환자를 깨끗하게" 하라고 지시받았으며(10:8c), 나병환자들은 마침내 "깨끗함을 받"았다(11:5). 확실히 사도들에게 부여된 임무는 그리스도를 모범으로 삼은 것이었다.[103] 그런데 사도들에게 부여된 활동들과 세례 요한의 사자들을 향한 예수의 답변 사이에 상당히 명백한 평행관계가 존재한다는 사실에 비추어 우리는 마태가 사용한 "그리스도께서 하신 일[들]"(*erga tou Christou*)이라는 문구가 예수와 열두 제자에 의해 행해진 행위들을 모두 가리킨다고 결론지을 수밖에 없다. 이런 의미에서 우리는 "에르가 투 크리스투"(*erga tou Christou*)를 "그리스도의 일들"(주격 소유격)이 아니라 "메시아 시대의 일들"(질적 소유격[qualitative genitive])로 이해해야 할 것이다. 한편 이 점은 요한의 당혹감이 이 지점에서 극에 달한 이유를 설명해준다. 예수가 열두 명이나 되는 제자들을 통해 자신의 사역을 재연하고 있다는 소식을 들은 세례 요한은 자연스럽게 예수의 후계자 중 하나가 예수 자신보다 위대하게 되어서 그가 마음에 품고 있던 종말론적 시간표를 펼쳐 보이는 것은 아닌가 하는 질문을 스스로 던지게 되었을 것이다.

예수와 그의 제자들이 행한 일들(9장-11:1)은 마태복음 11:2에서 "메

---

103 천국 선포(10:7 〉 9:35); 죽은 자를 일으킴(10:8b 〉 9:23-26); 나병환자를 고침(10:8c 〉 8:14) 등.

시아 시대의 일들"로 규정되었는데, 그 일들은 11:16에서 아이들로 비유되었던 자들이 느꼈던 불쾌감과 무관하지 않다. 이 같은 느낌은 마태복음 9장과 11:2 사이에서 되풀이하여 등장하는 "폴리스"(*polis*, "마을", "도시")와 아이들이 머물렀던 장소로 특정된 "장터"(11:16) 사이의 연관관계를 보더라도 분명해진다. 예수는 열두 제자를 마을들로 보내고 나서(10:5, 11, 14, 15, 23[2회]) 그들의 뒤를 따라 "그들의 여러 동네"(*polesin autōn*, 11:1)에서 마무리 여행을 홀로 완수한다. 물론 고대 도시의 지리적 환경에 대해 약간의 정보라도 가진 사람이라면 예수와 열두 제자가 하나님 나라를 선포하고 치유와 대중적인 논쟁을 포함한 다양한 활동들을 진행할 무대로 변두리 뒷골목이 아니라 마을의 중앙에 자리 잡은 시장(*agora*)을 선택했으리라고 충분히 짐작할 수 있을 것이다. 따라서 예수가 마침내 그를 비방하는 자들을 장터 한가운데(*agorais*) 앉은 아이들에 견주었을 때(11:16) 예수가 가장 먼저 염두에 두었던 것은 그들이 세례 요한을 거부했다는 사실이 아니라(물론 이것도 부분적으로 포함되어 있었을 것이다), 그와 열두 제자를 향해 냉담한 반응을 보였다는 사실이었을 것이다. 예수와 그의 제자들이 마을(9:1; 10:5, 11, 14, 15, 23[2회], 11:2)의 장터에서 거절당했다고 되풀이하여 말하는 구절들이 이를 에둘러 증명한다. 안타깝게도 마태복음 9장에서 11:2 사이에 기록된 사건들은 하나님 나라가 예수를 통하여 도래하리라는 사실을 예고하기 위해 의도된 것이었지만, 그 사건들은 **장터**를 근거지로 삼은 지도자(요한은 말할 것도 없고)에 대한 부정적인 견해를 불식시키지는 못했다. 마태복음 11:16-19에 암시된 유대인들의 적대감이 식사 관행에 대해 표출된 것은 분명하지만, 아이들로 비유된 자들이 장터 마당에 있었다는 사실로 인해 우리는 여기 암시된 "일들"과 11:2, 5에 묘사된 메시아 시대의 일들이 완전히 별개의 사건들이라고 생각하기는 어렵다.

예수, 요한, 그리고 다른 제자들 간의 복잡한 상호관계

이제까지는 마태복음에서 "그리스도께서 하신 일[들]"(*erga tou Christou*)이 (예수 개인이 아니라) 예수 운동 전체와 관련된 종말론적 사역이라는 점을 입증하고자 했는데, 이제는 인자가 와서 "먹고 마신다"(19a)라는 표현과 관련해서도 동일한 주장을 펼치고자 한다. 우리의 논증은 16-19절에 암시된 논쟁이 사실상 9:9-17에 보도된 두 가지 논쟁(마태를 부르심[9-13절]과 금식에 관한 질문[14-17절])의 반복이라는 사실을 인지할 때 제자리를 찾게 된다. 마태복음 9장의 첫 번째 논쟁에 관한 기사에서 예수는 윤리적으로 의심받는 사람들을 위해 잔치를 베푸는데, 이때 바리새인들은 그의 제자들에게 이렇게 묻는다. "어찌하여 너희 선생은 세리와 죄인들과 함께 잡수시느냐?"(9:11) 그리고 다음 장면에서는 요한의 제자들이 예수에게 "어찌하여 당신의 제자들은 금식하지 아니"하는지 질문한다(14-17절). 바리새인들은 제자들을 향하여 스승의 식사 관행을 비난하고, 요한의 제자들은 예수를 향하여 제자들의 식사 관행을 비난하는데, 이 두 장면은 함께 일종의 삼각관계에 관한 연속적인 에피소드들을 구성한다. 바리새인들과 요한의 제자들은 여기서 비슷한 관점을 가진 동류로 제시되는데, 마태복음이 기사들을 배열하는 방식은 예수 운동의 식사 관행이라는 공통분모에 기원을 둔 것이다.[104] 마태복음 9장의 두 질문에 대해 잠정적으로 나름의 해결책이 주어지기는 했지만, 두 질문의 근저에 놓인 보다 중대한 혐의는 11:16-19에 실린

---

104 Wilson(2015: 2)은 다음과 같이 올바로 지적한다. "이 사건[마 9:14-17]은 요한의 제자들과 예수의 대적들 모두 바리새인에 관한 질문을 던진다는 점에서나(11, 14), 요한의 제자들이 예수가 식사 중일 때 질문을 던짐으로써 바리새인들의 전례를 따른다는 점에서(참조. 9, 10-11) 두 무리를 동일선상에 놓고 비교하게 만드는 효과를 낳는다." Repschinski(2000: 84)도 유사한 해석을 제시한다.

비유를 통해서만 결정적으로 해소될 수 있다. 인자가 먹고 마시는 관행이 초래한 날카로운 질문들(마 9:9-17)에 대한 결론적인 논증에서 마태복음의 예수는 법률 용어를 사용하여 지혜는 그 행한 일로 인하여 "옳다 함을 얻"는다고(*edikaiōthē*, 11:19) 선언한다.

이 사건에서 (마태가 생각하기에) 요한에게 맡겨진 역할과 관련하여 우리는 9:14-17에서 요한의 제자들이 던진 질문이 스승의 직접적인 의지를 반영한다고 생각하거나 혹은 요한이 예수를 향한 제자들의 질문을 대단히 무례한 것으로 여겼다고 생각하는 양극단을 피해야 할 것이다. 마태복음의 독자들은 위의 극단적인 두 견해 사이 어딘가에 진실이 놓여 있다고 느낄 것이다. 이렇게 마태가 묘사하는 요한은 특정한 어감을 지니게 되고 심지어 양면성을 드러내기도 한다. 어쨌거나 요한은 마태복음 3장에서 이미 예수에 대해 지지를 선언했었는데, 그의 제자들이 예수와 추종자들의 식사 관행에 대해 심각한 문제를 제기했음에도(9장) 11장에 와서는 과거의 판단을 되풀이한다. 그와 동시에 마태복음의 예수는 여전히 강렬한 표현을 동원하여 구속사적 전환점에서 요한에게 맡겨진 특별한 역할을 인정한다(11:7-15). 마태복음에서 요한은 꺾이지 않는 고결한 의지를 지닌 것도 아니지만 그렇다고 해서 불확실성의 시기에 눈에 띄게 연약해지지도 않는 복합적이고 심지어 역설적인 인물로 등장하는데, 그럼에도 예수는 결국 그의 위대함을 칭찬한다(15절).

요한이 많은 단점을 가지고 있음에도 예수는 11:15에서 그를 칭찬했는데, 그렇기 때문에 16-19절에서는 이런 평가를 굳이 반복할 필요가 없었다(하지만 아마도 요한의 제자들은 비난을 피할 길이 없었을 것이다). 실제로 16-19절에서 금욕적인 세례자를 언급한 이유는 요한의 사역을 새롭게 인정하기 위해서라기보다는 종교 지도자들에 대한 고발에 죄목을 하나 더 추가

하기 위해서였을 것이다. 물론 16-19절을 근시안적으로 바라보면 19b절이 예수와 요한의 정당성을 밝히려는 의도를 지닌 것처럼 느낄 수도 있지만, 9:9-11:19의 전체 문맥은 우리에게 전혀 다른 방향을 보여준다. 9:9-17과 11:16-19 간의 명백한 상관관계와 둘 중 처음 단락(9:9-17)에서 요한의 제자들이 예수의 식사 관행을 비판하는 자들과 어깨를 나란히 했다는 사실을 근거로 우리는 요한이 어떤 의미에서건 지혜로 말미암아 의롭다고 인정받는(19b) 수혜자일 가능성을 배제한다. 마태복음 11:19b에서 의롭다고 인정받은 자는 요한도 아니고 엄밀히 말하자면 예수 혼자도 아니며, 사실은 예수와 그의 추종자들인데, 그들은 예수와 식사 관행을 공유함으로써 지혜자의 범주에 포함되었다. 마태는 지혜가 예수 운동 전체를 통해—심지어 먹고 마시는 관행까지도 포함하여—구현된다고 보았다.

지혜와 성령의 이중 나선(마 11:5)

이 같은 통찰을 배경으로 우리는 마침내 2절과 19절의 "일들"을 마태가 이사야서를 인용한 구절(5절)에 비추어 해석함으로써 이 둘을 보다 의미 있는 방식으로 조화시킬 수 있는 위치에 서게 되었다. 기본적으로 마태복음의 예수는 11:5에서 자신이 주도하는 운동이 메시아적 운동이라는 점을 설명하기 위해 이사야 29:18, 35:5-6, 42:18, 61:1을 복합적으로 인용한다.[105] 이와 관련하여 마르틴 헹엘이 그의 논문에서 설득력 있게 논증했던

---

[105] Luz 1989-2005: 2.134. 사 29:18[LXX]에서 이사야는 "맹인의 눈이 볼 것"(*ophthalmoi typhlōn blepsontai*)이며 "못 듣는 사람이…들을 것"(*akousontai kōphoi*)이라고 예언한다. 이와 유사하게 사 35:5-6[LXX]은 "맹인의 눈이 밝아지고"(*anoichthēsontai ophthalmoi typlōn*), "못 듣는 사람의 귀가 열리고"(*ōta kōphōn akousontai*), "저는 자가…뛸 것"(*haleitai ... ho chōlos*)이라고 말한다. 사 42:18[LXX]은 "너희 맹인들아, 밝히 보라"(*typhloi anablepsate*), "너희 못 듣는 자들아, 들으라"(*kōphoi akousate*)라고 명령한다. 더 나아가 사 61:1[LXX]은

것처럼 마태복음 11:5의 배경을 이루는 이사야서의 네 구절(29:18, 35:5-6, 42:18, 61:1)은 지혜의 구원 운동(29:18)을 성령 부음(35:56; 42:18; 61:1)과 연결하는 복합적인 증언(*testimonium*)을 구성한다는 사실은 분명 우연의 일치가 아닐 것이다.[106] 1세기 유대교에서 종말론적으로 지혜와 성령이 하나로 수렴한다는 것은 생소한 개념이 아니었는데, 왜냐하면 기원전 1세기의 저작인 솔로몬의 지혜서에서 이미 "지혜는 성령**이다**"라고 말하기 때문이다.[107] 하지만 지혜서의 저자와는 달리 마태는 지혜와 성령에 관한 이사야서의 약속이 이제야 예수와 그의 운동을 통해 열매를 맺을 뿐만 아니라, 또한 이제야 지혜의 일과 성령의 일이 밝히 드러나게 되었다고 주장한다. 따라서 마태복음의 예수가 11:5에서 세례 요한에게 자신의 메시아 신분을 확신시키기 위해 마태복음 9:1-11:2에 증언된 "일들"을 지혜 및 성령의 분출과 연결했던 것처럼 19b절에서 복음서 저자는 위와 동일한 방식으로 지혜의 증거 사역에 다시 한번 관심을 집중시키는데 이번에는 인자의 식탁 관행을 무대 삼는다. 예수와 그의 제자들은 함께 "지혜"라고 불리며, 그들은 또한 "인자"라고 불린다. 그들의 활동은 지혜의 사역인 동시에 메시아의 사역이다.

지혜를 기독론적 용어로 정의하는 마태의 성향으로 인하여 마태복음 11:16-19을 해석하는 자들은 지혜의 정당화(19b)가 어떻게 인자(19a)와

가난한 자들에게 복음이 전파될 것을(*echrisen me euanglisasthai ptōchoi*) 고대한다. 결과적으로 마 11:5에 언급된 여섯 가지 범주의 소외된 사람들 가운데 네 가지 범주(맹인, 저는 자, 못 듣는 사람, 가난한 자)가 포로귀환에 대한 이사야의 환상에 등장한다. 이것이 암시하는 바는 상당히 분명하다. 마 11:5에 포함된 이사야의 흔적들은 이사야가 약속했던 종말론적 구원이 이제 예수와 열두 제자의 사역을 통해 실현되고 있음을 보여주려는 의도를 지니고 있다는 것이다.

106 Hengel 1979.
107 지혜서 7:21-26.

요한(18절)에 대한 면죄로 확대될 수 있을지 설명해야 한다는 불필요한 부담감을 안고 있었다. 요한이 11:19b의 시야에 포함되지 않는다는 마태의 암시를 받아들이는 한편 메시아적 징표들이 지닌 공동체적 특성을 인지할 때 우리는 마침내 한편으로는 지혜(19b)와 인자(19a) 간에, 다른 한편으로는 "지혜의 일"(19b)과 "그리스도가 하신 일"(2절) 간에 뚜렷한 평행관계가 존재한다는 점을 인정하게 될 것이다.[108]

마태복음 11:19b에서 의롭다고 인정받는 대상에 요한이 포함되지 않는다는 사실이 주해에 걸림돌이 될 이유는 없는데, 왜냐하면 세례 요한은 이미 여러 차례 앞에서 언급한 바리새인들의 비판에 대비하여(18절) 선제적으로 정당성을 인정받았기 때문이다(7-15절). 16-19절에서는 더 이상 요한의 정당성이 관심사가 아니라 초점이 예수와 그의 추종자들의 정당성으로 이동한다. 메시아의 "일들"(11:2)과 지혜의 "일들"(19절) 사이의 의미심장한 평행관계를 바탕으로 16-19절은 "먹기를 탐하고 포도주를 즐기는 사람"이라는 비난—바리새인들이 시작했고 요한의 제자들이 이어받았던—에 맞서 예수 운동을 변호할 뿐만 아니라 지혜의 화신인 인자에 대해서도 동일한 역할을 한다. 5절과 19b절은 예수 운동의 정당성을 두 가지 서로 다른 방식으로(마 8:1-11의 메시아 사역과 마 9장의 식사 장면에서) 서로 다른 두 대상(요한과 바리새인)을 향해 변호하기는 하지만, 서로 다른 두 가지 "일들"은 지혜/성령 기독론이라는 공통분모를 토대로 삼는다.

---

108 인자와 지혜의 상관관계는 전혀 놀라운 것이 아닌데, 왜냐하면 앞에서 언급했던 것처럼 인자는 일종의 **환생한 아담**(Adam *redivivus*)으로 여겨졌으며 타락 이전의 아담은 인간의 대표로서 최고의 지혜를 가진 것으로 여겨졌기 때문이다. 아담은 특별한 방식으로 지혜의 보호를 받고 있었을 뿐만 아니라(지혜서 10:1) 지혜와 "형상"이 결국은 불가분의 관계라는 점에서(지혜서 7:26) 아담 자신이 지혜를 구현한다고 말할 수 있다. 인자가 지혜와 연결되는 다른 사례들로는 *1 En.* 48.2, 7, 49.13, 51.3을 보라.

마태복음 11장에 대한 이런 주해가 무수한 의미를 내포하고 있겠지만, 우리 연구의 목적과 관련 관련하여 크게 두 가지를 제시하고자 한다. 첫째, 인자가 먹고 마시는 일과는 전혀 무관한 일들을 근거로 "먹기를 탐하고 포도주를 즐기는 사람"이라는 비난에 맞서 정당성을 인정받게 되었다고 제안하는 압도적 다수의 주석가들과는 달리 나는 마태복음에서 예수 운동과 인자의 식사 관행이 (2절과 5절에 암시된 "그리스도께서 하신 일"[*erga tou Christou*]과 함께) 그 공동체의 기독론적 정체성을 증명해주는 주된 요소로 받아들여진다고 제안한다.[109] 둘째, 앞에서 말한 식사 관행은 예수 운동이 인자와 동일시될 수 있음을 표시해줄 뿐만 아니라 신적 지혜의 종말론적 침투를 상징하기도 한다. 이것은 의미심장한데, 왜냐하면 예수가 "죄인들"을 포함한 사회적 약자들과 나누었던 식사의 의미를 바르게 해석하기 위해서는 마태와 그의 전승이 논란의 중심에 있는 동일한 관행을 지혜의 종말론적 운용과 연결한 것으로 보아야 하기 때문이다.

3) 지혜와 그의 자녀(눅 7:31-35)

누가복음에서 장터에 앉은 아이들의 비유가 속한 문맥

마태와 누가 모두 요한의 세례 장면(마 3:1-12//눅 3:1-18)을 요한이 보낸 사자들이 등장하는 장면(마 11:2-19//눅 7:19-35)보다 앞서 제시하고 있지만, 누가복음에서는 이 두 에피소드 사이의 공간이 좀 더 압축적이며 결과적으로 두 사건의 상관관계가 강조되는데, 이는 우리가 누가복음 저자에 대해 알고 있는 사실, 다시 말해 그의 복음서 첫 장들에 암시된 것처럼 그가 요

---

109 압도적 다수에 포함되지 않는 학자로는 Wilson(2015)을 들 수 있는데 나는 그의 의견에 대체로 동의한다.

한과 예수의 관계를 탐구하는 일에 마태보다 더 큰 열정을 가지고 있었다는 사실과도 일맥상통한다. 요한과 예수의 관계를 밀도 있게 보여주는 누가복음 7:19-35은 일종의 업무 경과보고서 같은 모습을 지니고 있는데, 여기서는 예수의 선포와 이적들에 관한 간결한 보도(7:22)가 사실상 4:14-7:17을 요약해준다.

아마도 누가복음 7:19-35을 이해하는 데 훨씬 더 중요한 구절은 앞에서 논의했던 마태복음 9:9-13과 9:14-17의 두 식사 논쟁 장면과 병행을 이루는 누가복음의 두 구절(눅 5:27-31; 5:33-39)일 것이다. 이 두 사건을 다루는 마태의 기사와 누가의 기사 간에 차이점이 있지만(예컨대 누가복음은 두 장면 모두에서 바리새인과 서기관들이 질문하는 것으로 묘사하는 반면 마태복음은 한 장면에서만 질문하는 것으로 묘사한다) 이 둘은 사실상 유사하다. 누가복음의 예수는 그의 제자들이 (요한의 제자들이나 바리새인들과는 달리) "먹고 마신다"는 비난을 듣는데(5:33), 그것은 명백하게 7:34에서 인자가 "먹고 마신다"고 말하는 그의 발언을 예상하게 해준다. 이와 유사하게 예수의 제자들은 "세리와 죄인과" 함께 먹고 마신다는 비난을 듣는데(5:30), 그들의 심문은 수많은 세리가 한데 모여 잔치를 벌이는 이전 장면(5:29)을 가리키는 동시에 우리가 여기서 다루는 단락(7:31-35) 다음에 곧바로 이어지는 장면, 다시 말해 죄인인 여자가 예수의 발에 기름을 붓는 사건(7:36-50)을 내다보고 있다.

누가복음 7:31-35과 뒤에 이어지는 기름 붓는 장면(7:36-50) 간의 상관관계를 식별하기가 쉽지는 않다. 예수는 앞 절(34절)에서 "방탕한 자요 죄인들의 친구"라는 비난에 대하여 답한 후에 다음 장면에서는 잔치 자리에서 죄 많은 여인을 받아들인다(36-37절). 그러는 동안에 그 모습을 유심히 지켜보던 집 주인이 마음속에 품었던 생각(39절)은 그가 앞선 비유에 등장하는 무감각한 아이들(32절)과 한편임을 드러낸다. 이 장면의 끝에 가서 여인은 예수에게 용서받았고 따라서 의롭다고 인정되었다(47-49절). 그녀는 이런 식으로 자신이 지혜의 자녀임을 증명했는데, 29-35절의 정의에 따르면 그녀는 하나님을 의롭다고 하였고(29절), 아마 지혜에 대해서도 그리했을 것이다(35절). 누가는 31-35절의 에피소드와 36-50절의 에피소드를 짝지음으로써 절묘한 역설, 다시 말해 의롭다 함을 받는 자가 바로 의롭다 하는 자라는 역설을 만들어내는 것으로 보이는데, 이 같은 역설이 예수와 죄 많은 여인의 관계에서도 동일하게 드러난다. 예수가 향유를 부은 여인에게 친절을 베풀었던 것처럼 세리 및 죄인과도 가깝게 지냈다는 점은 그가 인자와 지혜를 자신과 동일시했다는 사실을 통해 설명될 수 있다(7:34-35).

누가복음에서 지혜의 의미

"장터에 앉은 아이들의 비유"를 다루는 부분의 서론에서 나는 누가복음이 두 가지 중요한 측면에서 마태복음과 다르다는 점을 지적했다. (1) 누가복음에는 7:29-30에 편집자 논평이 추가되었고(Q와는 달리), (2) 지혜가 (마태복음에서처럼) 자기 행한 일로 인하여서가 아니라 (아마도 Q에서처럼) 그의 자녀(tekna)로 인하여 옳다 함을 얻는다고 지적한다(35절). 다수의 주석가들은 둘 중 첫 번째 차이점을 근거로 누가복음과 마태복음에서 지혜를 이해하는 방식이 서로 첨예하게 대립한다고 확언한다. 그들은 주장하기를, 마태복음 저자가 예수와 지혜 사이에 배타적인 연관관계를 설정하는 반면 누가복음 저자는 지혜를 가상의 인격으로 이해하기보다는 윤리적 원리들의 모음으로 이해한다고 말한다. 이 같은 해석에 따르면 누가복음에서 "지혜의 자녀"(7:35)는 심지어 요한과 예수까지 포함하여 그의 길을 따르는 자라면 누구라도 가리킬 수 있다.¹¹⁰ 29-30절이 이 같은 해석을 지지하는 근거로 제시되는데, 여기서는 "지혜"(35절)와 "하나님의 뜻"(30절)을 한데 묶는다. "지혜와 뜻"이 죄인들과 세리들에게는 받아들여졌던 반면(29절) 바리새인들과 서기관들에게는 거부당했다(30절). 일부 주석가들은 이 같은 해석을 따라 누가복음에서 지혜에 대한 친밀감은 추상적인 하나님의 뜻을 향한 민감성에 의해 결정된다고 제안한다.¹¹¹

이 구절을 이런 관점에서 이해하는 것이 그럴듯하기는 하지만 개연성은 없어 보인다. 왜냐하면 지혜의 "자녀"(tekna)라는 표현에 대해 누가복음에서 확고하게 형성된 의미와 통하지 않는 해석을 제공하기 때문이다. 실제로 누가복음의 다른 곳에서는 "자녀"라는 단어가 일관되게 예수의 추종자들이나 선택된 자들을 가리키는 데 사용되는데, 세례 요한의 설교에 대한 누가의 보도(눅 3:1-9)에 수많은 사례가 등장한다. 여기서 군중들이 세례받기 위해 요한에게로 왔을 때 그는 그들에게 "아브라함의 자손[tekna]"이 되었다고 자랑하지 말라고 경고한다. 왜냐하면 하나님은 그들이 요한의 세례에 참여한 **이후** 어느 시점에라도 얼마든지 그런 자녀들을 일으킬 수 있기 때문이다(8절). 그렇다면 누가는 요한의 세례에 의탁하는 일이 아브라함의 "자손"(teknon)이라는 신분을 거의 보장해주지 못한다고 생각했음이 틀림없다.¹¹² 내가 보기에 이것은 "지혜의 자녀"가 당연히 요한의 세례를 받은 자

---

110 Fitzmyer(1981: 678-79)는 두 번째 후보를 선택하지만, 그의 견해를 따르는 학자는 거의 없다.
111 우리가 Dunn 1980: 163-76에서 볼 수 있는 것처럼 말이다.
112 이 같은 주장은 눅 7:29-30 같은 구절에도 불구하고 대체로 옳다. "모든 백성과 세리들은 이미 요한의 세례를 받은지라[baptisthentes]. 이 말씀을 듣고 하나님을 의롭다 하되 바리새인과 율법교사들은 그의 세례를 받지 아니함으로 그들 자신을 위한 하나님의 뜻을 저버리니라." NRSV의 번역에서는 "baptisthentes"라는 분사가 원인을 설명하는 역할을 하는 것으로 이해하는데(말하자면 "그들이 요한의 세례를 받았기 **때문에**"[**because** they had been

들을 포함한다는 해석에 심각한 긴장을 만들어낸다. 한편 누가의 관점에서 아브라함의 자손(3:8; 참조 16:25)은 예수의 제자들을 뜻하는 "신랑의 자녀들"(huioi, 개역개정 "손님들", 5:34)과 한 무리임이 거의 분명하다.[113] 누가복음 7장의 경계를 넘어서는 다른 에피소드들에서 "테크논"(teknon, "자녀")이 사용된 용례들도 이런 패턴을 확인해준다.[114] 그렇다면 우리는 "예수를 따르는 자들"과 "요한을 따르는 자들"이 사실상 "지혜를 따르는 자들"이라는 방대한 범주에 포함되는 호환 가능한 두 개의 작은 범주라는 생각을 포기해야 할 것이다. "지혜의 자녀"라는 개념이 이 같은 원칙에서 유일한 예외가 아니라면 그 개념도 요한에게 세례받은 자들이라는 방대한 범주에 속한 작은 범주, 다시 말해 "예수의 추종자들"을 가리킨다고 보아야 한다.

마찬가지로, 만일 "지혜는 자기의 모든 자녀로 인하여 옳다 함을 얻느니라"(눅 7:35)라는 예수의 요약적 진술이 요한과 예수를 신적 지혜를 중재해주는 호환 가능한 두 인물로 소개하고자 하는 것이었다면, 우리는 바로 뒤따라 나오는 기름 붓는 장면을 어떻게 이해해야 할지 알 수가 없는데, 그 장면은 지혜가 "그의 자녀들로 인하여 옳다 함을" 얻는다는 사실을 예시하기 위해 기록된 것이 거의 분명하다. 예수의 발에 기름을 부었던 무명의 여인이 그 동네에서 죄 많은 삶을 살았다는 사실을(37절) 알고 있었던 누가복음의 독자들은 곧바로 "하나님을 의롭다고" 했던 세리들과(29절) 그 여인을 같은 범주로 분류했을 것이다. 그런데 7:18-35에서는 세례 요한의 존

---

baptized with John's baptism]), 문법적으로 이런 해석이 필연적이지는 않다. 눅 3:1-9에 비추어볼 때 (NRSV의 번역과는 달리) 요한의 세례는 지혜의 자녀가 되는 데 필요하지만 **불충분한** 조건인 것으로 보인다.
113 눅 3:8; 5:34.
114 눅 8:54; 9:48; 16:8; 18:17; 20:36.

재가 두드러지지만 바로 뒤에 이어지는 기름 붓는 장면에서는 요한이나 그의 세례에 대해 전혀 관심을 보이지 않는다. 마찬가지로, 만일 누가복음 저자가 지혜의 자녀라는 신분이 논리적으로 요한과 예수의 가르침을 통해 명시된 원리로서의 "하나님의 뜻"에 대한 적극적인 반응에 달린 것이라는 점을 보여주기 위해 그의 자료를 편집했던 것이라면, 우리는 여인의 "회심" 이전에 적어도 "하나님의 뜻"을 가리키는 언어적 표현이 하나라도 등장했으리라고 기대할 수 있었을 것이다. 하지만 실제로 그런 표현은 전혀 등장하지 **않는다**. 오히려 누가는 그리스도의 인격 안에 구현된 하나님의 지혜가 여인의 믿음을 불러일으킨 것이며 이 같은 믿음의 표현이 그녀의 정체성을 드러내는 것임을 보여주고자 했던 것이었다. 따라서 누가가 (마태와 달리) 열두 제자를 지혜 혹은 인자와 하나의 범주로 다루지는 않지만, 그럼에도 그는 마태와 기독론적 초점을 공유한다. 마태와 누가는 모두 지혜가 예수의 인격에서 구현되는 것으로 여겼다.

 이 같은 해석은 누가복음 저자가 편집과정에서 포함시킨 7:29-30의 내용과도 일맥상통한다. 어쨌거나 백성들과 세리들은 요한에 관한 예수의 말씀을 들은(*akousas*) 후에 "하나님을 의롭다고" 했는데, 한마디로 백성들이 하나님을 의롭다고 말하도록 만든 작용인은 예수의 연설이었다는 뜻이다. 한편 이어지는 "요한의 세례를 통하여 세례받고"(*baptisthentes to baptisma Iōannou*)라는 분사절은 이 백성들이 어째서 다른 사람들과는 달리 긍정적으로 반응했는지 밝혀주는 역할을 한다고 보는 것이 이치에 합당하다. 예수의 발에 기름을 부은 여인은 요한의 세례 없이 예수의 제자가 됨으로써 자신이 지혜의 자녀임을 입증했으며 이것은 또한 그녀가 아브라함의 자손 (3:8; 16:25)이자 하나님의 자손(20:36)이라는 말과도 다르지 않다. 예수에게는 결정적인 역할이 맡겨졌는데, 누가는 여기서 그를 하나님(29절) 및 지혜

(35절)와 동일시한다. 누가는 백성들을 지혜의 자손에 가입시키기 위한 촉매로서 예수를 특징짓기 위해 예수와 지혜 간의 개념적 경계를 허물어버린다.

물론 그렇다고 해서 마태와 누가 간의 차이점이 모두 사라진다는 뜻은 아니다. 누가는 지혜가 그의 "자녀들"로 말미암아 옳다 함을 얻는다고 주장했고, 마태는 지혜가 그의 "일들"을 통하여 옳다 함을 받는다고 했는데, 이 같은 단어 선택과 문맥의 다양성은 두 가지 서로 다른 어감을 만들어낸다. 누가는 지혜가 정당화되는 일이 예수에 대한 적극적인 반응을 통해 발생한다고 보았는데, 특히 "세리 및 죄인들"의 경우가 그러했다. 이와는 대조적으로 마태는 예수의 선포 활동을 받아들임으로써 초래되는 변화에 초점을 맞추기보다는 그의 활동 자체가 담고 있는 기독론적 의미에 초점을 맞추었다. 우리는 누가가 지혜의 실질적 "효과"(*opera operata*)를 강조하기 위해 그의 자료를 수정했다면, 마태는 지혜가 행하는 일이 가져다주는 효과와는 독립된 "일들" 자체에(*ex opere operato*) 보다 더 관심을 가졌다고 말할 수 있다. 우리가 알기로 지혜에 관한 두 가지 서로 다른 접근법은 초기 교회의 기독론적 성찰 내에 긴장을 조성하였고 그 결과 기독론은 지혜의 계시를 하나님의 활동으로 묘사하는가 하면 인간의 반응으로 묘사하기도 한다.

4) 종합

"장터에 앉은 아이들 비유"를 마태와 누가가 각각 제시하는 방식에 대한 분석은 몇 가지 점에서 의미가 있는데 그중 적어도 세 가지가 나의 주장과 직접적으로 관련된다. 첫째, 마태복음 저자와 누가복음 저자가 다양한 어감을 표현한다는 사실은 그들 이전에 성육신한 지혜로서의 예수에 관해 성서적 성찰이나 열띤 토론을 통해 유지되어 온 방대하고 발전적인 전승 과정이 존재했음을 전제하는 것처럼 보인다.

복음서 저자들이 현재 형태의 비유에 각각 자신만의 고유한 흔적을 남겨놓은 것도 사실이지만, 두 저자의 신학적 어조는 시대상으로 그들을 상당히 앞서는 확고한 "지혜의 구현자 예수" 전승의 존재를 암시하는데, 그 "확고한 전승"은 Q 자료 혹은 그것을 만들었다고 추정되는 공동체와 함께 시작되었을 수도 있다. 하지만 그보다 설득력 있는 주장은 그 전승이 예수와 함께 시작되었다는 것이다. 사실상 이 같은 주장은 이제 내가 제안하는 포괄적인 모델과 아주 잘 어울린다. 결국 예언 문학에서 성령이 그 땅으로 귀환하는 일과 성전 재건을 서로 밀접하게 연결하는 한편 예수 전승에서도 그러한 관계에 대해 암시한다는 사실을 고려할 때(1장), 만일 내가 주장했던 것처럼 예수가 신성한 공간의 재건이 그의 사역을 통해 실현될 것이라고 정말로 확신했다면, 짐작건대 그는 신성한 공간에 관한 제2성전기 후기의 신학과 매우 밀접하게 연결되는 지혜 신학을 고안해낸 것이 분명하다. 더욱이 내가 제시하는 가설에 따르면 예수가 사실상 지혜와 자신의 인격 간의 경계를 허물어버렸다고 상상하는 것도 전혀 무리한 일이 아니다. 실제로 고대 유대교가 종종 지혜를 대제사장의 고유한 영역으로 여겼다는 점에서 어찌 보면 그렇게 상상하는 것이 지극히 당연하다.[115] 어느 모로 보나 역사적 예수는 자신의 공동체가 바로 신적 지혜가 머무는 자리라고 간주했다.

둘째, 역사적 예수에 대한 증인으로서 Q 7:31-35가 지닌 증거능력을 고려할 때 우리는 예수가 자신과 지혜 간의 밀접한 관계에 근거하여 사회적으로 의심의 대상이 되었던(이 점에 대해서는 의심의 여지가 없다) 그의 식사

---

115 말 2:.6-7; 4Q543.

관행을 변호했다고 결론지을 수 있다.¹¹⁶ 얼핏 보기에 이 같은 결론은 그리 명백하지 않은데, 왜냐하면 예수가 지혜와 식사 관행을 서로 연결하도록 만들어주는 논리가 무엇인지 상당히 불분명해 보이기 때문이다. 이런 해석 대신에 마커스 보그의 제안을 선호하는 자들도 있는데, 그는 예수의 포용적인 식사 관행이 막연하게는 아니더라도 포괄적인 방식으로 "공감하는 지혜"의 길을 따른 것이라고 주장한다.¹¹⁷ 하지만 내가 보기에 예수는 포용적인 식사 관행을 일종의 비유적 행위로, 좀 더 구체적으로 말하자면 잠언 9:1-6에서 어리석은 자를 위하여 잔치를 베푸는 한편 자기 자녀들을 자신에게로 부르는 지혜 부인의 행위를 드라마화하려는 시도로 여겼던 것으로 보인다. 학자들은 잠언 9장의 저자가 본래부터 성전을 지혜 부인의 잔치가 열릴 장소로 여겼는지와 관련하여 의견이 나뉘지만 이를 지지해줄 만한 증거가 분명 존재한다.¹¹⁸

잠언에서 지혜 부인을 등장시킨 본래 의도가 무엇이었든 간에, 제2성전기 자료(예컨대 집회서 24장)에서 의인화된 지혜가 성전 및 제사장 제도와 점점 더 밀접하게 연결된다는 사실에 비추어 나는 종말의 관점에서 잠언 8-9장을 읽었던 1세기의 수많은 독자가 지혜 부인을 대제사장과 동일시했을 뿐 아니라 그녀의 잔치가—에스겔 39:17-20에서 묘사하는 종말론적 잔치와 유사하게—성전에서 세상 마지막 날에 열리는 것이라고 믿었다고

---

116 예수가 식사 관행을 통해 자신을 차별화했다는 가설을 가장 강력하게 제시한 학자들로는 Sanders(1985: 174-99)와 Crossan(1991: 332-53)을 들 수 있다. 지난 20여 년간 일부 학자들이(예컨대 Klinghardt 1996; K. E. Corley 2002; Smith 2003) 이 같은 관점에 대해 불만을 표했지만 내가 볼 때는 Blomberg(2009)에 의해 충족된 것 같다.
117 Borg 1984: 93-94.
118 McKane 1970: 362-64; Perdue 2000: 150-52; Longman 2006: 217, 222.

제안한다.[119] 이런 점에 비추어보면 논란을 불러일으켰던 예수의 식사 관행은 그의 운동이 종말론적으로 계시된 지혜와 인자를 자신들과 동일시했다는 사실을 통해 설명될 수 있을 것이다.[120]

지혜와 인자 개념은 새로운 종말론적 제사장이라는 그 분파의 정체성에 근거를 두고 있으며 그러한 정체성에 의해 서로 연결된다. 달리 말해 만일 예수가 그의 포용적 식사 관행으로 인해 명성(과 오명)을 얻은 것이라면, 이 같은 포용성은 그가 가장 가까운 추종자들과 공유했던 그의 독특한 제사장적 자기 정체성이 내포한 하나의 기능이라고 할 수 있다. 이것은 예수의 식사가 메시아의 잔치를 예견하면서 행해졌을 가능성(혹은 개연성)을 부인하는 것이 아니라, 다만 역사적 예수가 개념적으로 메시아의 잔치를 그의 제사장 직분의 범주 아래 두었음을 암시하는 것이다. 예수 운동은 제사장이자 죄를 속하는 자로서 인자에게 주어진 자격을 근거로 신성한 공간을 다시 열었으며, 지혜의 화신인 대제사장의 자격으로 방황하는 자들을 신성한 공간으로 초대하는 여정을 시작했다.

---

119 랍비 문헌인 *Lev. Rab.* 11.14은 두 가지 해석(성전과 종말론)을 동시에 제시한다. 참조. Wilson 2015: 12. 지혜와 제사장/제의의 상관관계에 대해서는 Fournier-Bidoz 1984: 4, Deutsch 1990: 24을 보라.
120 Merklein(1989 [1983]: 80)은 다음과 같이 바르게 지적한다. "예수가 죄인들을 가까이하고 그리하여 죄인들과 세리들의 친구라는 낙인이 찍히기는 했지만(눅 7:34b//마 11:19b), 그렇다고 해서 많은 사람이 텍스트에 의미를 부여하는 것처럼 그가 사회비평에 관심을 두었던 것은 전혀 아니었다. 오히려 그의 행동은 예수의 종말론적 사명이라는 배경에서 행해진 상징적이고 종말론적인 의사소통 행위였다."

4. 요약

예수가 "인자"라는 표현을 사용한 방식은 수사학적으로 빈틈이 없었는데, 이 아람어 호칭은 특별한 의미 없이 일반적인 대상을 가리킬 수도 있고("인자"라고 번역되는 아람어 표현은 단순히 "어떤 사람"을 가리킬 수 있다), 한편으로는 그의 운동(인자/성도들)과 다른 한편으로는 그의 대적(네 마리 짐승으로 상징되는 사람들) 간의 점증하는 갈등을 해석하기 위해 성서에서 유추해온 비밀스러운 모형을 가리킬 수도 있다. 이 비밀스러운 내러티브를 위한 환유로서 "인자"는 "예수를 가리키는 단순한 **호칭**이 아니라, 하늘 법정에서의 궁극적인 신원에 대한 확신으로 죽음까지 감수할 만큼 전적으로 충성하겠다는 그의 소명을 가리키는 상징이었다."[121] 예수는 박해의 경험을 다니엘 7장의 내러티브와 연결하면서 그의 추종자들에게 어떤 대가를 치르더라도 신실하게 소명을 완수하기 위해 꼭 필요한 신학적 근거를 제공했다. 예수는 이를 통해 제자들에게 "환난이 찾아오게 되면" 너희는 "무슨 일이 **실제로** 일어나고 있는 것인지, 그리고 신실한 성도들과 이스라엘이 처한 위기가 무엇인지 기억"하라고 상기시키는 셈이다. 예수가 사용한 "인자"라는 표현은 윤리적 이상을 가리키는 평범한 단어인 동시에 국가적 열망을 담은 압축적인 비유였는데, 그들은 이 같은 이상과 열망이 장차 완전하게 실현될 날을 고대하고 있었을 것이다.[122]

예수가 "인자"라는 표현을 사용한 방식은 대단히 전략적이었는데, 왜냐하면 그는 이 용어를 자신과 그의 운동을 가리키는 암호처럼 사용하면서

---

121 Moule 1977: 14.
122 이런 관점에서 나의 제안은 Weiss(1971 [1892]), Higgins(1965 [1964]: 199-200), Jeremias(1971: 275-76)의 제안과 유사하다.

도 당장에 성급하고 자극적인 방식으로 자신을 인자와 동일시할 것을 요구하지는 않았기 때문이다. 예수가 "인자"라는 이름에 미래지향적인 의미를 부여했다는 사실이 그가 개인적으로 그 이상 가운데 일부 측면을 현재 시점에 실현할 가능성을 배제하는 것은 아니었다. 그렇다면 예수가 이 용어를 배타적으로 자신을 가리키는 표현으로 사용했을 가능성이 전혀 없지는 않다. 하지만 예수가 자신을 다니엘 7장의 인자와 동일시한 방식이 명백하게 배타적이라고 해도, 그러한 사실이 그의 제자들도 동일한 소명을 받아들였을 가능성을 완전히 배제하는 것은 아니다. 물론 그들은 그러한 소명을 조금은 다른 방식으로 실현할 것으로 기대되었을 것이다.

예수가 "인자"의 소명에 그의 제자들을 포함시켰다는 사실은 전승에 대한 포괄적인 개관을 통해 드러난다. 복음서에서 예수는 자신이 장차 인자로서 당하게 될 고난에 대해 언급했을 때 결코 그의 제자들이 그 같은 고난에서 완전히 자유로울 것이라고 암시하지 않았다. 반대로 예수가 복음서에서 날마다 십자가를 지는 것이 제자가 되기 위한 전제 조건이라고 밝히고(눅 9:23) 그를 따르는 자들이 공개적인 장소에서 매질을 당할 것이라고 예견했을 때(막 13:9), 그는 분명하게 그 자신이 당하는 고난이 제자들에 대해서도 선구적인 역할을 하리라고 여겼던 것이었다. 말하자면 그가 겪는 환난은 사실상 그의 제자들도 동일한 일을 경험하게 되리라는 보증이었다는 뜻이다. 하지만 여기에도 일종의 긴장이 있는데, 복음서 전승은 역설적으로 예수가 자신이 당하는 고난을 상당히 "독특한 것"으로 여겼다는 인상을 우리에게 남겨준다. 이 같은 사고가 예수의 의식 속에서 어떤 식으로 발현되었는지는 미스터리로 남아 있다. 우리가 아는 것은, 예수가 세례 시에 받았던 특별한 소명 의식이 그로 하여금 다니엘 7장을 자신만의 방식으로 실현할 필요성을 느끼게 만들었다는 점이다. 하지만 그가 혼자만의 고독한 여행을 감수해야 한다는 암시가 시간이 지남에 따라 점진적으로 분명해졌을 가능성도 다분하다. 이런 맥락에서 오래전에 T. W. 맨슨이 지적하기를 예수가 제자들의 배교 이후에야 비로소 자신이 **바로** "인자"임을 입증했다고 말했던 것이 완전히 핵심을 벗어난 것은 아니다.[123] 어쨌거나 만일 예수가 참으로 "인자"를 그 자신이 추구해야 할 이상인 동시에 그의 제자들이 추구해야 할 이상으로 삼았다면, 어떤 의미에서 그는 제자들도 불완전하게나마(혹은 먼발치에서) 인자의 이상을 실현하는 자들로 여겼음이 분명하다. 아마도 예수의 고난이 지니는 공동체적 성격을 과소평가하게 만드는 원인은 속죄 신학의 일부 도식을 성서의 자료보다 중시하는 우리의 무의식적인 성향일 것이다.

예수의 "인자" 운동에서 눈에 띄는 점들은 제의적 관행의 인상적인 혼합, 순회 운동, 사회적 포용성이었다. **제의** 운동의 지도자로서 예수는 정결함과 부정함, 거룩함과 속됨을 나누는 통상적인 경계가 이제는 무너졌으며 그와 그를 따르는 자들에게 하나님이 정해놓은 실재 안에 거하는 자로서의 삶이 허락되었다고 믿었다. 예수는 그의 공동체가 종말론적 새 창조를 가져다주는 통로라고 여겼다. 제사장 직분의 권리와 책임도 예수와 그의 추종자들에게 이전되는 과정에 있다고 여겨졌기 때문에 그들은 통상적으로 성전에서 행해지던 몇몇 의식들을 모방하기도 했다. 예수 운동이 표방한 규칙적인 제의 활동들은 거룩한 것과 속된 것을 구분하는 통상적인 경계를 허물었으며 단순히 성전에 대한 저항으로 그치지도 않았고 삶을 대하는 공동체의 총체적인 비전을 특징지어주는 생활양식이 되었다. 약간의 역사적 상상력을 동원한다면, 우리는 그 같은 확신이 일상의 현실들에 성례적(적절

---

123 Manson 1951 (1931): 232.

한 표현을 찾기가 어렵다) 특징을 부여했으리라고 추측할 수 있을 뿐이다. 예수의 철저한 제의적 지향은 한 분 하나님을 예배하는 이스라엘의 종교에 새로운 색채를 제공했다.

예수와 그의 추종자들은 **순회** 운동을 표방했기 때문에 지리적 거점을 구축하거나 보완적인 정치적 입지를 세우고자 할 가능성을 일축했다. 이것은 의도적인 일이었지만 멀리서 호의를 가지고 예수를 응원하던 자들에게는 호기심과 좌절감을 안겨줬음에 틀림없다. 하지만 예수 공동체가 지닌 지리적 유동성과 고유한 제의 활동들은 그에게 유대 땅 전체를 가로질러 모든 장소에서─적어도 잠정적이고 예기적인 의미에서라도─사역을 전개할 수 있는 여지를 허락해주었다. 이런 점에서 예수의 여행은 부정적인 목적과 긍정적인 목적을 동시에 지니고 있다. 부정적인 관점에서 예수의 순회 운동은 본질적으로 중앙화나 제도화에 취약점을 드러냈다. 긍정적인 관점에서 예수는 팔레스타인 땅 전체를 돌아다녔기 때문에 확실히 보다 효과적으로 대중들에게 "그의 말씀을 전달"할 수 있었다. 그리고 무엇보다도 예수의 관점에서 제의적 활동들을 수반한 순회 운동은 장차 그 땅이 그의 지배하에 들어오게 될 날을 대비하여 신성한 영역을 분명히 표시해주는 역할을 했다.

예수는 **포용적** 운동의 지도자로서 사회적 강자들과 약자들을 함께 식탁 교제에 초청했다. 이것은 예수가 공동체 내에서 정결과 관련된 사안에 관용적이었으며 사회적으로 바람직하지 않은 자들과 연대한다는 오명도 개의치 않았다는 뜻이다. 물론 예수의 식사 관행도 그의 목적을 상징적으로 표현하기 위해 전략적으로 고안된 것이었다. 예수는 또한 미래의 대제사장으로서 자신의 역할이 지혜를 구현하는 것이라고 선언했으며, "죄인들"과 함께하는 식사를 통해 자신의 직무가 어떤 것인지를 표명했는데, 이는 모두 잠언 8장의 교훈에 따른 것이었다. 예수의 이 같은 관행들은 사회를 불안정하게 만드는 영향을 끼쳤으며 그 결과 사회 질서를 위협하게 되었고, 이후에 초기 교회도 예수의 포용적 식사 관행을 따르면서 그러한 상황이 지속되기에 이르렀다. 하지만 이방인을 향한 바울의 선교와 함께 포용적 식사의 강조점이 변화된 것도 사실이다.

여기서 우리는 다시 한번 "인자"라는 개념이 예수에게는 단순한 호칭이 아니라 하나의 "이야기"라는 사실을 확인할 수 있다. 좀 더 정확하게 표현하자면 그것은 다니엘 7장에 바탕을 둔 이야기들과 성서 구절들의 총합이다. 예수 시대에는 인자와 메시아 간에 일대일 대응 관계가 성립될 수 없었는데, 왜냐하면 "인자"라는 용어는 호칭이나 꼬리표가 아니라, 수면 아래에 수치와 영광이라는 역설을 품고 있는 빙산과 같은 내러티브의 작은 돌출부에 불과했기 때문이다. 예수가 사용한 "인자"라는 용어를 이런 식으로 이해할 때 우리는 앞서 3장에서 살펴보았던 것처럼 예수가 공동체적 고난에 중심적인 역할을 부여했던 이유를 설명할 수 있게 된다. 우리가 알기로 예수는 그의 추종자들에게 자신과 뜻을 함께하는 일이 어느 정도의 고난을 수반할 것이지만 그 고난은 이스라엘의 구속을 위한 촉매제가 될 것이라고 약속했다. 예수 공동체가 짊어져야 했던 이처럼 무거운 짐 중에서 예수가 자신에게 할당한 역할과 책임이 무엇이었든지 간에, 그는 그 같은 고난이 대체로 집합적인 성격을 띠고 있으며 그의 운동을 정의해주는 특징이기도 하다고 여겼다. 예수는 그를 따르는 자들이 신실하게 인내함으로써 구체적으로 제사장의 소명을 수행하는 한편 마침내―야웨의 대적들을 전복시키고 신성한 공간의 역할을 회복함으로써―하나님 나라의 도래를 실현하는 도구가 될 것이라고 약속했다.

역사적 예수는 "인자"라는 문구를 자주 사용했는데, 이것은 그가 개인적인 의미에서 자신을 "인자"로 여겼음을 의미하기보다는(물론 이런 암시가 전혀 없다고 말하기는 어렵다), 그가 다니엘 7장의 내러티브를 자신의 사역에 대한 본보기와 지침으로 삼았음을 의미한다고 말할 수 있다. 지극히 전략적인 이유에서 채택된 "인자"라는 꼬리표는 예수 운동의 경험 가운데서 이미 전개되고 있었던 드라마에 사람들의 시선을 집중시켰다. 인자의 갈등은 지상에서도 펼쳐지고 있었지만, 그와는 별개로 보이지 않은 힘들이 서로 충돌하는 인접 영역에서도 이와 유사한 갈등이 전개되고 있다.

7장

마지막 대결

1. 서론

예수의 "생애들"에 관한 19세기의 묘사에서 우리는 명랑한 기질을 지닌 지혜롭고 매력적인 인물을 만날 수 있다. 그들이 묘사하는 예수는 사람이 누릴 수 있는 모든 축복을 소유한 자이며 그를 괴롭히거나 성가시게 하는 일이 없는 세상에서 30년 가까이 살고 있었다. 이 같은 예수의 초상은 오늘날까지도 상징적인 형태로 다양한 영역에 스며들어 있는데, 이것은 올바른 측면과 오해를 불러일으키는 측면을 동시에 지니고 있다. 그 같은 초상은 예수가 지혜로웠다는 점에서는 올바른 것이었는데, 그는 비범한 수사학적 재능을 동원하여 그에게 감히 말싸움을 걸어오는 자들에게 뛰어난 적수가 되어주었다. 한편 그것은 예수가 속한 사회에 그를 성가시게 하는 요소가 적지 않았다는 사실을 무시해버린다는 점에서 오해를 불러일으키는 초상이다. 그는 그를 성가시게 하는 요소들에 대해 목소리를 냄으로써 자신과 지방 관리들 사이에서 발생했던 갈등을 증폭시켰고 그런 과정이 가속화되면서 결국 그의 운명이 결정되었다. 그들 사이에 지속적으로 갈등의 불꽃을 점화시켰던 요인은 예수가 자신이 바로—여러 후보 가운데 하나가 아니라—유일하게 합법적인 대제사장이라고 되풀이하여 암시했다는 사실이었다.

6장에서 나는 "인자"의 제사장 역할을 강조하면서도 예수의 하나님 나라 비전에 관한 나의 개요에 몇 가지 요소를 추가하려고 시도했다. 그의 비전에 따르면 야웨가 통치하는 왕국이 예수 운동을 통하여 이미 현세에 침투해 들어오기 시작했으며, 그의 운동은 이스라엘의 하나님을 예배하는 일과 그에 수반되는 몇몇 제의적 관행들 및 윤리적 책임을 이행하는 일을 과업으로 삼았는데, 예수는 여기서 자신이 중심적인 역할을 맡을 것이며 그 같은 사실이 머지않아 확증될 것이라고 보았다. 의로운 남은 자들이 구속의 결말을 목격하게 되는 것은 대제사장인 동시에 인자인 그 자신을 통해서일 것이며, 그때에는 하나님이 보좌에 좌정하여 합당한 경배를 받을 것이고 불의를 행하는 나라들은 굴복당할 것이며 열두 지파는 회복되고 마침내 정의가 승리하는 시대가 임할 것이다. 예수는 그의 운동에 동참하는 일이 여러 대안 가운데 하나를 선택하는 일과 같다고 말하지 않는다. 이스라엘의 종말론적 대제사장이자 하나님의 지혜를 인간의 몸으로 구현한 자로서 그는 누구나 참여할 수 있다는 점에서는 포용적인 동시에 그의 단호한 주장에 대해서는 배타적인 헌신을 요구했다.

예수의 생애 막바지에 이르러 그의 배타적이면서도 단호한 선언이 마침내 그의 발목을 잡았다. 그는 자기 입장을 명확하게 밝힘으로써 로마 제국의 대제사장(카이사르)을 지지하는 자들이나 이스라엘 종교의 대제사장(가야바)을 지지하는 자들과의 관계에 극심한 긴장을 초래했다. 그렇다고 해서 로마의 황제나 이스라엘의 대제사장이 개인적으로 예수의 도전에 대해 알고 있었다는 뜻은 아니다. 적어도 카이사르가 예수의 존재에 대해 알지 못했으리라는 점은 거의 분명하며, 가야바도 아마 몰랐을 것이다. 하지만 로마 제국의 행정제도나 예루살렘 성전의 통치체제에 대해 호의적인 태도를 지니고서 예수와 그의 운동에 대해 적대감을 가지고 있던 사람들은 그의 배타적이고 단호한 주장들이 마침내 로마 정부의 권력이 그에게 등을 돌리게 만드는 지렛대 역할을 하게 되리라는 점을 알고 있었다. 기회만 주어진다면 그들은 결코 시간을 낭비하지 않을 것이다.

본 장에서는 예수의 죽음으로 이어지는 사건들 전체를 다루기보다는 그의 죽음을 예견하게 해주는 적대적인 태도들이나 단어들에 집중하고자 한다. 마가복음에 따르면 이 같은 태도는 두 가지 독립된 사건들을 통해 표면화된다. 첫 번째 사건은 카이사르에게 세금을 바치는 문제에 대해 예수로부터 공개적인 답변을 듣고자 했던 질문자들에 관한 것이고 두 번째 사건은 가야바 앞에서 열린 예수의 "재판"이다. 이 두 에피소드는 예수의 대중적 선언들이 얼마나 심각한 논란을 초래했는지 보여주는 동시에 그의 목적과 자기 이해에 대해 중요한 통찰을 제공해준다.

2. 카이사르에게 바치는 세금 (막 13:13-17과 병행 구절)

공관복음 저자들에 따르면 예수의 재판과 처형을 며칠 앞두고서 세금 문제에 관심이 많았던 군중들이 그를 찾아와서 질문을 던지는데, 이에 관한 묘사는 간결하면서도 암시적이다.

> [13] 그들이 예수의 말씀을 책잡으려 하여 바리새인과 헤롯당 중에서 사람을 보내매, [14] 와서 이르되 "선생님이여, 우리가 아노니 당신은 참되시고 아무도 꺼리는 일이 없으시니 이는 사람을 외모로 보지 않고 오직 진리로써 하나님의 도를 가르치심이니이다. 가이사에게 세금을 바치는 것이 옳으니이까, 옳지 아니하니이까? [15] 우리가 바치리이까 말리이까?" 한대 예수께서 그 외식함을 아시고 이르시되 "어찌하여 나를 시험하느냐? 데나리온 하나를 가져다가 내게

보이라" 하시니 [16] 가져왔거늘 예수께서 이르시되 "이 형상과 이 글이 누구의 것이냐?" 이르되 "가이사의 것이니이다." [17] 이에 예수께서 이르시되 "가이사의 것은 가이사에게, 하나님의 것은 하나님께 바치라" 하시니 그들이 예수께 대하여 매우 놀랍게 여기더라.[1]

예수가 "가이사의 것은 가이사에게, 하나님의 것은 하나님께 바치라"(막 12:17a)라고 말했다는 점에 대해서는 대체로 이견이 없으며, 있다고 해도 "이 에피소드 전체의 진정성에 대해 몇몇 학자들이 의혹을 제기했을 뿐이다."[2] 이 장면 전체의 신빙성은 세부적인 묘사를 통해서도 지지받는다. 예컨대 바리새인들과 그들의 적수인 친로마 성향의 헤롯당(13절)이 연대했다는 묘사는 얼핏 보면 (막 3:6의 등장인물과 조화시키려는) 마가의 손길인 것처럼 여겨지지만, 배경을 깊이 들여다보면 위의 무리가 세금과 관련하여 질문하는 일에 연합했다는 것은 상당히 그럴 법한 일이다.[3] 만일 이때 예수

---

1   막 12:13-17a(마 22:15-22//눅 20:20-26).
2   Dunn 2003: 636. 또한 다음 연구들도 참조하라. Derrett 1970: 313-38; Davies and Allison 1988-97: 3.211; Crossan 1991: 352, 438; Wright 1996: 502-7; Theissen and Merz 1998 (1996): 234; Borg 2011 (2006): 238-40; Horsley 2012: 144-45; Schörter 2014 (2012): 150-1. 반대 견해로는 Meier 1991: 565; Carter 2014.
3   Meier(2000; 2001: 562-65)와는 반대되는 견해다. 나는 편의상 "세금을 바치다"라는 용어를 여기서 사용하는데, 마가가 과연 "인두세"(*tributum capitis, phoros tōn sōmatōn*)를 염두에 두었는지 아니면 다른 세금을 의미했는지는 확실하지 않다. 공관복음 저자들이 서로 다른 용어를 사용한다는 사실(*kēnsos*[마], *phoros*[막, 눅])은 그들이 세금의 종류를 전문적으로 엄밀하게 밝히려는 열정이 없었다는 사실을 반영한다. 또한 우리는 (Udoh[2005: 207-38]의 견해와는 달리) 이 기사에 세금의 종류를 밝혀줄 만한 관련 증거가 부족한 것은 아닌지 의심할 필요도 없다. 요세푸스(*J. W.* 2.16.5 §403; *Ant.* 14.10.6 §§20-23)가 기원전 66년에 카이사르에게 인두세(*phoros*)를 낼 필요가 있다고 보고했지만, 나는 이런 종류의 세금이 그 시대에 존재했다는 독립적인 관련 증거가 없을뿐더러 조세의 세부사항들이 정해져 있었다고 주장하는 역사가를 알지 못한다.

가 유대인들도 카이사르에게 세금을 바칠 의무가 있다고 인정했다면 대중들은 예수를 향해 보냈던 지지를 신속하게 철회해버렸을 것이고 이는 바리새인들이 고대하던 바였을 것이다. 다른 한편으로 만일 예수가 공식적으로 세금을 바치는 일을 반대했다면, 헤롯 지지자들은 이런 난동에 대해 재빨리 왕궁에 보고했을 것이고 결국 그는 체포되었을 것이다. 역사적 배경을 살펴볼 때 바리새인들과 헤롯당 모두 이 특별한 사안에 대해 예수에게 질문하는 일에 지대한 관심을 보이고 있었을 것이다. 양편 모두 이처럼 잘 갖춰진 무대에 함께 오를 충분한 동기를 지니고 있었다. 이 같은 고려사항들로 인해 일반적으로 마가복음 12:13-17에 실린 것과 같은 경구들의 문학적 통일성을 인정하기를 꺼렸던 불트만조차도 이 문단 전체가 역사적으로 신뢰할 만하다고 간주하게 되었다.[4]

1) 마가복음 12:13-17에 대한 표준적인 해석의 문제점

마가복음 12:13-17의 역사성을 인정하는 일과, 복음서 저자 혹은 역사적 예수가 여기서 무엇을 의도했는가를 결정하는 일은 별개의 문제다. 우리는 예수가 그를 대적하는 자들과 나눈 대화를 어떻게 이해해야 하는가? 아마 예수는 열심당원들이 로마에 세금 바치는 일을 반대했던 사실을 염두에 두고 있었는지도 모른다. 만일 그렇다면 그는 로마 사람들을 정당화해주지는 않으면서도 열심당원들의 입장에는 반대한 것이 아닐까? 아니면 그는 오히려 그 자신의 혁명에 도달하는 과정으로서 열심당원들의 입장에 대해 지지를 표현한 것은 아니었을까? 이도 저도 아니라면 그는 이 질문을 완전히 새로운 관점에서 다루는 것일 수도 있다. 예컨대 그는 두 영역이 존재한다

---

4   Bultmann 1968 (1921): 26, 48.

고 주장하는 것일 가능성도 있다. 그렇다면 카이사르에게 속한 영역이 있고 하나님에게 속한 영역이 있는데 그중 첫 번째 영역은 그의 관할권을 벗어난다는 뜻인가? 아니면 그는 청중들에게 열심당원들과의 연대를 통해서가 아니라 머지않아 도래할 종말을 염두에 두고서 로마 제국에 대한 의무를 저버리라고 종용하는 것인가? 위에서 제시한 네 가지 설명을 변형한 다양한 제안들이 있는가 하면 이들과는 완전히 다른 새로운 대안들도 있다.[5] 위의 네 가지 제안과 다른 대안들을 둘러싼 미묘한 해석상의 차이점들로 인해 우리는 이들을 범주화하기가 쉽지 않다.

이 텍스트를 다룬 주석들을 간략히 살펴보면 크게 두 가지 질문이 반복되는 것을 확인할 수 있다. (1) 13절에서 말하는 "형상"과 "글"의 의미가 무엇인가? (2) "하나님의 것은" 하나님께 바친다는—그리고 "카이사르의 것은" 카이사르에게 바친다는—말은 무슨 의미인가? 소위 "세금 논쟁"(*Steuerfrage*, 12:13-17)과 관련하여 앞에서 언급했던 각각의 접근은 이 질문에 답하는 방법들 사이에서 미묘한 차이점의 존재를 허용해야 하겠지만, 최근의 해석에서 표준적인 답변들이 제공되는 경향이 있는데, 대표적으로 루돌프 슈나켄부르크가 17절("가이사의 것은 가이사에게, 하나님의 것은 하나님께 바치라")에 대해 언급한 내용을 지적할 수 있다. 그에 따르면 예수의 대화 상대자들은

> 카이사르에게 세금을 납부할 의무를 지고 있었으며, 그들의 답변이 보편적인 형식을 취하고 있다는 사실에서 볼 수 있는 것처럼 시민에게 일반적으로 요구되는 복종의 의무를 지고 있었다. 하지만 예수는 자기 나름대로 두 번째 구

---

5 다양한 입장들을 분류해놓은 Förster 2012: 3-6을 보라. 참조. Derrett 1970: 318.

절을 덧붙이는데, 위치상으로 이 두 번째 구절에 강조점이 놓여 있다. "하나님의 것은 하나님께 바치라." 카이사르에 대한 의무만큼, 아니 그보다 더욱 중요한 것은 하나님에 대한 의무다. "국가는 자신이 존재하는 데 필요한 것을 요구할 수 있다. 하지만 하나님은 사람의 전인격에 대해 소유권을 주장할 수 있고, 사람은 자기 자신을 그에게 돌려드려야 한다."[6]

슈나켄부르크가 예시한 해석학적 접근법이 광범위하게 수용되고 있는 것은 사실이지만, 그것은 몇 가지 문제점을 안고 있다. 첫째, 이 같은 해석이 제안하는 것처럼 만일 예수가 대화 상대자들의 관심을 "가이사의 것"으로부터 하나님과 더욱 밀접하게 관련된 사안들로 돌리고자 했었다면, 우리는 이처럼 독립적인 두 영역(카이사르에게 속한 영역과 하나님에게 속한 또 다른 영역) 개념이 역사적으로 타당한 것인지 자신에게 질문해볼 필요가 있다. 나는 그렇지 않다고 보는데, 왜냐하면 조엘 그린이 지적한 것처럼 이 같은 "이분법적 사고가 고대 인류에게는 전혀 낯선 것이었"기 때문이다.[7] 이에 못지않게 문제가 되는 것은 "하나님의 것"으로부터 "사람의 전인격에 대한 하나님의 소유권 주장"으로의 해석학적 도약이 텍스트상의 지지를 거의 받지 못할 뿐 아니라 실질적으로 해답보다 더 많은 질문을 초래한다는 점이다. 일례로 만일 예수가 세금 내는 일이 "사람의 전인격"과는 어떤 식으로든 분리된 것이라고 가정했다면, 인간의 삶을 구성하는 영역 가운데 어떤 부분이 깔끔하게 "국가"에 귀속될 수 있을 것이며, 어떤 근거에서 그렇게 된다는 말인가?

---

6   Schnackenburg 1965: 117-18; Völkl: 1961: 113-14에서 재인용.
7   Green 1997: 716. 유사한 견해로는 Cassidy 1978: 223-25을 보라.

둘째, 이 구절을 다룬 몇몇 중요한 연구들이 여기 등장하는 예수의 대화를 (성서를 통한 논증으로 절정에 도달하는 **할라카 논쟁**의 특별한 형태인) "법정적 심문"의 사례로 설득력 있게 규정하는 데 반해, 슈나켄부르크의 해석은 성서적 절정을 제공해주지 않는다.[8] 더 나아가 만일 예수가 참으로 16-17절에서 성서에 대해 최소한의 희미한 암시도 없이 그의 논증을 펼친 것이라면, 이것은 "세금 논쟁"(*Steuerfrage*) 단락이 12:1-37에 포함된 나머지 네 개의 갈등 장면에 의해 확립된 패턴을 거스르는 예외적인 사례라고 말하는 셈이다. 실제로 네 개의 갈등 장면에서 예수는 성서에 호소함으로써 그의 논쟁을 종결한다.[9]

셋째, 이와 관련하여 마가복음 12장의 다른 갈등 장면들과, 넓게 보면 마가복음 11-16장 전체는 그 취지가 명백하게 기독론적이다(부활 시의 결혼 문제를 다루는 12:18-27은 예외일 수도 있다).[10] 마가복음의 예수가 자신에 대해 말하다가 주제를 전환해서 세금에 관한 질문을 받은 것이라면, 이것은 복음서 저자가 그토록 강조하고자 했던 기독론적 흐름에서 벗어나는 일이 되고 말 것이다. 마지막으로, "가이사의 것"과 "하나님의 것" 사이의 명백한 평행관계를 고려할 때 우리는 카이사르의 "형상"과 "글"에 각각 대응하는 요소를 "하나님의 것"에서도 찾을 수 있어야 할 텐데, 슈나켄부르크의 해석은 그런 요소를 제공하지 못한다.[11] 이러한 문제점들이 그의 해석을 전적으로 무의미하게 만드는 것은 아니나, 우리는 위와 같은 긴장들을 해소

---

8   이 점에 대해서는 특히 다음을 보라. Daube 1956: 158-68; Daube 1966: 8-9; Derrett 1970: 320 n. 3; Giblin 1971; Owen-Ball 1993.
9   12:1-12(10-11), 18-27(26), 28-34(29-31), 35-37(36).
10 나는 막 12:18-27이 사실상 기독론에 초점을 맞추고 있음을 입증할 것이다.
11 Giblin 1971: 522-23; Owen-Ball 1993.

해줄 수 있는 해석이 제공된다면 더욱 만족스러울 것이다.

2) "형상"과 "글"의 의미

마가복음 12:13-17을 해석하는 수많은 학자들이 예수가 야훼 종교와 당시의 정치제도를 명확하게 구분했던 것으로 간주하지만, 역사적 정황은 우리에게 다른 그림을 보여준다. 1세기 팔레스타인 사회에 대한 정보에 따르면 예수와 그의 동시대인들은 "종교"와 "정치"를 우리처럼 독립적인 범주로 받아들이지 않았으며 이 두 실체를 동전의 양면으로 이해했다. 로마와 시온은 신정 통치 체제라는 공통점을 나누어 가지고 있었기 때문에 역사적 예수와 그의 뒤를 따르는 복음서 저자는 카이사르와 대제사장의 권위 주장이 동일하게 정치적인 **동시에** 종교적인 성격을 지닌 것으로 이해했을 것이다. 따라서 반대의 증거가 없는 한 우리는 여기서 흔히 "종교적"이라고 부르는 범주와 "정치적"이라고 부르는 범주를 모두 염두에 두고 있다고 전제해야 할 것이다.

이런 점을 고려할 때 티베리우스 황제가 (기원후 15년 3월에) "폰티펙스 막시무스"(대제사장) 자리에 취임한 것을 기록한 "글"을 예수가 강조했다는 사실은 충격적이다. 이 글이 새겨진 데나리우스화는 소위 티베리우스의 두 번째 주화 시리즈에 속한 것으로 여겨진다.[12] 다행스럽게도 만일 우리에

---

12   Finney(1993: 632)는 이 점에 대하여 "의심의 여지가 전혀 없"다고 진술한다. 왜냐하면 재빨리 사라졌던 첫 번째 시리즈와는 달리 티베리우스의 두 번째 주화 시리즈는 "[그의] 통치 기간 전반에 걸쳐…이례적으로 많은 개수가 발행되었"기 때문이다(Hart 1984: 243). 하지만 이에 반대하여 Udoh(2005: 232)는 기원후 70년 이전에는 유대 지역에서 로마 데나리우스 주화가 유통되지 않았다고 주장하면서 이 기사 전체가 시대착오적이라고 해석한다. 하지만 이 같은 판단은 현재까지 발굴된 저장고들에 기초한 자료에만 의존한 것이다. 예수의 대화 상대자들이 데나리우스 한 개를 내놓기 위해 애써야 했다는 것은 데나리우스가 유대 땅에서 광범위하게 유통되고 있었다는 증거가 아니라(Udoh의 논증이 전제하는 것처럼)

게 남겨진 주화가 예수가 지적했던 바로 그 데나리우스였다면, 우리는 그 주화에 새겨진 글을 상당히 정확하게 재현할 수 있다. 주화의 앞면에는 이렇게 새겨져 있다: TI CAESAR DIVI AVG F AVGVSTVS(신성한 아우구스투스의 아들 티베리우스 카이사르 아우구스투스). 뒷면은 다음과 같다: PONTIF MAXIM(Pontifex Maximus, 대제사장).[13] 예수가 소품으로 사용한 데나리우스는 로마 제국의 모든 신민에게 티베리우스가 황제일 뿐만 아니라(이 점에 대해서는 첫 번째 주화 시리즈도 밝히고 있다), 더욱 특별한 의미에서 제국의 대제사장이자 신의 아들이라는 사실을 상기시켜주는 가장 효과적인 시각 자료였을 것이다. 예수는 청중들의 이목을 주화에 새겨진 글귀에 집중시킴으로써 불가피하게 티베리우스가 신격화된 "폰티펙스 막시무스"(대제사장)라는 주장에도 사람들의 관심을 집중시켰을 것이다.[14]

로마 제국의 역사에서 "폰티펙스 막시무스"의 역할 및 그가 관할하는 범위와 책임에 대한 이해는 혁명적인 변화를 거쳐왔는데, 아우구스투스에서 출발하여 초기 황제들은 "이 직분에 상당한 의미를 부여했으며…전통적으로 할당되었던 세력과 권한을…대폭 확장했다."[15] 대제사장(Pontifex Maximus)이라는 명목상의 칭호만 가진 황제가 로마 제국 전체에 퍼져 있는

데나리우스가 귀했다는 증거일 것이다.
13 자세한 내용은 Koch 2014: 209-10, 216-17, Hart 1984(특히 p. 243), Finney 1993: 632-33을 보라. 황제의 업적을 기리기 위해 새로운 시리즈 주화를 제조하던 관행에 대해서는 Zanker 1988: 12-13을 보라.
14 Reed(2006: 42)는 이를 다음과 같이 표현한다. "그들이 그에게 주화를 가져온 후에 그는 먼저 묻는다. '이 초상이 누구의 것이냐? 그리고 누구의 글이냐?' 그리고 나서 '카이사르의 것을 카이사르에게 주고 하나님의 것을 하나님께 드리라'고 충고하였다. 그의 대답은 로마의 주화가 카이사르를 신으로 선언한다는 사실을 기억할 때 훨씬 더 체제 전복적인 선언처럼 들린다." 이와 유사하게 Derrett 1970: 329.
15 Cameron 2007: 341.

제사장 집단의 실질적인 수장은 아니었으며, 이 직분에는 신들의 선의(*pax deorum*)를 보장하는 특별한 임무가 부여되었다.[16] 따라서 3세기 저술가 카시우스 디오는 아우구스투스 시대까지 거슬러 이 직분에 대한 조사를 시행한 후에, 황제들이 최고 제사장의 권한으로 "모든 신성하고 종교적인 사안들에 대한 통제권을" 행사했다고 정확하게 묘사했다.[17] 대제사장의 역할이나 책임은 어떤 의미에서도 내적 지식에 관련된 것은 아니었다. 로마의 대제사장이 제의 활동에 반드시 참여하는 것은 아니었지만 그의 직분 자체가 제국의 종교를 영속화하는 일과 불가분리의 관계에 있었으며 결과적으로 모든 제의 활동의 모체가 되었고, 유대인 가운데 문화적으로 가장 고립된 사람이라도 이런 점을 모를 수는 없었을 것이다.[18] 로마인들은 제국의 경계 내에서 행해지는 모든 종교적 활동이 "폰티펙스 막시무스"인 카이사르에게 연결된다고 믿었다.[19] 로마의 대제사장이자 신의 아들로서 황제는 인간의 영역과 신의 영역을 이어주는 유일한 중재자 역할을 했다. 따라서 제국의 데나리우스 같은 사물을 통해 백성들의 일상생활 속으로 침투한 티베리우스의 자기 정체성 표현은 배타적이고 총체적인 선언으로 받아들여졌을 것이다.

데나리우스에 새겨진 글귀가 정치적으로나 종교적으로 도발적이었다는 점은 분명하며, 유대인의 감성에 그것 못지않게 거슬리는 것은 주화에 새겨진 "형상"(*eikōn*)이었으며 예수는 이에 대해서도 언급한다. 로마의 종

16　Bayet 1973: 161.
17　*Dio* 53.17.8; cited in Cameron 2007: 359.
18　Price 1984: 67-68.
19　Bernett(2007: 338)은 다음과 같이 말한다. "제국의 도시와 속주들 내에서 황제 숭배만큼 시민들에게 영향을 끼친 종교는 없었다. 공공의 영역에서 황제 숭배만큼 명확하게 가시화되고 상징화되는 권력의 상관관계는 없었다."

교-정치적 담화에서 "에이콘"(형상)이라는 명사가 중요하게 다루어졌다는 점은 잘 알려진 "미틸레네 비문"(Mytilene inscription)에서도 확인할 수 있는데, 이 비문은 제국 정책의 일환으로 예수가 태어나기 십여 년 전에 거대한 서판에 복사되어서 제국의 대도시들에 보내졌다. 이 같은 정책은 카이사르를 숭배하는 의식을 제정해달라는 미틸레네 사람들의 요구에 부응하여 시행된 것이었으며, 여기에는 통상적인 기념대회, 희생제사, 그리고 황제의 품성을 과시하는 기념상을 공공장소에 세우는 일도 포함되었다. 알려진 바로는 오늘날까지 남아 있는 비문은 (미틸레네의 원본) 하나밖에 없다.

> 왜냐하면 이것은 조상들의 신들 및 존엄자(Sebastos)에 대한 맹세이기 때문이다.…신의 형상[eikona]…제단 위에…매달 그의 생일에…제우스에게 드려진 것과 동일한 희생제사로…이것은 그의 마음에 걸맞은 위대함과 일치하며, 우리는 운명적으로나 본성적으로 비천한 일들은 천상의 명성을 보장받고 신들의 지위와 권세를 지닌 것들과 결코 동등해질 수 없다는 사실을 깨닫는다. 하지만 만일 후대에 여기 적힌 법령들보다 영광스러운 어떤 것이 발견된다면, 그 도시의 열성과 신앙심이 미치지 못하여서 그를 더욱 신성하게 만드는 일들을 이행하지 못하게 되는 일이 없도록 하라.[20]

예수 시대 한참 전에 (그리고 1세기에는 훨씬 더 열렬하고 광범위하게) 생생한 황제 숭배 의식이 존재했다는 강력한 증거인 미틸레네 비문은 역사적 예수가 마가복음 12:6이 기록하는 것처럼 황제의 "에이콘"에 대해 언급했을 때 그가 전문용어에 준하는 단어를 선택했음을 보여준다. 유대 땅을 점령한 로

20　그리스어 원문을 저자가 번역한 것이다.

마인들과 그들이 들여온 황제 숭배 의식에서 카이사르는 지상에서 유일한 신들의 화신이었으며 그런 의미에서 그가 바로 "신의 형상"이었다. 예수가 손에 들고 있던 데나리우스에는 단순한 정치 지도자의 초상이 아니라 신의 "**형상**"(*eikon*)이 새겨져 있었다. 예수는 주화에 새겨진 "형상"에 대해 예외적으로 자세하게 언급함으로써 불가피하게 "형상"이 지닌 세속적인 동시에 초월적인 의미에 사람들의 관심을 집중시켰다.

로마의 화폐 자체가 제국 이데올로기를 로마인들의 일상생활에 각인시키는 주요 수단이었다.[21] 한편으로 아우구스투스 시대의 주화는 정치적 선전의 수단으로서 제국의 신민들에게 그들이 충성을 바쳐야 할 대상이 누구인지를 상기시켜주었다. 다른 한편으로 주화의 표상들, 예컨대 우리가 다루는 티베리우스 시대의 데나리우스에서 주화 앞면에 새겨진 티베리우스와 뒷면에 새겨진 평화의 여신(Pax) 혹은 정의의 여신(Iustitia)으로서 리비아의 표상은 신의 아들 카이사르의 화신으로 여겨졌다. 따라서 예수가 손에 들고 있었던 데나리우스는 사실상 숭배의 대상이었다.[22] 그런 이유에서 황제의 얼굴이 새겨진 주화를 함부로 다루거나 창녀에게 가져다주는 자는 그에 따른 처벌을 받았다.[23] 로마인들의 이 같은 감성을 고려할 때 경건

---

[21] Chancey(2004: 105)가 지적한 것처럼 주화들은 충성심을 증명하기 위해 주조되기도 하였다. "대중적인 주화의 발행은 엘리트들에게 공적으로 로마의 관리들, 행정가들, 그리고 군인들 앞에서 로마를 향한 그들의 충성심을 증명할 기회를 제공했다."

[22] 최근 몇십 년간 로마 제국의 종교에 관한 학문은 주요한 패러다임의 전환을 거쳤지만, 거의 70년 전에 Grant(1954: 153)가 했던 말은 아직도 틀리지 않다. "로마인들은 평화의 여신과 정의의 여신을 새긴 형상들이 이 '누멘'(numen), 다시 말해 행동과 역할로 발현되는 신적 능력을 소유하고 있다고 여겼을 것이다. '누멘'은 인격화된 신이나 혹은 생명이 없는 신성한 물체로 의인화된 대상에도 완전한 형태로 내재한다." Gupta(2014: 719)는 이런 현상을 묘사하기 위해 "양우주적(amphicosmic) 존재론"이라는 신조어를 만들어냈다.

[23] Philostratus, *Vit. Apoll.* 1.15.

한 유대인이 제국의 주화를 대할 때 그것이 황제의 "형상"을 지니고 있기 때문만이 아니라 더 나아가 히브리어/아람어에서 "첼렘"(ṣelem, LXX: eikon)이 성서에서 일반적으로 우상을 가리키는 데 사용되었기 때문에 그 주화가 "우상"(image)이라고 결론지었으리라는 것은 별로 놀랄 만한 주장이 아니다.[24] 예수는 데나리우스에 새겨진 "글"과 "형상"을 강조함으로써 그의 유대인 청중들에게 두 용어가 담고 있는 우상숭배적 함의를 전달하는 동시에 그 은화가 불법적인 종교-정치적 세력의 외연이라는 점을 교묘하면서도 효과적으로 표명하고자 했다.

일부 학자는 예수의 행동에 이처럼 암시적 의미를 부여하는 것이 지나치다고 생각할 수도 있겠지만, 사건의 특성상 카이사르에 대한 비판은 그것이 어떤 형태든지 우회적이어야만 했을 것이라는 점을 지적할 필요가 있다. 로마 내에서 사회적으로 영향력 있는 인물이 내가 앞에서 언급한 간접적인 방식을 택하지 않고 부주의하게 황제의 통치권이나 그와 관련된 신성한 물품에 대해 부정적인 견해를 표명했다면 그는 곧바로 처참한 결과를 맞이하게 되었을 것이다. 이 구절에서 다루는 사안의 민감성과 여기에 관련된 이해관계를 고려할 때 나는 예수가 이 같은 상황에서 이 같은 질문을 받으리라는 것을 예견하고서 상당한 주의를 기울여 그의 시청각 시연을 준비했을 것이라고 본다. 예수는 이 두 가지 핵심 단어를 적절히 사용하여 데나리우스가 이교도 황제와 연결된 우상이라는 사실을 직접적으로 표명하지는 않으면서도 우회적으로 인정함으로써 토라를 존중하는 경건한 청중

---

24 사람을 가시적으로 형상화하는 일이 고대 유대교가 가장 강력하게 반대하는 일이었다는 사실이 여기에도 영향을 끼쳤을 것이다. Förster 2012: 831-43. 고대 근동 문헌에서 "ṣelem"과 동족어의 사전적 의미에 대해서는 Clines 1998 (1968): 464-74, Garr 2003: 117-76, McDowell 2015: 118-24을 보라.

을 만족시킬 수 있었는데, 이것은 상당히 재치 있는 행동이었다.

마가는 사건이 발생한 지 수십 년이 지난 후에 황제 숭배가 훨씬 더 팽배해진 상황에 이 에피소드를 전하면서, 그 자신도 예수가 주화에 새겨진 형상을 반제국주의 논쟁의 일부로 사용했음을 인지하고 있다는 사실을 드러낸다. 그는 세금 논쟁에 등장하는 "글"(*epigraphē*, 12:16)이라는 어휘를 후에 십자가 위에 달린 명패(*titulus*)에 쓰인 "글"을 가리킬 때도 사용한다. "그 위에 있는 죄패에 유대인의 왕이라[는 글(*hē epigraphē*)을] 썼고"(막 15:26). 마가가 십자가 처형 장면에 "글"이라는 어휘를 사용하기로 했던 결정이 별다른 의미가 없는 행동처럼 **보이지만** 나는 이것이 의도적인 선택이었다고 믿는다. 왜냐하면 티베리우스 황제가 신성과 대제사장 직분을 자신에게 돌렸다는 사실을 알고 있었던 마가가 예수의 명패를 통해 카이사르의 "글"을 모방하고 궁극적으로는 풍자하려 했던 것이라고 짐작할 수 있기 때문이다. 최근에 학자들은 마가가 예수의 수난 사건을 풍자적 의미에서 로마 황제의 즉위식으로 교묘하게 재구성하려 했다는 점을 인정하고 있는데, 그렇다면 더더욱 이 같은 제안을 받아들이지 못할 이유가 없다.

얼마 전까지만 해도 정치적으로 민감하지 못한 복음서 해석들은 군인들이 예수를 조롱하고 그에게 가시관을 씌워서 십자가에 매달았던 일이 단순히 폭력성을 표출한 행동이라고 치부하는 경향을 보여 왔는데, 오늘날에는 모든 세부사항이 일반적으로 카이사르가 즉위할 때 그에게 돌려졌던 영예를 풍자한다는—조롱, 가시관, 십자가는 각각 환호성, 대관식, 황제의 승귀에 대응한다—주장이 기정사실로 받아들여지고 있는 것처럼 보인다.[25] 마가의 요지는 비록 로마 군인들이 예수를 조롱할 목적으로 그에게 관을

---

25 특히 Schmidt 1995; Marcus 2006: 73-87; Winn 2008: 129-32.

씌우고 "유대인의 왕"이라는 명패를 붙여주었지만 예수는 이 같은 조롱과 고통을 통해, 그리고 궁극적으로는 십자가 처형을 통해 왕으로 즉위한다는 사실을 보여주는 것이었다. 마가복음의 마지막 장들에서 저자가 일관되게 카이사르와 예수를 역설적으로 비교한다는 점을 보더라도 예수의 십자가 위에 쓰인 "글"(*epigraphē*, 막 15:26)을 카이사르의 주화에 쓰인 "글"(*epigraphē*, 12:16)에 대한 응답이자 판결로 해석하는 것은 마가복음 전체의 문학적 의도와도 일치한다.

우리는 이 점을 좀 더 강조할 필요가 있는데, 왜냐하면 마가복음의 두 "글" 사이의 상관관계는 형식에 관한 문제가 아니라 본질에 관한 문제이기 때문이다. 결정적인 근거는 두 "글"이 역사적으로나 내러티브 문맥상으로 공유하는 "비교의 제3요소"(*tertium comparationis*)다. 마가복음의 독자 대다수가 데나리우스에 새겨진 "글"이 "신의 아들이자 대제사장"(*filius divi Caesar pontifex maximus*)으로서 티베리우스의 자기 정체성을 가리킨다는 사실을 알고 있었을 것인데, 좀 더 영민한 독자들은 티베리우스의 이 독특한 주장이 명패(*titulus*)의 "글"에 반영되어 있다는 아이러니한 사실도 발견할 수 있었을 것이다. 마가복음에서는 예수도 "하나님의 아들"(막 15:39)이자 속죄를 완성하는 대제사장(14:22-25)으로 소개되고 있다. 복음서 저자가 교묘한 방식으로 강력하게 지적하고자 했던 사실은 다음과 같은 것이었다. 동전 크기의 우상은 로마 황제가 대제사장이고 신들의 중재자일 뿐만 아니라 정의(*Iustitia*)와 평화(*Pax*)를 가져다주는 자라고 선언하지만, 로마 제국의 십자가는 유대인의 왕 예수야말로 황제에게 돌려진 모든 역할을 감당할 자라고 선포하면서 로마 황제가 사기꾼이었음을 폭로한다는 것이다. 마가복음 저자는 이처럼 "에피그라페"(*epigraphē*)라는 단어를 전략적으로 반복함으로써 실용적인 사안처럼 보이는 세금 문제를 예수와 카이사르 간의 대립과 관련된 보다 광범위한 관심사와 연결하여 재구성한 것이다. 마가복음 12:13-17을 주석하면서 카이사르의 "글"이 그에게 독립된 경로를 따라 하나님 나라와 어깨를 나란히 할 수 있는 일종의 외교적 면책특권을 부여하는 것이라고 해석하는 학자들도 있지만, 내가 보기에 마가복음의 두 "글"은 우리에게 로마의 정치적 주권이 어떻게 십자가에 의해 상대화되었는지 곰곰이 생각해 보라고 요구하는 것 같다.

데나리우스의 "글"과 "형상"을 반제국주의 논쟁의 소품으로 제시한 것이 처음부터 마가가 고안해낸 전략은 아니었다. 예수 자신이 데나리우스가 우상과 관련된다는 점을 (간접적으로) 강조함으로써 반제국주의 논쟁을 위한 수사법이 이미 시작된 것이다. 우리가 역사적 예수로부터 마가복음 저자로 이어지는 사고의 궤적을 추적할 수 있다는 사실은 두 가지 의미를 내포한다. 첫째, 마가와 예수가 함께 이 같은 전통을 공유한다는 점은 "형상"과 "글"이 저항을 상징하는 신호였다는 나의 가설을 확증해준다. 이 저항은 한편으로 로마 권력과 직접 대결하는 일을 피하고자 했고, 다른 한편으로는 카이사르의 신성모독적인 주장들을 묵인하기를 거부했다. 둘째, 마가복음에서는 "신의 아들"이자 "대제사장"으로 불린 카이사르가 십자가에 달려 대제사장으로서 속죄를 이룬 유대인의 왕과 대비되고 있는데, 우리는 이처럼 경쟁 관계에 있는 두 대제사장을 나란히 배치한 것이 부활 이후의 해석을 반영하는지 아니면 역사적 예수의 생각이었는지 질문해볼 필요가 있다. 두 번째 질문에 대해서는 아래에서 살펴볼 것인데, 여기서는 복음서의 저술 단계에서나 역사적 예수의 환경에서 예수의 행동이 암시했던 반제국주의적 취지가 우리의 탐구 방향을 결정하는 데 중요한 도움이 되리라는 점만 지적해두고자 한다.

3) 다니엘서에서 "하나님의 일"

이미 언급했던 것처럼 마가복음 12:13-17에 보도된 예수와 대적들의 대화는 랍비 시대 할라카 담화의 형식을 따른 것이므로 우리는 예수가 핵심적인 성서 구절을 동원하여 그의 대답에 정점을 찍을 것이라고 충분히 기대할 수 있을 것이다. 하지만 겉으로 드러나는 모습은 실망스러운데, 따라서 일부 학자는 명시적으로 성서를 인용하는 구절이 없다는 사실에 당황하면서도 예수가 "하나님의 것"(*ta tou theou*)이라는 문구에서 아담의 형상(창 1:26-27)을 암시함으로써 어쨌거나 성서 구절을 인용한 것이라고 주장한다.[26] 이런 해석에 따르면 하나님께 "하나님의 것"을 드리라는 권면은 사실상 자기를 부인하는 순종을 통해 하나님의 것을 도로 드리라는 부탁의 의미를 지닌다. 이런 해석의 장점은 무엇보다도 한편에는 카이사르와 그의 형상을 두고 다른 한편에는 하나님과 그의 형상을 대비시키는 평행관계가 유지된다는 점이다. 그러나 이런 접근법에는 크게 두 가지 문제점이 있다. 첫째, 창세기 1:26-27이 "형상"에 관한 배경 텍스트로 사용되었을 가능성은 인정하지만, 이런 해석은—창의적인 시도임에도 불구하고—창세기 1:26-27에 "글"에 대응하는 요소가 없다는 점에서 마가복음 12:13-17의 성서적 배경이라고 확신 있게 말하기 어렵다. 둘째, 기독교 시대 이전 유대교에서 "하나님의 형상"은 일반적으로 이스라엘 민족이나 이스라엘의 제사장에게 적용되는 용어였고, 따라서 예수가 청중들에게 각자 자신을 개별적인 "하나님의 형상"으로 드리라고 요구했다는 것이 나에게는 시대착오적인 발상처럼 보인다.[27] 랍비 문학의 관행을 고려할 때 "형상"과 "글"의 배

---

26 Giblin 1971; Owen-Ball 1993; Bryan 2005: 46. 설득력이 덜한 다른 성서 구절들을 제시한 Förster 2012: 178-86도 참조하라.
27 Jervell 1960: 119.

후에 놓인 성서적 배경을 탐구하는 일은 지극히 정당한 일이므로 우리는 더 나은 대안이 발견될 때까지 계속 탐험할 필요가 있다.

이를 위해 나는 창세기 1장이 아니라 다니엘 1-7장에서 세금 논쟁의 핵심적인 배경 텍스트를 찾아야 한다고 제안하는데, 다니엘 1-7장은 오직 하나님께만 알려진 "깊고 은밀한 일"과 관련하여 "형상"과 "글"에 특별한 관심을 기울이는 방대한 텍스트다. 이제 나는 마가복음 12:16-17의 핵심 용어가 성서에 뿌리를 두고 있지만 그 깊은 뿌리가 하나의 작문 단위의 경계선을 넘어서까지 넓게 펼쳐져 있다고 주장하고자 한다. 다시 말해 마가복음 12:13-17이 다니엘 1-7장에 의존한다는 사실이 지금까지 밝혀지지 않은 주된 이유는 학자들이 암시나 반향에 관한 그들의 탐구 대상을 상당히 제한적인 범위의 선행 텍스트 내에서 발견되는 구체적인 문자적 대응 관계로 제한하고서 고대 유대교 해석이 내러티브 전반에 걸쳐 나타나는 중요한 주제들이나 단어들의 상호관계에도 대등한 우선권을 주었다는 사실을 무시했기 때문이라는 것이다. 나는 마가복음에 나타나는 "하나님의 것", "형상", "글"에 대응하는 성서적 근거의 잠재적 원천으로 다니엘 1-7장을 탐구하기에 앞서 이 핵심 용어들과 관련 개념들이 다니엘서 전체에서 어떻게 사용되었는지 우선 "하나님의 것"이라는 용어부터 살펴보고자 한다.

다니엘서에서 "깊고 은밀한 일"(단 2:20-23)

다니엘서에서 "하나님의 것/하나님의 일"이라는 문구는 한 번도 사용되지 않았지만, 책의 주요 등장인물인 다니엘은 2:22에서 "깊고 은밀한 일"을 나타낸 하나님을 찬양한다. 그런데 우리는 "하나님의 일"이라는 문구가 초기 기독교에서 "깊고 은밀한 일"이라는 문구의 축약형으로 받아들여졌다는 사실을 발견하게 된다. 1세기의 인물인 사도 바울은 망설임 없이 "하나님의 일"(고전 2:11)과 "하나님의 깊은 것"(10절)이 동의적 평행관계를 이루는 것으로 이해했으며, 마가복음 저자는 "하나님의 것/하나님의 일"이라는 문구를 논의 중인 12:17에서만 사용한 것이 아니라 마가복음 8:33에서도 사용하는데 여기서는 명백하게 다니엘 7장을 염두에 두고 있다.[28] "하나님의 것/하나님의 일"과 "하나님의 깊고 은밀한 일"이라는 문구가 상호 교환 가능한 문구로 받아들여졌다는 분명한 사실은 바울과 마가가 다니엘 2:22이나 그 배경을 염두에 두고 있었을 가능성을 높여준다.[29]

다니엘 2:22은 다니엘 2장의 정점을 이루는 찬송시에 속하는 동시에 어떤 의미에서는 다니엘서 전체 서론의 일부라고도 말할 수 있는데, 여기에는 몇 가지 도식적인 주제들이 담겨 있다. 이야기의 줄거리는 독자들에게 익숙할 것이다. 다니엘은 느부갓네살 왕의 비밀스러운 꿈에 대해 초자연적인 통찰력을 허락해주기를 기도했고, 그에 대해 분명한 응답을 들었으며, 응답에 대해 감사를 표한다.

영원부터 영원까지 하나님의 이름을 찬송할 것은   A
   지혜와   B

---

28 행 2;11에 나오는 "하나님의 큰 일"(*ta megaleia tou theou*)이나 행 1:3에 나오는 "하나님 나라의 일"(*peri tēs basileias tou theou*)도 지적할 수 있을 것이다. 이런 구절들이 우리가 다루는 주제에 상당히 도움이 되리라는 점은 분명하나 사도행전이 마가복음보다 후대에 기록되었기 때문에 나는 이 구절들을 특별히 다루지는 않을 것이다.

29 Förster(2012: 213-20)는 광범위한 그리스-로마 문헌 및 필론과 요세푸스의 저작에 나타난 "하나님의 일"에 관한 그의 연구에서 단 2장을 전혀 언급하지 않는다. 심지어 그가 롬 13:1-7에서 바울이 세금 문제를 다루는 방식을 이해하기 위한 배경으로 전혀 다른 이유에서 문제의 장을 언급했으면서도 말이다. 이처럼 신중하게 저술된 책에서 그런 부분을 간과했다는 것은 가히 충격적이다.

　　　　능력이 그에게 있음이로다.　　　　　　C
　　　　그는 때와 계절을 바꾸시며　　　　　　C¹
　　　　왕들을 폐하시고 왕들을 세우시며
　　　　지혜자에게 **지혜**를 주시고　　　　　B¹
　　　　총명한 자에게 지식을 주시는도다.
　　그는 깊고 은밀한 일을 나타내시고　　　A¹
　　어두운 데에 있는 것을 아시며
　　또 빛이 그와 함께 있도다.
　　나의 조상들의 하나님이여,　　　　　　　A²
　　내가 주께 감사하고 주를 찬양하나이다.
　　　　주께서 이제 내게 **지혜**와　　　　　　B2
　　　　능력을 주시고　　　　　　　　　　　C²
　　　　우리가 주께 구한 것을 내게 알게 하셨사오니　B²
　　　　곧 주께서 왕의 그 일을 내게 보이셨나이다.³⁰

찬송시는 "지혜"(B, B¹, B²)와 "능력"(C, C¹, C²)을 중심으로 신중하게 구성되어 있다.³¹ A, A¹, A²를 뼈대로 삼아 얽히고설킨 교차적 평행 구조 속에서 "지혜"는 지금까지 감추어졌던 지식의 중재와 연결되고(21b-22절), "능력"은 때와 계절과 정치체제를 바꾸는 능력을 의미한다(21a). 이 두 개념은 하나님의 "깊고 은밀한 일"(22a)이라는 범주 아래 포함된다.³² 또한 이 두 개념은 네 왕국의 흥망성쇠를 예시하는 느부갓네살의 꿈과도 직접적으로 연

30　단 2:20-23.
31　각각의 용어들은 굵은 글씨로 강조 처리되었다.
32　Gladd 2008: 30.

결된다(단 2:31-45). 여기서 느부갓네살이 꾸었던 악몽의 **내용**은 정권의 변화를 초래하는 신적 **능력**의 행사와 관계되는 반면, 꿈을 묘사하는 **형식**은 하나님의 **지혜**를 강조한다. 넓게 보면 "지혜"와 "능력"은 정치 세력의 재편성에 관한 수수께끼 같은 이야기를 이해하는 열쇠일 뿐 아니라 다니엘서 전체를 이해하는 렌즈가 되기도 한다. 따라서 적지 않은 학자들이 다니엘 2:20-23을 다니엘서 전체에서 가장 중요한 주제들에 대한 서론으로 여긴다는 것은 놀라운 일이 아니다.[33] 이 서론적인 이야기에 등장하는 "지혜"와 "능력"이라는 결정적인 두 용어는 내러티브 내에서 발전 과정을 거치게 될 것이다.

다니엘이 느부갓네살의 꿈을 풀이한 지 얼마 지나지 않아 하나님의 능력에 대한 다니엘의 확증은 하나님의 통치에 대항하여 자신들의 통치권을 주장했던 일련의 이교도 통치자들에 의해 시험대에 오르게 되었다(단 3-6장). 첫 번째 사건은 다니엘 3장에서 느부갓네살이 그의 "신상"(ṣelem, eikōn)을 세운 일이었는데, 여기 사용된 "신상"이라는 단어는 3장 전체에 걸쳐 강조되고 되풀이된다.[34] 바빌로니아의 통치자들은 고대 근동의 관행에 따라 특정 지역에 대한 자신의 정치적 통치권을 과시하기 위해서뿐 아니라 제의적 요구를 부과하기 위해서 그곳에 자신의 신상을 세웠다.[35] 이런 맥락에서 느부갓네살이 통치자의 인격적 임재의 상징으로서 신상을 세웠다는 것은 우주적 통치권이 자신에게 있다는 선언이었으며 이것은 모든 권세를 하나님께 돌리는 다니엘 2:20-23과 명백한 긴장 관계를 형성한다.

그와 동시에 다니엘 3장에서 묘사하는 느부갓네살의 신상이 다니엘

---

33 Towner 1969: 317-26; Lacocque 1988: 66; Watts 1992: 150-52; Gladd 2008: 27-38.
34 단 3:1, 2, 3, 5, 7, 10, 12, 14, 15, 18.
35 Garr 2003: 141-43; McDowell 2015: 134.

2장에서 결국 파괴되고 말았던 신상을 예시한다는 점에서 우리는 3장의 건설 프로젝트가 지닌 종말론적 무상성에 대한 암시가 이미 텍스트 안에 내재한다고 보아야 할 것이다. 다니엘 3장에서는 느부갓네살의 우상이 초래한 위기 상황이 하나님의 개입으로 무마되는데(19-30절), 다니엘서의 구조는 우상과 그의 권세가 최종적으로 패배하는 일이 인자의 도래 이후에야 이루어질 것이라고 암시한다(7장). 여기서 주목할 점은 형상 개념이 일관되게 중추적 역할을 한다는 사실이다. 다니엘서의 인자가 아담의 모습으로 찾아올 것이며 그런 의미에서 "형상"(하나님의 인간적 "에이콘", 창 1:26-27)으로 드러날 것인데, 그의 "괴물과 같은" 대적들(여기에는 3장의 느부갓네살 신상도 포함된다)이 여러 종류의 금속으로 이루어진 다니엘 2장의 신상에 대응한다는 점에서 인자와 짐승들 간의 대결은 서로 경쟁 관계에 있는 두 "형상들" 간의 대결로 나타날 것이다. 다니엘 7장의 종말론적 관점을 염두에 두고 거슬러 올라가서 3장을 읽어보면 느부갓네살의 신상을 포함하여 모든 종류의 가짜 "형상들"(*eikōnes*)은 결국 자신의 정체를 드러내고 만다는 사실을 기억하게 된다. 텍스트가 독자들에게 확증하는 것처럼 그 신상들과 그것들이 대표하던 권세들은 마침내 보좌에 오른 하나님의 "형상"(*eikōn*)인 인자에게 굴복할 것이다.

다니엘 3장으로 돌아가서 우리는 신격화된 통치자의 "형상"과 함께 그 형상만큼이나 불법적인 왕의 명령이 선포되었다는 사실을 발견할 수 있는데(단 3:10), 그 같은 명령을 선포하는 일은 모든 지혜가 야웨에게 속한다는 절대적인 주장을 거스르는 것이었다(단 2:20-23). 우리가 이해하기로 그 명령은 범국가적인 정책으로서 느부갓네살의 "형상"이 지니는 실제적인 의미를 설명하기 위해 당연히 문서로 기록되었을 것이다. 이와 유사하게 잘못된 왕의 명령이 다니엘 6장(특히 8-14절)에도 등장하는데, 이때 다리오 왕은 자신의 판단을 거스르는 금령을 승인하라는 압박을 받는다. 다니엘서 저자가 여기서 강조하고자 했던 점은 하나님의 명령이 "왕들의 명령을 물리칠" 것이라는 점이다(2:9, 13, 15, 21; 6:6, 9, 13, 16 [5, 8, 12, 15]).[36] 이처럼 야웨와 이교도의 가짜 신들 간의 전쟁은 사실상 두 방향에서 치러질 것인데, 그중 하나는 신들 각각의 "형상들" 간의 전투일 것이고 다른 하나는 서로 충돌하는 명령들 사이의 전투일 것이다.

다니엘 2, 3, 6장의 내러티브가 명령들에 관심을 보이는 것은 다니엘서 최종 저자가 기록에 관련된 심상들을 중시한다는 사실과 무관하지 않다. 특히 책의 첫 장에서 두 번(1:4, 17) 그리고 마지막 장에서 두 번(12:1, 4) 등장하는 학문/기록에 관한 심상들은 다니엘서 전체를 인클루지오 구조로 묶어준다. P. R. 데이비스는 다니엘서 저자가 책의 앞뒤에 짝을 이루는 두 용어를 둔 것은 의도적인 배치라고 말한다.

> 다니엘 1장의 "책들"(학문/서적)은 갈대아인들의 것이었으며 사람의 손으로 기록되었고 영웅들이 능숙하게 배울 수 있는 것이었다. 12:1에 등장하는 비밀의 책은 하나님에 의해 기록되었고 의인들의 이름이 새겨져 있었다. 다니엘서에서 마지막으로 언급되는 책(12:4)은 아마도 다니엘이 기록한 책일 것인데, 이것은 지상과 천상의 영역을 동시에 포함하고 있었다. 한마디로 천상의 비밀들을 담은 사람의 책이라는 뜻이다.…결국 다니엘서는 중요한 모든 일들이 **기록**이라는 작업을 통해 수행되는 책이다. 정치적 권력은 기록 작업을 통해 행사되었는데, 신들의 정치적 권력도 예외는 아니었다.[37]

---

36 Goldingay 1989: 159.
37 Davies 1993: 353; 강조는 원저자의 것임.

"기록"에 대한 내러티브의 관심이 가장 두드러지는 곳은 다니엘 5장인데, 이 장면에서는 한 사람의 손가락(MT *dî yad-'ĕnāš*; LXX *hōsei cheiros anthrōpou*)이 벽에 글을 쓰기 시작한다.[38] 아마 이것은 다니엘 7장에 등장하는 "인자"와 동일 인물(*'ĕnāš*)에게 속한 손이었을 것이다. 벽에 적힌 불가사의한 글자들은 심판의 언어였으며, 이것은 자신의 퇴폐적인 잔치를 위해 야웨의 전에서 가져온 그릇들을 사용하기로 했던 왕의 결정에 대한 응답으로 기록된 것이었다(5:2). 물론 더욱더 완전하고 결정적인 심판은 인자의 환상에 대한 기록(7:1), 심판을 위하여 야웨 앞에 놓인 책을 펼치는 일(7:10), 그리고 진리의 책(10:21)과 함께 찾아올 것이다.[39]

우주적 갈등을 기록하고 이교도의 세력과 우상을 비판한다는 모티프는 이스라엘의 지혜(단 2:20-23)가 그에 맞서는 이교도보다 뛰어나다는 점을 강조하기 위한 시도로 설명될 수 있다. 이방 군주들이 신적 지위를 주장한다는 점을 인지하고 있었던 다니엘서의 독자들은 그 군주들의 금령이 신적 지혜의 선언으로 반포되었고, 따라서 토라를 바탕으로 하는 지혜에 대한 직접적인 도전임을 뼈아프게 느끼고 있었을 것이다. 그러나 다니엘서는 독자들에게 마지막 때가 되면 이교도의 지혜로 기록된 조서들은 인자의 심판을 기록한 글과는 비교할 수 없을 만큼 열등한 것으로 다루어질 것이라고 약속함으로써 다니엘 2:20-23에서 강조하는 핵심, 곧 "참된 지혜는 오직 야웨의 것"이라는 사실을 확증해준다. 이처럼 다니엘서는 두 개의 축으로 이루어진 유비 관계를 보여준다. 한 축은 각각 야웨와 이방 신의 "**형상**"

---

38 단 5:5. 글쓰기를 암시하는 단어가 단 5장에 아홉 차례 등장한다. 단 5:5(2회), 7, 8 12, 15, 16, 17, 25.
39 두 종류의 글, 다시 말해 하나님의 글과 이교도의 글 사이의 반의적 평행관계에 대해서는 Gooding 1981: 57-58, 63과 Polaski 2004을 보라.

에 토대를 둔 권력들의 경쟁적인 주장들로 구성되는가 하면, 다른 한 축은 기록된 언어를 통한 내러티브로 상징되는 **"지혜"**에 관한 상반된 주장들로 구성된다. 다니엘서 최종 저자가 제시하는 내러티브에 따르면 하나님의 권세는 마지막 날에 인자의 계시를 통해 드러날 것인데(단 7장), 그는 바로 하나님의 "형상"으로서 또 다른 형상인 하나님의 성전과 밀접하게 연결된다(2장). 그때가 되면 하나님의 지혜는 신적 권위를 지녔다고 주장되는 **글들**에 제시된 대안적인 지혜들을 논파할 것이다. 하나님의 "형상"과 하나님의 "글들"은 모두 "하나님의 깊고 은밀한 일"을 표상한다.

4) 바울 서신에서 "하나님의 일"(고전 2:1-14)

복음서를 제외하고 "하나님의 것/하나님의 일"(*ta tou theou*)이라는 문구가 등장하는 본문은 고린도전서 2:11인데, 거기서는 "사람의 일"(11절)과 "하나님의 깊은 것"(10절)을 대비시킨다. 또한 이 구절들은 고린도전서 전체에서 바울이 사도로서 수행해온 사역을 회상하는 단락에 포함된다. 마가복음보다 20년 가까이 앞서 기록된 텍스트로서 고린도전서 2:11과 관련 구절은 "하나님의 일"이라는 문구가 마가복음과 예수의 배경에서 어떻게 사용되었는지 밝혀줄 수 있을 것이다.

> ¹ 형제들아, 내가 너희에게 나아가 "하나님의 증거"[*to mysterion tou theou*]를 전할 때에 말과 지혜의 아름다운 것으로 아니하였나니, ² 내가 너희 중에서 예수 그리스도와 그가 십자가에 못 박히신 것 외에는 아무것도 알지 아니하기로 작정하였음이라. ³ 내가 너희 가운데 거할 때에 약하고 두려워하고 심히 떨었노라. ⁴ 내 말과 내 전도함이 설득력 있는 **지혜**의 말로 하지 아니하고 다만 성령의 나타나심과 **능력**으로 하여 ⁵ 너희 믿음이 사람의 **지혜**에 있지 아니하

고 다만 하나님의 **능력**에 있게 하려 하였노라. ⁶ 그러나 우리가 온전한 자들 중에서는 **지혜**를 말하노니 이는 이 세상의 **지혜**가 아니요 또 이 세상에서 없어질 통치자들의 **지혜**도 아니요, ⁷ 오직 은밀한 가운데 있는 하나님의 **지혜**를 말하는 것으로서 곧 감추어졌던 것인데 하나님이 우리의 영광을 위하여 만세 전에 미리 정하신 것이라. ⁸ 이 **지혜**는 이 세대의 통치자들이 한 사람도 알지 못하였나니 만일 알았더라면 영광의 주를 십자가에 못 박지 아니하였으리라. ⁹ 기록된 바 "하나님이 자기를 사랑하는 자들을 위하여 예비하신 모든 것은 눈으로 보지 못하고 귀로 듣지 못하고 사람의 마음으로 생각하지도 못하였다" 함과 같으니라. ¹⁰ 오직 하나님이 성령으로 이것을 우리에게 보이셨으니 성령은 모든 것 곧 "하나님의 깊은 것"[ta bathē tou theou]까지도 통달하시느니라. ¹¹ "사람의 일"[ta tou anthrōpou]을 사람의 속에 있는 영 외에 누가 알리요, 이와 같이 "하나님의 일"[ta tou theou]도 하나님의 영 외에는 아무도 알지 못하느니라. ¹² 우리가 세상의 영을 받지 아니하고 오직 하나님으로부터 온 영을 받았으니 이는 우리로 하여금 "하나님께서 우리에게 은혜로 주신 것들"[ta hypo tou theou charisthenta hēmin]을 알게 하려 하심이라. ¹³ 우리가 이것을 말하거니와 사람의 **지혜**가 가르친 말로 아니하고 오직 성령께서 가르치신 것으로 하니 영적인 일은 영적인 것으로 분별하느니라. ¹⁴ 육에 속한 사람은 하나님의 성령의 일들을 받지 아니하나니 이는 그것들이 그에게는 어리석게 보임이요, 또 그는 그것들을 알 수도 없나니 그러한 일은 영적으로 분별되기 때문이라.⁴⁰

이 구절은 다양한 차원에서 해석상의 난제를 안고 있는데, 여기에 더하여

---

40 고전 2:1-14.

"지혜"와 "능력"에 대한 바울의 관심을 유발한 배경이 무엇인가 하는 논쟁적인 질문이 어려움을 더해준다.[41] 여기서 이 사안에 대해 포괄적인 논의를 시도하지는 않겠지만, 이미 많은 사람이 단언했던 것처럼 나는 지혜와 능력에 대한 고린도전서의 관심이 적어도 부분적으로라도 다니엘 2장에서 영감받았으리라고 주장할 것이다.[42] 다니엘 2:20-23의 핵심적인 용어들인 지혜와 능력이 고린도전서 2장에서 빈번하게 등장한다는 사실이 이 같은 주장을 지지할 뿐 아니라, 바울이 고린도전서 1장에서도 다니엘서에서와 마찬가지로 이 단어들을 한데 묶어 사용했다는 사실도 그에 대한 증거가 되는데, 여기서 바울은 그리스도를 가리켜 "하나님의 능력이요 하나님의 지혜"라고 말한다.[43]

다른 평행관계들도 이에 못지않게 인상적이다.[44] 첫째, 바울은 하나님의 "비밀"(고전 2:1)과 "계시"(2:10)를 전하는 일의 주체가 성령이라고 말하는데, 다니엘서는 "비밀"(*mysterion*)을 계시하는 일을 "하나님의 성령"(*pneuma theou hagion*, 단 4:9 Theo)에게 돌린다.[45] 둘째, 바울이 자신과 다른 사도들을 가리켜 "영적인 일을 해석하는 자"(*pneumatika synkrinontes*, 고전 2:13)라고 칭하는데, 다니엘서에서는 "싱크리시스"(*synkrisis*)와 "페셰르"(*pesher*)가 비밀에 대한 예언자의 해석을 의미한다.[46] 셋째, 이 구절에서 바울이 "능력"(*dynamis*)을 이해하는 방식이 다니엘서와 유사한데, 사도 바

---

41   이 문제를 집중적으로 다룬 Pogoloff 1992, Winter 1997, Kwon 2010, Miller 2013을 보라.
42   고린도전서의 배경에 다니엘서의 신비 개념이 자리하고 있다는 점에 대해서는 다음 자료들을 참조하라. Harvey 1980: 330-31; Hays 1997: 393; Williams 2001: 166-68; Brodie 2004: 595-99; Grindheim 2002: 697; Gladd 2008: 129-32.
43   고전 1:23-24; Kammler 2003a: 100-18.
44   평행관계들에 대해서는 특히 Gladd 2008: 129-33을 보라.
45   "비밀"(*mysterion*)이라는 단어는 2:11, 4:18, 5:11, 14에 나온다.
46   단 2:5-7, 9, 16, 24-26, 30, 36, 45; 4:6, 9; 7:16.

울과 예언자 다니엘 모두 "하나님의 능력"을 "숨겨진 신적 비밀의 계시"와 연결하고(고전 2:10-14; 단 2:20-23, 27-28), 둘 다 인간의 나라(바울의 표현대로는 "이 세상의 통치자", 고전 2:6)를 일으키고 무너뜨리는 하나님의 "능력"에 대해 말한다(단 2:20-23, 27).

마지막으로 네 번째, 바울은 고린도전서 2장에서 "은밀하고 감추어졌던"(7절) 지혜에 대해 말하는데, 이 부분에서도 다니엘이 이미 선수를 쳤다.[47] 이상과 같은 대응 관계들로 볼 때 바울이 고린도에 있는 소위 "지혜자들"을 향해 비난의 눈짓을 보내면서 다니엘의 본보기에 따라 자신의 사도적 선언을 공표했다는 주장은 단순한 제안에 불과한 것이 아니다. 사도의 비전에 따르면, 인증받은 계시자로서 다니엘과 사도 바울을 이어주는 예언의 궤적이 인증받지 못한 계시자로서 느부갓네살 궁정의 현자들과 사도 시대의 "소포이"(지혜자, 고전 1:19-20)를 이어주는 또 다른 예언의 궤적과 대립하고 있다. 바울은 다니엘서에 기대어서 다니엘 2장에 암시된 하나님 나라 선포를 그의 복음 메시지의 틀로 삼았을 뿐만 아니라, 성령의 위임으로 말미암은 자신의 사도직을 성령으로 말미암아 계시된 진리를 중재한 다니엘과 비교하고 있다.

사도 바울은 다니엘서의 예언을 염두에 두고서 고린도 교회 갈등의 뿌리를 다니엘서에 나타난 사상적, 인류학적 대립에서 찾으려고 한다. 우리는 먼저 사상적 대립에 주목하게 되는데, 왜냐하면 바울은 그의 서신 첫머리에서 십자가의 복음을 "이 세상의 지혜"(고전 1:20)와 대비시키고 있기 때문이다. 바울은 처음 고린도 교회 성도들을 방문했을 때 "사람의 지혜"(*sophia anthrōpōn*)나 "사람의 지혜가 가르친 말"(*didaktois anthrōpinēs sophias*

---

[47] 단 2:23, 30; 5:11, 14; 9:22.

Logois)이 아니라 "성령께서 가르치신 것"(2:13)으로 그들을 권면했는데, 그는 후에 이 점을 강조한다. "지혜", "말", "성령"의 조합은 우리가 다니엘서의 세계에서 이미 접했었는데, 성령으로 말미암은 메시지와 "사람의 지혜"를 예리하게 구분하는 것 역시 다니엘서를 연상시킨다.

서신의 다른 지점에서도 동일하게 "인간적인 것"과 "영적인 것"을 대조하는 장면들이 등장하는데, 결정적으로 바울은 부활 문제를 다루면서 첫 (육체적) 아담과 살려 주는 영(그리스도)을 대조한다(15:45).[48] 그런데 이런 대조가 다니엘 7:14과 12:4을 조합해 놓은 듯한 서론적인 선언으로 시작하는 방대한 논의의 일부로 다루어진다는 점도 의미심장하다. "그 후에는 마지막이니 그가 모든 통치와 모든 권세와 능력을 멸하시고 나라를 아버지 하나님께 바칠 때라."[49] 같은 장 뒷부분에서 바울은 부활의 "비밀"에 대해 선포할 때 다니엘의 예언자적 행동을 모방하는데,[50] 이때 그가 소개한 것은 초기 영지주의나 알렉산드리아의 헬레니즘 문화에 기원을 둔 "능력"이 아니라, 다니엘이 "형상"이라는 은유를 통해 상징했던 "능력"이었다. "우리가 흙에 속한 자의 형상을 입은 것 같이 또한 하늘에 속한 이의 **형상**을 입으리라."[51] 바울은 그의 서신에서 다니엘서의 종말론적 틀을 적용하여 서

---

48   나는 특히 Thiselton(2000: 1275-81)과 Wright(2013: 2.1400-2)를 따라 "프뉴마티코스"(*pneumatikos*)가 (비물질적인 자산이 아니라) 도덕적 가치를 가리킨다고 주장한다.
49   고전 15:24.
50   고전 15:51. 다음을 보라. Gladd 2008: 245-49.
51   고전 15:49. Lee(2012)는 바울이 그의 아담 기독론을 단 7장에 부분적으로 의존하는 초기 기독교의 "인자" 전승이라는 바탕에서 주조해 냈다고 설득력 있게 주장한다.
     Wright(2013: 2.1064-65)에 따르면, 단 7:14, 18, 22, 27 같은 텍스트들은 "고전 15:20-28의 배후에 자리 잡은 주제들을 아우르고 흩어진 점들을 하나로 결합하면서 구약성서를 배경으로 한 바울의 그림을 완성해준다.…고전 1장에 포함된 이 구절은 바울이 위대한 성서의 주제들, 예컨대 아담, 창조, 동물들에 대한 사람의 지배권, 메시아, 나라들에 대한 그의 승리와 지속적인 통치, 하나님의 모든 백성 앞에서 경험할 부활에 대한 소망과 같은 주제들

로 조화될 수 없는 두 "형상들"을 대립시키는데(참조. 고전 15:24, 51), 이를 통해 그는 다니엘서의 "인자"와 하나님의 형상으로서의 "아담" 간의 유사성을 밝혀줄 뿐 아니라, 더 나아가 참된 "형상"(eikōn)의 부활에 관한 논의 전체가 단순히 새로운 주제를 소개하는 것이 아니고 (다니엘서에서 가져온 "우상숭배 반대"라는 주제에 비추어 해석하자면) 사실은 거짓된 "형상들"에 추파를 던지던 고린도 교회 성도들을 향한 최후의 일격으로 의도되었음을 암시해준다.[52]

고린도전서 1-2장과 15장이 다니엘서에서 수렴한다는 것은 이 서신서가 구속사의 전 범위를 아우르고 있다는 뜻이기도 하다. 부활의 때가 이르면, "지혜 있는 자들"(sophoi, 1:17-2:10)의 지지를 받아온 이 시대의 "형상들"(eikōnes)은 마침내 하나님의 "형상"인 인자에 의해 파멸하고 말 것이며, 이 모든 사건은 사도가 전한 복음(15:1), 성서(15:34, 27, 45), 그리고 비밀에 관한 사도들의 선언(15:50-51)에 담긴 하나님의 말씀대로 이루어질 것이다. 만일 고린도전서에 대한 이런 주해가 진실에 가깝다면, 바울은 "형상"(능력)과 "말씀"(지혜)으로 구성되는 "하나님의 일"이라는 개념을 앞서 내가 다니엘서와 관련하여 제안했던 방식대로 이해했다는 뜻이다.

물론 사도 바울은 다니엘서의 저자와는 달리 다니엘 7장의 "형상"을 기독론적으로 해석한다. 바울에 따르면 그 자신과 다른 사도들에게 허락된 축복은 그리스도 사건으로 말미암았거나, 더욱 엄밀히 말하자면 그리스도의 인격으로 말미암은 것이 아니라 실상은 그리스도의 십자가 처형과

을 통합했다는 사실을 분명히 보여준다." 더 나아가 Wright는 바울이 의도적으로 다니엘서를 모방했을 "가능성이 대단히 높다"라고 주장한다(1065).

[52] Schmithals 1971: 87-113; Conzelmann 1975 (1969): 249; Jewett 1978; Fee 1987: 713. 이상과 같은 학자들은 고전 15장과 다른 장들이 첨예하게 대립한다고 주장한다.

부활이라는 엄밀한 사실들에 대한 성찰에 따른 것이다(고전 2:12). 사도들은 여기 관련된 일련의 사건들을 오직 성령을 통해서만 이해할 수 있었는데(2:11), 그는 한때 감추어졌다가 이제는 밝혀진 하나님의 지혜와 능력으로 그들에게 계시된다. 그런데 십자가에서 처형당하고 부활한 "그리스도"와 구속사적으로 전개된 하나님의 "지혜" 및 "능력" 간의 밀접한 상관관계를 간파한 바울은 그리스도를 사실상 "지혜" 및 "능력"과 동일시했다(1:23, 30). 다니엘 2장과 7장을 정면으로 마주했던 사도 바울은 "하늘에 속한" 사람의 십자가 처형과 부활이 바로 하나님의 지혜와 능력, 그리고 "하나님의 일"을 만천하에 드러내는 수단이라고 이해했다.

5) 마가복음에서 하나님의 일

마가복음 1-8장에서 하나님의 일(막 8:33)

마가복음 12:13-17에 나오는 "하나님의 것/하나님의 일"이라는 표현이 같은 복음서 앞부분에도 동일한 형태로 나타나는데(8:33), 이 구절은 바울 서신에 나타나는 "하나님의 일"만큼이나 마가복음 12:13-17을 해석할 때 중요하게 다룰 가치가 있다. 이 구절은 빌립보 가이사랴를 배경으로 하는 매우 중요한 단락의 일부다.

> [29] 또 물으시되 "너희는 나를 누구라 하느냐?" 베드로가 대답하여 이르되 "주는 그리스도시니이다" 하매 [30] 이에 자기의 일을 아무에게도 말하지 말라 경고하시고 [31] 인자가 많은 고난을 받고 장로들과 대제사장들과 서기관들에게 버린 바 되어 죽임을 당하고 사흘 만에 살아나야 할 것을 비로소 그들에게 가르치시되, [32] 드러내 놓고 이 말씀을 하시니 베드로가 예수를 붙들고 항변하매, [33] 예수께서 돌이키사 제자들을 보시며 베드로를 꾸짖어 이르시되 "사탄

아, 내 뒤로 물러가라! 네가 **하나님의 일**[*ta tou theou*]을 생각하지 아니하고 도리어 **사람의 일**[*ta tou anthrōpou*]을 생각하는도다" 하시고 34 무리와 제자들을 불러 이르시되 "누구든지 나를 따라오려거든 자기를 부인하고 자기 십자가를 지고 나를 따를 것이니라. 35 누구든지 자기 목숨을 구원하고자 하면 잃을 것이요, 누구든지 나와 복음을 위하여 자기 목숨을 잃으면 구원하리라. 36 사람이 만일 온 천하를 얻고도 자기 목숨을 잃으면 무엇이 유익하리요? 37 사람이 무엇을 주고 자기 목숨과 바꾸겠느냐? 38 누구든지 이 음란하고 죄 많은 세대에서 나와 내 말을 부끄러워하면 인자도 아버지의 영광으로 거룩한 천사들과 함께 올 때에 그 사람을 부끄러워하리라."[53]

마가복음에서 베드로가 예수의 메시아 되심을 고백한 직후에(29절) 예수는 책망하는 듯한 말투로 제자들에게 그 일을 아무에게도 말하지 말라고 **경고**하고(*epetimēsen*, 30절), 이어서 인자가 장차 고난받을 것을 예언한다(이것이 세 번의 수난 예언 가운데 첫 번째였다). 예수의 예언으로 마음이 심란해진 베드로는 스승을 붙들고 "**항변**"했다가(*epitiman*), 곧바로 예수에게 "**꾸지람**"을 들었는데(*epetimēsen*), 그 이유는 그가 "하나님의 일"(*ta tou theou*)이 아닌 "사람의 일"(*ta tou anthrōpou*)에 초점을 맞춘다는 것이었다(32-33절). 이 같은 대조는 바울이 "영적인 것"(*pneumatikos*)과 "인간적인 것"(*psychikos*)을 대비시켰다는 점을 상기시킨다. 마가복음 내러티브에서 이제까지는 "꾸짖다"(*epitimao*)라는 동사가 오직 마귀의 영역에 대한 반응으로만 사용되어 왔었다.[54] 하지면 이 단락에서 복음서 저자는 세 번씩이나 이 동사를 베드로

---

53 막 8:31-38.
54 막 1:15; 3:12; 4:39.

와 관련하여 사용함으로써(30, 32, 33절) 베드로의 반대가 마귀와 같은 어둠의 세력에 의해 영감받은 것임을 암시해준다.

마가복음의 내러티브에서 이전에 마귀의 세력이 마지막으로 언급된 것은 씨뿌리는 자의 비유에 대한 해석에서였다.[55] 그 비유의 용어를 사용하여 표현하자면, 8:32에서 베드로가 보여준 온당치 않은 반응은 그가 "외인"이라는 불확실한 위치에 처해 있으며(4:11b), 사탄에게 마음이 흔들려서 스스로 길가에 떨어진 씨앗과 같이 되었고(4:4, 15), 하나님 나라의 비밀을 꿰뚫어 볼 능력을 잃어버렸음을 드러낸다(4:11). 물론 여기서 "하나님 나라의 비밀"은 다니엘서에서 "하나님의 깊고 은밀한 일"이라고 표현한 것과 다르지 않다.[56] 아이러니하게도 예수는 한때 하나님 나라의 비밀을 설명하기 위해 제자들을 "따로 데려"갔는데(4:10, 33), 이제는 베드로가 개인적으로 예수를 "따로 데려"가(8:32) 천국의 "비밀"을 혼란에 빠뜨림으로써 그가 보여준 반응이 그의 속마음을 예언적으로 폭로한 것임을 드러내고 만다. 베드로는 "하나님의 일"을 분별하는 데 실패함으로써 느부갓네살의 이교도 현자들과 어깨를 나란히 하게 되었다.

만일 복음서 저자가 우리에게 익숙한 다니엘서의 전투 장면에 호소하는 중이라는 주장에 대해 조금의 의심이라도 남아 있다면 8:31-38이 다니엘서에 의존한다는 점을 기억할 필요가 있다. 마가는 인자가 "아버지의 영광으로 거룩한 천사들과 함께" 오리라고 말하는데 이 문구는 명백하게 다니엘 7:13을 상기시킨다.[57] 게다가 마가복음 8:31에서 예수는 인자가 그를 위하여 예비된 고난을 받아야 "할 것을"(*dei*) 가르쳤는데, 콜린스는 여기에

55　막 4:15.
56　Marcus 1984: 569; 2000: 298.
57　막 8:38.

사용된 "데이"(*dei*)라는 동사가 "이 사건에 대한 신학적 해석을 암시한다"라고 논평한다. 그가 제시한 이유 중 하나는 이 동사가 다니엘이 느부갓네살에게 했던 발언을 상기시킨다는 점이었는데, 다니엘 2:28의 70인역 텍스트에서도 같은 동사(*dei*)가 종말론적 비밀을 풀어주는 일과 관련하여 사용되었다.[58] 마지막으로, 우리의 논의에서 가장 중요하게 다루어져야 할 "하나님의 일"에 대해 살펴보자.[59] 다니엘이나 마가에게 "하나님의 일"이라는 문구는 십자가로 이어지는 고립된 사건들을 가리키는 것이 아니라 **타당한 해석을 수반하는** "사실들"을 의미했는데 이 해석은 오로지 하나님이 허락한 통찰력을 통해서만 얻을 수 있는 것이다.[60] 마가는 8:31-38에 담긴 전승들을 전달하고 구성할 때, 편집상의 판단이 요구되는 거의 모든 자리에서 다니엘서의 형태를 모범으로 삼아 장면을 구성했다.

이런 점을 염두에 둘 때 우리는 다니엘서에서 "말/명령/글"(지혜)과 "형상"(능력)에 관한 전쟁으로서의 우주적 전투가 어떻게 예수의 이중 선언, 다시 말해 "나와 복음을 위하여"(*heneken mou kai tou euangeliou*) 자기 목숨을 잃는 자는 구원받으리라는 약속(35절) 및 "나와 내 말을"(*me kai tous emous logous*) 부끄러워하면 부끄러움을 당하리라는 경고(38절)와 충돌하는지 발견할 수 있다. 위에 인용한 두 가지 문구 간에는 명백한 평행관계가 성립하는데, 35절과 38절 모두 인자로서의 예수와 그의 "복음/말들"에 초점을 맞추고 있다(35, 38절). 예수의 이중 선언을 (각각 나름의 형상과 지혜를 갖춘) 다니엘서의 두 왕국 이야기와 연관 지어 이해할 때 복음서 저자의 요점이 분명하게 드러나는데, 말하자면 마가복음 8:31-38은 예수가 바로 참된 "형

---

58 Collins 2007: 403.
59 막 8:33.
60 참조. 마 16:17.

상"(인자)이며 참된 지혜("복음"과 "말씀")의 원천이라는 점을 보여준다. 예수는 참된 "형상"과 인자의 자격으로 이방 왕국의 모든 "형상들"을 심판대에 세울 것이라고 약속한다. 또한 하나님 말씀의 원천인 예수는 궁극적으로 허무한 왕국들의 명령에 응답할 것이다. 가짜 왕국들 가운데 최고봉은—빌립보 가이사랴 장면의 배경을 고려할 때—가장 최근에 느부갓네살의 분신으로 등장한 카이사르 자신에 의해 다스려지는 나라일 것이다.[61] 마가복음 8:35, 38절의 문장구조와 어휘가 "형상"과 "글"이라는 다니엘서의 이중 모티프에 의해 결정된 것이라면, 십자가에 달린 인자와 그의 말씀이 바로 "[깊고 은밀한] 하나님의 일"을 구성한다(8:33). 아울러 인자와 그의 말씀은 자신이 바로 "형상"이며 로마 제국의 이데올로기가 "신적 지혜"라고 주장했던 카이사르에 대한 반박이다.

마가복음 12:17에서 "하나님의 것"

마가복음 12:13-17에서 "하나님의 것"이 무엇을 의미하는지와 관련하여 우리는 몇 가지 사안에서 해석상의 진전을 이루었다. 첫째, 당시의 시대적 배경을 고려할 때 역사적 예수가 데나리우스 주화에 청중들의 이목을 집중시킨 이유는 단순히 이스라엘이 로마에 종속되어 있다는 암울한 정치적 상황을 상기시키기 위함이 아니라, 주화에 새겨진 "글"과 "형상"이 불미스러운 정치종교적 주장을 상징적으로 전달한다는 사실을 보여주기 위함이었다. 엄밀히 말해 예수는 그 주화가 우상(idol)이라고 단언하는 것이고(성서에서 "에이콘"은 기본적으로 우상을 가리킨다) 카이사르가 자신을 "신의 아들"로

---

61 황제 숭배를 위한 신전이 빌립보 가이사랴에 있었다는 사실이 요세푸스(*J.W.* §§1.21.3 404-6; *Ant.* 15.10.3 §§363-64)에 의해 알려졌다. 신전의 정확한 위치에 대해서는 고고학자들 간에 이견이 있다. 다음을 보라. Berlin 1999; Netzer 2003; Overman et al. 2003.

서 신성을 지닌 존재로 여긴다는 사실을 지적한 것이다. 예수의 행동이 내포하는 이런 의미심장한 메시지를 마가복음 저자나 현장에 있었던 청중들도 틀림없이 간파했을 것이다. 한편 예수와 마가는 데나리우스에 새겨진 글이 카이사르를 우주적 대제사장(Pontifex Maximus)과 동일시한다는 불편한 사실도 분명 직시하고 있었을 것이다. 사실 복음서 저자는 예수가 주화를 보여준 행동을 반제국주의적 견해의 표현으로 이해했으며 자신의 내러티브를 구성하는 방식을 통해 이런 점을 강조하고자 했다. 하지만 예수가 여기서 강조하고자 했던 핵심적인 논점은 자신이 바로 신격화된 대제사장이라는 카이사르의 주장이었으며, 마가도 그 점을 인지하고 있었다.

둘째, 마가복음에서 예수가 그 형상과 글이 신성을 암시한다는 점을 명시적으로 밝히지는 않았지만, 사려 깊은 독자들은 예수가 "가이사의 것"과 "하나님의 것"을 대비시킨다는 명백한 사실로 인해 "하나님의 것"이라는 일반화된 명칭이 데나리우스 주화에 새겨진 형상과 글을 보완하는 명시되지 않은 퍼즐 조각이라는 사실을 금세 알아차렸을 것이다. 마가복음 8:31-38이 두 왕국 간의 대립에서 인자("형상")가 승리하는 것으로 마무리되는 다니엘서 이야기를 바탕으로 구성되었다는 사실을 깨달은 이상적인 독자들은 12:17에 암시적으로 등장하는 "하나님의 형상"이 다름 아니라 바로 그 "인자"라는 결론에 도달하게 될 것이다. 같은 근거에서 우리는 가이사의 "글"이 예수의 명패(titulus, 15:26)뿐만 아니라 예수의 입에서 나온 권위 있는 말씀(8:35[복음], 38[말])도 유비적으로 암시한다고 말할 수 있다. 마가복음 8:31-38은 예수를(단 7장이나 간접적으로는 단 2장과 같이) 고난받으나 결국 승리하는 인자로 제시하는 한편 (단 5, 7장이나 12장과 같이) 구속력 있는 말씀을 선포하는 자로 소개하는데, 그렇다면 가이사의 것은 가이사에게, 하나님의 것은 하나님께 드리라는 예수의 말씀(막 12:17)은 제국주의를 향하여 내리신 종말론적 심판의 선고이자 (예수를 하나님의 형상과 말씀으로 받아들이고) "하나님의 것"을 하나님께 돌림으로써 다니엘의 본보기를 따르라는 공개적인 초청이기도 하다. 마가와 바울에게는 십자가에 처형당하고 부활한 예수가 하나님의 "형상"과 하나님의 "말씀"을 지닌 자였으며, 다니엘을 통하여 처음 드러난 하나님의 능력과 지혜의 최종적인 계시였다.

마가복음 12:13-17의 저변에 놓인 다니엘서 모티프들은 바로 뒤에 이어지는 단락에서 사두개인들에게 "너희가 **성경**도 하나님의 **능력**도 알지 못하므로 오해함이 아니냐?"라고 답변한 이유도 설명해준다.[62] 예수는 부활에 관한 그들의 질문에 답하면서 하나님의 "말씀"인 성경과 "능력"이 다니엘서에서 형상과 말씀 담지자로 묘사하는 인자, 곧 자기 자신을 가리킨다는 점을 비유적으로 암시한다. 마가복음 12:18-17의 담화가 12:13-17 바로 다음에 이어진다는 점이나 12:25이 다니엘 12:3("그들은 하늘의 별들[천사들]과 같을 것이다")을 명백하게 암시한다는 점도 이런 주장을 지지한다. 다니엘 1-7장에 나타나는 종말론적 "글"과 "형상"의 연장선상에서 마가복음 12:24의 "성경"과 "하나님의 능력"은 이런 식으로 바로 앞 문단에 등장했던 카이사르의 "글" 및 "형상"(12:17)과 인상적인 대비를 이룬다. 마가복음 저자에게 하나님의 것을 하나님께 바친다는 말은 다름 아니라 다니엘 2장에 기록된 느부갓네살의 무시무시한 꿈을 실현하는 자로서 예수의 인격과 말씀이 하나님에게서 유래한 것임을 인정하는 것을 의미했다.

나는 이 단락에 대한 나의 해석이 "카이사르의 것"을 카이사르에게 바친다는 말이 무엇을 의미하는가 하는 문제를 완전히 해결해주지 못한다는 점을 인정한다. 하지만 우리는 카이사르에게 그의 것을 바치는 행위가 세

---

62 막 12:24-25.

금 납부라는 구체적인 주제를 가리킨다기보다는 이제 펼쳐지는 종말론적 상황 속에서 황제를 우상처럼 섬기라는 주장들을 존중해야만 하는 보다 근본적인 의무를 가리킨다고 제안한다. 이를 달리 표현하자면, 마가복음의 예수는 세금 납부 윤리라는 문제에서 그 같은 윤리적 사안들의 판단 기준이 되는 개념적 근거로 사람들의 관심을 돌리고 있다는 뜻이다. 그렇다고 해서 세금 납부라는 사안에 관한 질문이 부당하다거나 답변할 가치가 없다는 의미는 아니다. 따라서 나는 세금을 바쳐야 할지 아니면 바치지 말아야 할지와 관련하여 마가복음 저자도 앞서 바울이 말했던 것처럼(롬 13:6) 조세를 바치는 일 자체가 우상숭배를 금지하는 유대교의 금령을 위반하는 것이 아니라는 견해를 공유했을 것이라고 짐작한다. 왜냐하면 한 사람이 야웨에게 충성하느냐 아니면 우상에게 충성하느냐 하는 문제는 능력과 지혜의 참된 근원에 대한 그의 판단에 달려 있기 때문이다.[63]

마가복음 12:13-17을 이런 식으로 해석할 때 얻을 수 있는 이점 가운데 하나는 특히 슈나켄부르크가 발전시켰던 전통적인 해석으로는 해결할 수 없었던 문제들을 해소할 수 있다는 사실이다. 나는 그의 해석을 비판하면서 그것이 네 가지 문제를 설명해주지 못한다는 점을 지적했었다. (1) 예수가 실재를 이분법적으로(거룩함과 속됨으로) 나누는 관점을 표명했다는 주장에 대한 근거가 빈약하다는 점, (2) 할라카 해석 관행에 따라 12:17에서 기대할 수 있는 성서적 증거에 대한 결정적인 호소가 부재하다는 점, (3) 마가복음 저자의 기독론적 의제에서 크게 벗어난다는 점(다시 말해 전통적 해석에 따르면 막 12:13-17이 기독론과 아무런 관련이 없게 된다는 점), (4) "카이사르

---

[63] 대부분의 주석가는 예수가 세금을 부과할 수 있는 카이사르의 권위를 인정한다는 점에 동의한다. Donahue and Harrington 2002: 347; France 2002: 469.

의 것"으로 할당되는 주화의 "형상"과 "글"에 대응하여 "하나님의 것"으로 할당되는 항목을 제시하지 못함으로써 평행관계가 불완전해진다는 점 등이었다.

이와는 대조적으로 내가 앞서 전개한 해석은 (1) 카이사르를 대항하여 전개되는 복합적인 종교-정치적 논쟁과, (2) 다니엘 1-7장에 뿌리를 둔 두 가지 핵심 용어("형상"과 "글")와 관련하여 12:17에 암시된 결정적인 성서적 근거, (3) 마가복음의 전후 문맥과 조화를 이루는 철저한 기독론적 취지, (4) 카이사르의 "형상"과 "글"에 대응하여 하나님의 "형상"과 "글"로 제시되는 숨겨진 항목들(역시 다니엘서에 근거한다)을 제공해준다. 마가복음 12:13-17에 대한 이런 해석이 지나치게 추상적이라는 비난을 받지 않도록 나는 마가복음 저자가 마가 이전의 기독교 내에서 구두로 광범위하게 유포되었던 다니엘서 해석에 기대어 그의 논지를 전개하고 있다는 점과, 우리가 알기로 이런 해석이 다니엘서에 대한 1세기의 표준적인 미드라시 접근법의 출발점 역할을 했다는 점을 지적하고자 한다. 우리에게는 "지나치게 추상적인" 문제가 1세기 유대인의 담화 속에서는 지극히 명백한 사실이었을 수도 있다는 뜻이다. 어쨌거나 쿰란 공동체의 페셰르 주석가들이 로마의 군사 장비들을 하박국서에 등장하는 몇몇 단어들의 성취로 여길 수 있었다면, 그와 똑같은 사고방식을 가진 동시대의 주석가들이 로마 제국의 데나리우스를 다니엘서의 몇몇 핵심 용어들과 연관 지었다고 상상하지 못할 이유가 무엇이겠는가?[64]

---

64 1QpHab 5.12-6.9.

6) 예수의 관점에서 "하나님의 것"

마지막으로 우리는 다시 예수가 무엇을 의도했는가 하는 질문으로 돌아왔다. 예수가 세금 문제에 관하여 질문자들과 대화하면서 마가와 반대되는 의견을 표명한 적이 있는가? 예수가 데나리우스 주화의 형상과 글에 관심을 집중시킴으로써 전달하고자 했던 메시지는 무엇이었는가? 그리고 예수의 관점에서 카이사르에게 카이사르의 것을 바치고 하나님께 하나님의 것을 바친다는 말은 무엇을 의미했는가? 충분한 기초작업을 마쳤으니 이제는 이런 질문들에 답할 수 있는 위치에 선 것 같다.

시작하기에 앞서 몇 가지 전제들과 주장들을 재진술할 필요가 있다. 첫째, 예수가 데나리우스의 형상과 글을 지적했을 때 그는 부분적으로 신의 형상과 우주적 대제사장이라는 카이사르의 거짓 정체성에 사람들의 관심을 끌기 위해 그리했던 것이라는 판단을 피하기가 어렵다. 둘째, 이전 장들에서 확인했던 것처럼 만일 예수가 자신을 다니엘서에 등장하는 인자가 되어가는 존재로 묘사하고자 했던 것이라면 우리는 자연스럽게 다니엘서가 예수의 자기 이해에서 중요한 자리를 차지하리라고 기대할 수 있을 것이다. 셋째, 바울과 마가가 "하나님의 것/하나님의 일"이라는 용어를 다니엘서 이야기의 우주적 전쟁의 두 전열 가운데 한편을 가리키는 집약적인 환유로 사용한 것이라면, 다니엘서가 예언하는 "하나님의 일"과 "사람의 일" 사이의 대립, 그리고 각각의 "형상"들과 "말"들 사이의 대립이 예수 시대에 이미 존재했으며 심지어 로마의 주화에까지 영향을 미쳤다고 추측할 수 있을 것이다. 이 세 가지 전제에 논쟁의 여지가 전혀 없는 것은 아니지만, 그런 전제들은 상당히 신뢰할 만한 출발점을 제공할 것이다.

이와 같은 출발점들을 고려할 때 우리가 던져야 할 질문은 역사적 예수가 세금 문제를 다루었던 방식, 그의 의도, 행동, 그리고 말들이 과연 마가에 의해 충실하게 보존되었는가가 아니라, "다르다면 어떤 점에서 달랐을까?" 하는 질문일 것이다. 예수와 그의 뒤를 따르는 마가는 독립적인 용어로서 "형상"과 "글"이 본래 어떤 종교-정치적 의미를 내포했건 간에 그것이 다니엘서의 내러티브를 압축적으로 재진술하기 위해 이 두 용어를 짝지은 예수의 원대한 목표에 종속되어야 한다고 보았다. 예수는 다니엘서 내러티브의 렌즈로 데나리우스 주화의 의미를 창의적으로 해석함으로써 그의 청중들에게 주화의 형상과 글이 거짓이라는 점과 자신이 바로 지금 성서를 종말론적으로 성취한 참된 형상과 참된 말씀이라는 사실을 인식시키고자 했다. 이와 같은 재정의에 따르면, 로마의 압제를 상기시키는 데나리우스 주화는 적절한 제국 이데올로기를 통해 승인되고 정당화된 제국의 세력, 다시 말해 "카이사르의 것"을 상징하는 구체적인 수단이다. 여기서 로마의 권세와 이념은 결국 인자의 말씀과 인격을 통해 심판받을 것이고 실체를 드러낼 것인데, 그 인자는 바로 종말론적 성전(단 2장)으로 상징되는 하나님의 형상과 동류다. 물론 그날 그곳에서 예수의 음성을 들었던 사람들 모두가 예수의 숨겨진 의도를 파악하지는 못했을 것이다. 추정하기로는 다수 혹은 대부분이 그러지 못했을 것이다. 하지만 "들을 귀"가 있어서 예수가 다니엘의 이야기를 암시한다는 사실을 간파한 자들은 더 깊은 사색을 통해 두 점을 연결할 수 있었을 것이다. 세금을 바치든지 말든지, 인자의 종말론적 개입을 고려할 때 로마는 왕국을 건설하려는 하나님의 목적에 아무런 위협이 되지 않는다. 예수는 성도들과 로마 제국 간의 갈등을 다니엘서의 내러티브에 비추어보면서 하나님의 것은 하나님에게, 카이사르의 것은 카이사르에게 바치라는 명령을 내렸던 것인데, 이것은 또한 최후의 장엄한 심판을 통해 분명히 드러나는 사실, 다시 말해 인자의 운동이 진정으로 다니엘과 천사들 편에 속한 것임을 깨달으라는 탄원의 일부다.

한편 예수가 자신을 제사장적 인자와 동일시했다는 사실은 시종일관 결정적인 역할을 하는 것으로 드러난다. 그의 주장은 문맥상 그와 그의 운동이 전사-제사장으로서의 인자인 동시에 종말론적 성전이라고(단 2장) 전제할 때 이해될 수 있을 뿐만 아니라, 예수가 여기서 (이교도 세계에서 "인자"의 유사품이라고 할 수 있는) "폰티펙스 막스무스"로서 자신의 역할을 강요하려 했던 티베리우스 황제의 시도에 응대한 것이라고 전제할 때 이해될 수 있다. 실제로 예수는 대제사장 티베리우스에게 은밀한 경고를 가하는 한편 그 황제가 주장했던 역할을 실제로 맡게 될 자신의 운명을 동일하게 은밀한 방식으로 확증하기 위해 데나리우스 주화를 소품으로 사용했던 것이었다. 예수는 청중들에게 "가이사의 것은 가이사에게, 하나님의 것은 하나님께" 바치라고 요청함으로써 사실상 인자로서의 신적 권리로 자신에게 속한 대제사장 직분을 강탈한 카이사르에게 맞선 것이다.

3. 예수의 재판(막 14:53-65과 병행 구절)

예수의 세례가 그의 제사장 직분에 대한 최초의 선언이었다면, 그가 가야바 앞에서 받았던 재판이 마지막 선언의 무대가 되었다. 그는 공생애 기간 내내 대담한 발언들을 서슴지 않았기 때문에(예수 운동의 제의적 관행, 윤리, 공동체를 구성한 방식 등이 함의하는 급진적인 사상들은 말할 것도 없고), 예루살렘 대제사장과의 대결은 거의 불가피해 보였다. 아마도 예수는 이런 결말을 예상했을 것이다. 예수가 했던 말과 몸짓과 행동들이 어떤 의도를 지닌 것인지에 대해 이런저런 말들이 있었겠지만, 예수는 그 모든 일들이 가야바와의 대면으로 이어지고 마침내 로마 당국자들 앞에서 재판받는 결과를 초래하리라는 점을 알고 있었을 것이다. 예수가 가야바와 대면한 사건은 충격적인 일도 아니고 비극적인 결과도 아니었다. 오히려 그것은 이스라엘의 최고 지도자들과 대결하고 또 필요하다면 그 대결의 결과를 짊어지고자 했던 그의 결심을 실현하는 마지막 단계였다.

나사렛 사람 예수가 로마의 십자가에서 처형당했다는 것은 부인할 수 없는 사실이다. 하지만 그의 사형판결로 이어진 정황이 정확히 어떤 것이었는지를 결정하는 일은 특히 가야바 앞에서의 재판을 다룬 복음서의 기사들을 둘러싼 다양한 역사적 문제들을 고려할 때 결코 쉽지 않은 작업이다. 그런 문제들로 인해 적지 않은 학자들이 마가복음 14:53-65에 기록된 것과 같은 사건은 실제로 일어난 적이 없었으리라고 믿는다.[65] 따라서 과연 그 같은 사전 재판이 실제로 있었는가, 만약 있었다면 과연 우리가 역사적으로 그 사건에 접근할 수 있는가 하는 질문들에 관심을 집중할 필요가 있다. 또 다른 관점에서 나는 예수의 처형으로 이어진 사건들을 탐험함으로써 예수가 자신을 어떻게 이해했었는지 더욱 명확히 이해할 수 있기를 기대한다. 만일 예수가 자신이 카이사르를 뛰어넘는 진정한 "대제사장"(Pontifex Maximus)이라고 여겼다면, 과연 그는 당시 유대인들이 인정하는 예루살렘의 "또 다른 대제사장"과의 관계에서 자신의 위치를 어떻게 자리매김했을까?

1) 마가복음이 제시하는 재판 내러티브

네 복음서 모두 유대 지도자들이 관여하는 재판에 관한 기록을 담고 있지만 그중에서 마가복음이 제시하는 기사가 역사적으로 가장 정확하다는 것

---

65 Lietzmann 1931; Winter 1961; Cohn 1971.

이 일반적인 평가다.[66] 하지만 우리는 복음서 저자가 역사가로서 가졌던 열망이 복음서의 문학적 형태에 녹아들어 있는 그의 수사학적 관심사와 분리될 수 없음을 기억해야 할 것이다. 재판 장면으로 이어지는 내러티브의 구성이 복음서 내에서 그 장면이 갖는 역할에 대한 우리의 이해에 어떤 정보를 제공해주는가?

마가복음 1-10장은 여러 해에 걸친 예수의 활동들을 나열하고 있는데, 예루살렘 입성을 다룬 11장부터는 이야기의 전개 속도가 눈에 띄게 느려지고 유월절 주간의 첫날부터는 전개 속도가 더욱 느려지며(14:12), 그럼으로써 세세한 부분에까지 관심을 기울이도록 만든다. 특히 예수의 생애 마지막 이틀 동안에 일어난 사건들은 특별한 관심을 요구한다. 복음서 저자는 재판 장면을 상당히 느린 속도로 신중하게 재연한다.

> [53] 그들이 예수를 끌고 대제사장에게로 가니 대제사장들과 장로들과 서기관들이 다 모이더라. [54] 베드로가 예수를 멀찍이 따라 대제사장의 집 뜰 안까지 들어가서 아랫사람들과 함께 앉아 불을 쬐더라. [55] 대제사장들과 온 공회가 예수를 죽이려고 그를 칠 증거를 찾되 얻지 못하니, [56] 이는 예수를 쳐서 거짓 증언 하는 자가 많으나 그 증언이 서로 일치하지 못함이라. [57] 어떤 사람들이 일어나 예수를 쳐서 거짓 증언 하여 이르되 [58] "우리가 그의 말을 들으니 '손으로 지은 이 성전을 내가 헐고 손으로 짓지 아니한 다른 성전을 사흘 동안에 지으리라' 하더라" 하되, [59] 그 증언도 서로 일치하지 않더라. [60] 대제사장이 가운데 일어서서 예수에게 물어 이르되 "너는 아무 대답도 없느냐? 이 사람들이 너를 치는 증거가 어떠하냐?" 하되, [61] 침묵하고 아무 대답도 아니하시거늘 대

---

66 막 14:53-65//마 26:57-68//눅 22:54-71//요 18:13-24.

제사장이 다시 물어 이르되 "네가 찬송 받을 이의 아들 그리스도냐?" [62] 예수께서 이르시되 "내가 그니라! 인자가 권능자의 우편에 앉은 것과 하늘 구름을 타고 오는 것을 너희가 보리라" 하시니, [63] 대제사장이 자기 옷을 찢으며 이르되 "우리가 어찌 더 증인을 요구하리요? [64] 그 신성모독 하는 말을 너희가 들었도다. 너희는 어떻게 생각하느냐?" 하니 그들이 다 예수를 사형에 해당한 자로 정죄하고 [65] 어떤 사람은 그에게 침을 뱉으며 그의 얼굴을 가리고 주먹으로 치며 이르되 "선지자 노릇을 하라" 하고 하인들은 손바닥으로 치더라.[67]

이 문단은 서로 관련이 없는 등장인물들이 각자의 관심사를 표현하는 혼란스러운 에피소드를 담고 있다. 장면은 멈춰 서 있고 대립하는 증언들로 인해 이야기에는 진전이 없다. 하지만 그처럼 혼잡한 상황 속에서 예수와 가야바의 대화가 무대의 중심을 차지하면서(61-63절) 장면 전체를 전환하는 축이 되는데, 이 축의 중심에 예수의 "자백"이 자리 잡고 있다. 이 자백은 사실상 그곳에 모인 사람들에게 예수를 신성모독으로 정죄할 충분한 근거를 제공해주었다. 그의 자백은 너무나 결정적인 역할을 하기 때문에 이 자백이 없는 재판 장면은 상상조차 할 수 없다. 심지어 재판과 자백은 명운을 같이한다고 말할 수 있을 정도다.[68]

마가복음 전체 줄거리에서 재판 장면이 차지하는 중요성은 그것이 복음서 전체를 감싸고 있는 세 가지 서로 다른 인클루지오를 통해 예견되고 있다는 점을 통해 입증된다. 첫째, 중풍병자의 치료 이야기를 다루는 단락(2:1-12)에서 복음서 저자는 예수를 대적하는 서기관들이 (마치 예수를 재판

---

67 막 14:53-65.
68 Juel 1977: 15도 유사한 견해를 보여준다.

하듯이) "앉아서" "마음에 생각"했다고(6절) 묘사함으로써 재판 장면을 암시해주는데, 이제 14:53-65에 와서는 종교 지도자들이 재판석에 앉아서 마음에 생각하던 것을 목소리로 표현한다. 둘째, 마가복음 2:1-12에서 예수는 한 집에 들어가서 죄를 용서하는 제사장의 사역을 수행했고 그 사건으로 인해 사람들은 마음속으로 예수에게 신성모독의 혐의를 씌우는데(5-7절), 이제 14:53-65에 와서도 무대는 여전히 누군가의 집이고 대제사장은 공개적으로 예수에게 신성모독의 혐의를 씌운다(64절). 셋째, 2:10에서 예수는 처음으로 자신을 "인자"와 연관 짓는데, 14:62에서는 간접적으로 자신을 인자와 동일시한다. 사실 이 장면은 예수가 마지막으로 인자라는 호칭을 사용한 장면이다. 2장과 14장의 두 사건을 이어주는 삼중 인클루지오 구조의 무게중심은 다름 아니라 자신이 바로 이스라엘의 진정한 대제사장이라는 예수와 가야바의 공통된 주장에 놓여 있다.

예수의 재판 장면과 한쪽 손 마른 사람을 치유하는 장면(3:1-6) 사이에서도 흥미로운 연관관계를 발견할 수 있는데, 예수는 이 두 장면에서도 종교 지도자들이 비난의 화살을 던지는 표적이 된다. 3:3에서 예수가 한쪽 손 마른 사람에게 "한 가운데에"(*eis to meson*) 일어서라고 명령한 것은 가야바가 "가운데"(*eis meson*) 일어서서 질문했던 장면과 평행관계를 이루는데, 마가복음에서 이 전치사구가 사용된 곳은 오직 이 두 장면뿐이다. 앞 장면에서는 예수의 질문에 대해 사람들이 침묵으로 싸늘한 반응을 보여주었는데(3:4), 재판 장면에서는 그들의 심문에 대해 예수가 침묵으로 답변한다(14:60-61a). 마지막으로, 종교 지도자들은 재판을 통해 예수를 살해하려던 계획을 마침내 실행에 옮겼는데, 그들이 처음으로 이런 계획을 두고 "의논"했던(*symboulion edidoun*, 3:6) 것은 예수가 한쪽 손 마른 사람을 치유한 직후였다. 이처럼 흥미로운 평행관계들을 우리가 어떻게 이해하든 간에 예수의 재판 장면과 3:1-6의 평행관계는 결코 우연히 만들어진 것이 아니었다. 마가복음 2:1-12과 3:1-6이 예수와 성전 당국자들 간의 갈등에 초점을 맞춘 일련의 장면들로 이루어진 2:1-3:6 전체의 틀을 구성한다는 점에서 2:1-12, 3:1-6, 14:53-65 이렇게 세 단락 간의 삼각관계는 마지막 장면이 앞의 두 장면에서 시작된 사슬을 매듭짓는 역할을 하리라는 점을 보여준다. 예수와 성전 당국자들 간의 갈등은 재판 장면에서 절정에 도달한다.

한편 재판 기사는 예수가 귀신의 힘을 빌려 귀신을 쫓아낸다는 비난을 들었던 또 다른 초기 장면을 떠올리게 한다(3:20-29). 마가복음 3:20-29과 14:53-65 사이의 두드러지는 공통점은 신성모독과 그에 따른 징벌을 강조한다는 점이다(3:28-29; 14:64). 또한 두 장면은 "일치/분열" 혹은 "합의/불화"라는 주제를 공유한다. 재판 장면에서 증인들이 일치된 증언을 제시하지 못했다는 사실은(14:59) 그 집이 "스스로 분쟁"하여 갈라질 것을(3:25) 상징하는데, 여기서 말하는 "집"은 예수가 성전에서 취했던 행동과(11:12-25) 종말론적 담화가(13:1-30) 암시하는 것처럼 예루살렘 성전을 가리킨다. 마지막으로 우리는 마가복음 3:20-29에서 예수가 "강한 자의 집에 들어가"는 일에 대해 언급하는 것을 보는데(27절), 이는 후에 그가 당대 유대 사회에서 가장 강력한 인물의 집에 들어가게 되리라는 사실과 관련이 있을 것이다. 이런 상응 관계들이 결합하여 우리에게 전달하고자 하는 메시지는 분명하다. 비록 어둠의 세력이 성전 마당에까지 침투하여 분열을 초래하였으나 마침내 예수의 심판과 수난을 통해 가장 강력한 인물은 사슬에 묶일 것이다.

우리는 마가복음 2-3장의 세 가지 에피소드(2:1-12; 3:1-6; 3:20-29)와 재판 장면 사이의 상관관계가 지니는 중요성을 간과해서는 안 된다. 한 이야기의 결말을 이해하기 위해서는 이야기의 시작을 알아야 하는데, 마가복음 14:53-65은 마가복음에서 가장 중요한 이야기 흐름 가운데 하나의 절정이자 결정적인 순간이다. 이때 예수는 자신이 바로 현직 대제사장에 맞서 제왕적 제사장 직분을 수행하는 "인자"라고 밝힌다.[69] 빌라도 앞에서의 심문만큼 중요한 사건이 수난과 부활인데, 이 사건들은 예수가 대제사장 앞에서 선언했던 즉위식이 실제로 어떻게 진행되는지를 구체적으로 보여주면서 60-64절의 위기를 해소하는 대단원 역할을 한다.

이와 동시에 마가복음 14:62은 인자의 도래를 암시하는 두 개의 초기 말씀(8:38; 13:24-27)과도 연결된다. 이렇게 세 말씀은 신자들에게 불신자들의 반대에 맞서 증인으로서의 사명을 신실하게 감당하라고 권면하는 일에 관심을 보인다는(막 8:38; 13:10-13; 14:62-65) 공통점이 있다. 이런 교훈적인 관심사가 좀 더 확장된 형태로 표현되는 곳은 수난 내러티브인데, 여기서는 예수가 참된 인자로서 보여주는 신실함이 "환난 앞에서 그들의 주님을 부인하는 그리스도인들의 원형"인 베드로의 불신과 대비된다.[70] 예수와 베드로 간의 대조는 특히 복음서 저자가 내러티브 카메라의 앵글을 베드로에게서 예수에게로, 다시 예수에게서 베드로에게로 이동함으로써 더욱 명백하게 드러난다.[71] 예수가 겟세마네 동산에서 세 번 순종했던(14:35-36, 39, 41) 것과는 대조적으로 베드로는 예수를 공개적으로 시인할 수 있는 세 번의 기회를 놓치고 말았다(14:68, 70, 71). 마가복음 14장 막바지에 가면 한때 신앙적 통찰력을 보여주었던(8:29) 베드로가 이제 명백한 실패로 인

69　마찬가지로 Dibelius(1935: 193)도 14:61-62을 수난 내러티브의 "첫 번째 고지"라고 부른다. 마가가 성전에 대해 부정적인 태도를 보인다는 Juel(1977: 127-39)의 지적은 아직까지 논박되지 않았다.
70　Lampe 1973: 119. 또한 다음도 보라. Donahue 1995: 15-23.
71　Borrell(1998)의 상세한 연구도 참조하라.

하여 명성에 손상을 입었던 반면 예수는 "스승, 논쟁자, 치유자, 기적과 축귀를 행하는 자"라는 이전의 정체성에서 한걸음 진보하여 "신실한 증인"이라는 더욱 중요한 정체성을 드러낸다.[72] 마가에 따르면 예수는 그의 신실한 증언을 통해서 자신이 참으로 고난받는 인자임을 입증했으며, 바로 그런 의미에서 그는 인자가 **된** 것이다. 예수는 마침내 증인이라는 정체성을 포용함으로써 베드로가 그토록 진지하게 노력했음에도 불구하고 실현하지 못했던 이상을 완전히 구현할 수 있었다. 이 지점에서 복음서 저자의 목회적 관심사가 분명하게 드러나는데, 한마디로 신앙고백의 위기가 찾아왔을 때 신실한 성도라면 진짜 신성모독의 죄를 범하지 않기 위해 회당 관계자들이 제기하는 신성모독이라는 비난을 견뎌내야만 한다는 것이다. 그들이 본보기로 삼아야 할 대상은 신성모독이라는 죄목으로 십자가에서 처형당했으나 부활을 통하여 자신의 의로움을 입증한 예수의 신실함이었다.

　마가는 목회적 관심사를 가지고 예수의 마지막 선언이 지니는 의미를 역사적 관점에서 해석한다. 일부 학자는 예수의 마지막 자백에 대한 기록이 역사적으로 의심스러운 자료라고—과연 역사적 사실인지 혹은 내용이 정확한지—주장하지만, 이 같은 판단은 복음서 저자가 자신의 글을 **역사에 바탕을 둔 기사**로 대하고 있다는 사실로 인해 설득력을 잃는다. 복음서 저자가 자신의 기사에 역사적 신빙성을 부여했다는 점은 저자가 허구인 줄 알면서도 고의로 재판 장면을 연출했다는 주장이 그럴듯하지 않다는 점을 고려할 때 더욱 분명해진다. 물론 초기 기독교 공동체가 재판 장면의 세부 사항에 대해 결코 알지 못했을 가능성으로 인해(잠시 후에 이 주제로 다시 돌아

72　마태가 (확실히 마가와는 다른 관심사인데) 베드로를 영원한 사도로 묘사하고자 했다는 Gundry(2015)의 최신 연구는 비록 능숙하게 저술되기는 했으나 설득력은 떨어진다. 다음 논평들을 참조하라. Carter 2016: 376; Gurtner 2016: 211.

올 것이다) 마가의 재판 내러티브가 (마가가 재판 장면에 대해 전혀 알지 못했거나 혹은 재판이 아예 없었다는 의미에서) 허구일 가능성이 제기되었을 수도 있지만 그것은 예수를 부인함으로써 자신을 보호할 것인지 아니면 신앙을 고백함으로써 자신을 희생할 것인지를 두고 결정해야만 했던 1세기 독자들에게 당황스럽게도 아무런 위안이 되지 못했을 것이다. 복음서 저자가 (구자유주의 학파의 주장처럼) 신화에 불과한 이야기를 바탕으로 그의 독자들에게 그들의 인생을 바치라고 단호하게 요구했다는 주장은 마가가 재판의 세부사항에 대해 모르고 있었다는 주장보다 훨씬 더 개연성이 없어 보인다. 또 다른 시나리오인데, 가야바 법정에서의 재판이 아예 없었다고 가정하자. 이 경우에도 우리는 인간의 이해관계를 고려하여 동일한 논리를 제시할 수 있다. 요컨대 만일 복음서 저자와 그의 독자들이 그런 재판이 벌어지지 않았다는 사실을 분명히 알고 있었다면, 복음서 저자가 예수의 재판을 기독교 신앙의 시금석으로 삼았다는 것이 근본적으로 말이 되지 않는다. 내가 지금 살펴본 두 시나리오 모두 불가능한 것은 아니다. 하지만 이 시나리오 중 하나를 채택하는 것은 결국 역사기술적 관점에서 볼 때 일종의 자해행위가 되고 말 것이다. 예수의 자백이 마가의 교훈적인 목적에 결정적인 역할을 수행한다는 점을 고려할 때 우리는 납득할 만한 반증이 없는 이상 복음서 저자와 그에 앞서는 공동체가 재판 과정에 대해 약간의 정보를 가지고 있었으며 그 정보를 믿을만한 것으로 여겼으리라고 가정하는 것이 가장 합리적일 듯하다. 예수의 재판이 대략적으로라도 복음서 기사가 증언하는 방식대로 발생하지 않았다면, 죽음을 무릅쓰고 신실하게 믿음을 지키라는 저자의 권면은 곧바로 힘을 잃고 말았을 것이다.

2) 재판에 관련된 역사적 문제

물론 우리는 재판을 둘러싸고 있는 난감한 역사적 문제들을 무시할 수 없는데, 이 주제는 하나의 전문 분야로 정리되어 되풀이하여 거론되고 있다. 여기서는 모든 관련 사안을 장황하게 나열하기보다는 이 분야의 학자들이 관심을 기울이는 난제들을 제시하기로 한다. 여기서 (1) 예수가 중대 범죄 혐의로 재판받기 위해 가야바 앞에 섰으며, (2) 예수 시대에 미쉬나 유대교 규례들이 통용되고 있었다고 가정할 때, 회의주의자들은 주로 일곱 가지 사안을 문제 삼는다.

1. 고대 유대 사회에서 중대 범죄에 대한 재판은 오직 낮에만 진행되었는데(*m. Sanh.* 4.1) 마가는 예수가 밤에 재판받았다고 진술한다.
2. 유대교 관행상 중대 범죄에 대한 재판은 안식일과 명절을 피해서 진행되었는데(*m. Sanh.* 4.1; *m. Besah* 5.2) 마가복음의 이야기에 따르면 예수는 유월절 주간에 재판받았다.
3. 유대교 규정에서 판결의 선고는 별도의 청문회를 통해 행해져야 했는데(*m. Sanh.* 4.1) 예수는 한 번의 재판에서 심문과 유죄 선고를 동시에 받았다.
4. 유대교 규정상 어떤 사람을 신성모독으로 정죄하기 위해서는 그가 하나님의 이름을 직접 입으로 발음해야만 하는데(*m. Sanh.* 4.1) 마가복음에서 예수는 그렇게 하지 않았고, 그런데도 신성모독이라는 판결을 받았다.
5. 재판은 산헤드린의 회의실에서 열려야만 했는데(*m. Sanh.* 11.2) 복음서 기사는 예수의 재판이 가야바의 집에서 열렸다고 보고한다.
6. 이런 종류의 사건에서 피의자는 제기되는 혐의에 대해 단계별로 대

응하는 것이 일반적인데(*m. Sanh.* 4.1) 예수는 재판의 막바지에 단 한 번 자기 입장을 진술한다.

7. 마지막으로, 대제사장은 판사로서 이런 재판에 참여하는 것이 전형적인 모습인데 예수의 재판에서는 대제사장이 고발자(검찰)의 역할을 대신하기 때문에 마가의 재판 기사는 역사적 개연성이 부족하다는 것이다.

표면적으로 위와 같은 고려사항들은 역사가로서 마가의 신뢰성을 떨어뜨리는 확실한 증거인 것처럼 보인다. 이런 증거들은 마가가 의도적으로 청중들을 기만하려 했거나, 혹은 독자들이 그의 이야기를 허구적인 신화로 받아들일 것이라고 기대했음을 암시할 수도 있다(앞에서 언급했던 대로 이런 주장도 나름의 문제점들을 내포하고 있다).

예수의 재판에 관한 회의적 관점이 어떤 이유에서 부당한지 그럴듯하게 설명해주는 몇몇 학자들이 있는데, 내가 보기에 문제의 근원은 이 모든 사안을 구성하는 방법론적 체계 자체에 있는 것 같다.[73] 요점을 말하자면, 지난 80여 년간 학자들은 예수의 재판이 역사적이냐 비역사적이냐 하는 문제만 저울질해 왔는데, 사실상 증거를 종합해보면 이 사건은 엄밀한 의미에서 재판이 아니라 로마가 폭동죄로 그를 기소하도록 유도하기 위한 사전청문회에 가까운 절차였다. 그런 청문회도 재판에서 전형적으로 사용되

---

[73] 예컨대 Blinzler(1959)는 예수의 재판이 랍비 문헌에 보존된 바리새인의 규범이 아니라 사두개인의 절차에 따라 진행되었다고 힘주어 말한다. Lohse(1961)는 이에 동의하면서도 재판의 역사성에 대한 반론은 그 재판의 일부 요소가 유대법을 위반하고 있었다는 사실이 인정될 때 사그라들고 말 것이다. 재판의 역사성을 옹호했던 20세기의 대표적인 논의로는 Wellhausen 1909 (1903): 124(신앙고백적 전통과는 거리가 있다)과 Benoit 1969를 들 수 있다.

는 절차들을 어느 정도는 채택할 수는 있었겠지만, 그 청문회가 판결을 선고할 의도로 소집되지 않은 이상 중대 범죄의 재판에 일반적으로 적용되는 규칙들이 통용되지 않았을 수도 있다.

예수의 "재판"이 사실상 비공식적인 청문회였다는 주장에는 적어도 네 가지 근거가 있다. 첫째, 우리가 알기로 그 당시 유대인들에게는 중대 범죄를 재판할 권한이 주어지지 않았다.[74] 만일 산헤드린이 공식적인 재판을 통해 사형 선고를 내렸다면 그것은 불법적인 일이었을 것이고, 그들이 로마와의 관계에서 감수해야 할 위험부담은 예수를 제거함으로써 얻을 수 있는 유익과는 비교할 수 없이 컸을 것이다. 둘째, 역사적 단서들은 유대 지도자들이 처음부터 예수를 궁지에 몰아넣을 수 있는 전략을 구사했음을 보여주는데, 그들의 전략은 우선 예수가 유대인들의 감성과 충돌하게 만든 후에 이어서 그가 "로마의 평화"(*Pax Romana*)를 방해하는 위험인물로 비치게 만드는 것이었다.[75] 최상의 시나리오는 유대인 지도자들이 예수를 로마 당국에 넘겨주기에 충분할 만큼의 증거를 수집한 후에(그렇게 함으로써 내부 지지자들과 좋은 관계를 유지하고) 로마 당국자들이 그에게 사형을 선고하게 하는 것이었다.[76] 이것은 또한 예수를 고발한 자들이 어떤 이유로 그가 성전에 대해 부정적인 발언을 했다고 말하는 증인들을 내세우는 일에 유독 집착했는지를 설명해준다(14:55-59). 명백하게 성전을 공격하는 발언들은 신

---

74 Sherwin-White 1963: 35-43.
75 예수가 서기관들과 벌였던 할라카 논쟁 중 전부는 아니더라도 다수는 신학적 토대에서 기소를 제기하려는 원대한 기획의 일부로 고안되었을 것이다. 내가 주장했던 것처럼 카이사르에게 세금을 바치는 사안에 관한 논쟁(막 12:13-17과 병행 구절)도 선동의 혐의를 씌우기 위한 근거를 마련하자는 것이 동기였을 것이다. 내가 알기로 성전 지도자들의 2단계 전략에 진심으로 주목한 최초의 학자는 Kilpatrick(1953: 8-11)이다.
76 이 같은 재구성에 대한 Juel(1977: 67)의 반대("재판에서 결정된 사안 중에 빌라도에게 공식적으로 혐의를 제기하기 위해 말해진 것은 전혀 없다")는 공허해 보인다.

성모독의 혐의를 제기할 수 있는 명확한 근거가 될 수 있었을 뿐만 아니라, 로마인들에게도 행동을 개시할 수 있는 최적의 조건을 만들어주었다. 셋째, 누가의 기사에서 몇 가지 요소들은 중대 범죄 재판과 잘 들어맞지 않지만(예컨대 대제사장의 갑작스러운 개입, 기소와 변론의 부재), 그런 요소들이 비공식적인 청문회 절차에서는 크게 문제시되지 않는다. 이상과 같은 고려사항들은 중요하게 다루어져야 한다.

여기에 더하여 강력하면서도 결정적인 근거를 제시할 수 있는데, 마가복음에서 산헤드린은 단 한 번도 자신들이 판결을 선고할 위치에 있다고 주장하지 않는다는 점이다. 사실상 그들은 예수가 "사형에 해당한 자"(*enochon einai thanatou*, 14:64)라고 주장했을 뿐이다. 우리가 유죄판결을 의미하는 법정 전문용어를 만나게 되는 장면은 빌라도의 법정인데, 그의 초기 발언 가운데 등장했던 "*aition*"(유죄)라는 단어가 명백한 법정 용어다. "보라! 내가 너희 앞에서 심문하였으되 너희가 고발하는 일에 대하여 이 사람에게서 **죄**를 찾지 못하였고"(*egō enōpion hymōn anakrinas outhen heuron en tō anthrōpō toutō **aition** hōn katēgoreite kat'autou*).[77] 성서의 기록에서 이와 가장 근접한 의미를 지닌 언어가 유대인들에 의해 사용된 사례는 사도행전 13:27인데("예루살렘에 사는 자들과 그들 관리들이 예수와 및 안식일마다 외우는 바 선지자들의 말을 알지 못하므로 예수를 **정죄하여**[*krinantes*] 선지자들의 말을 응하게 하였도다"), 여기서도 이 단어가 공식적인 선고를 의미하지 않는다는 점은 이어지는 구절을 통해 명백해진다. 다음절에서는 앞 절의 "정죄"가 선고의 "근거"(*aitia*, 개역개정: "죄")가 아니라고 말함으로써 앞 절의 의미를 조심스럽게 제한한다. "죽일 **죄**를 하나도 찾지 못하였으나[*mēdemian **aitian** thanatou*] 빌라도

---

77 눅 23:14b.

에게 죽여 달라 하였으니."⁷⁸ 누가에 따르면 유대 지도자들은 "*aitia*"(법정에서 선고의 근거가 될 수 있는 "죄")를 찾으려 했으나 성공하지 못했고, 다만 신성모독의 혐의를 제기했을 뿐이다. 결과적으로 유대 지도자들은 신성모독이 로마 법정에서 중대 범죄로 용인되리라는 환상에 빠져 있지 않았다는 뜻이다. 결국 예수가 처형되기 위해서는 로마 당국자들이 유대 지도자들의 사전청문회에서 제시된 증거들에 설득되어서 그들 자신의 책임하에 공식적인 사형 선고를 내려야만 했다.⁷⁹

놀랍게도 그토록 많은 역사비평 학자들이 마가의 재판 장면을 교회의 창작물로 여겼던 이유는 대체로 그들이 충분한 근거도 없이 마가복음 14:53-65에 묘사된 사건이 재판 장면이라고 가정했기 때문이다. 사실을 말하자면 이 텍스트는 재판 장면이 아니며, 저자가 그렇게 제시하려고 의도하지도 않았다.⁸⁰

마가의 "재판 기사"가 내포한 수많은 잠재적 장애물을 살펴보았는데, 그렇다면 접근성의 문제는 어떠한가? 예수가 그의 처형 이전에 거쳤던 절차들의 세부사항을 제자들과 나눌 기회가 없었다는 점은 분명하다. 그리고 물리적으로 청문회 장소에 가장 가까이 있었던 베드로는 당시에 목격자의 자격을 갖추지 못했고 게다가 자신의 대화에 몰두해 있는 상태였다. 그렇다면 우리는 그날 가야바의 집안에서 일어난 사건이 기독교의 수난 내러티브를 구성하도록 정보가 전달된 경로를 어떻게 설명할 것인가? 이런 질문들이 마땅한 것이기는 하지만 그 질문들의 영향력을 지나치게 부풀릴 필

---

78 행 13:28.
79 재판에 사용된 용어들이 법률 전문용어가 아니라는 점에 대해서는 Catchpole 1971: 254-60, Bock 2007: 64-68을 보라.
80 하지만 나는 관행대로 계속하여 "재판"이라는 용어를 사용할 것이다.

요는 없다. 어쨌거나 예수의 청문회와 야고보의 재판 사이에 연속성이 존재한다고 가정하고(두 사건 모두 안나스 가문이 대제사장 자리를 차지하고 있던 기간에 일어난 것이다) 요세푸스 같은 개인이 야고보의 재판에 대해 상당히 세부적인 내용을 보고할 수 있었다는 점을 고려할 때(*Ant.* 20.9.1 §§197-203), 우리는 예수의 심문에 관한 세부 정보가 외부로 유출되지 않도록 엄중하게 차단되어 있었다고 주장할 아무런 근거가 없다. 가야바가 심문이 밤에 열리도록 시간을 조정했던 이유가 그 사건을 철저히 비밀에 부치기 위해서는 아니었을 것이며, 대중들의 관심이 집중되기 전에 신속하게 일을 처리함으로써 최대한 잡음 없이 예수를 로마 당국자들에게 넘기기 위해서였을 것이다. 더욱이 우리는 무의식적으로 예수의 재판이 사적인 만남이었을 것이라고—마티아스 스톰이 17세기에 그린 유명한 그림에서는 예수와 가야바가 탁자를 사이에 두고 머리를 맞대고 있는 것으로 묘사한다—상상하곤 하지만, 우리는 산헤드린이 수십 명의 회원들로 구성된 모임이며, 그 가운데는 아리마대 요셉이나 니고데모처럼 예수 운동에 대해 어느 정도 공감하는 인물들도 있었다는 점을 기억할 필요가 있다. 십자가 처형 후 몇 주 지나지 않아서 부활을 경험한 교회는 유대교 제사장들의 활동 영역에까지 진출하기 시작했고(행 6:8), 이미 완화되기 시작했던 사회적 장벽은 수많은 정보가 유통됨으로써 점차 낮아지고 있었다.

이 모든 정보는 한 가지 주장으로 귀결된다. 모임의 규모나 논점이 고도로 논쟁적인 성격을 지니고 있다는 점, 그리고 다루는 사안에 대해 산헤드린이 단단한 결속력을 보여주지 못했다는 점 등을 고려할 때 가야바는 그 청문회에서 일어난 일들에 대해 비밀을 유지하는 일이 실제로 불가능하다고 여겼을 것이다. 청문회의 내용을 비밀에 부치려는 시도가 있었는지도 의문이다. 그런 시도가 과연 있었을지에 대해서도 우리는 "아니"라고 말할 수밖에 없다.

3) 재판에서 진행된 대화

예수의 마지막 진술과 관련된 질문들(막 14:62)

예수의 도발적인 "자백"에 대한 보고가 언젠가는 그의 운동에 동참한 자들에게도 전달되었다고 가정한다 해도 그 자백의 세부적인 내용은 유실되었다가 나중에 다시 창작되었을 가능성을 배제할 수는 없다. 과거에는 재판 기사가 역사적으로 문제가 많다는 점을 강조하는 패러다임이 지배적이었기 때문에 많은 역사비평 학자는 자백에 관한 기사를 교회가 상상력을 발휘하여 만들어낸 것으로 여겼다. 예를 들어 노먼 페린은 "인자"에 관한 모든 말씀이 부활 이후 공동체에서 기원한다고 확신하고서 마가복음 14:62은 예수의 부활과 수난이라는 사건을 성서의 렌즈에 비추어 이해한 경험을 바탕으로 두 가지 서로 다른 페셰르 해석을 내놓은 공동체와 함께 시작된 해석과정의 정점이라고 주장했다.[81] 첫 번째 해석(페린은 이것을 "페셰르 1"이라고 부른다)은 시편 110편에서 묘사하는 승천 장면을 다니엘 7장에서 인자가 하나님에게 나아가는 환상과 결합함으로써 성서적 관점에서 부활을 이해하려고 시도한다. 다음 단계에서 두 번째 해석("페셰르 2")은 스가랴 12:10의 도움으로 십자가 처형 장면을 이해하려고 시도하는데, 이때도 다니엘서의 "인자"와 스가랴서를 연결한다. 하지만 이번에는 우리가 요한계시록 1:7에서 목격하는 바대로 인자가 땅으로 **내려**오는 재림 사건을 염두에 두고서 다니엘 7장에 호소한다.

노먼 페린에 따르면 마가복음 14:62의 최종적인 형태는 두 가지 해석

---

81 Norman Perrin, 1974.

이 통합된 기념비적인 순간에 대한 기록이다.[82]

과거에는 페린의 해석을 지지하는 학자들도 있었으나 오늘날에는 그의 해석이 별로 설득력을 얻지 못하는데,[83] 이는 마땅한 일일 것이다. 첫째, 학자들은 더 이상 (페린이 저술 활동을 했던 1960년대와는 달리) 별다른 근거도 없이 "인자"를 초기 기독교 세계가 만들어낸 상상의 산물로 치부하는 전승사비평의 마법적인 영향 아래 놓여 있지 않다. 둘째, 예수 전승에서 "인자"를 예수가 사용했던 표현으로 받아들여야 하는 장소가 있다면 바로 여기다. 제임스 D. G. 던은 알베르트 슈바이처와 에두아르트 슈바이처를 계승하여 다음과 같이 말한다.

> 사실 다니엘 7:13-14의 환상은 의인의 고난과 신원을 다루는 전승 가운데 정점을 이룬다. 만일 예수가 실제로 가야바의 재판정에 소환되었다면 그가 죽음을 피할 수 있을지도 모른다는 희망은 이제 사라져버린 것이다(참조. 막 14:33-36). 이런 상황에서 "인자 같은 이"가 하늘로 높여지고 "지극히 높으신 이의 성도들"이 극심한 수난 이후에 옳다 함을 얻을 것을 보여주는 환상은 예수에게 강력한 위로와 확신을 제공해주었을 것이다(단 7:17-18, 21-27). 여기서 우리는 예수가 "인자"라는 표현을 자기 자신에 대하여 사용한 것인지 아니면 다른 사람을 가리킨 것인지를 묻는 난감한 질문에 대답하기 위해 애쓸 필요가 없다. 텍스트는 이 문제에 대하여 열린 답변을 제공한다. 마가복음 텍스트가 암시하는 바는 예수가 하나님이 그를 버리지 않고 시시각각으로 다가오는 환난과 죽음 이후에 그를 옳다고 인정할 것이라는 확신을 표현하기 위

---

82 Norman Perrin, 1974: 10-14.
83 지지자들 가운데는 Boers(1972: 310-15), Walker(1972; 1983)도 포함된다.

해 다니엘서 구절에 의존한다는 점이다.[84]

던의 지적은 옳다. 성서에 능통한 유대인이 야웨에게 헌신한 결과로 죽임을 당할 위기에 처했을 때 그가 의지할 수 있는 성서 본문 가운데 다니엘 7장보다 적절한 구절은 아마 생각하기 어려울 것이다. 그렇다면 예수가 했던 것처럼 자신의 결심을 확증할 마지막 기회를 활용하기 위해 그것을 큰 소리로 외치지 못할 이유가 무엇이겠는가? 이제까지 나는 예수가 그의 소명을 확증하기 위한 핵심 문구로 다니엘 7장을 사용하였다는 점을 증명하고자 했다. 예수는 하늘에서 벌어지는 장면을 다루는 이야기 속에 마지막으로 자신을 끼워 넣음으로써 종말론적 사건에 대한 그의 포괄적인 비전을 마지막으로 확인하고 있다. 더욱이 그 사건들은 그의 확증으로 이제 새롭게 펼쳐지려 하고 있다.

만일 다니엘 7장이 역사적 예수의 정황에 가지런하게 잘 들어맞는다면 예수가 시편 110편을 언급했을 가능성이 좀 더 높아지는데, 우리는 몇 가지 근거에서 이런 결론에 도달할 수 있다. 첫째, 크레이그 에반스가 지적하는 것처럼 초기 랍비 주석에서 다니엘 7장과 시편 110장은 서로 조화를 이루는 방식으로 해석되었다.[85] 비록 이 같은 해석이 기독교 이후의 것으로 여겨진다는 것은 사실이지만 그것은 마가복음 14:62의 영향을 받았을 가능성이 전혀 없는 기독교 이전 전승에 의존하는 것으로 보인다. 둘째, (이것 역시 에반스가 지적하는 점인데) 예수가 다니엘 7장과 시편 110편을 조화시킨다는 사실은 두 구절이 이방인의 예속, 의로운 자의 통치, 하나님에 의한

---

84 Dunn 2000: 14.
85 *Midr. Ps.* 2.9; Evans 1991: 220에서 재인용.

심판과 같은 주요한 주제들을 공유한다는 점에서 전혀 놀랍지 않다.[86] 다니엘 7장과 시편 110편의 통합은 초기 그리스도인들이 그것을 기독론의 핵심적인 요소로 대하기 훨씬 이전부터 이미 성서 해석의 지평에서 확고하게 자리 잡고 있었다. 무엇보다도 우리는 예수가 특히 생애 마지막 한 주간 동안 시편 110편에 관심을 보였다는 증거를 가지고 있다(막 13:35-37). 여기서 마가복음 14:62에서 시편 110편을 언급한 것을 후대 편집작업의 결과로 보아야 할 것인가, 아니면 초기 전승의 일부로 보아야 할 것인가 하는 질문은 점점 강력해지는 "다윗의 자손 논쟁"(Davidssohnfrage)의 진정성과 연계하여 새롭게 다루어져야 한다.[87] 역사적 예수가 며칠간에 걸쳐서 시편 110편을 여러 차례 언급했다고 믿는 일이 쉽겠는가, 아니면 신앙 공동체가 동일한 시편을 역사적으로 신빙성이 있는 마가복음 12:35-37에서의 언급과 아무런 연관관계도 없이 재판 장면에 슬며시 끼워 넣었다고 믿는 일이 쉽겠는가? 내가 보기에 무엇을 선택할 것인지는 분명하다. 만일 우리가 대다수 학자의 전례를 따라 "다윗의 자손 논쟁"(막 12:35-37)을 진정성 있는 예수의 말씀으로 받아들인다면 우리는 일관성의 원리에 근거하여 다니엘 7장과 시편 110편 모두 가야바의 법정에서 중요한 역할을 맡았다는 점을 인정할 수밖에 없다.

나는 마가복음 14:62에 관한 노먼 페린의 주장이 가진 치명적인 흠이 그 말씀이 예수로부터 유래했을 가능성을 너무 성급하게 일축하는 점이라

---

86 Evans 1991: 220. Evans는 1세기에 다니엘서의 "인자"와 시 110편의 중심인물인 "다윗의 자손"을 동일시하는 경향이 있었다는 사실까지도 언급했을 수도 있다.

87 Norman Perrin(1974: 13)은 Lindars(1961: 47)를 따라 "다윗의 자손 논쟁"(Davidssohnfrage, 막 12:35-37)이 공동체의 해석(pesher) 활동의 산물이었으며 따라서 역사적 예수가 막 14:62에서 시 110편을 암시했다는 증거는 없다고 주장한다.

고 생각하는데, 다른 학자들은 그가 이 구절의 배후 텍스트로 다니엘 7:13 및 시편 110:1과 함께 스가랴 12:10b("그들이 그 찌른 바 그를 바라보고 그를 위하여 애통하기를 독자를 위하여 애통하듯 하며 그를 위하여 통곡하기를 장자를 위하여 통곡하듯 하리로다")을 포함시킨 것이 최대의 약점이라고 주장한다.[88] 노먼 페린은 마가복음에 사용된 "너희가 보리라"(hopesethe)라는 동사가 스가랴서에서 찌른 자를 "바라볼"(LXX hopsetai) 자들에 대한 환상과 보조를 같이한다고 보았다. 마가복음 14:62과 스가랴 12:10 간의 연결고리가 지극히 미미하다는 점에서 이를 근거로 이처럼 강력한 주장을 펼치기가 불가능한데도 불구하고 페린이 이를 강행한 데는 적어도 두 가지 이유가 있는 것처럼 보인다. 첫째, 스가랴 12장은 그때 상황에서 예수가 언급했다고 여기기에 충분한 근거가 있었는데, 다름 아니라 예수가 그의 생애 마지막 주간에 스가랴 9-13장을 마음에 두고 있었다는 사실을 발견할 수 있기 때문이다.[89] 둘째, 다니엘 7장과 시편 110편이 공유하는 관심 주제 가운데 하나는—하나님의 대리인이 대적들 앞에서 옳다고 인정받는 일을 포함하여—면죄(exoneration)와 고양(exaltation)이라는 서로 짝을 이루는 개념인데, 이것은 스가랴 12장에서도 나타나는 주제다. 역사적 예수가 이 세 가지 텍스트에 동시에 호소했다고 보는 것이 복잡한 전승의 단계들에 관한 이론을 제시하는 것보다 훨씬 그럴듯해 보인다. 요점만 짚어서 말하자면, 예수가 가야바에게 대답하는 장면에서 그가 다니엘 7장에 호소했다는 증거는 대단히 강력하며, 시편 110편에 호소했다는 증거도 상당하지만, 그가 스가랴 13장에 호소했다는 증거는 비교적 빈약하다고 말할 수 있다.

---

88 Juel 1975: 94.
89 Kim 1987: 138-40; Evans 1999: 388; Nicholas Perrin, 2010: 159-63.

심문(막 14:55-59)

복음서의 기록에 따르면 애초에 가야바의 심문은 예수가 과연 성전을 파괴할 의도가 있는지 확인하기 위한 것이었다(막 14:55-59). 대제사장이 이 사안에 관심을 가졌다는 사실은 그가 지향했던 두 가지 목표를 통해 분명해진다. 한편으로 가야바는 로마 사람들에게 그들이 왜 예수를 제거해야만 하는지 설득할 수 있는 확실한 근거와 법적 논리를 제공할 필요가 있었다. 대제사장은 예수가 반란의 주동자라는 사실을 폭로해줄 절차를 진행하는 일이 그러한 목적을 달성하기 위한 최상의 기회를 제공해줄 거라고 믿었다. 다른 한편으로 성전 지도자들은 겉으로는 무제한의 권한을 행사하는 것처럼 보였으나 사실 그들은 유대인 군중들의 평판에 대단히 민감했었다. 만일 산헤드린이 예수와 같이 인기 있는 지도자를 로마 당국에 넘겨버리고자 한다면 그들은 유대 사회 모든 부류의 사람들에게 이를 받아들일 만한 근거를 제공해야 했다. 그리하여 가야바는 예수가 산헤드린의 주축을 이루는 사두개파의 기준으로 보거나 대중들의 지지를 얻는 바리새파의 기준으로 볼 때도 명백하게 유대 종교법을 위반했다는 혐의를 씌우고자 했던 것이었다. 만일 청문회를 통해 예수가 공개적으로 성전을 대적하는 발언이나 성전에 대한 테러 행위를 모의하는 발언을 하도록 유도할 수만 있다면 유대 지도자들은 한꺼번에 두 마리 토끼를 잡을 수 있게 되는 것이다.

예수의 재판에 참여했던 유대교 당국자들이 아무런 편견 없이 조사에 임했을 것이라고 진지하게 주장하는 사람은 아무도 없겠지만, 만일 우리가 14:55-59을 공정하고 정확한 역사적 보도로 대한다면 그때의 청문회는 수많은 학자가 주장했던 것처럼 인민재판과 같은 형태는 아니었다. 핵심은 가야바의 주도하에 어느 정도는 공정한 재판절차를 거쳐서 최소한 목격자들의 증언이 서로 배치되지 않는 방식으로 예수에게 반란 혐의를 씌우는 것이었다. 물론 배후에서 약간의 리허설과 연출도 준비했을 것이고 목격자들의 진술도 사전에 조율했겠지만, 일단 청문회 절차가 시작되고 나자 대제사장은 서로 엇갈리는 목격자 진술들을 중재할 수도 없었으며 치밀하지 못한 준비로 인해 조작의 정황이 드러나는 것도 막을 수가 없었다. 어쨌거나 마가는 목격자들이 일관된 이야기를 꾸며내는 데 성공하지 못했다는 사실을 밝히면서 재판이 진퇴양난에 빠지게 되었다는 인상을 전해준다. 비공식적인 유대교의 청문회에서도 논증과 증거의 원칙은 유효했다는 뜻이다. 적어도 이번 재판에서는 가야바가 질서 있는 진행을 추구했던 이유가 공정한 절차에 대한 원칙적인 헌신 때문이 아니라 예수가 부당하게 처형당했다는 잠재적인 비난으로부터 자유롭고 싶다는 마음 때문이었다.

진행 중인 청문회가 별다른 진전 없이 흘러가자 가야바가 심문을 이어받는다(14:60-61). 대제사장의 첫 번째 질문에 예수는 침묵으로 답했다(60-61a). 하지만 청문회의 전환점에 이르러 그는 예수에게 "네가 찬송 받을 이의 아들 그리스도[메시아]냐?"(61b)라고 묻는다. 종종 이 질문은 완전히 새로운 방향의 심문이 시작되었음을 알리는 신호로 해석되기도 하는데, 그렇게 생각할 이유는 없는 것 같다.[90] 다만 가야바는 예수가 성전을 파괴하겠다고 협박했다는 기록을 남기기 위하여 이 사안을 다른 각도에서 접근한 것이다. 그는 예수가 주장하는 메시아 직분을 문제 삼기로 하였다. 대제사장의 내면에서 진행되었던 추리의 과정을 재구성하기는 어렵지 않다. 가야바는 예수가 메시아를 자칭한다고 믿고 있었고(무엇보다도 그가 성전에서 행한 일을 통해 그렇게 보였을 것이다), 유대인들의 사고방식 속에서 메시아의 역할은 사실상 새로운 성전을 건축하기 위해 기존 성전을 파괴하려는 음모

---

90 이 구절들의 난제들에 대해 여전히 유익을 주는 Marcus(1989)의 논의를 참조하라.

와도 깊이 연루되어 있었기 때문에, 그가 메시아라는 자백을 받아내는 것은 그가 성전에 대해 적대적인 의도를 지니고 있음을 증명하는 가장 빠른 길이었다.[91] 물론 예수가 메시아라는 분명한 주장은 로마 당국자들에게도 좀 더 직접적인 위협으로 받아들여졌을 것이다. 따라서 만일 가야바가 예수를 부추겨서 자신이 메시아라고 시인하게 만들 수만 있다면 이는 유대인들에게 그가 공공연하게 성전을 비방했다는 소문을 실질적으로 확증해줄 뿐만 아니라 성전 지도자들이 로마 관리들에게 예수가 정치적으로 얼마나 위험한 인물이었는지 설명할 때도 유용한 도구로 사용될 수 있었다.

아마도 가야바는 그가 기대했던 대로 일이 풀려가는 것을 보고 상당히 놀랐을 것인데, 사실은 기대 이상이었다. 가야바는 마가복음 14:62에 기록된 예수의 대답("내가 그니라. 인자가 권능자의 우편에 앉은 것과 하늘 구름을 타고 오는 것을 너희가 보리라.")을 듣자마자 곧바로 자기 옷을 찢으면서 예수가 신성모독하는 발언을 하였기 때문에 사형에 해당한다고 선언하고서 느닷없이 청문회를 마무리했다. 확실히 대제사장은 이제 유대인들에게 이해할 만한 기소의 근거를 제공하고 로마 관리들에게 정식 절차를 따라 이 사안을 처리해달라고 요청할 수 있는 충분한 증거를 확보했다고 확신했다.

4) 예수에게 씌워진 신성모독죄의 본질(막 14:62)

가야바의 관점에서 예수는 너무나 명백하게 자기 죄를 시인한 것이었다. 그러나 예수에게 씌워졌던 죄목의 정확한 본질이 무엇인지는 그리 명백하지 않다. 예수가 대제사장에게 했던 발언이 정확히 어떤 의미에서 신성모

91　메시아 정체성과 종말론적 성전 건축의 상관관계에 대해서는 Juel 1977: 178-79; Nicholas Perrin, 2015: 263-73을 보라.

독의 수준에까지 도달한 것으로 여겨지게 되었던 것일까? 사실상 예수의 발언은 잠재적으로 신성모독의 혐의로 인해 심층적인 조사가 필요한 사안으로 여겨진 것이 아니라, 대제사장이 그 지점에서 즉시 청문회를 종결할 만큼 확고한 신성모독의 근거로 다루어졌다. 이와 관련된 질문은 방대한 분량의 논의를 요구하는 것인데, 해답은 크게 서너 가지 가능성으로 요약되는 것 같다.

첫째, 예수가 "내가 그니라"(*egō eimi*, 14:62)라는 발언을 통해 자신을 메시아와 동일시했다는 단순한 이유로 신성모독의 혐의를 쓰게 되었다고 주장하는 이들이 있다.[92] 이 같은 해석에 따르면 누구라도 자신이 메시아라고 주장한다면 그는 신성모독죄를 범하는 것이다. 하지만 안타깝게도 이런 해석은 역사적 증거에 의해 지지받지 못한다는 치명적인 약점을 지니고 있다. 1세기와 2세기 유대교 내에서 수많은 메시아가 출몰했지만, 그들 가운데 어느 한 사람도, 심지어 명백하게 거짓 메시아임이 판명되었을 때도(예컨대 시므온 바르 코크바의 경우처럼) 신성모독의 혐의로 비난받지는 않았다. 따라서 학자들은 이제 이런 주장을 사실상 폐기했다.

로버트 건드리가 제안한 두 번째 가능성은 율법 전문가인 랍비들이 신성모독을 정의하는 방식에 초점을 맞추는데, 랍비들은 신성모독의 범위를 하나님의 이름을 부당하게 발음하는 행위로 엄격하게 제한한다.[93] 건드리의 재구성에 따르면 마가복음은 예수가 하나님의 이름을 발음했다고 증언하는 전승을 보존하면서도 그 장면을 글로 기록함으로써 불법을 되풀이하

---

92 Blinzler 1959: 105-12; O'Neill 1969: 153-67; Lane 1974: 536. 이런 관점을 대변하는 약간 다른 방식은 예수가 율법을 위반한 구체적인 내용이 "에고 에이미"라는 표현을 사용했다는 점이라는 것이다. Stauffer 1960: 121-28.
93 Gundry 2005, 2008.

기보다는 "야웨" 대신 "권능자"(tēs dynameos)라는 우회적인 표현을 삽입하였는데, 그럼에도 독자들은 이 장면에 내포된 본질적인 의미를 파악하고 있었으리라고 전제한다는 것이다. 이 같은 제안이 지닌 가장 큰 장점은 신성모독에 관한 랍비 문헌의 정의(m. Sanh. 7.5)와 실제 역사적 사건을 직접 연결할 수 있다는 점이다. 하지만 그의 제안은 적어도 두 가지 약점을 안고 있다. 첫째, 건드리의 해석은 랍비 시대에 정착되었던 신성모독의 기준이 예수 시대에도 동일하게 적용되었다고 전제하지만, 사실 1세기 초반의 유대교는 랍비 시대 유대교와 신학적으로 상당히 다른 모습을 보이고 있었으며 결과적으로 예수 시대에는 무엇이 신성모독이고 무엇이 신성모독이 아닌지에 대해 랍비 시대와는 상당히 다른 견해가 존재했으리라고 추정할 수 있다.[94] 이런 관점에서 건드리가 미쉬나 시대의 법령과 1세기의 현실을 연결해놓은 선은 지나치게 직선적이라고 말할 수 있다. 건드리의 제안이 지닌 두 번째 약점은 마가가 예수의 말씀에서 문제가 될 만한 요소를 제거하려 했다는 어떤 암시도 그가 제시하지 못한다는 점이다. 사실상 마가가 이 결정적인 장면에 부여하는 의미를 고려한다면, 이는 마치 예수가 어떤 중대한 기독론적 주장과 관련해서가 아니라 이해할 수 없는 부적절한 표현을 사용함으로써 논쟁을 촉발하였는데, 마가는 이때 예수가 자신을 변호했던 사건을 독자들에게 신실한 증언의 모델로 삼으라고 초청했다고 말하는 것이나 마찬가지다. 이것은 충격적일 뿐만 아니라 이 장면이 지니는 결정적인 의미를 퇴색시키는 결과를 낳고 말 것이다. 건드리의 시나리오에 따르면 우리는 복음서 저자가 이 장면을 결정적인 순간으로 만들고자 하면서도

---

94 Collins(2004)의 연구를 참조하라. 바리새인들과 사두개인들 내부에서 신성모독을 정의하는 서로 다른 방식들에 대해서는 Bauckham 1999: 223을 참조하라.

어찌하여 그 자신은 예수의 "중대한 실수"를 되풀이하기를 주저하는지 이해할 수 없게 된다.

세 번째 해결책은 전통적이고 가장 보편적인 접근법인데, 대략 다음과 같은 시나리오다. 예수는 다니엘 7장과 시편 110편을 인용했다는 이유로 신성모독의 혐의를 안게 되었는데, 이 두 텍스트를 인용한 것은 그가 오직 하나님께만 제한된 특권들을 공유할 권리를 지니고 있음을 은연중에 내비치는 수단이었다.[95] 이 같은 제안이 지닌 명백한 장점은 1세기 유대교 사회에서 누군가가 자신이 하나님처럼 행동한다고 주장하거나 자신이 하나님과 동등하다고 주장하는 일이 신성모독죄에 해당하는 행동으로 여겨졌다는 다양한 증거들이 존재한다는 점인데, 그 증거들은 주로 요세푸스나 필론의 저작과 관련이 있다.[96] 만일 예수가 자신이 하늘 구름을 타고 오는 인자라고 주장했다면 그는 명백하게 하나님이 임명한 재판관이라는 중대한 역할을 오만하게도 자신에게 돌린 셈이다. 아마도 예수가 이처럼 자신을 인자와 동일시했던 것이 가야바의 반응을 유발하는 방아쇠 역할을 했을 것이다.

다른 한편으로 신성모독 혐의에 관한 이 같은 설명은 세 가지 문제로 인해 설득력을 잃게 된다. 첫 번째 문제는 1세기 유대교의 특정 분파에서 신성의 경계를 야웨의 인격을 초월하는 영역에까지 확장하는 일에 대해 상당한 관용을 보였다는 사실과 관련된다.[97] 이 같은 현상을 보여주는 두드러진 사례가 기원전 3세기의 비극작가 에제키엘의 「엑사고게」라는 출애굽 드라마인데, 이 작품은 메르카바 신비주의 문학의 가장 이른 형태이며 이

---

95 Betz 1982: 565-647; Marcus 1989; Bock 1997; 2007; Collins 2004.
96 Philo, *Somn.* 2.18; *Decal.* 13-14, 61-64; *Legat.* 45; Josephus, *Ant.* 4.8.6 §202.
97 Segal 1977; Hurtado 1988: 17-92; Bock 1997: 122-45; Eskola 2001: 91-123.

드라마에서 전능자는 자신의 규와 왕관을 모세에게 넘겨준다. 같은 범주에 속하는 사례로 「에녹1서」에 등장하는 "인자"를 거론할 수 있는데, 그는 다니엘 7장에 바탕을 둔 인물로서 고도로 초월적이며 에녹과 유사한 특성을 가진 메시아적 존재다. 이 외에도 고대의 유력한 인물들(아담, 아벨, 노아, 셈)이나 족장들(아브라함, 이삭, 야곱), 혹은 의로움을 인정받아 야웨의 보좌 옆에 자리를 잡은 수많은 인물의 사례를 담은 문서자료들을 제시할 수 있다.[98] 요세푸스나 필론의 저작과 초기 메르카바 증언을 비교해보면 유대인의 사고 세계에서 신성과 인성 사이의 경계가 상당히 유동적이었던 것으로 보이며 이 같은 유동성에 비추어볼 때 예수의 신성모독죄에 관한 기사는 실제로 다음 두 가지 시나리오 가운데 하나로 제한될 수밖에 없다. 첫 번째 시나리오에서 예수는 그의 발언이 원칙적으로 신성모독에 해당하기 때문이 아니라 벼락출세한 갈릴리 사람에 불과했던 그가 뻔뻔하게도 모세나 에녹과 같은 유명 인사들에게나 돌려질 법한 지위에까지 손을 뻗쳤다는 이유에서 신성모독죄로 고소당한 것으로 이해한다.[99] 또 다른 시나리오는 예수가 그 당시 유대인들이 보편적으로 공유하고 있지 **않았던** 특정한 신학적 원리들에 따라 신성모독죄를 범한 죄인으로 여겨졌으리라는 것이다. 둘 중 어떤 시나리오에 따르더라도 가야바의 갑작스러운 비난은 엄정한 조사의 대상이 되어야만 하는데, 그는 하나님의 오른편에 도달**했을 수도 있는** 인물의 도래에 대한 희망을 품고 있는 당사자들을 소외시킬 가능성이 있는 위험한

---

98 Eskola 2001: 128. 다음 자료들도 참조하라. *T. Isaac* 2.7; *T. Job* 33.2-4; *T. Ab.* 10; *T. Benj.* 10.56; *Apoc. Mos.* 19.2.

99 Bock(1997: 152)은 이와 유사한 관점에서 이렇게 말한다. "하나님의 바로 옆자리는 특권을 지닌 소수를 위한 자리라고 생각되었다.…하지만 이스라엘의 지도자들은 그런 영예가 예수처럼 비친한 갈릴리 변방 출신의 설교자에게 주어지리라고는 생각지도 않았다."

결정을 내렸던 것이었다. 하지만 가야바가 다수의 군중 앞에서 재론의 여지가 없는 판결을 선고하는 데 관심을 기울였다는 점에 비추어볼 때 이런 설명은 설득력이 별로 없는 것 같다.

　이 같은 해석의 두 번째 문제는 예수가 개인적으로 자신을 인자와 동일시한다고 전제한다는 점인데, 제임스 던이 지적하는 것처럼 그의 발언에서는 그 같은 동일시를 요구하는 어떤 진술도 찾아볼 수 없다.[100] 마가복음 14:62에서 예수는 자신이 메시아임을 인정한 후에도 계속하여 인자를 삼인칭으로 표현하는데, 이를 통해 그는 "인자"라는 개념이 고유한 집합적 실체를 가리키며 자신도 거기에 속해 있을 가능성을 열어두는 것으로 보인다. 또한 우리에게는 가야바가 청문회를 특정한 방향으로 이끌어가려 했다고 생각할 충분한 이유가 있기는 하지만, 그는 인기 있는 유대인 지도자를 로마 당국에 넘겨주어 십자가에 처형당하게 만드는 논란의 여지가 있는 결정을 실행에 옮기기에 앞서 먼저 사람들이 이해할 만한 공정한 절차를 보장하거나 아니면 적어도 그렇게 하는 흉내라도 낼 필요가 있다고 여겼다. 만일 예수의 죄가 자신을 신적 존재와 동등하게 여긴 것이었다면 가야바는 예수가 실제로 그처럼 과감하게 자신을 하나님과 동일시했다는 점을 명확하게 하기를 원했겠지만, 예수가 선택한 단어들로는 그의 목적을 달성할 수 없었다. 그런데도 이 문제에 관한 가야바의 견해는 확고했다.

　세 번째 문제는 다음과 같다. 예수의 자백에 관한 비방이 주로 신성에 대한 그의 암시적인 주장과 관련된 것이라면, 이것은 예수의 신성보다는 오히려 성전 실세들의 잠재적인 반대에 맞서 그의 **메시아 직분**을 계속하여 강조했던 복음서 저자의 기록과 썩 잘 어울리지 않는다. 물론 가야바

100　Dunn 2000: 12-13.

가 뚜렷한 의도 없이 예수의 메시아 직분을 걸고넘어졌다가 그가 기대했던 것 이상의 소득을 올린 것일 수도 있다. 말하자면 하나님과 동등한 신성을 소유했다는 비범한 주장이야말로 자신이 메시아라는 주장보다 훨씬 더 심각한 결과를 초래하리라는 뜻이다. 하지만 만일 그것이 사실이라면 우리는 복음서 저자가 내러티브 분량의 텍스트를 투자하여 **그리스도로서의** 예수에 대해 보여주었던 관심이 핵심을 벗어나지는 않았는가 하는 질문을 제기할 수 있을 것이며, 아울러 복음서 저자가 이 지점까지 유지해왔던 관심사에도 불구하고 재판 장면에서의 **진짜** 요점은 예수의 신성이라고 말해야 하는 것이 아닌가 하는 질문도 제기할 수 있을 것이다. 물론 나는 예수의 자백이 그의 신성과도 분명한 관련이 있다고 여기지만(이 점에 대해서는 나중에 다룰 것이다), 만일 복음서 저자가 마가복음 14:62에서 예수의 신성을 강조하기 위해 그의 메시아 직분을 부수적인 요소로 격하하려고 시도하는 것이라면, 그것은 근본적으로 마가복음 1:1-14:18 전체를 한가하게 정원을 산책하는 장면에 대한 묘사로 퇴색시키는 일이 될 것이다.[101]

이 세 가지 접근법에 더하여 나는 네 번째 접근법을 제안하려고 하는데, 이것은 예수가 인용한 성서 구절을 대제사장에 대한 저주로서의 신성모독과 연관 짓는 널리 알려진 해석을 변형한 것이다. 출애굽기 22:28(MT 22:27)에 대한 유대인들의 보편적인 해석에 따르면 대제사장을 저주하는 일은 명백하게 신성모독죄의 근거가 되었다(참조. 레 24:10-23; 민 15:30-

---

101 마가의 내러티브 주장과 관련하여 본질적으로 동일한 관점을 표명하면서 Burkill(1970: 2)은 다음과 같이 결론짓는다. 복음서 저자는 가야바가 제기한 신성모독의 혐의가 메시아 주장에 대한 반응이었던 것으로 오해했다는 것이었다. 예수는 한 걸음 더 나아가 사실상 자신의 신성을 주장했다.

31).¹⁰² 나는 이 같은 해결책을 선호하는데, 왜냐하면 이것이 마가복음 내러티브와도 의미가 통할 뿐만 아니라 복음서 배후에 놓인 역사적 상황과도 잘 들어맞기 때문이다. 어쨌거나 마가복음 저자의 내러티브에서 예수는 자신이 사실상 종신 재직권을 지닌 대제사장에 맞서는 제왕적-제사장적 인자라는 사실을 지속적으로 암시해왔다. 따라서 마가복음 기사는 서로 경합하는 두 제사장 세력에 관한 이야기인데, 두 세력이 간헐적으로 충돌하는 장면이 복음서 전반에 흩어져 있으며, 그런 장면들에는 전열을 정비하여 세력을 극대화한 성전 관계자들에 대한 심판이 암시되어 있다. 예수는 악한 소작인의 비유를 통해 은연중에 성전 관계자들에 대한 심판을 암시한 후에 이제 마가복음 14:53-65에서는 마지막으로 가야바를 직접 대면하고서 이론의 여지가 없이 분명한 성서의 언어로 그가 맞이할 운명을 선언하고 있다. 독자들은 아마도 여기서 마가가 의도했던 교훈적인 목표를 간과하기 어려울 것이다. 마가복음 14:62(그리고 복음서 전반)을 해석하는 현대 학자들은 복음서 저자의 기독론적 주장을 신학적 상용어구로 다루는 경향을 보이지만, 마가와 그의 독자들은 예수의 선언이 지극히 논쟁적이면서도 예리한 핵심, 다시 말해 가야바와 그의 후계자들이 **아니라** 예수가 진정한 대제사장이라는 주장을 내포하고 있다는 사실을 분명하게 인지하고 있었을 것이다. 따라서 우리는 마가가 예수의 자백을 이 장면에 포함시킴으로써 마가복음 14:62이 기독론적 요약의 절정으로서 지니는 의미를 축소하지 않으면서도 1세기 독자들의 마음에 불을 지피게 될 다음과 같은 질문을

---

102 Evans(1991: 222)와 Bock(1997: 156-60; 2007: 82-85)는 이런 해석을 받아들이면서도 그것을 야웨의 보좌를 공유한다는 주장에 대한 분노의 표출과 결합시킨다. 나는 그들의 입장과는 약간 거리를 두고, 이 구절이 예수의 신성을 암시하면서도 드러나게는 찬탈을 가리킨다고 본다. 필론과 요세푸스의 관련 자료에 대해서는 Collins 2004: 389-94을 보라.

어떤 식으로 제시하고 있는지 어렵지 않게 식별할 수 있을 것이다. "만일 예수가 진실로 메시아라면 성전에 기반을 둔 유대교와 성전 지도자들의 운명은 어찌 될 것인가?"

이 같은 해석은 예수가 인용했던 성서 구절들과도 조화를 이룬다. 크레이그 에반스에 따르면 다니엘 7장과 시편 110편은 단지 이방인의 예속, 의로운 자의 통치, 하나님에 의한 심판과 같은 몇몇 주제만을 공유하는 것은 아닌데, 본 장 앞부분에서도 이 점을 이미 지적하였다.[103] 이 같은 공통 주제들의 목록에 나는 좀 더 보편적인 요소를 하나 더하고자 하는데, 다름 아니라 제사장 직분이다. 나는 이미 다니엘서의 "인자"가 제사장적 인물이라는 점을 논증했었는데, 멜기세덱을 언급하는 시편 110편도 확실히 고양된 제사장 직분을 염두에 두고 있다. 요약하자면, 다니엘 7장과 시편 110편 모두 하나님의 대적들과 갈등을 겪고 있으나 궁극적으로는 승리하게 될 제사장적 인물에 대한 비전을 제시하고 있다. 복음서 저자는 이 모든 사안을 염두에 두고 있었음이 분명하다. 마가복음 내러티브의 이 지점까지 예수는 제사장적 인자로 소개되고 있으며 직전 장면인 최후의 만찬 기사에서 예수는 자신이 장차 십자가에서 희생당할 것을 암시하고 있다(막 14:22-25). 그런데 이제 마가복음 14:62에 이르러 복음서 저자는 예수를 장차 도래할 인자인 동시에 머지않아 가야바와 그의 지지자들을 추방하고 심판할 (멜기세덱의 서열을 따르는 다윗 가문의) 제사장으로 소개한다. 이 모든 구절에서 공통분모는 종말론적 제사장 직분이다.

이런 맥락에서 마가복음 저자는 진정한 대제사장인 예수가 공식적인 대제사장인 가야바에 대항하여 하나님의 심판을 선언하는 신성모독을 범

---

103 Evans 1991: 220.

했다는 죄목으로 정죄당하는 아이러니한 상황을 충분히 활용한다고 볼 수 있다.[104] 대제사장은 예수를 신성모독 혐의로 고소함으로써 역설적으로 자기 자신도 잠재적으로 같은 혐의를 떠안게 될 여지를 열어놓은 셈이다.[105] 후에 예수가 십자가에 달렸을 때 지나가던 행인들은 말로 그를 모욕했다(*eblasphēmoun*).[106] 십자가 처형 장면에서 마지막으로 사용되었던 "블라스페메오"(*blasphemeō*)라는 동사가 가야바 앞에서 행해졌다고 추정되는 "신성모독"을 연상시킨다고 가정할 때 우리는 여기서도 동일한 아이러니가 이 장면에까지 연장된다는 사실을 발견한다. 이번에는 지나가던 행인들이 신성모독죄를 범했다고 추정되는 예수에 대해 신성모독적인 말들을 내뱉는데, 아이러니하게도 예수는 이스라엘의 죄를 사하는 대제사장의 직무를 수행하는 중이라는 것이다. 따라서 마가복음에 등장하는 예수와 가야바는 서로에 대해 거울과 같은 존재다. 두 인물 모두 모독당하는 동시에 신성모독죄로 고소당했으며, 둘 다 신성모독죄를 범했다고 추정되는 추종자들의 지지를 받고 있었다. 하지만 이 같은 거울 관계는 만일 우리가 예수의 신성모독이 신적 특권에 관한 것이 아니고 제사장 직분에 관한 것이라고 가정한다면, 단지 문학적 장치로서만 의미를 지닐 뿐이다. 예수의 자백에 대한 해석은 대체로 그것이 예수의 신적 정체성이나 아직 확정되지 않은 메시아 지위에 대해 가지는 의미에 초점을 맞추지만 이런 두 가지 설명은 마가가 그의 독자들이 따라가기를 기대했던 개념적 경로를 차단해버린다. 마가복음 14:62은 예수를 다윗 가문의 인자로 규정함으로써 그가 신학적으로 풍부한 의미를 동반하는 메시아적 대제사장 직분을 수행할 자라고 단언한다.

104　막 14:64.
105　참조. 막 3:28-29.
106　막 15:29.

마가복음의 예수가 또한 종말론적 대제사장이라는 점은 그가 가야바의 무리에게 약속했던 "너희가 보리라"(*hopsesthe*)라는 문구의 존재를 통해 확증된다. 마가복음 14:62에서 스가랴 12:10을 염두에 두었는지와는 무관하게 이 동사는 핵심적인 역할을 한다. 예수는 가야바와 그의 동료들에게 "인자가…오는 것을 너희가 **보리라**"라고 말하는데, 마가복음 13:26에서도 예수는 "인자가" 큰 권능과 영광으로 "오는 것을" 사람들이 "**보리라**[*hopsontai*]"라고 약속한다. 대럴 보크와 다른 학자들이 지적한 것처럼 "본다"라는 동사는 강력한 종말론적 관점을 전달하고 있다. 일반적으로 이 동사는 하나님의 백성을 압제하는 자들에 대해 사용되는데, 그들도 언젠가는 진리를 깨닫고서 그 결과 수치와 정죄를 당하게 될 것이다.[107] 마가복음의 예수는 고위 제사장들에게 이런 맥락에서 그들이 "보리라"고 약속함으로써 그들이 최후의 심판 날에 당하게 될 임박한 정죄를 암시한다.

이제는 무엇을 보는가에 관한 문제인데, 복음서 저자가 과연 가야바가 인자의 도래를 **보리라**고 말할 때 정확히 무엇을 의미했는지 학자들의 의견이 분분하다. 어떤 학자들은 여기서 마가가 부활을 염두에 둔 것이라고 제안하는가 하면 다른 학자들은 성전 파괴, 또 다른 학자들은 그리스도의 재림을 염두에 둔 것이라고 주장한다. 나는 이런 다양한 제안을 굳이 분리해서 생각할 이유를 찾지 못했다. 예수가 인자로서 정당성을 인정받는 일은 하나의 단편적인 사건으로 축소될 필요가 없으며, 오히려 세 가지 사건이 각각 나름의 방식으로 예수가 옳았음을 확증할 뿐만 아니라 세 사건 모두 어떤 의미에서는 가야바의 무리에게 목격되었으리라는 점에서 우리는

---

107 Bock 2007: 82-83(그는 지혜서 5:2; *Apoc. El.* 35.17, 그리고 *1 En.* 62.35을 인용한다). 또한 Pesch 1976-80: 2.439도 보라.

마가복음에서 "인자의 도래"가 구속사의 진행 과정 전체(승천, 성전 파괴, 재림을 포함하여)를 가리키는 동시에 그 과정 가운데 특정한 하나의 사건을 가리킬 수도 있다고 가정하지 못할 이유가 전혀 없다. 어쨌거나 복음서 저자의 요지는 예수의 자백이 근본적으로 대립적인 성격을 띤다는 점인데, 그는 예수와 가야바가 각각 추구해온 궤적을 들추어낼 뿐만 아니라 이 두 인물 가운데 하나와 자신을 동일시하고자 했던 자들의 궤적도 파헤친다. 마가의 신학에서 성전 파괴는 복수심에 불타는 하나님이 예수를 거부했던 유대인들에게 보복하는 방편이 아니었으며 오히려 서로 경쟁 관계에 있는 양대 성전 제도 간의 갈등을 해소하는 하나님의 방법이었다.

하지만 설령 이것이 사실이라 해도 우리에게는 아직 해결해야 할 몇 가지 문제가 남아 있는데, 이런 세부사항은 단순해 보이지만 상당히 중요하다. 역사적 예수의 관점에서 산헤드린은 어느 시점에 인자가 "권능자의 우편에 앉은 것과" "구름을 타고 오는 것을" **보게** 된다는 것인가? 그리고 역사상의 가야바는 예수의 이 같은 선언을 통해—정말로 뭔가를 깨달았다면—도대체 무엇을 깨닫게 되었을까? 이 질문에 대한 답변은 아마도 이후의 그리스도인들이 "파루시아"(재림)라고 불렀던 것과는 분명한 차이가 있을 것이다. 만일 역사적 예수가 이때 "재림"과 같은 것을 의도했다면 그것이 산헤드린에 속한 가야바나 그의 동료들에게 무슨 의미를 전달할 수 있었을 것인가? 확실하다고 말할 수는 없겠지만 조금 더 그럴듯한 제안이 있는데, 예수에게는 보좌에 앉은 인자를 "보리라"라는 약속이 성전 파괴에 관한 그의 예언이나 자신의 부활 및 승귀와 밀접하게 관련되었으리라는 것이다. 아마도 부활과 승귀는 1세기 바리새인들 사이에서 광범위하게 기대되었던 위대한 종말론적 사건의 일부이기도 했을 것이다. 하지만 이런 가능한 제안들보다 더욱 강력한 가설이 있는데, 다름 아니라 예수는 자신이 이스라엘의 죄를 대속하기 위하여 대제사장의 보좌에 오르리라고 기대했다는 것이다. 내가 보기에 이것이 문제의 핵심을 지적하는 것 같다. 어쨌거나 1세기 유대인이나 후대의 메르카바 신비주의자들에게 보좌를 본다는 말은 죄가 사해지는 공간(언약궤의 윗부분)을 본다는 것을 의미했다.[108] 달리 표현하자면, 역사적 예수는 그를 대적하는 자들에게 그들이 장차 그가 "권능자의 우편에 앉은" 것과 "하늘 구름을 타고 오는 것을" 보리라고 약속함으로써―"권능자의 우편에 앉는" 것은 멜기세덱의 서열을 따른 대제사장을 위해 유보된 행동이며(시 110편), "하늘 구름을 타고 오는" 것은 인자가 속죄일의 희생제사를 집전하는 행위를 가리킨다(단 7장)―그가 하나님의 백성에게 속죄를 제공하는 것을 그들이 보게 되리라고 확언하는 것이다. 물론 그는 그들의 비난으로 초래된 환난을 견뎌내야만 할 것이다. 예수는 죽을 준비가 되어 있었으며, 이스라엘의 죄를 속하기 위한 순교자로 죽을 각오가 되어 있음을 공식적으로 표명한 것이다.[109] 다시 말해 그는 참된 제사장으로 죽음을 맞이할 것이다.

돌이켜보면 예수의 마지막 자백은 제사장으로서 그의 경력을 마무리하는 완벽한―그리고 아마도 신중하게 기획된―정점을 이루었으며, 우리는 이전 장들에서 그에 대한 흔적들을 밝히려고 시도했다. 우리가 밟아왔던 자취를 되돌아보면, 나는 먼저 1장에서 예수가 제자들에게 그의 성전 반대 운동을 상징하는 주기도에 동참할 것을 요청했다고 주장했다. 주기도문은 공개적으로 그리고 규칙적으로 드려지는 기도였다는 점에서 그 기도의 취지가 마침내 가야바의 관심을 끄는 것은 다만 시간문제였을 것이다.

---

108 삼상 4:4; 왕하 19:15; 대상 13:6; 시 80:1; 99:1; 사 37:16 등. Eskola 2001: 55-58을 보라.
109 이와 유사하게 de Jonge 1988; Vines 2006.

대제사장에게 주기도문 못지않게 의미심장하고 마음을 산란하게 만드는 것은 예수의 세례 문제였을 터인데 특히 세례가 제의적 의미를 내포한다는 사실을 깨달았을 때는 더더욱 그러했을 것이다(2장). 예수는 자신을 추종하는 자들에게 극심한 박해, 특히 예루살렘 성전의 기득권자들에 의한 박해를 무릅쓰고라도 진정한 포로귀환을 경험한 자들로서 성전 운동을 충실히 감당하라고 요청했다(3장). 그 같은 박해는 예수 운동을 저지하는 데 거의 도움이 되지 못했다. 왜냐하면 예수는 바로 이 같은 고난들이 참된 제사장들을 거짓된 신봉자들로부터 구별해주는 수단이 되리라고 약속했기 때문이다. 한편 예수는 자신을 "다윗의 자손"과 "인자"라고 묘사하기에 이르렀는데, 이 두 가지 호칭은 하나님이 지정한 고난의 시험을 견뎌 냄으로써 종말론적 대제사장이 되어가는 예수의 정체성을 명백하게 보여주는 이름들이었다(4-6장). 마침내 가야바 앞에서 그 시험이 치러졌으며, 예수는 어느 때보다도 다윗의 자손과 인자로서 자신의 소명을 뚜렷하게 인식하고서 자신이 바로 그러한 인물임을 재천명하고 공개적으로 두 가지 호칭을 자신의 것으로 받아들임으로써 선택받은 자로서 자신의 운명과 미래를 확정지었다. 그 같은 주장은 예수가 진정한 대제사장이고 가야바와 카이사르는 대제사장이 아니며, 그들이 언젠가는 이 문제에 관해 예수에게 답해야 할 것이라는 의미를 내포하고 있었다. 예수는 이 같은 주장이 가져올 결과에 대해 결코 환상을 품지 않았다. 이런 종류의 모욕을 공개적으로, 그것도 대제사장을 향하여 가하는 일은 신성모독죄로 비난받으리라는 점이 거의 분명했다. 그리고 대제사장을 향한 공격은 곧바로 그가 대표하는 성전에 대한 공격으로 여겨졌기 때문에 로마 당국자들 역시 예수에게 사형을 선고하기에 필요한 모든 조건을 구비하고 있었다. 역사적 예수는 자신의 운명이 이미 결정되어서 마치 처형대 앞에 서 있는 것이나 다름없다는 사실을 알았으며, 마지막까지 다윗의 자손이자 인자로서 자기 길을 걸어가고 또 그렇게 기억되는 일이 가장 중요하다고 여겼다. 이것이 바로 제사장 예수로서 그의 자기 이해의 완벽한 본보기였다.

4. 요약

이번 장에서는 예수가 두 부류의 대적들, 다시 말해 로마 집권자들 및 예루살렘 성전 지도자들과 빚었던 갈등에 대해 살펴보았다. 예수는 신의 아들이자 대제사장이라고 자처하는 티베리우스에 맞서 카이사르가 아니라 자신이 바로 모든 실재의 중재자인 참된 "대제사장"(Pontifex Maximus)이라고 역설했다. 카이사르가 아니라 예수와 예수의 추종자들이 하나님의 형상이었으며, 그들은 또한 신적 지혜의 근원이었다. 그와 동시에 예수는 가야바 앞에서 드러내놓고 말하기를 대제사장은 폐위될 것이며 예수 자신이 제사장적 인자의 전형으로서 속죄의 근원이 될 것이라고 강조했다. 예수는 이처럼 머지않아 폐위될 이 세계의 제사장들(티베리우스, 가야바)과 대립각을 세우는 행위를 통해 그가 마침내 죽음을 통해 참된 대제사장으로서 자신의 소명을 완수하게 되리라는 사실을 감지하고 있었다.

우리는 이제 1장에서 던졌던 다음과 같은 질문으로 되돌아왔다. "우리는 독특한 의미에서 하나님의 아들이라는 역사적 예수의 자기 정체성과 그와는 다른 의미에서 하나님의 아들들이라는 예수 추종자들의 자기 정체성을 역사적으로 어떻게 설명할 수 있을 것인가?" 2장에서 예수의 세례에 관한 우리의 탐구는 하나님의 아들로서 예수가 가졌던 초기 경험과 제사장으로서의 자의식 간의 상관관계를 밝혀냈다. 3장에서는 이 제사장적 소명이 고난을 수반한다는 분명한 사실을 배우게 되었다. 더 나아가 4장에서는 다윗의 자손이라는 호칭에 담긴 제의적 의미를 파악하고자 했다. 5-6장에서는 다니엘 7장의 맥락과 예수 자신의 배경이라는 맥락에서 고난받는 인자가 지니는 제사장적 정체성에 초점을 맞추었다. 마지막으로 본 장에서는 예수가 로마인들이 "신의 아들"이라고 부르는 대제사장적 통치자(황제)와 정면 대결을 벌이는데, 여기서 우리는 예수가 멜기세덱과 다윗의 서열을 따르는 제사장이자 인자라는 두 가지 호칭을 그에게 예견된 속죄 행위와 관련하여 통합하는 것을 관찰할 수 있다. 그렇다면 초기 그리스도인들이 "하나님의 아들" 예수에 대해 성찰하기 시작했을 때, 그것은 예수가 가르쳤던 기도나 그가 받았던 세례와 일맥상통할 뿐만 아니라, 자신이 바로 "다윗의 자손"과 "인자"가 통합된 인물로서 티베리우스와 가야바를 대신할 자라고 소개했던 예수의 주장과도 일맥상통하는 것으로 여겨졌을 것이다.[110] 말하자면 초기 그리스도인들이 "하나님의 아들" 예수에 대해 말하기 시작했을 때 그들은 무엇보다도 하나님에 의해 임명된 제사장적 중재자로서 그가 자처했던 역할을 염두에 두었을 것이다. 따라서 예수의 기도, 세례, 가르침, 호칭들, 그리고 "마지막 대결"을 하나로 이어주는 끈이 있다면, 그것은 바로 종말론적 대제사장의 에봇이라는 화려한 빛깔의 끈이다. 예수는 말 그대로 죽음을 코앞에 두고 가야바와 마지막으로 대면하는 순간에도 자신이 바로 에봇을 입은 대제사장이라고 생각했으며 또한 그렇게 기억되기를 희망했다.

---

110 마가가 이런 이중적 상관관계를 만들어낸 장본인이라는 것이 분명하다. Chronis 2005: 462-63; Tuckett 2014: 190-91.

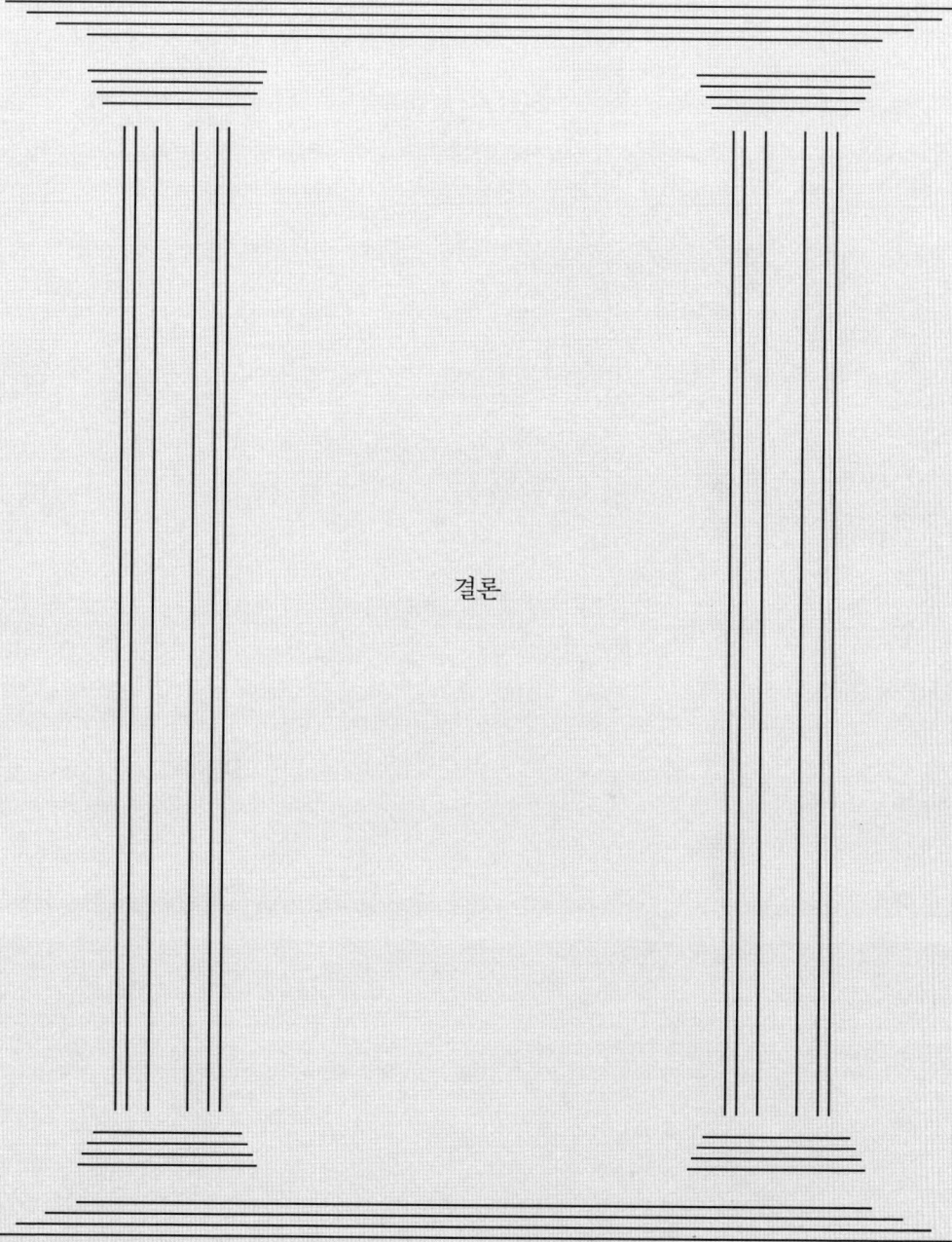

결론

내가 본서에서 역사적 예수를 묘사하는 방식이 학계에서 완전히 새로운 것은 아니다. 하지만 지금까지는 그런 기획들이 단편적으로만 시행되어 왔었다. 그런 측면에서 내가 제시하는 예수상은 유령같이 나타난 잭슨 폴록의 추상화보다는 공동체가 만들어낸 모자이크에 더 가까우며 캔버스의 실밥과 파편들은 이미 정리되었다. 내가 이 책을 쓰게 된 동기는 이제 예수의 초상을 이루는 단편적인 조각들을 새로운 시각에서 다시 조립할 시기가 되었다는 확신 때문이었다. 내가 본서에서 다룬 조각들 가운데는 역사의 뒤안길에서 만나게 된 것들도 있고, 거기에다가 새롭게 더해진 중요한 몇몇 파편들도 있다. 물론 본서에서 다루는 내용들이 전체 모자이크를 완성하지는 못한다는 사실을 분명히 알고 있다. 아직도 채워야 할 공백들이 남아 있으며, "제사장 예수"에 관하여 덧붙일 수 있고 또 덧붙여야만 하는 많은 이야기가 있을 것이다. 나는 이 연구가 이 주제와 관련하여 최종판의 역할을 하리라고 감히 말하지 않으며, 차라리 새로운 방향으로 탐험을 이어가자는 초청으로 받아들여지기를 기대한다. 많은 사람이 우려하는 것처럼 성서학계는 내용 면에서나 방법론적으로도 막다른 골목에 도달한 것처럼 여겨지는데, 그런 의미에서 지금이야말로 "새로운 방향"을 모색하기에 적절한 때인 것 같다.

    나사렛 사람 예수는 요한에게 세례를 받은 이후로 가야바의 법정에서 재판받는 날까지 자신을 이스라엘이 오랫동안 기다려온 종말론적 대제사장으로 자리매김했다. 그는 자신을 따르는 하위 계급의 "제사장들"과 함께 자신의 운동이 신성한 공간을 회복하고 우상들을 척결하며 성령의 사역을 드러내는 일에 촉매제 역할을 하기를 기대했다. 이런 방향에서의 재구성에 따라 우리는 예수의 사역에 관한 암묵적인 전제를 명쾌하게 설명할 수 있을 뿐 아니라 공통점이 없는 것처럼 보이던 다양한 예수 전승들(예컨대 주기도문, 세례, 씨뿌리는 자의 비유, 복에 관한 강화)을 통합할 수 있는 개념적 중추가 무엇인지도 밝힐 수 있게 되었다. 또한 예수의 제사장 직분에 관한 가설은 전통적으로 예수에게 주어졌던 세 가지 호칭("하나님의 아들", "다윗의 자손", "인자")에 담긴 의미도 명확하게 밝혀준다. 20세기부터 21세기 초반에 이르기까지 위의 세 가지 호칭 간의 상관관계는 해결되지 않은 난제였으며, 게다가 그 호칭들이 실제로 역사적 예수에게 사용되었는가 하는 점도 문제시되었다. 하지만 일단 각각의 호칭들과 제사장 직분의 관련성을 깨닫고 나면 우리는 진정성을 인정받는 예수의 말씀이라는 제한된 데이터베이스 내에서도 예수가 자신의 소명을 표현하는 수단으로 이 세 가지 호칭을 포용했다는 유력한 증거를 발견할 수 있다. 제2성전기 이스라엘 대중들은 그들이 마침내 미궁과도 같은 유배 생활에서 해방될 것이고 종말론적 성전의 경계 내에서 안전하게 머물게 되리라는 보편적인 믿음을 공유했었다. 예수는 세례 장면에서 자신이 바로 "사랑하는 아들"임을 확인시켜주고 이후에도 자신을 새롭게 부상하는 "다윗의 자손"이자 탁월한 의미에서의 "인자"라고 소개함으로써 자신이 바로 이스라엘을 미궁에서 구출해내는 한편, 다니엘서의 불경스러운 괴물들의 화신인 위협적인 적대자들로부터 그들을 보호할 능력을 갖춘 인류의 후예임을 드러내 보여주고자 했다.

"다윗의 자손", "인자", "하나님의 아들"이라는 호칭은 서로를 보강해주면서 제왕적 제사장 직분이라는 하나의 실타래를 구성하는 세 가닥의 날실이라고 할 수 있는데, 그 직분은 하나님 나라의 도래, 유배로부터의 귀환, 그리고 새로운 종말론적 성전의 건립으로 이어질 것이다. 한편 예수를 가장 가까이에서 따르던 자들은 이 세 가지 호칭("하나님의 아들", "인자", "다윗의 보좌에 앉을 후계자")이 각각 그들 자신의 소명과 종말론적 운명의 핵심을 구성하는 것이라고 이해했다. 지난 세월 동안 너무나 많은 역사적 연구가 예수에게 부여된 호칭들을 그의 운동과 분리하여 다루는 왜곡된 접근법을 고수해왔었는데, 나는 예수와 그의 제자들 사이에―"하나님의 아들", "인자", "다윗의 자손"으로서―제한적으로나마 교차하는 영역이 존재한다는 사실을 직시하는 것이 이런 상태를 개선하기 위한 유익한 출발점이 되리라고 믿는다. 한편 역사적 예수 학계는 플라톤의 관념주의적 틀을 모방하여 우리에게 "지상으로 내려온 천상의 초월적인 예수"와 "죽음 이후에 천상의 초월적 존재로 재탄생한 순수하게 내재적인 예수" 사이에서 한편을 선택하도록 강요해왔는데, 이 같은 양극화는 불가사의한 중간 지대, 다시 말해 성전의 지성소와 대제사장의 몸으로 구성된 초월적인 동시에 내재적인 실재를 가려버리고 만다.

종말론적 제사장 직분을 수행하는 공동체로서 예수 운동에 관한 주요한 실마리는 다양한 성서 이야기들에서 찾아볼 수 있는데 그중 가장 두드러진 것은 다니엘 7장의 "인자"에 관한 내러티브다. 예수와 그의 추종자들은 참된 한 분 하나님에게 전적으로 헌신하는 한편 그 같은 유일신 신앙에 따라 서로를 사랑함으로써 아담의 계보를 따르는 "인자"의 이상을 공동체적으로 구현하는 갱신된 인류로서 하나님을 "형상화"하려고 했다. 예루살렘의 공식적인 종교와는 대립 관계를 형성했던 예수는 그를 따르는 자들에게 이스라엘을 향한 대안적인 비전을 따라 살아감으로써 하나님의 계시를 중재하는 자들이 되라고 요구했다. 그와 동시에 예수 운동은 "인자"의 이상을 구현하기 위하여 힘쓰는 한편 하나님 앞에서 백성을 위해 중재하고 마침내 속죄하는 제사장으로서 이스라엘을 대표하고자 했다. 예수 운동이 지닌 이 같은 양방향성—하나님으로부터 인류에게, 그리고 인류로부터 하나님에게—은 그의 호칭들을 통해 암시되고 그의 특정한 관행들을 통해 입증되었는데, 이 같은 양방향성으로 인해 예수 공동체는 종말론적 성전으로의 전환이 시작되는 인류사회의 거점이 되어야만 했다.

예수의 이 같은 소명이 논쟁적인 성격을 띠고 있었기 때문에 그는 간접적인 의사소통 방법에 의지할 필요가 있었고 따라서 직설적이고 명제적인 담화보다는 상징적인 행동이나 비유를 선호했다. 그런 이유에서 예수의 완곡한 언어는 자기방어를 위한 방어막과 같은 것이었는데 결국 가야바와의 대면에서 벗겨지게 된 것이라고 설명하기도 한다. 하지만 그와 동시에 예수의 우회적인 가르침들은 예언적인 역할을 하는데, 그의 가르침에 담긴 신비는 (세례 요한의 이분법을 따르자면) "쭉정이"와 같은 인간들의 귀에는 전달되지 않지만 "알곡"과 같은 인간들의 마음에는 영향력을 발휘한다. 예수는 청중들이 보여주는 영적-지식적 차이가 마침내 그의 가르침에 관심을 보이는 자들과 수동적 무관심이나 노골적인 적대감으로 반응하는 자들을 분리하게 되리라는 사실을 알고 있었음에도 청중들의 마음속에 실존적 위기의식을 고취하기 위해서 모든 사람에게 공평하게 가르침을 전했다. 불트만은 이를 가리켜 "결정의 요구"라고 표현했는데 이것은 우주적인 분리 과정 전반을 의미한다. 하지만 이 같은 분류의 과정도 본질적으로 제사장적 성격을 지니는데, 우리는 창세기 1장의 창조 기사에서도 이에 대한 유비를 발견할 수 있다. 정결한 것과 부정한 것, 거룩한 것과 속된 것을 구분하는 일도 결국은 제사장에게 맡겨진 임무였다. 이런 종류의 담화에 가장 적합한 양식이 바로 비유였다.

예수가 결정을 강요하려고 시도했던 대상은 이스라엘 사회의 일반인들이었지만, 그를 따르는 자들의 사회적 신분은 다채로웠던 것으로 밝혀졌으며, 그의 사역 기간 내내 예수 운동의 테두리 안팎을 넘나드는 일은 비교적 자유로웠다. 아마도 예수는 이런 이유에서 그의 공동체를 구분하는 경계가 잠정적인 성격을 지닌다는 점을 강조했던 것으로 보인다. 예수 공동체는 자신들이 세상 끝날에 완성될 제의적 실재를 예비하는 디딤돌과 같은 존재라고 여겼는데, 그러니만큼 공동체의 구성원들은 예수 운동 내에서 각 사람이 차지하고 있는 지위의 진정성 여부가 세상 끝날에 가서야 확증될 것이라고 보았다. 그런가 하면 현재 상태에서 그들의 지위는 특정 관행의 꾸준한 실천과 예수 운동에 대한 개인적인 고백을 통해 표현되는 지속적인 연대를 통해 결정되었다. 하나님의 선택은 현재의 헌신과 미래를 위한 인내 사이의 긴장 관계 위에서 전개된다.

예수는 그의 가르침을 통하여 성서에 근거한 대안적인 세계를 제시하는데, 그 세계에서는 거룩함과 속됨을 구분하는 전통적인 경계가 더는 효력을 발휘하지 못한다. 왜냐하면 기존 질서는 이미 새롭게 등장한 실재로 인하여 변화되었으며 인류 통합을 위한 새로운 길이 열렸기 때문이다. 이러한 통합의 사회적 배경은 가난한 자들, 사회적으로 소외된 자들이었다. 예수가 이들에게 흡인력을 가질 수 있었던 것은 그가 자신을 이사야서에 예언된 대제사장적 전령(사 61:1)으로 소개했을 뿐 아니라 기존의 사회적 위계질서에 얽매이지 않는 새로운 공간에 대한 비전을 제시했다는 사실과 무관하지 않다. 예수 자신이 이미 그 같은 소외와 친숙한 인물이었으며 이를 바탕으로 그는 자신의 추종자들에게 "여호와의 영"(사 61:1)을 경험하고 하나님을 전적으로 의뢰하면서 공동체의 삶을 영위하라고 초청한다. 예수는 그의 추종자들이 인류의 수직적 상호관계와 수평적 상호관계를 규정하면서 파괴적인 영향력을 행사하는 전통적인 권력구조를 부정함으로써 이제는 완전히 다른 차원의 힘, 다시 말해 하나님으로부터 말미암는 신비한 능력에 의존할 수 있게 될 것이라고 약속했다. 이 같은 능력이 그들 가운데서 실현될 때 예수 공동체는 하나님의 인격을 형상화하게 될 것이고 한시적인 운동의 범위를 초월하여 구속사적 대전환의 촉매제가 되리라는 희망을 품을 수 있게 될 것이다. 그 같은 대전환이 이루어질 발판은 이제 펼쳐질 신성한 공간인데, 그 공간은 하나님의 임재 가운데 그 앞에 엎드린 선민들이 예배하는 현장에서 모습을 드러낼 것이다.

예수 운동은 성전 반대 공동체로서 특히 세 가지 모습으로 특징지어진다. 첫째, 예수 운동은 **제의**를 중시하는 운동이었다. 예수는 전통적으로 성전에서 수행되던 의식들(예컨대 대제사장의 축복, 진설병 상 차리기)을 대중적인 언어로 새롭게 해석함으로써 천상의 성전에서 진행되는 의식들을 일상의 시공간에서 시연하고자 했다. 이 같은 외형적 의식들에 대한 강력한 역사적 증거들은 예수가 청중들에게 외형적인 의식의 종교와는 반대되는 자발적인 마음의 종교를 설파했다는 구태의연하면서도 여전히 성행하는 낭만적인 견해의 신빙성을 떨어뜨리는 것처럼 보인다. 물론 예수가 그의 청중들에게 마음속에서 우러나오는 철저한 순종을 요구한 것은 사실이다. 하지만 이 같은 내면적인 경험은 그가 제시한 새로운 삶의 의미를 확인해주는 육체적인 행위를 통해 외면적으로도 표현되어야만 했다. 더 나아가 예수의 사역이 지닌 의전적인 성격은 초기 교회의 의전적 관행들을 부활 이후의 배경에서 설명하려 하는 신약학자들의 본능적이고 보편적인 성향에 의문을 제기한다. 형식에 얽매이지 않는 예수의 종교와 형식적인 제약을 중시하는 사도 시대의 종교를 가상적으로 대비시키는 관행이 이제 더는 유지될 수 없다.

예수와 그의 추종자들은 **순회** 운동에 동참한 자들로서 후에 초기 교회의 선교 사역에서도 지속되었던 특정한 관행들을 제정했다. 예수와 열두 제자가 부분적으로라도 권력이 특정 장소로 집중되지 않는 상태를 유지하려는 의도로 이곳저곳을 옮겨 다녔다는 결론은 불가피해 보인다. 예수 시대의 다른 메시아 지망자들은 지지자들을 결속하여 대규모의 집단을 형성하고자 힘썼던 반면, 예수는 거대한 무리를 이루고 나서도 의도적으로 그들이 영구적이고 안정적인 단체를 이루고자 하는 희망을 품지 못하게 만들었다. 오히려 그는 자신의 가르침에 동조하는 사람들을 연결해주는 아주 느슨한 조직을 구축하는 것에 만족하였고 그를 지지하는 자들이 최소한의 관리하에 팔레스타인 전역에 흩어져서 그의 가르침에 담긴 의미를 삶으로 실현하기를 기대했다. 흥미롭게도 예수의 이 같은 접근은 사도 바울이 채택했던 선교 전략과도 어느 정도 유사한 모습을 보여주는데, 그는 예수 운동에 참여한 경험이 전혀 없었음에도 회심한 성도들에게 최고 수준의 자율성을 보장해줌으로써 지상에서 예수가 추구했던 이상을 실현하기 위해 노력했다. 역사적 관점에서 우리는 초기 교회가 급속도로 확장할 수 있게 만들어준 유전자가 예수 자신에게서 기원한 것일지도 모른다는 생각을 품게 된다.

셋째, 예수와 그의 추종자들은 상당한 수준의 **포용성**을 보여주었는데 이는 그 당시 다른 분파들 사이에서는 전례가 없는 모습이었다. 예수와 열두 제자가 "죄인들"과 식사 교제를 나눔으로써 논쟁을 초래했다는 것은 의심할 여지가 없는 역사적 사건으로 인정받고 있다. 이 같은 포용성의 배경에는 자신과 자신의 추종자들이 성전에 거하는 "지혜"의 화신이라는 예수의 확신이 자리하고 있었다고 보는데, 의인화된 지혜는 죄인과 어리석은 자들을 위하여 식탁을 마련한다. 따라서 예수가 보여주었던 포용성은 결국 그의 제사장적 소명의 기능이기도 하였다. 이후에 초기 교회가 이방인들을 향한 선교에 뛰어든 일을 정당화해주었던 것은 전혀 다른 방향에서의 신학적 추론이었지만, 율법에 위배되는 예수의 식탁 관행—이것은 메시아의 통치를 연상시키는 것으로 이해되었다—에 대한 예루살렘 교회의 기억이 선교의 범위를 확장하여 유대인과 이방인 모두를 선교 대상으로 삼는 인식의 전환을 촉진했다는 사실은 부인하기 어렵다. 여기서도 또다시 초기 교회의 비전과 관행을 낳은 씨앗은 자신을 씨뿌리는 자와 동일시했던 예수가 뿌린 것으로 이해해야 할 것이다.

이상과 같은 세 가지 뚜렷한 특징은 자신이 대제사장적 인자로 지명되었다는 예수의 주장과도 일치한다. 이것은 타협의 여지가 없는 주장이었으며, 점진적으로 예루살렘 당국의 강렬한 저항을 불러일으켰던 요인도 바로 이것이었다. 예수는 예루살렘이 마땅히 해야 할 일을 제대로 감당하지 못하고 있다는 다양한 암시들과 함께 자신에 대해 이처럼 절대적이고 확정적인 주장들을 펼쳐왔다. 호된 시련과 박해가 점점 강렬해짐에 따라 예수의 지지자들 가운데 심지가 확고하지 못한 이들은 사면초가의 상태에 빠진 예수 운동과 거리를 두기 시작했지만, 남아 있는 예수 운동 지지자들은 자연스럽게 더욱 단결하게 되었고 그들의 신념은 점점 더 확고해졌다. 한편 예수는 장차 하나님 나라가 완전히 모습을 드러낼 때 "공중의 새"와 "승냥이" 같은 이스라엘 안팎의 권력자들이 몰락할 것이라는 기대와 함께 다니엘 2장이나 7장과 같은 텍스트들에 호소하기를 멈추지 않았다. 한편 예수는 최후의 제의 공간을 가져다주는 선구자로서의 대환난에 대한 제2성전기 묵시문학의 비전과 맥을 같이하여 자신의 추종자들에게 그들이 겪는 반대가 그들을 위하여 지정된 "시험"(*peirasmos*)의 필연적인 결과라고 설명했다. 씨뿌리는 자의 비유가 분명하게 보여주는 것처럼 그 같은 고난은 그의

"성전 반대 운동"에 끝까지 함께할 자들을 선별하고 예수 운동 지지자들의 개인적인 성품을 단련하기 위해 마련된 것이었다. 예수는 이처럼 "고난을 통한 속죄"를 암시하는 상징적인 이야기에 호소함으로써 예루살렘 당국의 거세지는 반대가 속죄에 관한 그의 내러티브를 훼손하기는커녕 오히려 강화한다고 지적한다.

"시험"(*peirasmos*)에 관한 예수의 이 같은 확신은 하나님 나라와 관련하여 보편적으로 유용하게 적용되는 "이미-그러나-아직"(already-but-not-yet)이라는 패러다임에 중요한 단서를 제공한다. 만일 하나님 나라에 대한 "이미-그러나-아직" 관점의 해석이 예수의 "강림"(advent)과 "재림"(*parousia*) 사이의 소위 "중간기"—"현세" 및 "내세"와 관련된 특성들이 융합되어 나타나는—를 특징짓는 것이라면, 이런 해석은 "시험"(*peirasmos*)에 대한 새로운 이해를 통해 수정될 필요가 있는데, 한마디로 "시험"은 묵시문학 사상에서 주장하는 것처럼 새 시대를 알리는 신기원적 성격을 지니고 있다는 것이다. 이런 맥락에서 "환난"은 단순히 완전한 유배와 하나님 나라의 완성 사이의 중간 지점 어딘가에서 발생하는 일련의 끔찍한 사건들을 가리키는 것이 아니라, 하나님의 백성에게 새로운 자기 이해와 그에 상응하는 새로운 윤리관을 요구하는 (시공간적 차원을 지닌) 독특한 실존의 영역을 의미한다는 것이다. 이 같은 환난의 시대는 이스라엘의 최후나 창조 자체의 종료를 의미하는 것이 아니라 오히려 새로워진 이스라엘과 갱신된 창조세계의 출현으로 이어지는 통로 역할을 한다. 예수는 이제부터 그와 그의 추종자들이 아침 해가 밝아올 때까지 어둠 속에서 목숨을 건 싸움을 이어가야 할 것이라고 가르쳤다.

예수의 윤리는 모든 시대의 모든 사람을 대상으로 하는 보편적 원칙이 아니라 전체적으로 종말론적 색채를 분명하게 드러내는 "환난 시대의 윤리"로 이해하는 것이 최선이다. 마지막 대제사장으로 등극하게 될 예수는—규정된 기도문과 비밀스러운 비유들과 도덕적 가르침들을 통해—사람들에게 제사장의 소명을 받아들이고 완전한 구속에 동참할 날을 고대하면서 그를 따르라고 촉구한다. 이런 관점에서 예수의 가르침은 기독론적 선언인 동시에 (불트만의 표현대로) 종말을 대비하라는 "결정의 요구"이기도 했다. 하지만 (불트만의 주장과는 달리) 예수의 관심사는 결정을 위한 결정이 아니라, 하나님이 작성한 드라마에 우리가 동참한다는 사실을 확증하고 표현해줄 매일매일의 선택이었다. 그리고 예수의 윤리가 현재의 위기에 대처하기 위한 "잠정 윤리"라는 슈바이처의 묘사가 틀린 것은 아니나, 우리는 예수 자신이나 그의 추종자들에게 이 같은 위기 상황이 언제 종결될 것인지에 대해 예수가 구체적으로 언급했는지 알지 못한다. 각자의 방식으로 종말론과 윤리를 통합하려고 시도했던 슈바이처나 불트만과는 달리, 나는 예수가 그의 추종자들에게 제사장적 하나님 나라와 세상 왕국이 충돌하는 그들의 공간에서 지금부터 한 분 하나님만을 예배하면서 개인적이고 공동체적인 윤리를 성취해갈 것을 요청했던 것이라고 제안한다. 예수의 제자들이 자신들에게 부여했던 "하나님의 아들(딸)"이라는 호칭이 담고 있는 핵심적인 의미가 바로 그것이다.

하나님의 아들 이스라엘이 제사장 나라로 선택받은 자신들의 운명을 깨달았던 때는 오직 시련을 통과한 이후였다는 사실을 염두에 두었던 예수는 그와 동일한 역학관계를 자신과 자신의 추종자들에게도 적용하고자 했다. 사람이 종말론적 제사장 무리의 한 사람으로 봉사하는 일은 오로지 혹독한 시련 가운데서도 전적으로 하나님만을 공경하는 삶을 통해서만 가능해진다. 따라서 예수에게 속죄란 자신을 바치는 일회적인 행동이 아니라 하나님에 의해 지정된 일련의 과정을 의미했는데, 그 과정을 통해 예수는 자신의 참된 인성을 완전한 형태로 표현하고 잠재력까지 충만하게 실현하게 될 것이다. 고대 유대교에서 속죄가 흠이 없는 제사장을 통하지 않고서는 효력을 발휘할 수 없었던 것처럼 속죄를 위한 자기희생 없이는 참된 인성의 충만함에 도달할 수 없었다. 전적으로 하나님만을 위한 삶은 한마디로 속죄의 삶이었고, 속죄를 위한 삶은 바로 하나님만을 위한 삶이었다.[1] 어쨌거나 예수와 그의 추종자들에게 제사장적 속죄의 삶은 영원한 선택과 일시적인 "시험"(peirasmos) 사이의 긴장 관계 속에서 실현되는 것이었다.

예수가 메시아적 제사장으로 선택되었으나 아직은 그의 직분이 출발 단계에 머무르고 있다는 사실을 깨닫는 일은 그의 왕국이 지니는 역설적인 성격을 이해하기 위한 최선의 출발점이 될 것이다. 예수 학계는 내재적 예수와 초월적 예수 사이에 대립 관계를 설정하는 잘못된 습관에 젖어 있었는데, 안타깝게도 이와 동일한 이분법적 사고방식이 하나님 나라에 대한 이해에도 영향을 미쳤고 우리에게 극단적으로 초월적인 하나님 나라와 극단적으로 내재적인 하나님 나라 사이에서 하나를 선택하라고 강요하고 있다. 20세기의 주도적인 신학 연구에서는 말할 것도 없고 오늘날의 역사적 예수 탐구에서도 위의 양극단은 각자 나름대로 심각한 폐해를 초래했다. 한편으로 하나님 나라의 극단적인 초월성을 강조하는 자들은 예수의 성품과 가르침으로부터 모든 유의미하고 동시대적인 중요성을 되찾아오기 위해 분투한다. 그런가 하면 극단적으로 내재적인 하나님 나라를 옹호하는 자들은 초월성에 의해 비워진 공백을 채우기 위해 시대착오적인 철학적, 사회정치적 의제들을 동원하여 대응의 원칙으로 삼으려 하는데, 그것도 지

---

1 Marinus de Jonge(1998: 26)의 말처럼 "예수의 죽음은 그의 삶으로부터 분리될 수 없다. 만일 그의 생애가 하나님과 사람을 동시에 섬기는 일에 바쳐지지 않았다면 그의 죽음은 하나님의 목적을 이루는 도구가 될 수 없었을 것이다."

극히 선택적인 자료들을 토대로 이런 작업을 감행한다. 결과적으로 우리는 우리가 살아가는 세상에 대해서는 할 말이 별로 없을 정도로 윤리에 대해 무관심한(de-ethicized) 예수를 만나거나, 혹은 세상에 대해 할 말은 많지만 의심스러울 정도로 현대인의 목소리를 전달하는 듯한 인상을 풍길 정도로 종말에 대해 무관심한(de-eschatologized) 예수만을 만날 수 있다. 예수와 하나님 나라에 관한 현대의 이해를 지배하는 이원론이 모든 중요한 안건들을 너무 안이하게 처리해버린 것은 아닌가 하는 인상을 지울 수 없다.

물론 나 자신도 그런 경향을 초월했다고 말할 수 있는 것은 아니지만, 나는 최소한 하나님 나라의 초월성을 강조하기 위해 내재성을 제거하는 일이 예수의 소명을 얼마나 부당하게 다루는 일인지 보여주고자 했는데, 그의 소명은 야웨를 대리하는 대제사장이 **되는**(being) 것이었을 뿐만 아니라 대제사장이 **되어가는**(becoming) 것이기도 했다. 역사적 예수는 자신을 "하나님의 아들", "다윗의 자손" 그리고 "인자"와 동일시했지만 그런 호칭들을 엄밀하게 정태적인(static) 의미로만 받아들이는 것으로 만족하지 않았다. 오히려 그는 하나님에 의해 지정된 일련의 과정들이 성취되어가는 가운데 이러한 역할들을 몸소 실천하려고 힘썼으며 실제로 그 호칭들이 가리키는 존재가 되고자 했다. 예수에게 "하나님의 아들"이라는 이름은 그에게 주어진 "신분"을 가리키는 동시에 그가 헤쳐가야 하는 "운명"을 가리키기도 했다. **운명**이라는 관점에서 예수는 자신의 삶이 초월적 실재를 점진적으로 획득해가는 과정이라고 여겼다. 그리고 **신분**이라는 관점에서 그는 인간 예수에게 이미 신성이 충만하게 그리고 독특하게 임재해 있다고 확신했는데 이는 하나님의 선택으로 말미암은 것이며 세례를 통하여 확증된 것이었다. 예수의 소명이 지닌 역설적인 성격은 마침내 그가 출범시킨 하나님 나라에 참여할 자들의 역설적인 경험으로 이어질 것이다.

예수의 이러한 신분과 사명이 그가 활동하던 당시에 그의 동시대 사람들에게 어떻게 인식되었든지 간에, 예루살렘 성전을 이끌어가던 제사장들에게는 예수가 주장하는 제사장 직분이 결국 그들 자신의 이해관계와 충돌하리라는 사실이 점점 더 명백해졌다. 그의 윤리적 가르침과 상징적 행동들이 로마와 예루살렘의 주요 당국자들에게는 충분한 위협이 아니었을지 모르지만, 대제사장 직분에 대한 그의 직설적인 주장들은 결국 정치권력의 손까지도 움직이도록 만들었으며, 그의 비타협적인 주장들은 마침내 신속하고 무자비한 반응으로 이어졌다. 예수는 이스라엘의 신성한 공간을 재건해야 할 인자의 운명을 분명하게 의식하고서 마침내 그에게 주어진 소명은 오직 그가 홀로 감당해야 한다는 결론에 도달하게 되었다. 그는 이미 가야바 법정의 "재판"에서 이러한 사실을 분명하게 공표했었다. 예수는 카이사르와 가야바가 한 분 하나님의 지혜와 능력을 부당하게 침해했다고 비난했었는데, 이제 그는 "시험"(*peirasmos*)의 한가운데 자신을 내어줌으로써 하나님의 아들과 대제사장으로서 자신의 정체성을 확정하고자 했다. 예수는 세례를 통하여 암시되고 주기도문의 첫 번째 간구("[당신의] 이름이 거룩히 여김을 받으소서")를 통하여 이상적으로 표현되었던 자신의 운명을 이처럼 대담한 방식으로 끌어안았다. (수많은 학자들이 오랫동안 예수의 처형은 그에게 충격적인 사건이었다고 주장해왔지만, 나는 이제 그처럼 구태의연한 개념을 포기할 수 있게 되었다고 확신한다.) 예수는 죽음을 눈앞에 두고서도 흔들림 없이 자신의 소명을 수행했다. 나는 후속 작품인 『희생제물 예수』(*Jesus the Sacrifice*)에서 "거룩히 여김을 받으소서"라는 표현의 의미를 좀 더 자세히 다룰 것이다.

하지만 책을 마무리하는 이 시점에 예수가 역사적 인물로서 보여주는 특징에 대해 생각해보는 것도 의미가 있을 것 같다. 역사적 예수가 사람들을 매료하는 동시에 자극하는 **무언가**를 지니고 있었다는 점은 부인할 수 없는 사실이다. 바로 그 "무언가"가 정확히 무엇인지는 어느 정도 신비로 남아 있을 수밖에 없다. 예수가 살아서 활동하던 당시에도 예수의 성품이 발휘하는 힘은 말로 표현하기가 불가능한 것으로 여겨졌었다. 그렇지만 예수가 가진 "무언가"에 대해 우리가 말할 수 있는 부분이 있지는 않을까? 이 문제와 관련하여 나는 콘월 웨스트가 제인 오스틴에게 보내는 기도문 형식의 헌시를 상기시키는 것으로 만족하고자 한다. 물론 적절한 비교가 될 수는 없겠지만 말이다.

> 제인 오스틴이여, 당신은 시인으로서 우리가 매일 살아가는 악몽과도 같고 파국으로 치닫는 세계와는 완전히 다른 세계를 보여주었으니 이제 우리가 그 세계에 들어갈 수 있도록 허락해 주십시오. 그저 손쉽게 얻을 수 있는 피난처가 아니라…우리가 현실 세계로 되돌아올 수 있을 만큼 적당한 거리를 유지하고 있는 대안적인 세계 말입니다. 그러면 우리는 현실 세계로 되돌아올 때 자아의 힘, 영혼의 힘, 정신의 힘, 그리고 무엇보다도 용기를 얻게 될 것입니다. 용기를 얻는 것이 가장 중요합니다. 소포클레스로부터 안톤 체호프로 이어지는 거장들과 거기에 더하여 제인 오스틴과 같은 이들이나 셰익스피어와 같은 이들은 재능과 기교와 역량을 갖췄을 뿐만 아니라, 말로 설명할 수 없는 무언가 신비한 요소들을 지니고 있습니다. 그들은 타오르는 불꽃과도 같습니다.[2]

돌이켜보면 역사적 예수는 제인 오스틴에 대한 콘월 웨스트의 묘사처럼 "타오르는 불꽃" 같은 삶을 살았다. 세례 시에 하나님의 부름으로 불타올

---

2 West 2012: 118.

랐던 예수는 종말론적 희망으로 불타오르는 대안적이고 매혹적인 신세계를 소개한다. 하나님의 임재에 대한 심오한 경험에서 오는 다른 차원의 힘으로 충만했던 그는 이 세계야말로 로마가 제공하는 소위 "현실 세계"와 적당한 거리를 기필코 유지해야만 하는 이스라엘의 유일한 희망이라고 제안하는데, 물론 예수가 보기에 로마의 "현실 세계"는 진정한 현실 세계가 아니었다. 하지만 그가 제안하는 세계는 정신의 세계나 마음의 세계가 아니라 내재와 초월을 통합하는 예배가 중심이 되는 세계였다. 지금까지 알려진 어떤 세계보다 더욱 생생하게 존재하는 이 세계에 진입하여 예수의 불꽃에 동참하기 위해서는 다른 차원의 불꽃이 타오르는 장소, 말하자면 소외, 압제, 그리고 자신을 포기하는 죽음으로 이루어진 세상으로 내려가야만 했다. 예수는 자신이 이스라엘의 마지막 대제사장이자 인성과 신성을 이어주는 마지막 중재자라고 선포하면서, 다른 사람들도 하늘과 땅을 하나로 모으는 그의 불꽃 같은 소명에 동참하라고 초청했다. "타오르는 불꽃에 동참"하라는 초청은 초기 교회의 역사 전반에 걸쳐 반향을 불러일으켰으며, 그 반향은 오늘날까지도 이어져 내려오고 있다. 만일 우리가 이 불꽃을 하늘과 땅의 경계와 연관 지어 설명하지 못한다면 우리는 사실상 예수를 이해하는 데 실패한 것이다. 그리고 우리가 예수를 이런 관점에서 이해하지 못한다면, 그 이유는 아마도 그 불꽃이 너무나 위협적이기 때문일 것이다.

참고문헌

Abadie, P. (1999), "La figure de David dans le livre des chroniques," in L. Desrousseaux (ed.), *Figures de David à travers la Bible: XVIIe congrès de l'ACFEB, Lille, 1er-5 septembre 1997* (LD 177; Paris: Cerf): 157-86.

Abegg, M. G. (1995), "The Messiah at Qumran: Are We Still Seeing Double?," *DSD* 2: 125-44.

Abegg, M. G., M. O. Wise and E. M. Cook (2005 (1996)), *The Dead Sea Scrolls: A New Translation* (San Francisco: HarperSanFrancisco).

Ackroyd, P. R. (1973), *I & II Chronicles, Ezra, Nehemiah: Introduction and Commentary* (London: SCM Press).

Ådna, J. (2000), *Jesu Stellung zum Tempel: Die Tempelaktion und das Tempelwort als Ausdruck seiner messianischen Sendung* (WUNT 2/119; Tübingen: Mohr Siebeck).

Ahearne-Kroll, S. P. (2007), *The Psalms of Lament in Mark's Passion: Jesus' Davidic Suffering* (SNTSMS 142; Cambridge/New York: Cambridge University Press).

Alexander, P. S. (1997), "Wrestling against Wickedness in High Places: Magic in the Worldview of the Qumran Community," in S. Porter and C. A. Evans (eds), *Scrolls and the Scriptures* (Sheffield: Sheffield University Press): 318-37.

Allison, D. C. (1985), *The End of the Ages Has Come: An Early Interpretation of the Passion and Resurrection of Jesus* (Philadelphia: Fortress).

_____. (1997), *The Jesus Tradition in Q* (Harrisburg, PA: Trinity Press International).

_____. (2010), "How to Marginalize the Traditional Criteria of Authenticity," in T. Holmén and S. E. Porter (eds), *Handbook for the Study of the Historical Jesus: Vol. 1* (Leiden: Brill): 3-30.

Anderson, J. S. (2014), *The Blessing and the Curse: Trajectories in the Theology of the Old Testament* (Eugene, OR: Cascade).

Anderson, R. A. (1984), *Signs and Wonders: A Commentary on the Book of Daniel* (Grand Rapids: Eerdmans).

Andrews, M. (1942), "*Peirasmos*: A Study in Form-Criticism," *AThR* 24: 229–44.

Angel, A. R. (2006), *Chaos and the Son of Man: The Hebrew* Chaoskampf *Tradition in the Period 515 BCE to 200 CE* (LSTS 60; London: T. & T. Clark).

Angel, J. L. (2010), *Otherworldly and Eschatological Priesthood in the Dead Sea Scrolls* (STDJ 86; Leiden/Boston: Brill).

Armerding, C. E. (1975), "Were David's Sons Really Priests?," in G. F. Hawthorne (ed.), *Current Issues in Biblical and Patristic Interpretation: Studies in Honor of Merrill C. Tenney Presented by His Former Students* (Grand Rapids: Eerdmans): 75–86.

Atkinson, K., and J. Magness (2010), "Josephus's Essenes and the Qumran Community," *JBL* 129: 317–42.

Auerbach, E. (2003 [1953]), *Mimesis: The Representation of Reality in Western Literature* (Princeton: Princeton University Press).

Bammel, E. (1971–2), "The Baptist in Early Christian Tradition," *NTS* 18: 95–128.

———. (1984), "The Titulus," in E. Bammel and C. F. D. Moule (eds), *Jesus and the Politics of His Day* (Cambridge: Cambridge University Press): 353–64.

———. (1997), "ARCIERES PROFHTEUWN," in *Judaica et Paulina* (WUNT 91; Tübingen: Mohr): 133–39.

Bammel, E., and C. F. D. Moule (1984), *Jesus and the Politics of His Day* (Cambridge: Cambridge University Press).

Barber, M. (2013a), "Jesus as the Davidic Temple Builder and Peter's Priestly Role in Matthew 16:16–19," *JBL* 132: 935–53.

———. (2013b), "The New Temple, the New Priesthood, and the New Cult in Luke-Acts," *LtSp* 8: 101–24.

Barker, M. (2003), *The Great High Priest: The Temple Roots of Christian Liturgy* (London/New York: T. & T. Clark).

Barr, J. (1988), "Abba Isn't Daddy," *JTS* 39: 28–47.

Bauckham, R. (1990), *Jude and the Relatives of Jesus in the Early Church* (Edinburgh: T. & T. Clark).

———. (1999), "For What Offence Was James Put to Death?," in B. D. Chilton and C. A. Evans (eds), *James the Just and Christian Origins* (NovTSup 98; Leiden: Brill): 199–232.

———. (2006), *Jesus and the Eyewitnesses: The Gospels as Eyewitness Testimony* (Grand Rapids: Eerdmans).

Bauckham, R., J. R. Davila and A. Panayotov (2013), *Old Testament Pseudepigrapha: More Noncanonical Scriptures: Vol. 1* (Grand Rapids: Eerdmans).

Baxter, W. S. (2006), "Healing and the Son of David: Matthew's Warrant," *NovT* 48: 36–50.

Bayet, J. (1973), *Histoire politique et psychologique de la religion romaine* (Paris: Payot).

Beale, G. K. (1991), "Isaiah 6:9-13: A Retributive Taunt against Idolatry," *VT* 41: 257-78.

_____. (2004), *The Temple and the Church's Mission: A Biblical Theology of the Dwelling Place of God* (NSBT 17; Leicester: Apollos; Downers Grove, IL: InterVarsity). 『성전 신학』(새물결플러스 역간).

_____. (2005), "The Descent of the Eschatological Temple in the Form of the Spirit at Pentecost: Part 2: Corroborating Evidence," *TynBul* 56: 63-90.

_____. (2008), *We Become What We Worship: A Biblical Theology of Idolatry* (Downers Grove, IL: InterVarsity; Nottingham: Apollos). 『예배자인가, 우상숭배자인가?』(새물결플러스 역간).

Beasley-Murray, G. R. (1962), *Baptism in the New Testament* (London: St Martin's; New York: Macmillan).

_____. (1983), "The Interpretation of Daniel 7," *CBQ* 45: 44-58.

_____. (1986), *Jesus and the Kingdom of God* (Grand Rapids: Eerdmans).

Beauchamp, P. (1999), "Pourquoi parler de David comme d'un vivant?" in L. Desrousseaux (ed.), *Figures de David à travers la Bible: XVIIe congrès de l'ACFEB, Lille, 1er-5 septembre 1997* (LD 177; Paris: Cerf): 225-41.

Beavis, M. (2006), *Jesus and Utopia: Looking for the Kingdom of God in the Roman World* (Minneapolis: Fortress).

_____. (2011), *Mark* (Paideia; Grand Rapids: Baker Academic).

Becker, J. (1972), *Johannes der Täufer und Jesus von Nazareth* (BibS[N] 63; Neukirchen-Vluyn: Neukirchener Verlag).

_____. (1998), *Jesus of Nazareth* (New York: de Gruyter).

Bedford, P. R. (2001), *Temple Restoration in Early Achaemenid Judah* (JSJSup 65; Leiden/Boston: Brill).

Benoit, P. (1969), *The Passion and Resurrection of Jesus Christ* (New York: Herder; London: Darton, Longman & Todd).

Ben-Sasson, H. H. (1972), "Kiddush Ha-Shem and ḥillul Ha-Shem," *EncJud* 10: 978-86.

Berger, K. (1973), "Die kniglichen Messiastraditionen des Neuen Testaments," *NTS* 20: 1-44.

Bergsma, J. (2009), "Cultic Kingdoms in Conflict: Liturgy and Empire in the Book of Daniel," *LtSp* 5: 47-83.

Berlin, A. M. (1999), "The Archaeology of Ritual: The Sanctuary of Pan at Banias/Caesarea Philippi," *BASOR* 315: 27-45.

Bernett, M. (2007), "Roman Imperial Cult in the Galilee: Structures, Functions, and Dynamics," in J. Zangenberg, H. W. Attridge and D. B. Martin (eds), *Religion, Ethnicity, and Identity in Ancient Galilee: A Region in Transition* (WUNT 210; Tübingen: Mohr Siebeck): 33756.

Betz, H., and A. Collins (1995), *The Sermon on the Mount: A Commentary on the Sermon on the Mount, Including the Sermon on the Plain (Matthew 5:3-7:27 and Luke 6:20-49)* (Hermeneia; Minneapolis: Fortress).

Betz, O. (1982), "Probleme des Prozesses Jesu," in H. Wolfgang (ed.), *Principat 25/1; Vorkonstantinisches Christentum: Leben und Umwelt Jesu; Neues Testament* (Berlin/New York: de Gruyter): 565-647.

_____. (1984), "Jesu Lieblingspsalm: Die Bedeutung von Psalm 103 für das Werk Jesu," *TBei* 15: 253-69.

Bird, M. (2009), *Are You the One Who Is to Come? The Historical Jesus and the Messianic Question* (Grand Rapids: Baker Academic).

Black, M. (1967), *An Aramaic Approach to the Gospels and Acts: With an Appendix on the Son of Man* (3rd edn; Oxford: Clarendon).

_____. (1975), "Die Apotheose Israels: Eine neue Interpretation des danielischen Menschensohns," in R. Pesch and R. Schnackenburg (eds), *Jesus und der Menschensohn: Für Anton Vögtle* (Freiburg: Herder): 92-99.

Blenkinsopp, J. (1974), "Prophecy and Priesthood in Josephus," *JJS* 25: 239-62.

_____. (2013), *David Remembered: Kingship and National Identity in Ancient Israel* (Grand Rapids: Eerdmans).

Blinzler, J. (1959), *Trial of Jesus: The Jewish and Roman Proceedings against Jesus Christ Described and Assessed from the Oldest Accounts* (Westminster, MD: Newman).

Block, D. I. (1997), *The Book of Ezekiel: Chapters 1-24* (NICOT; Grand Rapids: Eerdmans).

Blomberg, C. L. (2009), "Jesus, Sinners, and Table Fellowship," *BBR* 19: 35-62.

Bock, D. L. (1987), *Proclamation from Prophecy and Pattern: Lucan Old Testament Christology* (JSNTSup 12; Sheffield: JSOT Press).

_____. (1994), *Luke* (BECNT 3; Grand Rapids: Baker).

_____. (1997), "Key Jewish Texts on Blasphemy and Exaltation and the Jewish Examination of Jesus," SBLSP 36: 115-60.

_____. (2007), "Blasphemy and the Jewish Examination of Jesus," *BBR* 17: 53-114.

Bock, D. L., and R. L. Webb (2009), *Key Events in the Life of the Historical Jesus: A Collaborative Exploration of Content and Coherence* (WUNT 247; Tübingen: Mohr Siebeck).

Bockmuehl, M. (2008), "God's Life as a Jew: Remembering the Son of God as Son of David," in B. Gaventa and R. B. Hays (eds), *Seeking the Identity of Jesus: A Pilgrimage* (Grand Rapids: Eerdmans): 60-78.

Boda, M. J. (2015), *The Book of Zechariah* (NICOT; Grand Rapids: Eerdmans).

Boers, H. (1972), "Where Christology Is Real: A Survey of Recent Research on New Testament Christology," *Int* 26: 300-27.

Boobyer, G. H. (1954), "Mark II, 10a and the Interpretation of the Healing of the Paralytic," *HTR* 47: 115-20.

Borg, M. J. (1984), *Conflict, Holiness and Politics in the Teachings of Jesus* (SBEC 5; New York: Mellen Press).

———. (1987), *Jesus, a New Vision: Spirit, Culture, and the Life of Discipleship* (San Francisco: Harper & Row).

———. (2011 [2006]), *Jesus: Uncovering the Life, Teachings, and Relevance of a Religious Revolutionary* (London: SPCK).

Boring, M. E. (1982), *Sayings of the Risen Jesus: Christian Prophecy in the Synoptic Tradition* (SNTSMS 46; Cambridge/New York: Cambridge University Press).

———. (2006), *Mark: A Commentary* (NTL; Louisville, KY: Westminster John Knox).

Bornkamm, G. (1960 [1959]), *Jesus of Nazareth* (New York: Harper).

———. (1961), "Enderwartung und Kirche im Matthusevangelium," in G. Bornkamm, G. Barth and H. J. Held (eds), *Überlieferung und Auslegung im Matthäusevangelium* (2nd edn; WMANT 1; Neukirchen-Vluyn: Neukirchener Verlag): 13-47.

———. (1963), *Tradition and Interpretation in Matthew* (Philadelphia: Westminster).

Borrell, A. (1998), *The Good News of Peter's Denial: A Narrative and Rhetorical Reading of Mark 14:54.66-72* (Atlanta: Scholars Press).

Bosworth, E. (1924), *The Life and Teaching of Jesus according to the First Three Gospels* (New York: Macmillan).

Botner, M. (2017), "What Has Mark's Christ to Do with David's Son? A History of Interpretation," *CBR* 16: 50-70.

Bousset, W. (1892), *Jesu Predigt in ihrem Gegensatz zum Judentum: Ein religionsgeschichtlicher Vergleich* (Göttingen: Vandenhoeck & Ruprecht).

Bovon, F. (2002), *Luke 1: A Commentary on the Gospel of Luke 1:1-9:50* (Hermeneia; Minneapolis: Fortress).

———. (2013), *Luke 2: A Commentary on the Gospel of Luke 9:51-19:27* (Hermeneia; Minneapolis: Fortress).

Bowker, J. (1974), "Mystery and Parable: Mark 4:1-20," *JTS* 25: 300-17.

Boyarin, D. (2012), "Daniel 7, Intertextuality, and the History of Israel's Cult," *HTR* 105: 139-62.

Brandon, S. G. F. (1967), *Jesus and the Zealots: A Study of the Political Factor in Primitive Christianity* (New York: Scribner).

Braun, F. M. (1960), "Les Testaments des XII Patriarches et le problème de leur origine," *RB* 67: 516-49.

Brawley, R. L. (2011), "Homeless in Galilee," *HvTSt* 67: 1-6.

Bretscher, P. G. (1968), "Exodus 4:22-23 and the Voice from Heaven," *JBL* 87: 301-11.

Brodie, T. L. (2004), *The Birthing of the New Testament: The Intertextual Development of the New Testament Writings* (NTM 1; Sheffield: Sheffield Phoenix).

Brooke, G. J. (1995), "4Q500 1 and the Use of Scripture in the Parable of the Vineyard," *DSD* 2: 268-94.

_____. (1999), "Miqdash Adam, Eden and the Qumran Community," in B. Ego and A. Lange (eds), *Gemeinde ohne Tempel: Zur Substituierung und Transformation des Jerusalemer Tempels und seines Kults im Alten Testament, antiken Judentum und frühen Christentum* (WUNT 118; Tübingen: Mohr Siebeck): 285-301.

_____. (2016), "Patterns of Priesthood, Priestliness and Priestly Functions in Some Second Temple Period Texts," *JudAnc* 4: 1-21.

Brown, R. E. (1977), *The Birth of the Messiah: A Commentary on the Infancy Narratives in Matthew and Luke* (Garden City, NY: Doubleday).

_____. (2010 [1961]), "The Pater Noster as an Eschatological Prayer," in R. E. Brown, *New Testament Essays* (New York: Doubleday): 270-320.

Brownlee, W. H. (1992 [1955]), "John the Baptist in the New Light of the Ancient Scrolls," *Int* 9: 71-90.

Brunson, A. C. (2003), *Psalm 118 in the Gospel of John: An Intertextual Study on the New Exodus Pattern in the Theology of John* (WUNT 2/158; Tübingen: Mohr Siebeck).

Bryan, C. (2005), *Render to Caesar: Jesus, the Early Church, and the Roman Superpower* (Oxford: Oxford University Press).

Bryan, D. (1995), *Cosmos, Chaos and the Kosher Mentality* (JSPSup 12; Sheffield: Sheffield Academic Press).

Bryan, S. M. (2002), *Jesus and Israel's Traditions of Judgement and Restoration* (SNTSMS 117; Cambridge: Cambridge University Press).

Buchanan, W. (1970), *The Consequences of the Covenant* (NovTSup 20; Leiden: Brill).

Bultmann, R. K. (1951), *Theology of the New Testament: Vol. 2* (New York: Scribner).

_____. (1958 [1934]), *Jesus and the Word* (New York: Scribner).

_____. (1968 [1921]), *The History of the Synoptic Tradition* (rev. edn; Oxford: Blackwell).

_____. (1975), "Die Interpretation von Mk 4,39 seit Jülicher," in E. E. Ellis and E. Grässer (eds), *Jesus und Paulus: Festschrift für Werner Georg Kümmel zum 70sten Geburtstag* (Göttingen: Vandenhoeck & Ruprecht): 30-34.

Bunta, S. (2006), "The Likeness of the Image: Adamic Motifs and ṣelem Anthropology in Rabbinic Traditions about Jacob's Image Enthroned in Heaven," *JSJ* 37: 55-84.

Burer, M. H. (2012), *Divine Sabbath Work* (BBRSup 5; Winona Lake, IN: Eisenbrauns).

Burger, C. (1970), *Jesus als Davidssohn: Eine tradionsgeschichtliche Untersuchung* (FRLANT 98; Göttingen: Vandenhoeck & Ruprecht).

Burkill, T. A. (1970), "Condemnation of Jesus: A Critique of Sherwin-White's Thesis," *NovT* 12: 321–42.

Burney, C. F. (1925), *The Poetry of Our Lord: An Examination of the Formal Elements of Hebrew Poetry in the Discourses of Jesus Christ* (Oxford: Clarendon).

Caird, G. B. (1963), *The Gospel of Saint Luke* (PNTC; Harmondsworth: Penguin).

Cameron, A. (2007), "The Imperial Pontifex," *Harvard Studies in Classical Philology* 103: 341–84.

Campbell, C. R. (2008), *Verbal Aspect and Non-Indicative Verbs: Further Soundings in the Greek of the New Testament* (SBG 15; New York: Peter Lang).

Camponovo, O. (1984), *Königtum, Königsherrschaft und Reich Gottes in den frühjüdischen Schriften* (OBO 58; Göttingen: Vandenhoeck & Ruprecht).

Caragounis, C. (1986), *The Son of Man: Vision and Interpretation* (WUNT 38; Tübingen: Mohr Siebeck).

Carmignac, J. (1969), *Recherches sur le "Notre Père"* (Paris: Letouzey & Ané).

Carruth, S., and A. Garsky (1996), *Q 11:2b-4* (Documenta Q; Louvain: Peeters).

Carson, D. A. (1991), *The Gospel According to John* (PNTC; Leicester: Apollos; Grand Rapids: Eerdmans).

_____. (1994), "Matthew 11:19b / Luke 7:35: A Test Case for the Bearing of Q Christology on the Synoptic Problem," in J. B. Green and M. Turner (eds), *Jesus of Nazareth: Lord and Christ: Essays on the Historical Jesus and New Testament Christology* (Grand Rapids: Eerdmans): 128–46.

Carter, W. (2014), "The Things of Caesar: Mark-ing the Plural (Mk 12:13-17)," *HvTSt* 70: 1–9.

_____. (2016), "Peter: False Disciple and Apostate According to Saint Matthew," *CBQ* 78: 373–78.

Casey, M. (1979), *Son of Man: The Interpretation and Influence of Daniel 7* (London: SPCK).

_____. (1985), "The Jackals and the Son of Man (Matt. 8:20/Luke 9:58)," *JSNT* 23: 3–22.

_____. (1988), "Culture and Historicity: The Plucking of the Grain (Mark 2:23-28)," *NTS* 34: 1–23.

_____. (2010), *Jesus of Nazareth: An Independent Historian's Account of His Life and Teaching* (New York: T. & T. Clark).

Cassidy, R. J. (1978), *Jesus, Politics, and Society: A Study of Luke's Gospel* (Maryknoll, NY: Orbis Books).

Catchpole, D. R. (1971), *The Trial of Jesus: A Study in the Gospels and Jewish Historiography from 1770 to the Present Day* (SPB 43; Leiden: Brill).

_____. (1984), "The 'Triumphal' Entry," in E. Bammel and C. F. D. Moule (eds),

Jesus and the Politics of His Day (Cambridge: Cambridge' University Press): 319-34.

Cave, C. H. (1965), "Parables and the Scriptures," *NTS* 11: 374-87.

Chae, Y. S. (2006), *Jesus as the Eschatological Davidic Shepherd: Studies in the Old Testament, Second Temple Judaism, and in the Gospel of Matthew* (WUNT 2/216; Tübingen: Mohr Siebeck).

Chancey, M. A. (2004), "City Coins and Roman Power in Palestine: From Pompey to the Great Revolt," in D. R. Edwards (ed.), *Religion and Society in Roman Palestine: Old Questions, New Approaches* (New York/London: Routledge): 103-12.

Charlesworth, J. H. (1996), "Solomon and Jesus: The Son of David in Ante-Markan Traditions (Mk 10:47)," in L. B. Elder, D. L. Barr and E. S. Malbon (eds), *Biblical and Humane: A Festschrift for John F. Priest* (Atlanta: Scholars Press): 125-51.

Chilton, B. (1979), *God in Strength: Jesus' Announcement of the Kingdom* (SUNT B; Freistadt: Plöchl).

_____. (1982), "Jesus Ben David: Reflections on the *Davidssohnfrage*," *JSNT* 14: 88-112.

_____. (1984), *The Kingdom of God in the Teaching of Jesus* (Philadelphia: Fortress; London: SPCK).

_____. (1992), *The Temple of Jesus: His Sacrificial Program within a Cultural History of Sacrifice* (University Park, PA: Pennsylvania State University Press).

_____. (1994), *Judaic Approaches to the Gospels* (Atlanta: Scholars Press).

_____. (1996), *Pure Kingdom: Jesus' Vision of God* (SHJ; Grand Rapids: Eerdmans; London: SPCK).

Chilton, B., and J. I. H. McDonald (1987), *Jesus and the Ethics of the Kingdom* (London: SPCK).

Chronis, H. L. (2005), "To Reveal and to Conceal: A Literary-Critical Perspective on the Son of Man in Mark," *NTS* 51: 459-81.

Clarke, E. G. (1974-5), "Jacob's Dream at Bethel as Interpreted in the Targums and the New Testament," *SR* 4: 367-77.

Clines, D. J. A. (1998 [1968]), "The Image of God in Man," in *On the Way to the Postmodern: Old Testament Essays, 1967-1998* (2 vols; JSOTSup 292-3; Sheffield: Sheffield Academic Press): 447-97.

Coakley, J. F. (1995), "Jesus' Messianic Entry into Jerusalem (John 12:12-19 Par.)," *JTS* 46: 461-82.

Cody, A. (1969), *A History of Old Testament Priesthood* (AnBib 35; Rome: Pontificio Istituto Biblico).

Cohn, H. H. (1971), *The Trial and Death of Jesus* (London: Weidenfeld & Nicolson).

Collins, A. Y. (1997), "The Appropriation of the Psalms of Individual Lament by Mark," in C. M. Tuckett (ed.), *The Scriptures in the Gospels* (BETL 131; Louvain: Leuven University Press/Peeters): 223-41.

_____. (2004), "The Charge of Blasphemy in Mark 14,64," *JSNT* 26: 379-401.

_____. (2007), *Mark: A Commentary* (Hermeneia; Minneapolis: Fortress).

Collins, J. J. (1977), *The Apocalyptic Vision of the Book of Daniel* (Atlanta: Scholars Press).

_____. (1987), "The Kingdom of God in the Apocrypha and Pseudepigrapha," in W. Willis (ed.), *The Kingdom of God in 20th-Century Interpretation* (Peabody, MA: Hendrickson): 81-95.

_____. (2009), "The Interpretation of Psalm 2," in F. G. Martínez (ed.), *Echoes from the Caves: Qumran and the New Testament* (STDJ 85; Leiden/Boston: Brill): 49-66. Collins, J. J., F. M. Cross and A. Y. Collins (1993), *Daniel: A Commentary on the Book of Daniel* (Hermeneia; Minneapolis: Fortress).

Collins, M. A. (2009), *The Use of Sobriquets in the Qumran Dead Sea Scrolls* (LSTS 67; London: T. & T. Clark).

Conzelmann, H. (1975 [1969]), *1 Corinthians* (Hermeneia; Philadelphia: Fortress).

Cook, L. S. (2011), *On the Question of the "Cessation of Prophecy" in Ancient Judaism* (TSAJ 145; Tübingen: Mohr Siebeck).

Corley, J. (2002), "God as Merciful Father in Ben Sira and the New Testament," in R. Egger-Wenzel (ed.), *Proceedings of the International Ben Sira Conference, Durham-Urshaw College 2001* (BZAW 321; Berlin/New York: de Gruyter): 33-38.

Corley, K. E. (2002), *Women and the Historical Jesus: Feminist Myths of Christian Origins* (Santa Rosa, CA: Polebridge).

Cotter, W. J. (1987), "The Parable of the Children in the Market-Place, Q (Lk) 7:31-35: An Examination of the Parable's Image and Significance," *NTS* 29: 289-304.

Coulot, C. (1999), "David à Qumrân," in L. Desrousseaux (ed.), *Figures de David à travers la Bible: XVIIe congrès de l'ACFEB, Lille, 1er-5 septembre 1997* (LD 177; Paris: Cerf): 315-43.

Cranfield, C. E. B. (1977 [1959]), *The Gospel According to Saint Mark: An Introduction and Commentary* (CGTC 16; Cambridge: Cambridge University Press).

Crossan, J. D. (1983), *In Fragments : The Aphorisms of Jesus* (San Francisco: Harper & Row).

_____. (1991), *The Historical Jesus: The Life of a Mediterranean Jewish Peasant* (San Francisco: Harper SanFrancisco).

Crossley, J. G. (2015), *Jesus and the Chaos of History: Redirecting the Life of the Historical Jesus* (Oxford: Oxford University Press).

Croy, N. C. (2006), *3 Maccabees* (SCS; Leiden/Boston: Brill).

Cullmann, O. (1950), *Baptism in the New Testament* (London: SCM Press).

_____. (1963 [1959]), *The Christology of the New Testament* (London: SCM Press).
Cullmann, O., and K. Frhlich (1966), *Vorträge und Aufsätze, 1925-1962* (Tübingen: Mohr Siebeck; Zurich: Zwingli Verlag).
Dalman, G., and D. M. Kay (1902), *The Words of Jesus Considered in the Light of Post-Biblical Jewish Writings and the Aramaic Language* (Edinburgh: T. & T. Clark).
Daly, R. J. (1977), "Soteriological Significance of the Sacrifice of Isaac," *CBQ* 39: 45-75.
Daly-Denton, M. (2000), *David in the Fourth Gospel: The Johannine Reception of the Psalms* (AGJU 47; Leiden/Boston: Brill).
Dämmgen, U. (2011), "Das Salz der Erde ist kein Salz," *BN* 151: 115-21.
D'Angelo, M. R. (1992a), "Abba and Father: Imperial Theology and the Jesus Traditions," *JBL* 111: 611-30.
_____. (1992b), "Theology in Mark and Q: Abba and Father in Context," *HTR* 85: 149-74.
Dapaah, D. S. (2005), *The Relationship between John the Baptist and Jesus of Nazareth: A Critical Study* (Lanham, MD: University Press of America).
Darr, K. P. (1994), *Isaiah's Vision and the Family of God* (Louisville, KY: Westminster John Knox).
Daube, D. (1956), *The New Testament and Rabbinic Judaism* (Jordan Lectures in Comparative Religion 2; London: University of London/Athlone Press).
_____. (1966), *He That Cometh* (London: Tolley).
Davies, J. A. (2004), *A Royal Priesthood: Literary and Intertextual Perspectives on an Image of Israel in Exodus 19.6* (JSOTSup 395; London/New York: T. & T. Clark International).
_____. (2011), "Discerning between Good and Evil: Solomon as a New Adam in 1 Kings," *WTJ* 73: 39-57.
Davies, P. R. (1979), "The Sacrifice of Isaac and Passover," in E. A. Livingstone (ed.), *Studia Biblica 1978: Papers on Old Testament and Related Themes* (JSOTSup 11; Sheffield: JSOT Press): 1.127-32.
_____. (1993), "Reading Daniel Sociologically,: in A. S. van der Woude (ed.), *Book of Daniel in the Light of New Findings* (BETL 106; Louvain: Leuven University Press/Peeters): 345-61.
Davies, P. R., and B. D. Chilton (1978), "The Aqedah: A Revised Tradition History," *CBQ* 40: 514-46.
Davies, W. D. (1955), *Paul and Rabbinic Judaism: Some Rabbinic Elements in Pauline Theology* (London: SPCK).
Davies, W. D., and D. C. Allison (1988-97), *A Critical and Exegetical Commentary on the Gospel According to Saint Matthew* (3 vols; ICC; Edinburgh: T. & T. Clark).
Day, J. (1985), *God's Conflict with the Dragon and the Sea: Echoes of a Canaanite Myth in*

the Old Testament (Cambridge: Cambridge University Press).

———. (2003 [1992]), *Psalms* (T. & T. Clark Study Guides; London/New York: T. & T. Clark International).

Deenick, K. (2011), "Priest and King or Priest-King in 1 Samuel 2:35," *WTJ* 73: 325-39.

Dekker, W. (1961), "De Geliefde Zoon in de Synoptische Evangelien," *NedTTs* 16: 94-106.

Dennert, B. C. (2015), "'The Rejection of Wisdom's Call': Matthew's Use of Proverbs 1:20-33 in the Parable of Children in the Marketplace (Matthew 11:16-18/Luke 7:31-35)," in C. A. Evans and J. J. Johnston (eds), *Searching the Scriptures: Studies in Context and Intertextuality* (LNTS 543; London/New York: T. & T. Clark): 46-63.

Dennis, J. (2013), "Bread," in J. Brown, J. Green and N. Perrin (eds), *Dictionary of Jesus and the Gospels* (Downers Grove, IL: InterVarsity): 91-95.

Derrett, J. D. M. (1970), *Law in the New Testament* (London: Darton, Longman & Todd).

deSilva, D. A. (2013), "The Testaments of the Twelve Patriarchs as Witnesses to Pre-Christian Judaism: A Re-Assessment," *JSP* 23: 21-68.

Desrousseaux, L. (1999), *Figures de David à travers la Bible: XVIIe congrès de l'ACFEB, Lille, 1er-5 septembre 1997* (LD 177; Paris: Cerf).

Deutsch, C. (1990), "Wisdom in Matthew: Transformation of a Symbol," *NovT* 32: 13-47.

De Vries, S. J. (1988), "Moses and David as Cult Founders in Chronicles," *JBL* 107: 619-39.

Dewailly, L. (1980), "'Donne-nous notre pain': quel pain? Notes sur la quatrieme demande du Pater," *RSPT* 64: 561-88.

Dewey, J. (1979), *Markan Public Debate: Literary Technique, Concentric Structure, and Theology in Mark 2:1-3:6* (Chico, CA: Scholars Press).

Dexinger, F. (1977), *Henochs Zehnwochenapokalypse und offene Probleme der Apokalyptikforschung* (SPB 29; Leiden: Brill).

Dibelius, M. (1935), *From Tradition to Gospel* (New York: Scribner).

Diffey, D. S. (2013), "David and the Fulfilment of 1 Samuel 2:35: Faithful Priest, Sure House, and a Man after God's Own Heart," *EvQ* 85: 99-104.

Dimant, D. (19812), "Jerusalem and the Temple in the Animal Apocalypse (*1 Enoch* 85-90) in Light of the Thought of the Dead Sea Scrolls," (Hebr.) *Shnaton* 5-6: 178-87.

Dixon, E. P. (2009), "Descending Spirit and Descending Gods: A 'Greek' Interpretation of the Spirit's Descent as a Dove in Mark 1:10," *JBL* 128: 759-80.

Dodd, C. H. (1935), *The Parables of the Kingdom* (London: Nisbet).

_____. (1952), *According to the Scriptures: The Sub-Structure of New Testament Theology* (London: Nisbet).

_____. (1961), *The Parables of the Kingdom* (New York: Scribner).

_____. (1962), "Prophecy of Caiaphas, John 6:47-53," in A. N. Wilder (ed.), *Neotestamentica et Patristica: Eine Freundesgabe, Oscar Cullmann zu seinem 60. Geburtstag* (Leiden: Brill), 134-43.

_____. (1968), *More New Testament Studies* (Grand Rapids: Eerdmans).

_____. (1971), *The Founder of Christianity* (London: Collins).

Doering, L. (1999), *Schabbat: Sabbathalacha und -praxis im antiken Judentum und Urchristentum* (TSAJ 78; Tübingen: Mohr Siebeck).

Donahue, J. R. (1995), "Windows and Mirrors: The Setting of Mark's Gospel," *CBQ* 57: 1-26.

Donahue, J. R., and D. J. Harrington (2002), *The Gospel of Mark* (Collegeville, MN: Liturgical Press).

Drury, M. A. (2001), "Anti-Catholicism in Germany, Britain and the United States: A Review and Critique of Recent Scholarship," *CH* 70: 98-131.

Duling, D. C. (1973), "Promises to David and Their Entrance into Christianity: Nailing Down a Likely Hypothesis," *NTS* 20: 55-77.

Dunn, J. D. G. (1975), *Jesus and the Spirit: A Study of the Religious and Charismatic Experience of Jesus and the First Christians as Reflected in the New Testament* (Philadelphia: Westminster).

_____. (1980), *Christology in the Making: A New Testament Inquiry into the Origins of the Doctrine of the Incarnation* (Philadelphia: Westminster).

_____. (2000), "Are You the Messiah?: Is the Crux of Mark 14:61-62 Resolvable?," in D. Catchpole, D. Horrell and C. M. Tuckett (eds), *Christology, Controversy, and Community: New Testament Essays in Honour of David R. Catchpole* (Leiden: Brill): 1-22.

_____. (2003), *Jesus Remembered: Vol. 1: Christianity in the Making* (Grand Rapids: Eerdmans). 『예수와 기독교의 기원』(새물결플러스 역간).

Dunne, J. A. (2013), "Suffering in Vain: A Study of the Interpretation of *Paschō* in Galatians 3.4," *JSNT* 36: 3-16.

Dupont, J., and P. Bonnard (1966), "Le Notre Pere: Notes exégétiques," *FoiVie* 65: 51-79.

Eastman, S. G. (2007), *Recovering Paul's Mother Tongue: Language and Theology in Galatians* (Grand Rapids: Eerdmans).

Edwards, J. R. (2002), *The Gospel According to Mark* (PNTC; Grand Rapids: Eerdmans; Leicester: Apollos).

_____. (2015), *The Gospel According to Luke* (PNTC; Grand Rapids: Eerdmans).

Edwards, R. A. (1982), "Matthew's Use of Q in Chapter Eleven," in J. Delobel (ed.), *Logia: Les Paroles de Jésus - the Sayings of Jesus* (BETL 59; Leuven: Leuven University Press): 257-75.

Embry, B. (2002), "The *Psalms of Solomon* and the New Testament: Intertextuality and the Need for a Re-Evaluation', *JSP* 13: 99-136.

Emerton, J. A. (1958), "The Origin of the Son of Man Imagery," *JTS* 9: 225-42.

Enslin, M. S. (1975), "John and Jesus," *ZNW* 66: 1-18.

Ernst, J. (1989), *Johannes der Täufer: Interpretation, Geschichte, Wirkungsgeschichte* (Berlin/New York: de Gruyter).

Eskola, T. (2001), *Messiah and the Throne: Jewish Merkabah Mysticism and Early Christian Exaltation Discourse* (WUNT 2/142; Tübingen: Mohr Siebeck).

Evans, C. A. (1985), "On the Isaianic Background of the Sower Parable," *CBQ* 47: 464-68.

_____. (1989), *To See and Not Perceive: Isaiah 6.9-10 in Early Jewish and Christian Interpretation* (JSOTSup 64; Sheffield: Sheffield Academic Press).

_____. (1991), "In What Sense Blasphemy? Jesus before Caiaphas in Mark 14:61-64," SBLSP 30: 215-34.

_____. (1993), "From Public Ministry to the Passion: Can a Link Be Found between the (Galilean) Life and the (Judean) Death of Jesus? ', SBLSP 32: 460-72.

_____. (2001), *Mark 8:27-16:20* (WBC 34B; Nashville: Thomas Nelson).

_____. (1999), "Jesus and Zechariah's Messianic Hope," in B. Chilton and C. A. Evans (eds), *Authenticating the Activities of Jesus* (NTTS 28/2; Leiden/Boston: Brill): 373-88.

Farmer, W. R. (1956), *Maccabees, Zealots, and Josephus: An Inquiry into Jewish Nationalism in the Greco-Roman Period* (New York: Columbia University Press).

Fearghail, F. O. (1978), "Sir 50:5-21: Yom Kippur or the Daily Whole-Offering?," *Bib* 59: 301-16.

Fee, Gordon D. (1987), *The First Epistle to the Corinthians* (NICNT; Grand Rapids: Eerdmans).

Fensham, F. C. (1971), "Father and Son as Terminology for Treaty and Covenant," in H. Goedicke (ed.), *Near Eastern Studies in Honor of William Foxwell Albright* (Baltimore: Johns Hopkins): 121-35.

Finney, P. C. (1993), "The Rabbi and the Coin Portrait (Mark 12:15b, 16): Rigorism Manqué," *JBL* 112: 629-44.

Fisher, L. (1968), "Can This Be the Son of David?," in F. T. Trotter (ed.), *Jesus and the Historian: Written in Honor of Ernest Cadman Colwell* (Philadelphia: Westminster): 82-97.

Fitzmyer, J. A. (1981), *The Gospel According to Luke: Introduction, Translation, and Notes* (2 vols; AB 28 and 28A; Garden City, NY: Doubleday).

Fleddermann, H. T. (1981), "The Discipleship Discourse (Mark 9:33-50)," *CBQ* 43: 57-75.

―――. (2005), *Q: A Reconstruction and Commentary* (BTS 1; Leuven/ Paris/Dudley, MA: Peeters).

―――. (2012), "The Plot of Q," *ETL* 88: 43-69.

Flesher, P. V. M. (1992), "Bread of the Presence," in D. N. Freedman (ed.), *Anchor Bible Dictionary: Vol. 1: AC* (New York: Doubleday): 780-81.

Fletcher-Louis, C. H. T. (1997a), "The Destruction of the Temple and the Relativization of the Old Covenent: Mark 13:31 and Matthew 5:18," in K. E. Brower, M. W. Elliott and G. K. Beale (eds), *Eschatology in Bible & Theology: Evangelical Essays at the Dawn of a New Millennium* (Downers Grove, Il: InterVarsity): 145-69.

―――. (1997b), "The High Priest as Divine Mediator in the Hebrew Bible: Dan 7:13 as a Test Case," in *Society of Biblical Literature 1997 Seminar Papers* (SBLSP 36; Atlanta: Scholars Press): 161-93.

―――. (1999), "The Worship of Divine Humanity as God's Image and the Worship of Jesus," in C. C. Newman, J. R. Davila and G. S. Lewis (eds), *The Jewish Roots of Christological Monotheism: Papers from the St Andrew's Conference on the Historical Origins of the Worship of Jesus* (JSJSup 63; Leiden: Brill): 112-28.

―――. (2000), "Jesus Inspects His Priestly War Party (Luke 14.25-35)," in S. Moyise (ed.), *The Old Testament in the New Testament* (Sheffield: Sheffield Academic Press): 126-43.

―――. (2001), "The Revelation of the Sacral Son of Man: The Genre, History of Religions Context and the Meaning of the Transfiguration," in F. Avemarie and H. Lichtenberger (eds), *Auferstehung Resurrection. The Fourth Durham-Tübingen Research Symposium. Resurrection, Transfiguration and Exaltation in Old Testament, Ancient Judaism and Early Christianity* (Tübingen, September 1999) (WUNT 135; Tübingen: Mohr Siebeck): 247-98.

―――. (2002), *All the Glory of Adam: Liturgical Anthropology in the Dead Sea Scrolls* (STDJ 42; Leiden: Brill).

―――. (2004a), "Alexander the Great's Worship of the High Priest," in L. T. Stuckenbruck and W. E. S. North (eds), *Early Jewish and Christian Monotheism* (JSNTSup 263; London/New York: T. & T. Clark): 71-102.

―――. (2004b), "The Cosmology of P and Theological Anthropology in the Wisdom of Jesus Ben Sira," in C. A. Evans (ed.), *Of Scribes and Sages: Early Jewish Interpretation and Transmission of Scripture: Vol. 1: Ancient Versions and Traditions* (London: T. & T. Clark): 69-113.

―――. (2004c), "God's Image, His Cosmic Temple and the High Priest: Towards a Theological and Historical Account of the Incarnation," in D. T. Alexander and

S. J. Gathercole (eds), *Heaven on Earth: The Temple in Biblical Theology* (Carlisle: Paternoster): 81-99.

_____. (2006), "Jesus and the High Priestly Messiah, Part 1," *JSHJ* 4: 155-75.

_____. (2007a), "Humanity and the Idols of the Gods in Pseudo-Philo's *Biblical Antiquities*," in C. S. Barton (ed.), *Idolatry: False Worship in the Bible, Early Judaism, and Christianity* (T. & T. Clark Theology; New York: T. & T. Clark, 2007): 58-72.

_____. (2007b), "Jesus and the High Priestly Messiah, Part 2," *JSHJ* 5: 57-79.

_____. (2013), "Priests and Priesthood," in J. Brown, J. Green and N. Perrin (eds), *Dictionary of Jesus and the Gospels* (Downers Grove, IL: InterVarsity): 696-705.

_____. (2016), *Jesus Monotheism: Vol. 1: Christological Origins: The Emerging Consensus and Beyond* (Cambridge: Clarke).

Flusser, D. (1988), *Judaism and the Origins of Christianity* (Jerusalem: Magnes).

Foley, J. M. (1991), *Immanent Art: From Structure to Meaning in Traditional Oral Epic* (Bloomington: Indiana University Press).

Ford, J. M. (1979), "Jewish Law and Animal Symbolism," *JSJ* 10: 203-12.

Förster, N. (2012), *Jesus und die Steuerfrage: Die Zinsgroschenperikope auf dem religiösen und politischen Hintergrund ihrer Zeit, mit einer Edition von Pseudo-Hieronymus, De Haeresibus Judaeorum* (WUNT 294; Tübingen: Mohr Siebeck).

Fossum, J. (1995), *The Image of the Invisible God: Essays on the Influence of Jewish Mysticism on Early Christology* (Göttingen: Vandenhoeck & Ruprecht).

Fournier-Bidoz, A. (1984), "L'arbre et la demeure: Siracide 24:10-17," *VT* 34:1-10.

France, R. T. (1994), "Jesus the Baptist," in J. B. Green and M. Turner (eds), *Jesus of Nazareth: Lord and Christ: Essays on the Historical Jesus and New Testament Christology* (Grand Rapids: Eerdmans): 94-111.

_____. (2002), *The Gospel of Mark* (NIGTC; Grand Rapids: Eerdmans; Carlisle: Paternoster).

Frankfurter, D. (2005), "Curses, Blessings, and Ritual Authority: Egyptian Magic in Comparative Perspective," *JANER* 5: 157-85.

Fredriksen, P. (1999), *Jesus of Nazareth, King of the Jews: A Jewish Life and the Emergence of Christianity* (New York: Knopf).

Friedlander, G. (1969 [1911]), *The Jewish Sources of the Sermon on the Mount* (New York: KTAV).

Friedrich, G. (1956), "Beobachtungen zur messianischen Hohepriestererwartung in den Synoptikern," *ZTK* 53: 265-311.

Fuller, R. H. (1965), *The Foundations of New Testament Christology* (New York: Scribner).

Funk, R. W., and R. W. Hoover (1993), *The Five Gospels: The Search for the Authentic Words of Jesus: New Translation and Commentary* (New York/Toronto:

Macmillan).

Gane, R. E. (1992), "Bread of the Presence and Creator-in-Residence," *VT* 42: 179-203.

García Martínez, F., and E. J. C. Tigchelaar (2000), *The Dead Sea Scrolls Study Edition* (Leiden/Boston: Brill; Grand Rapids: Eerdmans).

Garlington, D. B. (2011), "The Salt of the Earth in Covenantal Perspective," *JETS* 54: 715-48.

Garnet, P. (1983), "The Parable of the Sower: How the Multitudes Understood It," in E. J. Furcha and G. Johnston (eds), *Spirit Within Structure: Essays in Honor of George Johnston on the Occasion of His Seventieth Birthday* (PTMS 3; Allison Park, PA: Pickwick), 39-54.

Garr, W. R. (2003), *In His Own Image and Likeness: Humanity, Divinity, and Monotheism* (CHANE 15; Leiden: Brill).

Gaston, L. (1970), *No Stone on Another: Studies in the Significance of the Fall of Jerusalem in the Synoptic Gospels* (NovTSup 23; Leiden: Brill).

Gaventa, B. R. (1990), "The Maternity of Paul: An Exegetical Study of Galatians 4:19," in R. T. Fortna and B. R. Gaventa (eds), *The Conversation Continues: Studies in Paul and John in Honor of J. Louis Martyn* (Nashville: Abingdon): 189-201.

George, A. (1978), *Études sur l'oeuvre de Luc* (Paris: Gabalda).

Gero, S. (1976), "Spirit as a Dove at the Baptism of Jesus," *NovT* 18:17-35.

Gese, H. (1983), "Die Bedeutung der Krise unter Antiochus IV Epiphanes für die Apokalyptik des Danielbuches," *ZTK* 80: 373-88.

Gibbs, J. M. (1964), "Purpose and Pattern in Matthew's Use of the Title 'Son of David,'" *NTS* 10: 446-64.

Giblin, C. H. (1971), "The Things of God in the Question Concerning Tribute to Caesar (Lk 20:25; Mk 12:17; Mt 22:21)," *CBQ* 33: 510-27.

Gilders, W. K. (2012), "The Day of Atonement in the Dead Sea Scrolls," in T. Hieke and T. Nicklas (eds), *The Day of Atonement: Its Interpretations in Early Jewish and Christian Traditions* (TBN 17; Leiden: Brill): 63-73.

Gillingham, S. E. (2013), *A Journey of Two Psalms: The Reception of Psalms 1 and 2 in Jewish and Christian Tradition* (Oxford: Oxford University Press).

Ginzburg, C. (1980), *The Cheese and the Worms: The Cosmos of a Sixteenth-Century Miller* (Baltimore: Johns Hopkins University Press).

_____. (1989), *Clues, Myths, and the Historical Method* (Baltimore: Johns Hopkins University Press).

Gladd, B. L. (2008), *Revealing the Mysterion: The Use of Mystery in Daniel in Second Temple Judaism with Its Bearing on First Corinthians* (BZNW 160; Berlin: de Gruyter).

Gnilka, J. (1997), *Jesus of Nazareth: Message and History* (Peabody, MA: Hendrickson).

_____. (2010 (1978)), *Das Evangelium nach Markus* (2 vols; EKKNT; Neukirchen-Vluyn: Neukirchener Verlag).

Goguel, M. (1933 (1932)), *The Life of Jesus* (New York: Macmillan).

Goldingay, J. (1989), *Daniel* (WBC 30; Dallas: Word).

Gooding, D. W. (1981), "The Literary Structure of the Book of Daniel and Its Implications," *TynBul* 32: 43-79.

Goulder, M. D. (2002), "Psalm 8 and the Son of Man," *NTS* 48: 18-29.

Granerød, G. (2010), *Abraham and Melchizedek: Scribal Activity of Second Temple Times in Genesis 14 and Psalm 110* (BZAW 406; Berlin: de Gruyter).

Grant, M. (1954), *Roman Imperial Money* (London/New York: Nelson).

Grassi, J. A. (1982), "Abba, Father (Mark 14:36): Another Approach," *JAAR* 50: 449-58.

Gray, T. C. (2008), *The Temple in the Gospel of Mark: A Study in Its Narrative Role* (WUNT 2/168; Tübingen: Mohr Siebeck).

Green, J. B. (1997), *The Gospel of Luke* (NICNT; Grand Rapids: Eerdmans).

Greenfield, J. C., M. E. Stone and E. Eshel (2004), *The Aramaic Levi Document: Edition, Translation, Commentary* (SVTP 19; Leiden: Brill).

Grelot, P. (1978-9), "La quatrième demande du Pater et son arrière-plan sémitique," *NTS* 25: 299-314.

_____. (1984), "L'arrière-plan araméen du 'Pater,'" *RB* 91 (1984): 531-56.

Grimm, W. (1976), *Weil ich dich liebe: Die Verkündigung Jesu und Deuterojesaja* (Bern: Peter Lang).

_____. (1980), "Die Hoffnung der Armen: Zu den Seligpreisungen Jesu," *TB* 11: 100-13.

Grindheim, S. (2002), "Wisdom for the Perfect: Paul's Advice to the Corinthian Church (1 Corinthians 2:616)," *JBL* 121: 689-709.

_____. (2011), *God's Equal: What Can We Know about Jesus' Self-Understanding?* (LNTS 446; London/New York: T. & T. Clark).

Grundmann, W. (1959), *Das Evangelium nach Markus* (THKNT; Berlin: Evangelische Verlagsanstalt).

_____. (1968), *Das Evangelium nach Matthäus* (THKNT; Berlin: Evangelische Verlagsanstalt).

Guelich, R. A. (1976), "The Matthean Beatitudes: Entrance-Requirements or Eschatological Blessings?," *JBL* 95: 415-34.

_____. (1989), *Mark 1-8:26* (WBC 34A; Dallas: Word).

Gundry, R. H. (2005), *The Old Is Better: New Testament Essays in Support of Traditional Interpretation* (WUNT 178; Tübingen: Mohr Siebeck).

_____. (2008), "Jesus' Supposed Blasphemy (Mark 14:61b-64)," *BBR* 18: 131-33.

_____. (2015), *Peter: False Disciple and Apostate According to Saint Matthew* (Grand Rapids: Eerdmans).

Gunton, C. E. (2003), *Act and Being: Towards a Theology of the Divine Attributes* (Grand Rapids: Eerdmans).

Gupta, N. K. (2014), " 'They Are Not Gods!': Jewish and Christian Idol Polemic and Greco-Roman Use of Cult Statues," *CBQ* 76: 704-19.

Gurtner, D. M. (2012), "Interpreting Apocalyptic Symbolism in the Gospel of Matthew," *BBR* 22: 525-45.

_____. (2016), "Peter: False Disciple and Apostate According to Saint Matthew," *RelSRev* 42: 210-11.

Hägerland, T. (2012), *Jesus and the Forgiveness of Sins: An Aspect of His Prophetic Mission* (SNTSMS 150; Cambridge/New York: Cambridge University Press).

Hagner, D. A. (1993), *Matthew 1-13* (WBC 33A; Dallas: Word).

Hahn, F., W. Lohff and G. Bornkamm (1969), *What Can We Know about Jesus? Essays on the New Quest* (Philadelphia: Fortress).

Hahn, S. (2005), "Covenant, Oath, and the Aqedah: *Diatheke* in Galatians 3:15-18," *CBQ* 67: 79-100.

_____. (2009), *Kinship by Covenant: A Canonical Approach to the Fulfillment of God's Saving Promises* (AYBRL; New Haven, CT: Yale University Press).

Halpern-Amaru, B. (1997), "Exile and Return in Jubilees," in J. Scott (ed.), *Exile: Old Testament, Jewish, and Christian Conceptions* (JSJSup 56, Leiden: Brill): 127-44.

Hampel, V. (1990), *Menschensohn und historischer Jesus: Ein Rätselwort als Schlüssel zum messianischen Selbstverständnis Jesu* (Neukirchen-Vluyn: Neukirchener Verlag).

Hanneken, T. R. (2012), *The Subversion of the Apocalypses in the Book of Jubilees* (EJL 34; Atlanta: Society of Biblical Literature).

Haran, M. (1979), *Temples and Temple Service in Ancient Israel: An Inquiry into the Character of Cult Phenomena and the Historical Setting of the Priestly School* (Oxford: Clarendon Press).

Hare, D. R. A. (1990), *The Son of Man Tradition* (Minneapolis: Fortress).

Harrisville, R. A. (1993), "In Search of the Meaning of the Reign of God," *Int* 47: 140-51.

Hart, H. J. (1984), "The Coin of 'Render unto Caesar' (A Note on Some Aspects of Mk 12:13-17; Matt 22:15-22; Lk 20:20-26)," in E. Bammel (ed.), *Jesus and the Politics of His Day* (Cambridge: Cambridge University Press): 241-48.

Hartin, P. J. (1995), "Yet Wisdom Is Justified by Her Children (Q 7:35)," in J. S. Kloppenborg (ed.), *Conflict and Intervention, Literary, Rhetorical, and Social Studies on the Sayings Gospel Q* (Valley Forge, PA: Trinity Press International): 151-64.

Hartman, L. F., and A. Di Lella (1978), *Daniel* (AB 23; New York: Doubleday).
Harvey, A. E. (1980), "The Use of Mystery Language in the Bible," *JTS* 31: 320-36.
Harvey, A. E. (1982), *Jesus and the Constraints of History* (Philadelphia: Westminster).
Hasel, G. F. (1992), "Sabbath," in D. N. Freedman (ed.), *The Anchor Bible Dictionary: Vol. 5: O-Sh* (New York: Doubleday): 849-56.
Hauck, F. (1968), "ptwcoi," in G. Kittel (ed.), *Theological Dictionary of the New Testament: Vol. 6: Pe-R* (Grand Rapids: Eerdmans): 886-87.
Hay, D. M. (1989 [1973]), *Glory at the Right Hand: Psalm 110 in Early Christianity* (SBLMS 18; Atlanta: Society of Biblical Literature).
Hayes, J. H. (1963), "Tradition of Zion's Inviolability," *JBL* 82: 419-26.
Hays, R. B. (1989), *Echoes of Scripture in the Letters of Paul* (New Haven, CT: Yale University Press).
_____. (1997), *First Corinthians* (IBC; Louisville, KY: John Knox, 1997).
_____. (2016), *Echoes of Scripture in the Gospels* (Waco: Baylor University Press).
Hayward, C. T. R. (1996), *The Jewish Temple: A Non-Biblical Sourcebook* (London: Routledge).
Head, P. M. (1991), "A Text-Critical Study of Mark 1:1: 'The Beginning of the Gospel of Jesus Christ,'" *NTS* 37: 621-29.
Heitmüller, W. (1913), *Jesus* (Tübingen: Mohr Siebeck).
Hengel, M. (1979), "Jesus als messianischer Lehrer der Weisheit und die Anfänge der Christologie," in J. Leclant, J. Bergman and J. Ppin (eds), *Sagesse et Religion: Colloque de Strasbourg* (Paris: Press Universitaires de France): 147-88.
_____. (1981 [1968]), *The Charismatic Leader and His Followers* (New York: Crossroad).
_____. (1987), "Zur matthäischen Bergpredigt und ihrem jüdischen Hintergrund," *TRu* 52: 327-400.
Hengel, M., and A. M. Schwemer (1991), *Königsherrschaft Gottes und himmlischer Kult im Judentum, Urchristentum und in der hellenistischen Welt* (WUNT 55; Tübingen: Mohr Siebeck).
Higgins, A. J. B. (1965 [1964]), *Jesus and the Son of Man* (Philadelphia: Fortress).
Himmelfarb, M. (2007), 'Temple and Priests in the Book of the Watchers, the Animal Apocalypse, and the Apocalypse of Weeks," in G. Boccaccini and J. J. Collins (eds), *The Early Enoch Literature* (JSJSup 121; Leiden: Brill): 219-35.
Hoglund, K. G. (2002), "The Priest of Praise: The Chronicler's David," *RevExp* 99: 185-91.
Hollenbach, P. W. (1982), "The Conversion of Jesus: From Jesus the Baptizer to Jesus the Healer," in W. Haase (ed.), *Principat 25/1; Vorkonstantinisches Christentum: Leben und Umwelt Jesu; Neues Testament* (ANRW; Berlin/New York: de

Gruyter): 196-219.

Holmén, T. (2002), "Doubts about Double Dissimilarity: Restructuring the Main Criterion of Jesus-of-History Research," in B. D. Chilton and C. A. Evans (eds), *Authenticating the Words of Jesus* (NTTS 28; Leiden: Brill): 47-80.

Holtzmann, O. (1903), *War Jesus Ekstatiker? Eine Untersuchung zum Leben Jesu* (Tübingen: Mohr Siebeck).

Hooker, M. D. (1979), "Is the Son of Man Problem Really Insoluble?," in E. Best and R. M. Wilson (eds), *Text and Interpretation: Studies in the New Testament Presented to Matthew Black* (Cambridge: Cambridge University Press): 155-68.

Horsley, R. A. (1984), "Popular Messianic Movements around the Time of Jesus," *CBQ* 46: 471-95.

_____. (1991), "Q and Jesus: Assumptions, Approaches, and Analyses," *Semeia* 55: 175-209.

_____. (2003), *Jesus and Empire: The Kingdom of God and the New World Disorder* (Minneapolis: Fortress).

_____. (2012), *The Prophet Jesus and the Renewal of Israel: Moving beyond a Diversionary Debate* (Grand Rapids: Eerdmans).

Huizenga, L. A. (2009), *The New Isaac: Tradition and Intertextuality in the Gospel of Matthew* (NovTSup 131; Leiden/Boston: Brill).

Hultgren, A. (1972), "Formation of the Sabbath Pericope in Mark 2:23-28," *JBL* 91: 38-43.

_____. (2000), *The Parables of Jesus: A Commentary* (BW; Grand Rapids: Eerdmans).

Hunzinger, C.-H. (1960), "Unbekannte Gleichnisse Jesu aus dem Thomas-Evangelium," in W. Eltester (ed.), *Judentum, Urchristentum, Kirche: Festschrift für Joachim Jeremias* (ZNW 26; Berlin: Töpelmann, 1960): 209-20.

Hurst, L. D. (1999), "Did Qumran Expect Two Messiahs?," *BBR* 9: 157-80.

Hurtado, L. W. (1988), *One God, One Lord: Early Christian Devotion and Ancient Jewish Monotheism* (Philadelphia: Fortress).

Isaac, E. (1985), "1 (Ethiopic Apocalypse of) Enoch: A New Translation and Introduction," in J. H. Charlesworth (ed.), *The Old Testament Pseudepigrapha, Vol. 1: Apocalyptic Literature and Testaments* (ABRL; New York: Doubleday): 5-89.

Ishida, T. (1977), *The Royal Dynasties in Ancient Israel: A Study on the Formation and Development of Royal-Dynastic Ideology* (BZAW 142; Berlin/New York: de Gruyter).

Janse, S. (2009), *"You Are My Son": The Reception History of Psalm 2 in Early Judaism and the Early Church* (Leuven: Peeters).

Jenkins, P. (2003), *The New Anti-Catholicism: The Last Acceptable Prejudice* (New York: Oxford University Press).

Jeremias, J. (1963), *The Parables of Jesus* (New York: Scribner).

_____. (1965), *The Central Message of the New Testament* (New York: Scribner).

_____. (1969), *Jerusalem in the Time of Jesus: An Investigation into Economic and Social Conditions during the New Testament Period* (Philadelphia: Fortress; London: SCM Press).

_____. (1971), *New Testament Theology: The Proclamation of Jesus* (New York: Scribner).

_____. (1972), *The Parables of Jesus* (London: SCM Press).

Jervell, J. (1960), *Imago Dei: Gen 1, 26f. im Spätjudentum, in der Gnosis und in den paulinischen Briefen* (FRLANT 58; Göttingen: Vandenhoeck & Ruprecht).

Jewett, R. (1978), "The Redaction of I Corinthians and the Trajectory of the Pauline School," *JAAR* 46: 571-72.

_____. (1985), "The Redaction and Use of an Early Christian Confession in Romans 1:34," in D. Groh, R. Jewett and E. Saunders (eds), *Living Text: Essays in Honor of Ernest W. Saunders* (Lanham, MD: University Press of America): 99-122.

Jipp, J. W. (2009), "Rereading the Story of Abraham, Isaac, and Us in Romans 4," *JSNT* 32: 217-42.

Johansson, D. (2011), "Who Can Forgive Sins but God Alone? Human and Angelic Agents, and Divine Forgiveness in Early Judaism," *JSNT* 33: 351-74.

Johnson, B. J. M. (2011), "Whoever Gives Me Thorns and Thistles: Rhetorical Ambiguity and the Use of *mî yitēn* in Isaiah 27.26," *JSOT* 36: 105-26.

Johnson, V. L. (2009), *David in Distress: His Portrait through the Historical Psalms* (LBS 505; New York: T. & T. Clark).

Jonge, M. de (1960), "Christian Influence in the Testaments of the Twelve Patriarchs," *NovT* 4: 182-235.

_____. (1962), "Once More: Christian Influence in the Testaments of the Twelve Patriarchs," *NovT* 5: 311-19.

_____. (1980), "The Main Issues in the Study of the Testaments of the Twelve Patriarchs," *NTS* 26: 508-24.

_____. (1988), *Christology in Context: The Earliest Christian Response to Jesus* (Philadelphia: Westminster).

_____. (1998), "Jesus' Death for Others and the Death of the Maccabean Martyrs," in A. F. J. Klijn and T. Baarda (eds), *Text and Testimony: Essays on New Testament and Apocryphal Literature in Honour of A. F. J. Klijn* (Kampen: Kok): 142-51.

Joyner, C. W. (1999), *Shared Traditions: Southern Traditions and Folk Culture* (Urbana: University of Illinois Press).

Juel, D. H. (1975), "The Function of the Trial of Jesus in Mark's Gospel," SBLSP 2: 83-104.

———. (1977), *Messiah and Temple: The Trial of Jesus in the Gospel of Mark* (SBLDS 31; Missoula, MT: Scholars Press).

Kaiser, W. C. (1995), *The Messiah in the Old Testament* (Grand Rapids: Zondervan).

Kammler, H.-C. (2003a), *Kreuz und Weisheit: Eine exegetische Untersuchung zu 1 Kor 1, 10-3, 4* (WUNT 159; Tübingen: Mohr Siebeck).

———. (2003b), "Sohn Gottes und Kreuz: Die Versuchungsgeschichte Mt 4:1-11 im Kontext des Matthusevangeliums," *ZTK* 100: 163-86.

Keck, L. E. (1970), "Spirit and the Dove," *NTS* 17: 41-67.

Kee, H. C. (1983), "The Testaments of the Twelve Patriarchs," *OTP* 1: 777-78.

Keener, C. S. (2009), *The Historical Jesus of the Gospels* (Grand Rapids: Eerdmans).

Keesmaat, S. C. (1999), *Paul and His Story: (Re)Interpreting the Exodus Tradition* (JSNTSup 181; Sheffield: Sheffield Academic Press).

Keith, C. (2014), *Jesus Against the Scribal Elite: The Origins of the Conflict* (Grand Rapids: Baker Academic).

———. (2016), "The Narratives of the Gospels and the Historical Jesus: Current Debates, Prior Debates and the Goal of Historical Jesus Research," *JSNT* 38: 426-55.

Keith, C., and A. Le Donne (2012), *Jesus, Criteria, and the Demise of Authenticity* (London: T. & T. Clark International).

Kerr, A. R. (2002), *The Temple of Jesus' Body: The Temple Theme in the Gospel of John* (JSNTSup 220; London: Sheffield Academic Press).

Kilpatrick, G. D. (1953), *The Trial of Jesus* (Oxford: Oxford University Press).

Kim, S. (1987), "Jesus The Son of God, the Stone, the Son of Man, and the Servant: The Role of Zechariah in the Self-Identification of Jesus," in G. F. Hawthorne and O. Betz (eds), *Tradition and Interpretation in the New Testament: Essays in Honor of E. Earle Ellis for His 60th Birthday* (Grand Rapids: Eerdmans; Tübingen: Mohr Siebeck): 134-48.

Kingsbury, J. D. (1976), "The Title 'Son of David' in Matthew's Gospel," *JBL* 95: 591-602.

Kingsbury, J. D. (1988), "On Following Jesus: The 'Eager' Scribe and the Reluctant Disciple (Matthew 8:18-22)," *NTS* 34: 45-59.

Kinman, B. (2009), "Jesus' Entry into Jerusalem," in D. L. Bock and R. L. Webb (eds), *Key Events in the Life of the Historical Jesus: A Collaborative Exploration of Content and Coherence* (WUNT 247; Tübingen: Mohr Siebeck): 383-427.

Kirk, D. R. (2012), "Heaven Opened: Intertextuality and Meaning in John 1:51," *TynBul* 63: 237-56.

Kitz, A. M. (2014), *Cursed Are You! The Phenomenology of Cursing in Cuneiform and Hebrew Texts* (Winona Lake, IN: Eisenbrauns).

Klawans, J. (2006), *Purity, Sacrifice, and the Temple: Symbolism and Supersessionism in the Study of Ancient Judaism* (Oxford/New York: Oxford University Press).

Klein, G. (1906), "Die ursprüngliche Gestalt des Vaterunsers," *ZNW* 7: 34-50.

Klein, R. W. (2012), *2 Chronicles: A Commentary* (Hermeneia; Minneapolis: Fortress).

Kleven, T. (1992), "Hebrew Style in 2 Samuel 6," *JETS* 35: 299-314.

Kline, M. G. (1977), "Investiture with the Image of God," *WTJ* 40: 39-62.

Klinghardt, M. (1996), *Gemeinschaftsmahl und Mahlgemeinschaft: Soziologie und Liturgie frühchristlicher Mahlfeiern* (TANZ 13; Tübingen: Francke).

Kloppenborg, J. S. (2000), *Excavating Q: The History and Setting of the Sayings Gospel* (Minneapolis: Fortress).

_____. (2006), *The Tenants in the Vineyard: Ideology, Economics, and Agrarian Conflict in Jewish Palestine* (WUNT 195; Tübingen: Mohr Siebeck).

Knibb, M. A. (1976), "The Exile in the Literature of the Intertestamental Period," *HeyJ* 17: 253-72.

Knowles, M. P. (1995), "Abram and the Birds in Jubilees 11: A Subtext for the Parable of the Sower?," *NTS* 41: 145-51.

Koch, D.-A. (2014), "Die Kontroverse ber die Steuer (Mt 22,15-22 / Mk 12,13-17 / Lk 20,20-26)," in G. van Belle and J. Verheyden (eds), *Christ and the Emperor: The Gospel Evidence* (BTS 20; Leuven: Peeters): 203-27.

Kooij, A. van der (2007), "The Greek Bible and Jewish Concepts of Royal Priesthood and Priestly Monarchy," in T. Rajak et al., *Jewish Perspectives on Hellenistic Rulers* (Berkeley: University of California Press): 255-64.

Kraeling, C. H. (1951), *John the Baptist* (New York: Scribner).

Kratz, R. G. (1992), "Die Gnade des tglichen Brots (The Grace of Daily Bread)," *ZTK* 89: 1-40.

Kraus, H-J. (1966), *Worship in Israel* (Richmond, VA: John Knox).

Kugel, J. L. (1993), "Levi's Elevation to the Priesthood in Second Temple Writings," *HTR* 86: 1-64.

_____. (2006), *The Ladder of Jacob: Ancient Interpretations of the Biblical Story of Jacob and His Children* (Princeton: Princeton University Press).

Kurz, W. S. (1984), "Luke 3:23-38 and Greco-Roman and Biblical Genealogies," in C. H. Talbert (ed.), *Luke-Acts: New Perspectives from the Society of Biblical Literature Seminar* (New York: Crossroad): 169-87.

Kwon, O.-Y. (2010), "A Critical Review of Recent Scholarship on the Pauline Opposition and the Nature of Its Wisdom (*sofia*) in 1 Corinthians 1-4," *CBR* 8: 386-427.

Laato, A. (1992), *Josiah and David Redivivus: The Historical Josiah and the Messianic Expectations of Exilic and Postexilic Times* (ConBOT 33; Stockholm: Almqvist &

Wiksell).

―――. (1997), *A Star Is Rising: The Historical Development of the Old Testament Royal Ideology and the Rise of the Jewish Messianic Expectations* (ISFCJ 5; Atlanta: Scholars Press).

Lacocque, A. (1979), *The Book of Daniel* (Atlanta: John Knox).

―――. (1988), *Daniel in His Time* (Columbia, SC: University of South Carolina Press).

Ladd, G. E. (1974), *The Presence of the Future: The Eschatology of Biblical Realism* (Grand Rapids: Eerdmans).

Lampe, G. W. H. (1973), "St Peter's Denial and the Treatment of the *Lapsi*," in D. Neiman and M. A. Schatkin (eds), *Heritage of the Early Church: Essays in Honor of Georges Vasilievich Florovsky* (AnOr 135; Rome: Pontificium Institutum Studiorum Orientalium): 113-33.

Lane, W. L. (1974), *The Gospel According to Mark* (NICNT; Grand Rapids: Eerdmans).

Latham, J. E. (1982), *The Religious Symbolism of Salt* (Paris: Beauchesne).

Le Déaut, R. (1963), *La nuit pascale: Essai sur la signification de la Pâque juive à partir du Targum d'Exode XII 42* (Rome: Pontificio Istituto Biblico).

Le Donne, A. (2009), *The Historiographical Jesus: Memory, Typology, and the Son of David* (Waco: Baylor University Press).

―――. (2011), *Historical Jesus: What Can We Know and How Can We Know It?* (Grand Rapids: Eerdmans).

Lee, Y. (2012), *The Son of Man as the Last Adam: The Early Church Tradition as a Source of Paul's Adam Christology* (Eugene, OR: Pickwick).

Légasse, S. (1969), *Jésus et l'enfant: "Enfants," "Petits" et "Simples" dans la tradition synoptique* (EBib; Paris: Gabalda).

Lehnardt, A. (2002), *Qaddish: Untersuchungen zur Entstehung und Rezeption eines rabbinischen Gebetes* (TSAJ 87; Tübingen: Mohr Siebeck).

Leithart, P. J. (2000), "Womb of the World : Baptism and the Priesthood of the New Covenant in Hebrews 10.19-22," *JSNT* 78: 49-65.

Levenson, J. D. (1993), *The Death and Resurrection of the Beloved Son: The Transformation of Child Sacrifice in Judaism and Christianity* (New Haven, CT: Yale University Press).

Lietzmann, H. (1931), "Der Prozess Jesus," *SPAW* 14: 313-22.

Lindars, B. (1961), *New Testament Apologetic: The Doctrinal Significance of the Old Testament Quotations* (London: SCM Press).

―――. (1983), *Jesus Son of Man: A Fresh Examination of the Son of Man Sayings in the Gospels* (Grand Rapids: Eerdmans; London: SPCK).

Linton, O. (1976), "Parable of the Children's Game," *NTS* 22: 159-79.

Lohfink, G. (1985), "Die Metaphorik der Aussaat im Gleichnis vom Samaan (Mk 4, 39)," in F. Refoulé (ed.), *À cause de l'Évangile: Études sur les Synoptiques et les Actes offertes au P. Jacques Dupont, O.S.B.* (LD 123; Paris: Cerf): 211-28.

_____. (1989), *Studien zum Neuen Testament* (Stuttgart: Katholisches Bibelwerk).

Lohmeyer, E. (1965), *The Lord's Prayer* (London: Collins).

Lohse, E. (1961), "Der Prozess Jesu Christi," in Georg Kretschmar and B. Lohse (eds), *Ecclesia und Res Publica: Kurt Dietrich Schmidt zum 65 Geburtstag* (Göttingen: Vandenhoeck & Ruprecht): 24-39.

Longman III, T. (2006), *Proverbs* (Baker Commentary on the Old Testament Wisdom and Psalms; Grand Rapids: Baker Academic).

Lövestam, E. (1961), *Son and Saviour: A Study of Acts 13:3237* (Lund: C. W. K. Gleerup; Copenhagen: E. Munksgaard).

Lucas, E. (2002), *Daniel* (AOTC 20; Leicester: Apollos; Downers Grove, IL: InterVarsity).

Lupieri, E. (1988), *Giovanni Battista nelle tradizioni sinottiche* (Studi Biblici 82; Brescia: Paideia).

Luz, U. (1989-2005), *Matthew: A Commentary* (Hermeneia; Minneapolis: Augsburg/Fortress).

McDowell, C. L. (2015), *The Image of God in the Garden of Eden: The Creation of Humankind in Genesis 2:5-3:24 in Light of the Mīs Pî Pīt Pî and wpt-r Rituals of Mesopotamia and Ancient Egypt* (Siphrut 15; Winona Lake, IN: Eisenbrauns).

McKane, W. (1970), *Proverbs: A New Approach* (OTL; Philadelphia: Westminster Press).

McKnight, S. (1999), *A New Vision for Israel: The Teachings of Jesus in National Context* (Grand Rapids: Eerdmans).

_____. (2005), *Jesus and His Death: Historiography, the Historical Jesus, and Atonement Theory* (Waco: Baylor University Press).

Maier, C., and J. Herzer (2001), "Die spielenden Kinder der Weisheit (Lk 7,31-35 par. Mt 11,16-19): Beobachtungen zu einem Gleichnis Jesu und seiner Rezeption," in C. Maier (ed.), *Exegese vor Ort: Festschrift für Peter Welten zum 65. Geburtstag* (Leipzig: Evangelische Verlagsanstalt): 277-300.

Major, H. D. A., T. W. Manson and C. J. Wright (1938), *The Mission and Message of Jesus* (New York: E. P. Dutton).

Malbon, E. S. (2009a), "The Jesus of Mark and the 'Son of David,'" in E. S. Malbon (ed.), *Between Author and Audience in Mark: Narration, Characterization, Interpretation* (Sheffield: Sheffield Phoenix): 162-85.

_____. (2009b), *Mark's Jesus: Characterization as Narrative Christology* (Waco: Baylor University Press).

Manson, T. W. (1951 [1931]), *The Teaching of Jesus: Studies of Its Form and Content*

(Cambridge: Cambridge University Press).

———. (1953), *The Servant-Messiah: A Study of the Public Ministry of Jesus* (Cambridge: Cambridge University Press).

Marchel, W. (1963), *Abba, Père! La prière du Christ et des Chrétiens: Étude éxegétique sur les origines et la signification de l'invocation à la divinité comme père, avant et dans le Nouveau Testament* (Rome: Pontificio Istituto Biblico).

Marcus, J. (1984), "Mark 4:10-12 and Marcan Epistemology," *JBL* 103: 557-74.

———. (1986), *The Mystery of the Kingdom of God* (SBLDS 90; Atlanta: Scholars Press).

———. (1989), "Mark 14:61: Are You the Messiah-Son-of-God?," *NovT* 31: 125-41.

———. (1992), *The Way of the Lord: Christological Exegesis of the Old Testament in the Gospel of Mark* (Louisville, KY: Westminster John Knox).

———. (1995), "Jesus' Baptismal Vision," *NTS* 41: 512-21.

———. (2000), *Mark: A New Translation with Introduction and Commentary* (AB 27A; New York: Doubleday).

———. (2003a), "Son of Man as Son of Adam," *RB* 110: 38-61.

———. (2003b), (Son of Man as Son of Adam: Part II: Exegesis," *RB* 110: 370-86.

———. (2004 [1992]), *The Way of the Lord: Christological Exegesis of the Old Testament in the Gospel of Mark* (London: T. & T. Clark International).

———. (2006), "Crucifixion as Parodic Exaltation," *JBL* 125: 73-87.

Marshall, I. H. (1978), *The Gospel of Luke: A Commentary on the Greek Text* (NIGTC; Grand Rapids: Eerdmans).

Mason, R. A. (1977), "Purpose of the 'Editorial Framework' of the Book of Haggai," *VT* 27: 413-21.

Mason, S. (1992), "Fire, Water and Spirit: John the Baptist and the Tyranny of Canon," *SR* 21: 163-80.

Mauser, U. W. (2000), "God in Human Form," *ExAud* 16: 81-99.

Mays, J. L. (1993), "The Language of the Reign of God," *Int* 47: 117-26.

Meier, J. P. (1980), "John the Baptist in Matthew's Gospel," *JBL* 99: 383-405.

———. (1991), *A Marginal Jew: Rethinking the Historical Jesus: Vol. 1: Origins of the Problem and the Person* (ABRL; New York: Doubleday).

———. (1994), *A Marginal Jew: Rethinking the Historical Jesus: Vol. 2: Mentor, Message, and Miracles* (ABRL; New York: Doubleday).

———. (2000), "The Historical Jesus and the Historical Herodians," *JBL* 119: 740-46.

———. (2001), *A Marginal Jew: Rethinking the Historical Jesus: Vol. 3: Companions and Competitors* (ABRL; New York: Doubleday).

Mell, U. (1994), "Gehört das Vater-Unser zur authentischen Jesus-Tradition?," *BTZ* 11:

148-80.

Merklein, H. (1989 [1983]), *Jesu Botschaft von der Gottesherrschaft: Eine Skizze* (SBS 111; Stuttgart: Katholisches Bibelwerk).

Meyer, B. F. (1992), *Christus Faber: The Master Builder and the House of God* (PrTMS 29; Allison Park, PA: Pickwick).

_____. (2002 [1979]), *The Aims of Jesus* (London: SCM Press).

Michaelis, W. (1961), "Die Davidssohnschaft Jesus als historiches und dogmatisches Problem," in H. Ristow (ed.), *Der Historische Jesus und der kerygmatische Christus: Beitrge zum Christusverstndnis in Forschung und Verkndigung* (Berlin: Evangelische Verlagsanstalt): 317-30.

Milgrom, J. (1990), *Numbers* [bĕmidbar]: *The Traditional Hebrew Text with the New JPS Translation* (Philadelphia: Jewish Publication Society).

Miller, A. C. (2013), "Not with Eloquent Wisdom: Democratic *Ekklēsia* Discourse in I Corinthians 1-4," *JSNT* 35: 323-54.

Miller, P. D. (1975), "Blessing of God: An Interpretation of Numbers 6:22-27," *Int* 29: 240-51.

Miller, S. (1994), *Daniel* (NAC; Nashville: B&H Academic).

Minear, P. S. (1997), "The Salt of the Earth," *Int* 51: 31-41.

Miura, Y. (2007), *David in Luke-Acts: His Portrayal in the Light of Early Judaism* (WUNT 2/232; Tübingen: Mohr Siebeck).

Moberly, R. W. L. (2000), *The Bible, Theology, and Faith: A Study of Abraham and Jesus* (CSCD 5; Cambridge: Cambridge University Press).

Morales, L. M. (2012), *The Tabernacle Pre-Figured: Cosmic Mountain Ideology in Genesis and Exodus* (BTS 15; Leuven: Peeters).

_____. (2014), *Cult and Cosmos: Tilting toward a Temple-Centered Theology* (BTS 18; Leuven: Peeters).

_____. (2015), *Who Shall Ascend the Mountain of the Lord? A Biblical Theology of the Book of Leviticus* (NSBT; Downers Grove, IL: InterVarsity).

Mosca, P. G. (1986), "Ugarit and Daniel 7: A Missing Link," *Bib* 67: 496-517.

Moses, A. D. A. (1996), *Matthew's Transfiguration Story and Jewish-Christian Controversy* (JSNTSup 122; Sheffield: Sheffield Academic Press).

Moule, C. F. D. (1969), "Mark 4:1-20 Yet Once More," in E. E. Ellis and M. Wilcox (eds), *Neotestamentica et Semitica* (Edinburgh: T. & T. Clark): 95-113.

_____. (1977), *The Origin of Christology* (Cambridge/New York: Cambridge University Press).

Mowinckel, S. (1956), *He That Cometh* (Oxford: Blackwell).

Mroczek, E. (2015), "How Not to Build a Temple: Jacob, David, and the Unbuilt Ideal in Ancient Judaism," *JSJ* 46: 512-46.

Müller, C. G. (2003), "'Ungefahr 30': Anmerkungen zur Altersangabe Jesu im Lukasevangelium (Lk 3,23)," *NTS* 49: 489-504.

Myers, J. M. (1965), *I Chronicles* (AB 12; New York: Doubleday).

Myles, R. J. (2014), *The Homeless Jesus in the Gospel of Matthew* (SWBAnt 10; Sheffield: Sheffield Phoenix).

Na'aman, N. (2013), "Notes on the Temple Restorations of Jehoash and Josiah," *VT* 63: 640-51.

Neeb, J. H. C. (1992), "Jacob/Jesus Typology in John 1:51," *Proceedings* 12: 8-39.

Neirynck, F. (1975), "Jesus and the Sabbath: Some Observations on Mk II, 27," in J. Dupont (ed.), *Jésus aux origines de la christologie* (BETL 40; Louvain: Louvain University Press): 227-70.

Nepper-Christensen, P. (1985), "Die Taufe im Matthäusevangelium," *NTS* 31: 189-207.

Netzer, E. (2003), "A Third Candidate: Another Building at Banias," *BAR* 29: 25.

Newsom, C. A. (1985), *Songs of the Sabbath Sacrifice: A Critical Edition* (HSS 27; Atlanta: Scholars Press).

Nickelsburg, G. W. E., K. Baltzer and C. VanderKam (2001), *1 Enoch: A Commentary on the Book of 1 Enoch* (Hermeneia; Minneapolis: Fortress).

Nitzan, B. (2000), "The Benedictions from Qumran for the Annual Covenantal Ceremony," in L. H. Schiffman et al. (eds), *Dead Sea Scrolls: Fifty Years after Their Discovery: Proceedings of the Jerusalem Congress, July 20-25, 1997* (Jerusalem: Israel Exploration Society, in collaboration with The Shrine of the Book, Israel Museum): 263-71.

Nolland, J. (1989), *Luke 1-9:20* (WBC 35A; Dallas: Word).

_____. (2005), *The Gospel of Matthew: A Commentary on the Greek Text* (NIGTC; Grand Rapids: Eerdmans; Bletchley: Paternoster).

Nordheim, M. von (2008), *Geboren von der Morgenröte? Psalm 110 in Tradition, Redaktion und Rezeption* (WMANT 117; Neukirchen-Vluyn: Neukirchener Verlag).

Novakovic, L. (2003), *Messiah, the Healer of the Sick: A Study of Jesus as the Son of David in the Gospel of Matthew* (WUNT 2/170; Tübingen: Mohr Siebeck).

O'Brien, K. S. (2010), *The Use of Scripture in the Markan Passion Narrative* (LNTS 384; London/New York: T. & T. Clark).

Olson, D. C. (2013), *A New Reading of the Animal Apocalypse of 1 Enoch: "All Nations Shall Be Blessed"* (SVTP 24; Leiden: Brill).

O'Neill, J. C. (1969), "The Silence of Jesus," *NTS* 15: 153-67.

_____. (1993), "The Kingdom of God," *NovT* 35: 130-41.

Orlov, A. A. (2004), "The Face as the Heavenly Counterpart of the Visionary in the

Slavonic Ladder of Jacob," in C. A. Evans (ed.), *Of Scribes and Sages: Early Jewish Interpretation and Transmission of Scripture* (LSTS 51; London: T. & T. Clark International): 59-76.

Overman, J. A., J. Olive and M. Nelson (2003), "Discovering Herod's Shrine to Augustus: Mystery Temple Found at Omrit," *BAR* 29: 40.

Owen-Ball, D. T. (1993), "Rabbinic Rhetoric and the Tribute Passage (Mt 22:15-22, Mk 12:13-17, Lk 20:20-26)', *NovT* 35: 1-14.

Pace, S. (2008), *Daniel* (Smith & Helwys Bible Commentary; Macon, GA: Smyth & Helwys).

Parke-Taylor, G. H. (1975), *Yahweh: The Divine Name in the Bible* (Waterloo: Laurier University Press).

Parsons, M. C. (1987), *The Departure of Jesus in Luke-Acts: The Ascension Narratives in Context* (JSNTSup 21; Sheffield: JSOT Press).

Pate, C. M., and D. W. Kennard (2003), *Deliverance Now and Not Yet: The New Testament and the Great Tribulation* (StudBL 54; New York: Peter Lang).

Peeler, A. L. B. (2014), *You Are My Son: The Family of God in the Epistle to the Hebrews* (LNTS 486; London/New York: Bloomsbury T. & T. Clark).

Percy, E. (1953), *Die Botschaft Jesu: Eine traditionskritische und exegetische Untersuchung* (Lund: C. W. K. Gleerup).

Perdue, L. G. (2000), *Proverbs* (IBC; Louisville, KY: John Knox).

Perrin, Nicholas (2010), *Jesus the Temple* (Grand Rapids: Baker Academic; London: SPCK).

_____. (2013a), "Exile," in J. Green and L. MacDonald (eds), *The World of the New Testament: An Examination of the Context of Early Christianity* (Grand Rapids: Baker Academic): 25-37.

_____. (2013b), "The Temple, a Davidic Messiah, and a Case of Mistaken Priestly Identity (Mark 2:26)," in D. M. Gurtner and B. J. Gladd (eds), *From Creation to New Creation: Biblical Theology and Exegesis: Essays in Honor of G. K. Beale* (Peabody, MA: Hendrickson): 163-77.

_____. (2014), "Sacraments and Sacramentality in the New Testament," in H. Boersma and M. Levering (eds), *The Oxford Handbook of Sacramental Theology* (New York: Oxford University Press): 52-67.

_____. (2015), "From One Stone to the Next: Messiahship and Temple in N. T. Wright's *Jesus and the Victory of God*', *JSHJ* 13: 255-75.

Perrin, Norman (1963), *The Kingdom of God in the Teaching of Jesus* (London: SCM).

_____. (1967), *Rediscovering the Teaching of Jesus* (New York: Harper & Row).

_____. (1974), *A Modern Pilgrimage in New Testament Christology* (Philadelphia: Fortress).

_____. (1976), *Jesus and the Language of the Kingdom: Symbol and Metaphor in New*

    Testament Interpretation (Philadelphia: Fortress).

Pesch, R. (1976-80), *Das Markusevangelium* (2 vols; HTKNT; Freiburg: Herder).

Pfann, S. J. (2006), "A Table Prepared in the Wilderness: Pantries and Tables, Pure Food and Sacred Space at Qumran," in K. Galor, J. Humbert and J. Zangenberg (eds), *Qumran, the Site of the Dead Sea Scrolls: Archaeological Interpretations and Debates* (STDJ 57; Leiden: Brill): 159-78.

Philipson, D., and K. Kohler (1902), "Priestly Blessing," in I. Singer (ed.), *Jewish Encyclopedia: A Descriptive Record of the History, Religion, Literature, and Customs of the Jewish People from the Earliest Times to the Present Day: Vol. 3: Bencemero Chazanuth* (New York/London: Funk and Wagnalls): 244-46.

Philonenko, M. (1960), *Les interpolations chrétiennes des Testaments des douze patriarches et les manuscrits de Qoumrân* (CRHP 35; Paris: PUF).

Pilch, J. J. (2011), "Salt for the Earthen Oven Revisited," *HTS* 67: 9-15.

Piotrowski, N. (2016), *New David at the End of Exile: A Socio-Rhetorical Study of Matthew's Prologue-Quotations* (NovTSup 170; Leiden: Brill).

Pitre, B. (2005), *Jesus, the Tribulation, and the End of the Exile: Restoration Eschatology and the Origin of the Atonement* (WUNT 2/204; Tübingen: Mohr Siebeck; Grand Rapids: Baker Academic).

_____. (2008), "Jesus, the New Temple and the New Priesthood," *LtSp* 4: 47-83.

_____. (2015), *Jesus and the Last Supper* (Grand Rapids: Eerdmans).

Pogoloff, S. M. (1992), *Logos and Sophia: The Rhetorical Situation of 1 Corinthians* (SBLDS 134; Atlanta: Scholars Press).

Polaski, D. C. (2004), "*Mene, Mene, Tekel, Parsin*: Writing and Resistance in Daniel 5 and 6," *JBL* 123: 649-69.

Pomykala, K. (1995), *The Davidic Dynasty Tradition in Early Judaism: Its History and Significance for Messianism* (SBLEJL 7; Atlanta: Scholars Press).

Popkes, W. (1990), "Die letzte Bitte des Vater-Unser: Formgeschichtliche Beobachtungen zum Gebet," *ZNW* 81: 1-20.

Porter, P. A. (1983), *Metaphors and Monsters: A Literary-Critical Study of Daniel 7 and 8* (Lund: Gleerup).

Potterie, I. de la (1976), "Chrétien conduit par l'Esprit dans son cheminement eschatologique (Rom 8:14)," in L. De Lorenzi (ed.), *The Law of the Spirit in Rom 7 and 8* (Rome: St Paul's Abbey).

Preuss, H. D. (1996 [1992]), *Old Testament Theology: Vol. 2* (OTL; Louisville: Westminster John Knox).

Price, S. R. F. (1984), *Rituals and Power: The Roman Imperial Cult in Asia Minor* (Cambridge/New York: Cambridge University Press).

Provan, I. W. (1999), "To Highlight All Our Idols: Worshipping God in Nietzsche's World," *ExAud* 15: 19-38.

Przybylski, B. (1980), *Righteousness in Matthew and His World of Thought* (SNTSMS 41; Cambridge/New York: Cambridge University Press).

Rad, G. von (1966 [1958]), *The Problem of the Hexateuch: And Other Essays* (Edinburgh/London: Oliver & Boyd).

_____. (2001 [1962]), *Old Testament Theology: Vol. 1* (Louisville, KY: Westminster John Knox).

Ramaroson, L. (1988), "'Parole-semence' ou 'Peuple-semence' dans la parabole du Semeur," *ScEs* 40: 91-101.

Rauschenbusch, W. (1987 [1917]), *A Theology for the Social Gospel* (Nashville: Abingdon).

Reed, J. L. (2006), "Archaeological Contributions to the Study of Jesus and the Gospels," in A.-J. Levine, D. C. Allison Jr and J. D. Crossan (eds), *The Historical Jesus in Context* (Princeton, NJ: Princeton University Press): 40-54.

Regev, E. (2013), *The Hasmoneans: Ideology, Archaeology, Identity* (JAJSup 10; Göttingen: Vandenhoeck & Ruprecht).

Repschinski, B. (2000), *The Controversy Stories in the Gospel of Matthew: Their Redaction, Form and Relevance for the Relationship between the Matthean Community and Formative Judaism* (FRLANT 189; Göttingen: Vandenhoeck & Ruprecht).

Ridderbos, H. N. (1962), *The Coming of the Kingdom* (Philadelphia: Presbyterian & Reformed).

Rieske, S. (2012), "Yahweh the Sadist? An Examination of God's Delight in Destroying Israel in Deuteronomy 28:63," Evangelical Theological Society Annual Meeting, Milwaukee, WI.

Riesner, R. (1981), *Jesus als Lehrer: Eine Untersuchung zum Ursprung der Evangelien-Überlieferung* (WUNT 2/7; Tübingen: Mohr Siebeck).

Rindge, M. S. (2012), "Reconfiguring the Akedah and Recasting God: Lament and Divine Abandonment in Mark," *JBL* 131: 755-74.

Robbins, V. K. (1973), "Healing of Blind Bartimaeus (10:46-52) in the Marcan Theology," *JBL* 92: 224-43.

Roberts, J. J. M. (1973), "Davidic Origin of the Zion Tradition," *JBL* 92: 329-44.

_____. (2002), *The Bible and the Ancient Near East: Collected Essays* (Winona Lake, IN: Eisenbrauns).

Robinson, J. M. (1975), "Jesus as Sophos and Sophia: Wisdom Tradition and the Gospels," in R. L. Wilken (ed.), *Aspects of Wisdom in Judaism and Early Christianity* (SJCA 1; Notre Dame, IN: University of Notre Dame Press): 1-16.

Robinson, J. M., P. Hoffmann and J. S. Kloppenborg (2000), *The Critical Edition of Q: Synopsis Including the Gospels of Matthew and Luke, Mark and Thomas with English, German, and French Translations of Q and Thomas* (Hermeneia; Louvain: Peeters; Minneapolis: Fortress).

Rodríguez, R. (2009): "Authenticating Criteria: The Use and Misuse of a Critical Method," *JSHJ* 7: 152-67.

Rogers, A. D. (1951), "Mark 2.26," *JTS* 2: 44-45.

Roloff, J. (1970), *Das Kerygma und der irdische Jesus: Historische Motive in den Jesus-Erzählungen der Evangelien* (Göttingen: Vandenhoeck & Ruprecht).

Romerowski, S. (1986), "Les règnes de David et de Salomon dans les Chroniques," *Hokmah* 31: 1-23.

Rooke, D. W. (1998), "Kingship as Priesthood: The Relationship between the High Priesthood and the Monarchy," in J. Day (ed.), *King and Messiah in Israel and the Ancient Near East: Proceedings of the Oxford Old Testament Seminar* (Sheffield: Sheffield University Press): 187-208.

Rordorf, W. (1968), *Sunday: The History of the Day of Rest and Worship in the Earliest Centuries of the Christian Church* (London: SCM Press).

Rosenberg, R. A. (1965), "Jesus, Isaac, and the Suffering Servant," *JBL* 84: 381-88.

Roure, D. (1990), *Jesús y la figura de David en Mc 2,23-26: Trasfondo bíblico, intertestamentario y rabínico* (AnBib 124; Rome: Pontificio Istituto Biblico).

Rowe, R. D. (2002), *God's Kingdom and God's Son: The Background in Mark's Christology from Concepts of Kingship in the Psalms* (AGJU 50; Leiden/Boston: Brill).

Rowland, C. (1984), "John 1:51, Jewish Apocalyptic and Targumic Tradition," *NTS* 30: 498-507.

Ruiten, J. van (1999), "Visions of the Temple in the Book of Jubilees," in B. Ego and A. Lange (eds), *Gemeinde ohne Tempel: Zur Substituierung und Transformation des Jerusalemer Tempels und seines Kults im Alten Testment, antiken Judentum und frühen Christentum* (WUNT 118; Tübingen: Mohr Siebeck): 215-27.

Ruiten, J. van (2012), *Abraham in the Book of Jubilees: The Rewriting of Genesis 11:26-25:10 in the Book of Jubilees 11:14-23:8* (JSJSup 161; Leiden/Boston: Brill).

Saebø, M. (1980), "Messianism in Chronicles: Some Remarks to the Old Testament Background of the New Testament Christology," *HBT* 2: 85-109.

Sahlin, H. (1945), *Der Messias und das Gottesvolk: Studien zur protolukanischen Theologie* (ASNU 12; Uppsala: Almqvist & Wiksell).

Sanders, E. P. (1977), *Paul and Palestinian Judaism: A Comparison of Patterns of Religion* (Philadelphia: Fortress).

_____. (1983), "Jesus and the Constraint of Law," *JSNT* 17: 19-24.

_____. (1985), *Jesus and Judaism* (Philadelphia: Fortress).

Sanders, J. T. (1998), "The Criterion of Coherence and the Randomness of Charisma: Poring through Some Aporias in the Jesus Tradition," *NTS* 44: 1-25.

Sandgren, L. D. (2003), *The Shadow of God: Stories from Early Judaism* (Peabody, MA: Hendrickson).

Sarna, N. M. (1962), "Psalm for the Sabbath Day (Ps 92)," *JBL* 81: 155-68.

Scattolon, A. (1978), "L'AGAPHTOS sinnotteco milla luce della traditione giudaica," *RivB* 26: 2-32.

Schmidt, T. E. (1995), "Mark 15:16-32: The Crucifixion Narrative and the Roman Triumphal Procession," *NTS* 41:1-18.

Schmithals, W. (1971), *Gnosticism in Corinth: An Investigation of the Letters to the Corinthians* (Nashville: Abingdon).

Schnackenburg, R. (1963), *God's Rule and Kingdom* (Freiburg: Herder; Edinburgh/London: Nelson).

―――. (1964), "Ihr seid das Salz der Erde, das Licht der Welt: Zu Matthäus 5,13-16," in P. Hennequin (ed.), *Melanges Eugène Tisserant* (Città del Vaticano: Biblioteca Apostolica Vaticana): 365-87.

―――. (1965), *The Moral Teaching of the New Testament* (New York: Herder and Herder).

―――. (2002), *The Gospel of Matthew* (Grand Rapids: Eerdmans).

Schottroff, L., and L. M. Maloney (2006), *The Parables of Jesus* (Minneapolis: Augsburg Fortress).

Schottroff, L., and W. Stegemann (1984), "The Sabbath Was Made for Man: The Interpretation of Mark 2:23-28," in W. Schottroff and W. Stegemann (eds), *God of the Lowly: Socio-Historical Interpretations of the Bible* (Maryknoll, NY: Orbis Books): 118-28.

Schröter, J. (2014 [2012]), *Jesus of Nazareth: Jew from Galilee, Savior of the World* (Waco: Baylor University Press).

Schüngel-Straumann, H. (2000), *Tobit* (HTKAT; Freiburg: Herder).

Schürmann, H. (1981), *Das Gebet des Herrn: Als Schlssel zum Verstehen Jesu* (Freiburg: Herder).

Schüssler Fiorenza, E. (1972), *Priester für Gott: Studien zum Herrschafts- und Priestermotiv in der Apokalypse* (NTAbh 7; Münster: Aschendorff).

―――. (1994), *In Memory of Her: A Feminist Theological Reconstruction of Christian Origins* (New York: Crossroad).

Schwartz, J. (1985), "Jubilees, Bethel and the Temple of Jacob," *HUCA* 56: 63-85.

Schweitzer, A. (2001 [1906]), *The Quest of the Historical Jesus* (Minneapolis: Fortress).

Schweizer, E. (1970), *The Good News According to Mark* (Richmond, VA: John Knox).

Segal, A. F. (1977), *Two Powers in Heaven: Early Rabbinic Reports about Christianity and Gnosticism* (SJLA 25; Leiden: Brill).

―――. (1996), "The Akedah: Some Reconsiderations," in P. Schäfer (ed.), *Geschichte Tradition Reflexion: Festschrift für Martin Hengel zum 70. Geburtstag: Vol. 1* (Tübingen: Mohr Siebeck): 99-116.

Selman, M. J. (1989), "The Kingdom of God in the Old Testament," *TynBul* 40: 161-83.

Sherwin-White, A. N. (1963), *Roman Society and Roman Law in the New Testament* (Sarum Lectures; Oxford: Clarendon Press).

Shillington, V. G. (2001), "Salt of the Earth? (Mt 5:13/Lk 14:34f)," *ExpTim* 112: 120-21.

Signer, M. A. (1983), "King/messiah: Rashi's Exegesis of Psalm 2," *Proof* 3: 273-78.

Smith, B. D. (2009), *Jesus' Twofold Teaching about the Kingdom of God* (NTM 24; Sheffield: Sheffield Phoenix).

Smith, D. E. (2003), *From Symposium to Eucharist: The Banquet in the Early Christian World* (Minneapolis: Fortress).

Smith, D. M. (1963), "John 12:12ff and the Question of John's Use of the Synoptics," *JBL* 82: 58-64.

Smith, M. H. (1988), "No Place for a Son of Man," *Forum* 4: 83-107.

Smith, S. H. (1996), "The Function of the Son of David Tradition in Mark's Gospel," *NTS* 42: 523-39.

Snodgrass, K. R. (1980), "Streams of Tradition Emerging from Isaiah 40:1-5 and Their Adaptation in the New Testament," *JSNT* 2: 24-45.

Souček, J. B. (1963), "Salz der Erde und Licht der Welt: Zur Exegese von Matth 5:13-16," *TZ* 19: 169-79.

Stark, R. (1997), *The Rise of Christianity: How the Obscure, Marginal Jesus Movement Became the Dominant Religious Force in the Western World in a Few Centuries* (San Francisco: HarperSanFrancisco).

Stauffer, E. (1960), *Jesus and His Story* (New York: Knopf).

Stegner, W. R. (1984), "The Baptism of Jesus and the Binding of Isaac," in H. O. Thompson and L. E. Toombs (eds), *The Answers Lie Below: Essays in Honor of Lawrence Edmund Toombs* (Lanham, MD: University Press of America): 331-47.

Steichele, H.-J. (1980), *Der leidende Sohn Gottes* (BU 14; Regensburg: Pustet).

Stein, V. A. (2006), *Anti-Cultic Theology in Christian Biblical Interpretation: A Study of Isaiah 66:1-4 and Its Reception* (SBL 97; New York: Peter Lang).

Stökl Ben Ezra, D. (2003), *The Impact of Yom Kippur on Early Christianity: The Day of Atonement from Second Temple Judaism to the Fifth Century* (WUNT 163; Tübingen: Mohr Siebeck).

Strauss, D. F. (1972 [1835]), *The Life of Jesus Critically Examined* (Lives of Jesus Series; Philadelphia: Fortress).

Strauss, M. L. (1995), *The Davidic Messiah in Luke-Acts: The Promise and Its Fulfillment in Lukan Christology* (JSNTSup 110; Sheffield: Sheffield Academic Press).

Stuart, D. K. (2006), *Exodus* (NAC 2; Nashville: Broadman & Holman).

Stuhlmacher, P. (1993), "Der Messianische Gottesknecht," in I. Baldermann, E. Dassmann, O. Fuchs and B. Hamm (eds), *Der Messias* (JBTh; Neukirchen-Vluyn: Neukirchener Verlag): 131-54.

Suhl, A. (1968), "Der Davidssohn im Matthäus-Evangelium," *ZNW* 59: 57-81.

Sung, C. (1993), *Vergebung der Sünden: Jesu Praxis der Sündenvergebung nach den Synoptikern und ihre Voraussetzungen im Alten Testament und frühen Judentum* (WUNT 2/57; Tübingen: Mohr Siebeck).

Swarup, P. (2006), *The Self-Understanding of the Dead Sea Scrolls Community: An Eternal Planting, a House of Holiness* (LSTS 59; London/New York: T. & T. Clark).

Sweeney, M. A. (2005), *Form and Intertextuality in Prophetic and Apocalyptic Literature* (FAT 45; Tübingen: Mohr Siebeck).

Swetnam, J. (1972), "Hallowed Be Thy Name," *Bib* 52: 556-63.

Swetnam, J. (1981), *Jesus and Isaac: A Study of the Epistle to the Hebrews in the Light of the Aqedah* (AnBib 94; Rome: Biblical Institute Press).

Tan, K. H. (1997), *The Zion Traditions and the Aims of Jesus* (SNTSMS 91; Cambridge/New York: Cambridge University Press).

Tannehill, R. C. (1991 [1986]), *The Narrative Unity of Luke-Acts: A Literary Interpretation* (Philadelphia: Fortress).

Tatum, W. B. (1994), *John the Baptist and Jesus: A Report of the Jesus Seminar* (Sonoma, CA: Polebridge).

Taylor, J. E. (1997), *The Immerser: John the Baptist within Second Temple Judaism* (SHJ; Grand Rapids: Eerdmans).

Taylor, V. (1966), *The Gospel According to St. Mark* (London: Macmillan; New York: St Martin's).

Theissen, G., and A. Merz (1998), *The Historical Jesus: A Comprehensive Guide* (Minneapolis: Fortress).

Thiselton, A. C. (2000), *The First Epistle to the Corinthians* (NIGTC; Grand Rapids: Eerdmans; Carlisle: Paternoster).

Thompson, M. M. (2000), *The Promise of the Father: Jesus and God in the New Testament* (Louisville, KY: Westminster John Knox).

Throntveit, M. A. (2003), "The Relationship of Hezekiah to David and Solomon in the Books of Chronicles," in M. P. Graham, S. L. McKenzie and G. N. Knoppers (eds), *Chronicler as Theologian: Essays in Honor of Ralph W. Klein* (London: T. & T. Clark): 105-21.

Tiller, P. A. (1993), *A Commentary on the Animal Apocalypse of I Enoch* (SBLEJL 4; Atlanta: Scholars Press).

―――. (1997), "The 'Eternal Planting' in the Dead Sea Scrolls," *DSD* 4: 312-35.

Tilly, M. (1994), *Johannes der Täufer und die Biographie der Propheten: Die synoptische Täuferüberlieferung und das jüdische Prophetenbild zur Zeit des Täufers* (BWANT

17; Stuttgart: Kohlhammer).

Tödt, H. E. (1965 [1959]), *The Son of Man in the Synoptic Tradition* (Philadelphia: Westminster).

Tolbert, M. A. (1989), *Sowing the Gospel: Mark's World in Literary-Historical Perspective* (Minneapolis: Fortress).

Torijano, P. (2002), *Solomon the Esoteric King: From King to Magus: Development of a Tradition* (JSJSup 73; Leiden/Boston: Brill).

Towner, W. S. (1969), "Poetic Passages of Daniel 16," *CBQ* 31: 317-26.

Tuckett, C. M. (1996), *Q and the History of Early Christianity: Studies on Q* (Edinburgh: T. & T. Clark).

———. (2014), "Christ and the Emperor: Some Reflections on Method and Methodological Issues Illustrated from the Gospel of Mark," in G. van Belle and J. Verheyden (eds), *Christ and the Emperor: The Gospel Evidence* (BTS 20; Leuven: Peeters): 185-201.

Turner, C. H. (1926), "Ὁ ΥΙΟΣ ΜΟΥ ΑΓΑΠΗΤΟΣ," *JTS* 27: 113-29.

Udoh, F. E. (2005), *To Caesar What Is Caesar's: Tribute, Taxes and Imperial Administration in Early Roman Palestine (63 B.C.E.-70 C.E.)* (BJS 343; Providence, RI: Brown University Press).

Vaage, L. E. (1994), *Galilean Upstarts: Jesus' First Followers According to Q* (Valley Forge, Pa: Trinity Press International).

Van Egmond, R. (2006), "The Messianic Son of David in Matthew," *JGRChJ* 3: 41-71.

VanderKam, J. C. (1997a), "The Aqedah, Jubilees, and Pseudo-Jubilees," in C. A. Evans (ed.), *The Quest for Context and Meaning: Studies in Biblical Intertextuality in Honor of James A. Sanders* (BIS 28; Leiden: Brill): 241-61.

———. (1997b), "Exile in Jewish Apocalyptic Literature," in J. M. Scott (ed.), *Exile: Old Testament, Jewish, and Christian Conceptions* (JSJSup 56; Leiden: Brill): 89-109.

———. (1997c), "From Patriarch to Priest: The Levi-Priestly Tradition from Aramaic Levi to Testament of Levi," *JSP* 16: 128.

———. (2004), *From Joshua to Caiaphas: High Priests after the Exile* (Minneapolis: Fortress).

Vattamány, G. (2013), "Kann das Salz verderben? Philologische Erwgungen zum Salz-Gleichnis Jesu," *NTS* 59: 142-49.

Vaux, R. de (1961), *Ancient Israel: Its Life and Institutions* (New York: McGraw-Hill).

Vermes, G. (1973), *Jesus the Jew: A Historian's Reading of the Gospels* (New York: Macmillan).

———. (1973 [1961]), *Scripture and Tradition in Judaism: Haggadic Studies* (SPB 4; Leiden: Brill).

Vielhauer, P. (1979 [1965]), *Aufsätze zum Neuen Testament* (Munich: Chr. Kaiser).

Vines, M. E. (2006), "The 'Trial Scene' Chronotope in Mark and the Jewish Novel," in G. van Oyen and T. Shepherd (eds), *Trial and Death of Jesus: Essays on the Passion Narrative in Mark* (Leuven: Peeters): 189-203.

Vogel, W. (2010), *The Cultic Motif in the Book of Daniel* (New York: Lang).

Vögtle, A. (1972), "Die sogenannte Taufperikope Mk 1,9-11: Zur Problematik der Herkunft und des ursprünglichen Sinnes," in P. Stuhlmacher (ed.), *Evangelisch-Katholischer Kommentar zum Neuen Testament: Vorarbeiten Heft 4* (Neukirchen/Zurich: Neukirchener Verlag; Einsiedeln: Benziger): 105-39.

Völkl, R. (1961), *Christ und Welt nach dem Neuen Testament* (Würzburg: Echter-Verlag).

Walker Jr, W. O. (1972), "Origin of the Son of Man Concept as Applied to Jesus," *JBL* 91: 482-90.

_____. (1983), "The Son of Man: Some Recent Developments," *CBQ* 45: 584-607.

Walton, J. H. (2001), "The Anzu Myth as Relevant Background for Daniel 7?," in J. J. Collins and P. W. Flint (eds), *The Book of Daniel: Composition and Reception* (VTSup 83; Leiden: Brill): 69-89.

Warschauer, J. (1927), *The Historical Life of Christ* (London: Unwin).

Watts, J. W. (1992), *Psalm and Story: Inset Hymns in Hebrew Narrative* (JSOTSup 135; Sheffield: JSOT Press).

Watts, R. (2007), "The Lord's House and David's Lord: The Psalms and Mark's Perspective on Jesus and the Temple," *BibInt* 15: 307-22.

Webb, R. L. (1991), *John the Baptizer and Prophet: A Socio-Historical Study* (JSNTSup 62; Sheffield: JSOT Press).

_____. (1994), "John the Baptist and His Relationship to Jesus," in Bruce D. Chilton and Craig A. Evans (eds), *Studying the Historical Jesus: Evaluations of the State of Current Research* (Leiden: Brill): 179-229.

_____. (2009), "Jesus' Baptism by John: Its Historicity and Significance," in D. L. Bock and R. L. Webb (eds), *Key Events in the Life of the Historical Jesus: A Collaborative Exploration of Content and Coherence* (WUNT 247; Tübingen: Mohr Siebeck): 95-150.

Wedderburn, A. J. M. (2010), *Jesus and the Historians* (WUNT 269; Tübingen: Mohr Siebeck).

Weder, H. (1990), *Die Gleichnisse Jesu als Metaphern: Traditions- und redaktionsgeschichtliche Analysen und Interpretationen* (Göttingen: Vandenhoeck und Ruprecht).

Weiss, J. (1971 [1892]), *Jesus' Proclamation of the Kingdom of God* (Minneapolis: Fortress).

Weitzman, S. (1996), "Allusion, Artifice, and Exile in the Hymn of Tobit," *JBL* 115: 49-61.

Welch, J. W. (2009), *The Sermon on the Mount in the Light of the Temple* (SOTMS; Farnham/Burlington, VT: Ashgate).

Wellhausen, J. (1909 [1903]), *Das Evangelium Marci* (Berlin: Reimer).

Wenham, G. J. (1975), "Were David's Sons Priests?," *ZAW* 87: 79-82.

_____. (1979), *The Book of Leviticus* (NICOT; Grand Rapids: Eerdmans).

Wenham, J. W. (1950), "Mark 2.26," *JTS* 1: 156.

West, C. (2012), "Power and Freedom in Jane Austen's Novels," *Persuasion* 34: 111-18.

Wevers, J. W. (1992), *Text History of the Greek Exodus* (MSU 21; Göttingen: Vandenhoek & Ruprecht).

_____. (1997), *Notes on the Greek Text of Leviticus* (SCS 44; Atlanta: Scholars Press).

Whitelam, K. (1992), "Abiathar," in D. N. Freedman (ed.), *The Anchor Bible Dictionary: Vol. 1: A-C* (New York: Doubleday): 13-14.

Whitsett, C. G. (2000), "Son of God, Seed of David: Paul's Messianic Exegesis in Romans 1:3-4," *JBL* 119: 661-81.

Williams, H. H. D. (2001), *The Wisdom of the Wise: The Presence and Function of Scripture within 1 Cor 1:18-3:23* (AGJU 49; Leiden: Brill).

Williamson, H. G. M. (1982), *1 and 2 Chronicles* (Grand Rapids: Eerdmans; London: Marshall, Morgan & Scott).

Willis, W. L. (1987), *The Kingdom of God in 20th-Century Interpretation* (Peabody, MA: Hendrickson).

Wilson, W. T. (2015), "Works of Wisdom (Matt 9,9-17; 11, 16-19)," *ZNW* 106: 1-20.

Winn, A. (2008), *The Purpose of Mark's Gospel: An Early Christian Response to Roman Imperial Propaganda* (WUNT 2/245; Tübingen: Mohr Siebeck).

Winter, B. W. (1997), *Philo and Paul among the Sophists* (SNTSMS 96; Cambridge: Cambridge University Press).

Winter, P. (1961), *On the Trial of Jesus* (SJ 1; Berlin: de Gruyter).

Wintermute, O. S. (1985), "Jubilees: A New Translation and Introduction," in J. H. Charlesworth (ed.), *The Old Testament Pseudepigrapha: Vol. 2: Expansion of the "Old Testament" and Legends, Wisdom, and Philosophical Literature, Prayers, Psalms and Odes, Fragments of Lost Judeo-Hellenistic Works* (ABRL; New York: Doubleday): 35-142.

Wise, M. O. (2005), "4Q245 (PsDan ʿ Ar) and the High Priesthood of Judas Maccabaeus," *DSD* 12: 313-62.

Witherington, B. (1994), *Jesus the Sage: The Pilgrimage of Wisdom* (Minneapolis: Fortress).

Wright, N. T. (1996), *Christian Origins and the Question of God: Vol. 2: Jesus and the Victory of God* (London: SPCK; Minneapolis: Fortress).

_____. (2012), *How God Became King: The Forgotten Story of the Gospels* (New York: HarperOne).

_____. (2013), *Christian Origins and the Question of God: Vol. 4: Paul and the Faithfulness of God* (London: SPCK; Minneapolis: Fortress).

Wu, S. F. (2015), *Suffering in Romans* (Eugene, OR: Pickwick).

Yang, Y. E. (1997), *Jesus and the Sabbath in Matthew's Gospel* (JSNTSup 139; Sheffield: Sheffield Academic Press).

Zanker, P. (1988), *The Power of Images in the Age of Augustus* (Jerome Lectures 16; Ann Arbor: University of Michigan Press).

Zehnder, M. (2014), "Why the Danielic Son of Man Is a Divine Being," *BBR* 24: 331-47.

Zeller, D. (1977), "Die Bildlogik des Gleichnisses Mt 11:16f/Lk 7:31f," *ZNW* 68: 252-57.

Zimmerli, W., F. M. Cross, F. Moore and K. Baltzer (1979), *Ezekiel: A Commentary on the Book of the Prophet Ezekiel* (Hermeneia; Philadelphia: Fortress).

Zimmerli, W., and J. Jeremias (1957), *The Servant of God* (SBT 20; Naperville, IL: Allenson).

Zwiep, A. W. (1997), *The Ascension of the Messiah in Lukan Christology* (NovTSup 87; Leiden/New York: Brill).

고대 자료 및 성구 색인

구약

창세기
1장 379, 442
1:26 377, 450
1:26-27 453, 522, 527
1:28 112
1:29 442
1:35 112
3장 442
12:3 236
12:7 240
13:15-16 240
14장 393
14:18-20 357
15:3 240
15:11 246
15:13 240
16:10 240
17:4 236
17:7 240
17:8 240
17:9 240
17:10 240
17:12 240
18:18 236
18:22-33 28
22장 211, 213
22:1 192
22:2 172-74, 191, 206, 211
22:2a 171
22:3 191
22:5 192
22:7a 192
22:10 201-2
22:11 172, 191, 206
22:12 172
22:14 185
22:15 172
22:16 172, 191
22:18 191
26:12 245
28장 456, 460-61
28:10-22 455-57, 463
28:10-19 455
28:11 455
28:11-17 455
28:12 455, 460
28:17 457
28:22 458
29:1-12 462
41:46 204

출애굽기
3:8 252
4:21-23 165
4:22-23 59, 172-74
5:8 88
9:16 93
12장 125
12:29 91
12:42 183
13:1 132
13:14-16 105
15:7 97
15:7-18 319
15:17 104
15:17-18 176, 239
16장 124
16:5 125
16:10 97
16:26 361
19:5 103
19:6 59, 103-4 184
19:10 107
19:14 107
19:16 382
22:27 575
22:28 196, 575
23:33 103

24장 105
24:8 92
24:9-11 432
24:11 125
24:16 97
25-31장 379
25:23-30 432
28:1 385
28:4 340
28:43 344
29:4 344, 385
29:8 344, 385
29:10 385
30:20 344
30:35 260
31장 440
31:13 107
32:7-14 128
32:11-14 342
32:21-24 342
34:6 401
40:1-11 107
40:12 344, 385
40:14 344, 385

레위기
1:2 385
1:3 385
1:10 385
2:13 260, 260, 271, 283-85
2:13a 283, 285
2:13b 284
3:1 385
3:6 344
5:5-10 149
7:35 344
8:6 187, 344
8:13 344, 385
8:24 344
8:30 187
10:3 109, 117
11장 376

11:44 107
16장 383
16:1-13 385, 387
16:2 383
16:11-13 383
19:18 465, 468
19:18b 468
21:22-23 344
22:32 109
23:6 183
24:5-9 432
24:9 438, 439
24:10-23 575
25:9-10 299

민수기
1:51 340
3:6-8 340
3:14-38 340
4:1-8 432
4:3 203, 204
4:7 125
4:23 204
4:30 204
4:35 204
4:39 204
4:40 204
4:43 204
4:47 340
6:22-27 340
6:23-26 299
6:23-29 298
6:24-26 303
6:27 301
8:5-13 113
8:9 344
8:10 344
8:25 204
14:7 252
15:30-31 575-76
16:5 344
16:9 344
16:10 344

18:8-19 269
18:19 260, 270, 284

신명기
1:25 252
1:35 252
3:25 252
4:21 252
4:22 252
4:34 91, 93
4:37 93
6:4-5 465, 468
6:18 252
6:45 464
7:19 91, 130
8:7 252
8:10 252
9:6 252
10:8 298, 340
11:17 252
12:5 301
12:11 301
14장 376
14:23-24 301
16:2 301
16:6 301
16:11 301
21:5 340
26:2 301
26:5 463
26:8 93
27:6 373
28-33장 304
29:2 91
29:2-3 130
32장 93, 95
32:6 93
32:36 117
33:3 392
34:12 93

여호수아
8:31 373

23:13　252
23:16　252

사사기
7:3　277
7:4-23　277
15:4　449

사무엘상
1:3　426
1:25　385
2:20　298
2:30-36　426
4:4　120, 375, 581
12:16-25　401
14:3　426
16장　359, 423
17장　423
18-20장　423
21장　339, 423-24, 431
21:1　424
21:1-6　414
21:1-9　425
21:3-6　339
21:5　415
22:11　426
22:14　339
22:18　340
22:20　425

사무엘하
2장　341
5:4　204
6장　348, 356
6:13　340
6:14　340
6:17　340
6:18　340
7장　348, 355-56
7:8-16　321
7:11　176
7:11-16　270
7:12　360
7:12-14　176
12:13　401
22:20　170
24장　341
24:17-18　341
24:25

열왕기상
1-2장　348
1:7　426
1:19　426
1:32-40　427
1:38　331
2:27　427
6:2　369
6:6　369
8장　342-43, 348, 356
8:1-6　404
8:1-11　342
8:5　342
8:10-11　382
8:14　342
8:62　342
8:64　107, 342
9:3　107, 115
9:7　115
12장　356

열왕기하
2:19-23　260
19:15　375
23:15-20　349
23:26-30　350
23:29-30　350

역대상
3:16-19　344
9:32　432
13장　360
13:2-3　340
13:6　120, 375, 581
13:9-14 3　40
15:3-14　340

16:1-41　340
16:31　120
23:3　204
23:13　107
23:21　204
23:27　204
23:29　432
29:10　75

역대하
3:1　341
5-7장　343
5:13-14　382
7:16　115
7:20　115
13:5　270, 284
13:8-12a　270
29-30장　349
29:11 349
30:1　349
30:3　349
30:5　349
30:26　349
31:8　349
35:22-25 350

에스라
1-6장　377
3:8　204
4:14　284
6:3　369
9:2　225

느헤미야
3:25　449
9:13　239

욥기
6:6　260

시편
1편　174, 247
1:1　176

고대 자료 및 성구 색인　643

1:1-3　247
2편　178, 208-9
2:1　176
2:2　195, 208
2:6　175
2:7　169, 170, 173-75,
　　　178, 186, 195, 208-
　　　9, 211
2:8　210
2:9　176
2:10-12　175
8편　453
8:4　398, 453
8:5　453
8:8　453
8:9　453
10:16　120
12:5　309
14:6　309
16:3　392
18:50　322
21편　323
21:3　88
21:6　88
21:25　88
22:1　422
22:24　309
27:10　98
27:13　104
34:9　392
36:11　294
37:14　309
40편　323
41-42편　323
43:3　265
56:7　104
68편　323
69:9　325
74:2　104
78:70-72　322
79:1　104
80:1　120, 375, 581
80:17　398

89편　355
89:3-4　322
89:9-10　394
89:20-37　322
89:23　176
89:25　394
89:49-51　322
93:1　120
96:10　120
97:1　120
99:1　120, 375
99:6　107, 190
103편　403
103:3　402
103:12　401
103:13　403
103:19　375, 402-3
106:6　88
106:13　88
106:19　88
106:28　88
109편　354
109:1-2　355
109:4　354
110편　209, 336, 353-55,
　　　565, 577
110:1　355, 566
110:1-2　336, 355
110:4　336, 354
110:5-6　336
113-118편　332
118편　332
118:19　337
118:22-23　422
118:27　337
132:1-5　322
132:10-18　322
132:17　265
144:10　322
147편　125

잠언
8-9장　495

9장　495
9:1-6　495

아가
2:15　449

이사야
1장　229
1:4　227
1:9　225
1:30　247
3:14-15　309
5장　248, 275
5:6　248
5:7　248
6:9-10　230
6:13　225, 227
7:1-9:6　232
8:11　176
9:17　249
9:18　249
10:2　309
10:17　249
11장　348
11:4　309
11:9　104
13:5　232
14:20　227
15:6　246
17:10　220
21:1-4　232
24:4　247
25장　113, 124
25:4　309
25:6-8　124
26:6　306, 309
26:7　245
26:12-18　32
27장　248, 250
27:2-4　249
27:13　104
29:18　479, 484-85
29:22-24　109

29:23 109	61장 228, 295-96	31:1 344
31:9 225	61:1 187, 293, 309, 312,	31:9 95, 105
32:7 306	479, 484-85, 591	31:27 225
33:9 247	61:1-2 202	31:31-37 113-14
33:17-24 403	61:2 294	32:41 225
34:4 247	61:3 228	33:15-16 322
35:5-6 479, 484-85	61:3b 229, 238	34:20 450
37:3 232	61:6 209, 294, 309	46:27 225
37:16 120, 375, 581	61:7 294	48:41 232
37:31-32 225	61:9 225	49:22 232
40장 148	61:12 209	49:24 232
40:1-3 148	63:16 75	49:43 450
40:3 245	64:8 75	50:43 232
40:7 247	65장 228	51:37 450
40:8 247	65:9 229	
40:24 247	65:21-22 228	**에스겔**
41:8 227	65:23 225, 232	1장 376
42장 171	66:1 375	1:1 204
42:1 170-71, 173-74,	66:1-4 52	1:4 382
200	66:7-10 232	1:15-21 376
421a 170	66:22 225	1:5-28 404
42:14 232		1:26-28 460
42:18 479, 484-85	**예레미야**	10:1 376
43:5 225	3:19 105	10:3-4 382
44:3 225	4:23-26 450	13:4 449
45:19 227	4:31 232	17:7-21 247
45:26 225	6:24 232	17:8 252
51:3 228	9장 449	17:22 254
53:6 401	9:10-11 450	17:22-23 104
53:10 225	10:22 450	26:23 109
54:1 232	13:21 232	31:6 450
54:3 225	14:16 450	31:13 450
54:11 309	15:3 450	34-37장 111, 344
55장 228	16:4 450	34:23-24 322, 348
55:1-3 322	19:7 450	34:24 344
55:6-13 228	22:23 234	36장 189
56:7 104	23:1-5 322	36:8 112
58:7 309	23:36 322	36:11 112
55:13 228	24:6 225	36:12 113
59:21 114	29:10-14 255	36:22 118
60:1-3 266	30:5-6 232	36:23 109-11, 115
60:19-20 266	30:9 322, 344, 348	36:23-28 110
60:21 225	30:21 343, 344	36:23-29 111

36:23-39　111
36:24　111
36:25　113
36:26-27　114
36:28　111
36:29　111
36:32　118
36:33　111
37:14　114
37:15　349
37:15-23　344
37:23-24　348
37:24-25　322
37:25　344
37:28　344
38:23　109
39:7　109
39:17-20　495
39:29　114
40-48장　435
41:1　369
41:22　433
43:24　260, 271
44:10　176
44:13　344
44:15-16　433
44:24　434
45:17　434
46:1-8　434

다니엘
1-6장　371
1-7장　544
1:2　369
1:4　528
1:8-16　369
2장　369, 373, 380, 526-
　　28, 530, 536, 541-
　　42
2:5　370, 380
2:5-7　532
2:8　370
2:9　528, 532

2:11　532
2:13　380, 528
2:15　380, 528
2:16　532
2:18　357
2:19　357
2:20-23　523, 525-27,
　　　　529, 532-33
2:21　528
2:21a　525
2:21b-22　525
2:22　524
2:22a　525
2:23　533
2:24-26　532
2:27-28　533
2:28　539
2:30　532-33
2:31-45　526
2:34　122
2:35　373
2:36　532
2:38　450
2:44　373, 393
2:45　532
3장　526-28
3-6장　526
3:1　369, 526
3:2　532
3:3　532
3:5　532
3:7　369
3:10　369, 380, 527
3:12　532
3:14　532
3:15　532
3:18　532
3:19-30　527
3:23　357
4:6　532
4:9　532
4:12　450
4:14　357

4:17　380
4:18　532
4:21　450
4:24　357, 380
4:34　357
4:37　357
5장　529, 541
5:1-4　370
5:2　529
5:5　529
5:7　529
5:8　529
5:11　532-33
5:12　529
5:14　532-33
5:15　529
5:16　529
5:17　529
5:24-28　380
5:25　529
6장　527-28
6:5　528
6:6　528
6:8-14　527
6:8　528
6:9　528
6:12　528
6:13　528
6;15　528
6:25-28　380
7-12장　389
7장　372-73, 384, 389,
　　393, 527, 529, 536,
　　564-66, 577
7:1　385, 529
7:6　399
7:9　375, 392
7:9-14　372-73
7:10-14　391
7:10　380, 462, 529
7:12　393, 399
7:13　367, 371-72, 381,
　　386-87, 538, 566

7:13b 385
7:13-14 563
7:14 378-80, 391, 393,
       399, 462, 534
7:16 532
7:17 377, 399
7:17-18 563
7:18 391, 393, 534
7:20 374
7:21-27 563
7:21 373, 391
7:22 373, 391, 393, 534
7:23 399
7:23-25 389
7:24 393
7:25 90, 357, 373, 391
7:26 399
7:27 357, 391, 393, 399,
      534
8:11-13 389
8:17 371
8:19 90
8:23-25 389
8:35 539
8:38 539
9장 388
9:22 533
9:24 388
9:24-27 255
9:25-27 389
10:21 529
11:6 90
11:28-35 389
11:35 90
11:40 90
11:45 90, 541
12장 389
12:1 90, 380, 528
12:3 542
12:4 90, 528, 534

호세아
1:1 95

2:23 225
3:5 322, 348
11:1 105

요엘
2:28 113

아모스
9:11 176
9:15 225

미가
4:9-10 232

스바냐
1:3 450

스가랴
2:11 254
3:8-10 350
3:9 467
4:1-6 187
6:13 351
8:9-10 225
8:12 124
9-10장
9-13장 566
9:9 331
11:7-14 467
12-13장 350
12장 566
12:10 562, 566, 579
12:10b 566
12:10-11
13장 566
13:7-9 350
14:6-7 266
14:9 266, 352, 468

말라기
1:7 433
1:12 433
2:6-7 494

2:7-10 468
2:10 352
3:17 103

신약

마태복음
1:1 323
1:20 323
2:6 272
2:20 272
2:21 272
3장 483
3:1-12 196, 487
3:6 146, 148, 290
3:7-10 151
3:11 148
3:12 151, 196
3:13 153
3:14 196
3:15 152, 196-98
3:16 153
3:17 152-53, 169, 171-72,
      196
4장 152, 198
4:1-11 173, 198
4:12-25 198
4:3 152
4:4 418
4:6 152
5장 295
5-7장 198-99, 479
5:1 300
5:3 290, 293, 295, 312
5:3-6 292
5:3-11 301
5:3-12 260, 292, 300
5:4 290, 294-95
5:5 272, 294
5:6 152, 197, 294-95
5:7-10 292

5:7-9 292
5:10-12 269
5:10 197, 292
5:11-12 265, 268, 292, 299
5:13 258-59, 261-63, 273
5:13a 263
5:13-6 262-63, 300
5:14a 263
5:14 267
5:14b 263
5:14-16 260, 268-69
5:15 263, 268
5:16 67
5:17 198
5:20 198-99, 264
5:21-22 264
5:21-42 300
5:27-28 264
5:31-32 264
5:33-34 264
5:38-39 264
5:39 311
5:40-42 311
5:43-44 264
5:44 128
5:44-45 925:45 67
5:48 67
6:1 67
6:4 67
6:6 67
6:8 67
6:9b 66
6:9c 111
6:9-13 65
6:10a 111
6:10b 111
6:10bc 122
6:11 111, 123
6:12 111, 128, 199, 405
6:13 111, 131-32
6:13b 132

6:21 67
6:32-33 67
6:33 152, 197
7:13-14 269
7:22 405
8:1-11 486
8:11 436
8:11-12 124
8:18-22 445
8:20 412, 444-45, 447-48
9장-11:1 480
9장 481-83
9:1 481
9:1-11:2 485
9:1-8 199
9:6 399
9:8 406
9:9-11:19 484
9:9-17 482, 484
9:9-13 482, 488
9:9 482
9:10-11 482
9:11 482
9:14 482
9:14-17 482-83, 488
9:27 323, 329
9:35 479
9:42-50 261
9:50 261
10장 479
10:1-8 471
10:5 479, 481
10:7 480
10:8 405, 480
10:8b 480
10:8c 480
10:11 481
10:13-15 406
10:14 481
10:15 481
10:16-22 269
10:19-20 199

10:20 165
10:23 481
11장 483
11:1 479
11:2-19 472, 479, 487
11:2-15 295
11:2-6 472
11:2 478-81, 484, 486-87
11:5 479-81, 484-487
11:6 295
11:7-15 472, 476, 483, 486
11:9 334
11:15 483
11:16-19 412, 472-73, 476, 478, 481-86
11:16 481
11:18 486
11:19 483-84, 486, 496
11:19a 485-86
11:19b 478, 484-86, 496
11:25-27 67, 77-78
11:25 67
11:26 67
11:27 67, 313
11:29-30 476
12:1-8 323
12:6 199
12:18 171
12:23 324
12:31-32 199
12:50 67
13:1-8 334
13:8 245
13:53-57 269
14:1-12 269
15:13 67
15:22 324, 329
16:9 406
16:13-20 199

16:17 67, 539
16:17-19 272
17:5 196, 200
17:5-6 201
18:15-20 406
18:18 128, 406
18:20 455-56
18:21-35 127, 199
20:1-8
20:30-31 323
20:30-33 329
21-24장 199
21:1-11 329, 331
21:9 323
21:12 337
21:15 323
21:25 146
21:32 152, 197
21:33-46 269
22:1-14 124
22:15-22 508
22:34-40 464
22:41-54 335
22:42 323
24:9-14 269
24:36 67
25:1-13 124
26:28 199
26:29 435
26:41 131
26:50-52 128
26:51 201
26:52 201
26:57-68 549
27:22-23 333
27:46 67
27:54 196, 201
28:1 419
28:18-20 272
28:19 67, 200
28:19-20 200

마가복음
1-10장 549
1장 156-57
1:1-14:18 575
1:1-14 575
1:1 91, 189
1:4 148
1:5 146
1:7-8 189
1:8 148
1:9-11 151, 193, 423
1:9 153, 423
1:10 153, 156
1:10a 151
1:10b 151
1:11 151-53, 156, 167,
    168-74, 184, 186-87,
    189-90, 194
1:12-13 173, 423
1:14a 152
1:15 537
1:36 420-21
2-3장 421, 552
2장 427, 551
2:1-3:6 423-24
2:1-12 396, 406-7, 550-
    52
2:1-10 367, 399, 405
2:1 404
2:3 404
2:5 402
2:7 400
2:9 408
2:10 399, 400, 551
2:11 404
2:12 402
2:23-28 322, 334, 412-
    14, 416-18,
    423-24, 428,
    430, 433, 466
2:23 438
2:25-26 414, 421
2:25 415, 420

2:26-27 415
2:26 421, 424-29, 433
2:26b 439
2:27-28 413, 417
2:27 414-15, 419, 440
2:28 414-15, 417
3:1-6 552
3:4 551
3:6 508, 551
3:11 91
3:12 537
3:14 420-21
3:20 552
3:20-29 552
3:22-30 165
3:25 552
3:27 552
3:28-29 552, 578
3:31-35 67
4장 232
4:3-12 253
4:3-9 223, 243
4:4-9 222, 224
4:4 538
4:8 245, 251
4:11-12 223, 230
4:11 538
4:11b 538
4:13 222
4:13 222
4:14-20
4:14 225
4:15 538
4:17-19 232
4:17 247
4:19 251
4:20 225, 225
4:32 254
4:33-34
4:36 421
4:39 537
5:7 91
5:18 421

5:24   421
5:37   421
5:40   421
6:30-44   430
6:11   406
7:19-35   488
7:19b   419
8:1-10   430
8:11   192
8:15-26
8:22-10:52   322
8:27-9:13   193
8:27-38   190
8:27-33   191
8:27-31   212
8:29   553
8:30   538
8:31-38   537, 539, 541
8:31   191, 538
8:32-33   537
8:32   538
8:33   524, 536, 538-40
8:34-38   191
8:35   193, 539-41
8:38   538-41, 553
9:1-8   190
9:2   191
9:7   190, 191
9.7   191
9:18   192, 194, 405
9:31   117
9:33-37   283
9:38-41   283
9:38   283
9:40   283, 285
9:42-50   261
9:49   283-85
9:50   258-59, 261, 282
10:2   192
10:17-22   307
10:37   89
10:38-39   90
10:38   206

10:45   117
10:47-48   322, 329
11-16장   512
11장   549
11:1-10   331, 428
11:1-8   422
11:1   329
11:9-10   422
11:10   334
11:11-12:37   428
11:11   337
11:12-25   552
11:25   67, 127
11:27-33   161
11:30   146
12장   322, 512
12:1-12   512
12:1-10   193
12:6   193, 516
12:10-11   512
12:10   193, 422
12:13-17   509-10, 513,
         521-23, 536,
         540, 542-44,
         558
12:13-17a   508
12:13   510
12:15   192
12:16-17   512, 523
12:16   520
12:17   510, 524, 540-41,
       544
12:17a   508
12:18-27   512
12:18-17   542
12:24-25   542
12:24   542
12:25   392
12:26   512
12:28-34   464, 466-67,
         472, 512
12:29-31   512
12:33   464-465

12:34   464
12:35-37   335, 565
12:35   323, 335
12:36   512
13:1-32   91
13:1-30   552
13:9   498
13:10-13   553
13:11   165
13:13-17   507
13:24-27   553
13:26   579
13:32   67
13:35-37   512, 565
14장   551
14:1-16:8   428
14:12   549
14:17-21   323
14:18   429
14:20   429
14:21-25   577
14:22-25   192, 520, 577
14:22   429, 435
14:24   91
14:27   91
14:32-42   89, 90, 192,
         323
14:32   192
14:33-36   563
14:33   421
14:34   91
14:35-36   553
14:35   91
14:36   67, 73, 83-84, 90,
       192
14:37   91
14:38   90-91, 130, 192
14:39   553
14:41   553
14:53-65   428, 547-53,
         560, 576
14:55-59   558, 567
14:58   428

14:59 552
14:60-64 553
14:60-61 568
14:60-61a 551, 568
14:61-63
14:61-62 195
14:61b 568
14:62-65 553
14:62 398, 551, 553,
       562, 564-66,
       569-70, 575-79
14:64 551-52, 559, 578
14:66-72 90
14:68 553
14:69 569
14:70 553
14:71 553
15장 157, 193
15:13-14 333
15:22-39 323
15:26 422, 519-20, 541
15:27 421
15:29 428, 578
15:32 421
15:34 67, 422
15:37-39 194
15:38-39 193
15:38 151, 428
15:39 91, 154, 156, 520
16:1-8 90
16:1 419

누가복음
 1:1-4 207
 1:5-25 149, 202
 1:27 324
 1:32 324
 1:69 324
 2:4 324
 2:11 324
 3장 188
 3:1-18 487
 3:1-9 490-91

3:3 148
3:8 490-92
3:10-14 152
3:15 152
3:16 148
3:19-20 152, 203
3:21 152-53, 206
3:22 153, 169, 205, 207
3:23 203
3:38 205
4:1-13 173
4:1 165
4:4 418
4:14 165
4:18-21 202
4:18 165, 209
5:10 406
5:17-26 207
5:24 399
5:27-31 488
5:29 488
5:30 488
5:33-39 488
5:33 488
5:34 491
5:36-39 282
6:1-5 334
6:3 420
6:4 429
6:16 324
6:17 300
6:22-23 299
6:27 279
6:33 279
6:35 279
6:36 67
7장 491
7:1-10 207
7:18-35 491
7:18-28 295
7:19-35 472, 487-88
7:19-23 472
7:22 488

7:23 295
7:24-30 472
7:24-25 276
7:29-35 489
7:29-30 489-90
7:29 489-92
7:30 490
7:31-35 412, 473-75,
        487-89
7:32 489
7:33-34 474-75
7:34-35 489
7:34 488, 496
7:34b 496
7:35 474-75, 477, 489-
      91, 493
7:36-50 488-89
7:36-37 488
7:37 491
7:39 488
7:47-49 489
8:5 451
8:8 245
8:14 251
8:54 491
9:23 498
9:28 447
9:35 171
9:48 491
9:51-19:28 207
9:51 203
9:52-56 128
9:57-62 445
9:58 412, 44-45, 448,
      456
10:5-12 406
10:17 405
10:18 313
10:21-22 67
10:22 67
10:25-28 464
11:2-4 65
11:2b 66

11:2c 111
11:3 123
11:4 128
11:4a 111
114b 111, 131
11:5 275
11:13 165
11:20 165
11:24 65
12:1 276
12:12 165
12:30 67
12:35-37 124
13장 280
13:6-9 280-81
13:7-8 280
13:7 280
13:8 280
13:19 451
13:28-29 124
13:29 436
13:32 451
14:14-24 273
14:14-33 278
14:25-33 273
14:25-35 261
14:31-33 276
14:31 276
14:32 277
14:33 421
14:34-35 258-59, 273-74, 278, 281
14:34 261, 279
14:35 280
14:35a 280
15:4 275
16:8 491
16:25 491-92
17:3-4 127
17:7 275
18:17 491
18:35-43 324
18:38-39 329

19장 277
19:28-40 329, 331
19:37-42 278
19:45 337
20:4 146
20:9-18 276
20:20-26 508
20:36 491-92
20:41-44 324, 335
22:16 435
22:18 435
22:19 429
22:29 67
22:34 67
22:35 117
22:42 67
22:43 206
22:46 67, 131
22:49-51 128
22:54-71 549
23:4 207
23:14 207
23:14b 559
23:21-23 333
23:22 207
23:34 67, 127
23:46 67
23:56 419
24:29 67
24:50-53 202

Q
3:7-9 154
3:8 244
3:20-21 154
3:21-22 154
3:22 169
4:2b-13 154
4:3 154
4:9 154
6:20-21 290
6:20 290
6:21a 290

6:21b 290
7:18-28 295
7:18-23 162
7.23 295
7:31-35 472, 474-75, 494
7:31-34 475
7:31-32 474
7:31 412
7:35 619
8:5 448
9:57-58 463
9:58 412, 444-49, 451-56, 463, 466, 470-72
9:58a 452
9:58b 452
11:2 107
11:2a 115412,
11:2b 107 110, 115
11:2c 119
11:3 123
11:4 109, 117, 128
11:4a-b 126, 129
11:4c 129
11:33 263
13:19 448
13:32 448
14.34-35 263

요한복음
1:29-34 155, 160, 162
1:51 456, 462
2:17 325
3:5 118
3:26 146
4:12 462
4:23 67
5장 78
5:16-18 78-79
5:17 67
5:18 80
5:19-47 79

5:19   67
5:20-30   80
5:20   67
5:27   396
6:32   67
6:40   67
8:19   67
8:28   462
11:19b   486
11:41   67
11:47-53   305-6
12:12-19   329, 331
12:23   462
12:28   67
12:34   462
13:31   462
17:1-3   118
17:1   67
17:5   67
17:11   67
17:21   67
17:24   67
17:25   67
18:10-11   128
18:13-24   549
18:40   333
20:17   67

사도행전
1:1-5   207
1:3   524
1:22   146
2장   207
2:4   207
2:14-41   324
3:1-10   207
4:25-27   208
6:8   561
7:56   397
7:60   127-28
9:13   392
9:32   392
9:41   392

10장   207
13:16-42   324
13:27   559
13:28   560
13:33   209
15:13-21   324
17장   46
18:25   146
19:14   286
19:21-21:17   207
23:9   207
25:25   207
26:10   392
26:31   207

로마서
1:3-4   326
1:3   325
1:4   211
1:7   69, 392
1:7   392
4장   211
6:4   69
8장   87
8:3   88
8:15-18   88
8:15   69, 84, 87-88
8:27   392
8:35-36   88
12:3   392
13:6   543
13:1-7   524
13:6   543
13:8-10   465
15:6   69
15:7-13   327
15:25   392
15:26   392
15:31   392
16:2   392
16:15   392

고린도전서
1-2장   535
1장   532
1:2   392
1:3   69
1:17-2:10   535
1:19-20   533
1:20   533
1:23-24   532
1:23   536
1:30   536
2장   533
2:1-14   530-31
2:1   532
2:6   533
2:7   533
2:10-14   533
2:10   224, 530, 532
2:11   524, 530, 532, 536
2:12   536
2:13   534
4:18   532
5:11   532
5:14   532
6:1   392
15장   535
15:1   535
15:20-28   534
15:24   534-35
15:24   535
15:27   535
15:34   535
15:45   534
15:49   534
15:50-51   535
15:51   534-35

갈라디아서
1:4   89
1:7   89
3장   211
3:29-4:7   89
4장   88

4:6 84, 87, 89
4:19 89
4:29 89
5:11 89
5:14 465

에베소서
1:3 69

빌립보서
2:6 79

골로새서
1:6 226
1:10 226
4:5 260

디모데후서
1:2 69
2:8 325

히브리서
2:11 69
2:25-26 421
3:1-6 209
5:5 209
5:8 92
6:10 392
13:24 392

야고보서
1:17 69
2:8 465

베드로전서
1:2-3 69

베드로후서
1:17 69

요한1서
1:2 69

요한계시록
1:6 69
1:7 562
2:26-27 209
2:26 210
3:10 132
5:5 325
5:9 392
8:3 392
8:4 392
22:16 325

외경

유딧기
8.24-27 182

마카베오상
2:52 130
4:41-51 377
4:47 373
13:50-51 333
14:41 336, 356

마카베오하
1:27-29 239
2장 382
2:4-7 124
7장 117
7:6 117

마카베오3서
2.21 94
5.8 94
6.3 94
6.8 95

마카베오4서
5-18장 388
13.12 183

집회서
4:10 357
7:9 357
7:15 357
9:15 357
12:2 357
12:6 357
17.26 357
17:27 357
22:24 93
23:1-4 75
23:1 93
23:4 93
24장 495
28:2-5 126
47:8-10 336, 356
50장 384
50:5-11 384
50:6 384
50:7 384
50:10 384
51:10 93

토비트
13:1-5 93
13:3-6 93
13:4 75
13:6 93
13:10-11 267
13:36 239

지혜서
2:16-20 99
5:2 579
7:21-26 485
7:26 486
10:1 486
14:2-3 100
14:3 75, 100

구약 위경

아브라함의 묵시
13   451

엘리야의 묵시
35.17   579

모세의 묵시
19.2   19.2

모세 승천기
6.1   356
10.1   119

요셉과 아스낫
15.6   254

바룩2서
29.5   124
29.9   124
53-76장   234

에녹1서
1.3-9   119
14.8-23   265
14.22   376
46.1   396
46.2   396
46.3   396
46.4   396
48.2   396, 486
48.7   486
49.13   486
51.3   486
62.35   579
62.5   396
62.7-8   225
62.13-16   124
71.2-47   165
83-80장   240
83-90장   233
83.8   240
84.6   240
89-90장   129, 239, 241
89.10   450
90.1-27   241
90.2-19   450
90.7   241
90.8-12   241
90.29   241
91.11-17   217, 233
91.12-13b   239
93.1-10   233, 237
93.4   238
93.5   238
93.9   238
93.10   238

에녹2서
22.8-10   192
64.5   401

에녹3서
12   190

에스라4서
4.38-41   226
9.29-37   226

희년서
1.15-18   235
1.16   235
1.19   96
1:23b-25   95
1.27   235
1.29   235
3.1   356
4.26   235
7.36   357
8.19   192
11   246
11.11   246, 451
11.18-23   246, 451
12.19   357
12.20   246
13.16   357
13.29   357
16.18   357
16.26   235
16.27   357
17.15-18.19   192
17.16   184
18.3   183
18.9   184
18.12   184
18.13   181
18.18-19   183
18.19   192
20.9   357
21.20   357
21.22   235
21.24   236
23장   236
23.16-25   236
23.20-21a   236
23.21   237
23.26   237, 245
32.1   336, 457
32.16-24   459
36.6   236
48.2   184
48.9   184
48.12   184
48.13   184
49.2   183
49.7   183
49.22   183

야곱의 사다리
6-9   457
12-13   457

Liber antiuitatum biblicarum (Pseudo-Philo)
32.3   181

아담과 하와의 생애
  13.1-14.1 378

아리스테아스의 편지
  97 190
  99 375
  132 465

솔로몬의 시편
  14.2 225
  17장 177, 179, 322
  17.1-4 119
  17.21-23 119
  17.21-25 178
  17.26-27 179
  17.30 178

시빌라의 신탁
  3.47 119
  3.787 265
  5.414-33 275
  5.420 265
  7.149 124

베냐민의 유언
  10.5-6 573

단의 유언
  5.3 465
  6.1-3 129

잇사갈의 유언
  5.1-2 465

요셉의 유언
  18.2 126

유다의 유언
  23.1-5 97
  24.1-6 97
  24.3 97

레위의 유언
  3.3 129
  5.6 129
  8.3 336
  8.16-18 125
  8-9 457
  9.6-14 184
  17.11 96
  18.1-2 96
  18.6 97
  18.8 97

스불론의 유언
  5.3 126
  8.1-2 126

아브라함의 유언
  10 573

이삭의 유언
  2.7 573

욥의 유언
  33.2-4 573

모세의 유언
  9-10 117

사해문서

CD
  1.3-11 239
  1.5-8 253
  11.18-21 303
  12.20b-22 225
  12.23 357
  14.19 357
  19.10-11 357
  20.1 357

1Q28a
  1.12-16a 204

1QH
  14.14-16 225
  17.34-46

1QHa
  12.8-9 239
  13.20-15.6 253
  17.8-10 98
  17.34-36 98

1QM
  1.3 239, 245
  2.1-2 434
  2.49 435
  6.6 119
  7.3 204
  10.10 392
  12.7 119

1QpHab
  2.8 305-306
  5.12-6.9 544

1QS
  1-2 302
  1.22-2.1 303
  5.13-14 436
  6.2-21 436
  6.4-6 124
  8.4b-10a 253
  8.4-5 466
  8.12-14 239
  8.12-16 245
  8.13-16 148
  9.2 357
  9.4-5 303
  9.17-21 245
  9.18-20 239
  9.19-20 148
  10.21 245

11.7-9　253
11.20　396

1QSa
  1.12-19　204
  2.17-22　124
  2.17-19　436

2Q24
  4.1-10, 14-16

4Q161
  2.11-25　322

4Q174
  1 1.7-13　322
  1 1.19　176

4Q175　479

4Q177
  5-6　239
  7-10　239

4Q225　184
  2.2.4　181

4Q242　401

4Q258
  3.3.4　239

4Q259
  1.3.19　239

4Q266　252

4Q286-90　302

4Q418
  81　253

4Q453
  2ab　375

4Q457b
  2.2　322

4Q504
  1-2　322
  4.5-8　322

4Q500　275

4Q510　451

4Q511　451

4Q522
  9 2.3-6　322
  9 2.4　358

4Q543　494

4Q545
  1　171, 375

4QMMT　436

11Q5
  27.2-10　322

11QMelch
  2.4-13　401

11QT
  29.9-10　459

11QTa
  56-59　358

필론

De Abrahamo
  32.169　191
  198　185

De decalogo
  13-14　572
  61-64　572
  65　465

De mutatione nominum
  131　183

De somniis
  2.18　572

De specialibus legibus
  1.168-76　432
  1.170　441
  2.63　465

De vita contemplativa
  1.81-82　437

Legatio ad Gaium
  45　572

Legum allegoriae
  3.219　185

Quod deterius potiori insidari soleat
  124　185

요세푸스

유대고대사
  1.13.1-2 §§224　181
  1.13.1-2 §§226　181
  1.13.4 §§232-36　181

3.6.7 §§142-43   432
3.8.9 §§216-17   190
3.10.7 §§255-56   432
4.8.6 §§202   572
6.5.6 §92   401
8.1.3 §§10-12   427
8.21.1 §§45-49   286
12.7.4 §§348-49   333
13.10.7 §§299-300   305
14.10.6 §§202-3   508
15.10.3 §§363-64   540
18.5.2 §117   148

유대전쟁사
1.21.3 §§404-6   540
2.8.5 §§129-33   436
2.16.5 §§403   508
3.8.3 §§351-54   305

랍비문서

'Abot
5.21   204

Bava Qamma
9.29   126

Besah
5.2   556

Hagigah
12b   124
14a   394

Ketubbot
66b   260

Megillah
28a   126

Menahot
95b   415

Sanhedrin
4.1   556-57
7.5   571
11.2   556
38b   394

Shabbat
31a   465
151b   126

Sheqalim
3.26   204

Sotah
9.15   75, 101, 361
15b   300
38a   300

Ta'anit
4.8   299

Yoma
6.2   299
8.9   75, 126

타르굼

Fragmentary
Targum   183

Targum Isaiah
9.6   322
11.1-6   322
11.10   322
14.29   322
16.5   322

Targum Neofiti   183

Targum Pseudo-Jonathan
2.6-7   177
12   460
22.1   181

Targum Zechariah
14.9   119

기타 랍비문헌

Mekilta Exod.
12.13   183
16.26   361
20.6   101
31.14   440

Genesis Rabbah
56.8   181
82.2   460
97   173

Exodus Rabbah
34.1   101

Leviticus Rabbah
11.14   496
16.17   375

Numbers Rabbah
4.15   460
11   204

Lamentation Rabbah
2.1   460

Sipre Numbers
63   204

Yalut
§130 415

사도 교부 문헌

바나바서
19.5 465

클레멘스1서
8.3 69

디다케
1.2 465
2.3 465
8.2 63

이그나티오스
에베소인에게 보내는 편지
4.2 69

신약 위경

히브리인의 복음서 123

도마복음
86 456

기타 기독교 문헌

사도헌장
7.44 63

키프리아누스
주기도문 강해 63

에우세비오스
교회사
2.23.13 397

테르툴리아누스
기도론
1 63

고전문학

카시우스 디오
로마사
53.17.8 515

키케로
Cataline Orations
4.6 264

디온 크리소스토모스
Training for Public Speaking (Or.)
18.13 260

디오게네스 라에르티오스
Lives and Opinions of Eminent Philosophers
8.1.35 260

필로스트라투스
Life of Apollo
1.15 517

플라톤
Republic
364b-65a 286

대제사장 예수

Copyright ⓒ 새물결플러스 2025

1쇄 발행 2025년 6월 20일

지은이 니콜라스 페린
옮긴이 왕희광
펴낸이 김요한
펴낸곳 새물결플러스

편 집 왕희광 정인철 노재현 이형일 나유영 노동래
디자인 황진주 김은경
마케팅 박성민
총 무 김명화 이성순
영 상 최정호
아카데미 차상희

홈페이지 www.holywaveplus.com
이메일 hwpbooks@hwpbooks.com
출판등록 2008년 8월 21일 제2008-24호
주 소 (우) 04114 서울시 마포구 신촌로28가길 29
전 화 02) 2652-3161
팩 스 02) 2652-3191

ISBN 979-11-6129-302-8 93230

책값은 뒤표지에 있습니다.